Evolutionary Psychology: An Introduction (Fourth Edition)

进化心理学

以进化之眼
看人间百态

（第四版）

[英] 兰斯·沃克曼
[英] 威尔·里德
———— 著

Lance Workman
Will Reader

殷 融
———— 译

华东师范大学出版社
·上海·

This is a Simplified Chinese Translation of the following title published by Cambridge University Press:

Evolutionary Psychology: An Introduction, 4th Edition (9781108716468)

© Cambridge University Press & Assessment 2021

This Simplified Chinese Translation for the People's Republic of China (excluding Hong Kong, Macau and Taiwan) is published by arrangement with the Press Syndicate of the University of Cambridge, Cambridge, United Kingdom.

© East China Normal University Press Ltd. 2024

This Simplified Chinese Translation is authorized for sale in the People's Republic of China (excluding Hong Kong, Macau and Taiwan) only. Unauthorized export of this Simplified Chinese Translation is a violation of the Copyright Act. No part of this publication may be reproduced or distributed by any means, or stored in a database or retrieval system, without the prior written permission of Cambridge University Press and East China Normal University Press Ltd.

Copies of this book sold without a Cambridge University Press sticker on the cover are unauthorized and illegal.

本书封面贴有 Cambridge University Press 防伪标签，无标签者不得销售。

上海市版权局著作权合同登记　图字:09-2023-1075　号

All rights reserved.

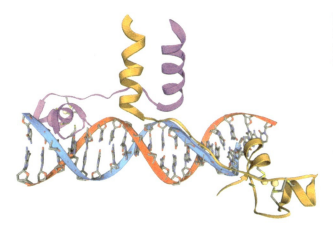

图 2.6 从 DNA 中形成蛋白质的过程。请注意 DNA 双螺旋(红色和蓝色)和蛋白质生产的第一步(黄色和紫色链)都以 DNA 核苷酸序列为基础

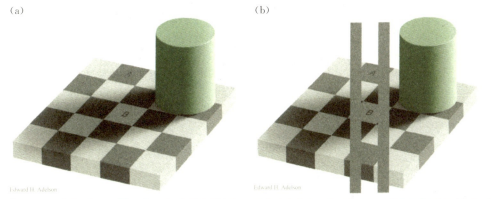

图 9.4 不管你信不信,图 a 中 A 和 B 两个正方形的颜色其实完全一样,但 A 会看起来颜色更暗,而在图 b 中,通过两条颜色相同的竖线相连,我们就能看出它们颜色是一样的。如果你不信,将两条竖线用纸挡起来,你会发现 A 与 B 似乎颜色又不一样了

图9.5 在两张照片中,背景和模特的肤色有所差异,裙子颜色实际完全一致

图9.6 在树杈上的多头绒泡菌,你能看到,多头绒泡菌分出了许多卷须,目的是探寻食物

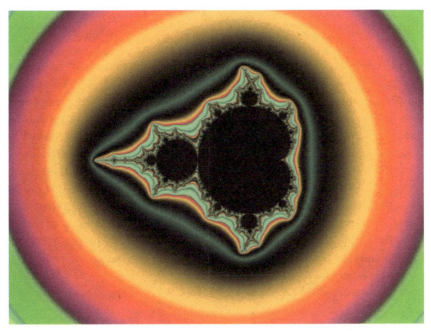

图 10.5 一组曼德博集合,边缘部位的每一个小图案都是中心形状微缩版,如果你进一步放大该集合,会发现这种模式在不断重复

图 10.8 舌骨(红色部分)对于口语来说非常重要

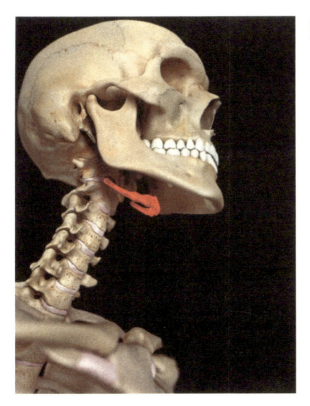

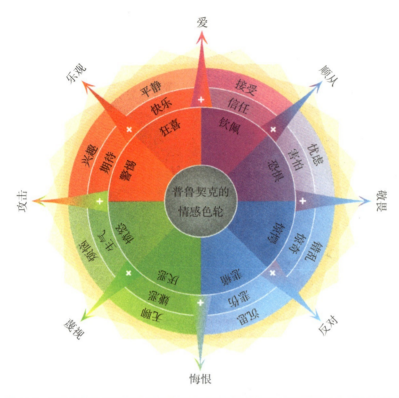

图11.3 普鲁契克的情感色轮,我们可以看到八种基本情绪,它们两两对立,不同情绪结合可以产生次级情绪,同时同一类情绪还具有强度差异

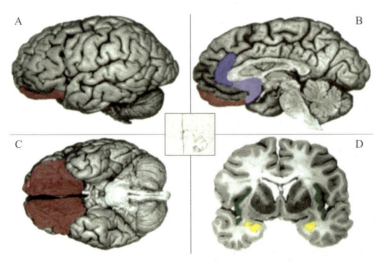

图11.7 情绪处理对应脑区视图,特定大脑区域负责处理特定情绪:(a)侧面视图(侧面)、(b)矢状视图(从大脑中线切开,分离两个大脑半球)、(c)腹侧视图(从下方观察)、(d)冠状视图(从正面观察穿过大脑中部)。在这些大脑图像中,表现了以下情绪状态:恐惧——杏仁核(黄色区域);厌恶——脑岛(绿色区域);愤怒——眶额皮层(棕色区域);悲伤——前扣带皮层(蓝色区域)

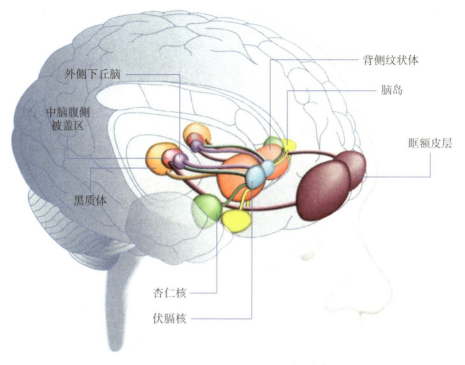

图 11.8 大脑眶额皮质和边缘系统(连同边缘系统的其他组成部分)

图 12.6 三只长尾猴,其中有一只蓝色睾丸的雄性首领

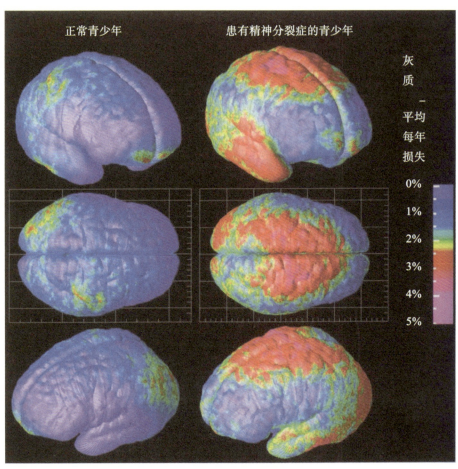

图12.10 正常青少年和精神分裂症患者的平均灰质损失率(每组24人,年龄13—18岁)。该图像由高分辨率核磁共振成像扫描得出,扫描结果显示,精神分裂症患者的脑灰质损失率严重异于未患病者

图13.4 蚱蜢会根据环境中的背景色发育出不同"肤色"

译者前言

祝贺你翻开本书!

动画片《星际探长》中的主角布雷斯塔警长是我的童年偶像之一,他可以随意切换几种超能力,包括鹰的眼睛、狼的耳朵、豹的速度和熊的力量。每当紧急关头,布雷斯塔警长便会召唤出相应的兽灵附体,挫败敌手,维护正义。

长大后,我认清了一个现实,在整个动物界的身体排位赛中,人类是不折不扣的垫底选手。但同时,我们无需羡慕布雷斯塔警长,因为人类练就了另一种超能力——我们可以不断汲取和传播前人创造的知识。

知识是智人这个物种最鲜明的特点,是我们"何以为人"的根本原因之一。知识的力量点燃了文明的火花,为历史变革摁下了加速器。人类的知识创造力一旦得到释放,就成了停不下来的永动机。而每个人类个体,都可以不断吸收由他人创造的知识,我们没有狼的耳朵,没有熊的力量,但我们可以随意切换其他更有价值的知识技能包,我们个个都是精通"知识吸星大法"的绝顶高手。

眼下,你马上要迈入进化心理学的大门,达尔文、威尔逊、洛伦兹、道金斯、汉密尔顿、平克、卡尼曼、特里弗斯……无数科学巨星曾投身这一事业,他们顶着聪明的脑袋瓜、绞尽脑汁创造出的知识,即将被你轻易收入囊中。酷不酷?你在实践人类最重要的超能力!

所以,作好准备吧,你要变强了。再次祝贺!

* * * * * * * * *

1859年,生物学史上最具里程碑意义的巨著——《物种起源》出版了,这本书结尾处提到,"进化科学将会照亮人类起源的研究前景……在遥远的未来,心理学研究将建立在一个新的基础之上"。查尔斯·达尔文明确无误地告诉我们,除了身体生理特征具有适应性外,人类精神属性也是千万年来自然选择塑造的结果,我们的心理结构是一种复杂组合并精妙运转的机器,其功能在于使有机体得以生存和繁衍。

事实证明,达尔文看得足够远,也足够准确。20世纪70年代中后期,预言照进现实,心理学领域的达尔文主义革命拉开序幕,该学科迅猛发展,它很快渗透进两性关系、合作、审美、道德、智力、攻击性、亲社会行为、语言、记忆、情绪、人格和精神疾病等心理学各个研究领域,并且至今依然不断开枝散叶,其解释之简洁优雅、生命力之蓬勃，纵使最乐观的达尔文主义者，怕也始料不及。

多年前，当我开始系统学习心理学时，进化心理学便是最吸引我的心理学分支，在攻读硕士、博士阶段以及工作后很长一段时间里，我的主要研究方向跨度很大。但后来，兜兜转转，我的关注点又回到了进化心理学。

不久之前，我挚爱的日本漫画家鸟山明先生驾鹤西去。在他所创作的漫画《龙珠》中，布尔玛为了寻找四星龙珠，遇到了独居深山的"野孩子"悟空，布尔玛带悟空走出山林，于是，一段伟大的冒险故事就此展开。于我而言，进化心理学就是我的四星龙珠，它是真正激发起我对心理学兴趣的研究分支，它带我进入了一个新世界。我会撰写进化科学论文、阅读进化主题的著作、创作进化方向的科普作品[比如译者的代表作《从猿性到人性：生命史上最完美的剧本》（你想的没错，这是光明正大的小广告）]，还有，沉醉于涉及进化问题的科幻文学。难以想象，我竟然会对一个抽象的科学法则产生如此深厚的感情。

* * * * * * * * *

在翻译本书的过程中，我常常对进化心理学所取得的惊人成果而感到赞叹，也时时为作者信息搜集的全面性而感到由衷敬佩。作者在序言中的态度颇为自谦，没关系，身为译者的我完全可以揽下"自吹自擂"的重担。毫不夸张地说，本书是我近年来接触到议题最为丰富、为我带来最多启发的一本进化心理学著作。它竟然会交到我的手中，由我翻译完成，使我得享受近水楼台之乐，何其幸哉！

事实上，本书首位作者兰斯·沃克曼先生算是我的"故交"，我曾翻译他笔下的《查尔斯·达尔文：进化思维的塑造者》一书。我与他素未谋面，却同他的文字前后共处一年半，在我的世界中，他成为了一位熟悉的陌生人，这种感觉着实有点奇异。

进化心理学涵盖了社会心理学、生理学、认知神经科学、考古学、古人类学以及遗传学等学科的综合研究成果，驾驭跨度如此之大的多学科知识已非易事，何况还要把它们精心编排配搭以便读者消化吸收，好在本书做到了。两位作者以问题为导向，将现象、理论、解释和证据融会贯通，徐徐展开，娓娓道来，这大大降低了本书的阅读门槛，读者只需要具备一些心理学和生物学的基本知识，就可以阅读此书。

特别需要提醒读者的是，本书论述了诸多科学假说，作者已尽可能地提供了它们背后的实证依据。其中，部分假说已得到学界广泛认可，但也有部分假说尚面临较大争议。对于后一种情况，我们今后还需要更多知识碎片，才能拼出更清晰完整的图像。如果某些假说激发了你强烈的好奇心，那么你不妨投身其中，寻找更多、更充分的证据，来证实或者证伪它。

等闲识得东风面，万紫千红总是春。虽然科学论著的立场是回顾过去的科学发展，但别忘了，作为读者的我们不仅是历史的旁观者，也是历史的参与者和创作者。

* * * * * * * * *

能够成为本书的译者，除了感谢华东师范大学出版社的彭呈军老师"慧眼识珠"外，我还应感谢许多贵人，比如上海教育出版社的王蕾老师从中牵线搭桥，不过，在一本主打"进化"的书中，这好像又是最不需要强调的问题。毕竟，整个生命史就是如此充满了偶然与巧合。

6600万年前，一颗直径约10千米的小行星撞击了现今墨西哥湾的尤卡坦半岛浅海下富含石膏的岩石，于是，无数的粉碎岩石被抛入到大气层，产生了强烈摩擦，地球表面温度骤然升高，恐龙因此灭绝，而躲在地表下侥幸生存的小型哺乳动物，包括人类祖先，成为了地球日后的主宰。然而，如果小行星早一秒或晚一秒撞击地球，它就会坠入深海，这样一来被抛入大气层的岩石会大大减少，恐龙可能会幸存下来，人类则可能永远不会出现。生命之书就是这样，它由无数作者共同书写，一个个充满意外的小故事交织在一起，沿着广阔的时间和空间尺度延伸，造就了此时此刻、此情此景。这是进化赠予我们的深刻智慧。

从最早的单细胞生物开始，地球已经走过了三十多亿年变幻莫测的生命征程，在历经了无数的偶然、幸运和巧合后，人类开出了这个星球上独一无二的智慧之花。人类复杂的头脑其实也是基因为了自我延续而"创造"出的手段，但如今，我们却可以利用头脑来反思和揭示这一创造过程本身。

《进化心理学》一书，正是我们反思成果的体现。认知和反思是人类自由意志的体现，是人性的王冠！如雪莱在《赞智性美》中所写："有一种无形力量的威严身影，虽不可见却飘浮在人群中，翅膀似夏季花间潜行的风，凭这多变的翅膀访问纷乱的人境。"

殷融

2024 年 4 月 8 日

第四版序言

进化心理学——本版有何特点？

从我们出版第一版《进化心理学》到现在已经 17 年了。忠实读者会很高兴地看到，我们在最新版中保持了选用灵长类动物照片作为封面的传统，尽管略有变化。之前版本已经出现过三种类人猿：黑猩猩、大猩猩和猩猩，现在我们又使用了一种猴类——山魈。不过，这种灵长类动物并不是典型的猴子。在地球所有哺乳动物中，雄山魈首领的色彩最为绚丽。我们通常认为鸟类更加色彩斑斓，而雄山魈首领甚至会让孔雀和天堂鸟望尘莫及。把它摆在封面上，并不是为了纯粹的视觉陶醉。山魈艳丽的外貌说明了进化的运作方式，它源于性选择，达尔文认为性选择是适应性变化的另一个原动力，性选择将动物形态带到自然选择所无法触及的境地。封面上这张鲜艳醒目的面庞不但讲述了它雄性祖先的进化史，还讲述了它雌性祖先的择偶偏好。了解进化心理学后，男性可能会很惭愧地意识到，他们任何引以为傲的特征几乎都可以追溯到女性祖先的选择。当然，反过来，女性引以为傲的特征也可以追溯到她们男性祖先的选择。我们祖先的偏好和行为将我们紧密联系在一起。

之所以出版新版，当然不是因为我们觉得需要换张封面图片。进化心理学是一个飞速发展的领域，即使是专业人士也不一定能跟得上时代的步伐。其中一些进展已经触及敏感而富有争议的领域，比如"黑暗三人格"（马基雅维利主义、精神病态和自恋）概念，研究发现，拥有黑暗三人格特征的个体可能会更善于剥削利用他人，在祖先生活环境下，这可能是一种备选适应策略，我们将在第 8 章和第 12 章予以讨论。另一个争议较大的话题是，进化理论是否可解释同性恋的存在，或许特定选择性压力维持了同性恋和异性恋的比例？我们将在第 3 章中介绍最近的跨文化研究，这些研究表明，至少对男性而言，情况可能确实如此。有趣的是，几乎所有这方面的研究都是围绕男性展开的，我们希望，到第五版出版时，研究人员能投入同样多精力来研究女性性行为与进化之间的关系。

对于进化心理学家来说，生活史理论是一种越来越重要的理论。这种观点认为，人类（和其他生物）会根据其早期环境做出"调整"，选择他们应该走哪条路，从而决定自己在成长、学习和繁殖方面投入多少时间与精力。进化论者认为，早期社会经历会对人类个体的生活史路径产生连锁反应,这些路径可能曾经具有适应性意义。生活史理论对进化心理学的影响日愈深刻,我们在第 1 章、第 6 章、第 7 章、第 10 章、第 12 章和第 13 章增加了关于生活史理论的论述篇幅。

在以前的版本中,我们对非亲属社会行为的讨论几乎完全集中在亲社会行为上。考虑到我们对反社会行为(理论和实证)认识的发展,我们对第 8 章进行了扩展,纳入此方向的研究。你可能会惊讶地发现,关于两性间攻击性反应的研究结论,与人们的直觉认知是多么不同!

严格来说,行为遗传学并不是进化心理学的一部分。然而,行为遗传学领域最近的技术进步很可能对进化心理学未来几年发展方向产生深远影响。当我们出版第一版时,大多数进化心理学家甚至对基因不感兴趣(与当前潮流相反)。全基因组关联研究技术的发展,意味着遗传学家现在可以在大样本中快速扫描整个基因组。迄今为止的研究表明,个体间的行为特征差异可追溯至大量基因的协同作用。事实上,最近科学家已发现,精神分裂症和外向性等特征都与数千个基因有关。正如读者将在第 2 章和第 13 章中看到的,全基因组关联研究涉及到专业而复杂的技术,不过不用担心,我们会以合理的方式引导你了解你真正需要了解的概念。事实上,我们一直努力向读者保证,他们只需要具备心理学和生物学的基本知识,就可以阅读此书。

另一个快速发展的遗传学领域——行为表观遗传学——考虑的是个体一生的经历如何开启或关闭特定基因。我们将在第 2 章中概述该领域的进展,这些进展有助于加深我们对生活史路径相关机制的理解。令人惊讶的是,其中一些表观遗传效应具有跨代性质。这意味着,你父母的生活方式可能会对你当前特征产生影响。例如,研究发现,如果男性有早年吸烟史,他们的后代更有可能贪吃。在某些情况下,甚至祖父母的生活方式也会影响一个人的行为。

说到祖父母,第 7 章将讨论最近兴起的"祖母假说"。这一富有说服力的假说认为,选择性力量导致了人类更年期的出现,从而使得女性在中年时从母性投资策略转向祖母投资策略。例如,芬兰 18 和 19 世纪的历史记录表明,如果祖母尚在人世,会大大提高婴儿存活机会。事实上,与之前版本一样,我们没有假定进化的标准主要与男性有关,而女性则是某种附加物(这是进化教材中经常出现的问题)。女性主义进化心理学家丽贝卡·伯奇(Rebecca Burch)的文献研究表明,与其他现有教科书相比,本书对女性在进化中的作用给予了更多关注。

最后,我们更新了关于语言和认知主题的论述(第 9 章和第 10 章)。对于语言,我们重新介绍了手势语先于有声语出现的观点。这一观点在学界曾引发巨大分歧,但最近对黑猩猩的研究显示，黑猩猩会大量使用手势。这表明，可能在人类祖先与其他灵长类动物分道扬镳前，我们更早的共同祖先就已经开始使用手势语了。根据对"更简单"动物的研究结果，我们还重新讨论了记忆与问题解决主题，从功能上看，我们祖先的记忆机制与现代黏液霉菌的记忆机制是否具有相同进化起源？

谁该读这本书？

和之前版本一样，本书主要针对的是心理学专业学生。然而，我们也希望那些学习行为生物学的人，以及任何想了解进化和人类心理机制之间关系的人会都对它感兴趣。不同于其他许多利用进化论来阐明行为的书籍，本书读者没有必要事先了解自然选择、表观遗传或广义适应性等复杂概念。我们还试图将许多来自"传统"心理学的研究整合进我们的叙述中。因此，当我们分析如何用进化思想来启发发展心理学、社会心理学、认知心理学和人格心理学研究时，心理学专业的学生会发现自己对这一领域非常熟悉。

教学特色

同以前的版本一样，我们希望本书最大的教学特色就是内容本身。我们的主要目标始终是通过热情洋溢的叙述，向读者清晰地呈现相关概念和研究。尽管如此，我们并不畏惧批评，希望读者能质疑摆在他们面前的证据，我们乐于看到有人可以指出书中论点的不当之处。

在每一章的结尾，我们都提供了一份全面的总结，概述了关键理论和研究成果。接下来是一系列批判性思考问题和进一步的延伸阅读，我们希望这些资料有助于教学。我们还更新了包含280道选择题（每章20道）的试题库，这些试题可供教师使用。

致谢

最后，我们想借此机会感谢所有使用过本书前几版的教师和学生，尤其是那些提供过反馈意见热心读者。特别感谢杰罗姆·H·巴克(Jerome H. Barkow)教授和弗雷德里克·M·托茨(Frederick M. Toates)教授，感谢他们的友谊以及他们对特定章节给予的专业指导。

目录

1	**进化心理学导论**	**1**
	关键词	1
	进化心理学的起源	1
	进化思维的历史	3
	从进化论到进化心理学	8
	进化心理学的早期尝试	9
	人类行为的文化解释理论兴起	13
	习得理论及其缺陷	17
	从社会生物学到进化心理学	18
	E. O. 威尔逊和社会生物学	18
	圣塔芭芭拉学派	20
	评价进化解释的方法	22
	行为遗传学	22
	比较研究法	23
	跨文化研究	23
	计算模型	24
	古生物学证据	25
	进化心理学所支持和反对的观点	27
	一切皆是适应	27
	进化心理学倡导遗传决定论	28
	进化心理学忽视了文化和环境的影响	29
	进化心理学是还原论	29
	进化心理学在政治上不正确	30
	进化心理学：心理的新科学	31
	延伸阅读	33

2　进化法则　　34

关键词　　34
达尔文的进化理论　　34
　　人工选择　　34
　　自然选择　　35
孟德尔以及孟德尔之后的遗传学　　36
　　孟德尔的发现　　36
　　对孟德尔遗传定律的完善　　39
　　基因和染色体　　40
　　影响基因传播的因素　　40
　　孟德尔遗传定律的其他例外　　42
现代遗传学　　45
　　基因和 DNA 的结构　　45
　　特征遗传性　　48
　　行为表观遗传学——拉马克主义的回归？　　50
基因流动和基因漂移　　51
选择的层次——何为适者？　　51
　　群体选择　　52
　　广义适合度　　54
　　互惠主义　　56
自私的基因　　58
延伸阅读　　62

3　性选择　　63

关键词　　63
达尔文和性选择　　63
性别内选择与性别间选择　　64
雌性能选择吗？　　64
性选择理论　　66

性感的雄性和亲代投资	66
亲代投资	66
雌性选择与雄性装饰	68
寄生虫理论和诚实信号	69
对雌性选择理论和雄性装饰理论的评价	70
性有什么好处？	72
为什么要为性而烦恼？	72
棘轮和彩票	74
生活环境和自然环境的影响	75
红桃皇后	76
性、进化和行为	78
雌性选择和雄性繁殖成功率	80
竞争的雄性和雌性行为	83
延伸阅读	89

4　人类择偶的进化　　91

关键词	91
性策略理论：检验进化心理学家的主张	91
人类择偶的起源：我们亲属的社会行为	92
黑猩猩	92
倭黑猩猩	95
大猩猩	96
狒狒	98
重建人类的行为进化史	100
人类有什么不同吗？	100
肉食祖先	100
男性供给假说	100
为什么只有男人？	102
隐蔽发情	104
科学还是猜测？	105

性别二态性与交配系统	106
人类择偶策略	107
长期择偶偏好	109
对财力、勤奋和社会地位的偏好	109
美貌偏好	110
对爱情和可靠性的偏好	112
守贞偏好	113
情绪稳定和性格开朗	115
短期择偶偏好	115
睾丸尺寸和交配策略	115
婚前和婚后活动	117
男女两性在短期性关系中的成本与收益	117
伴侣的数量？	119
女性从随意性行为中能得到什么？	120
女性对自己的市场价值有自知之明吗？	122
一夫一妻制还是多配偶制？	123
文化差异和发展灵活性	124
延伸阅读	127

5　认知发展和先天性问题　　128

关键词	128
天性、养育和进化心理学	128
先天相似和先天差异	129
超越先天和后天	130
特定能力的出现	132
皮亚杰的发展理论	132
表观遗传景观	134
习得物理世界规律	135
客体永久性	135
用习惯化研究客体永久性	137

　　　　这是先天知识的证据吗？ 140
　　识别同种：比较研究视角 140
　　　　婴儿普遍的面孔偏好 142
　　　　识别特定人群 143
　　读心术：心理理论的发展 144
　　　　心理理论和错误信念 145
　　　　心理理论是如何发展的？ 146
　　　　心理理论是模块化的吗？自闭症谱系的案例 148
　　威廉姆斯综合征 149
　　　　威廉姆斯综合征的病因 150
　　　　威廉姆斯综合征：模块化解释 150
　　　　反对模块化解释的证据 151
　　心理理论是先天模块吗？是领域特定的吗？ 151
　　对模块化和领域特定的再思考——建构主义与领域相关学习 152
　　延伸阅读 154

6　社会性发展　　　　　　　　　　　　　　　　　　　　156

　　　关键词 156
　　童年是用来干什么的？ 156
　　父母的选择：后代数量还是后代质量 160
　　从后代的角度最大化适应性 161
　　依恋理论 163
　　用生活史理论解释依恋 164
　　　　杰伊·贝尔斯基的依恋生活史理论 165
　　对依恋生活史理论的评价 167
　　　　行为遗传学：分离先天与后天因素 170
　　那么，父母有影响吗？ 174
　　　　合作的发展 175
　　延伸阅读 182

7 社会性行为的进化心理学——亲缘关系和冲突　　　　　　183

  关键词　　　　　　183
社会心理和进化理论　　　　　　183
仁爱先从家里开始——广义适合度理论和亲缘利他主义　　　　　　184
  亲缘利他主义能解释人类的自我牺牲行为吗？　　　　　　188
  收养与谬误——萨林斯对亲缘利他主义的批评　　　　　　189
  如今西方社会的领养——你需要的只是爱　　　　　　190
亲代投资和家庭生活　　　　　　193
  亲代应该提供多少资源？　　　　　　194
  亲代投资与生活史理论　　　　　　197
  来自祖辈的投资——祖母假说　　　　　　198
  家庭——亲代投资的结果？　　　　　　201
  父母操纵——父母帮助后代完成社会化　　　　　　202
亲子冲突　　　　　　203
  断奶冲突　　　　　　205
  青春期的冲突——该谁生育？　　　　　　205
  家庭进化是否能最大限度地提高广义适合度？　　　　　　207
延伸阅读　　　　　　209

8 社会行为的进化心理学——互惠和冲突　　　　　　210

  关键词　　　　　　210
为什么我们善待他人？　　　　　　210
  互惠利他主义　　　　　　211
互惠利他主义还是直接互惠？　　　　　　212
互利和人类进化　　　　　　213
前工业社会的利他主义　　　　　　213
无害之人——昆桑族人　　　　　　214
分享之人——阿切族人　　　　　　217
残暴之人——雅诺马诺人　　　　　　218

亲缘利他和互惠利他是否源自进化倾向？	221
囚徒困境和互利	221
战争中的相互制约	226
暴力和仇外心理	228
对内群体的忠诚和对外群体的敌意	229
人类和黑猩猩的致命联合攻击	230
自然群体形成——罗伯洞穴实验	232
基于最小信息的群体有别	233
两性间的侵犯与暴力	235
性骚扰	236
对伴侣施暴	237
为什么有些男人会强奸？	239
结论	241
延伸阅读	243

9　进化、思维和认知　　244

关键词	244
什么是心智，什么是大脑，它们的作用是什么？	244
认知与思维的进化	245
进化论给认知研究带来了什么？	248
视觉	250
记忆有什么功能？	256
单细胞生物的记忆	256
用语言预测未来	258
基于情景记忆预测未来	261
情景记忆与未来的关系	263
记忆和分类	263
适应性记忆	265
意识记忆的限度	266
记忆是适应性的吗？记忆进化了吗？	267

条件推理和逻辑推理	267
华生的选择任务	268
领域特定的进化算法	269
对"欺骗—检测"解释的评价	271
对逻辑推理问题的总结	273
统计推理	273
觅食理论与统计推理	275
进化与认知	276
延伸阅读	278

10 语言进化 279

关键词	279
语言是专属于人类的吗？	279
人类语言和语法的组合能力	283
平克和布鲁姆——语言机制的进化理论	284
语言习得	285
习得语声	285
习得词汇	286
词汇习得中的假设	286
词汇习得中的共同注意	287
习得语法：乔姆斯基、先天性与普遍语法	288
普遍语法	290
乔姆斯基和进化	292
对乔姆斯基理论的评价	294
语言习得的其他进化解释	295
结论：语言习得理论	296
寻找语言基因	296
FOXP2：语言基因？	300
语言是何时进化的？	302
语言的进化	305

语言为何进化? 308
　　　　　流言蜚语和语言进化 309
　　　　　社会契约假说 311
　　　　　择偶心理和语言进化 312
　　　　　语言作为文化传播的引擎 313
　　　　　评价:语言和社会互动 314
　　延伸阅读 317

11　情感的进化　　318

　　　　关键词 318
　　什么是情绪? 318
　　为什么我们会有情绪? 319
　　达尔文、詹姆斯、弗洛伊德和早期情绪研究 320
　　　　达尔文、詹姆斯和弗洛伊德眼中人类情绪的作用 321
　　　　情感色轮 323
　　普遍情绪理论在 20 世纪的失利与复兴 323
　　表情和情感体验 325
　　大脑中的情绪体验——关于表情的神经科学研究 327
　　　　定位主义者的视角 329
　　　　前扣带皮层 330
　　　　脑岛 330
　　　　杏仁核 330
　　　　眶额皮层 332
　　菲尼亚斯·盖奇——早期的严重脑损伤研究案例 332
　　情绪的化学成分——肾上腺素 334
　　学习和文化表现规则可以改变情绪反应 336
　　　　对特定情绪状态的功能性解释 339
　　特定情绪的功能 339
　　　　消极情绪——恐惧、愤怒和悲伤 340
　　　　积极情绪——爱和快乐 341

人类普遍情感理论经得起检验吗？	345
所有情绪都有适应功能吗？	347
延伸阅读	349

12　进化精神病理学和达尔文医学　　350

关键词	350
什么是进化精神病理学和达尔文医学？	350
传染病和进化军备竞赛	351
细菌感染	352
病毒感染	354
免疫系统的抵抗	354
HIV 和 AIDS——欺骗免疫系统的病毒？	355
精神问题	358
为什么进化不能让我们摆脱精神问题？	358
焦虑——为什么要担心？	360
烟雾探测器原理	360
抑郁症——现代的流行病？	363
社会竞争假说	365
抑郁的猴子？	366
马基雅维利主义者和道德家	367
抑郁症变得越来越普遍了吗？	367
创造力——狂热的功能？	369
治疗的缺点	370
基于进化的抑郁症治疗：进化环境能帮助我们解决抑郁症问题吗？	372
精神分裂症	373
精神分裂症在家族中的延续——它是遗传疾病吗？	374
素质—应激模型	375
精神分裂症与大脑变化有关吗？	376
进化论者如何解释精神分裂症？	376
精神分裂症基因？	379

	人格障碍	380
	进化心理学能解释人格障碍吗？	380
	反社会型人格障碍——精神病患者是否在使用适应性策略？	381
	病态人格的平衡理论和或然转移理论	383
	表演型人格障碍	384
	其他人格障碍：社会导引	385
进化与疾病——解释还是推测？		387
延伸阅读		390

13 进化与个体差异 391

	关键词	391
个体差异与进化		391
人格的个体差异		393
	什么是人格？	393
	一共有多少种人格特征？	394
	主合派与主分派	395
人格与进化理论		397
	天性、教养和人格	397
	关于人格差异的进化理论——需要解释什么问题？	399
解释个体差异的可遗传成分		400
	由性重组和突变引起的非适应性差异	400
	环境变化导致的适应性变异	400
	人格变异是进化副产品	400
	源自不同生态位与频率制约的适应性变异	401
	养育影响的易感性差异	402
	变异是成本—收益权衡的结果	403
寻找人格的遗传基础		404
	搜寻基因	405
	单一基因研究的局限性	406
	全基因组关联研究	407

解释个体差异的非遗传成分	408
源于社会学习过程的非适应性变异	408
源于偶然因素的非适应性变异	408
早期环境校准或"天气预报"导致的适应性变化	409
基因—环境相互作用导致的继发性精神病态	411
适应性生态位填补	411
对进化解释的评价	412
非人类动物的个性会不同吗？	415
智力	417
什么是智力？如何测量智力？	417
智力测验的历史	417
单一智力还是多元智力？寻找"一般智力"	418
智力和进化	419
为什么我们的智力水平不同？	421
评价智力与进化的关系	425
先天个体差异与后天个体差异	425
延伸阅读	427

14　进化心理学和文化　　428

关键词	428
文化的重要性	428
文化是"超有机体"	429
文化共性	430
文化与社会学习	432
为什么人类会成为优秀的模仿者？	433
文化的进化心理学理论	436
诱发文化和传播文化	436
双重遗传理论和文化进化	436
基因—文化协同进化	438
生态位建构与文化进化	440

文化基因理论的未来　441
　作为复制因子的文化信息——模因　442
　　　模因是什么？　443
　　　模因论有什么意义？　446
　其他形式的文化！学习　447
　为什么文化财富会有如此大的差异？　447
　专业分工的重要性　449
　文化在文化发展中的重要性　451
　　　横向传播的重要性　451
　　　在横向传播和垂直传播之间取得平衡　453
　结论　454
　延伸阅读　456

参考文献　458

1 进化心理学导论

> **关键词**
>
> 进化适应环境·远因水平的解释·近因水平的解释·遗传性变异·差异繁殖成功率·颗粒遗传·优生学·存在之链/自然阶梯·社会生物学·基因—文化协同进化/双遗传理论·自然主义谬误·道德主义谬误

进化心理学是一门将达尔文的自然选择原理与人类心智研究相结合的新学科,它的主要假设是,人类的思维方式可以被看作是自然选择"设计"出的心智器官,这些器官会引导个体作出有利于自身生存和繁殖的决策。一方面,通过物种特有本能,我们祖先得以世代繁衍生息,这也正是普遍"人性"的源头;但另一方面,进化心理学家还主张,大脑是一种旨在让我们能够学习的器官——所以与许多人所想象的相反——进化心理学并不认为一切都是天生的。本章我们在追溯进化心理学起源的同时还会阐述一些基本观念,其中有的观念相信心智生来是一张白板,有的观念则相信人类行为就像其他动物行为一样,是漫长进化历史的产物。

进化心理学的起源

进化心理学的基本假设是,人类的心智就像其他身体器官一样,也是进化的产物,因此我们可以通过研究塑造心智的进化压力来更好地理解心智。这到底是什么意思?对进化的认识能为心理学带来什么?毕竟,早在达尔文提出自然选择理论之前,科学家们就已经对身体器官了解颇丰,比如心脏和手的结构。遗憾的是,并不是所有身体部位都像心脏和手一样可以被轻易搞懂。一个典型例子是雄孔雀的尾巴,这种庞大而累赘的身体构造会使孔雀难以摆脱猎食者的追捕,而维持该器官还需要耗费大量能量,这些能量本可用于繁衍后代(见图1.1)。

达尔文也曾苦苦深陷这一难题之中,在一封给朋友阿萨·格雷的信中,他写道"每次看到雄孔雀的尾巴,我都会反胃不止"(Darwin, 1860)。或者再看一个更奇异的例

图1.1　一只雄孔雀展示自己美丽的尾羽

子,雄性澳洲红背寡妇蜘蛛在交配时会做出自我牺牲,让雌性吃掉自己,自然选择有什么理由设计出这样一种动物呢?

这些问题都可以算作是某种远因问题(ultimate questions),它们探求的是为什么某个器官或某类行为会存在? 与之形成对比的是近因问题(proximate questions),例如,一种特定的行为模式是如何发展的,它的神经或认知基础可能是什么,它在多大程度上是后天的或先天塑造的。换句话说,这些都是传统(即非进化)心理学会提出的问题。而远因问题关注的是特定特征的进化功能是什么,或者说,特征如何有效地帮助有机体实现生存与繁衍?

对这些问题的解答正凸显了传统心理学思考中一个根深蒂固的顽疾,即使心理学家会考虑我们为什么做出特定行为——事实上这并不常见——他们通常关注的也是行为者的个体利益。但达尔文的理论颠覆了这种想法,我们不一定是自己行为的受益者——在很多情况下,行为的受益者是我们的基因。

这里我们有必要暂停下来,认真考虑下这一观点以及它所带来的启示。雄孔雀将庞大的尾巴拖在身后,如果能自我反思,它很可能更愿意摆脱尾巴。同样的,如果能深思熟虑,雄性红背寡妇蜘蛛也许会选择不再视死如归地满足配偶吃掉自己的疯狂冲动。然而，这种将行为聚焦于个体的视角并不能总是让我们看到完整图景。现代进化理论认为，个体只是剧目中一晃而过的小龙套，表演着并非由自己而是由基因所写就的剧本。理查德·道金斯（Richard Dawkins）用"复制因子—载体"的区分（见第 2 章）对此进行了形象总结："我们都是生存机器——作为运载工具，内置了许多轻率的程序，其目的只是为永久保存基因这种禀性自私的微粒。"（Dawkins, 1976, xxi）如果你仔细想想，就会发现事实确实是如此。生命起源于可复制的化学物质——DNA 前体——千百万年后，这些化学物质才开始在它们周围构建结构，形成细胞前体。接着，单细胞生物变成了多细胞生物，组织变成了器官，直到最终形成具备大脑和习性的动物。大脑显然对 DNA 有利，否则它们就不会被制造出来，否则有脑动物就会被无脑动物所淘汰。这意味着不是基因要使我们受益，而是我们要使基因受益。正如道金斯所言："这是一个至今仍令我震惊的事实。"如果你不感到惊讶，说明你还没理解这一切，但别急，我们将在第 2 章中更深入地讨论这一问题。

值得注意的是，上述论断只适用于进化形成的习性。任何非进化而来的习性，比如纯粹的习得行为，都可能对基因毫无益处。确切地判断哪些行为是经由进化塑造的、哪些行为不是（以及哪些是两者兼而有之）是一项艰难的任务，在后续章节中我们会多次回到这个问题上。

进化思维的历史

达尔文之前的进化论 几千年来，人类一直对自然界心驰神往，我们不仅会被构成自然界的复杂生物所吸引，还着迷于不同物种间相互依存的关系。花为昆虫提供食物，昆虫被鸟类吃掉，鸟类被小型哺乳动物吃掉，小型哺乳动物被大型动物猎杀，大型动物死亡后又为植物提供养料，如此循环往复。这么精密的系统怎么可能是意外产生的？应该源于某种全能生物的设计吧？复杂的大自然是被一蹴而就创造出来的——这一观点在很长一段时间内占据主导地位，它不仅是正统的宗教教义，也被人们视为是对万物起源的真实描述。

不过，并不是所有古代信仰体系都相信存在一个有智慧的造物主，古希腊哲学家泰勒斯（Thales, 约公元前 624 年—约公元前 545 年）试图用自然而不是超自然的术语来解释生命起源。他还提出，生命是由相对简单的成分"进化"而来的，而所有相对简单的成分都来自最简单的成分——水元素。后来另一位古希腊人恩培多克勒（Empedocles, 约公元前 495 年—约公元前 435 年）认为，起初世界充满了身体器官，在爱驱力的推动下，这些器官恰巧结合在了一起。大多数结合的产物都是"怪物"，它们逐渐消亡了,但也有少数产物成功了,它们继续繁衍,创造出自己的复制品。虽然我们可以明确承认这是臆想,因为如今心理学家将爱视为一种情感而不是一种自然驱力,但恩培多克勒式的选择机制与自然选择机制仍有一些明显的相似之处(见第 2 章)。尤其是它们都支持一种观点:在时间进程中,不太成功的生命形式被逐渐淘汰,于是变化就这样发生了。

亚里士多德(Aristotle,公元前 384 年—公元前 322 年)提出,每个物种都在所谓的存在之链(The Great Chain of Being)或自然阶梯(scala naturae)结构中占据一个特定空间,该观点在很大程度上扼杀了进化思想。例如,他认为具备移动能力的动物在分类等级中要高于植物,而动物也有高低之分,脊椎动物在阶梯上的等级就要高于无脊椎动物。这一生物学创想在中世纪时被基督教所吸纳,于是超自然生物与自然生物一起被囊括其中。上帝占据了梯子的最高一级,其次是天使,然后是贵族(先是男性再是女性),再往下是普通男人,普通女人,动物,植物,最后是无生命的物体。没有东西能从一级阶梯跃迁到另一级阶梯,这意味着世界存在一种自然秩序。此外,存在之链不仅是描述性的("世界就是这样"),而且是规范性的("世界应该是这样"),任何对既定等级的改变都会导致混乱,直到秩序重新建立。通过确立等级秩序,存在之链实际上结束了关于进化的争论,进化路径不仅在理论上"不合逻辑",在道德上也"肆意妄为",因为它竟敢对事物"本该"情况有所质疑。

将时间快进到近代,达尔文的祖父伊拉斯谟斯·达尔文(Erasmus Darwin,1731—1802)曾宣称可能所有生物都来自一个共同祖先(他称之为"生命丝")。他还指出,竞争可能是进化背后的驱动力,他发现竞争不仅存在于不同物种之间,也存在于在同一物种内相同性别成员之间(这也正预示了他的孙子在 1871 年会提出性选择理论)。在《动物法则》(*The Laws of Organic Life*)一书中,老达尔文写道:

> 雄性之间竞争的最终结果似乎是,最强壮、最具活力的动物应该会繁衍后代,从而改良物种(Darwin, cited in King-Hele, 1968,5)

尽管我们可以看出这些观点与小达尔文的进化论之间有紧密相似处,可伊拉斯谟斯未能揭示进化变化的合理机制。

与伊拉斯谟斯·达尔文同时代的让-巴蒂斯特·拉马克(Jean-Baptiste Lamarck,1744—1829)提出了一种解释变化的机制。拉马克第一法则认为,环境变化会导致动物行为变化,而行为变化反过来又可能导致某一器官被使用更多或更少。第二法则则认为,这种变化是可遗传的。因此,有机体的持续渐进变化是有机体需求与环境相互作用的结果。大多数进化生物学家都不赞同拉马克理论中所宣称的获得性遗传(the inheritance of acquired characteristics)。虽然环境确实会影响身体器官,例如加强运动可以提高心肺容量,但这些变化不会传递给生物体的后代。当然也有一些例外,其中之一就是在进化心理学(以及其他领域)越来越受重视的表观遗传(epigenetics,见第2章),它指个体人生经历能影响他们的后代表达哪些基因(哪些基因被打开或关闭)。一项最近的研究声称,如果母亲暴露在空气污染环境中,会通过表观遗传路径提高婴儿对哮喘的易感性。有人认为表观遗传在本质上正是拉马克式的遗传机制,但当下流行的看法是,表观遗传只是达尔文理论外的一个特例(Haig, 2007)。

达尔文和自然选择 自然选择取决于两组部件:遗传性变异(heritable variation,一个种群中的个体会将不同基因传递给后代)和差异繁殖成功率(differential reproductive success,由于存在遗传性变异,一些个体会比其他个体有更多可存活后代)。通过阿米巴原虫这样的无性繁殖物种,你可以清楚看到这一过程,阿米巴原虫的繁殖方式是产出一个个自身的复制品,在这种情况下,绝大多数后代会与母体完全相同,但由于复制过程中的错误,少数后代将在一定程度上与母体有所差异。

复制错误可能源于辐射,辐射可以改变DNA的结构,而DNA是构成基因的物质。辐射引发的基因突变是"切尔诺贝利事件"等核泄漏事故如此危险的原因之一,也是我们为什么需要涂抹防晒霜以防止患皮肤癌的原因之一,皮肤癌本身正是一种由太阳紫外线辐射所导致的基因突变。当然,你不能把皮肤癌传给你的后代,从自然选择角度看,重要的突变是那些在生殖细胞(卵子和精子)中的突变。

但这里我们讨论的是单细胞生物(有性繁殖稍后再说),当变形虫繁殖时(简单地分裂成两个),两个子细胞都含有突变,这就是遗传性变异。想象一下,相对于没有突变的情况,假定这种突变给变形虫带来了一些优势,于是它在分裂过程中会变得更普遍,这就是差异繁殖成功。

然而,复制错误很少有积极结果。这一点其实不难理解,想象一下,你在抄写食谱时犯了一个错误:这个错误很可能不会对最终成品产生什么明显影响(例如,你可能只是将一粒胡椒记成了两粒胡椒);也可能会使成品变得很糟糕(例如,将一小勺盐记成了一大勺盐);而只有极少数的"错误"能无意中起到改良食谱的作用。

曾经,一位名叫露丝·韦克菲尔德(Ruth Wakefield)的女士打算做巧克力味饼干,结果恰巧巧克力粉用完了,于是她就切了一些雀巢巧克力块加进去,希望巧克力能在烤箱里融化。可这些巧克力没融化,后来怎么样?巧克力曲奇就这样诞生了!

虽然这种令人感到惊喜的事情时不时会发生,但有更多的惨痛教训却不为人所知。同样,在自然界中,复制错误也许不会造成任何影响,也许会导致个体无法将其基因传递下去。然而,在罕见的情况下,一个错误可能会产生一种"巧克力曲奇"式的生物,这种生物竟然比它的上一代更能适应环境,或者它能更好地利用环境资源。在这种时候,除非发生不幸的突发事故,否则它大概能繁殖更多后代,而这个"复制错误"很快就会成为常态。某些情形下,新遗传血统可能会战胜旧血统,将其取而代之;在另一些情形下,特别是当两个变种在地缘上相对隔绝时,两个遗传版本可能共存,最终形成不同物种。

正如我们将在第 3 章中看到的,对于有性繁殖的生物来说,情况要更复杂一些。无性物种的变异只来自基因复制错误(或突变),而有性繁殖的物种在繁殖过程中要将两个个体的基因结合在一起,这意味着后代的基因总是同父母中任何一方都不同。有性繁殖所导致的变异是"性"得以进化的首要原因之一。

孟德尔与遗传学的诞生　达尔文对遗传学一无所知,不过这没什么奇怪的,事实上,直到达尔文去世,除了奥地利修道士格雷戈尔·孟德尔(Gregor Mendel)外,地球上没有人了解遗传学。1858 年至 1875 年间,孟德尔在布尔诺(现捷克共和国境内)修道院的花园里开展了一系列豌豆育种实验(见图 1.2)。

孟德尔最伟大的见解之一是遗传具有"颗粒"(particulate)性质。按照达尔文的猜想,个体特征是父母特征的融合,类似于不同颜料搅拌在一起。一些观察似乎支持这一观点,在许多物种中,体型较大的雌性与体型较小的雄性交配后会生出体型介于二者之间的后代,这一事实早被动物饲养者所洞悉。但孟德尔证明了融合理论并不正确,他发现,如果两株豌豆杂交,一株开白色花,一株开红色花,那么后代要么是红色要么是白色,而不会像人们预期的那样是粉红色。某些性状——如身高或肤色——看起来具有融合性,其实是因为这些性状是由许多基因而不是单一基因控制的。遗传总是通过遗传颗粒进行,它们无法融合。

事实上,要凸显出融合理论的不足之处,我们可能根本不需要孟德尔的实验数据。任何一个在颜料盒里混合过颜色的孩子都会意识到,只要几次混合之后,他得到的总是暗沉的棕褐色。同样,如果性状可以融合,经过足够多的世代后,每个人最终都会是一样的,变异也就会越来越小。既然自然选择依赖变异起作用,进化很快就会停止。达尔文无疑也意识到了融合理论的缺陷(Dawkins, 2003),但他没法提出一个更好的替代方案,尽管他一度距离正确的理论只有咫尺之遥;在 1866 年给朋友阿尔弗雷德·华莱士(Alfred Wallace,自然选择理论的共同发现者)的一封信中,他写道:

图 1.2　孟德尔在自己的花园内培育植物

> 我把"彩花小姐"和"紫甜豆"这两种颜色不同的品种杂交,可最后得到的豌豆都是完美的红色或紫色,而没有中间色……这些案例看起来是如此令人感到惊奇,对此我毫无所知,就像我同样也不明白为什么世界上每个女性都能生出一些不同的后代(译者注:达尔文的意思是他既不了解为什么有些性状完全不会融合,也不了解为什么有些性状好像可以融合)。

不幸的是,达尔文没有进一步了解遗传的真正机制,看起来他也没有察觉到孟德尔的成果。传言达尔文拥有一份刊登了孟德尔研究报告的杂志,但人们在现位于剑桥大学的达尔文藏书馆中没有发现这本杂志。对于孟德尔理论的重要价值,科学界的认知可谓非常滞后,直到 20 世纪初,生物学领域才重新发现了他当年被埋没的研究。随后,遗传学和进化论的结合孕育出了所谓的"现代综合"或"新达尔文主义"(见第 2 章和图 1.3)。

图 1.3 查尔斯·达尔文

从进化论到进化心理学

尽管达尔文在《物种起源》(*The Origin of Species*)中阐述的大多数案例都是关于生理特征的,但他相信自然选择在行为进化中也发挥了作用。达尔文似乎认为,人类的心灵和其他身体器官一样,可以用同样的基本物理定律来解释。在一本写于1838年的早期笔记中,他推测:

> 经验表明,不能通过攻击心灵本身的根据地来解决心灵问题——心灵是身体的功能——我们必须将讨论建立在一些稳固的基本原理之上。

这一稳固的基本原理就是唯物主义(materialism),这也是现代认知心理学所秉持的基本立场(见第9章),该取向认为思维最终可简化为大脑的活动,或者像史蒂文·平克(Steven Pinker)所说的,"思维是大脑的信息处理活动"(Pinker, 1997)。对进化心理学来说,这种唯物主义立场非常重要,因为如果思想只是源于大脑活动,而大脑作为一个身体器官又会经受自然选择的选择压力,那么思想和行为在某种程度上也是进化的产物(见第 9 章)。

达尔文确实稍微涉及了心理学领域。在《人类和动物的情感表达》(*The Expression of the Emotions in Man and Animals*)一书中(见第 11 章),达尔文提出了关于情感及表情的理论猜想。1877 年,达尔文根据他对襁褓中儿子的观察写了一本《婴儿小传》(*A Biographical Sketch of an Infant*)。不过,这部作品主要以叙述性内容为主,尽管书中推测了婴儿啼哭和吮吸行为的本能基础,但未提及进化和自然选择对于这些行为的塑造作用。

进化心理学的早期尝试

高尔顿　达尔文的表弟(也是伊拉斯谟斯·达尔文的孙子)弗朗西斯·高尔顿(Francis Galton, 1822—1911)深受自然选择理论的影响:

> 1859 年查尔斯·达尔文出版了《物种起源》,这是人类思想发展史同时也是我个人思想发展史上的里程碑事件。它一举摧毁了大量的教条主义壁垒,唤醒了一种反抗精神,让人们敢于去挑战一切与现代科学相矛盾的、未经证实的古代权威。

高尔顿是心理学史上一个非常重要的人物,他指出了性格和智力的遗传性,并开发了一些早期智力测试来探索这些问题。从很多方面来看,他都可以被视为是心理测量学的奠基人。他还预测了实验心理学的研究方法,强调需要使用来自大样本的定量化数据。高尔顿还提出,在祖先时代有用的特征可能并不适用于现代社会(当时的现代社会指维多利亚时代)。例如,他认为在远古时代进化更青睐具备集体意识或交际技巧的个体。由于人类生活在群体中,所以那些在群居环境下如鱼得水的人会比那些不适应群居的人留下更多后代。然而,在高尔顿的时代,当人们更加强调独立自主和个人拼搏时,合群可能就不是那么令人向往的品质了(见第 13 章)。

某些特征对于狩猎—采集社会来说很重要,但它们可能在现代社会不再是最优模式——这其实是现代进化心理学所认可的观点。类似观察并没有什么太大争议,作为科学假说,它们的成立与否取决于研究证据。真正有争议的是,高尔顿试图用他的科学发现来推动社会进步。他提出,选择性繁育是一种改进社会的有效手段,国家应该鼓励那些具备优势特征的人(创新者、聪明人等)多生育后代,规劝具备劣势特征的人(懒惰者、智力缺陷者等)少生育后代。该项目被称为优生学(eugenics),它引发了剧烈争论(见专栏1.1)。

专栏1.1 优生学

弗朗西斯·高尔顿创造的"优生学"一词来自希腊语"eugenes",意思是"生得好"。这一观念也同样源于希腊,柏拉图在《理想国》(*The Republic*)中提出,尽管两性之间的友谊是被允许的,但为了培育一个更好的社会,政府应该管控生育。在某种意义上,所有有性繁殖的生物都在践行优生学,虽然它们自身意识不到这一过程。有证据表明(见第3章和第4章),当动物(包括人类动物)选择性伴侣时,它们所看重的一些特征确实是优秀基因的指示器。这样看来,美貌并不是毫无意义的随机现象。但优生学要做的远不止于此,它试图规定哪些人应该同哪些人生育,甚至更极端的——哪些人应该被禁止生育。

优生学有两种形式,通常被称为积极优生学和消极优生学。积极优生学的原则是鼓励高适合度的人交配,以繁衍更多后代。"适合度"这个词是一个达尔文主义的概念,它可以被理解成"拥有对社会有益的特征"。不得不说,即使这种最良性的优生学形式,对大多数人来说也并不友善。更糟糕的是,消极优生学试图限制或禁止那些低适合度的人繁衍后代。

当高尔顿在1907年成立优生学教育学会时(后来的优生学学会,在1989年又成为高尔顿学会),他的目标是通过积极方式改善人类:

> 如果像改良牲畜那样用心地改良人类,哪怕只用前者二十分之一的成本和精力,我们会创造出一个多么群星璀璨的社会!我们可以把先知、领袖和文明带到这个世界上,当然我们也可以让傻瓜交配来生育傻瓜(Galton, 1864, 165–6)。

后来,查尔斯·达尔文的儿子伦纳德·达尔文(Leonard Darwin)从高尔顿手中接管了优生学学会,并促使优生学实践完成了从积极优生学到消极优生学的转变。他倡议实行隔离政策,将适宜生育的人与不适宜生育的人相隔绝。"现在,虽然我们已经允许对罪犯、疯子和有智力缺陷的人实施强制措施,但这一手段必须推广至所有会因生育而损害子孙后代的人"(L. Darwin, 1925)。

在20世纪早期,全世界有成千上万的人因"心智不良"而被实施了绝育手术。据报道,到20世纪60年代,仅在美国就有近6万人遭受了非自愿绝育(Reilly, 1991)。毫无疑问,规模最大、最系统性的优生学计划发生在纳粹德国:最先是隔离和绝育,后来发展到对数百万人进行系统屠杀,希特勒试图确保"不适宜"的基因——

主要是犹太人,但也包括其他民族——无法延续到下一代。

想想也真是奇怪,在发生大屠杀的那段时间里,优生学依然被很多人认为是一项值得尊敬的事业。优生学学会的成员包括著名经济学家约翰·梅纳德·凯恩斯(John Maynard Keynes)、因家乐氏玉米片而名声大噪的约翰·哈维·凯洛格(John Harvey Kellogg)、英国社会保障文件《贝弗里奇报告》的提案人威廉·亨利·贝弗里奇勋爵(William Henry Beveridge)、心理学家西里尔·伯特(Cyril Burt)、汉斯·艾森克(Hans Eysenck)和查尔斯·斯皮尔曼(Charles Spearman)、性学家亨利·哈维洛克·艾利斯(Henry Havelock Ellis)和遗传学家罗纳德·费舍尔(Ronald Fisher)。

毫无疑问,许多优生学家可能曾相信他们真诚地重视人类最大利益。然而,今天大多数人可能会认为,即使是积极的优生学——由于它试图强迫或干涉个人选择伴侣的自由——也是对公民自由的侵犯,因此令人厌恶。优生学在当前社会依然存在,只是技术发展给我们带来了不同议题。如今,人们会争论基因工程在决定人类特质方面到底应该起到何种作用。从技术上来说,当前的医学实践已经具备了对胎儿进行疾病基因筛查的能力,也许我们很快就能用正常基因来替换掉有缺陷的基因,以保证婴儿健康。这种所谓的基因疗法被认为对人类有益,但有些人担心,那些并不算"缺陷"只是"不太受欢迎"的基因也可能会被替代。如果能检测出影响犯罪行为或反社会人格的基因,那么为了公共利益而改变这些基因是否合乎伦理?如果通过操纵基因来获得智慧或美貌,这在道德上是否站得住脚?

优生学争议为达尔文理论在人类行为领域的前景蒙上了一层阴影(见专栏1.3);从那之后,所有将进化理论与人类心智相结合的观点都会被贴上种族主义、至上主义或其他负面政治标签。这很不幸,因为达尔文思想本可为社会科学提供一个统一框架(Wilson, 1998),就像它在20世纪早期统一了生物学的各个不同领域一样(见第2章)。我们不应该仅仅因为某些人将其用于邪恶目的就拒绝它,就像虽然亚原子物理学构成了核武器的知识基础,但我们不应该放弃亚原子物理学研究。一方面,科学理论的真实性不取决于人们的好恶;但另一方面,科学理论也并不存在于真空中,我们所有人——包括科学家,也许尤其是科学家——都有责任警惕那些居心不良者,防范他们利用科学结论来达到自己的政治目的。

西格蒙德·弗洛伊德 弗洛伊德是心理学史上一个有趣的案例。对许多人来说,他是文化相对主义的化身,他非常强调父母和家庭对人格的影响。然而,弗洛伊德的思想中其实还有两点与此并不一致的地方:首先,不同于后来的许多心理学家,弗洛伊德会对终极问题感兴趣，他不仅会探讨人们"如何做"，还会专注于研究"为什么这么做"。其次，尽管他的解释中包含很多明显的非达尔文式概念（例如，一个男孩会因为俄狄浦斯情结而想要杀死他父亲），但他也有一些想法非常符合现代进化心理学的立场。例如，弗洛伊德认为"本我"涵盖了一系列与生俱来的欲望，这与进化论有诸多相似之处；他还认为我们有意识的"自我"可能完全不知道自身"真实"动机，这正呼应了罗伯特·特里弗斯（Robert Trivers）的自我欺骗理论。弗洛伊德还写道：

> 个体自己将性视为自身目的之一；然而从另一个角度来看，他是他的种质（即遗传物质）的附属物，在种质的支配下，他投入精力来换取快乐的红利。他（可能）是一个不朽实体的平凡载体——就像财产继承人一样，他只是遗产的临时持有者（Freud, 1914）。

因此，弗洛伊德认为人类只是不朽种质（我们现在可称之为基因）的临时载体，而种质会通过影响我们的自我意识以实现其"目标"，这正符合道金斯"自私基因"观的核心结论，事实上，道金斯甚至使用了同一个词——"载体"——来描述基因携带者。

威廉·詹姆斯与本能概念 威廉·詹姆斯（William James, 1842—1910）是历史上最有影响力的心理学家之一。他对短期记忆和长期记忆的区分被现代认知心理学家沿用至今，他研究过注意力和知觉，对意识的本质有着浓厚兴趣，同时他还热衷于将达尔文思想应用于人类心理研究。詹姆斯特别强调了恐惧、爱和好奇等本能是人类行为的驱动力，并指出：

> 有一种最常见的言论，认为人与低等生物的区别在于人类几乎完全缺乏本能，人类的行为运作主要基于理性。（James, 1890, 389）

他接着补充说，与其他动物相比，人类的独特之处在于本能更多而不是本能更少，这一观点已被约翰·图比（John Tooby）和丽达·科斯米德斯（Leda Cosmides）等现代进化心理学家所接受。詹姆斯关于本能的论点非常有影响力，以至于 1921 年，心理学家埃尔斯沃斯·法瑞斯（Ellsworth Faris）发表评论称：

> 他（詹姆斯）为人类本能的存在做了如此充分的论证，以至于我们现在可以说，相信我们天生具有继承自低等生物的本能，这已经成为一个普遍结论，整个心

理学体系都建立在这个假设之上。

许多心理学专业的学生都了解威廉·詹姆斯在记忆、注意力、意识和学习方面的研究成果,但他对本能的论述却鲜为人知。事实上,本能概念在20世纪从社会科学家的术语库中消失了,部分原因在于它被认为是一个不精确的术语,不具备科学意义(Bateson, 2000)。此外,许多所谓的本能行为能够被经验所改变,在这种情况下,我们很难看到本能与习得行为的边界在哪里。另外,还有一个因素也导致了本能概念失宠:一种新的社会科学取向在学术界占据了主导地位,它否认本能的存在,认为是文化而非生物属性决定了人类行为,这正是我们接下来要阐述的内容。

人类行为的文化解释理论兴起

约翰·图比和丽达·科斯米德斯是进化心理学的两位重要发起者,他们认为,自20世纪早期起,社会科学开始接受一种他们称之为"标准社会科学模型"(Standard Social Sciences Model)的人性假说,该理论的另一个说法可能更广为人知——"文化相对主义"(cultural relativism)。文化相对主义立场如下:

- 人生来就是一张白纸,知识、个性和文化价值观都是从文化环境中获得的;
- 人类行为具有无限的可塑性,生物属性对个体发展的限制很小;
- 文化是一种自主的力量,它独立于人类而存在;
- 人类行为是由学习、社会化或教化机制决定的;
- 学习具有普遍性,它涉及各种现象,例如,配偶选择机制和食物选择机制都是经由学习而获得的。

在以玛格丽特·米德(Margaret Mead)为代表的一干人类学家、埃米尔·涂尔干(Emile Durkheim)为代表的一干社会学家以及阿尔伯特·班杜拉(Albert Bandura)为代表的一干心理学家的著作中,可以找到许多这样的观点。我们可以看出,至少在一定程度上,文化相对主义是对19世纪末和20世纪初极端生物决定论思想的回击(见专栏1.1)。许多人接受了达尔文的理论,并借此指出某些种族"进化程度较低"(这其实是一个毫无道理的想法)。为了验证这一观念,他们会分析智力测试成绩。结果发现,外来种族的测试成绩一塌糊涂,所以外族人在进化阶梯上的地位比西方人要低。当然,这些研究从根本上就存在缺陷,因为智力测试带有很强的文化属性,比如有的试题会要求测试者找出图片中呈现的留声机或网球场少了哪些部分(见Gould, 1981)。

上述想法当然是对达尔文思想的误解。事实上,认为"某些生物比其他生物进化程度更高，它们更高级、更有价值"，这一荒谬的想法可以追溯到著名的存在之链（见第 4 页）。正如我们将会在后面章节更详细的论述中所看到的，达尔文思想已经明确否定了这一想法。不同于很多人想象的，人类其实并不是黑猩猩的后代，正确的说法是黑猩猩和人类存在共同祖先。很多人容易相信黑猩猩是人类原始进化版本，只是它们还没有进化出那些构成人性的优雅组件。而真实的情况是，黑猩猩遵循的是该物种独特的进化轨迹，它们具备人类所不具备的独特适应机制（毫无疑问也包括心理上的适应机制）。打个比方，火车和汽车有一个共同的祖先——马车——但认为汽车是更复杂的火车就完全不着边际了（反之亦然），这两种交通工具都具有符合其设计初衷的独特功能。

文化相对主义　文化相对主义的创始者是人类学家弗朗茨·博阿斯（Franz Boas，见第 14 章）。博阿斯认为人与人之间的许多区别可追溯至他们的文化差异，如果一个人想了解另一个人，就必须了解他所处的文化环境。这种观念是社会科学发展史上的一次重大变革，它在今天仍具有重要意义。例如，工人阶级与中产阶级的日常语言风格有所不同，如今我们都明白，这并不是由于工人阶级在生理上低人一等，只是因为他们来自不同的文化环境。

在拉开了光荣的变革大幕后，文化相对主义很快统治了思想界，以至许多社会科学家对基于生物属性解释人类行为的研究模式产生了一种近乎病态的恐惧，社会学家李·埃利斯（Lee Ellis, 1996）将该倾向称为生物恐惧症（biophobia）。许多因素导致了这一现象，一是一股新的科学思潮一旦得以确立，研究者就很难跳出这股思潮，考虑其他解释方案。另一个原因是，在第二次世界大战的残忍暴行后，任何"胆敢"提起对人性进行生物学探索的人，都会被视为是遗传决定论和优生学的倡导者（见下一节和专栏 1.3）。

专栏 1.2　进化思维在五个学科中的体现

　　把东西放到一个盒子里的做法很省事但也很危险，下面我们试图讲述五个将进化思维应用于行为解释的学科。这些学科尽管在立场、主题和研究方法上存在差异，但它们也有大量重叠的地方。以下论述只是对这些学科的粗略介绍，不涉及评判。

动物行为学

　　描述　"动物行为学（ethology）"一词来源于希腊语"ethos"，意为性格或习惯。

尽管许多人认为动物行为学是洛伦兹、丁伯根和冯·弗里施在20世纪30年代创立的，但这个术语至少已经存在300年了。洛伦兹、丁伯根和冯·弗里施所做的是采用了一种描述性方式，并通过系统的观察、行为记录和分析，为这一学科树立了学术严谨性。

方法 观察动物在自然环境中的行为，例如，记录它们在自身进化环境中的活动方式。动物行为学家试图将进化/功能解释与因果解释结合起来。受达尔文理论影响，早期的"古典"动物行为学家对本能而不是学习感兴趣。20世纪晚期的动物行为学家则更强调基因和环境之间的相互作用。

关键人物 查尔斯·惠特曼(Charles Whitman)、奥斯卡·海因洛特(Oskar Heinroth)、华莱士·克雷格(Wallace Craig)、卡尔·冯·弗里施(Karl von Frisch)、康拉德·洛伦兹(Konrad Lorenz)、尼可·丁伯根(Niko Tinbergen)、大卫·拉克(David Lack)、罗伯特·欣德(Robert Hinde)、艾雷尼厄斯·艾布尔-艾贝斯费尔特(Irenaus Eibl-Eibesfeldt)。

行为生态学

描述 行为生态学(behavioural ecology)脱胎于古典动物行为学。与动物行为学的不同之处在于，它经常使用经济学上的成本—收益模型来预测动物在给定环境中的行为。然后，将基于这些模型做出的预测与实际的动物行为进行比较。社会生物学家和进化心理学家倾向于强调遗传上的限制性，而行为生态学家则强调遗传提供的灵活性。也就是说，生态压力通过激发不同的遗传倾向而对行为模式作出了选择。

方法 行为生态学将生态学原理与行为学方法相结合。研究动物在觅食、战斗或寻求配偶等活动中作出"经济决策"的能力。因此，它关注的是广义适合度(inclusive fitness)。至于人类行为生态学，这门学科主要利用人类学来研究文化如何因生态压力的改变而变化(例如婚姻模式的变化)。

关键人物 乔治·威廉姆斯(George Williams)、约翰·梅纳德·史密斯(John Maynard Smith)、约翰·克雷布斯(John Krebs)、欧文·德沃尔(Irven DeVore)、唐纳德·西蒙斯(Donald Symons)、理查德·亚历山大(Richard Alexander)、尼古拉斯·戴维斯(Nicholas Davies)、理查德·道金斯(Richard Dawkins)、罗宾·邓巴(Robin Dunbar)。

社会生物学

描述 威尔逊在其《社会生物学：新综合》(*Sociobiology: The New Synthesis*)一书中将社会生物学(Sociobiology)定义为"对所有社会行为的生物学基础进行系

统研究",但其实社会生物学一词在此之前已经存在了至少20年。它发端于20世纪六七十年代的动物行为学研究,并与行为生态学在很大程度上是重合的——事实上,社会生物学大多数代表人物也可能出现在行为生态学代表人物名单中,反之亦然。

方法　社会生物学着眼于社会行为的进化,对亲社会行为和反社会行为采取功能性解释。功能性一词意味着,之所以一种行为反应在当前存在,是因为它对祖先生活来说有用。这门学科还认为人类社会组织也是通过自然选择发展起来的。大多数社会生物学家都对非人类物种感兴趣,但在20世纪后半叶,当他们用与非人类物种有关的生物学概念来解释人类行为时,引发了激烈争论。

关键人物　E. O. 威尔逊(E. O. Wilson)、威廉·汉密尔顿(William Hamilton)、罗伯特·特里弗斯、兰迪·桑希尔(Randy Thornhill)、玛戈·威尔逊(Margo Wilson)、马丁·戴利(Martin Daly)、戴维·巴斯(David Buss)。

进化心理学

描述　像社会生物学一样,进化心理学也吸收了许多动物行为学和行为生态学思想,但不同之处在于它更关注心理状态而不是行为本身。另一个区别在于,进化心理学还强调了人类进化环境与当前环境之间的不匹配,这意味着我们目前许多行为模式并不一定具有适应性。大多数进化心理学家研究的是人类行为,而研究非人类动物行为的学者更有可能将自己归为上述其他研究领域。

方法　进化心理学通常使用实验研究或调查数据来检验从进化理论中得出的预测。一些进化心理学家也会使用行为生态学技术,诸如建构最优模型。不同于以上三个学科,进化心理学的解释重点往往涉及心理机制。

关键人物　约翰·图比、丽达·科斯米德斯、戴维·巴斯、罗伯特·库尔茨班(Robert Kurzban)、史蒂文·平克、杰罗姆·巴尔科(Jerome Barkow)、戴维·施密特(David Schmitt)、丹尼斯·克雷布斯(Dennis Krebs)、伦道夫·内森(Randolph Nesse)、戴维·比约克伦德(David Bjorklund)。

基因—文化协同进化/双遗传理论

描述　基因—文化协同进化(gene-culture co-evolution)研究领域出现于20世纪70年代至80年代,它试图探索文化实践和基因变化之间的关系。基因—文化协同进化论者并不否认达尔文主义,只是他们在解释进化和行为的关系时,又补充了来自文化人类学的知识。由于它同时考虑了进化中的生物和文化因素,一些学者将其称为双遗传理论(Dual-Inheritance Theory)。

方法　基因—文化协同进化论者利用由种群遗传学家开发的数学模型来理解

文化传播行为。研究领域包括文化饮食习惯、语言、个性和合作行为以及跨文化饮食习惯。

关键人物 路易吉·卡瓦里-斯福尔扎(Luigi Cavalli-Sforza)、马库斯·费尔德曼(Marcus Feldman)、罗伯特·博伊德(Robert Boyd)、彼得·理查森(Peter Richerson)、凯文·拉兰德(Kevin Laland)、吉莉安·布朗(Gillian Brown)、查尔斯·拉姆斯登(Charles Lumsden)、E. O. 威尔逊。

习得理论及其缺陷

尽管社会科学家们心存顾虑，但达尔文主义思想在心理学之外的动物行为学(Tinbergen, 1951)和行为生态学(Krebs & Davies, 1978)等学科中依然活跃(见专栏1.2)。然而，人类心理学的正统理论仍然是文化相对主义。即使是研究动物行为的心理学家——这原本是达尔文主义解释最不具有争议的领域——也倾向于忽略物种特定的行为模式。习得理论的研究者，如巴甫洛夫(Pavlov)、华生(Watson)和斯金纳(Skinner)都使用经典条件反射或操作性条件反射原理来探讨学习的普遍机制。在这种研究框架下，研究者假定人类只是老鼠、鸽子或海蛞蝓等动物的复杂版本，只要我们能够理解这些简单生物的学习机制，就可以将结论迁移到人类身上。有趣的是，斯金纳团队中的两位研究人员，凯勒·布鲁兰(Keller Breland)和玛丽安·布鲁兰(Marian Breland)发现，动物的本能行为会始终对联结与强化等普遍学习机制形成阻碍(Breland & Breland, 1961)。在与广告公司合作时，他们用斯金纳的方法训练动物将硬币投进存钱罐里。结果表明，尽管动物们已经尽了最大努力，但它们还是会自然恢复本能行为模式：猪会去用鼻子拱硬币(这是猪的自然行为)，而浣熊则会用前爪把硬币擦来擦去(这是一种本能的食物清洗行为)。对这些结果的解释——本能行为感染了操作主义训练方法——在很大程度上忽视了这样一个事实，即本能行为模式代表了生态问题的进化解决方案，动物行为是经过"设计"的。说本能妨碍了动物学会某种行为，就像说勺子的设计妨碍了人们把它当螺丝刀使用。大多数学习理论家都注意到过布鲁兰二人所发现的"本能漂移"现象，但他们只是把它当作有趣的小插曲，同时致力于探寻学习的一般机制，认为后者才是真正重要的工作。简而言之，整个学科都把糖果扔进垃圾桶而大嚼包装纸。

事实上撇开政治正确不谈，在过去的历史中，之所以进化论未能在社会科学和行为科学领域取得成功，主要原因在于大多数心理学家并不了解进化论。直到今天，这依然构成了横亘在进化论接纳之道上的壁垒。虽然进化论不像量子物理学那么烧脑，但它确实也包含一些让人难以捉摸的概念，以基因为中心的生命观就是其中之一（前文提到过）。因此，要正确理解进化解释，需要相当多基础知识，其中许多结论都是反直觉的。到目前为止，只有一小部分心理学本科学位的必修课程包含进化论模块，甚至那些在学校获得生物学学位的人也很少接触到诸如亲代投资理论（parental investment theory）、性选择（sexual selection）、广义适合性和前面提到的基因中心观等思想。

从社会生物学到进化心理学

E. O. 威尔逊和社会生物学

将进化论思想"正式"应用于心理学的首次尝试归属于哈佛大学动物学家 E. O. 威尔逊（见图 1.4），他在 1975 年出版了《社会生物学：新综合》一书，这本书为行为的进化研究取向奠定了基础。就像动物行为学和行为生态学（见专栏 1.2）一样，社会生物学是作为生物学而不是社会科学的一个分支发展起来的，威尔逊将其定义为"对所有社会行为的生理学基础进行系统研究"。这里要注意的是，"生理"不一定等同于"遗传"：我们可以在不依赖遗传的情况下对行为做出许多生理层面的解释。在唯物主义者看

图 1.4　威尔逊和昆虫模型

来,社会行为就其本质而言是大脑活动的结果,因此社会行为都有生理源头(见第9章)。但威尔逊的意思远不止于此。他认为,如果行为以一种可预见的方式影响繁殖成功率(确实如此),而特定行为模式又受到遗传的影响,那么自然选择无疑在一定程度上塑造了人类的行为。

社会生物学饱受争议(见专栏1.3),正是由于这个原因,许多人,包括道金斯和威尔逊本人在内,都认为进化心理学只不过是社会生物学的一次重新更名,目的是在政治上更受欢迎。但是,社会生物学和现代进化心理学之间确实存在一些差异,尽管这些差异或许没有大到需要使用两个不同名称(见专栏1.2)。

专栏1.3 社会生物学、进化心理学和政治正确

像所有的科学事业一样,社会生物学和进化心理学也招致了大量批评。但不同于大多数学科的是,这些批评中很大一部分来自科学界之外。许多人相信社会生物学在传播诸如优生学、种族主义或性别歧视等危险思想。在一张1984年的海报上,宣传语要求抗议者带着"噪声制造器"去参加"右翼拥护者"威尔逊的演讲。在1978年美国科学促进会的会议上,威尔逊遭受了强烈谴责。示威者高喊着"种族主义者威尔逊,你别藏起来,我们指控你犯有种族灭绝罪"。许多关于这次会议的报道称,一名抗议者将一壶冰水倒在威尔逊头上(事实上,本书的第一版讲述了同样的故事)。但参加会议的理查德·道金斯回忆说,在一次混战中,一杯(不是一壶)水洒(不是倒)在了威尔逊的衣服上(不是他的头上)。这提供了一个生动的案例,说明故事情节如何在复述过程中发生"变异",朝着更具情感冲击力的方向发展(参见第14章关于模因的内容)。

在学术界,威尔逊的哈佛同事斯蒂芬·杰伊·古尔德(Stephen Jay Gould)和理查德·列万廷(Richard Lewontin)是社会生物学研究小组的成员,他们从科学和伦理的角度批评社会生物学,声称该学科试图寻找行为和文化的生物学基础:

(社会生物学)根据阶级、种族或性别为某些群体的现状和特权提供遗传理由。历史上,统治阶层从科学界的产品中获得了足够支持,方便他们维持或扩大其权力……这些理论为1910年至1930年间美国颁布的绝育法案和限制性移民法案提供了重要基础,也为纳粹德国的优生学实践方式——建立毒气室——提供了重要基础(1975年)。

1986年,一个由20名社会科学家组成的小组,其中包括剑桥动物行为学家罗

伯特·欣德、心理学家戴维·亚当斯(David Adams)和古人类学家理查德·利基(Richard Leakey),起草了后来被称为《关于暴力的塞维利亚声明》(Seville Statement on Violence)的文件(Adams et al., 1986)。该文件就社会生物学家和进化心理学家提出的生物性与暴力行为特别是战争之间的联系进行了反驳。其主张要点如下:

认为我们从动物祖先那里继承了发动战争的倾向,这在科学上是不正确的。

认为战争或任何其他暴力行为是由基因决定的,这在科学上是不正确的。

认为在人类进化的过程中,对攻击性行为的选择多于对其他类型行为的选择,这在科学上是不正确的。

认为人类有一个暴力的大脑在科学上是不正确的。我们所处的环境和社会化过程塑造了我们的行为,在人类的神经生理系统中,没有什么东西会迫使我们做出暴力行动。

认为战争是由本能或任何一种动机引起的,这在科学上是不正确的。

虽然联合国教科文组织和美国心理学协会通过了《关于暴力的塞维利亚声明》,将其作为一份对生理性与暴力之间关系的研究声明,但它也引发了许多争论。有人认为,原本就没有多少科学家支持该声明力图反驳的观点。福克斯(Fox, 1988)称这一声明是"对从未有人秉持的想法进行的陈旧谴责"。所以在很多方面《关于暴力的塞维利亚声明》没有任何争议性。然而,真正有问题的不是它实际陈述的内容,而是它到底意味着什么。例如,柬埔寨《金边邮报》刊登了一封由一些人道主义组织联合签署的信件,该文称,《关于暴力的塞维利亚声明》基于"科学证据"驳斥了遗传和暴力之间的联系。但事实并非如此,因为没有充分的证据可以驳斥这种联系(请记住,refute的意思是"证明不正确"或"证明不存在",而不是简单地"拒绝相信")。换句话说,这仅仅意味着生理性和暴力之间的联系还没有被证实。贝罗尔迪(Beroldi, 1994)提出,这份声明是一份政治宣言而不是科学宣言。它有一定的价值,可以扑灭一些生物决定论拥护者的狂热激情(他们中的大多数人不是科学家)。但它的坏处在于使人们觉得科学已经推翻了事实上尚未证明的东西。

圣塔芭芭拉学派

20世纪90年代,心理学家丽达·科斯米德斯和人类学家约翰·图比在美国加州圣塔芭芭拉大学建立了进化心理学研究中心。该机构的设立与《适应性思维》(The

Adapted Mind, Barkow, Cosmides & Tooby, 1992)一书的出版是进化心理学发展史上的重要事件,其影响持续至今。图比和科斯米德斯提出,进化心理学与社会生物学的不同之处在于前者采用了一种认知层面的解释(见第 9 章)。有别于社会生物学家,进化心理学家在解释人类行为时,试图澄清大脑中的潜在计算机制(见第 9 章)。这是一个重要补充,因为它意味着进化心理学家不但会研究社会生物学家所关注的现象,如配偶选择、父母—后代冲突和觅食行为,也会研究认知心理学家关注的主题,如记忆、推理和感知。社会生物学被传统心理学家视为边缘学科,而进化心理学则正处于心理学的中心地带,它很难被忽视。

图比和科斯米德斯(Tooby & Cosmides, 1997)概述了定义进化心理学的五个原则:

原则 1 大脑是一个物理系统,它的功能就像一台电脑,其集成电路的设计要旨在于产生适合我们环境的行为。

原则 2 我们的神经回路是由自然选择设计出来的,用来解决我们祖先在物种进化史上面临的困境。

原则 3 意识只是冰山一角,头脑中发生的大部分事情都不为我们自身所知。因此,我们的意识经验会误导我们,让我们自认为思维逻辑比实际情况更简单。大多数我们认为很容易解决的问题实际上很难解决——它们需要非常复杂的神经回路。

原则 4 不同神经回路专门用于解决不同的适应性问题。

原则 5 现代人大脑依然填充着石器时代的思维。

其中,原则 1 是认知心理学的标准假设,我们将会在第 9 章中予以讨论。原则 3 是大多数心理学理论的标准假设,它可以追溯到弗洛伊德的思想。原则 4 是所谓的领域特定性(domain specificity)假设或模块性假设,第 5 章会详细论述。但在这里,我们值得花点时间先就原则 2 和原则 5 说几句话。

这两个原则都与进化适应环境(The Environment of Evolutionary Adaptation)这一概念有关,顺便提一句,该术语是由发展心理学家约翰·鲍尔比(John Bowlby)创造的,他因对依恋关系的研究而闻名遐迩(见第 6 章)。顾名思义,进化适应环境并不是指一个特定的时期(比如石器时代),而是指生物体所适应的特定环境。就像蓝鲸生活在海洋中,以小型甲壳类动物为食,它们的身体——包括大脑——很好地适应了这种环境。

在大约长达180万年的时间里，我们人类一直是狩猎采集者，就像蓝鲸一样，我们已经适应了这种特殊的生活方式。大约11 000年前，当农业出现时，人类生活状况发生了巨大变化。虽然这看起来也是一段很长的时期，但从进化角度来看却只不过是弹指一挥。对于人类大脑的大规模重组工程来说，这段时间太短了。文化进化比生物进化快得多，这一点我们将在第14章中进一步讨论。

许多心理学家并不同意以上部分观点，甚至会全盘否定。事实上，就连一些进化心理学家也不同意其中一些观点。正如我们将在第5章和第9章中看到的那样，那种认为"我们有特定的认知模块或神经模块且每个模块都专属完成特定任务"的想法饱受争议。虽然很多进化论者认同这五项原则，但也有许多人只认同原则2，他们对其他原则要么否认要么持开放态度。因此，在本书的后续部分，当我们使用"进化心理学"一词时，我们是在最一般意义上指代使用进化理论来解释人类（或非人类）行为的研究取向。如果我们想要做出区分，我们可以把那些坚持这五项原则的人称为圣塔芭芭拉学派，即使其中很多人其实从来没有在那所大学工作过。

评价进化解释的方法

这是一个令人感到厌倦的老生常谈的议题，但进化解释确实会面对这一问题，由于行为不会变成化石，这意味着我们不能简单地挖出祖先的骨骼化石，直接观察他们的心理。他们喜欢什么讨厌什么？他们对什么感到恐惧？他们如何交流？他们如何抚养后代？他们信仰什么样的宗教（如果有的话）？如果他们有笑话，会说些什么？他们是否害怕死亡？

那么，进化心理学家如何确保他们的结论不是一厢情愿的想象呢？除了心理学家常用的方法外（如问卷调查、访谈、实验等），还有许多途径可以用来评估一个进化理论是否可靠。

行为遗传学

途径之一是使用行为遗传学研究方法（见第6章），这种方法试图通过双生子和领养研究来分离基因与环境的影响。其基本假设是，因为同卵双胞胎在基因上完全相同，他们之间的任何差异一定是由环境造成的。通过比较同卵双胞胎、异卵双胞胎和非双胞胎兄弟姐妹，行为遗传学家已经能够评估出基因在多大程度上影响了智力、性格、肥胖以及成瘾性等特征。不过，尽管行为遗传学可以确定一种特征是否会受基因操纵，但它不会告诉我们该特征是否是一种适应机制。

比较研究法

使用比较研究法可以更直接地触及适应问题。人类和许多其他动物面临着相似的生态压力。每个个体都需要寻找和消耗食物，寻求配偶以及养育后代等。因此，人类和非人物种（尤其是我们的近亲类人猿）解决这些特定问题的方式（或者更准确地说，自然选择为他们选择出的解决方式）也很可能存在相似之处。所以，一种检验进化假设的有效途径是在灵长类或其他动物身上探寻相似特征。由于大多数动物如今的生活环境与它们祖先的生活环境非常相像，相比于人类，在它们身上更容易测试特定行为是否具有适应性。通过比较研究，进化研究者能够观察并验证某些特征是否会导致个体产生更多可存活的后代。

跨文化研究

另一种方法是寻找跨文化证据。心理学领域有一个糟糕之处：96％的被试都来自西方工业化国家，而这些国家只占世界人口的12％，这意味着我们对人类行为的大部分了解都是基于少数群体（西方，受过教育，工业化社会，物资富足，民主体制；Henrich, Heine & Norenzayan, 2010）。开展关于非"少数"人群的研究不仅对探索人类心理特征的多样性很重要，对探索其一致性也很重要。人们的确因文化而异，但相似之处更是多得惊人（见第14章）。这一点在进化心理学中非常重要，因为如果某种特征具有跨文化普遍性，就意味着它可能具有一些先天基础，是一种适应机制。然而，真实情况可能要复杂得多，因为一些进化适应行为依赖于环境，也就是说，它们只在特定情况下出现。

因此，许多研究者会着眼于一种特殊类型的跨文化研究：关注数量正在锐减的狩猎—采集社群。原因很好理解，这些原始社群没有处于工业化生态中，他们与我们的祖先所生活的环境更为相似（见第8章）。通过观察他们，我们可以确定某种行为是否确实具有适应性，即是否能产生更多可存活的后代。例如，一种理论认为，之所以男人比女人更有攻击性，是因为在祖先环境中攻击性是男性的一种适应特征，它使男人能够在与其他男人的竞争中胜出，从而更容易获得女性青睐。要验证这一假设，我们可以对现存的狩猎—采集社会开展研究，检验在其他条件相同的情况下，是否更富攻击性的男性会生养更多子女，以及这些孩子是否更容易存活下来并繁衍后代。不过，这类研究并非没有争议，原因是当代狩猎—采集者并不是纯粹的历史遗迹，在最近几十万年的时间里他们也已经发展出了不同于祖先环境的复杂文化。

计算模型

第四种方法是数学和计算建模。使用这种方法时，研究人员创造了一个抽象的世界，在这个世界中，计算机"代理"（基本上是计算机程序）具备特定"特征"，它们会相互竞争以获得优势地位。研究人员可以借此观测哪些特征或特征组合是最优选项，以及不同特征之间如何相互作用。

例如，进化论者想要了解动物如何应对资源竞争，如获得食物、领土或性资源。我们考虑争夺食物这种最简单的情况，假如两只动物同时找到一块食物，它们都想要得到它，那么会怎么做呢？在这种情况下采取的最佳策略是什么？一种可能是动物们总是分享食物，但这意味着每只动物只能得到一半的食物。另一种策略是动物们互相争斗，胜者通吃。这样做的问题是一只动物什么都得不到，而且由于打架，双方都有很高的健康风险。那么哪种策略是最好的？通过数学或计算机建模，我们可以得到答案。研究者首先创建出一些计算机程序，每个程序采用一种策略。采用战斗策略的程序称为"鹰派"，而采用"分享"策略的程序称为"鸽派"。在模拟中，每个程序反复遇到其他程序：鹰派分子遇到鹰派分子，鹰派分子遇到鸽派分子，鸽派分子遇到鸽派分子。每次交互所产生的代价和收益都被赋予相应数值。当一个鹰派分子遇到另一个鹰派分子时，它们会争斗，胜利者会得到一定分数，失败者一无所获，同时由于在冲突中受伤，双方都会失去少量的分数。当鹰派分子遇到鸽派分子时，鹰派分子引发争斗，鸽派分子逃走了，在这种情况下，鹰派分子得到了所有分数，而且由于没有真的发生冲突，双方都没有付出任何代价。最后，鸽派分子遇到鸽派分子时，由于双方都不准备投入战斗，它们最终会分享食物，所以没有代价，双方都能得到一半的分数。积分就是适应性指标，获得食物会增加积分，战斗则会减少积分，而且就像在现实世界中一样，成功的程序——那些积累了很多积分的程序——会繁衍后代，不断扩散自身的复制品，而不成功的程序则无法完成复制。

其中的逻辑在于，对于鹰派来说，在每次失败的冲突中它们都会减少适应性分数，损失太多分数的鹰派分子会"死亡"，因而无法传播基因。对于鸽派来说，由于它们从不参与冲突，所以不会有什么分数损失，但经常遭遇鹰派的鸽派分子会饿死，因此也无法传播基因。正因如此，成功的策略会比不成功的策略留下更多的后代。在一段时期的互动之后，竞赛停止，研究者通过计算每种程序的数量来确定最佳策略。

那么哪种策略是最优策略呢？答案为"视情况而定"。如果鹰派多鸽派少，那么鹰派与鹰派之间就会发生很多冲突，在战斗中积累的分数损失增多，导致大量鹰派分子死亡。在这种情况下，鸽派往往会更成功，因而鸽派分子数量也会增加，形势逐渐转为鹰派少鸽派多。但由于鹰派与鸽派之间会发生互动，而鹰派分子在互动中总是胜利的一方，所以形势又会转为鸽派死亡数量增加，鹰派更加成功，后者繁殖率逐渐提高。可一旦鹰派占主导地位时，如上述所分析的，鸽派策略又开始发挥优势。最终环境中会形成鹰鸽混合族群，而鹰派和鸽派的比例则取决于冲突成本和冲突收益的具体数值。这种状态被约翰·梅纳德·史密斯（Smith, 1974）称为进化稳定策略（Evolutionarily Stable Strategy），我们将在第 8 章进一步讨论。

这只是一个例子。无论是数学模拟还是基于计算机的模拟，在检验不同行为方式的得失损益权衡方面都非常有用，同时这种研究方法在探索诸如合作与人格差异等心理特征的演变（Axelrod, 1984；见第 8 章）以及文化演变方面（Laland, 2017a；见第 14 章）也都能发挥重要价值。

古生物学证据

第五种方法来自古生物学：出土的古代遗骸可以告诉我们很多祖先的信息。例如，通过检测颅骨化石的结构，研究者可以推断某个特定阶段的祖先是否具有语言能力。一些人类遗骸表明，人类祖先已可以使用非常原始的药剂来治愈伤口。集体埋葬处暗示着那里可能曾发生过战争或屠杀，这些尸骸中只有男性骨架，意味着可能出于繁衍后代的目的，女性被敌方保留了下来。人工制品文物能让我们了解人类祖先制造不同工具和武器、形成丧葬仪式、佩戴首饰以及发展出审美意识的时间。洞穴绘画可以直接体现古人类的艺术美感。图 1.5 展现了一种古老喷绘技艺，创作者将手贴在洞穴墙壁上，然后用嘴吸颜料吹在手周围，形成一幅手的图像。

我们只能猜测为什么古代人类创造了这种艺术。创作者是像一个充满童趣的孩子那样，一心画出漂亮的图画，还是说他在表达一些更深刻的内容——"我在这里，我是人类，我存在"？完成这样的喷绘需要一定毅力（颜料可能味道有点刺鼻，每一个手印都需要多次使用颜料才能完成），但不需要太多技巧。然而，图 1.6 中的野牛则表现出了经过多年练习才能拥有的高超绘画技巧。不管出于何种创作原因——可能是仪式、是信仰崇拜、是美学表达，或者三者兼而有之——对于曾生活在这里的人类祖先来说，这些壁画一定极为重要。

图 1.5 岩壁上的古人类手形喷绘

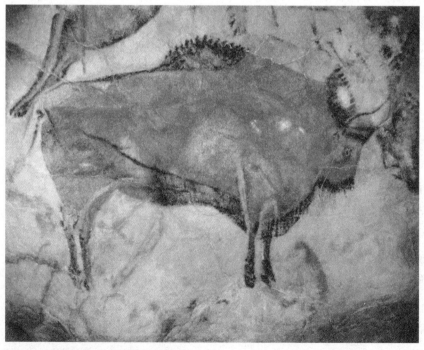

图 1.6 西班牙阿尔塔米拉洞窟的壁画

有证据表明，不仅仅是我们的祖先创造了艺术，也有一些艺术品的制造者属于尼安德特人。当中就包括西班牙的手形喷绘，铀—钍测年法表明（类似碳测年法，但更可靠）它们已有大约6万年的历史，这比第一批解剖学上的现代人到达欧洲还早了2万年（Hoffmann et al., 2018）。那么现代人的艺术发展是独立于尼安德特人的吗？还是后者充当了前者的艺术领路人？

行为这个词语的隐喻意义（be+haviour，我们所拥有的）颇有几分道理。从许多方面来看，我们自己头脑中都包含着过去生活方式的"化石记录"。例如，心理学家丹尼斯·达顿（Denis Dutton, 2009）认为，之所以我们喜欢看某类风景照片或绘画，原因之一是进化过程中形成的栖息地选择偏好。全世界不同地区的人都会特别欣赏展现出起伏山丘、河流和植被的风景画。达顿认为，这类风景画中包含了一些元素，当我们的祖先选择狩猎场所或栖息地时，它们是重要参照指标，如水源（喝的）、植被（食物来源以及必要时的藏身之处）和狩猎动物。现代人并不需要选择原始栖息地，但祖先在进化中形成的偏好就像思维化石一样仍然存在于我们的头脑中。

进化心理学所支持和反对的观点

就像之前的社会生物学一样，进化心理学多年来也遭受了一定程度的批评，其中部分意见确实言之有据，但也有部分意见看起来源自对该学科的误解。在本节中，我们分析一些最常见的批评，纠正其中的认识偏差。

一切皆是适应

我们很有必要先阐述一下适应的本质到底是什么。许多进化生物学家沿袭了西奥多西·多布赞斯基（Theodosius Dobzhansky, 1970）的观点，认为与其说适应是一种现象，不如说它是一种机制，并建议用"适应性特征"（adaptive trait）这个短语来讨论身体或行为特征。凭借适应这一机制，一种特征经由自然选择过程得以变化，从而在当前环境中更有效地发挥作用。鱼的尾鳍适应于游泳，鸟的翅膀适应于飞行，这些特征的功能都是相对明确的。然而在很多情况下，我们可能并不清楚，一种给定性状是否是适应的结果；或者如果它是一种适应机制，但我们不清楚它的"用途"到底是什么。我们无法向自然选择这位设计师直接提问，所以对某种特征是否有用途的最终裁决是看它能不能导致生物体留下更多基因副本。从这个角度看，亲代抚育可以被看作一种适应特征，因为它能保证后代（即自身基因副本的携带者）更好地存活下来（见第7

章）。但许多其他特征并没有适应性，它们只是身体装配方式的副产品。一个典型的例子是喉返神经，它将神经信号从大脑传递到颈部肌肉，大多数哺乳动物的喉返神经只有几厘米距离。可在人体中，该神经环路从大脑下降到心脏，在那里环绕主动脉然后再返回，所以会长达半米，而在长颈鹿身上这一距离则是五米。很明显，蜿蜒漫长的喉返神经路线没有任何特殊用途，这不是适应机制，只是身体进化方式的副产品。

人们常说，进化心理学家把所有的行为模式都看作是适应机制。确实，进化心理学的核心是探讨遗传特征和行为的适应性功能。但另一方面，进化心理学家也认为有许多行为和特征不具有适应性。对进化心理学持批评态度的人常忽略一个事实，那就是进化心理学界并非众口一词。任何学术研究领域都存在分歧，同样，对于一种特定行为是具有适应性、不具有适应性或是适应机制的副产品，不同进化心理学家的看法可能莫衷一是。例如，约瑟夫·乔丹尼亚（Joseph Jordania，2009）认为音乐是一种与捕食者控制有关的适应，而史蒂文·平克则认为尽管音乐（和其他艺术）具有跨文化普遍性（见第 14 章），但它们不是适应的结果。相反，它们是适应的副产品，他认为音乐是语言加工所带来的意外收获（见第 10 章）。

对于某种特定的特征 X，找到一个支持 X 是适应机制的研究者很容易，其他特征也是如此，这会给人一种印象，似乎所有特征都具有适应性。然而，存在支持者不意味着学科内部已达成共识（Rose & Rose，2001）。事实上，如果批评者把进化心理学家认为不具有适应性的特征列出来（哪怕只有一个研究者这么认为），就会发现似乎所有的特征都不具有适应性。所以，这种看法其实没有任何道理。

进化心理学倡导遗传决定论

许多批评家指责进化心理学（和社会生物学）秉持的是一种遗传决定论（genetic determinism）立场，即我们的一切特征——如智力、个性和性偏好——都是由基因决定的（Lewontin，Rose & Kamin，1984）。事实并非如此，正如本章其他地方所指出的，进化论者会努力强调环境和文化在塑造个体特质中的重要性。当进化心理学家分析基因对心理的影响时，他们使用的措辞是"倾向"而不是"原因"。基因不会导致男人犯下暴力罪行，它们只是让男性更容易选择这种行为方式，但一个男性是否真的会诉诸暴力，将取决于他的生活史、文化背景和其他基因倾向（比如良知）。还有一点很重要，批评者总是会过度关注进化心理学中看似阴暗的一面，比如人类的暴力倾向，但却很少讨论另一个事实——进化论者也提出了合作倾向（见第 7 章和第 8 章）、解决冲突的倾向、道德倾向（见第 6 章）和利他主义倾向（见第 7 章和第 8 章）。

进化心理学忽视了文化和环境的影响

这当然不是真的。正如我们将在第 6 章中看到的，生活史理论表明儿童的发展轨迹会如何基于个人经历产生调整，而基因—文化协同进化理论也是进化心理学的重要研究领域之一（Laland, 2017a）。进化心理学家同意，人类在传递遗传信息的同时也在传递和接收文化信息，文化信息是石器时代大脑和 21 世纪大脑的主要区别，我们正在有万千年历史的古老硬件上运行最新的软件。但是文化同样也可以引导进化，例如凯文·拉兰德认为，获取文化的能力本身是不断进化的，一旦我们拥有了文化，它就会推动人类大脑进化和扩展。罗伯特·博伊尔和彼得·理查森提出的双重遗传理论也表明了类似思想，他们认为，获得文化的能力之所以被选择，是因为它能使人类（利用文化知识）更快适应快速变化的环境（Boyd & Richerson, 1985）。最终，人类将成为环境变化的主要原因之一：文化是把双刃剑，它同时导致了积极和消极的结果。

进化心理学是还原论

还原论（reductionism）在很多圈子里都是一个肮脏的词，但事实上它是科学史上最重要的发明之一。还原论只是用更简单更基本的机制来解释某些性质或行为，正是在还原论的指导下，人类发现了物质是由原子构成的，以及复杂生命是由自然选择产生的。在《达尔文的危险思想》（*Darwin's Dangerous Idea*）一书中，哲学家丹尼尔·丹尼特（Daniel Dennett）区分了有益的（有时被称为"等级"）还原论和"贪心"的还原论。在有益的还原论中，对某种现象较低层级的解释并不会取代较高层级的解释，来自不同学科的研究人员携手共同努力，在不同层级上探索同一现象。而贪心的还原论则会绕开更高层级的解释，试图在最低层级上解释一切。

例如，我们如今知道，抑郁症已被证明是一种大脑功能异常现象，研究抑郁症患者的大脑确实产生了许多有用见解。但这并不是事实全貌，我们还知道，丧亲之痛或失业等生活经历也会引发抑郁症，而这些结论是不能仅通过观察大脑来确定的。有益的还原论会探求较低层级的解释，但同时不忽视较高层级的成果。因此，研究人员之间需要合作，心理学家调查抑郁症的环境因素，神经科学家调查大脑功能，所有研究人员的成果结合起来才可以拼出抑郁症的"完整地图"。尽管要达到这种理想状态还存在很多障碍——E. O. 威尔逊称之为融通性困难——尤其是如何形成一种共通的科学语言，让来自不同领域的研究人员进行交流，但跨学科的研究小组无疑在许多大学中已变得越来越普遍。

进化心理学在政治上不正确

当站在 21 世纪的时间节点回望过去时，我们会看到，对于种族、性别和社会阶层差异等问题，社会科学确实曾谱写了一些极为不幸的组曲。而进化心理学也遭受了类似批评，尤其在涉及性别差异方面时。正如我们将会在第 4 章所介绍的，两性关系议题中一个最重要的假设是，由于男女两性在性资源与性成本上的区别（女性可以怀孕，男性不能，男性可以比女性生育更多的孩子，等等），导致女性的性选择更挑剔。进化生物学家娜塔莉·安吉尔（Natalie Angier）一直对此持批评态度：

> 在主流意识体系中传播的进化心理学是一个古怪而专制的独眼巨人，它的单眼透过不可动摇的男权主义镜头而闪耀。我强调的是"男权"而不是"男性"，这是因为顽固的进化心理学家对男性行为的看法和他们对女性的看法一样狭隘和僵化。（Angier, 1999, 48）

首先，值得指出的是，大多数对进化心理学的批评都集中在性选择研究方面。事实上，对许多人来说，择偶的性别差异研究构成了进化心理学的主要内容。这在很大程度上是因为关于性别差异的讨论——尤其是当它们涉及性态度和性行为时——可以让媒体借题发挥，编造出一些触目惊心的标题。其次，这类研究的结果往往会被刻意扭曲，凸显出男性和女性在性偏好方面截然不同的倾向。但正如我们将在择偶那一章中所论述的，现实情况是，相比其他动物，人类男女两性的繁衍行为模式要近似得多。例如，男性在养育后代上投入的精力和时间要远超其他雄性灵长类动物，在这个问题上，人类更像鸟类而不是哺乳动物。

此外，进化心理学是一门科学，它的所有结论都是基于实验数据而得到的。如果我们的研究结论一致指向性别具有差异性，难道我们应该故意忽视这些结论，仅仅因为它们不符合我们对理想世界的想象？在这些问题上，有两种谬误往往会蒙蔽我们的视野，它们分别是自然主义谬误（naturalistic fallacy）和道德主义谬误（moralistic fallacy）。自然主义谬误将"自然情况"认同为"好的情况"。例如优生学家相信自然选择遵循的是"优胜劣汰、适者生存"，因此人们有义务阻止"不适合"的人繁衍后代，以建立一个更完美的社会。道德主义谬误的立场相似，但做法恰恰相反，他们相信那些"好的特征"应该在自然界中有所对应。例如，《关于暴力的塞维利亚声明》所秉持的信念是，由于战争是罪恶的，所以暴力不应该是人性的一部分。

这些谬误的问题（实际上是它们之所以是谬误的原因）在于，每种谬误都混淆了两种不同的概念：道德概念和事实概念。道德概念涉及对与错的原则——你不能通过科学实验来证明某件事是对还是错，这关乎是与非的判断。而科学事实则只涉及真假或两者之间，就像太阳围绕地球运行、氢原子核包含一个质子、女人而不是男人可以怀孕这些事实，它们没有什么"好或坏"之分。当我们还是小孩的时候，我们可能认为遮住眼睛就能让我们害怕的东西消失，但我们很快就知道事实不是这样。令人不舒服的结论也是如此：无论多么巧妙的辩论和曲解，都无法让事实消失。

但我们也不要态度傲慢。几个世纪以来，科学家们会经常表现出基于（通常是无意识地）他们自己特殊生活经历或文化价值观的研究偏见，我们必须时刻对此保持警惕。社会科学研究很容易对健康、中产的白人男性有所偏袒，这不仅是道德上的灾难，也是科学上的灾难，因为结论不再客观。此外，某些经由历史传承下来的问题可能本身就具有偏见性。

这里有一个简单的例子，说明偏见如何蒙蔽了我们的双眼，让我们看不到科学真相。多年来，科学家们一直在问一个问题："是什么因素让男性比女性更容易做出暴力行为？"人们提出了各种各样的理论。例如，男性在父母的熏陶下变得更加暴力；或者在进化过程中雄性动物要与其他雄性动物就雌性性资源展开激烈竞争。但进化科学家安·坎贝尔（Ann Campbell，2020）探讨了一种可能性，即我们一直在以错误的方式提出问题，也许我们应该问："为什么女性不如男性具有攻击性？"

她的观点是，进化并没有"选择"出男性的强攻击性，而是选择出了女性的弱攻击性。其逻辑在于，从古至今（直到今天也是）女性往往是后代的主要照顾者，如果母亲在冲突中死亡，对孩子生存机会的影响要比父亲死亡大得多。为了尽可能保证后代可存活，进化使得女性不太可能参与危及生命的冲突或其他危险行为。

虽然坎贝尔发表了一些支持该假设的论文，可目前学术界依然对此尚无统一定论。但它向我们所有人传达了一个信息，无论是专业学者还是学生，我们都应该仔细考虑如何正确地提出问题。

进化心理学：心理的新科学

尽管存在着一些争议和激烈的讨论，但我们依然相信，在理解心理如何运作方面，进化心理学能作出非常有价值的贡献。当威尔逊提出"生物学将蚕食心理学"时，他可能有些极端了。如上所述，还原论是有益的，但我们需要意识到，我们不能通过诉诸达尔文主义（或生物学现象，如神经元的活动特点，见第 9 章）来解释所有事情。世界上大多数心理学家关注的都是一些近因问题,如孩子是怎样学会阅读的,或者随着年龄的增长思维如何变化。也许达尔文主义永远无法帮助我们回答这些问题(当然也有可能)。即便如此,我们相信某种形式的进化心理学将在今后的心理学研究中占据一定主导地位,它所带来的思考逻辑不仅有助于回答一些悬而未决的问题,而且还能让我们看到心理学家需要回答的一系列新问题。

总结

进化心理学试图为人类行为提供远因解释。近因机制是那些直接导致某种行为的机制(例如,我们做爱是因为我们喜欢做爱),而远因机制则是在自然选择设计层面上导致某种行为的机制(例如我们做爱是因为该行为会增加自身后代数量)。

虽然达尔文阐述了进化如何通过自然选择得以实现,但进化本身是一个古老的概念。只是早期描述无法说明进化到底是如何发生的,而达尔文则提出了自然选择这一机制。

许多将达尔文主义思想应用于人类行为的早期尝试,都是从群体之间的生物学差异来解释文化差异的。其中一些理论引发了社会工程计划,如优生学运动,该运动的宗旨在于为了人类整体利益而对繁殖进行控制。

20世纪大部分心理学研究者都受到了文化相对主义立场的影响,人类行为的生物学基础往往被忽视或淡化。

在 E. O. 威尔逊的书出版之后,社会生物学运动试图对人类行为做出进化层面的解释。这样的尝试导致了大量的科学和政治争议,且争论一直持续至今。

问题

1. 近年来,筛查胎儿异常基因的技术一直饱受争议。如果发现异常,父母可以做出终止妊娠的决定吗(这种情况发生在唐氏综合征等疾病中)?这是否合乎道德?父母能不能利用这些技术来选择孩子的性别?从伦理上来说,这些做法会比优生学更站得住脚吗?

2. 自然主义谬误告诫我们,你不应该仅仅因为某事物是自然的,就认为它在道德上是正确的。道德主义谬误的告诫则恰恰相反——我们不能仅仅因为某事物在道德上是正确的，就认为它是真实存在的。如果有人发现了一些在道德上令人感到不快的实验结论（例如种族和智商之间的关系），这项研究应该发表吗？甚至这种研究在最开始是否应开展？如果你认为这些都不是什么问题，请考虑一下，科学家们在公布这些结果时是否应特别谨慎，特别是与媒体沟通时。

3. 尽管优生学现在几乎受到普遍的谴责，但当初许多倡导者都认为优生学是为了实现全社会利益。是否这可能是因为我们的道德原则随着时间推移而发生了改变——从以关注社会整体利益为原则到以关注个人权利为原则？

4. "存在之链"特别指出，生命世界存在着一种自然等级制度，有些物种比其他物种更重要。在现代，我们有时会听到人们讨论某些生物比其他生物"进化得更好"。想想这个问题，为什么人们会把人类描述得比细菌或蛇在进化上更"先进"？或者，正如一些人争论的那样，考虑到所有这些生物都能很好地适应它们的环境，它们不都是平等进化的吗？

5. 试着做一下正文最后一段中提到的"安·坎贝尔"式思维实验。想想一些熟悉的心理学问题，并把它们颠倒过来，看看能不能提供什么不一样的见解？例如，我们可能经常问这样一个问题，"为什么有些精神分裂症患者会出现幻觉？"我们可以换个角度，"为什么没有精神分裂症的人没有幻觉？"也许我们一直都有幻觉，但我们的大脑不知怎地抑制了它们，让我们的大脑可以映照出现实，所以出现幻觉只是这一抑制机制暂时失效了。将问题颠倒的思维习惯可以在批判性评估中发挥重要作用。

延伸阅读

Cosmides, L. and Tooby, J. (1997). Evolutionary psychology: A primer. www.psych.ucsb.edu/research/cep/primer.html

Laland, K. N. and Brown, G. R. (2011). *Sense and Nonsense: Evolutionary Perspectives on Human Behaviour.* Oxford: Oxford University Press.

Pinker, S. (2002). *The Blank Slate: The Modern Denial of Human Nature.* London: Allen Lane.

Stewart-Williams, S. (2018). *The Ape That Understood the Universe: How the Mind and Culture Evolve.* Cambridge: Cambridge University Press.

2 进化法则

> **关键词**
>
> 自然选择・遗传性变异・繁殖成功率・适应性・基因・染色体・孟德尔遗传学・遗传型・表现型・突变・脱氧核糖核酸・性状遗传力・全基因组关联・行为表观遗传学・群体选择・个体选择・基因选择・利他主义・自私的基因

达尔文的思想对我们理解进化和行为之间的关系产生了重大影响。在本章和下一章中,我们将更详细地讨论他为进化心理学奠定的基础以及后来进化科学家为进化心理学创建所作的贡献。由于许多关于进化和行为间关系的研究结论都是通过非人类物种获得的,我们有必要探讨一些关于动物行为的研究。此外,如果不涉及遗传学,我们根本不可能对进化产生完整理解,所以,我们也会着重论述基因到底是什么以及它有什么作用。

达尔文的进化理论

人工选择

诺贝尔奖得主赫伯特・西蒙(Herbert Simon)曾宣称牛其实属于人造物。他的意思是,像牛、鸡和狗这样的家畜已经被人类选择性地培育出了专供我们加以利用的特征。就像用天然材料制造工具和其他人工制品一样,为了满足自身需求,人类也"重塑"了某些物种。

早在几个世纪之前动物饲养者就知道,如果你让那些具有指定特征的个体交配,那么它们的后代也很可能具备指定特征。例如,如果你将那些"大胸"火鸡放在一起饲养,并不断地挑选出胸肌最大的火鸡让它们繁育后代,那么几代后,火鸡的胸肌会大幅提高。因此,通过选择性培育具备特定特征的个体,只要经过几代的时间,你就可以让某个物种在你所选择的方向上发生某些变化。

选择性繁殖也会导致生物体的生理形态发生更彻底的变化。我们今天看到的各种各样的宠物犬——从吉娃娃到圣伯纳德——都是从外貌像狼的原始祖先进化而来的，这一进化过程其实只有短短几百年的时间（见图 2.1）。植物也是如此，许多看起来完全不同的蔬菜其实有共同祖先。正如马克·吐温所讽刺的那样："西兰花只不过是一棵受过大学教育的卷心菜。"因此，许多生物之所以是今天的样子，是因为它们的特征是由人类而不是自然培育出来的，这个过程被称为人工选择（artificial selection）。

图 2.1 在短短的几百年间，人工选择培育出了各种各样的宠物犬

自然选择

在 1859 年出版的《物种起源》一书中，达尔文基于人工选择方面的证据提出了一种新的进化理论，他称之为自然选择。然而，这一类比可能会产生误导。人工选择过程中始终存在引导者，他会决定哪些特质可取而哪些不可取；人工选择还有一个最终目标（例如，让火鸡的胸肌更大），每一代都在不断朝这一目标迈进。而进化过程中，没有无所不能的"造物主"来选择哪些有机体该繁衍生存哪些该被淘汰，也没有已经设定好的最终目标（Dawkins, 1986; Stewart-Williams, 2018）。

大多数生物学家相信自然选择在进化中起着最重要的作用，但这并不是说他们认为自然选择是导致生命现状的唯一原因。疾病、气候变化和陨石撞击等各种各样的事件共同将生命之树修剪成了目前的形态，但自然选择（正如我们将在第 3 章中看到的，还有性选择）不仅仅造就了变化，而且造就了适应性变化。

自然选择和适者生存 正如我们在第 1 章中所看到的，自然选择的运作基础是，种群中不同遗传特征会产生不同繁殖成功率。因此在特定环境中，恰好具有有利遗传特征的个体,其后代存活数量将会受到"优待"。通常来说,活到生育年龄的个体比那些没有活到生育年龄的个体更具适应性(例如,他们可能有更好的跑步能力或更敏锐的听力),这导致"适者生存"(survival of the fittest)被当作了自然选择的简称。有趣的是,达尔文在《物种起源》的最初版本中并没有使用这个词,但在其好友阿尔弗雷德·拉塞尔·华莱士(Alfred Russel Wallace)的建议下,他将同时代另一位科学家赫伯特·斯宾塞(Herbert Spencer)创立的这一术语纳入到了后来的版本中(Wallace, 1864; Spencer, 1864)。

从许多方面来看,"适者生存"其实都是一个不太成功的术语,因为在不同的人那里它经常代表不同的东西(Dawkins, 1982; Dickins, 2011)。自从《物种起源》第一次出版后,人们对于适合度(fitness)的阐释就未达成一致,他们往往出于南辕北辙的目的而对其内涵展开争辩,从最初的"健壮而精力充沛"到后来的"繁殖力评估"(Dawkins, 1982; Cartwright, 2016)。在20世纪,进化论者开始使用适合度这个术语来衡量个体繁殖的成功程度,也就是它一生中在繁殖方面所能达到的成就。如果你有三个可存活的孩子,你的适合度就是3。稍后在第7章中我们将看到,近年来适合度概念的内涵得以进一步扩展,它不仅仅意味着个体后代数量。

孟德尔以及孟德尔之后的遗传学

虽然达尔文解开了进化的机制之谜,但他的答案并不完整。主要问题在于达尔文对遗传机制——性状从父母传给后代的方式——只有一个粗略的概念。同样,正如我们在第1章中看到的,正是孟德尔的豌豆杂交实验导致了遗传机制——基因——被发现。在这里我们将详述孟德尔的研究,并讨论自他那个时代以来遗传学的发展。

孟德尔的发现

孟德尔的实验结果产生了三个重要结论,最终导致了遗传学的创建。首先,他证明了性状不是由单个基因引起的,而是基因成对起作用;对于有性繁殖的物种来说,每个基因的单个副本通过亲本配子(gametes,即雄性和雌性生殖细胞)传递给后代。

其次,他的工作揭示了个体携带的基因(现在称为基因型,genotype)与个体物理结构(现在称为表现型或表型,phenotype)之间的关系比表面上看起来要复杂得多。例如,两株豆苗都有黄色的豌豆,但决定其颜色的基因可能并不相同;也就是说它们的表型相同,但基因型不同。这是因为基因对中一个比另一个更具显性优势,即所谓的显性基因和隐性基因之别。显性意味着仅存在一个基因副本就足以表达该性状,而不需考虑另一个基因副本的性质。孟德尔发现,黄色豌豆基因比绿色豌豆基因更有显性优势,因此如果一株豆苗从亲代中任何一方遗传了一个黄色基因副本,那么它就会结出黄色豌豆,即使它也可能具有绿色豌豆基因。在遗传学家常用的符号系统中,一般显性基因用所指定性状的首字母的大写来标记,因此黄色豌豆基因记为 Y,而隐性基因则用同一个字母的小写来标记,因此在这种情况下,y 代表绿色豌豆基因。我们可以看到为什么两株基因不同的植物在特定性状方面会有相同表型。YY 基因的豌豆种子是黄色的,Yy 基因的豌豆种子也是黄色的,两种情况基因不同,但表现型相同。当一个生物体有两个相似的基因副本(如 YY 或 yy)时,它被称为纯合子(homozygous,homo 有"相似"的意思);当它有两个不同的基因副本(如 Yy)时,它被称为杂合子(heterozygous,heterozy 有"不同"的意思)。

最后,他的研究表明遗传以遗传颗粒为载体,而遗传颗粒无法融合(见第 1 章)。对于由单对基因控制的性状,如豆苗的种子颜色,其特征总是表现为一种(如黄色)或另一种(如绿色),不存在融合后的折中情况。过往遗传颗粒理论解释不了许多现象(比如跨代特征问题,见专栏 2.1)。孟德尔关于配对基因决定遗传性状的发现对解决这一问题大有裨益。不过令人感到奇怪的是,尽管从他的实验中可以自然得出这一结论,但孟德尔在研究报告中没有明确说明这一点(Hartle & Orel, 1992)。

1910 年,剑桥遗传学家雷金纳德·庞尼特(Reginald Punnett)设计了一种简单的方法——庞尼特方格(Punnett Square)——来说明各种育种实验可能产生的潜在基因型。具体到豌豆颜色基因,黄色豌豆基因(Y)比绿色豌豆基因(y)更具有表达优势。因此,如果我们将一株杂合子黄豌豆(Yy)与另一株杂合子黄豌豆(Yy)进行杂交,就可以创建一个简单的庞尼特方格(见图 2.2),演示由此产生的基因型比例:

	Y	y
Y	YY	Yy
y	Yy	yy

图 2.2 用庞尼特方格描述豌豆颜色基因型,请注意 YY 和 Yy 基因型的表现型都是黄色,所以正如专栏 2.1 中演示的那样,黄色豌豆和绿色豌豆数量比例是 3∶1

在对豌豆植物进行了大量的育种实验之后,孟德尔提出了一些结论,它们后来被称为"孟德尔遗传学定律"(专栏 2.2)。

重要的是我们要认识到,孟德尔从未见过基因(这一术语是 1905 年发明的,他其实从未使用过);然而他却可以基于自己实验中的表型效应,假定这类遗传物质必然存在(见专栏 2.1)。

专栏 2.1　孟德尔的豌豆颜色显性基因的证明

遗传的一大谜团在于,为什么常常出现这样一种情况:亲代一方身上所表现出的特征在任何一个子代身上都不具备?如果黄颜色豌豆植株与绿颜色豌豆植株杂交,所有的子代都将是黄豌豆。如果你把这些子代豌豆相互杂交,之后生出的豌豆才会有绿色豌豆。融合模型也无法对此做出解释,因为当黄色豌豆植株与黄色豌豆植株杂交时,按理说应该永远不会产生绿色豌豆。

正是基于这一观察,孟德尔发展出了他的遗传理论。在表 2.1 中我们可以看到,第一代育种的黄色豌豆植株和绿色豌豆植株是纯合子,它们相互杂交产生的第二代都是杂合子,但是因为黄色是显性基因,所以表型都为黄色。但杂交到第三代时,绿色豌豆(纯合子形式 yy)重新出现,它们与黄色豌豆的数量之比是 1∶3。在这些绿色豌豆中,由于没有显性基因(Y)的"遮蔽",上一代"丢失"的绿色得以表达。

表 2.1　孟德尔演示的豌豆杂交后代颜色变化

	第一代	
表现型	黄色豌豆	绿色豌豆
基因型	YY	yy
配子	Y	y
配子配对	Y	Y
y	Yy	Yy
y	Yy	Yy
	第二代	
表现型	黄色豌豆(所有后代都是)	
基因型	Yy(所有后代都是)	
配子	Y 和 y	
配子配对	Y	Y
Y	YY	Yy
y	Yy	Yy

续表

	第三代	
表现型	黄色豌豆	绿色豌豆
基因型	YY；Yy；yY	yy
表现型比例	3	1

注：正是第三代黄色豌豆与绿色豌豆 3∶1 的比例使孟德尔意识到，在第三代存在 YY、Yy、yY 和 yy 这四种基因型。

专栏 2.2　孟德尔的遗传学定律（使用现代术语）

1. 遗传物质具有颗粒性质（即：亲代遗传物质是离散的，不会融合在一起），每个亲代对后代的遗传贡献相同。

2. 性状受成对基因影响（双亲各贡献一个），个体的完整基因被称为基因型。

3. 任何基因都有两种或两种以上的替代形式，它们被称为等位基因（alleles）。如果每个基因位点上只有两个潜在的等位基因，那么就有三种类型的基因组合。以孟德尔豌豆为例，豌豆颜色的基因组合为 YY、Yy 和 yy。如果个体在一个特定基因位点上有相同的基因（如 YY 和 yy），则该特征被称为纯合子。相反，如果个体在一个特定基因位点上有不同的基因（如 Yy 和 yY），则该特征被称为杂合子，对完整基因性状的描述则是其表现型。

4. 显性等位基因在表现型中的表达优先级高于隐性等位基因，只有当两个等位基因都是隐性基因时，隐性性状才能在表现型中获得表达（例如 yy）。

5. 一对亲本等位基因中只有一个遗传给每个后代。具有不同性状的基因是单独传递的，而不会相互连接（用遗传学的语言来说，它们是分离的），这有时被称为孟德尔第一定律。

6. 亲代双方同时具备的表现型性状不一定会在子代身上出现。这被称为孟德尔第二定律，即自由组合（independent assortment）定律，它是等位基因分离遗传的结果。

对孟德尔遗传定律的完善

尽管孟德尔遗传定律为理解遗传机制提供了一个基本框架，但这一图景并不完整。首先，孟德尔不知道这些遗传单元在生理上是如何实现的，也不知道它们位于哪里。其次，他的大部分最初结论都存在例外情况，这一点很快就会为人所知。在孟德尔看来，变异源自亲本基因的混合。然而，在孟德尔之后，许多他未曾意识到的机制被陆续揭晓。这些发现导致人们对遗传有了更深刻的认识，包括变异来源。

基因和染色体

在 20 世纪 30 年代，人们发现基因位于生物体细胞核内被称为染色体（chromosomes）的组织中。每个个体身上都携带了物种特定数量的染色体，对于人类来说，染色体数量是 46，也就是包括 23 对同源染色体（homologous chromosomes），一条来自父方，一条来自母方。其中一对染色体是性染色体——XX 代表女性，XY 代表男性。剩下的 22 对染色体被称为常染色体，它们与性别完全无关。染色体对的发现为孟德尔的基因成对理论提供了生理现实依据，这意味着 Yy 豌豆颜色基因的 Y 基因在一个同源染色体上，y 基因在另一个同源染色体上。

不同生物的染色体数量差别很大。蝇属的果蝇（一种很小的苍蝇，被广泛用于遗传学研究）有 8 个，狗有 78 个，一些植物有 250 多个。

具有特定性状的基因存在于染色体一个被称为基因位点（locus）的特定点上。人类基因组计划的目的是测定人类所有基因位点；我们可能无法确定一个基因对表现型的所有影响，但我们现在知道它位于哪里。一般来说，一个基因位点包含一个以上的基因替代形式，即所谓的等位基因。在上面的例子中，我们看到决定颜色的基因可以有两种替代形式，Y 和 y，它们是等位基因，因此位于染色体上的同一基因位点上。

染色体对在有性生殖过程中分离，因此产生的每个精子或卵子只有正常完整基因数量的一半（称为单倍体细胞）。产生只携带一半基因/染色体细胞的过程称为减数分裂（meiosis）。减数分裂确保了当精子和卵子结合形成受精卵时，后代所拥有的基因数量得以复原。请注意，当体细胞分裂时，在形成两个新细胞之前它们所包含的染色体数量增加了一倍，因此每个新细胞都有正常数量的基因——这个过程被称为有丝分裂（mitosis）。

影响基因传播的因素

20 世纪初发现的证据表明，基因并不总是独立地传递。在传递给后代的过程中不同基因可能连在一起。相比于两个基因存在于不同染色体的情况，当两个基因出现在同一条染色体上时，它们更有可能一并遗传给后代。这意味着基因能够连锁在一起，染色体可以被认为是一个基因连锁群（linkage group）。然而，基因存在于连锁群中

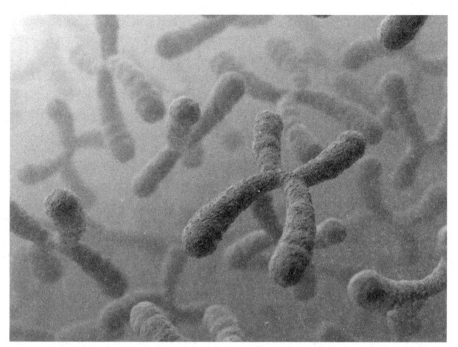

图 2.3　人类染色体。每个染色体由两个相同的染色单体组成，它们连接在着丝粒上，着丝粒将每个染色单体分为长臂和短臂

并不意味着亲本染色体上的所有基因都将一起遗传给后代。在配子（卵子和精子）形成前，同源染色体会配对在一起并在特定点交换基因。

这一过程在遗传学上被称为交换（crossing over）。通过这种方式，基因重新组合，遗传给后代的基因经历了所谓的基因重组（recombination）。由于基因重组机制，每个个体不仅在基因上独一无二，而且也有独特的染色体（同卵双胞胎除外）。两个基因在染色体上距离越近，重组过程中就越有可能一起传递。这意味着基因的连锁度（基因一起传递的可能性）能表明它们的位点在染色体上有多接近。

如果我们把染色体想象成一条锁扣式项链，每个链环代表一个基因，那么同源染色体就像有两条链环数量相同的锁扣式项链排在一起。虽然一条项链上的每一环与另一条项链上的每一环长度相同，但它们可能是由不同材料制成的（代表每条项链上的不同基因）。现在想象一下，将项链在某些地方拆开，将一些链环的位置互相替换。这样每条项链都保留了原来的长度，但在某些地方与原来的项链有所区别。请注意，原来项链上的两个链环越紧密，在新项链上它们就越可能依然连在一起。当然，如今我们知道，基因的链式项链观点其实也过于简化了，因为许多性状是由整条染色体上的部分 DNA 组成的。

孟德尔遗传定律的其他例外

正是由于存在基因的连锁和重组机制，因此许多性状的分配比例常常不符合孟德尔育种实验中预测的比例。当然，之所以孟德尔遗传学基础理论多年来不断被完善和修正，还有其他原因。交换是一种常见的染色体变异形式，它发生在每次配子形成的时候（还有其他一些不太常见的染色体变异形式）。单个基因也可能发生突变，只是与染色体变异相比它出现的可能性更低。基因突变涉及基因化学结构的改变（例如通过辐射），由于遗传物质的化学性质相当稳定，一个给定基因突变的概率只有千分之一。然而，考虑到多细胞生物携带的基因总数非常大（人类大约有 20 300 个），这意味着生物个体会有非常多的基因突变（在你我身上可能多达 100 个）。然而，你不必担心你的 100 个变异基因，因为其中绝大多数是中性的，也就是说，它们没有表现型效应。当一个基因突变确实具有表现型效应时，它更有可能是有害而不是有益的，但偶尔一些基因突变也许会产生有益结果，这很可能成为该物种进化进程的关键事件。从某种意义上说，我们每个人都是变异体，所以我们每个人具有独一无二的自我。而在基因库水平上，突变可以被视为种群分化的源头。因此，根据现代遗传学观点，自然选择可以在种群三个变异源中发挥作用，它们分别是：

- 由于亲本基因混合而产生的孟德尔式变异
- 重组（也称为染色体变异，即基因在染色体之间交换）
- 基因突变

如前所述，孟德尔很幸运地选择了豌豆作为杂交育种对象，因为豌豆植株有许多性状只有两种特征，且差异一目了然。他的幸运之处还在于，他所选择的性状具有简单的显性/隐性二分关系。就像抛出来的硬币只能是正面或反面一样，豌豆要么是绿色的，要么是黄色的，要么是圆形的，要么是皱巴巴的，它们的花要么是红色的，要么是白色的。今天我们认识到，许多性状并不展露出完全的显性或隐性特征。另外，很多基因具有不止一种表现型效应，这被称为基因多效性（pleiotropy）；同时也有很多特征并不取决于一个基因，也就是说它们是多基因的（polygenic）。最后，基因在表现型中的表达方式可能会被修饰基因（modifier gene）或 DNA 的其他部分所改变。因此，尽管孟德尔奠定了遗传学的基石，但现代遗传学的蓝图其实是由后来许多学者所共同缔造的。

专栏 2.3　人类的进化——从类人猿到早期古代智人

　　当今大多数科学权威都相信,黑猩猩和人类是从大约 700 万年前的共同祖先中分离出来的。最早的古人类(类人)物种"乍得沙赫人"(Sahelanthropus tchadensis)于 2002 年在非洲中部被发现,该人种可追溯到距今约 600—700 万年前(Humphrey & Stringer, 2018)。乍得沙赫人的特征介于现代人和黑猩猩之间,尽管其颅骨容量相对较小,但从其枕骨大孔(脊髓通过的颅骨孔)的位置来看,它是用两只脚直立行走的。这表明人类最早的生理特征之一就是双足行走。目前还不清楚乍得沙赫人是否是我们的直系祖先,但它肯定是我们的祖先与黑猩猩祖先在进化过程中分化后出现的最早古人类。

　　1992 年至 1994 年间,古人类学家蒂姆·怀特(Tim White)及其同事发现了历史年代稍晚一些的类人猿化石,并将其命名为地猿始祖(Ardipithecus ramidus)。地猿始祖有可能是乍得沙赫人的后代,不过该假设目前还存在很大争议。无论怎样,随后发现的一些化石表明,至少存在两种不同的地猿(Lovejoy, 2009; White et al., 2010)。地猿生活在约 440 万年前的埃塞俄比亚,它的臂骨长而结实,类似猿类,但它的犬齿又比较短小,类似人类。与地猿一起被发现的植物化石表明,它更有可能是一种生活在森林中的动物。相比之下。人类进化的"下一阶段"南方古猿(Australopithecus,在非洲一些地区被发现的,它其实包括许多亚种,McHenry, 2009; Humphrey & Stringer, 2018)——其化石记录可追溯到约 420 万年前——则主要生活在干燥的草原地区,此后的古人类通常也是如此。南方古猿最终发展成两大类——一种体形更为高大、粗壮,有一个厚重的下颚,另一种体形较小、身材轻盈纤弱。尽管南方古猿显然能够直立行走,但他们的腿相对较短,手腕和脚踝的灵活性比我们人类要强,这使他们能够保持良好的攀爬能力。人们相信人属(Homo)是由一种约 250 万年前生活在非洲的纤弱型南方古猿发展而来的——可能是南方古猿阿法种(Australopithecus afarensis,见图 2.4 的头骨化石)。在这之后最先出现的是能人(Homo habilis),他们比南方古猿有更大的颅骨容量(因此大脑更大),能人可以使用石斧和刮刀从猎物的骨头上剔掉肉(他们显然会吃肉,但到底属于狩猎动物还是食腐动物还有争论)。虽然能人可能扩散到了非洲许多地区,但他们并没有离开非洲大陆。相比之下,进化道路上的下一个物种——直立人(Homo erectus),其化石记录出现于大约 190 万年前——向北迁移,最终遍布欧亚大陆的大部分地区。注意,一些专家将直立人这个名字保留给亚洲直立人,而将非洲直立人称为匠人(Homo ergaster)。直立人的大脑比能人大 50% 左右,白齿更小,这表明直立人不太依赖生的植物食物。与之前的古人类相比,他们明显更像人类,他们会使用更复杂的石器,脸型的凸起处不再那么明显。马来群岛的人工制品和化石表明,直立人可以打造木筏或船只,并能用石头基座建造住所。直立人至少存在了150万年,但在40万年前的某个阶段,我们现代人类最直接的祖先"智人"(Homo sapiens)开始出现了。尽管早期智人的大脑比直立人大20%左右,但仍比现代智人小20%。从解剖学角度来看,现代智人可能已经存在了大约15万年,但他们最初进化的确切地点一直悬而未决。

通过这段从猿到人的旅程描述,你是否会得出结论:由于一个物种进化到另一个物种时发生了一系列简单的阶梯式变化,所以前一个物种不复存在了?当然不是!物种的分化以及新物种形成过程往往是这样的:一个种群与另一个种群在地理上长期隔离,并经受了不同选择压力,经过许多代之后,这些彼此分离的种群与

图 2.4 早期人类的颅骨化石,从左至右、从上至下分别是尼安德特人(30万年前)、乍得沙赫人(600—700万年前)、南方古猿阿法种(370万年前)、匠人(190万年前)

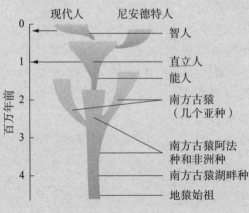

图 2.5 人类从原始人类进化到现代人类。箭头表示直立人和智人离开非洲的两次迁徙(Goldsmith & Zimmerman, 2001.278)

> 它们的祖先已经有了很大差异,以至于即使它们再次相遇,也无法在一起繁殖出可存活的后代,此时,它们可以被认为是两种独立物种。人类进化过程中也很可能发生了同样的情况,事实上化石记录表明,许多古人类物种很可能共存过(Tattersall & Matternes, 2000; McHenry, 2009; Humphrey & Stringer, 2018)。不同亚种的南方古猿曾彼此共存,同时与能人共存,而直立人与智人也曾经共存,事实上,前者的化石记录可以一直追溯到4万年前。

现代遗传学

基因和DNA的结构

为了正确领会基因在自然界中所扮演的角色,我们必须先了解基因是什么以及它对于形成生物体所能起到的作用。那么什么是基因,它和染色体有什么关系呢?

染色体由一长串基因组成。从物理上讲,它是双链脱氧核糖核酸(deoxyribonucleic acid, DNA),其结构是詹姆斯·沃森(James Watson)和弗朗西斯·克里克(Francis Crick)在1953年发现的。DNA是真正的巨型分子,它存在于细胞核内,有时长达两英寸。DNA在构造上像一个扭曲的梯子(著名的"双螺旋"),每条"轨道"——常被称为"骨架"——由磷酸和脱氧核糖的交替连接构成。每一节磷酸和脱氧核糖又与碱基相连,碱基可能以四种形式之一存在:腺嘌呤(adenine, A)、胸腺嘧啶(thymine, T)、胞嘧啶(cytosine, C)和鸟嘌呤(guanine, G)。脱氧核糖、磷酸和碱基所共同组成的物质是核苷酸(nucleotide,见图2.3和图2.6)。梯子的"梯级"由成对碱基组成,其中腺嘌呤可以与胸腺嘧啶配对,胞嘧啶可以与鸟嘌呤配对。碱基编码氨基酸(amino acids)的制造,而氨基酸是蛋白质的基础组块。每个氨基酸都由一个碱基三联体或密码子编码(例如赖氨酸由AAG的密码子编码)。我们可以把每个密码子看作一个不同的单词,一个基因看作由这些单词组成的句子。人类基因组计划(Human Genome Project)的目的就是要揭示构成人类DNA的10亿个"单词"是如何精确排序的(见专栏2.4)。从包含四个字母的字母表中选出三个字母组成单词会产生$64(4\times4\times4)$种不同的可能性。这对于氨基酸编码来说已绰绰有余,因为自然界中只存在20多种氨基酸,这也意味着一些略有不同的"三字母单词"可能具有"相同含义"。例如,除了AAG编码赖氨酸外,AAA也编码赖氨酸。

虽然世界上只有大约20种不同的氨基酸，但将这些氨基酸以不同的序列形式串联在一起，就可以产生成千上万种不同的蛋白质。所以，回到最初的问题，基因是什么？基因是DNA的一部分，通过其密码子序列编码蛋白质的合成（见专栏2.4），蛋白质则是身体和大脑的主要组成部分——不过，这只是关于基因的传统经典看法。最近人们发现，我们的绝大多数DNA并不编码蛋白质合成，但这些非编码DNA在控制蛋白质制造方面起着重要作用。事实上，编码蛋白质的基因只占我们DNA的2%，剩下的98%过去被认为是没有任何用处的"垃圾DNA"。然而，现在我们已经知道，这种非编码DNA（"内含子"，introns）调节另外2%DNA（"外显子"，exons）编码蛋白质的制造过程（转录过程）。近年来，人们对这些DNA非编码部分的重要性有了更好的了解，它们被认为是人与人之间个体差异的主要来源。而相关研究结论也引发了我们对基因"定义"问题的新讨论（Plomin et al., 2016；Plomin, 2018）。

尽管如此，人们依然认为在所有物种中DNA的功能都是合成蛋白质。但是DNA是怎么做到的呢？当细胞需要特定的蛋白质时，双螺旋结构的一部分就会"解旋"，显示出碱基序列。细胞内其他自由漂浮的碱基附着在暴露的碱基上，形成第二种分子——信使核糖核酸（messenger ribonucleic acid），简称信使mRNA。mRNA一旦形成，就会分离并移动到被称为核糖体（ribosomes）的细胞"器官"，在核糖体中，通过另一种形式的RNA（转运核糖核酸，tRNA），它形成氨基酸模板，从而产生蛋白质。从DNA中形成蛋白质的过程叫作转录。DNA还有一个主要功能——自我制造副本，也就是所谓的复制。当一条DNA链完全展开形成两条独立的链时，复制就发生了。像以前一样，自由漂浮的碱基附着在链上暴露的碱基上，形成两条相同的新链。

理论上，每个物种都可以由其DNA产生的特定蛋白质来定义。人类可能有多达10万种不同蛋白质组成我们的身体和参与身体内化学反应（尽管碱基对序列已经确定，但我们DNA编码的确切数量和蛋白质序列还有待解决，见专栏2.4）。考虑到三分之一的蛋白质编码基因只在大脑中表达（也就是说，它们只在大脑中产生蛋白质），许多行为生物学家认为，性格和智力的差异在一定程度上可以追溯到我们从父母那里获得的遗传密码差异（Plomin et al., 2016）。

由于基因编码了合成身体的基础组块，它们经常被认为是指示有机体该如何搭建的蓝图（Plomin, 2018）。然而，正如牛津大学动物学家理查德·道金斯（Richard Dawkins, 1982）在40多年前指出的那样，这种类比可能过于简单化了；一个更好的说法是，基因是发育的配方。例如，在制作蛋糕时，食谱上写明了原料配比和步骤。然而，可选用的原料、原料质量、烤炉温度以及空气湿度都会对最终产品产生影响。以此

图 2.6　从 DNA 中形成蛋白质的过程。请注意 DNA 双螺旋(红色和蓝色)和蛋白质生产的第一步(黄色和紫色链)都以 DNA 核苷酸序列为基础

类比的话，遗传密码就相当于原始食谱，而我们自身发展过程中的环境信息输入——同伴压力、父母的教养方式、饮食、疾病、社会文化以及教育等——相当于烘焙过程中的其他变量。正如道金斯所指出的那样，食谱上每个单词与蛋糕屑之间不存在一一映射关系，同样，我们根本不可能清楚地区分出单个基因的具体影响。当然，要确定特定环境变量对个体某一特征的精确影响也不容易。尽管如此，我们还是可以从整体上评估某个基因对个体差异的相对贡献(Plomin，2018；参见第 6 章和第 13 章)。

专栏 2.4　人类基因组计划——揭开塑造个体的密码

尽管人类基因组序列草图于 2001 年 2 月就发表了，但直到 2022 年 4 月，人类完整基因测序工作的完成才真正让世人震惊。人类其实并不是第一个被测序的物种——其他被测定 DNA 的生物包括 39 种细菌、一种酵母、一种线虫、果蝇和一种芥菜。但与这些"更简单"的物种相比，解开人类自己的 DNA 可以说是一个巨大飞跃。现在我们知道了人类 DNA 的精确碱基对序列，因此我们也知道了"搭建"人体需要多少基因，这是分子生物学的重大胜利。事实上，当时一些进化论者声称，人类基因组计划将是世界上有史以来最伟大的科学成就(Ridley，1999；2003)。然而很多人认为，这一突破带来的问题与它回答的问题一样多。其中一个会让我们感到疑惑的重要问题是，知道人类基因组序列真的能告诉我们"人"是如何"制造"出来的吗？另一个问题是，既然人与人之间有数百个不同的基因位点，那么到底谁的 DNA 被测序了？先说第二个问题，人类基因组计划(HGP)已经确定了 200 个人的一致性人类基因序列。但第一个问题并不容易回答。基因指定氨基酸的序列，这些氨基酸连接在一起形成被称为多肽的大分子——一个基因编码一个多肽。这些多肽再连接在一起就形成了蛋白质,人类是由蛋白质构成的(基于30亿对核苷酸碱基对——其中有3000万对是不同的)。你可能会认为,知道碱基对序列就能确定多肽序列,进而就能确定组成人体的确切蛋白质数量。这个想法错了。为了合成蛋白质,多肽会将自己折叠成各种形状,但许多多肽可以以不同方式折叠,从而产生不同的蛋白质。它们具体如何折叠还要取决于给定细胞中是否存在一些较小的分子(比如糖)以及其他蛋白质。这就是为什么知道碱基对序列不代表知道蛋白质序列。这也有助于解释为什么尽管人类可能有9万到10万种蛋白质,但这些蛋白质是由不到2.2万个基因创造出来的(顺便说一下,这并不比果蝇的1.3万个基因和线虫的1.8万个基因多很多)。2011年9月,研究人员宣布了下一步目标——确定每个外显子所编码的蛋白质(至少一种),该项目被称为人类蛋白质组学计划(Human Proteome Project, HPP)。随着这一计划的启动,科学家确定了一些与特定疾病相关的基因及其对蛋白质生产的影响(Karczewski & Snyder, 2018)。这些发现不仅使我们进一步了解了蛋白质在身体和大脑发育中所起的作用,而且还为"个性化医疗"打开了大门。简单来说,一旦专业临床医生确定了一个人的整个基因组序列,他们就可以为这个人量身定制药物和治疗方案(Banku & Abalaka, 2012; Plomin, 2018)。此外,不同人群的DNA序列对比分析证实,全世界人类的祖先都源于非洲。

特征遗传性

如前所述,长久以来,动物饲养者在饲养家畜时一直都会利用牲畜间的个体差异来培育某些特征。一种特征到底在多大程度上可以通过繁殖获得?对该数值的估算被称为遗传力(heritability)。加拿大进化科学家马丁·戴利和玛戈·威尔逊将遗传力定义为"遗传变异在表型变异中所占的比值"(Daly & Wilson, 1983)。简而言之,它指示了种群中某种特征在多大程度上是由遗传因素而不是环境因素造成的(遗传力数值介于0到1之间,当遗传力为1时,表型变异完全由遗传因素决定,当遗传力为0时表型变异由环境因素决定)。戴利和威尔逊以"产蛋"为例说明了遗传力概念的含义。最近几年,鸡蛋生产商在效益方面的成就主要源自提高了每枚鸡蛋的尺寸而不是每只母鸡的产蛋数量。这是因为鸡卵大小比鸡卵数量有更多的遗传可变性。因此,母鸡产蛋尺寸比产蛋数量具有更大的遗传力。

请注意,对遗传力的评估必须限定特定种群或者说基因库。正如戴利和威尔逊所声称的,在不同鸡群中这两种特征的遗传力可能相等或者相反。例如,缅甸红原鸡是一种与家鸡相对应的野生禽类动物。对于家鸡来说,育种者已将它们的年产蛋数量推到了一个几乎无法再增长的情况(也就是平均一天一个),可鸡蛋尺寸仍然有较大程度的遗传变异。这意味着在目前的饲养条件下,影响鸡蛋产量的变异很小。如果出现了大量基因突变,饲养条件发生了深刻改变,那么产卵数可能会变得更具有遗传力。与家鸡相比,原鸡产蛋的数量要小得多,而且还会随季节发生变化。由于没有经过饲养者的选择性培育,对于原鸡来说,它们产卵数量的遗传力要高于家鸡。

研究母鸡产卵的遗传力当然具有实际意义——鸡蛋生产商的生计就依赖于此——但当我们将注意力转向人类的认知和行为特征时,对其遗传基础的解读就会涉及社会和政治内涵。人类能力在很大程度上源于遗传——这一想法在20世纪曾被屡次错用。我们要清楚遗传力研究的局限性,说一个特征具有高度遗传力,并不意味着我们无法通过改变环境而对其进行修改。成人身高可能是人类最具遗传性的特征之一,但当一个孩子在食物供给不足的环境中长大时,身高遗传性就可能会大大降低。那么我们如何估计人类能力的遗传程度呢?一种方法是检测基因亲缘关系不同的人呈现出的表型差异,比较同卵双胞胎与异卵双胞胎在各种性状上的相关性是这类研究

图 2.7　双胞胎除了外貌相似外,在智商测试上的得分也较为一致

中特别有用的途径（McFarland，1999；Plomin et al.，2016）。由于同卵双胞胎拥有100%的相同基因，而异卵双胞胎只拥有50%的相同基因，如果基因遗传在某种特征中起着较为重要的作用，我们可以预测同卵双胞胎该特征的相似性要比异卵双胞胎高得多。例如，智力研究表明，同卵双胞胎智商测验得分的相关性约为0.75，异卵双胞胎智商测验得分的相关性约为0.38（Alcock，2001；参见第13章）；这一发现已被行为遗传学家视为智力具有高遗传性的证据（Alcock，2001；Plomin & von Stumm，2018）。然而，我们应该记住，0.75并不是100%完全相关，这就为环境影响留下了空间。相较于智力，大多数研究表明人格特征只有约40%的差异是基因造成的，因此，约60%的人格差异源于个体之间的环境区别（Plomin et al.，2016；Plomin，2018；参见第6章和第13章）。除了对基因具有相似性的人进行比较外，最近发展出的全基因组关联研究（genome-wide association studies，GWA）技术目前正在彻底改变行为遗传学。我们将在第13章详细讨论这种新方法，简单地说，全基因组关联研究通过对大规模群体的基因样本进行全基因组高密度遗传标记，来确定与特定性状相关的遗传变异（Plomin，2018）。

行为表观遗传学——拉马克主义的回归？

从上面关于遗传的讨论来看，我们似乎可以将行为模式和心理特征归因于环境或基因。然而近年来，一些进化科学家拓展了一条新的研究方向，他们试图探索环境如何对我们的遗传基因进行反馈影响，该领域被称为表观遗传学。在某种意义上，表观遗传学又重新打开了拉马克主义的大门。过去20年里积累的证据表明，从饮食到环境毒素再到社会经验（包括好的和坏的），各种环境因素都会影响到特定基因的表达（Pembrey et al.，2006；Moore，2015；Plomin，2018）。基因表达意味着它的活跃程度（即参与蛋白质制造的频率）。现在已证实，生活经历会影响某些基因是否活跃。这意味着拥有相似甚至相同基因的两个人最终可能会有相当大的差异。

例如，一项对同卵双胞胎的研究表明，同卵双胞胎个人生活经历的差异会对他们风险厌恶程度产生连锁效应（Kaminsky et al.，2008）。这种差异与DNA甲基化（一种关闭基因的化学反应）有关，而甲基化反过来又会影响大脑神经元的发育（注意，表观遗传也会通过其他机制发挥作用）。因此，一对双胞胎中如果只有一个人具有某些特定经历，这会导致双胞胎中一个人比另一个人在以后的生活中更厌恶风险（因为这一事件会导致某些基因在发育过程中不那么活跃）。从这一点来看，行为表观遗传学可以帮助我们理解为什么同卵双胞胎尽管拥有相同的基因组，但性格上从来不完全相同。当然,行为表观遗传学不仅研究同卵双胞胎为何不同,还研究为什么我们不能仅仅通过解析一个人的遗传密码来确定他未来的个性发展。此外,它也证明了教养本身并不能解释人格形成。最后,值得注意的是,一些表观遗传变化会遗传给后代,这种情况被称为"跨代表观遗传"(transgenerational epigenetics, TGE)。例如研究显示,对于9岁男孩来说,如果其父亲烟龄较早,那么他们更有可能肥胖(Pembrey et al., 2006)。跨代表观遗传的发现是否意味着至少在一定程度上拉马克主义的大门又被打开了?大多数专家对此提出质疑,因为他们认为跨代表观遗传只是表型具有可塑性的体现(Cartwright, 2016)。当我们分别在第12章和第13章探索进化精神病理学和人格时,我们还会继续深入讨论行为表观遗传学。

基因流动和基因漂移

到目前为止,我们一直认为自然选择是生物体在进化时间尺度上发生变化的原因。自然选择无疑是进化的原动力,然而,种群改变也可能有其他原因。当动物从一个种群迁移到另一个种群时,它们可能意外获得与新种群不同的基因构成。如果新基因构成在当地环境中具有优势,那么种群结构会发生迅速变化。该过程被称为基因流动(gene flow),因为新基因"流入"到了新环境。另一种变化的推动力被称为遗传漂变(genetic drift),它由种群中的随机变化组成,这些变化既没有被自然选择所"选中",也没有被自然选择所排斥。遗传漂变可能发生在所有的种群中,但只有在小种群中它才会产生显著影响,因为每一次交配都会放大其影响力。然而,由于存在奠基者效应(founder effect),有时遗传漂变可能会在一个种群的形成过程中发挥重要作用。当少数个体开始构成一个新的种群时,比如一小群老鼠迁徙到一个原本没有老鼠的岛屿上定居下来,它们很可能只拥有原始种群的一小部分基因,在这种情况下,这一小群老鼠最初携带的某些性状可能会蓬勃发展或消失,因为具有这些性状的个体碰巧繁殖了大多数后代或根本没有繁殖。因此,自然选择以外的过程也可以导致进化发生,但绝大多数时候自然选择才是进化的主要驱动力。

选择的层次——何为适者?

正如我们前面看到的,自然选择也可当作适者生存。但是适者到底是什么?是物种?是物种中的某个种群?还是种群中的个体?自从达尔文首次提出适者生存的概念以来，人们经常把它理解为物种的生存。但当我们考虑到进化和行为之间的关系时，我们会看到，这实在是与事实差之千里。

群体选择

1962年，苏格兰生物学家维罗·韦恩-爱德华兹(Vero Wynne-Edwards)出版了一本名为《动物扩散与社会行为的关系》(Animal Dispersion in Relation to Social Behaviour)的著作。这本书注定要成为20世纪被引用次数最多的进化论论著之一，但与达尔文一个世纪前的著作不同，韦恩-爱德华兹的作品因其谬误而为人所知。在该书中韦恩-爱德华兹提出，动物的行为是由进化所塑造的，目标是保证群体的生存和繁殖。当谈到自然选择究竟在哪一层面上发挥作用时，许多20世纪的进化学者会含糊其词，而韦恩-爱德华兹的阐述却清晰明了。在他看来，自然选择就是在群体层面上运作的。韦恩-爱德华兹用群体选择(group selection)理论解释了众多动物的社会行为，而且看起来好像很有道理。为什么鸣鸟会发出警报，警告其他成员有捕食者出现？为什么松鼠会为了同伴牺牲生命？如果动物不是为了评估种群规模，并基于此控制繁殖速率以避免过度消耗资源，为什么它们要频繁地聚集在一起？韦恩-爱德华兹认为，不同于人类，动物只有在时机合适时才会为了帮助群体（以及整个物种）延续下去而选择繁殖。当资源匮乏、环境艰险时，群体会抑制繁殖规模，以保证后代生存。因此在韦恩-爱德华兹看来，动物已经进化出了真正的自我牺牲或利他主义精神。

这一论断听起来很有道理，而且很符合我们公平竞争的直觉观念。不幸的是，自然选择与公平竞争毫无关系。在自然选择的过程中，一些个体比另一些个体更能将自己的基因拷贝传递给下一代。想象存在这样一个群体，群体中每个成员都只在对群体有利的情况下才繁衍后代；此时种群中某个体产生了突变基因，这一突变基因使它非常"自私"，它可以忽视群体利益，尽可能多地生殖。于是，这个自私的个体最有可能将基因传递下去，而其他具有利他主义精神的个体在生殖上则处于相对劣势地位(Dawkins, 1976)。

韦恩-爱德华兹的观点可能对我们理解行为和进化之间的关系真的作出了重要贡献，但原因在于它让其他进化论者开始绞尽脑汁反思其不足之处。乔治·威廉姆斯就是其中一位典型代表，他敏锐地发现了群体选择理论的逻辑漏洞。1966年，威廉姆斯出版了一本进化主题的专著，名为《适应与自然选择》(Adaptation and Natural Selection)。他在书中指出，动物的合作几乎总是发生在近亲间。如果动物对自己亲属表现出利他行为，那么它们实际上是在促进亲属中自身基因副本的传播。倘若如此,从基因角度看,这些合作行为在根本上依然是一种自私行径,而不是真正的利他主义。威廉姆斯总结提炼出了当时科学界关于进化最准确、最清晰的观点,同时将它们与自己的假设相整合。因此,韦恩-爱德华兹的群体选择概念被《适应和自然选择》所深深挫败。

专栏 2.5 人类的进化——现代智人的出现

关于现代智人出现的时间和地点,目前存在两种相互竞争的看法。多地起源假说(multi-regional hypothesis)认为,欧亚大陆众多种群的直立人经过各自独立的演化后,逐渐出现生理结构意义上的"现代人"。与此相反,"走出非洲"假说(out-of-Africa hypothesis)认为,后期非洲直立人的一支进化成了现代人类,然后这些人逐渐走出非洲,取代了世界各地的其他古人类。

如果前一种观点是正确的,那么我们的直系祖先在非洲以外地区至少已经生活了一百多万年,而如果后一种观点是正确的,那么我们现代人共同的祖先在距今 10 万到 20 万年前还生活在非洲,直到最近(几万年),智人祖先才在世界各地迁徙定居。

图 2.8 这具直立人遗骸——"图尔卡纳男孩"(死亡时大约 8 岁)——是迄今为止保存最完整的古人类标本。它于 1984 年在肯尼亚图尔卡纳湖附近被发现,可追溯到大约 160 万年前

到底哪个假说符合事实真相?多地起源假说的支持者主要以他们对化石记录的解读作为证据;"走出非洲"假说的支持者同样如此,但除此之外,他们还利用了另

一种更强大的分析工具——分子钟(molecular clock)。随着分子生物学的发展，出现了分子遗传学(molecular genetics)这一新分支领域。为了创建分子钟，分子遗传学家将他们的注意力转向了细胞核外的基因。没错，细胞核之外也存在基因，在每个人类细胞的细胞质（围绕中央细胞核的果冻状物质）中，有成千上万个称为线粒体(mitochondria)的微小菱形体。线粒体是由约20亿年前入侵活细胞的细菌进化而来的，它的职责在于通过控制糖分分解为细胞提供能量。每个线粒体都有一些经由母系遗传（通过卵子）而获得的小环状基因组，这意味着线粒体基因不会被有性繁殖或选择压力所"污染"，其DNA序列的唯一变化途径是随机突变(Dawkins, 2004; Oppenheimer, 2004)。由于我们目前已经较为清楚地了解了线粒体的突变率（略高于核DNA），因此通过比较不同地区人群碱基对序列的变异性，分子遗传学家能够估计出我们最近的共同祖先存在于什么时期——他们利用这一技术给出的答案是17.2万年前(Ingman et al., 2000)。线粒体DNA的变化构成了分子钟，而分子钟是一个强大的分析工具（相较于单纯的化石证据），因为只有极少一部分遗骸有可能成为化石，但我们所有的线粒体DNA肯定都有祖先(Goldsmith & Zimmerman, 2001)。由于线粒体DNA只通过雌性遗传，因而现在所有人类最早的共同祖先被称为"线粒体夏娃"，有时也被称为"非洲夏娃"。如今大多数进化论者都更支持"走出非洲"假说，并相信"非洲夏娃"确实是我们所有人的共同祖先(Aiello, 1993; Lahr & Foley, 1994; Meredith, 2011; Humphrey & Stringer, 2018)。

广义适合度

20世纪60年代中期，另一位进化科学家比尔·汉密尔顿(Bill Hamilton)为威廉姆斯的论点奠定了基石，他提出的理论彻底改变了我们对进化与行为之间关系的看法。像威廉姆斯一样，汉密尔顿也认为自然选择作用于个体层面(Hamilton, 1964a; 1964b)。显然，个体可以通过照顾后代来提高它们后代的存活率。即便没有接触过进化科学知识，你也能察觉到亲代抚育现象在动物王国中非常常见。很多动物都会在养育后代方面投入巨大时间与精力，因为拥有可存活后代正是自然选择的意义之所在（注意，这表明对许多物种来说，在后代身上投入越少的个体，越不可能将它们的基因传递下去）。汉密尔顿所做的只是将这一结论扩展到其他亲属关系。由于我们与每个子女平均有50%的相同基因，因此拯救两个孩子的英勇行为相当于挽回了我们100%的基因。与此同时，我们还与每个侄子、侄女和孙子有25%的相同基因，与每个表兄弟姐妹则有12.5%的相同基因，以此类推。因此，平均来说，拯救四个孙子或八个堂兄弟姐妹的英雄行为也相当于保护了我们100%的基因。当然，这一例子可能有些极端，但重点在于我们想说明，个体可以通过帮助亲属（而非直系后代）来间接地传递其基因副本。

汉密尔顿把两个亲属之间共享基因的比例称为亲缘系数，用字母"r"表示，取值范围为1至0。同卵双胞胎拥有相同的基因，r值为1，个体与兄弟姐妹或子女的r值为0.5，与孙辈或侄子侄女的r值为0.25，与表亲的r值为0.125。我们可以清楚地看到，动物可以通过两种途径来延续自己的基因副本，一种是通过帮助自己的直系后代来直接传递基因，另一种是通过帮助自己的其他亲属来间接传递基因。假设"适合度"是指个体存活下来的后代数量，汉密尔顿提出，将个体可存活的亲属（包括直系亲属与其他亲属）与其对应的r值相乘后再全部相加，就可以得到一个"广义适合度"（inclusive fitness）的指标（例如，如果个体有两个孩子、三个兄妹与三个侄女，那么他的广义适合度等于3.25，即2×0.5＋3×0.5＋3×0.25）。换句话说，广义适合度等于直接适合度与间接适合度之和。自20世纪60年代以来，对动物社会行为感兴趣的学者们开始利用汉密尔顿的广义适合度概念来解释关系亲密群体中个体表现出的利他行为。梅纳德·史密斯（1964）将针对亲属的明显利他行为称之为亲缘选择利他主义。

因此对汉密尔顿来说，亲代抚育只是一种既极端又普遍的亲缘选择利他形式，我们将在第7章中进一步探讨这一影响深远的论断。

专栏 2.6　多层选择理论

虽然今天大多数进化心理学家更加支持基于个体或基因层面的自然选择理论，但群体选择概念并没有被彻底埋葬。许多进化论者试图在多层选择理论（multilevel selection theory）的旗帜下复兴群体选择主义。美国进化论者艾略特·索伯（Elliot Sober）和大卫·斯隆·威尔逊（David Sloan Wilson）是其中重要代表人物（Wilson & Sober, 1994; Sober & Wilson, 1999）。多层选择理论的内容并没有那么容易理解，用理查德·道金斯的话来说，该理论相信，除了个人之外群体也可以被认为是基因的"载体"。尽管索伯和威尔逊非常重视群体选择概念，但他们并没有提出以群体选择取代基于基因或个人层面的选择，而是认为自然选择可以在所有三个层面上起作用（因此是多层次的）。基于理论和实证研究，索伯和威尔逊提出，当某个群体内部更具合作精神时，该群体的繁殖成功率会胜过其他群体。但不同于韦恩-爱德华兹的群体选择主义，它承认基因和个人层面的选择也会发生。

从某种程度上来看这更像是一种折中的理论。

一些进化心理学家与社会生物学家也表现出了对该观点的肯定,例如,E. O. 威尔逊就一直支持多层选择理论(Wilson, 2005;2012;Wilson & Holldobler, 2005)。然而,还有很多以基因为中心的进化论者尚未被多层选择理论所说服,如理查德·道金斯(Dankins, 1994)和丹尼尔·丹尼特(Dennett, 1994)。道金斯尤其相信,虽然群体在短期内可能成为自然选择的基本单位,但从根本上看,基因才是自然选择的"通用货币"。他认为,索伯和威尔逊所拥护的多层选择理论并不真的支持群体选择。在道金斯眼中,真正的群体选择是:一个群体为了生存而与其他群体展开竞争,获胜的那一方会将群体基因传递给下一代。但索伯和威尔逊不是这么想的,对他们来说,多层选择理论拒绝基于广义适合度概念来解释利他行为,它关注群体特征和群体适合度(Gardner, 2015)。问题在于,我们也可以把群体特征与群体适合度看作是个体特征与个体适合性的组合。

综上所述,多层选择理论的出现使得关于自然选择运作层次的论断再次充满争议,恐怕只有在漫长的讨论与探索后,主流心理学家才能在此问题上达成共识。

互惠主义

通过关注个体与亲属的基因关系,汉密尔顿和威廉姆斯的理论可以解释动物王国中许多明显的利他主义行为。但并非所有利他行为针对的都是亲属,在灵长类动物中,我们就可以看到许多个体帮助非亲属的例子。比如无亲缘关系的长尾猴也会在战斗中互相帮助(Seyfarth & Cheney, 1984;参见图 2.9)。如果这类利他行为无法得到合理解释,群体选择理论就依然有立足之地。20 世纪 70 年代早期,汉密尔顿的一个学生罗伯特·特里弗斯提出了一个新观点,用以说明非亲属间的利他行为如何在不诉诸群体选择理论的情况下得以出现。他将自己的想法称为互惠主义(reciprocal altruism)。互惠主义可以被简单地比作"你帮我挠背,我也帮你挠背",但它比这要复杂一点。特里弗斯的模型中有几个先决条件:动物必须生活在稳定的群体中,寿命相对较长,具有发现欺骗行为的能力,另外还有一点很重要——利他行为的收益要大于成本。用特里弗斯的话来说:

> 当一次利他举动对接受者的好处大于帮助者的付出时,只要这一行为在以后的某个日子得到回报,双方都将受益(Trivers, 1971)。

特里弗斯的互惠主义理论看起来也非常符合人类的情况。想象一下，假定我们生活在非洲大草原上，我刚刚猎杀了一头角马，那些我吃不完的肉要么很快变质，要么被饥饿的鬣狗偷走。此刻你也许正在忍饥挨饿，我把剩下的肉分给了你，以对我来说微不足道的代价挽救了你的性命。一周后，我们的命运角色可能发生互换，然后你再用你吃不完的肉挽救我的生命。只要我们两个人能经常见面并彼此帮助，那么我们都可以从这种互动模式中获益。

图 2.9　长尾猴会频繁地配对互相梳理

当然，如果这种互惠对双方都能产生净收益，这就引出了另一个问题，我们还是否能称之为"利他主义"？如今，为了避免这一充满哲思的问题，互惠主义通常被称为"直接互惠"（direct reciprocity），"直接"是因为"利他主义"的接受者后来回报了最初的帮助者。近年来，互惠主义的内涵被进一步扩展，它也涵盖了间接互惠现象，即第三方可能因一个人的"利他"行为而获得利益（Colquhoun et al., 2020）。比如建立起良善的声誉既可以给拥有声誉的个人带来好处，也可以给他们的亲属带来好处。间接互惠还有一种涉及"代价信号理论"（costly signalling theory）的特殊情形。在这种情况下，个体会发出一些满足其他个体期望的信号，这些信号由于成本太高因此无法伪装（比如力量、健康和善良）。当我们在第 8 章思考社会行为时，我们将再次对互惠和代价信号问题进行深入分析。

善行可以换来回报，这可以说是人类社会的典型特征之一，有多少动物也是如此呢？近年来动物王国中互惠行为（包括直接互惠和间接互惠）的普遍性是一个备受争议的科学话题（Clutton-Brock, 2009; Colquhoun et al., 2020）。此外，如果个体在施以援手时本身就在期望日后得到回报，这还能算是真的利他主义吗？当我们在第7章和第8章将注意力转向社会行为时，我们将进一步探讨亲缘利他主义和互惠利他主义。

自私的基因

威廉姆斯、汉密尔顿和特里弗斯对合作及利他主义的解释使得一些进化论者重新思考自然选择的运作层次。如果说之所以进化会促成动物个体做出利他行为，原因在于援助者与受助者拥有一部分共同基因，那么我们也许根本不该将个体视为自然选择的基本单位，而应该将重点聚焦于基因本身，这是理查德·道金斯在20世纪70年代中期得出的结论。他的著作《自私的基因》（*The Selfish Gene*）承袭了威廉姆斯·汉密尔顿和特里弗斯的观点，同时也对进化理论研究作出了新贡献。虽然更早之前的研究就已表明，如果我们想要解释行为和身体特征，必须关注基因，但道金斯明确提出自然选择的基本单位就是基因本身。为了解释这一论断，他引入了一些新术语，最为重要的是复制因子（replicator）和载体（vehicle）。复制因子是任何能够自我复制的存在物，载体是携带复制因子的存在物。在地球的生命背景下，我们可以把复制因子视为基因，把载体视为包括人类在内的生物体。

但为什么是"自私基因"呢？当我们谈到人们自私的行为时，我们显然认为这种行为具有目的性和道德属性。但在道金斯的理论中，他使用"自私"这个说法表达出了特定内涵。基因之所以是自私的，因为促进其他等位基因复制的基因很快就会从种群中移除，如今存在于我们身体内的基因是那些靠利用他人来促进自身复制的基因。一个足够优秀的复制因子会留下许多自己的副本，并世代繁衍复制。因此，虽然载体是短暂的生存机器，但"自私"的基因可以通过副本延续而不朽。在这一背景下，"自私"仅仅意味着通过影响有机体而使得自身完成复制这一结果，但不涉及主观意图。

但为什么道金斯会得出如此激进的结论呢？到20世纪70年代初，理论和观测研究结果都表明道金斯的结论极有可能是正确的。在理论层面上，诚如雷德利所言：

> 鉴于基因是自然选择的通行货币，当基因通过引发特定行为来增强自身存活

延续的概率时，必然要牺牲其他不这么做的基因，这在逻辑上确定无疑（Ridley，1996）。

从实际观测层面看，自汉密尔顿20世纪60年代提出经典假设以来，只要将基因置于自然选择的中心位置，许多动物的行为模式都能得到清晰合理的解释。比如为什么群居昆虫要为彼此牺牲生命？为什么大部分裸鼹鼠都能放弃生殖的权利？为什么吸血蝙蝠要把血反刍到饥饿的同伴嘴里？只有将基因纳入到分析中，这些极端社会行为的运行逻辑才说得通——控制这些行为反应的基因会从这些行为中受益。从基因的视角来"看"，生物个体只是短暂的生存机器（有时可以牺牲）。

你可能会因自己被视为短暂的生存机器而感到不愉快。如果你有这种感受，请放心，你并不算特立独行者。道金斯的"自私基因"理论并没有被普遍接受，事实上，它一直在遭受多方面批评。部分批评来自那些没有正确清晰理解"自私基因"这一说法的人（Midgley，1979；Hayes，1995）；部分反对者对这种看待生命的方式持有道德或政治上的疑虑（Rose et al.，1984）；还有一些人则是纯粹在学术理论层面上持有保留意见（Daly & Wilson，1983；Wilson，2005）。通过一系列颇受大众欢迎的科普作品，道金斯对所有反驳意见进行了一一回应（Dawkins，1979a；1979b；1989；2006），在过去的40年里，以基因为中心的观点不仅对我们如何解释行为产生了重大影响，甚至对我们提问的方式也产生了重大影响（Stewart-Williams，2018）。实际上，自私基因理论被一些人认为是进化心理学的基石之一（Pinker，1997；Laland & Brown，2011；Workman，2014）。

然而，如果你认为今天所有对行为感兴趣的进化论者都是彻头彻尾的自私基因论者，那就错了。如今，关于自然选择究竟在哪一层次上进行运作的争论仍在继续。正如专栏2.6论述的多层选择理论——很多专家都相信，选择发生于多个层次。即使那些不相信群体选择概念的人，他们中很大一部分也倾向于支持以个体为中心而不是以基因为中心的选择视角。正如戴利和威尔逊（Daly & Wilson，1983）所说，"我们观察到的是个体生物行为，而这也正是我们希望理解的"。对于大多数行为来说，个体选择可能等同于基因选择，因为个体和基因也许同时从行为中受益。然而，当涉及利他行为时，正如我们将在第7章看到的那样，基因收益可能以个体牺牲为代价。

本章主要介绍了自然选择、基因和行为之间的关系。在下一章中，我们将介绍另一种有助于我们探索这三者间关系的强大驱动力——性选择。

总结

到19世纪中期,生物变化的观念已经流行起来。许多科学家认真思考了进化概念,但他们无法理解其中具体的运作过程。1859年,达尔文向科学界和广大公众介绍了这一机制——自然选择。自然选择以遗传变异和繁殖成功率差异为基础,那些具有更好生存及繁衍特征的生物个体会将特征遗传给后代。

在20世纪初,孟德尔豌豆杂交实验成果被重新发现,基因遗传的微粒性质开始被科学界所接受。孟德尔证明,基因是成对的,并通过显性—隐性关系决定个体特征,而一对基因中操纵不同特征的基因会单独传递,不会相互连接,孟德尔称之为分离。有时,双亲同时具备的特征但不会在后代身上有所表现,这正是分离遗传造成的结果。

基因存在于染色体的特定位置,染色体成对出现(分别来自双亲)。基因所在处被称为基因位点,在一个位点上可能出现的其他基因则是等位基因。当个体在一对染色体的同一位点上具有相同基因时,称为该特征的纯合子;如果个体在同一位点上具有不同的基因,则称为杂合子。个体的完整基因是其基因型,而它所表现出的特征是其表现型。

在有性繁殖过程中,由于减数分裂机制,产生性细胞或配子的染色体数量是正常细胞的一半。两个配子(精子和卵子)的融合产生受精卵,因此受精卵再次具有正常数量染色体。新的身体细胞通过有丝分裂形成,这些细胞具有正常数量的基因。

孟德尔遗传学在20世纪被进一步修正和完善。出现在同一染色体上的基因通常会一起遗传——这称为连锁。孟德尔还没有察觉到,基因的突变和重组是变异的重要来源。此外,一些特征是由多个基因而不是单一基因控制的,而单一基因也可能具有不止一种表现型。一个基因的表达可能取决于另一个基因,这种情况下后者被称为前者的修饰基因。

表观遗传学主要研究不涉及DNA序列改变的遗传变异。行为表观遗传学是一个相对较新的领域,它探讨的是个体生活经历如何作用于基因表达,以及进而对个体行为表现产生的影响。

虽然自然选择是适应性变化的主要驱动力,但其他机制也可能产生变化。这方面的例子有基因流动——携带不同基因的个体迁移到新地区,以及基因漂移——随时间累积的随机变化。

染色体由脱氧核糖核酸(DNA)组成,它包含四种交替的核苷酸(腺嘌呤、胸腺嘧啶、胞嘧啶和鸟嘌呤)。这些核苷酸以三个字母的密码子编码氨基酸,即蛋白质的基本组块。因此,我们可以认为基因的功能是编码蛋白质的制造。

在20世纪下半叶,进化论者争论的焦点议题之一是自然选择的运作层次。韦恩·爱德华兹认为个体行为是为了群体利益服务的(即群体选择理论)。其他专家,如乔治·威廉姆斯和比尔·汉密尔顿不同意这种观点,他们认为,为自己和亲属利益行事的个体更有可能将自己的基因传给后代(即个体选择理论)。汉密尔顿还提出,个体可以通过帮助亲属来间接扩散自己的基因副本。这种行为发生的可能性与它们共同具有的基因比例有关,即亲缘系数(r)。梅纳德·史密斯称之为亲缘选择,亲缘选择可以解释人类及其他动物的自我牺牲行为或利他主义。罗伯特·特里弗斯进一步提出,互惠主义理论也可以解释针对非亲属的利他行为。

威廉姆斯、汉密尔顿和特里弗斯的工作促使进化论者重新考虑自然选择的作用层次。理查德·道金斯在《自私的基因》一书中明确提出了基因作为基本选择单位的思想,并引入了复制因子和载体的概念。在有机生命中,复制因子是基因,载体是有机体。如今,关于个体选择与基因选择的争论仍在持续。在大多数情况下,作用于个体的选择压力也会直接作用于基因。然而,在某些利他和自私行为背景下,个体利益与基因利益可能并不一致。

问题

1. 过去的心理学和生物学教科书经常提出,动物行为进化是为了帮助"物种生存"。这个想法有什么问题?
2. 自私基因的概念受到了严厉的批评。你认为人们为什么会不喜欢这个词?你应该能想到至少三种不同的批评声音。
3. 人类进化的"走出非洲"假说表明,所有现代人类族群都起源于一个距今并不遥远的共同祖先。与此相反,多地起源假说认为,在更遥远的过去,直立人在不同的地理区域分别进化成了智人。如果研究证明后者假说是正确的,那么我们是否可以认为,人类具有共同天性的说法是有问题的?从这一点来看,是否多地起源假说在政治上不正确?这对人类共同本性的概念意味着什么呢?我们能否判定多地起源假说在政治上不正确?
4. 罗伯特·特里弗斯提出的互惠主义观点对我们理解人类为什么会互相帮助产生

了深远影响。但互惠式利他真的是利他主义吗？分别提出一个支持以及反对这一看法的理由。
5. 表观遗传学这一新近出现的研究领域表明，个体生活经历可以影响其后代特征。这是否表明达尔文错了？

延伸阅读

Cartwright, J. (2016). *Evolution and Human Behaviour: Darwinian Perspectives on the Human Condition*. London: Macmillan/Palgrave.

Dawkins, R. (1976;1989;2006;2016). *The Selfish Gene*. Oxford: Oxford University Press.

Humphrey, L. and Stringer, C. (2018). *Our Human Story*. London: Natural History Museum.

Laland, K. N. and Brown, G. R. (2011). *Sense and Nonsense: Evolutionary Perspectives on Human Behaviour*. Oxford: Oxford University Press.

Plomin, R. (2018). *Blueprint: How DNA Makes Us Who We Are*. London: Allen Lane/Penguin Books.

3 性选择

> **关键词**
>
> 性选择 • 雌性选择 • 亲代投资 • 不利条件假设 • 寄生虫理论 • 穆勒的棘轮 • 树木交错的河岸 • 红桃皇后 • 军备竞赛 • 男性恋 • 女性恋

科学界很早以来就已普遍接受,自然选择是进化变化的主要机制。但很显然,自然选择无法解释为什么许多物种的雄性和雌性存在巨大的两性差异。在本章中,我们将分析两性中一方的行为模式如何影响到另一方的行为模式,这就涉及性选择概念。我们同时还会探讨既然存在"性"这种繁殖方式,为什么许多物种采取的却是无性繁殖?最后,我们介绍一些动物王国的例子,看看两性行为如何被性选择所影响。

达尔文和性选择

在写《物种起源》的过程中,达尔文意识到许多动物具有一些很难用自然选择来加以解释的生理和行为特征。由于动物内部面临着相同的生态压力,自然选择应该使一个物种的雄性和雌性朝着相同方向发展;然而,许多脊椎动物的雄性比雌性体型更大、更花哨。此外,雄性通常会做出危险程度更高的冒险行为。例如,雄孔雀尾巴上精致的羽毛使它们在面对狐狸和老虎等捕食动物时更显眼,它们为了吸引雌性而发出鸣叫也更容易让捕食动物知晓它们所处的位置(Miklósi & Konok, 2020; Prum, 2018)。按理说,自然选择的塑造方向应该是让动物尽量避免捕食风险,因此,雄孔雀进化出的这些特征看起来非常奇怪。

除了引起捕食者注意外,许多雄性动物的求爱行为还有其他弊端,比如它们原本可以将时间精力用在觅食或梳理毛发等有益活动上。这也意味着想雌性的雄性必然要做出一定牺牲。达尔文意识到,尽管某些特征需要动物付出额外代价,但只要这些特征有助于雄性吸引雌性,它们就会被传递下去。所以,能够提高繁殖概率的特征会被选择出来,即使它可能缩短个体的寿命。1871 年,随着《人类的由来与性选择》(The

Descent of Man, and Selection in Relation to Sex)一书的出版,达尔文提出了一种新的选择力量——性选择。性选择的运行逻辑是挑选出那些可以使个体具备获取配偶优势的特征(Prum, 2012;2018)。因此,如果自然选择是适者生存,那么我们可以把性选择看作是"性感者生存"。进化心理学家认为,人类和其他物种都是如此(Barkow, 1989)。例如,许多关于人类择偶偏好的调查表明,不同文化背景下的男性都认为年轻女孩的沙漏型身材特别富有魅力(Buss, 2019; Buss & Schmitt, 2019)。这一现象可以在性选择理论下得到较为合理的解释,因为身材是女性生育能力的指标(第4章进一步讨论人类的择偶偏好)。

性别内选择与性别间选择

在《人类的由来与性选择》中介绍了性选择之后,达尔文接着概述了两种不同形式的性竞争,它们分别是性别内选择和性别间选择。性别内选择是指个体为了接近异性而与同性别成员竞争。大多数情况下,这意味着雄性为了接近雌性而相互争斗。相反,性别间选择指两性中一方成员试图给另一方成员留下深刻印象;在这种情况下,雌性是更受关注的一方,因为它们可以选择是否同意与雄性交配。一般认为,性别内选择是雄性进化出"竞争性武器"的原因,比如与雌性相比,雄性拥有更大的牙齿和角、更壮硕的肌肉以及更强的攻击性(Clutton-Brock et al., 1982; Zuk & Simmons, 2018)。而性别间选择是导致"性吸引装饰物"进化的原因,比如雄性明艳的羽毛和一些炫耀行为,都是为了引起雌性关注(Andersson, 1982; Brennan, 2010)。达尔文预测,雌性会基于雄性的装饰物和炫耀性展示来选择交配对象。这意味着,对于大多数物种来说,我们可以将性别内选择等同于雄性竞争,将性别间选择等同于雌性挑选。

雌性能选择吗?

与自然选择相反,性选择概念在达尔文的时代并没有得到强有力推崇,甚至在生物学内部也是如此。虽然一些人相信为了赢得雌性,雄性基于相互竞争而发展出了如象牙这样的"武器",但许多专家对雌性选择的观点持明显怀疑态度。考虑到在大多数物种中,雌性比雄性体型更小、攻击性更弱,想必在性方面它们应该没有太多选择吧?除此之外,还有许多悬而未决的理论问题,尤其是达尔文无法解释一些雌性偏好的由来。19世纪的博物学家们早就知晓许多雄性动物的求偶特征,从山魈艳丽的面孔(见

图 3.1)到天堂鸟华美的羽毛。尽管有人可能会说,只要雄性能利用这些特征获取雌性的好感,它们就会将这些特征传递给后代,但问题在于,雌性从中得到了什么？为什么它们要选择那些肯定会吸引捕食者更多注意的花哨特征呢？在 20 世纪,学者们提出了不同理论来试图回答这一问题(Hydr, 2009; Zuk & Simmons, 2018)。为了理解性选择概念如何逐渐成为理解进化与行为之间关系的重要因素,我们很有必要回顾一下这些理论。

图 3.1　雄性山魈展示自己的面孔

专栏 3.1　选择的形式到底是两种还是一种
从达尔文在生物学领域引入性选择概念后,关于性选择与自然选择关系的争论就一直存在,二者是否真的是两种截然不同的选择机制？既然它们最终结果都是提高广义适合度,那么它们不都可以被称为"自然选择"吗？而且,如果要将性选择和自然选择视为两个独立机制,其中还有一些棘手难题。比如雄性会将进化出

> 的"武器"——如硕大的獠牙或角——既用于相互打斗也用来抵御捕食者。这意味着我们很难清晰地描述出在这些特征的形成过程中性选择和自然选择的作用分别占了多大比例(Halliday, 1994)。然而,考虑到对于雄性某些华丽的装饰性特征而言,自然选择和性选择的塑造方向是相反的,为了便于讨论分析,我们还是不要将这两种机制混为一谈。

性选择理论

性感的雄性和亲代投资

1930年,英国遗传学家罗纳德·费舍尔将注意力转向了雌性选择与雄性装饰之间的关系,他的研究重新点燃了人们对性选择的兴趣。费舍尔(Fisher, 1930)认为,雌性之所以会被拥有华丽尾羽的雄性所吸引,因为这一特征可能表明它们具备优秀的飞行能力。此外,如果雄性个体能长期维持这一特征,这也证明它掌握了良好的觅食技巧及其他生存技能。对于费舍尔来说,雌性青睐的雄性特征必须具有某种原始生存优势。然而,一旦这些特征构成了雌性的选择标准,它们就可能变得愈发夸张,甚至进化到超出其原始功能的程度。由于雌性更倾向于与具有"吸引特征"的雄性交配,因此它们的雄性后代有更大概率遗传同样的吸引特征,这些雄性后代在未来也就同样更容易被其他雌性所选中。从这一层面来看,雄性能够为潜在伴侣提供的最重要资源就是它的吸引力基因。一旦雌性选择了一个特征,它可能会在每一代中越来越夸大,因为雌性会不断地寻求在该特征方面最突出的雄性个体。费舍尔称这种现象为"失控选择"(runaway selection),因为选择出的特征早已偏离了其原始功能,它只是作为纯粹的性吸引力指标而存在。费舍尔这一理论可以解释许多极端雄性特征,比如雄孔雀的尾羽。由于生存成本的限制,吸引特征终有一日无法进一步夸大,也就是说,自然选择会将失控选择置于控制中,雄性特征会在吸引雌性和躲避捕食风险之间达成平衡(Zuk & Simmons, 2018)。

亲代投资

尽管费舍尔在性选择领域作出了重要贡献,但他的理论版图中仍有一块重要的缺失拼图。达尔文假定雄性会相互竞争以吸引雌性注意,而雌性是选择的一方。但为什么应该是这样的状况而不是相反呢？1972年罗伯特·特里弗斯提出,两性间对于抚养后代的不均衡付出与性选择直接相关,他将这种付出称为亲代投资（parental investment）。

根据特里弗斯（Trivers, 1972; 1985）的记录分析,绝大多数物种中雌性在繁殖后代方面的付出要大于雄性。这种不平衡始于生殖细胞的形成,雄性可以生产大量成本低、体积小的精子,而雌性则要生产体型庞大、数量稀缺、相对更为"昂贵"的卵子。由于卵子含有保证受精卵完成初始发育的营养物质,而精子只包含基因,因此前者的体积比后者大约大100万倍。对于大多数物种来说,这一差异意味着雌性在其一生中只能孕育非常少量的卵子,雌性的后代数目会被其卵子数量所限,而雄性的后代数目则只会被其交配次数所限。

然而,生殖细胞成本的不平衡只是两性间不均等投资的开始,因为雌性通常在后代养育过程中也要投入更多的时间和精力。对于哺乳动物来说,鉴于雌性在怀孕、哺乳和抚育方面所扮演的角色,这一性别差异可能更为巨大。特里弗斯认为,正因为雌性对后代投入了如此之多的资源,它们在挑选交配对象时应该更为挑剔,而繁殖成本较低的雄性则没有多少选择权。当雄性个体做出糟糕的交配选择后,它们的损失其实也并不会太大（通常只是一点点时间和少量精子）,但做出错误选择的雌性要为它的错误付出惨痛代价,因为它要"接下烂摊子"。

如果想了解性别不平衡的例子,我们可以看看象鼻海豹的情况（Trivers, 1985; Sanvito et al., 2007）。雄性象鼻海豹体重接近3吨,而雌性象鼻海豹的体重大约是这个数值的四分之一——通常是650公斤左右（见图3.2和图3.3）。在繁育后代的过程中,雄海豹提供的是几克精子,而雌海豹则要生下50公斤左右的幼崽。在出生后的前五周,幼崽体重会增长100公斤,海豹母亲付出的代价是自身体重减轻200公斤。此时海豹父亲在干吗呢？它们将时间和精力用在与更多雌性交配上,雄海豹会通过威胁和对抗其他雄性来为自己争取交配权。

因此,在达尔文首次提出性选择机制的100年后,特里弗斯提出,之所以雌性在择偶过程中更为挑剔,是因为它们对后代投入更多。特里弗斯1972年发表的论文成了分水岭,从那时起动物行为研究者开始对雌性选择概念以及雌性选择与雄性特征的关系给予了越来越多的关注。当从雌性选择视角进行观察时,许多雄性特征会变得非常有趣。雄性动物的许多特征可能是它们雌性祖先选择造就的结果吗？

图 3.2 雄性象鼻海豹以及它身边的雌海豹和幼崽

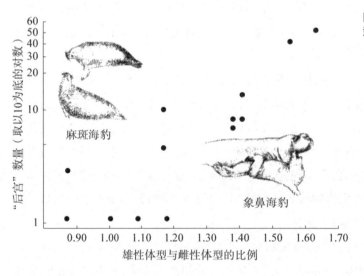

图 3.3 "后宫"数量与雄性体型的关系

雌性选择与雄性装饰

自特里弗斯发表关于亲代投资的论文以来,大多数关于性选择的研究都关注于雌性如何评估雄性质量(Manning & Stamp-Dawkins, 2012; Zuk & Simmons, 2018)。其中一个极具争议性的假设来自以色列进化科学家阿莫兹·扎哈维(Amotz Zahavi),他颠覆了费舍尔的观点。扎哈维认为,雄性之所以会进化出某些装饰物,不是为了看起来有吸引力,相反,这些装饰物全是累赘,它们的作用正在于证明个体有能力背负着累赘生存(Zahavi, 1975)。根据这一假设,雄性会发展出精致的装饰品,是为了告示雌性"我是一个高质量雄性,因为我可以带着这些碍手碍脚的装饰存活下去"。因此,对扎哈维来说,雄性装饰品的功能在于可以让雌性评估自身的生存能力,它们是遗传质量的可靠信号。就像达尔文的性选择概念一样,尽管"不利条件假设"(handicap hypothesis)最初受到了批评(Maynard Smith, 1978),但它后来很快得到了许多专家的肯定(Andersson, 1986; Grafen, 1990; Zahavi, 2003)。

表 3.1 雄性特征的进化理论

理论	理论假设	理论预测
失控选择理论(Fisher, 1930)	雌性所青睐的雄性特征具有原始功能,但由于雌性偏好的影响,雄性装饰的进化超出了其原始功能 雄性装饰性特征并不能真正指示其遗传优势,只能保证生出"性感的儿子"	雌性会基于吸引力选择雄性
寄生虫理论(Hamilton & Zuk, 1982)	雄性装饰是为了向雌性展示自己身上没有寄生虫 雄性装饰性特征指示着遗传上的优势,可以尽量确保生出"健康的后代"	雌性选择身上寄生虫更少的高质量雄性
不利条件理论(Zahavi, 1975)	雄性装饰特征之所以被雌性选择,源于它们既显眼又代价高昂 雄性装饰性特征指示着遗传优势,可以尽量确保生出"健康的后代"	雌性选择那些显眼和代价高昂的装饰作为雄性遗传质量的标志

寄生虫理论和诚实信号

1982 年,比尔·汉密尔顿(Bill Hamilton)和他的同事玛琳·祖克(Marlene Zuk)提出了一个与扎哈维观点更相似的理论。他们认为,雄性装饰的进化是为了向雌性展示自身没有寄生虫,该理论也被称为雌性选择的寄生虫理论(parasite theory)。当然,寄生虫的范围可能很广,包括昆虫(绦虫、跳蚤)、细菌和病毒等各类微生物。

由于寄生虫造成的死亡风险要比捕食者或群体内竞争造成的死亡风险更大,因此,该观点主张,雌性应该选择具有健康特征的雄性,因为它们很可能将健康的基因传递给后代。换言之,如果寄生虫少的雄性能够发展出精致的装饰特征,同时雌性基于这一标准选择雄性,它就可以让后代获得来自父亲的遗传优势。

寄生虫理论与不利条件理论的不同之处在于,虽然两者都认为雄性装饰可充当真正的雄性质量信号,但在寄生虫理论中,装饰特征直接展示了雄性的健康程度,而不是一种碍手碍脚的累赘。其中的内涵很清晰,寄生虫对动物祖先的生活影响越大,动物就越有压力来展现自身没有寄生虫。汉密尔顿-祖克的寄生虫理论牵涉到了另一个基本问题——动物如何相互传递信号。要想让这一理论站得住脚,雄性发出的信号必须是诚实的。这意味着,对于雌性来说,要从雄性装饰物提供的信号中获益,这些特征必须确实与抗寄生虫有关,而不仅仅是表面看起来如此。

对雌性选择理论和雄性装饰理论的评价

尽管汉密尔顿-祖克的理论近年来得到了广泛认可,但它并没有被普遍接受,围绕性选择理论仍有很多争论。目前最关键的问题在于,雄性装饰的进化是否仅仅是为了吸引雌性,还是说它是作为一种真正的质量信号而出现的。前一种观点可以追溯到费舍尔,而后者则与汉密尔顿-祖克的寄生虫理论一致。马特·里德利(Riclley, 1993)将这场辩论称为"费舍尔派"与"好基因派"之争,它也被称为"性感儿子"与"健康后代"之争(Cronin, 1991)。对于好基因派来说,他们必须证明动物王国中雄性装饰特征能真实反映健康和抗病能力,而对于费舍尔派来说,他们必须证明雌性会纯粹基于吸引力来选择雄性——它们看重的是"性感"并可以将该特征传递给后代。目前双方都可以从实验文献中获得一些支持(见专栏3.2)。

专栏3.2　费舍尔理论与好基因理论的对比

与雌性知觉偏好相关的研究结论似乎较为支持费舍尔的失控选择假说,雌性知觉偏好指的是雌性在择偶过程中会特别关注雄性的特定特征,这种偏好是一种遗传的性选择机制。巴索罗(Basolo, 1990)证明,雌性剑尾鱼更喜欢拥有长长尾鳍的雄性(只有雄性剑尾鱼才有长剑状的延伸突),费舍尔派与好基因派的假说都能解释这一现象。然而,令人惊讶的是,在剑尾鱼的一种亲缘物种"新月鱼"中(这种鱼的雌性与雄性都没有专属的长延伸突),雌性也更偏爱有剑状尾鳍的雄性。换句话说,由于雌新月鱼与自己的近亲具有同样的知觉偏好,所以它们更喜欢其他物种的雄性。一种可能性是,雄新月鱼也曾经有剑状尾鳍,但它们在进化过程中失去了这一特征,可雌性仍然对这一特征持有知觉偏好(Basolo, 1995)。因此,巴索罗认为雄剑尾鱼的尾鳍并不能真正指示健康优势,它只是一种具有吸引力的性感特征。

问题在于,如果雌性新月鱼一直保持着对剑状尾鳍的知觉偏好,我们又该如何解释雄新月鱼失去了这一特征呢?剑尾鱼和新月鱼的另一个近亲——孔雀鱼——提供了解答线索。虽然雌孔雀鱼更喜欢尾鳍长的雄孔雀鱼,但尾鳍较短的孔雀鱼比尾鳍较长的孔雀鱼更容易逃离捕食者追捕。也许这三类亲缘物种要面对不同的捕食者压力?对于它们的共同祖先来说,雌性最初偏爱雄性的长尾鳍特征,后来新月鱼和孔雀鱼的祖先迁移到新环境中,由于出现了新捕食压力,短尾鳍带来的生存优势超过了长尾鳍带来的吸引优势,因此雄性在进化过程中渐渐失去了剑状尾鳍。这是一个典型例子,它表明自然选择和性选择如何向相反方向塑造同一特征以及雄性如何做出必要妥协。

如果说巴索罗的研究似乎支持了费舍尔派的立场,那么好基因派也可以利用大量研究来支持自己的假设。例如,祖克(Zuk, 1992)已经证明,许多热带鸟类面临的寄生虫压力与该物种雄性装饰的华丽程度成正比。而且,看起来只有那些真正对寄生虫有抵抗力的雄性才能发展出最引人注目的装饰特征(Zuk, 1992)。事实上现在我们已经知晓,包括鱼类、青蛙、昆虫和鸟类在内,外表越艳丽的物种越容易受寄生虫问题困扰,在这些物种中,雌性明显偏爱寄生虫最少的雄性(Cronin, 1991; Ridley, 1993; Willis & Poulin, 2000; Martin & Johnsen, 2007; Zuk & Simmons, 2018)。

专栏3.2中概述的研究无疑与雄性装饰的寄生虫理论一致,但它们并不能构成雌性选择的直接证据。难道不是雄性之间的竞争为尾鳍进化提供了直接驱动力吗?如今有相当明确的证据表明,雄性装饰特征的形成与雌性选择有关。以燕子为例,众所周知,雌性更喜欢尾羽较长的雄性(Moller, 1988; 1990)。单独来看,这一发现可能被视为费舍尔理论或好基因理论的证据。1994年时诺伯格(Norberg)决定通过实验来探讨雄燕的尾羽到底是健康特征信号还是性感信号(见图3.4)。他把一些雄燕放在一个风洞里,结果发现,尾羽较长的燕子由于升力提高而强化了飞行性能。这表明,长尾羽不仅增加了雄性的吸引力,而且它们可能是良好基因的真实指标。换言之,除了能反映寄生虫水平外,尾羽还能反映飞行能力的优劣。

我们可以看到,具体到雌性选择和雄性装饰之间的确切关系,如今还有许多问题悬而未决。但无论如何,科学界对另一个相关问题的看法早已达成了共识:由于性选择机制的作用,两性在身体和行为模式上都存在显著差异。性选择理论已成为人类行为研究领域的一个重要焦点,我们将在第4章讨论这个问题。

图 3.4　雄燕的长尾羽毛是身体健康的标志，对雌燕很有吸引力

性有什么好处？

性选择的前提是物种必须要有性行为。有性生殖在自然界是如此普遍，以至于我们会理所当然地认为这是产生后代的正常方式。但其实并不是所有物种都把性作为繁殖手段，动物世界中的无性繁殖现象远多于人的想象。例如，许多单细胞生物通过分裂成两部分来克隆自己，这一机制被称为"分裂生殖"（fission）。而在多细胞生物中，无性生殖也相当常见，这种情况被称为孤雌生殖（parthenogenesis）或"处女生育"。其中，一些多细胞物种在其生命周期中可能交替表现出有性生殖和无性生殖，如蚜虫和水蚤；另一些物种则只通过无性生殖繁衍后代，它们的生殖模式被叫做专性孤雌生殖（obligate parthenogenesis），如亚马逊花鳉和鞭尾蜥蜴；还有一些物种的生殖模式更为复杂，如蜜蜂、黄蜂和蚂蚁等膜翅目群居昆虫，其雄性后代是从未受精的卵中发育而来的，而雌性后代是从受精卵中发育而来的，这意味着蚁后在同一繁殖季会同时通过无性繁殖和有性繁殖两种方式生育后代。另外，无性繁殖并不局限于昆虫和微生物，在一些温血脊椎动物中也有孤雌生殖的案例，如家鸡、中国鹌鹑和火鸡（Crews, 1994; Parker & McDaniel, 2009）。

为什么要为性而烦恼？

你可能会奇怪，为什么有这么多无性生殖的物种？这个问题问得不对，应该反过来问为什么要有性生殖？正如两位重要的进化科学领路人——约翰·梅纳德·史密斯和乔治·威廉姆斯所指出的那样,与无性繁殖相比,有性繁殖至少有三个沉重代价。首先是减数分裂的代价(Williams, 1975),它意味着在家族谱系中,每一代后代都会丢掉上一代一半的基因;其次是生育雄性的代价,当存在雄性间的性资源竞争时,与雌性相比,大多数雄性根本无法获得繁殖机会,这意味着许多雄性后代根本无法继续传递基因;第三,求偶和交配过程要消耗大量时间精力,而这些时间精力本可以用来觅食或躲避捕食者。只要人们充分认识到性的这些代价,他们就会意识到无性生殖其实非常划算。所以真正的问题是,如果鸟类能这样做,蜜蜂能这样做,跳蚤也这样做,为什么我们不都通过无性的方式繁殖后代呢？

既然许多物种都依赖于性进行繁殖,那么性一定有一些明显优势。正如梅纳德·史密斯所指出的那样,考虑到减数分裂的代价(后代损失一半的基因),有性繁殖要想在与无性繁殖的竞争中获胜,至少要比后者多产生一倍的后代数量。想象一个种群中有两只雌性,一只有性繁殖,另一只无性繁殖。对于无性繁殖的个体来说,它的所有后代都是自身克隆体,拥有自身100%的基因。而对于有性繁殖的个体来说,它的后代平均会继承自己50%的基因,继承父亲50%的基因。所以,有性繁殖的个体必须比无性繁殖的个体多生育一倍后代,才能将更多基因传递下去。这一显而易见的逻辑20世纪70年代后开始为人所知,自此进化理论家们一直在努力尝试回答:"性有什么好？"就像许多涉及进化的问题一样,这个问题的答案也不那么直白。正如梅纳德·史密斯所承认的,"我们不缺少答案,只是无法达成一致"。

专栏3.3 雌性真的腼腆吗

考虑到雌性的性成本几乎总是会高于雄性,人们普遍相信,在性的博弈中前者比后者更"腼腆"。此外,许多进化论者认为,雌性比雄性更青睐单配偶制。然而,这一观点受到了莎拉·赫迪(Sarah Hrdy)研究成果的挑战。作为一名经验丰富的野外灵长类动物学家,赫迪经常观察到雌性灵长类动物会主动寻求性行为并在性关系中占据主导地位。例如,发情期的雌黑猩猩通常每小时交配四次,它们可能与多达13个不同的雄性交配(见第4章),这些举动似乎与"腼腆"背道而驰。赫迪指出,尽管雌性的繁殖成本更高,但它们也可以从多次交配(交配对象不一致)中受益,因为这会提高后代血缘模糊性(无法确定孩子父亲是谁)。赫迪认为许多物种的类似行为都可以这样解释,其中就包括人类女性(Hrdy, 2000; 2009)。

图 3.5 雌性黑猩猩带着婴儿——但谁是孩子的父亲？萨拉·赫迪发现雌性黑猩猩经常与几个雄性交配，这样可以提高后代血缘的模糊性

棘轮和彩票

在探讨了性的代价之后，我们现在转向一个最基础的问题——有性生殖有什么好处？针对这一问题，目前也有许多夺人眼球的理论。费舍尔本人提出过一个很有影响力的观点，他认为，有性繁殖物种在快速变化的环境下能够更快地完成适应与进化（Fisher, 1958）。费舍尔指出，在产生下一代的过程中，有性繁殖的个体会比无性繁殖的个体表现出更多变异，因为前者结合了双亲的基因，而后者如果想实现变异只能依靠偶然的突变。当遇到环境风险时，如气候剧烈变化，无性繁殖物种会比有性繁殖物种更容易灭绝。费舍尔的快速变异观还有一个修正版本——"穆勒的棘轮"（Muller's ratchet），它是赫尔曼·穆勒（Hermann Muller, 1964）提出的假设。穆勒认为，在无性种群中，个体产生的有害突变会"全盘"遗传给所有后代。这种情况像一个只能朝一个方向转动的棘轮，一旦产生新的突变，它就会被添加到种群中。随着代际更迭，有害突变的数量会一直积累。然而在有性繁殖的物种中，平均来说只有一半后代会遗传双亲中一方产生的基因突变，如果这一突变抑制了个体的繁殖成功率，那么它最终

会输给种群内不携带这一突变的个体。这意味着,"性"会因为有助于消除有害突变而胜出。

费舍尔和穆勒的观点都是从物种或种群角度来看待性进化的。然而,正如第2章所述,当代进化论者认为自然选择主要是在个体甚至基因层面上发挥作用。1975年,个人选择的倡导者乔治·威廉姆斯提出可以用抽奖类比(raffle analogy)理解性的优势,在他的假设中,拥有后代就像拥有一些彩票,中奖奖励就是生存繁衍,有些后代能中奖,有些则不能。由于有性生殖会产生变异,因此每个后代就像一张印着不同新号码的彩票。相比之下,无性繁殖就像只购买印着同一串号码的彩票,如果环境发生变化,后者中奖的概率将大大降低。基于抽奖类比我们可以预测:在那些变幻莫测的环境中有性生殖将更为常见,如湍流、高海拔及高纬度地区,而无性繁殖则出现于比较稳定的环境中。一些观察结果似乎支持威廉姆斯的观点,有性繁殖的蚜虫长着翅膀,而无性繁殖的蚜虫则没有翅膀。很明显,如果蚜虫后代要四处游荡,那么它们将会遇到各种各样的条件,因此,为它们提供更大的可变性可能能获得更大回报。

抽奖类比给人的直观感受很合理。遗憾的是,直觉上的合理性并不等于确凿证据。当蒙特利尔大学的格雷厄姆·贝尔(Graham Bell)对"有性生殖在变幻莫测的环境下更常见"这一预测进行检验时,他发现情况恰恰相反。结果显示,在环境变化较少的情况下,比如在海洋和低海拔、低纬度地区,有性生殖反而更为常见(Bell, 1982)。

生活环境和自然环境的影响

威廉姆斯理论的问题可能在于,它只看到了物理环境而没有看到生物环境。后来的研究者证明,一旦将捕食者、寄生虫和种群内其他成员的影响也纳入考虑范围,贝尔的发现就说得通了。相对稳定且资源充沛的自然环境当然对个体的生存有利,问题在于这样的环境对其他生物的生存也同样有利。因此在稳定的环境中,个体会面对来自同类的激烈竞争,这也就意味着与众不同可能会给个体带来好处。所以越是在适宜的物质环境中,有性生殖越普遍。贝尔基于自己的发现创建了一套新的性解释理论,他将其称为"树木交错的河岸理论"(tangled bank theory)。这一概念源自达尔文在《物种起源》中曾描述"各种各样的生物,都在树木交错的河岸里争夺光和食物"。如果贝尔的理论是正确的,那么由于物种内部之间长期存在的成员竞争关系,我们可以预计物种会发生持续进化。不幸的是,化石记录并不支持这一预测。事实上,物种往往会在数十万代的时间里保持不变,然后突然发生迅速变化(Eldridge & Gould, 1972;

Maynard Smith, 1993)。

红桃皇后

看起来,每次有学者提出一个关于有性生殖的新观点,它都会很快被驳倒。然而令人振奋的是,如今我们很可能正站在一个通向普遍共识的门槛上,随着另一个假设的出现,我们也许能够对有性生殖以及一些其他进化基本问题达成一致看法。该假设同样与寄生虫有关,它就是红桃皇后(Red Queen)理论。虽然早在1973年利·范·瓦伦(Leigh Van Valen)就提出了这一理论,但它直到最近才对进化研究产生重大影响。红桃皇后理论的基本出发点是:寄生虫和宿主会陷入持续的进化军备竞赛(arms race)中。

专栏 3.4　爱丽丝和红桃皇后

利·范·瓦伦以刘易斯·卡罗尔《爱丽丝镜中奇遇记》中的一段话命名了他的红桃皇后理论,该理论解释了为什么有性生殖最初出现,以及为什么它在如此多的物种中得以维持。书中,爱丽丝遇到了脾气暴躁的红桃皇后,她不停地跑来跑去,但似乎从来没有到达任何地方。爱丽斯和红桃皇后手拉着手一同出发,但不久之后,爱丽斯发现她们处在与先前一模一样的起点上。于是爱丽丝说:"在我们的国家……如果你以足够的速度奔跑一段时间的话,你一定会到另一个不同的地方。"红桃皇后回答说:"这里,你好好听着……你要竭尽全力地跑,才能保持原地不动。如果你想去别的地方,你必须跑得至少比现在快一倍!"红桃皇后理论认为,如果在一个"进化方程"中,等式一边的进化变化导致等式另一边也出现了相应变化,那么这些进化效果就相互抵消了,两边依然是相对静止的。

由于细菌、病毒和其他微生物寄生虫数量庞大且每一代寿命极其短暂,它们的进化速度要比寄主快得多。根据红桃皇后理论,为了"反击"寄生虫,寄主会繁殖出带有变异性的后代,这样其中一些后代能碰巧获得对寄生虫的抵抗力。有性繁殖之所以可以在种群中占据优势,正是因为它为后代提供了变异并形成抵抗力的机会。在这场军备竞赛中,由于交战双方都会对敌对阵营的变化做出反应,所以双方最终会旗鼓相当。换言之,高等动物免疫系统的变化可能导致寄主和寄生虫之间的循环战争——一种免疫机制或许暂时占据上风,但随着寄生虫在许多代后发生了变化,免疫封锁被攻克,双

方势均力敌的局面又重新出现(参见第 12 章)。这可能有助于解释为什么许多物种在长时期内会基本保持不变。

红桃皇后理论看起来很有道理,但实证证据能证明这一点吗?贝尔的发现是,当环境更稳定时有性生殖更普遍,这与红桃皇后的观点很吻合,但也与他自己的观点很吻合,即有性繁殖源于生物内部之间的竞争。依据红桃皇后假设,寄生虫压力越大的地方,有性繁殖应该越常见。由于许多物种既可以有性繁殖也可以无性繁殖,因此如果研究者想检验红桃皇后假设,可以对比一下不同程度的寄生虫压力下,哪种生殖方式更受物种青睐。柯蒂斯·莱弗利(Curtis Lively)在新西兰开展的一项实验完美符合上述要求,该实验选取的对象是一种名为淡水螺的蜗牛。这种蜗牛既可以生活在稳定的湖泊中,也可以生活在变幻莫测的溪流中,它们既可以无性繁殖,也可以有性繁殖。树木交错的河岸假说和红桃皇后假说都预测,在稳定的湖泊中有性繁殖应该更常见,而在变幻莫测的溪流中无性繁殖应该更常见,这就使得我们很难确定实验证据到底支持哪一种假设。然而莱弗利认为,在不同环境下寄生虫压力也有所区别。他发现,在寄生虫密度大的湖泊中有性繁殖的频率更高,而在寄生虫密度低的溪流中无性繁殖的频率更高(Lively, 1987)。莱弗利和他的同事随后在一种名为食蚊鱼的墨西哥小鱼身上复刻了该研究结论(Lively et al., 1990),另外还有一种线虫也会体现出相同规律(Morran et al., 2011)。

这些发现为"红桃皇后"理论提供了明确而有力的支持,它们表明,尽管贝尔将生物压力视为性驱动力的想法是正确的,但他对生物压力本身的认识或许犯了错。最有可能杀死你的不是大型生物,而是那些你看不见的生物。就像马特·里德利(Ridley, 1993)在对人类的论述中所提到的:

> 在两百多年前你的祖先因何而死?最可能的凶手是天花、肺结核、流行性感冒肺炎、鼠疫、猩红热或腹泻。饥饿或意外事故可能会使人变得虚弱,但感染最容易置人于死地。

目前,红桃皇后理论风头正劲。也许红桃皇后理论最重要的影响领域不在于寄生虫免疫而在于配偶选择。一些进化论者认为,红桃皇后假设同样有助于解释为什么许多物种在选择配偶时会重视某些特定特征,因为这些特征正是携带寄生虫数量的有效指标。

性、进化和行为

在获得了对自然选择和性选择理论的正确理解后，现在我们可以看看如何将它们应用于行为解释。当考虑到形态特征的变化时——如母鸡产蛋量或鸟类尾羽长度——我们很容易理解，正是不同基因型造就的生存差异导致了进化发生。但考虑到行为特征的变化时，其中的关系就不是那么清晰明了了。与颅骨或脚趾不同，过去的行为不会变成化石，也无法被研究者直接观察（Slater & Halliday, 1994; Rubenstein & Alcock, 2018）。但是如果我们把动物的行为习惯视为其表现型的一部分，那么我们就可以看出行为模式是如何被进化所塑造的。产更多的蛋有助于传递更多基因副本，拥有较长尾羽有助于逃离猛禽追捕，同时也可能有助于吸引雌性。但是，如果一只雄鸟根本不能分辨出其他动物是危险的捕食者还是潜在配偶，那么长尾羽的这两种功能在它身上都毫无用处。行为模式的意义正在于让有机体对特定刺激做出恰当反应。因此，既然行为对生存和繁殖有明确影响，那么那些能够让动物行为模式更"成功"的基因就会被遗传给后代。

当然，动物行为的后果总是取决于它所处的环境。正如之前所述，我们可以把环境分成非生物（物理）环境和生物环境两部分。在生物环境中，有些动物是食物来源，有些动物是危险的捕食者，有些动物是寄生虫，但最大比例的"环境要素"还是物种内其他成员。很明显，借助于特定行为，动物可以解决许多非生物环境困境，例如，假定环境太热、太冷、太湿或太干燥，动物可以挖个洞待在里面，直到情况好转。目前大多数专家都认为生物环境会对动物行为具有更重要的塑造意义（Drickamer et al., 2002），而在生物环境中，同类对行为模式的塑造又最为至关重要（Rubenstein & Alcock, 2018）。毕竟，个体需要与同物种其他成员展开合作或竞争。

物种内部之间的合作非常普遍：黑头鸥会聚集在一起"围殴"体型较大的食腐乌鸦，把它们从筑巢地赶走；非洲豺狗会成群结队地猎捕大型猎物（见图3.6）；蚂蚁如果没有巢穴中同伴的共同努力，根本无法独立生存。虽然种群内的合作很普遍，但更普遍的是竞争，通过竞争，一些个体成功将基因传递给下一代，而另一些个体则成了竞争牺牲品。其中，争取配偶是最重要的竞争项目之一。显然，如果某种基因可以通过改变有机体的行为模式来提高其交配成功率，那么它也有更多机会来复制自身。由此我们可以看到，雌性选择和雄性（之间）竞争在行为进化中都扮演重要角色。

图 3.6　一群非洲豺狗合力攻击羚羊

> **专栏 3.5　雌性选择和雄性行为**
>
> 　　雄性象鼻海豹会尽可能与上岸进入它们领地的雌海豹交配,在这方面,一些雄性要比其他雄性成功得多。事实上在一个繁殖周期内,4%的雄性象鼻海豹会"承包"种群内 85% 的交配活动(Cox & Le Boeuf, 1977)。由于雄海豹为了接近雌性而相互竞争,所以更大的体型、更强烈的攻击倾向会成为雄性适应策略,体型弱小、缺乏攻击性的雄性无法赢得交配权,只有"大恶霸"才能留下后代。
>
> 　　但是雌性又如何呢?如果雌性也是体型弱小、缺乏攻击性,这是否意味着它们在两性关系中只能逆来顺受、别无选择?事实证明,即使在象鼻海豹族群中,雌性也有能力对交配对象施加影响。当雄海豹骑在雌海豹身上试图与之交配时,雌海豹会发出响亮的叫声,附近的雄海豹都会被叫声所吸引。如果此刻寻求交配的雄海豹在种群中处于弱势地位,那么它几乎总是会被另一只更强大的雄性赶走并取而代之。通过这一方式,雌性能够确保体型更大、更具优势地位的雄性与之交配。如果雌性没有"配备"这一叫声模式,它所生育的后代攻击性也会较弱。由此我们可以看到,即使雄性看起来更有支配性,但雌性依然可以对雄性行为以及它们的后代产生影响。

雌性选择和雄性繁殖成功率

通过合理的理论与观察证据我们可以得出结论：雌海豹是雄性象鼻海豹体型变化的影响因素，正如我们之前看到的，雌性选择会导致雄性出现一些夸张特征，比如突出的牙齿和长长的尾鳍。但是，是否有证据表明雌性选择会影响雄性的繁殖成功率呢？自 20 世纪 80 年代以来，越来越多的证据显示，雌性选择对雄性身体特征和繁殖成功率具有直接塑造作用。有趣的是，第一个清晰明确证明雌性选择意义的证据恰好涉及费舍尔阐述自己理论时所提及的重要特征——华丽的尾羽（尽管不是孔雀的）。非洲寡妇鸟是生活在肯尼亚草原的一种一夫多妻制鸟类（一个雄性会与几个雌性发生交配关系，见第 4 章）。雌寡妇鸟羽毛呈斑驳的棕褐色，尾巴短小；而雄寡妇鸟羽毛呈亮黑色，颈部像是披戴着红色围巾，最重要的是，它们的尾羽会比身体长出好几倍（雌鸟的身长平均是 7 厘米，而雄鸟尾羽长度平均是 50 厘米）。雄鸟会维护自己的领地，并勾引雌性前往其中，有时为了达到这一目的，它们会跳上长草，炫耀它们华丽的扇形尾羽。当雌性入驻一块雄性的领地后，它会频繁地与领主交配，并在那里筑巢产卵。长期以来，人们一直怀疑雌性会根据领地所有者的尾巴长度来决定降落在哪处领土上，斯堪的纳维亚半岛的动物行为学家马尔特·安德森（Malte Andersson, 1982; 1986）想到用一个简单而精巧的实验验证这一想法。借助剪刀和强力胶等工具，他人为地创造出了四组

图 3.7　非洲雄寡妇鸟在展示尾羽

尾羽长度不同的雄寡妇鸟,一组尾羽加长到75厘米,一组剪短到14厘米,另外两组保持原来长度不变(见图3.7和图3.8)。之后安德森观察发现,虽然雄鸟的领地范围都没有发生变化,但相比于短尾雄鸟,雌鸟更喜欢在长尾雄鸟的领地筑巢,后者与前者的比例达到了4∶1。

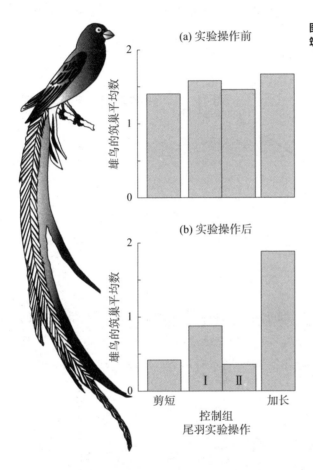

图3.8　雄寡妇鸟尾羽长度与领地中雌鸟筑巢数量的关系

安德森的实验经常作为第一个证明雌性选择影响雄性装饰特征和繁殖成功率的证据而被引用,但它也不是没有任何争议的。一则,在该研究中雌性择偶结果是通过雄性领地内筑巢数量推断出来的,而不是通过直接观察到的交配次数或幼鸟数量。如果说安德森的研究敲开了实证解释的大门,那么后续一系列实验室研究则进一步明确证明了雌性选择对雄性的重要驱动力。

例如,海恩斯和古尔德(Haines & Gould, 1994)证明雌性孔雀鱼更喜欢尾巴较长的雄性,即使较长的尾巴会拖慢雄性的游动速度(见专栏3.2)。他们发现,当为雌性提供尾巴长短不同的雄性作为交配对象时，雌性倾向于与长尾雄性待在一起，同时也更愿意和长尾雄性交配。此外，它们生出的后代也会像父亲一样有较长的尾巴。这一发现很重要，因为就像自然选择一样，性选择的特征必须是可遗传的，这是性选择运作的基础。

顺便说一句，正如费舍尔最初提出的那样，一项研究表明，雌孔雀确实更喜欢与尾羽最华丽的孔雀交配(Petrie et al., 1991；参见图 3.9)。然而，它们这么做是因为"好基因"，还是仅仅因为对方"性感"，目前仍有争议。

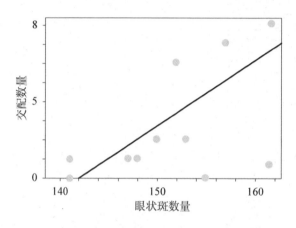

图 3.9　孔雀尾部的眼状斑数量与交配成功率的关系

关于寡妇鸟、孔雀鱼和孔雀的研究证据只是大量同类文献中三个个例，与 19 世纪时人们对雌性选择嗤之以鼻的态度相反，如今，雌性选择越来越受到研究者的重视，它被视为解释雄性和雌性行为模式进化的重要因素(Graves et al., 1985; Gould & Gould, 1997; Milan, 2010)。

专栏 3.6　你的体内有一点尼安德特人血统？

当我们想要暗示某人既野蛮又毫无魅力时，最常见的一种说法是将他们贬低为"穴居人"。有趣的是，这种说法如今看来竟然蕴含了一些科学依据。最著名的穴居人是尼安德特人——他们是早期智人的一个亚种(尽管也有一些专家认为尼安德特人自身构成了一个独立物种，Humphrey & Stringer, 2018)。尼安德特人(这一称呼源自德国的尼安德特山谷，在那里人们发现了第一个这一人种的遗骨标本)身体厚重，脸型粗犷，鼻子又大又宽，眉脊突出。他们出现在距今约 13 万年的欧洲和中亚的各个地区，由直立人的不同分支进化而来(见专栏 2.4 和专栏 2.5)。

在距今 25 000 年前左右,尼安德特人的化石记录彻底消失了,而原因如今依然众说纷纭。在很长一段时间内,人们认为现代智人导致了尼安德特人的灭绝。然而近年来有人提出,尼安德特人可能与现代智人发生过"杂交",因为他们的一些基因似乎保留了下来,就留存在现代人体内。根据 2010 年发表的尼安德特人基因组计划报告,生活在撒哈拉以南非洲以外的现代人通常有 1% 到 4% 的尼安德特人基因(Green et al., 2010)。最近有研究表明,尼安德特人与我们的直系祖先共存了 3 万年,并且在此期间可能存在相当广泛的杂交(Villanea & Schraiber, 2019)。这一发现表明,在距今 55 000 年到 25 000 年期间,这两个亚种发生了相当复杂的互动交流。该发现也提出了另一个问题:性选择在他们的互动中扮演了什么角色?智人是否发现了尼安德特人某些有魅力的特征?我们只能推测,至少在我们部分祖先眼中,他们的吸引力已大到足够与之形成浪漫的依恋关系。

竞争的雄性和雌性行为

如果我们如今已经认识到了雌性选择的重要性,那么另一个相对立的结论——雄性的种群内竞争更为激烈——是否还站得住脚?我们还应不应该认为雄性是性别阵营中彼此强烈对抗的一方?虽然在动物王国内,看起来只有雄性会虚张声势(配备各种装饰特征)、明争暗斗,它们这样做似乎是为了争夺领土或食物等资源,但从根本上来说,如果没有雌性存在,所有权力斗争都将毫无意义。雄性会通过许多不同方式争夺有生育能力的雌性。狮子、狒狒和黑猩猩等动物有时会结成雄性联盟,目的正是篡夺其他雄性的配偶(见第 4 章)。美洲红翅黑鹂和欧洲知更鸟中的雄鸟会守卫自己的领地,用歌声引诱雌性入驻。许多种青蛙和蟾蜍也会在雌性产卵期间相互搏斗,以争夺授精机会。

在雄性竞争研究领域,苏格兰马鹿是一种多年来曾为许多研究者所关注的物种(见图 3.10)。动物行为学家蒂姆·克拉顿-布劳克(Tim Clutton-Brock)和他的同事通过多年实地观察证明,性选择和生殖行为之间的关系要比人们以往认知的更为复杂(Clutton-Brock et al., 1982; Stopher et al., 2011)。在非繁殖季节,所有雄鹿都会生活在鹿群中,这是马鹿族群的常见组织方式。然而繁殖季节伊始,它们就开始互相发起威胁,并会为了争夺后宫领地而相互缠斗。后宫领地与资源防御领地类似,不同之处在于,后宫领地中雌性是相对稳定的核心团体,而雄性则常常在繁殖季节被其他雄性所取代。另外,还有一些雄鹿会试图从附近领地中围捕并挟持雌鹿。与海象一样,

图 3.10 雄鹿间的争斗

雄鹿的体型要比雌鹿大得多——实际上大约相差两倍，它们同时还有更夸张的鹿角。

由于对雄鹿"主权"的威胁会一直存在，因此那些即使成功捍卫了自己后宫的雄鹿也要时刻保持警惕，它们平均每天会发出大约 3 000 声响亮的吼声来警告入侵者。当入侵者向捍卫者发起挑战时，两只雄鹿会上演一系列固定的仪式化动作。一开始是相互咆哮，如果入侵者的吼叫无法并驾齐驱，它会主动撤退，否则进入下一阶段——两只雄鹿相向而行，它们看起来像是在评估对手的体型和力量。如果双方继续互不相让，那么就会进入最后环节：用鹿角相搏，而结果则是其中之一率先精疲力竭，落荒而去。

由于体型有别，马鹿之间的繁殖成功率也存在很大差异。然而大量实地研究表明，在繁殖游戏中，体型也能给雌性带来好处。体型较大的雌鹿会将体型较小的雌鹿驱逐出水丰草茂的领地，这样它们就可以改善自己的栖息饮食条件，从而提高乳汁产量（Clutton-Brock et al., 1982）。因此，那些"优胜"雌鹿的幼崽更有可能在出生后积累足够的脂肪储备，以熬过第一个寒冬。此外，成年雄性马鹿繁殖成功率的最重要预测指标就是它断奶时的体重，这意味着雌鹿的体型和竞争行为在很大程度上可以决定其雄性后代的繁衍成就。由此可以表明，性内选择（在配偶选择过程中同性之间的争斗）对两性都很重要，而且雌性间竞争会对下一代雄性间竞争产生连锁影响。

在评估性选择对一个物种的影响时,将每一种性别单独考虑是一种过于简单的做法。为了理解两性中一方的策略,我们必须总是考虑另一方的相应策略和生态压力。此外,性选择不仅会影响动物的体型、装饰性特征或"军备",还会影响到动物的攻击倾向与社会结构。我们对性选择研究得越多,就越能意识到它的复杂性与普遍性。在第4章中,我们会继续更深入地探讨性选择对人类配偶选择的影响。

专栏 3.7　为什么有些人是同性恋?同性恋的悖论

在大学课堂上,我和我的同行们经常会被学生问到这样一个问题:"进化心理学家如何解释同性恋者的存在?"这一提问背后的潜台词很清楚,如果同性恋者与同性结为配偶,那么他们就不太可能生育后代,鉴于自然选择和性选择都是通过繁殖可存活后代来起作用的,这难道不是证明了进化并不能决定人类的交配行为吗?(学生们可能不会这么说,但他们显然有这样的疑惑!)这是一个值得研究的问题,也是一些进化论者非常感兴趣的问题。在探索进化解释前,我们先对一些术语进行澄清。同性恋(homosexual)这个词在不同的文化中有着非常不同的内涵["同志"(gay)这个词也是如此],它有时被当作名词或动词使用。把这个词用作名词可能会有问题,因为它的字面意思是"同性之间"(homo)与"性行为"(sexual)的组合,但事实上同性恋者的"不同之处"并不仅仅在于他们倾向于与同性发生性关系。因此,那些研究性取向起源的人通常更喜欢使用"男性恋"(androphilia)和"女性恋"(gynephilia)这两个词(Cartwright, 2016; Vasey et al., 2020)。这意味着男人和女人都可以爱慕男性或爱慕女性,同时也意味着我们需要探索的问题是,为什么有些女人是女性恋而有些男人是男性恋?

一种备选解答是,性取向不受生物/进化的影响。可问题在于,关于双生子的研究已充分证明,至少男性的男性恋会明显受遗传因素影响(Alanko et al., 2010)。此外,无论社会文化背景有什么差异,男同性恋在总人口中的比例(略低于6%)似乎都非常一致(Vasey et al., 2020)。这两类结论都表明,男同是一种可遗传特征,而我们需要考虑这种形式的性取向是如何在进化背景下产生的。目前有四种针对男同性恋现象(注意,很少有研究考虑到女同性恋)的进化解释(Cartwright, 2016),它们是:

- 亲缘选择模型(kin selection models);
- 性别对抗选择(sexually antagonistic selection);

- 杂合优势(heterozygous advantage);
- 兄弟出生顺序效应(fraternal birth order effects)

下面我们依次讨论这些理论,亲缘选择模型可以追溯到 E. O. 威尔逊,他在 1975 年提出一个猜想——同性恋行为可能通过亲缘选择在族群中得以延续,也就是说,只要同性恋个体可以扮演诸如好叔叔或好阿姨这类对后辈有所帮助的角色,他们也可以间接传递自己的基因副本(Wilson, 1975),就像蚁群中不直接参与繁衍活动的工蚁一样。可直到现在,这一猜想依然没有得到可靠的证据支持,许多研究报告的结论并不一致(Cartwright, 2016)。例如,拉赫曼和赫尔对来自伦敦的 120 名男性进行了抽样调查,发现"同性恋"和"直男"在对亲属的慷慨程度方面没有区别(Rahman & Hull, 2005)。但加拿大心理学家保罗·维西领导的团队找到了对威尔逊猜想的支持证据,他们发现在萨摩亚有三种性别:男性、女性和"fa'afafine"(fa'a 是"以"的意思,fafine 是"女"的意思)。"fa'afafine"指的是跨性别的男性恋者(爱慕其他男性的女性化男性),他们会为侄子和侄女做出巨大牺牲,将资源慷慨地赠送给后辈。事实上在当地,成为"热心叔叔(舅舅)"正是对这"fa'afafine"一角色的规范性要求(VanderLaan & Vasey, 2012; Vasey et al., 2020)。有趣的是,尼拉等人在印度尼西亚的亚族人社群中也有类似发现(Nila et al., 2018),在那里,男同性恋对他们的侄女和侄子会更为慷慨大方。一些反对者认为,虽然目前有了这些发现,但亲缘选择模型在西方社会并没有得到强有力实证数据支持,但维西和同事们认为,萨摩亚和印度尼西亚社会可能更接近我们祖先的生存环境,而只有在祖先环境中,我们才能解释同性恋现象是如何出现及延续的。

性别对抗选择是指存在某些基因,它们在一种性别条件下可以增强适应性,但同时在另一种性别条件下会降低适应性。具体到男同性恋的情况,如果符合性别对抗选择机制,那么与男同性恋具有相同 X 染色体的异性——他们的女性亲属——会有更强的生育能力,许多研究似乎都支持这一假设。例如,坎培里欧-西尼亚等人发现男异性恋的母亲平均会生育 2.3 个孩子,而男同性恋的母亲平均会生育 2.7 个孩子(Camperio-Ciani et al., 2004)。此外,这项研究还显示母系一方出现同性恋的概率要高于父系一方出现同性恋的概率,这也同样证明了性别对抗选择假设,因为男同性恋的 X 染色体部分正是来自母系遗传。

杂合优势的基本假设是,某些等位基因在纯合子基因型中可能降低适合度,但由于这些基因的杂合子可以赋予亲属一定优势,因此它们能够得以延续(见第 2 章)。按照这一假设,同性恋存在的原因也在于同性恋亲能能从中获得某些有利条件(亲属选择模型与性别对抗假设其实也是在强调这一点)。该论点于 1959 年由哈钦森(Hutchinson)首次提出,在21世纪又被爱德华·米勒(Edward Miller)进一步完善发展。米勒提出,主导同性性取向的基因具有多效性,在杂合子条件下,它会导致许多异性恋男性更敏感及更富有同理心(这两个特征对女性都有吸引力),但在纯合子条件下,会导致男性成为男性恋(Miller, 2000)。该推测也与某些研究发现相符合,如更能认同女性感受的男性在择偶竞争中会更为成功(Zietsch et al., 2008)。当然,这类发现只能在一定程度上支持杂合优势假说,但绝对算不上确凿证据。

最后,兄弟出生顺序效应建立在一个事实基础上:男孩出生顺序越靠后,他们长大后成为男性恋的可能性就越高(Blanchard, 2018)。其中的原理在于,可能存在某种特殊机制,当一个家庭有很多男孩能生育子孙辈时,在这一机制的作用下,后来出生的兄弟会被转化为"巢中帮手"的角色(例如,一些鸟类的哥哥姐姐会帮助喂养弟弟妹妹)。请注意,该假说与亲缘选择模型也有重叠性,甚至它可以被视为亲缘选择模型的一个变体。目前关于该假说最有力的证据正是男性性取向与其出生顺序的关系。

总的来说,当我们考虑我所提到的发问时,我们可以相当自信地做出三个断言。首先,当前大多数关于同性恋的研究都关注于为什么有些男人是男性恋,而较少关注为什么有些女人是女性恋。第二,在解释同性恋的进化难题方面,我们有很多假说与猜想,但还没有统一答案。第三,也是最后一点,这些假说之间显然有很多重叠之处。也许,正如维西最近评论的那样,"在解决这一进化难题的前进之路上,我们需要将不同的备选假说结合起来,而不应该认为只存在唯一的影响机制"(Vasey et al., 2020, 373)。

总结

在1871年出版的《人类的由来与性选择》一书中,达尔文提出了一种新的选择机制——性选择。性选择塑造了那些有助于个体获得配偶的特征,它有两种基本形式,即性内选择和两性间选择。性内选择指的是同一性别阵营中不同成员为了接近异性而进行的竞争,两性间选择指的是一种性别个体(通常是雄性)试图吸引另一种性别个体。在自然界中,这些驱动力导致了雄性进化出更高水平的攻击性、更强大的身体力量以及可以吸引雌性的装饰性特征,同时也导致了雌性对雄性的挑剔选择。

1930年罗纳德·费舍尔提出，雌性祖先会更青睐那些具备良好生存特征的雄性，比如长尾羽，一旦雌性选择了这些特征，在进化的过程中雄性身上所表现出的这些特征就可能越来越夸张，因为雌性会一直倾向于与具备突出特征的雄性交配。最终，这些特征可能会超出其原始功能，费舍尔称这种现象为"失控选择"。

罗伯特·特里弗斯认为，雌性是配偶选择过程中更为挑剔的一方。原因在于雌性在繁育后代方面的投入要高于雄性，一代选择了错误的交配对象，它们要付出更大代价。相比之下，雄性即使做出了错误选择，它们的损失也很小，所以它们的配偶选择标准没有那么严格。特里弗斯把两性为生育后代所付出的投入称为"亲代投资"，由于存在孕育和哺乳阶段，哺乳动物两性亲代投资的不对称性（雌性付出更多）要高于其他动物。

阿莫兹·扎哈维提出，雄性进化出的复杂吸引特征其实都是生存障碍，它们存在的目的在于向雌性证明，尽管背负着这些障碍，但雄性个体依然能够生存，这就是"不利条件假说"。而汉密尔顿和祖克则认为，雄性装饰品的进化是为了向雌性证明，它们身上不携带寄生虫。

许多物种通过无性繁殖的方式传递基因。一些单细胞生物可能会分裂繁殖（分裂成两个新的个体），还有一些多细胞生物可能会孤雌繁殖（后代由未受精的卵发育产生）。正如梅纳德·史密斯和威廉姆斯指出的那样，相比无性繁殖，有性繁殖要付出许多额外成本，其中包括减数分裂的成本（即每次繁殖时失去一半的基因）、生育雄性的成本（因为雄性后代无法获得繁殖机会）和求爱的成本。一旦意识到有性繁殖的代价，动物为什么会进行有性繁殖就成了进化研究者一个必须面对的问题。

进化科学家提出了许多理论来解释有性生殖的存在。费舍尔认为，由于有性繁殖的后代有更大的可变性，交配加速了进化。穆勒认为，有性繁殖可以消除有害的突变，否则这些突变会在种群中积累。威廉姆斯提出了抽奖类比，即后代的变异就像有许多不同彩票。因为未来环境压力难以预测，所以个体为后代提供不同彩票（即变异）是一种有价值投资。贝尔提出了树木交错的河岸理论，根据该理论，个体的生存压力不仅源于（非生物）环境，更重要的是它们还要与生物（尤其是同类）展开激烈生存竞争。最近，人们又将关注点转向了范·瓦伦提出的红桃皇后理论。红桃皇后理论认为寄生物和寄主处于一场持续不断的进化军备竞赛中——寄主通过有性繁殖生出不同后代，其中一些后代会碰巧对病原体有抵抗力。

行为模式具有生存和繁殖价值。如今，性选择理论和雌性选择概念已成为科学家分析动物行为时的重要切入视角。对鸟类、鱼类和哺乳动物等许多物种的研究都明确表明,雌性选择是雄性装饰特征和攻击行为的进化驱动力。

显然,同性恋繁育后代的可能性比较低,因此进化研究者一直试图理解为什么会进化出同性恋这种模式。目前有四种解释,亲缘选择模型假说认为,通过更慷慨地帮助家庭中其他后辈,同性恋可以间接传递自己的基因副本;性别对抗选择假说认为,同性恋基因会降低两性中一方的适应性,但同时也增强了另一方的适应性;杂合优势假说认为,某些等位基因在纯合子基因型中会降低适合度,但这些基因的杂合子可以赋予亲属生存优势;最后,兄弟出生顺序效应假说认为,在某些机制的作用下,后出生的兄弟会承担起"巢中帮手"的角色。

问题

1. 一些进化理论的反对者认为,同性恋行为在男性和女性中广泛存在,这意味着人类的性行为不再只与广义适合度有关。考虑一下关于同性恋的四种进化假说,你认为哪一个或哪几个理论更有道理?
2. 雌性美洲水雉(一种涉禽)比雄性水雉体型更大、更有攻击性,这是动物界"性别角色反转"的一个典型例子,基于本章所介绍的知识,你是否能对这一物种雌雄两性在繁殖活动中的行为特征做出预测?
3. 一些特征的进化起源常常会引发争议,鸟鸣就是一个例子。我们如何区分鸟鸣到底是通过自然选择还是性选择进化而来的?
4. 有性繁殖能带来什么好处?

延伸阅读

Barkow, J.H. (1989). *Darwin, Sex, and Status: Biological Approaches to Mind and Culture*. Toronto: University of Toronto Press.

Cronin, H. (1991). *The Ant and the Peacock: Altruism and Sexual Selection from Darwin to Today*. Cambridge: Cambridge University Press.

Milan, E.L. (2010). *Looking for a Few Good Males: Female Choice in Evolutionary Biology*. Baltimore: Johns Hopkins University Press.

Prum, R. O. (2018). *Evolution of Beauty: How Darwin's Forgotten Theory of Mate Choice Shapes the Animal World.* New York: Penguin Random House.

Vasey, P. L., Petterson, L. J., Semenyna, S. W., Gómez, F. R. and VanderLaan, D. P. (2020). Kin selection and the evolution of male androphilia. In L. Workman, W. Reader and J. H. Barkow (eds.). *The Cambridge Handbook of Evolutionary Perspectives on Human Behavior* (366 – 77). Cambridge: Cambridge University Press.

Zuk, M. and Simmons, L. W (2018). *Sexual Selection: A Very Short Introduction.* Oxford: Oxford University Press.

4 人类择偶的进化

> **关键词**
>
> 性策略理论・配偶防卫・雄性供给假说・最近的共同祖先・雄性亲代投资・隐蔽发情・性别二态性・一夫多妻・一妻多夫・繁殖价值・精子竞赛・性感儿子・柯立芝效应

男人在女人身上寻求什么？女人在男人身上寻求什么？更直白地说，人们选择伴侣时会遵从什么标准？在第3章中，我们讨论了性选择理论，即某些特征和行为模式如何通过提高生殖率而得以进化。为了成功繁殖，人类需要作出择偶决策。我们普遍相信，男人和女人对伴侣的偏好是不同的。女人想要慷慨大方、情绪稳定且值得信任的男人，而男人——嗯，男人想要性感的女人。问题是，这些常识性看法是否与真正的实证数据相符合，如果符合，两性择偶标准差异又从何而来？在本章中，我们使用性选择理论和其他灵长类动物的证据来解析配偶选择概念，探索它的起源以及影响。

性策略理论：检验进化心理学家的主张

进化心理学家提出的两个主要主张是，人类存在天性，过去的生态和社会压力是导致天性进化的原因(Pinker, 2002)。如果这没有错，我们可以推测，如今人们的择偶偏好反映了我们祖先在进化历史中作出的抉择。在过去的30年里，戴维·巴斯和他的合作者戴维·施密特一直通过发展性策略理论(sexual strategies theory)来解释人类的交配心理。巴斯和施密特认为，人类已经进化出一系列心理适应机制，以应对古老的交配竞争(Buss & Schmitt, 1993; 2019)。根据性策略理论的基础观念，在人类进化史上那些作出正确选择的人比作出错误选择的人更有可能实现基因传递。因此，性选择应该促成"好配偶"选择策略。他们还指出，在择偶过程中存在两个普遍的适应性挑战：选择有利于提高适应性的配偶，战胜竞争对手来实现自己的选择。

这就提出了一个问题，既然我们无法直接观察到行为模式的进化，那么进化心理学家该如何探索性选择、配偶选择和人类行为之间的关系呢？一种方法是将我们自己与同我们有共同祖先的灵长类亲戚进行比较，即所谓的比较研究——通过比较不同物种以深化我们对物种解剖结构、生理机能或行为特征的理解。当密切相关的物种具有不同行为模式时，表明不同的生态压力造成了这些差异（Clutton-Brock & Harvey, 1977; Davies, Krebs and West, 2012; Ryan, 2018）；当它们具有相同行为模式时，表明这些行为模式由来已久（Wrangham, 1987），可以追溯到它们最近的共同祖先（common ancestor）。我们也可以用比较法来研究人类的择偶行为。

研究人类择偶进化的第二种方法是，检验某种行为模式在不同文化背景下是否具有普遍性。如果这一特征确实是进化产物，那么我们在各种人群中应该看到更多的相同点而不是不同点。过去的 30 年，进化心理学家比较了不同文化中人们的择偶偏好，尤其是择偶标准的两性差异在多大程度上是全世界共通的。这类研究可以表明性选择到底能否塑造人类行为。接下来我们首先讨论择偶行为特征的进化根源，之后再探讨这些行为特征造成的结果。

人类择偶的起源：我们亲属的社会行为

考虑到我们与其他灵长类动物大部分进化史以及大部分基因都是相同的，因此，对它们社会和性行为的认识将为我们理解祖先生活方式提供线索，同时也有助于我们探索人类性策略的进化源头。许多灵长类动物都可以被看作人类的原始模板，包括普通的黑猩猩（及其近亲倭黑猩猩）、大猩猩和狒狒。世界上有两种黑猩猩，它们的行为模式具有一些差异：一种是普通黑猩猩，它又包含几个亚种；另一种是倭黑猩猩。大猩猩也有两种——"东非大猩猩"和"西非大猩猩"——每种又各自包含两个亚种，分别是东非低地大猩猩与山地大猩猩，和西非低地大猩猩与克罗斯河大猩猩。狒狒则有五个亚种。下面我们简要介绍这些灵长类动物与繁殖有关的行为特征。

黑猩猩

黑猩猩与人类共享基因的比例超过 98%，目前研究表明，人类与黑猩猩在 600 至 700 万年前有共同祖先（Dunbar, 2004; Strier, 2016; Gruber & Clay, 2016）。同人类一样，黑猩猩是一种高度社会化的灵长类动物，每 20 到 100 只黑猩猩组成一个群体。它们同时也是分裂—聚合族群（fission-fusion society），这意味着它们在觅食时经常分成十几个比较小的群体，然后发现大量食物来源后再重新聚合起来（比如刚结果子的

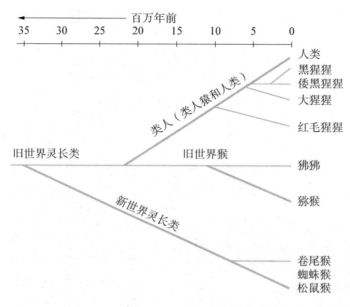

图 4.1 灵长类动物进化树

果树)。当这种情况发生时,单个黑猩猩通常会发出"呼哧呼哧"的叫声,把其他黑猩猩从远处吸引过来。雄性构成了黑猩猩社群的固定核心,它们会形成线性统治等级;而雌性在发育到性成熟后经常离开加入另一个新群体(Goodall, 1986; Strier, 2016)。为了维持自己的优势地位,排位前列的雄性会非常凶猛好斗,同时与其他高等级雄性结成联盟(大多数联盟伙伴都是兄弟,但也不一定必然如此)。由于雄性间存在严格的统治等级,大多数争端都是通过恐吓解决的,不会涉及直接肉体伤害,但后者有时确实会发生。在 20 世纪 70 年代,珍妮·古道尔(Jane Goodall)观察记录了两支黑猩猩族群间长达四年的"领土战争",最终结果是一方势力杀死了另一方势力中的全部成年雄性。雄性黑猩猩还会杀婴(婴儿父亲是其他雄性)——目的是使雌性更快地恢复发情期(哺乳中的雌性不会进入发情期),并确保任何新生出的后代是自己的血脉,这种行为在灵长类动物世界中并不罕见(Strier, 2016)。而在一些族群中,甚至还会极其少见地出现雌黑猩猩杀死另一只雌黑猩猩后代的事件——这种行为在其他灵长类动物的世界中就几乎闻所未闻了(Pusey & Schroepfer-Walker, 2013)。

黑猩猩不同种群的交配模式也有所区别,但通常情况下,占支配地位的雄性对发情雌性并没有专有权,这与它们的近亲大猩猩非常不同(尽管在某些种群中也会发生这种情况)。在发情期,雌性对发育成熟的雄性产生明显吸引力,许多雄性随后会与雌性交配。发情期是雌性性周期中最有可能导致受精的时期,其指示标志是阴道和肛门周围(会阴)大面积肿胀发红。虽然发情的雌性常常会与很多雄性交配,但等级更高的

图 4.2　一位占主导地位的雄性黑猩猩正在为族群中另外一只黑猩猩梳理眉毛，拍摄于乌干达基巴莱森林

成员，尤其是雄性首领，通常会最频繁地与之交配，尤其是在排卵前后（从而增加生育后代的机会）。雌黑猩猩的排卵期非常短暂，一般只有几天的时间。

尽管黑猩猩主要以水果为食，但它们有时也会集体狩猎小型哺乳动物——这种活动在很大程度上（但不完全是）是雄性的赛场（Gruber & Clay, 2016）。有时雄黑猩猩会从捕杀到的猎物中拿出一些肉分给帮助它捕猎的其他雄性，但有时它也可能把肉分给具有生育能力的雌性（Kuroda, 1984; Goodall, 1986; Stanford, 1998; 1999）。一些权威人士认为，把肉给有生育能力的雌性会增加占主导地位的雄性与之交配的机会，尽管也有人类学家对这种以肉换性（meat-for-sex hypothesis）的假设提出质疑（Gilby et al., 2010），但它确实获得了一定的实证研究支持（Gomes & Boesch, 2009）。由于更占优势的雄性最有可能成为成功狩猎者，因此，等级也可以间接保障生殖利益（Stanford, 1995; Gomes & Boesch, 2009; Mitani & Watts, 2001）。

如果对于雌黑猩猩来说，等级顺序和狩猎能力是优良基因的有效指标，并且如果雌性能够自主选择与哪些雄性交配，那么我们可能会问：为什么它们要与许多雄性交配？为什么不简单地只与一个占统治地位的雄性交配呢？也许这种"切分交配权"的做法是一种雌性策略，目的是减少杀婴的可能性（交配过的雄性有可能是婴儿父亲），并允许精子竞争(Birkhead, 2000)。

倭黑猩猩

在遗传基因上倭黑猩猩与人类的差异约为1.3%,但与普通黑猩猩的差异仅为0.4%(它们的基因组最终于2012年6月测序完成;Prüfer et al., 2012)。有人认为,由于它们生活在刚果河的两岸(倭黑猩猩在南岸,普通黑猩猩在北岸),这两个独立物种的分化期出现在大约150万年前,那时它们共同古老祖先开始在河岸两侧定居下来(Takemoto et al., 2015)。虽然名为倭黑猩猩,但实际上它们并不比普通黑猩猩矮小,只是更苗条、更纤弱。像普通黑猩猩一样,倭黑猩猩生活在分裂—聚合的族群中,群体规模通常保持在50到120只之间(群体规模比普通黑猩猩略大,可能是因为刚果河大拐弯处有更多食物来源,它们生活在相对食物密度高的地区)。相比普通黑猩猩,倭黑猩猩更喜欢在树上生活,但它们也会花相当多时间在地面上觅食。令人惊讶的是,尽管倭黑猩猩更喜欢在树上活动,但它们似乎比普通黑猩猩更擅长两足行走,因为它们的大腿骨更长,枕骨大孔位于更中心的位置(Thompson, 2002;参见第2章)。另外,与普通黑猩猩相似的是,倭黑猩猩主要以水果为食,但有时也会杀死并吃掉小型脊椎动物,包括一些小型灵长类动物(Surbeck & Hohmann, 2008)。但不同于黑猩猩的是,雌性倭黑猩猩也会参与狩猎活动(尽管雄性更普遍)。

在社会组织结构方面,倭黑猩猩也与普通黑猩猩形成了鲜明对比,雌性成员联盟构成了它们社群的核心。虽然雄性倭黑猩猩的体型比雌性更强壮,但雌性可以通过结成联盟来实现对社群的有效控制(Strier, 2016; Gruber & Clay, 2016)。雄性倭黑猩猩会在很长时间内跟随母亲一起生活,甚至在成年后,它们也会常常向母亲寻求安慰和支持。虽然倭黑猩猩的攻击倾向看起来明显弱于普通黑猩猩,但它们还是形成了统治等级制度,在社群中占优势支配地位的雌性可以提高儿子繁殖成功概率(Surbeck et al., 2010)。

在普通黑猩猩中,雄性个体与雌性个体之间很少互相梳理毛发以及分享食物(除了一些黑猩猩社会中存在的"以肉换性"现象)。同样,有记录表明雌性倭黑猩猩优先与同它们共享食物的雄性交配(Kuroda, 1984)。然而,考虑到倭黑猩猩交配的频率(远多于黑猩猩),这一点很难得到证实。此外,与普通黑猩猩不同,倭黑猩猩族群的活动领地允许彼此重合。当两个群体相遇时,它们甚至可能在分道扬镳前结合一段时间。这与黑猩猩社群相遇后你夺我争、互不相让的局面形成了巨大反差。

倭黑猩猩的交配模式非常杂乱,除了异性交配之外,它们雄性之间或雌性之间也

图 4.3　一小群倭黑猩猩正在互相梳理毛发

会发生性行为,甚至未发育成熟的倭黑猩猩也会参与其中。总的来说,性活动在这种猿类生活中很常见,它似乎被用作是一种既有助于保持群体凝聚力、又有助于消除紧张的沟通安慰手段。有人认为,之所以倭黑猩猩比它们的近亲黑猩猩攻击性更低,可能正是由于它们会用性活动促成和解,以及雌性联盟构成了社群领导核心(Nishida & Hiraiwa-Hasegawa, 1987; Strier, 2016; Gruber & Clay, 2016)。尽管如此,当雌性进入发情期后,就像普通黑猩猩一样,雄性支配等级越高,就越有可能成功地繁育后代(Surbeck et al., 2010)。此外,二者另一个区别在于倭黑猩猩发情信号(肿胀的阴部)会持续更长时间——大约 20 天。这可能有助于解释为什么雄性在其生命周期的大部分时间里都会被雌性所吸引(Ryu et al., 2015)。有人认为,雌性对雄性吸引力的增强可以降低雄性的攻击水平(Furuichi, 2011)。因此,这又进一步解释了为什么与普通黑猩猩相比,倭黑猩猩整体攻击性水平较低(Furuichi & Thompson, 2008)。

大猩猩

大猩猩大约在 1 000 万年前与人类和黑猩猩有共同的祖先,它们与我们的基因遗传密码有 98% 的相似处(Scally et al., 2012)。大猩猩是体型最大的灵长类动物,成年雄性体重可达 230 公斤。与大多数灵长类动物一样,大猩猩是高度社会化的动物,但不同于黑猩猩与倭黑猩猩的是,它们基本组织是单一雄性小家族,其构成包括一只成熟的雄性银背大猩猩和三只左右的成熟雌性大猩猩,此外,可能包含一到两只黑背的亚成年雄性(8—12 岁)和一些幼崽(不到 8 岁)。银背大猩猩体型是雌性的两倍大,它们负责保护整个家族免受捕食者的侵害以及其他雄性大猩猩的引诱(通常会以捶打自己胸脯的方式进行威吓)。由于雄性与家族内所有的成熟雌性交配,所以它几乎是家族所有后代的父亲。而雌性间会形成线性支配等级,最早和雄性组成家族的成员等级最高。高等级雌性可以让自己与自己的后代更长时间待在雄性身边,以更好地享受雄性的保护(Stewart & Harcourt, 1987)。像许多灵长类动物一样,大猩猩族群内所有成员都会互相梳理毛发。东非大猩猩族群的成员数量约为 30 至 40 只,相比之下,体型稍小的西非大猩猩其族群成员数量较少,可能有 2 只至 20 只不等(见图 4.4)。一个大猩猩族群的活动范围可达 30 平方公里,但与普通黑猩猩不同,大猩猩并不把这些区域作为自己的专属领地来保卫(事实上,族群领地之间的重合通常不会引发纠纷;Morgan et al., 2017)。性发育成熟后的雄性和雌性会主动离开族群——这一倾向很可能是为了避免近亲繁殖而进化出来的。

图 4.4　刚果丛林中的西非低地大猩猩家族

东非大猩猩和西非大猩猩都以来自草本地面植被的水果和植物为主食（Morgan et al., 2017），此外，它们也会吃一些无脊椎动物，如蚂蚁、白蚁和蠕虫，但不会猎杀其他哺乳动物，这一点与黑猩猩及倭黑猩猩不同。有趣的是，极度濒危的西非克罗斯河大猩猩曾向跟踪它们的人类投掷棍棒和草（Wittiger & Sunderland-Groves, 2007）。虽然这种行为在黑猩猩中也有记录，但在大猩猩中还是首次被观察到。

狒狒

虽然狒狒与人类在基因上的相似性要少于黑猩猩和大猩猩与人类的相似性（94%），但许多专家声称，狒狒为理解人类社会行为提供了更好的模板，因为它们或许面对类似生态压力。在500万到1000万年前，当非洲大森林萎缩时，很可能只有我们的祖先和狒狒家族离开了茂密的森林，来到了不断扩展的开阔草原。

这样看来，狒狒也许是唯一一种适应了大草原环境的非人灵长类动物。事实上，如今在撒哈拉以南非洲的开阔林地和大草原有许多种狒狒，那里同时也是早期人类化石的重要出土地。近年来狒狒的动物学分类发生了一些变化，且未来可能还会发生变化，但目前我们认为狒狒包含五种不同亚种，它们分别是阿拉伯狒狒（埃及狒狒）、几内亚狒狒（红狒狒）、东非狒狒（橄榄狒狒）、草原狒狒（黄狒狒）和豚尾狒狒（大狒狒）。鉴于阿拉伯狒狒在身体形态（雄性有一大圈白色鬃毛）和行为特征方面与其他几个亚种有明显差异，一些学者建议将其他狒狒统称为"热带草原狒狒"，以示同阿拉伯狒狒的区别。狒狒族群成员的数量从15只到150多只不等，而阿拉伯狒狒的族群成员数量可以多达750只（在这种情况下，有次级族群）。狒狒的栖息活动范围通常是几平方公里，它们饮食以素食为主，但同黑猩猩一样，狒狒也会杀死并吃掉诸如长尾猴这样较小的哺乳动物。事实上，狒狒是除人类之外食肉比例最高的灵长类动物。同样相似的是，狩猎是雄狒狒的专属活动（虽然并不是绝对意义上的），尽管狒狒并不以分享猎物而闻名，但至少阿拉伯狒狒有时会将肉赠与其他社群成员（Strum, 1987; Strum & Mitchell, 1987）。

狒狒社会是母系（matrilineal）社会，雌性成员贯穿三代的家族关系构成了群体中社会关系的基础（Silk et al., 2018）。除了阿拉伯狒狒外，其他狒狒都是雄性在成熟后离开群体。在配对系统方面，狒狒也有两种模式。其中，阿拉伯狒狒的族群由一些雄性小家族组成，在小家族中一只雄性狒狒会占有2只到11只左右的雌性狒狒（就像大猩猩的后宫制）。而对于其他种类的狒狒来说，一方面雄性狒狒会为了争夺雌性展开竞争，另一方面雄性与雌性会形成平行的支配等级，所以位于统治地位的雄性可以优

图 4.5 一对雄性和雌性阿拉伯狒狒彼此紧紧拥抱在一起,注意雄性的白色鬃毛以及二者在体型上的性别差异

先接触发情的雌性。研究表明,个体的等级既取决于个体自身的实力,也取决于其家庭在族群中的地位。由此可知,地位较高的亲属会有利于个体地位的提升(Bergman et al., 2003)。就像黑猩猩(以及其他非人灵长类动物)一样,雌性狒狒发情时阴部会明显红肿,这是一种吸引雄性的信号。一些雄性狒狒会在雌性进入发情期后试图与之结成配偶关系,以限制其他雄性的接触机会。方法包括始终跟随着雌性、间歇式地与之交配以及驱逐其他雄性追求者,这种行为模式被称为"配偶防卫"(mate guarding)策略。

虽然雄狒狒对其他雄性会表现出很强的攻击性,但它们在照顾幼崽方面也能作出一些贡献,包括保护幼崽不受其他个体的伤害、背着幼崽移动和为幼崽梳理毛发(Anderson, 1992; Silk et al., 2018)。有时这些雄性可能是幼崽的父亲,但在另一些情况下,雄性之所以这么做,可能是因为这种对幼崽的关心能向雌性展示自己是一个优秀的伴侣,从而吸引雌性与之发生交配关系。这表明,尽管雌狒狒的体型比雄狒狒小得多,但与其他物种一样,雌狒狒能在一定程度上选择交配对象。

重建人类的行为进化史

人类有什么不同吗?

在简要地讨论了黑猩猩、倭黑猩猩、大猩猩和狒狒的社会组织及繁殖行为之后,我们现在能否利用这些结论来理解性选择是如何对人类早期祖先施加影响的?有三个重要的参考领域——饮食、社会行为和生殖策略。根据一些研究者的观点,饮食(或者更确切地说是饮食变化)可以帮助我们更好地探索人类许多其他特征的进化演变。不过,由于饮食会带来复杂的连锁效应,我们需要将三者放到一起分析。

肉食祖先

如今大多数学者都认同,在长达300多万年的时间里,我们的祖先一直生活在开阔的大草原上,以小规模狩猎采集社群的形式生活(McHenry, 2009; Leakey & Lewin, 1992)。与黑猩猩、倭黑猩猩、大猩猩和狒狒一样,他们很可能从许多植物中获取能量与营养。肉类在人类祖先饮食中一直扮演重要角色(Wrangham, 2009),我们的牙齿和肠道特征都明确表明了这一点。虽然黑猩猩、倭黑猩猩和狒狒也吃一些肉,但它们典型的灵长类肠道明显同以素食为主的饮食结构相匹配。例如,它们用于分解植物纤维的大肠相对较长,但用于分解蛋白质的小肠则相对较短,相比之下,我们拥有相对较长的小肠,同时还有专用于撕咬肉类的前磨牙,这都可以说明,对于当年生活在大草原的人类祖先来说,肉类是饮食结构的重要组成部分。

事实上,与黑猩猩不同的是,我们无法从植物中获取许多人体必需的营养物质,尤其是维生素B12,只有肉食才能满足我们的营养需求。而且更确凿的证据是,200多万年前的动物骨骼化石已显示出我们早期祖先使用工具进行屠杀与切割的迹象(Leakey & Lewin, 1992; Wrangham, 2009)。灵长类动物学家理查德·兰厄姆(Richard Wrangham)认为,我们的祖先(直立人)早在180万年前就开始烹饪肉类,目的是使蛋白质更容易为人体消化吸收,同时杀死肉食中含有的病原体(Wrangham, 2009; Wrangham & Carmody, 2010);这一变化的结果是人类的牙齿变得更小了,而大脑容量则变得更大了(Martin, 1983)。总之,无论是生食还是熟食,今天人类饮食中肉类比例远远高于其他200多种灵长类动物(Tooby & DeVore, 1987; Wrangham, 2009)。

男性供给假说

对任何观察过猴子和类人猿的人来说,除了饮食结构不同外,人类与其他灵长类亲属还有许多更为引人注目的区别。其中一个明显的差异在于，人类女性没有雌黑猩猩或雌狒狒那样的发情期。一些学者认为，该特征正是饮食结构变化带来的连锁效应之一。从过程来看，首先是肉食导致了早期性别分工，这一想法可追溯到进化心理学家约翰·图比和艾夫·德沃尔，他们试图基于人类学知识重构人类的行为模式进化史(Tooby & DeVore, 1987)，男性供给假说(male provisioning hypothesis)正是他们最具有代表性的研究成果之一(见专栏 4.1，以及 Buss, 1999；Mattison, 2017)。

考虑到其他灵长类动物的饮食结构，我们可能会疑惑，为什么我们的祖先离开了森林，开始将肉类纳入他们的饮食中？早期人类与狒狒的祖先是为了开拓广阔的大草原而走出热带雨林，还是它们被其他更具适应性的树栖灵长类动物挤出了日益缩小的森林？这些问题目前还有很大争议(Dunbar, 2004；Strier, 2016；Leakey & Lewin, 1992)。但不管是主动迁徙还是被迫离开，结果没有区别，显然，我们与狒狒的祖先都克服了适应挑战，抓住了大草原提供的机遇。

一种观点认为，当人类早期祖先(或类人祖先)离开雨林庇护、开始在开阔的大草原上生活时，不同于狒狒，他们基于自己的灵长类动物特征，充分利用了草原动物生态(Tooby & DeVore, 1987；Wrangham, 2009)。考虑到我们与黑猩猩的共同祖先可能像今天的普通黑猩猩和倭黑猩猩一样偶尔食肉，也许早期人类在狩猎中有效发挥了树栖灵长类动物的特长，包括良好的立体视觉灵敏度、易于操作物品的双手和灵活的大脑——这些特长可以让我们更好地追踪、瞄准和打击猎物。

在开阔草原发生的狩猎转变可能对两性都产生了重要影响，正如我们之前提到的，至少在某些种群中，雄性黑猩猩有时会用肉来向雌性交换交配权(狒狒和倭黑猩猩也可能如此)。有趣的是，在现代狩猎采集社会中，女性会认为能力出众、经验丰富的猎人最富有吸引力。事实上，在那些一夫多妻制社会中，狩猎者的妻子与情人数量与他们的狩猎能力成正比关系(Hill & Kaplan, 1988；Smith, 2004)。如果女性更喜欢那些能为她们提供肉食的男性，那么我们显然可以推测出，在进化过程中性选择会提升男性的狩猎能力，因为女性会基于这一标准选择配偶(见专栏 4.1)。

专栏 4.1　男性供给假说——人类单配偶制的根源？

不同于大多数其他哺乳动物，人类会形成持久的伴侣关系，同时双亲都参与后代抚育，人类学家长久以来一直探寻为什么我们会发展出这样的配对模式(Workman,

2016)。1981年,人类学家欧文·洛夫乔伊(Owen Lovejoy)提出了一个与男性供给假说具有直接渊源关系的想法,他认为古人类之所以会形成持久稳定的伴侣关系,是为了保障婴儿的食物供应(按照灵长类动物的标准,人类胎儿出生时其实只能算尚未发育成熟的婴儿,具体参见专栏4.2),男性要担负起为自己配偶及他们共同后代提供肉类等食物资源的责任(Mattison, 2017)。

男性供给假说来源于一个更早的假说——舍伍德·沃什伯恩(Sherwood Washburn)设想的狩猎假说(hunting hypothesis),该假说将狩猎置于一系列人类适应变化的中心位置。根据狩猎假说的观点,以男性为主导的狩猎活动增加了人类总体热量摄入,这又进一步导致了除伴侣关系外许多其他适应过程,包括两足直立行走、复杂的工具使用和大脑体积扩增(Washburn, 1968)。而正是由于脑容量增大,才使得人类胎儿必须在发育尚未成熟时就出生,从而造成母亲和胎儿对男性狩猎者的依赖程度更高(见专栏4.2)。值得注意的是,这种人类进化的狩猎假说后来受到采集假说(gathering hypothesis)的挑战,该假说将女性活动置于中心位置,其主张,导致人类适应变化的进化压力来自女性外出采集食物所面临的问题,例如,两足行走使她们能够在搜寻食物时携带婴儿(Tanner & Zihlman, 1976; Tanner, 1981)。

当然,这些假说并不是相互排斥的,也许把它们结合起来,我们就能更好地理解适应机制和人类配偶制之间的关系。那么狩猎假说和采集假说到底有什么不同呢?主要区别在于,狩猎假说并没有试图解释那么多适应性变化,相比之下,采集假说就有些过于浮夸妄想了。考古记录表明,从直立行走到大脑容量扩增再到大型狩猎,这之间的时间跨度达到了几百万年,很难想象在如此漫长的历史中,是女性的采集活动一直在主导人类进化过程(Klein, 2009; Mattison, 2017)。另外,狩猎假说看起来与事实也更加相符,跨文化研究表明,在各种不同的原始社会形态下,男性劳作都构成了主要食物来源。哪怕是在较少从事危险狩猎活动的采集部落中,男性也贡献了高达65%的卡路里和85%的蛋白质(Kaplan et al., 2000)。再者,狩猎假说也可以帮助我们理解浪漫配对关系的由来(Marlowe, 2007; Miller, 2009; Videan & McGrew, 2002)。直到今天,人们依然普遍认为在儿童能获得的资源中,来自父亲的投资构成了最重要的部分(Mattison, 2017)。

为什么只有男人?

性选择可能通过多种方式"加强"男性的狩猎能力,例如提升男性的上肢力量,改善男性制造和使用武器的技巧,甚至巩固男性同盟的凝聚力,以便他们可以利用复杂合作来狩猎大型猎物(Washburn, 1968; Washburn & Lancaster, 1968; Hill, 2002)。然而,如果肉类已经成为人类饮食的重要组成部分,难道我们不应该期盼女性也会成为优秀的猎人吗?在某种程度上来说,她们其实早就是了。女性的脑容量也很大,手握操作也很精准,同时她们也有很好的立体视觉。此外,现代游牧社会的女性偶尔会参加狩猎活动,这算不上什么天方夜谭(Estioko-Griffin & Griffin, 1981; Waguespack, 2005)。正如我们所看到的,普通黑猩猩和倭黑猩猩中的雌性有时也会参与狩猎,所以狩猎绝不是灵长类动物中的雄性专属活动。但我们需要首先明确一个事实,女性对生殖周期的控制是一项现代社会"发明"。对于我们的女性祖先来说,狩猎是一项不太容易实现的选择,因为在成年生活的大部分时间里,她们要么处于孕期,要么处于哺乳期。而在采集植物时,怀孕或哺乳婴儿不会成为很大障碍。基于这一原因,有人认为狩猎—采集的性别分工很可能极为久远(Tooby & DeVore, 1987; Waguespack, 2005)。这并不是说女人从来不会狩猎,或者男性从来不会采集植物,焦点在于两性分别更善于或者更普遍通过何种途径获取食物。

那么,这与女性的发情特征(或者说没有明确的发情期)有什么关系呢?许多研究人员认为,男性向狩猎的转变可能对女性发情期产生了连锁反应(Badcock, 1991)。请先注意,这一结论是推测性的,因此它面对的争议也更复杂。与植物性食物不同,肉类是一种非常高效经济的食物来源。除了高热量外,它还含有人类饮食所需的所有氨基酸和大脑发育所需的脂肪酸(Martin, 1983)。很明显,女性能从肉类中获得的好处和男性没什么区别。然而正如我们以上指出的,由于需要承担怀孕、生产、哺乳和抚育等一系列职责,女性很难有时间精力去参与狩猎活动。在许多灵长类动物那里,存在以肉换性的策略模式,或许同样的事情也发生在了人类身上,当古人类男性充分利用大草原资源展开狩猎游戏时,古人类女性也充分开发利用了男性资源。通过与一个优秀狩猎者形成长期性关系,女性与她的后代可以获得稳定的肉类供给。别忘了在狩猎—采集社会中,能力越强的猎人就越能成功吸引女性,同时也越有可能将自己的基因复制给下一代(Hill & Kaplan, 1988; Smith, 2004)。因此,女性需要依靠男性获得食物,而男性则承担起为伴侣及他们共同后代提供食物的职责,肉食就这样创造出了牢固的伴侣关系。

需要强调的是,根据这一论点,形成长期伴侣关系对男女双方都有好处。与之相对的是遗弃策略的收益或放弃其他交配机会带来的损失,这些因素都必须予以权衡。此外,在觅食社会中,当一个带孩子的女人嫁给新丈夫时,杀婴现象并不罕见(Dunbar, 2004)。换句话说,长期伴侣关系是一项收益与代价并存的选择(见后面的长期伴侣选择偏好）。

隐蔽发情

与一般的灵长类动物一样,黑猩猩和狒狒的雄性特别执着于追求那些阴部肿胀的发情雌性——这是人类雌性所缺乏的特征。理查德·亚历山大和凯瑟琳·努南(Katherine Noonan)认为(Alexander & Noonan, 1979),通过隐藏她们的发情期(他们称之为"隐蔽发情"),女性可能会让男性持续关注她们,因为只有这样,男性才能确保女性怀孕所生的孩子是自己的后代。然而,你可能已经发现了这个论点的一个问题。如果人类女性隐藏发情期,为什么男性会被她们吸引呢?英国社会学家克里斯托弗·巴德考克(Christopher Badcock, 1991)可能有一个解决这个难题的答案。他认为,女性并不是从不展示发情,更不是永远在发情。

然而,如果女性甚至没有表现出规律性的发情肿胀特征,那么巴德考克的说法又怎么能成立呢?雌性狮尾狒狒让我们看到了另一种排卵信号——它们在发情期会乳房肿胀,这会吸引雄性与之交配。而人类女性一旦性发育成熟,乳房也会永久鼓起,在所有灵长类动物中,只有人类具备这种特征。该特征可能正是女性发出的"虚假信号",利用这种方式,她们可以对男性保持持久的吸引力(Gruber & Clay, 2016)。如果通过建立长期稳定的性关系,一个女人能让一个男人待在她身边,为她与她的后代一直提供帮助,那么她就比不这么做的女性更具选择优势。

因此,伪发情信号(不同于灵长类动物的真实发情,我们也可以称之为欺诈发情)的进化源于性选择。如果是这样的话,那么我们就可以把女人体型看作是像孔雀尾巴一样的进化特征,其目标都是适应异性选择偏好。注意,在这种情况下,我们聚焦的是雄性选择。通常来说,雄性在性方面不是特别挑剔,可一旦它们开始为后代投资,即承担亲代抚育职责,那么它们可能会对雌性的长期忠贞程度有所要求(Buss, 2011; 2016),人类男性的行为模式正符合这一逻辑。持久性吸引力是人类女性的独有特征,它可能进而导致了一种独一无二的长期配偶关系。

正如我们已经了解到的,人类的大多数灵长类亲戚通常不会实行一夫一妻制(阿拉伯狒狒是另一个例外),当我们在进化之路上转向长期伴侣关系时,男女两性的心理模块也要在一定程度上进行重新调整。我们可以以鸡雏身上的印刻效应为例,小鸡对母亲行为进行模仿的基础是它对母亲具有依恋之情;同样,如果人类两性间要形成稳定的长期配偶关系,他们首先必须要有一种对长期关系的渴望——双方愿意花很多时间待在一起。这种进化出来的情感纽带被称为性印刻,或者用更通俗的语言来说,就是"爱"(见第11章)。因此,除了能够解释两性分工、男性体型和女性伪发情等特征外,男性供给假说甚至可以说明我们会坠入爱河的真正原因。

总之,我们已经看到,通过将人类与其他灵长类近亲的行为和形态特征进行比较,进化心理学家可以分析探讨性选择如何影响到了人类的择偶标准及其他进化机制。

> **专栏 4.2 双足行走与单配偶制——为什么男人要帮忙?**
>
> 关于人类的单配偶制有一个关键问题需要解决:既然雌性猿类不需要雄性的帮助就能养育后代,那么为什么古人类女性要依赖男性呢?或者换句话说,在抚育后代方面我们的雄性灵长类近亲通常不会作出什么贡献,可为什么人类男性要不辞辛劳地参与其中呢?史蒂芬·杰伊·古尔德从两足行走的角度提出了一个原创性解释(Gould, 1977)。古尔德认为,随着古人类转向直立行走,骨盆逐渐变窄,这反过来又导致大脑袋的婴儿必须在发育尚未完全成熟时就通过产道(按照我们的寿命和发育模式计算,婴儿其实应该在母亲体内待21个月而不是10个月)。也正因如此,人类婴儿出生时处于发育完全不成形且极为无助的状态。这也意味着,与其他动物的婴儿相比,人类婴儿在相当长一段时间内都需要抚育者不间断地照料。为解决该难题,女性必须选择那些愿意与之建立长期配对关系并帮助抚养后代的男性。在生物学上,我们称这种情况为高雄性亲代投资(male parental investment)。

科学还是猜测?

一些读者可能已经发现了,"以肉换性"的假设其实带有很强的猜测性。事实上,以上分析的论点绝不是已成定局。虽然供给假说当前确实能够解释我们有别于其他灵长类动物的一些特征,然而,未来出现的新证据或新论点很可能会削弱这一假说的可靠性。我们还应该意识到,在大多数狩猎—采集社会中,植物性食物占据了相当大比例的卡路里来源——这意味着女性也可以为男性(以及后代)提供食物。也许男性供给假说可以被看作是相互供给假说的一部分,即伴侣双方都受益于后代存活率的提高(Mattison, 2017)。此外,在比较研究中使用行为证据时,我们必须谨慎,因为正如我们所强调的,我们无法直接观察进化史中的行为模式(Wrangham, 1987; Potts, 1996)。然而,当涉及形态特征时,我们的比较研究结论就可以更自信一些,因为物理特征在根本上是行为的基础,同时也比行为更为容易观测。例如,现代男性比女性体型更大,上肢力量也更强;在与类人猿分化之后,女性祖先没有像我们的许多灵长类近亲那样出现发情期特征；在现存觅食社会中，狩猎和采集活动存在着明显的性别分工；而男女两性的长期伴侣关系（以及男性对后代的巨大投资）是一种跨文化普遍现象。对这些人类特征的性选择解释，目前仍充满争议性，可特征本身是确定无疑的。而且，正如我们将在图 4.9 中看到的，比较解剖学研究为我们提供了一些颇出人意料的结论。

图 4.6 非洲水雉在海玫瑰叶上行走

性别二态性与交配系统

我们已经看到，性选择可以导致两性间行为和身体形态上的差异，人类也概莫能外。我们还看到了饮食结构对性别特征差异的影响。如上所述，这通常意味着雄性动物的体型要大于雌性动物。显然，两性体型差异不在于"有"或"无"而在于程度，男性比女性大 20% 左右；雄性大猩猩的体型几乎是雌性的两倍大；而长臂猿的两性体型几乎是一样的。当前理论认为，雄性相对于雌性的体型越大，雄性之间的雌性资源争夺就越激烈。体型最大、最强壮的雄性会霸占大量雌性，这称为多妻制（polygynous）。因此，多妻制是多配偶制（polygamy）的一种形式，其中一个雄性可以接近许多雌性，但每个雌性通常仅限于同单一雄性交配；相反的情况是一个雌性垄断了许多雄性，这被称为多夫制(polyandry),但这种现象是罕见的(见表 4.1)。而在雄性与雌性形成一对一持久配对关系的单配偶制物种中(比如长臂猿),性别二态性(sexual dimorphism)水平通常很低。因为一旦获得配偶,雄性就不再追求其他雌性了。

表 4.1	交配系统类别		
类别	描述	例子	比例
单配偶制	个体与单一配偶结成固定配对关系	矮羚羊;长臂猿;人类	90%的鸟类,但哺乳动物中极为少见
多配偶制	个体与不止一个配偶结合,具体有两种形式	如下	如下
多妻制	雄性个体与不止一个雌性结成配对关系	象鼻海豹;大猩猩;大角羊;树蛙;人类	哺乳动物中最常见的配对模式
多夫制	雌性个体与不止一个雄性结成配对关系	红瓣蹼鹬;加拉帕戈斯鹰;非洲水雉;人类	非常少见,在一些鸟类中存在

人类不同文化背景下的交配系统差异很大(你会注意到,人类存在于表 4.1 的所有类别中)。正因如此,一些社会科学家声称,我们的生殖行为是由文化决定的,与进化历史无关(Mead, 1949;1961;Butler, 2004),我们现在转向这个问题。

人类择偶策略

在本章的开头,我们提出了一个问题:男性和女性选择伴侣时会遵从什么标准?根据男性供给假说,当我们祖先的饮食转向肉类以及出现性别分工后,人类开始形成长期的配对关系,不同于灵长类近亲,人类男性会在后代身上投入大量资源。尽管有证据支持这一理论,但今天也有许多学者认为男性供给是人类相互供给实践的一个组成部分(Mattison, 2017)。正如我们之前所说的,对人类行为的进化解释带有很强的推测性,理论假设的数量要远多于实证数据。德克萨斯大学的戴维·巴斯试图纠正这种不平衡,过去 30 年他一直致力于研究人类性策略。在择偶标准方面,他得出了一些引发热烈讨论的结论。

巴斯最初开展的研究就与之前的研究截然不同,不过这不是因为他发表的结果令人大感意外,而是因为他提出了本质不同的新问题,或者说因为他用了全新理论来解释自己的发现。巴斯和他的合作者复刻了一项至少可以追溯到 20 世纪 30 年代的测试,他们向男性和女性被试提供了 18 个特征条目,这些特征是个体在选择潜在配偶时可能着重评价的属性,包括经济前景、社会地位、吸引力、事业心和幽默感等。被试的任务是在从 0(毫不在意)到 3(必不可少)的数值范围内对这些属性进行评分。相较于之前的研究,巴斯这一研究最大的突破在于其规范和范围,之前研究涉及的受访者只有几十或几百人,而巴斯的研究则选取了 1 万名受访者,他们来自各个大陆,身处不同的社会环境和文化背景(37 种文化背景)。揭示单一文化背景下男女两性对不同属性评分的差异当然是有意义的,它能让我们知道特定文化下两性择偶过程中会分别更看重什么特征。然而,如果只涉及一种文化背景,我们无法确定这些择偶标准在多大程度上具有跨文化共通性。通过大规模跨文化研究,我们能够找到一些"普遍相似性",即物种特定反应模式。物种特定反应模式对进化心理学家来说很重要,因为它们通常源于进化过程(Brown, 1991; Pinker, 2002)。那么巴斯和他的同事到底发现了什么结果呢?这些结论大致可以分为长期择偶偏好和短期择偶偏好两大类,表 4.2 呈现了其中一部分。需要强调的是,尽管这项研究是在大约 30 年前进行的,但其揭示的择偶性别差异模式在后续其他研究中不断得以重复验证,这也表明了巴斯的研究成果具有坚实基础(Lippa, 2008;2009; Walter et al., 2020; Archer, 2019)。

表 4.2 来自 37 种不同文化背景下 9 474 名被试的择偶倾向

特质	男性对女性的要求	女性对男性的要求	两性差异	跨文化差异性
爱	2.81	2.87	低	低
责任	2.50	2.69	低	高
情绪稳定	2.47	2.68	中等	中等
性格开朗	2.44	2.52	低	高
身体健康	2.31	2.28	低	高
教育程度/智力	2.27	2.45	中等	低
社交能力	2.15	2.30	低	中等
对家庭和儿童的渴望	2.09	2.20	低	高
文雅/整洁	2.03	1.98	低	高
好看的外貌	1.91	1.46	高	中等
事业心和勤奋程度	1.85	2.15	高	高
厨艺与家务能力	1.80	1.28	高	高
收入前景	1.51	1.76	高	低
相似的教育背景	1.50	1.84	中等	高
良好社会地位	1.16	1.46	中等	中等
守贞	1.06	0.75	低	高
相似的宗教信念	0.98	1.21	低	高
相似的政治信念	0.92	1.03	低	低

注:评分标准从 0(毫不在意)到 3(必不可少),Buss et al., 1990

长期择偶偏好

我们该如何解释这些发现？通过表4.2可以看出，在一些属性上两性的重视程度是不同的，但在另一些属性上，似乎男性和女性都想拥有相同的东西。仔细分析这些数字，结合进化心理学家提出的假设，我们就会得到非常有价值的信息。

对财力、勤奋和社会地位的偏好

平均得分表明，女性对潜在伴侣的社会地位、勤奋和经济前景重视程度很高，而男性对女性这些特征的重视程度较低。此外众所周知，职场地位高的男性能够吸引并娶到特别有魅力的女性(Dunn & Searle, 2010; Elder, 1969; Taylor & Glenn, 1976; Daly & Wilson, 1983)。进化心理学家声称，这些结果支持了一种猜想：由于女性祖先具有较高水平的亲代投资，她们如果能够选择愿意为她们以及她们后代提供资源的男性作为伴侣，会受益颇丰(Buss, 1999; Buss & Schmitt, 2019)。显然，资源水平可以直接评估(在今天的社会中，这通常等于收入)，也可以通过社会地位和勤奋程度来推断。

尽管所有社会的女性都比男性更看重这些特征，但不同文化背景下性别差异程度也有所区别。例如，印度、伊朗和尼日利亚的女性比南非和荷兰的女性更看重男性财务前景。这一文化差异比性别差异更难解释，也许原因是不同文化背景下的女性在受教育程度及经济独立方面有所区别，该观点出自社会建构主义的支持者艾丽斯·伊格利(Alice Eagly)，她曾对巴斯的研究假设提出过质疑。伊格利开展的研究还表明，对男性资源水平的偏好与特定文化下女性经济收入潜力呈负相关(Eagly & Wood, 1999)。换句话说，在某些文化中，女性不得不青睐拥有资源的男性，是因为她们自己无法独立获得资源。而在北欧地区女性对男性的经济依赖程度则会比较低。例如瑞典的社会福利制度充分保障了女性的产假、儿童保育假以及其他经济补偿，使得单身妈妈也无需面对生活压力(Buss, 2016)。她发现，在这些国家支持力度高的地区，女性会相对没那么重视男性的社会地位，因此社会角色比进化择偶倾向更有影响力。然而，进化心理学家罗伯特·库尔茨班和马蒂·哈斯通(Martie Haselton)指出(巴斯也是相同观点)，人类择偶选择会"受当地社会和生态因素反馈"而产生适应性倾向(Kurzban & Haselton, 2006)。这也是伊格利现在接受的观点，事实上，她后来自认为是一个社会—进化互动决定论者(Eagly & Wood, 2011)。

美貌偏好

虽然两性都明显偏爱外表有吸引力的伴侣，但在各种文化背景下男性都比女性更看重这一点。此外更让很多人感到惊讶的是，男性眼中的女性魅力特征非常一致，他们都更喜欢大眼睛、整洁的牙齿、有光泽的头发、丰满的嘴唇、小下巴和倒置高脚杯般的腰臀曲线（Ford & Beach, 1951; Johnston & Franklin, 1993; Singh & Luis, 1995; Singh & Singh, 2011; Cunningham et al., 1995; Buss, 2016）。在许多人类学家看来，来自不同文化的男性竟然具有如此相似的审美标准，这简直是一件令人难以置信的事情。事实上，尽管理想的体重、发色或身高等特征存在微小的文化变异（Swami & Salem, 2011; Cunningham et al., 1995; Ford & Beach, 1951），但这些特质都对应于一个共同点——它们指向了"年轻"。

我们可能会问，为什么男性更喜欢这些特质，为什么男性对外貌吸引力的重视程度普遍高于女性？用巴斯的话来说，"为了繁殖成功，男性祖先必须迎娶具有生育能力的女性"（Buss, 1999, 133）。而根据特里弗斯的说法，我们可以先假定一种男性会觉得有生育能力的女性更有魅力，另一种男性会觉得没有生育能力的女性更有魅力（虽然他们可能意识不到生育问题），相比之下，前者更容易繁殖成功，也就更容易将这种偏好传递给后代。特里弗斯的亲代投资理论恰恰预测了这一观点。但男性在选择伴侣时会面临一个女性无需面对的问题——女性的生育能力是有限的。在发育成熟后，男人的生育能力可以一直延续到老年，而女人生育后代的能力只能维持到四十多岁。如今，许多研究已经证明女性生育能力信号与男性眼中其性吸引力水平之间具有明确关系（Malinowski, 1929; Cross & Cross, 1971; Singh, 1993; Buss, 1995; Sugiyama, 2005）。这些信号与生育所必需的性激素——雌激素和黄体酮——有关，而雌激素和黄体酮既与年龄密切相关，又与光滑的皮肤、饱满的嘴唇、光亮的头发以及腰臀曲线等外貌特质密切相关。因此，基于这些特质标准选择配偶的男性会比不这么做的男性生育更多后代。有趣的是，在巴斯研究涉及的 37 种文化背景下，虽然男女两性理想的配偶年龄具有一定文化差异，但男性都更喜欢年轻女性，而女性则更喜欢年长男性（见图 4.7）。

考虑到男性的生育能力在生命周期中可以延续很长时间，女性祖先没有寻求男性"年轻信号"的压力。事实上，正如我们之前已经讨论过的，由于女性偏爱拥有良好经济资源和较高社会地位的男性，那么她们可能会选择那些已经攀登上成功阶梯的年长男性。这一想法得到了许多报纸中征婚专栏的印证（Kenrick & Keefe, 1992; Waynforth & Dunbar, 1995; Pawlowski & Dunbar, 1999）。研究表明，不仅男性在征

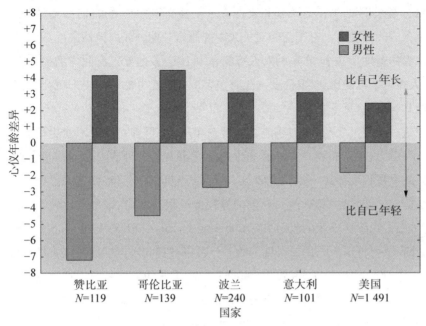

图 4.7　五种不同文化背景下，男性和女性所心仪的配偶与自身年龄差异

婚时会寻求比自己年轻的女性，女性也会更喜欢年长男性。而且有趣的是，随着男性年龄增长，他们会更喜欢比自己年轻的女性。相反，女性无论年龄如何增长，都仍然希望与比自己年长的男性约会。再一次，现实生活中人们的行为倾向完全符合择偶的进化解释。

　　随着年龄增长，男性会越来越倾向于寻求（相对于自己）更年轻的女性，这很可能是人类独有的一种交配策略。其他灵长类动物，如黑猩猩和红毛猩猩似乎更喜欢年长、有经验的雌性（Stumpf et al.，2008）。人类男性择偶偏好可能源于女性一个特殊优势：即她们在可生育期结束后还有很长的寿命。为什么女性在中年后就逐渐失去生育能力？这是一个值得探究的问题。一种可能性是，进化进程中的直立行走转变使分娩变得充满风险性，为了尽量减少这一风险，女性进化出了另一种基因遗传策略——在一定年龄后放弃生育而将投资转移到孙辈身上。

　　这意味着，与其他雄性灵长类动物不同，男性在择偶时面临双重难题。首先，他们必须确定潜在伴侣是否处于发情期，其次，他们必须确定她是否在能生育后代的合适年龄范围内。从理论上来说，祖先男性中那些能选择拥有更长生育期的女性比那些不能做出这种选择的男性更有遗传优势。进化论者把一个人在给定年龄下可能拥有的子女数量称为未来繁殖价值（reproductive value）。将女性繁殖价值和生育力

(fertility)相区分是很重要的,生育力是指女性在一次性交中怀孕的可能性,而繁殖价值是指未来生育后代的潜力。对于在配对关系中要履行长期责任的男性来说,他们很有必要看出二者的差别。一个30岁的女人可能和一个16岁的女人有同样的生育力,但16岁的女人在未来可能比30岁的女人生育更多后代。在考虑短期交配机会时,这种差异也可能具有意义(见下文)。

在把美貌这一篇翻过之前,我们还应该提醒一下大家,尽管女性并不像男性那样特别看重外表吸引力,但正如表4.2所示,她们也会考量异性的外表。然而,女性对男性外表吸引力的重视程度存在一定文化差异。进化心理学家如何解释这一点呢?不同于某些复杂的文化差异性问题,这一现象的答案似乎很朴素:在寄生虫比较普遍的地区,女性似乎更重视配偶外表的吸引力(Gangestad & Buss, 1993; Park & Schaller, 2009)。既然外表吸引特质——比如对称的脸——可以被视为对寄生物免疫力的良好指标(Hamilton & Zuk, 1982; Park & Schaller, 2009;参见第3章),那么在那些寄生虫横行的地区,女性选择伴侣时会对对方的外形魅力有所挑剔也就合情合理了。

对爱情和可靠性的偏好

长期以来,社会科学家一直认为浪漫爱情是西方文化最近的发明(Symons, 1979; Jankowiak & Fischer, 1992)。如果说进化心理学取得了什么进步,那就是打破了这个迷思。爱情可能不会让世界转动,它可能很难被科学地定义,但爱情肯定是每个人都能体验到的东西(Jankowiak & Fischer, 1992; Toates, 2014)。如果本书的读者都从未恋爱过,我们会感到非常震惊。在巴斯的研究中,两性都认为爱情是长期伴侣关系的基本要求(两性给出的评价均值都非常接近最大值"3")。想要与我们爱上的人建立长期关系是一种如此自然而确定的选择,你可能会觉得这无需解释。然而对哺乳动物来说,结成持久伴侣关系其实极为罕见,爱能在其中起到什么作用呢?

正如我们上面所讨论的,很明显,女性通常更偏爱资源,而男性更偏爱年轻、有吸引力的外表。然而,找到一个具有这些特质的伴侣只是成功繁殖的第一步。如果一个男人有富裕资源,但在性交后立即拍拍屁股走人,或者一个女人很性感,但有多个性伙伴。在这两种情况下他们的伴侣都不会感到满意。换句话说,要维持长期关系,双方都需要承诺信号,爱情则可能承担了这一角色。与爱情有关的行为,如山盟海誓、责任允诺、赠送礼物以及倾听心事等,都会获得男女两性的高度评价。总而言之,当陷入爱河时,人们会期望伴侣为长期关系投入足够的时间和精力。如果爱情的根本功能是"产出"父母双方都愿意为之投资的后代,那么我们称之为爱的性印记可能是性选择为人类带来的一种独特特征。

守贞偏好

在巴斯的研究中,守贞被定义为"没有性交经验"(Buss, 1989, 19)。看起来无论男女都将贞操排在了最不重视的序列。然而关键在于,对于寻找长期伴侣的男性来说,他们比女性更为在意配偶的贞操。为什么会这样呢?所有胎生哺乳动物的胚胎都是在雌性子宫内发育的。这意味着雌性所生的后代一定是自己的血亲,但对于雄性伴侣来说则未必如此。

人类男性还要面临一个额外问题,正如我们之前在黑猩猩、倭黑猩猩和狒狒(以及一般哺乳动物)那里了解到的,雌性动物在排卵期(发情期)会发出视觉和嗅觉信号。相比之下,女性祖先在进化中却开始逐渐掩盖她们的排卵信号。这意味着,对于其他灵长类动物的雄性来说,它们只需要在雌性伴侣发情时密切关注并监护对方,就能尽量保证后代与自己的亲缘关系。而男性祖先则做不到这一点,同时他们必须花费大量时间精力来处理其他事情,如狩猎,这就进一步提高了配偶通奸的可能性。一些学者甚至提出,"绿帽"风险的增加可能正是婚姻被发明的原因,因为它可以保证父亲亲缘关系的确定性(Alexander & Noonan, 1979; Buss, 2016)。这种以男性为中心的观点与另一种普遍接受的观点形成了鲜明对比,后者认为婚姻的出现主要是为了确保双亲共同为后代投资。

通过将缺乏性经验作为一个相对重要的择偶标准,男性可能能够尽量减少"绿帽"风险。相比之下,由于女性知道她们所生后代一定与自己具有血亲关系,我们可以预期伴侣的贞操对她们来说不那么重要,这完全符合性选择理论的逻辑。然而,如果男性如此警惕为另一个男性的后代投资,那么巴斯等人研究揭示的数据就有一点问题了。你可能已经发现,虽然男性对配偶贞操的重视程度高于女性,但为什么它在特质列表中排名优先级如此之低?此外我们可能还会疑惑的是,如果对贞操的偏爱是一种遗传特征,为什么它在不同文化间区别如此之大,甚至是不同文化背景下变异最大的特质?例如,在中国贞操被认为对两性都非常重要;而在巴勒斯坦人和赞比亚人看来,守贞只是对女性的要求,男性则无此义务;在美国贞操对两性来说都不那么重要(但男性相对更看重);在瑞典,两性都对贞操毫不在意(见图4.8)。

一些人类学家认为守贞和性宽容的文化差异表明该心理机制不受进化影响(Mead, 1949),这正是标准社会科学模型的一部分(Tooby & Cosmides, 1997;另见第1章),也被称为任意文化理论(arbitrary culture theory; Alcock, 2009)。诚然,不同文

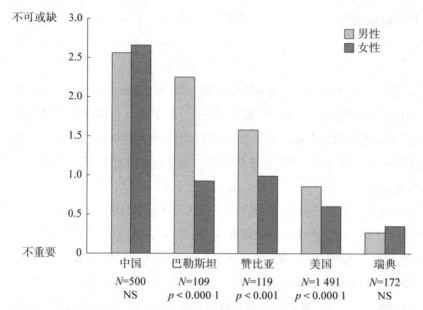

图 4.8　五种不同文化背景下，男性和女性对潜在配偶守贞的重视程度

化对性的宽容程度各不相同，但我们也应该看到，贞操观念在同一文化背景下也会随着时间推移而发生变化。自从 20 世纪 60 年代的"性革命"和可靠的避孕工具发明以来，"处女新娘"在西方社会已经不那么常见了。有人认为，在当代由于女性已经能够相对自由地参与性活动而不受生殖后果的禁锢，她们的态度和行为已经变得与男性更相似了（Ruse, 1987; Crooks & Baur, 2013）。

　　有趣的是，在对婚前性行为最不在意的北欧国家，当地对未婚妈妈提供的福利保障也是最慷慨的，这一点在瑞典尤为明显，因为瑞典女性比世界其他任何地方的女性都要更为经济独立。也许在经济上对男性依赖性的减少是性独立的先兆（Posner, 1992; Elman, 1996）。顺延这一推理我们还能假定，在那些女性经济上更为依赖于男性的文化背景下，我们可以看到社会依然重视对女性的守贞要求。中国、伊朗和印度的情况就是如此，这些国家女性的相对收入远低于西方国家。然而，这并不能解释为什么在一些文化下人们也会在意男性的贞操。

　　关于守贞观念的研究结果表明，一种文化条件的转变——比如女性经济地位的提高，可能会对其他文化变量产生连锁反应——比如对婚前性行为的道德认知。这种跨文化的发现也能表明，有些领域很难纯粹用进化原理来解释，我们在本章的末尾会再回到对该问题的讨论上来。

情绪稳定和性格开朗

尽管进化心理学家倾向于把焦点集中于两性之间的差异上,但你会从表 4.2 中注意到,男性和女性有许多共同青睐的特质。除了一个深爱着自己的伴侣外,无论男女,人们都更喜欢情绪稳定、性格讨人喜欢的人,这些属性在两性中都得到了最高评价,仅次于"爱情"和"可靠"。总之,我们都想要一个和善开朗的伴侣。对我们的祖先来说,与一个狡诈、懈怠、性格恶劣的人建立长期关系可不是什么好兆头。所以那些指示着善良仁慈的信号会被看作有助于保障后代投资的线索(尽管我们的祖先可能没有有意识地这么思考过)。

总之,两性对长期伴侣的期望具有惊人相似性,最大的区别之处恰恰符合了特里弗斯亲代投资理论所做的预测(Trivers, 1972),即男性似乎更注重外表吸引力,而女性更看重财富和地位,但他们都渴望忠诚、承诺和责任。在一个以如此"冷酷"和"算计"目光看待人类行为的学科中,我们得出的结论竟然是男女都会把爱情放在首位,这似乎令人欣慰。当考虑长期关系时,画面好像确实如此美好,可一旦转向较为短暂的事情时,这种浪漫的氛围可能就不复存在了。

短期择偶偏好

到目前为止,我们已经考虑了两性在寻求长期承诺时对伴侣的选择偏好。然而,所有社会都有一定比例的短期性关系(无论是认可、约束、谴责还是制裁),因此短期关系也应该纳入探讨。到底人类在心理上已经适应了长期伴侣关系(无论是一夫一妻制还是一夫多妻制),还是我们天生就倾向拥有尽可能多的短期伴侣?这是对人类行为感兴趣的进化学者们长久以来所孜孜探索的问题(Badcock, 1991; Wright, 1994; Campbell, 2008; Buss & Schmitt, 2019)。当然,这一问题已经假定了人类的交配策略受遗传因素影响,并且符合巴斯和施密特提出的性策略理论。到底进化在何种程度上设计了我们的"心理线路"?这本身就是一个很有争议的话题,相比之下,当考虑到生理或解剖结构特征时,很少有人会否定这些特征主要是由基因决定的。因此,对雄性生理机能与解剖形态的比较研究,可以为我们理解两性性策略提供一些重要启示。

睾丸尺寸和交配策略

正如我们前面看到的,不同物种间性别二态性的差异可以反映物种的交配策略和雄性间竞争水平。雄性动物身上其实还有一些特征差异也可以为理解性模式提供重要线索,其中之一就是它们的睾丸相对尺寸。我们先看一组来自灵长类动物的比较研究数据:大猩猩的睾丸相对较小(占体重的0.018%),而黑猩猩的睾丸则非常大(占体重的0.26%)。一旦我们意识到精子数量与睾丸大小成正比时,这一差异的成因就非常清晰明了了。黑猩猩是一种性别二态性比较低的动物,在它们的族群中,高地位雄性不会霸占一群雌性,而是在发情期时试图与单个雌性交配。雌黑猩猩会通过显眼的发情信号吸引雄性,因此在排卵期间,它们可能与许多雄性产生交配关系,而多次交配行为意味着它们的生殖道中经常包含不止一个雄性的精子。雌性的这种交配策略导致了雄性的精子竞赛(sperm competition),能够产生最多精子的雄性最有可能使雌性受孕,从而实现基因传递(Short,1979)。因此,性选择使得雄黑猩猩的睾丸长成巨大尺寸。与黑猩猩相反,银背大猩猩能够保护自己后宫不受其他雄性侵扰,由于它们的精子无需与其他雄性的精子竞赛,所以它们精子数量相对较少,这就解释了为什么雄性大猩猩的睾丸如此之小(见图4.9)。

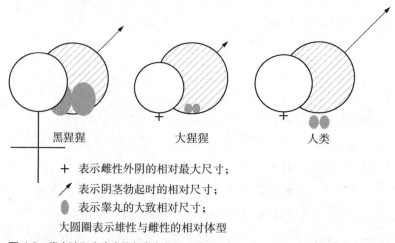

图 4.9　类人猿和人类身体与睾丸的尺寸比例

因此,雄性体型大于雌性意味着一夫多妻制(雄性有多个配偶),而大尺寸睾丸则意味着多配偶制(两性都有多个伴侣)。睾丸、体型与交配策略之间的关系引出了一个问题——按照这一规律,人类使用何种交配策略?事实证明,我们在这两方面都处于中间状态。就体型而言,人类的性别二态性比黑猩猩高一点,而明显比大猩猩低很多。就睾丸大小而言,人类睾丸占体重比例为0.079%,这一数据是大猩猩的四倍,但只有黑猩猩的三分之一。根据以上衡量标准我们可以推测,在古老的过去,人类男性很可能通过力量和体型以及精子竞赛的方式来争夺女性。既然存在精子竞赛,一些人类女性也许会在几天内与不止一个男性性交。总之,我们可以通过研究某一性别的解剖形态细节来推断两性交配策略。男性睾丸的相对大小表明,人类女性的性滥交程度要介于大猩猩与黑猩猩之间。

婚前和婚后活动

通过对睾丸大小的比较研究我们可以得知,尽管所有现代人类社会都认可并鼓励长期伴侣关系,但我们的男女祖先都会参与不以婚姻为基础的短期性活动(Baker, 2006;Shackelford et al., 2005)。这一发现提出了两个大问题,第一,为什么两性都能从短期恋情中获益?第二,男人和女人寻找短期伴侣的标准是一样的,还是完全不同?换句话说,我们需要考虑短期性关系的成本和收益。

男女两性在短期性关系中的成本与收益

在一项实验中,克拉克和哈特菲尔德让外表富有魅力的男女学生在大学校园里走来走去,询问异性学生是否愿意和他们发生性关系(Clark & Hatfield, 1989)。研究结果显示,男性和女性的反应截然不同,75%的男性同意和刚认识几分钟的女性上床,但所有女性都拒绝了这个提议!该研究非常简单,但也极具启发性,它鲜明地证实了我们大多数人的猜测:当男性被一位魅力十足的陌生女性邀请与之发生性关系时,他们会认为自己受到了赞美,应该抓住机遇;但相同的事情发生在女性身上时,她们会认为这是对自己的威胁和侮辱。

我们必须记住,与巴斯最初的研究一样,克拉克和哈特菲尔德的研究也有30多年的历史了。考虑到社会风尚(更不用说关于性的政策和意识形态)在这一时期发生了很多变化,我们可能会疑惑,两性对随意性行为的态度是否也有了改变?在当今时代,面对性感陌生异性发出的性邀请,男女反应有没有可能趋同一致?事实上,自1989年以来该研究已多次重复(经过各种不同的实验程序),其中绝大多数研究都能够复制或部分复制最初的实验结论(Buss, 2016;Schmitt, 2017;Walter et al., in press)。不过,也有一些研究发现了"反常"之处。德国研究人员安德烈亚斯·巴拉诺夫斯基(Andreas Baranowski)和海科·赫克特(Heiko Hech)希望探讨,是否之所以女性参与者不愿意与陌生人发生短期性关系,部分原因在于她们与陌生人接触时更容易受到伤害?在他们的实验中,研究人员先让被试阅读了一篇文章,内容描述的是某些异性个体非常宜人安全。之后给被试看一系列照片,并询问他们是否愿意与这些陌生人约会或发生性关系(其中就包括之前描述的人),他们可以随意选择。结果发现,当面对非常"安全"的异性时,女性接受邀请比例(约会和同意发生性关系)上升到与男性接受邀请比例相似的水平。不过,男性想要结识的潜在伴侣数量还是明显多于女性(见图 4.10)。

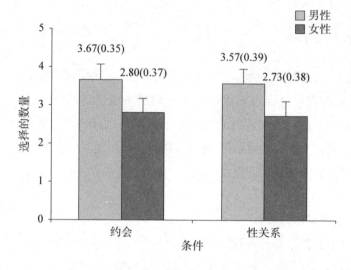

图 4.10 研究显示男性愿意接受的与陌生人约会数量和性关系数量都明显多于女性(Baranowski & Hecht, 2015)

巴拉诺夫斯基和赫克特的实验表明,在普遍情况下,男性都更有可能同意与陌生人随意发生性关系;与此同时,当女性感到安全并可以自由选择陌生的性关系对象时,她们也有可能会这么做。虽然性策略理论认为,一般来说女性比男性更不可能同意随意性行为,但也认为,当陌生男性具有令人非常满意的特质时(比如指示良好基因的好看外表),女性允许随意性行为的概率会增加。因此当涉及随意性行为时,两性之间主要区别可能在于男性不那么"挑剔"、不那么"腼腆",也不那么依赖环境(Zuk & Simmons, 2018)。

巴斯、施密特和西蒙斯都相信这种关于随意性行为的差异反映了男性和女性不同的心理适应机制。他们认为,男性进化出了一种更为随意、放肆的性行为观,他们热衷于随意性行为,这样可以提高他们以低成本收获"额外后代"的机会(Symons, 1979; 1989; Buss, 2016; Archer, 2019)。与此相反,女性进化出了一种更为保守、挑剔的性行为观,因为正如特里弗斯所指出的,如果她们做出了错误选择,会付出高昂代价。

专栏 4.3 改变精子产量

睾丸相对尺寸可以表明人类短期性行为策略模式,而另一项研究发现也可以从侧面支持这一结论。研究显示,当男性离开伴侣一段时间后,他的精子数量会显著增加(Baker & Bellis, 1989;1995;2014; Shackelford et al., 2005)。事实上,那些整天和伴侣待在一起的男性,每次射精平均会产生3.89亿个精子,而那些只花5%时间和伴侣待在一起的男性,每次射精平均会产生7.12亿个精子(Buss, 2016)。其中的逻辑可能在于,当男性祖先离开配偶一段时间后又回来时,他们精子产量会大大提升,以便同其他有可能与其伴侣发生性关系的男性展开精子竞赛。

在我们开始为我们女性祖先缺乏忠诚而感到失望之前,我们也应该记住,基因重组可是需要两个人参与,正如巴斯(Buss, 2016, 134)所言:

> 至少在某些情况下,女性祖先一定能通过短期性关系获得某些好处,因为如果没有女性愿意这么做,男性就不可能进化出对随意性行为的热衷。

伴侣的数量?

虽然从历史上看,大多数关于性关系的研究都集中在已婚夫妇身上,但西蒙斯和巴斯的观点也得到了现有证据的支持。在不同文化背景下,女性渴望的性伴侣数量都要显著少于男性。巴斯和他的同事施密特进行的一项调查显示(Buss & Schmitt, 1993),在一年时间周期内,女性理想的性伴侣数量是一个,而男性则希望有六个左右。在三年时间周期内,女性希望能有两个性伴侣,而男性则希望有十个左右(见图4.11)。造成这种差异的一个原因可能是,与男性相比,女性在多段性关系中的收益与代价比明显更低。与男人不同,女人不太可能通过增加伴侣数量来增加后代数量。此外,发生短期性关系的独身女性要承受很大风险(成为独自抚养孩子的单身母亲),而发生婚外性行为的已婚女性更是要承受被丈夫抛弃的巨大风险。研究表明,在各种文化下,相比只有一个配偶或者守贞的女性,有"性滥交"记录的女性都被认为更不"适婚"(Buss, 2016)。性滥交的名声可能会降低女性获得高质量长期伴侣的机会。

因此,确切地说,男性从短期关系中获得的好处可以被视为女性在这种关系中付出的代价。也就是说,通过减少对后代的投资,男性牺牲了女性利益。如巴斯和施密特所言:

> 面对生育一个孩子这种任务,男性与女性的最低强制成本存在巨大差异,女性要怀孕9个多月,而男性只需要一次交配行为。因此在短期交配方面,自然选择让两性进化出了不同的适应性策略(Buss & Schmitt, 2019, 81-2)。

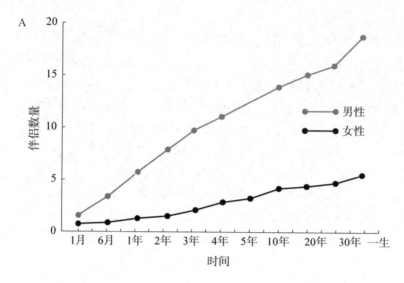

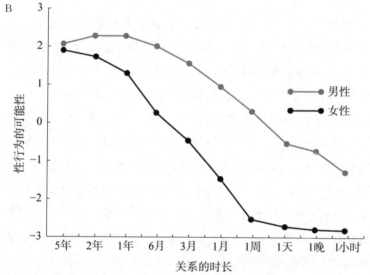

图 4.11 男性和女性在不同时间周期内渴望拥有的伴侣数量

然而，考虑到男性睾丸尺寸的比较研究已经表明，在进化史中，男女两性都存在拥有多位伴侣的情况，我们必须回答——这对女性到底有什么好处？

女性从随意性行为中能得到什么？

长久以来学者们普遍认为，虽然"配偶关系外的交配行为"可能对男性有利，但对女性来说，最好的策略肯定是找到一个会忠于她并持续为之付出的伴侣。近年来，这种观点发生了变化,关于男性睾丸尺寸和精子产量的研究已经表明了一些问题,其他研究也提供了更多证据。首先有人提出,在某些情况下女性也可能从婚前或婚后的多伴侣交配中获益(Buss, 2016);其次,越来越多的跨文化研究都显示,女性并不像人们以前认为的那样是一种绝对倾向于单配偶制的动物(Wrangham, 1993; Buss, 2011; 2016; Zuk & Simmons, 2018)。例如,根据美国的保密调查数据,大约20%到50%的已婚女性有过婚外情(Kinsey et al., 1953; Glass & Wright, 1992)。在英国也是如此,基因测试发现,大约五分之一的孩子可能不是他们法律意义上父亲的后代(Baker & Bellis, 1995; 2014)。既然这些研究都表明女性并不会忠于一夫一妻制,我们不禁要问,她们到底有可能从短暂的性接触中获得什么好处。

进化心理学家认为,女性可以从随意性关系中为后代谋取物质以及基因遗传上的利益。通过拥有多个性伴侣,女性可能会获得诸如食物和其他礼物之类的好处。回想一下,雌性黑猩猩和狒狒有时会用性来交换食物——生物学家称之为资源提取(resource extraction)机制。事实上,人类学家发现,在像特洛布里安群岛这样的原始游牧社会,随意性关系是允许的,或者至少不会被严重反对,但女性充当男性情妇的前提通常是情人给她们带来礼物(Malinowski, 1929)。此外,巴斯还发现,比起永久伴侣,女性对短期情人奢侈的生活方式及慷慨大方的态度更为看重(Buss & Schmitt, 1993; 2019)。这些发现说明,女性在随意性关系中可能会获得物质收益。巴斯(Buss, 2016, 135)直接指出:

"心理偏好表明,女性外遇的关键性适应机制就是可以得到额外资源。"

至于基因遗传方面的收益,女性无论是否已婚都可以从随意性行为中获益。通过找一个身体状况比丈夫好或地位比丈夫高的秘密情人,女人可以潜在地提高她所生男性后代的生存优势。与此观点相一致,贝克和贝利斯的研究发现,当已婚妇女有外遇时,她的情人几乎总是比丈夫有更高的社会地位(Baker & Bellis, 1989)。一些进化论者提出,女性的出轨对象往往是比其丈夫更有魅力的男性(Meston & Buss, 2009; Simpson et al., 1993; Wright, 1994; Buss, 2016)。假定通过出轨,女性能让自己儿子遗传情人的魅力特征,那么今后他们吸引异性的机会就会增加(Fisher, 1958; Gangestad & Simpson, 1990)。出于显而易见的原因,这种观点被称为"性感儿子假说"(sexy sons hypothesis)。

女性对自己的市场价值有自知之明吗？

最后一个可能影响女性滥交的因素是她对男性的吸引力水平。一些进化论者提出，在女孩的成长过程中，她从男性那里获得的反馈使她对自己的魅力水平有了自我认识，即她的"市场价值"（Trivers, 1972）。罗伯特·特里弗斯推测，这种自我认知可能会影响她的繁殖策略。认为自己不那么有吸引力的女性更容易陷入随意性关系，因为她们不太可能获得一个高质量长期伴侣（Harris, 1998）。而那些通过信息反馈自认为特别有吸引力的女性则更有理由争取一个高地位男性的长期丰厚投资（Trivers, 1972; Wright, 1994）。

这是一个有争议的观点，但也获得了部分实证数据支持。沃尔什（Walsh, 1993）发现，一个女人越是觉得自己吸引力小，她可能拥有的伴侣就越多。此外，有明确的证据表明，最漂亮的女人确实倾向于嫁给最有权力的男人（Kanazawa & Kovar, 2004; Symons, 1979）。

显然，一位女性采用的性策略反映了许多复杂因素的相互作用——我们甚至还没有考虑到内在人格变量的重要性（见第 13 章）。相比之下，男性对短期性伴侣的态度或选择倾向并不太依赖于社会情境（Buss, 2016）。当然，我们也不能被男性从随意性关系中获得的潜在生殖利益而蒙蔽双眼，他们同样可能会付出巨大代价，因此需要权衡选择。一个男人如果和已婚女性有染，他有可能被她的丈夫伤害甚至谋杀。例如，戴利和威尔逊（Daly & Wilson, 1988）发现，许多发生在男性间的杀人案都是性嫉妒导致的恶果。此外，一些社会允许一个男人杀死与他的妻子睡过的男人（并杀死他的妻子）。甚至在某些地方，当一个男人与一个未婚女子发生短暂性关系后，他也可能无法避免恶性报复，比如被这名女子的兄弟和父亲攻击殴打。最后，短期性关系也许会减少男性后代的生存概率，因为他无法为他们提供稳定投资（或保护他们免受其他男人杀婴行为的迫害；Dunbar, 2004）。不过总的来说，尽管存在这些风险，但男性确实比女性更频繁地发生短期性关系（Hunt, 1974; Hite, 1987; Baker & Bellis, 1995; Baker, 2006）。西蒙斯、巴斯和施密特的观点已得到了广泛支持。

专栏 4.4　女性的生殖策略与环境背景

如果女性能够从随意性关系中为她们的后代谋取物质与基因上的收益，我们或许应该把之前提出的问题颠倒过来，疑惑为什么大多数女性会进入长期关系？

人际互动的跨文化研究表明，生殖行为模式会严重依赖于环境。女性选择的是随意性关系、长期婚姻还是某种混合策略，要取决于许多社会和经济因素。这些因素包括有资源男性的接触频率、女性的年龄和吸引力以及女性自身获得资源的能力（见本章末尾）。在女性人数超过男子的社会中——例如因为战争造成大量男性死亡的地区——女性可能会采取短期交配策略，以便尽可能从每个伴侣那里都获得一点资源（Symons, 1979）。这种情况也可能出现在大城市贫民窟，那里的男性由于没有稳定可靠的收入，因此不太可能为家庭做出长期投资（Buss, 2011; 2016）。此外，离婚且带孩子的年长女性对男性来说也不具有太高的吸引力，这可能会导致她将策略转向短期伴侣。

但女性的交配策略并不仅仅取决于她成年后的生活环境。现在有明确证据表明，女性发生随意性行为的可能性与她童年时父亲的陪伴有一定关系。离婚家庭的女儿明显比那些父母完整家庭的女儿有更高滥交倾向。令人惊讶的是，研究还发现，成长期间没有父亲的女孩其初潮时间竟然也早于有父亲的女孩（Draper & Belsky, 1990）。可能这是一种为了尽早从男性伴侣那里获取资源的适应机制。是否女性童年时期父亲的存在与否能成为决定她们成年后滥交倾向的主要因素？某些进化学者认为，女孩在发育过程中会通过获取环境线索，来确定她在自己所处社会中应使用的最佳交配策略。因此，如果在一个社会中男性通常与女性只结为短期伴侣关系，那么女性后代可能会预估到这种男性策略，并在以后的生活中采取相应的行动。

这种猜测看起来有一定道理。然而我们也应该记住，一个在童年时期没有父亲的女孩可能在经济水平上就比有父亲的女孩更差，这可能会产生连锁反应，使她没那么容易遇到愿意与其建立长期伴侣关系的高质量男性。当然，我们并不是想说进化解释方式有错，而是需要提醒大家，进化解释不是唯一的答案。

一夫一妻制还是多配偶制？

我们现在是否能够回答这个问题——人类天生是一夫一妻制还是多配偶制动物？在没有约束的情况下，人们会自然倾向于选择长期伴侣关系还是短期性接触？这方面会有性别差异吗？跨文化研究表明，在生殖问题上，我们是一个高度灵活的物种，与其他动物不同，人类的性策略很难简单归为某一类。生殖策略的灵活性造就了不同文化之间以及文化环境内部人们不同的选择，进化心理学家如今也只是描绘出了这幅复杂图景粗疏的外部线条。性别二态性程度表明人类至少存在一定程度的一夫多妻制，而睾丸相对尺寸证明了随意性关系也是人类一种可行的交配策略,在合适的情况下,两性都可能采用这种策略。当然,还有一个更明确的心理学结论,那就是无论如何,同其他雄性动物一样,人类男性更像是真正的性机会主义者,这就是所谓的柯立芝效应(Coolidge effect,见专栏 4.5)。

> **专栏 4.5　柯立芝效应——雄性的喜新偏好**
>
> 　　与女性一样,男性能够从长期和短期性关系中获得的收益取决于许多因素,比如女性在社会中的经济独立程度,以及男性的社会地位、吸引力和资源状况。然而,两性的性心理配置似乎存在一个明显的不同之处,那就是对新(潜在)伴侣的反应。通常来说,鸟类和哺乳动物中的雄性在交配后需要休息一段时间,之后才能再次与同一只雌性交配。但人们早就发现,如果引入一只新的雌性与之配对,雄性将很快恢复性能力(Jordan & Brooks, 2010)。此外,相比与同一只雌性交配,当与不同雌性交配时,雄性的交配时间也会更长。这种雄性的喜新偏好被称为柯立芝效应,跨文化研究证明,人类男性也普遍具有这一特征(Symons, 1979; James, 1981; Hamer & copeland, 1998)。有趣的是,少数研究显示,某些啮齿类动物的雌性也可能表现出柯立芝效应,尽管程度较轻(Lester & Gorzalka, 1988)。这就引出了一个问题,雌性能从这种行为模式中获得什么好处?一种说法是,雌性可能会通过与多个雄性连续交配来提高受孕机会(Lester & Gorzalka, 1988)。至于人类女性身上是否存在柯立芝效应,目前还没有可靠的研究结论。

文化差异和发展灵活性

　　巴斯以及同时代学者开展的大规模研究向我们展示了男性和女性对伴侣有什么期望。然而,它们还揭示了实质性的文化差异。正如巴斯自己总结所言,性别差异通常小于文化差异(Buss, 2011)。女性可能看重能够帮助和支持她们的男性——至少在那些女性资源获取水平远不能与男性并驾齐驱的社会中是这样(这正是大多数社会的真实情况)。然而,在女性拥有独立经济地位的社会中,例如北欧国家,男性资源数量的"性价值折现率"就更低。这一结论让我们明白了人类适应社会和经济环境的灵活性。没错,当涉及长期伴侣关系时,女人确实想要情绪稳定、可靠、富裕、地位高的男人。但这些特征的相对重要性在不同文化间并不一致——如果我们想要理解为什么它们差异如此之大，我们需要更仔细地观察特定的文化变量(Benton, 2000; Buss & Schmitt, 2019)。

就男性而言，当考虑长期伴侣时，他们的选择标准与女性惊人相似。他们也寻求情绪稳定、忠诚可靠的伴侣。不同之处在于相比女性，他们对身体吸引力的看重程度要高得多。男人确实喜欢漂亮的年轻女人，但我们也应该注意到，如表 4.2 所示，同性格因素（如愉快的性格和社交能力）比起来，人们对美貌的优先级评分并不高。此外，我们还应该看到，女性也想要有魅力的伴侣——尽管长得好看对她们来说不是那么重要。然而，当我们考虑短期的随意性关系时，性别差异才真正显现出来。男性大大降低了他们的选择标准，而女性保持甚至提高了她们的选择标准(Buss, 2016)。事实上，就短期"勾搭"而言，大多数男性在魅力、学历、幽默、合作、财富和情绪稳定性等方面对女性的要求都较低，而女性则不然(Buss, 2016)。根据进化学者的说法，这一区别源于男性和女性在随意性行为中具有不同的潜在成本和收益。可即使在这个问题上，也可能存在一定程度的跨文化差异，某些地区人们会严格约束短期性关系，某些地区则不然。

既然择偶标准具有相当程度的文化差异，那么我们又该如何解释柯立芝效应的普遍性呢？这是否意味着男人基因里就携带了拈花惹草的倾向？其实关于人类解剖形态和生理机能的研究结论仅仅告诉了我们基因可能允许我们做什么，但从没有表明基因一定会强迫我们做什么。显然，与其他物种不同，人类的两性关系还触及了性道德感问题，而不同社会的性行为模式也各不相同。许多人能成功地建立并维持单配偶关系，但也有一些人选择不这样做。进化心理学家面临的困难之一就是确定哪些因素在一个人的生殖行为中起着重要作用。这些因素包括社会、文化、经济、个性、儿童教育和同伴群体行为。当然，所有这些因素反过来都可能受到我们进化历史的影响。在某些情况下，我们身体中祖先的影子可能会引导我们去玩弄他人，但也许，我们的道德发展和自由意志使我们成了能够选择不服从基因指令的物种。

总结

通过与黑猩猩、倭黑猩猩、大猩猩和狒狒等灵长类近亲进行比较研究，我们可以更好地理解许多人类特征，并澄清不同物种差异的由来。人类吃的肉比猴子和猿类多得多，而女性没有明显的发情期信号。一些进化论者认为，这两种特征之间可能存在某种关系。根据供给假说，当人类离开森林，开始在开阔的大草原上生活时，出现了向两足直立行走的转变，男性的狩猎活动也增加了。由于女性在可生育年龄的大部分时间都要孕育和抚养后代，她们只能做到收集植物性食物，但需要从男性那里获得肉食，于是女性开始与男性建立长期配对关系。这涉及雄性亲代投资的大幅增加，而后代也能从长期配对关系中大大受益。

达尔文将两性在生理特征上的差异程度称为性别二态性。性别二态性最常见的表现是雄性体型更大，而一夫多妻制（一个雄性与多个雌性发生交配关系）通常会导致更高程度的性别二态性，因为雄性间会为了获取更多雌性而展开竞争。在单配偶制物种中，两性体型大小可能非常相似，因为一旦配对，雄性就不需要再去争夺更多的雌性。

雄性灵长类动物的睾丸相对尺寸也可以为性行为模式及雄性竞争情况提供线索。相对较大的睾丸会产生大量精子，这意味着一定程度的多配偶制（雌性与不止一个雄性发生交配关系），因为来自两个或更多雄性的精子将不得不在雌性子宫内进行竞争。黑猩猩的睾丸相对尺寸较大，它们性别二态性程度较低；大猩猩的睾丸相对尺寸很小，它们性别二态性程度很高。与之相对应的事实是，雄性黑猩猩要展开精子竞赛，雌性黑猩猩会与多个雄性交配；而雄性大猩猩不参与精子竞赛，它们是典型的一夫多妻制动物，雄性会控制并保护自己的雌性"后宫"。人类男性的睾丸相对尺寸介于大猩猩和黑猩猩之间，这表明人类男性祖先在一定程度上开展过精子竞赛。

对于长期伴侣关系，男性和女性都倾向寻找与自己产生爱情、性格温和、可靠以及身体健康的伴侣。不同之处在于男性更注重外表，而女性更看重地位和财富。男性也比女性更重视伴侣的贞洁，不过这一结论因文化而异。

虽然两性都可以通过稳定的长期关系、从对后代的共同投资中获益，但双方也都可以从短期的性关系中获益。男性可以借助多次短期性关系来提高生殖产出率，女性也许能够从众多伴侣那里各自获得一定的物质资源，同时也能提高后代遗传质量。然而，随意性关系也可能需要个体付出巨大代价，例如对个人声誉的损害、被遗弃或遭遇暴力报复的风险。

个体的繁殖策略（如追求长期还是短期关系）取决于很多因素，比如是否有合适的伴侣、对方的吸引力和年龄。进化心理学家认为，女性择偶策略可能受到其童年时期父母关系的影响。在普遍缺乏父亲角色的社会中，女孩成年后可能更有可能采取滥交策略，因为这种文化环境下男性不太可能做出长期承诺。

问题

1. 对于99%的哺乳动物物种来说,雄性除了提供少量的精子外,对后代几乎没有任何投资。然而在鸣禽中,绝大多数雄性在孵化后会帮助喂养后代。基于本章介绍的观念,想想为什么不同动物的雄性亲代投资水平存在这种差异?
2. 高雄性亲代投资可能对一个物种的雄性和雌性的行为模式产生什么影响?
3. 根据巴斯的说法,跨文化研究一致表明,男性更喜欢年轻伴侣,而女性更喜欢年长伴侣。为什么会这样?我们有没有理由认为这其实只是一种偶然的文化现象?
4. 一些进化论者认为,柯立芝效应(见专栏4.5)表明,男性可能从多段性关系中获益(就适合性而言)。然而有证据显示,至少某些物种的雌性也会表现出一定程度的柯立芝效应。在什么情况下,雌性能从柯立芝效应中获益?

延伸阅读

Buss, D. M. (2016). *The Evolution of Desire* (3rd ed.). New York: Basic Books.

Crooks, R. L. and Baur, K. (2013). *Our Sexuality* (12th ed.). Belmont, CA: Wadsworth.

Ryan, M. J. (2018). *A Taste for the Beautiful: The Evolution of Attraction*. Princeton, NJ: Princeton University Press.

Strier, K. B. (2016). *Primate Behavioral Ecology* (5th ed.). Upper Saddle River, NJ: Prentice-Hall.

Toates, F. (2014). *How Sexual Desire Works: The Enigmatic Urge*. Cambridge: Cambridge University Press.

5 认知发展和先天性问题

> **关键词**
>
> 天性论・经验主义・建构主义・表观遗传景观・领域特定・模块・印记・关键期・敏感期・心智理论・自闭症・威廉姆斯综合征・神经建构主义

　　进化心理学中一个被人们所广为接受的信念是,它假设人类大量心理能力是天生的,也就是说,它们在出生时就存在了。的确,丽达・科斯米德斯和约翰・图比在早期作品中讨论先天心智模式时就暗示了这一点。但"先天"不止有一种含义,进化心理学并不主张所有心理状态在出生时就已成型。事实上,许多能力可能是经由进化形成并受遗传控制的,但它们在个体出生时并不存在。也许最明显的就是繁殖能力——基因决定了个体可以繁殖,但在刚出生时却做不到。在本章和下一章中,我们将深入剖析先天性这一话题,并探讨某些机制如何既受遗传程序的控制(或者说是遗传程序的一部分),但同时仍然对环境线索保持敏感。另一个相关的问题是,传统的发展心理学(例如皮亚杰的发展心理学理论)将儿童认知视为成人认知的不完整版本。事实上,进化心理学告诉我们,婴儿和儿童有自己的生态问题需要处理,这些问题有时与成人的生态问题迥然不同,解决这些问题需要的心理能力与成人具备的"完整"心理能力也有所不同。

　　然而,首先,我们需要先解析一下传统视角下人们是如何谈论并评价"先天"概念的,同时探讨一下"先天心理模块"到底是如何存在,以及又是怎样发展的。

天性、养育和进化心理学

　　发展心理学的核心争论之一是所谓的先天与后天之争,也就是探问人类行为在多大程度上是环境因素(后天)的结果,在多大程度上是先天生物因素(天性)的结果。这个问题有很长的历史,它至少可以追溯到公元前4世纪和5世纪的古希腊哲学家,从那以后,各种各样的思想家都在重新审视这个问题。纵观历史,随着新理论的发展和证据的积累，钟摆总是在这两个方向间来回摇摆。最近，进化解释导致了天性论（nativism）的复兴，其中尤为突出的是领域特定的心智模块（domain-specific mental modules）这一观点（稍后会详细介绍）。

先天相似和先天差异

行为主义心理学家约翰·华生（John Watson）在20世纪初用一段话对后天培养观进行了最著名的总结，他声称：

> 给我一打健康、发育良好的婴儿，让我在特定环境下抚养他们，我保证能把他们其中任何一个人，培养成任何一种专家：医生、律师、艺术家、商人，甚至乞丐和小偷，不管他的天赋、嗜好、倾向、能力和种族是什么情况。(Watson, 1925, 82)

华生上面这段看起来是一个相当明确的宣言，它完全否认天生的心理能力。倘若事实真的如此，那么无疑等于敲响了天性论和进化解释的丧钟。华生的言论立场鲜明地指出，个体差异完全不受先天心理能力的影响（见第13章）。这一点很重要，因为根据当代进化心理学思想，两种看似一致的观点——"个体之间的差异是天生的"与"个体之间的相似性是天生的"——其实大相径庭。要理解这一点，我们可以先看看下面这个例子：众所周知，我们大多数人出生时一只手上有五根手指（而不是四根或六根），手部发育形态完全是由基因决定的。不过，一些人的手指可能不到五根，这几乎完全源于环境因素。例如，意外事故会造成手指不全，或者一些毒素会通过干扰胎儿发育过程而导致婴儿手部畸形（就像20世纪50年代的处方药沙利度胺引发的事故）。这意味着，尽管遗传因素决定了我们大多数人一只手有五根手指，但环境因素几乎解释了所有的手指数差异。顺便说一句，这还意味着，如果我们要计算拥有五根手指的遗传力，结果是"0"（见第2章和第6章有关遗传性的更多信息）。原因在于遗传力衡量的是某些性状因基因突变而产生变异的程度，而不是性状"遗传"的程度。由于手指数变化几乎完全是环境造成的，很少或没有由基因导致的差异，因此遗传力接近于0。这一点有必要记住，下一章还会有所涉及。

现在我们再想想华生的观点，即使他是正确的，他的主张也不一定会削弱天性论或进化心理学的根基。例如一些学者认为，自然选择赋予了我们一种天生的语言习得能力（Pinker & Bloom, 1990; Pinker, 1994;另见第10章）。代入对手指数量的论证方式，你就会明白，我们之所以能够说一种语言，是因为先天"语言器官"的存在，尽管语言技能的个体差异可能完全是由环境因素造成的,比如教育机会或脑损伤等。因此,即使华生能够将婴儿训练成他选择的专家,但这并不能排除进化习得机制。而且正如我们将在第 6 章和第 12 章中看到的,来自行为遗传学研究的证据表明,基因对个体差异也有很强的影响,所以华生的想法确实错了。

超越先天和后天

进化心理学与天性论有着密切关联(见第 1 章),但问题是,在不同的人那里,像"天性论"或"先天"这样的概念常常代表不同含义。例如,声称"语言是天生的"显然不对,因为新生儿不能自动说出或理解语言。所以虽然诺姆·乔姆斯基或史蒂文·平克认为掌握语言是人的天性,但他们并不是说婴儿天生就有全部的语言知识,他们的意思是,儿童天生具有特定倾向,使他们能够有效地习得语言(见第 10 章)。

正如我们在第 1 章中讨论的那样,进化心理学出现的标志性事件之一是 20 世纪 90 年代《适应性思维》一书的出版(Cosmides & Tooby, 1992),最初的支持者也被称为圣塔芭芭拉学派,他们非常强调模块化(modularity)的概念。该概念最初是由哲学家杰瑞·福多(Jerry Fodor, 1983)提出的,他认为大脑包含许多心智模块,模块是基本的处理设备,具有先天性和领域特定性,这就同过往认为"大脑是一种通用处理设备"的观念形成了对立。我们有必要先解析一下领域特定机制与领域通用机制的区别,可以用乐高积木做一个类比:在早期,一套乐高积木主要由不同大小的积木组块构成,你可以用这些积木组块组成很多物体,建筑物、汽车、飞机、火箭,任何你能想到的东西都可以。你甚至可以尝试搭出一些著名角色,尽快"成品"看起来像是不太现实的方块人——你可能会在电脑游戏《我的世界》中看到类似形象。总之,老式乐高积木是通用的,玩家可以使用基本相同的材料制作一系列不同类型的物体。

后来,乐高公司为了让玩家能够更快速地拼插更逼真的模型,开始制造模型积木,所以现在的乐高玩具中会有几种专用设计组件(比如人物的头、胳膊、腿、汽车轮子、挡风玻璃、汽车门等),这些组件都是服务于特定模型产品的。它们的优势在于,利用这些专用组件你可以拼出更好的模型;缺点则在于它们非常有局限性,远不如那些老式"通用"组件所能搭建出的物体类型更丰富。还有一些乐高套件用途更为具体,它们只能用于某个特定对象(如图 5.1,尤达大师模型)。

回到学习和发展机制的问题。领域通用学习就像老式乐高积木,你有一套简单成分,可以在此基础上学习任何东西:如何理解语言、如何与他人合作、如何识别面孔、如何解决道德问题等。行为主义者曾提出,个体可以在不同对象之间建立联结(例如狗

图 5.1 "老式"(左)和"现代"(右)乐高积木的区别,搭建的角色都是《星球大战》中的尤达大师。很明显,右边的尤达搭建起来更容易、更迅速,因为它包含的组件都是专门用于尤达模型的,而左边的尤达是用各种通用组件搭建起来的,这些组件也可以用来组成其他物体

听到饲养员的脚步就会分泌唾液,婴儿知道发出叫声能召唤抚育者),这就是领域通用学习机制的一个典型例子。就像老式乐高一样,领域通用机制可以用来学习,但不是很快,也可能不是很好。领域特定学习机制就像现代乐高积木,你可以非常高效高质量地学习某些东西,但这种学习只适用于它的设计用途,即特定领域的知识内容。因此,如果我们认为语言是通过领域特定机制习得的,这意味着这种学习机制的一些特征是专门针对语言设计的而且也只适用于语言。你不能在道德领域对它们加以利用,就像你不能用乐高人物模型来造车辆模型。如果要学习道德,你就必须依靠低效的领域通用机制,或者使用适用于道德的领域特定机制。

圣塔芭芭拉学派的基本立场之一就是大规模模块化,这意味着存在许多领域特定模块,它们专门用于物理世界理解、语言、人际关系、道德规范和性选择等各种不同的人类活动。这一立场背后的基本假设是,研究者相信,当一个物种反复遇到同样的问题时,自然选择会倾向于采用领域特定的应对模式,而不是通用方式,因为前者更有效。想象一下,如果一个孩子在很小的时候就能与他人交流、准确识别自己的家庭成员并在危险的情况下表现出恐惧情绪,他将比没有发展出这些能力的孩子更有可能生存下来。

这一切和先天有什么关系？首先要注意，其实并没有心理学家认为人类没有任何天生的能力。即使是白板说的领军人物斯金纳也相信，动物天生就有形成联结的能力（例如，学会按杠杆就会得到奖励），有消除先前联结的能力（如果一直按杠杆却没有得到食物，就会停止按杠杆），还有通过奖励和惩罚来改变行为的能力。这些天生能力是普遍存在的，斯金纳认为同样的机制也适用于鸽子啄食和人类语言学习过程。

很明显，领域特定的能力意味着必须存在更多先天知识，而有争议的正是"先天程度"问题。正如我们即将看到的，一些人认为，天生的知识水平相对较低，只能处理基本感知信息；而另一些人则认为，我们天生就拥有某些具体知识，如物理关系理解、面部识别和心理理论。

特定能力的出现

测试某种能力"先天性"的方式是看它是在个体出生时就具备还是后来才掌握的。人类的新生儿看起来非常无助，因此人们很容易相信，除了一些简单行为模式和反射动作外，婴儿似乎没有任何真正的认知能力，他们稍微长大一点后所拥有的所有能力都是通过与环境互动慢慢获得的。

瑞士心理学家让·皮亚杰（Jean Piaget，1896—1980）——一位最著名的发展主义者——是这一观念的倡导人。他认为自己的理论在哲学家约翰·洛克（John Locke）的极端环境主义（后来是华生和斯金纳）和笛卡尔的极端先天论（后来是乔姆斯基和福多）之间提供了一种折中方案。皮亚杰主张，发展是一个过程，在发展过程中儿童积极地构建着对世界的理解。

皮亚杰的发展理论

皮亚杰最重要的贡献之一是他提出心理发展与生物发展具有很多共同之处。现代遗传学家并不认为基因决定了身体和行为发展（见第2章），他们认为基因以一种概率的方式指导发育过程。因此，行为遗传学家会探索涵盖一系列重要标志事件的"发展时间表"（例如，何时蹒跚笨拙地迈出第一步，何时说出第一个词语）。这一发展序列会依赖于大量环境反馈，而不是沿着固定路径逐步前进。同样，皮亚杰（见图5.2）认为，心理发展既不是通过感官印象产生的（如洛克所说），也不是来自先天经验，但婴儿从经验中能学到的内容要受已存在心理结构的限制。

图 5.2 皮亚杰

  这种发展变化通常对行为模式有显著影响,例如观点采择能力的发展会影响到对他人心理状态和行为的预测(详见本章后文的介绍)。皮亚杰的阶段理论(stage theory)秉持领域通用信念,所以一个潜在变化会影响许多领域(例如观点采择的发展会影响语言理解、物理关系推理、情绪感知)而不是特定领域。阶段理论主张"突变式"发展——儿童在几周或几个月内对世界的理解发生显著变化,随后是知识的逐渐增加。

专栏 5.1　发展的阶段理论

  许多理论都假设发展是以阶段式方式进行的,皮亚杰的理论正是其中代表之一。我们要明白,这里所谓的"阶段"与人们日常所说的孩子"正在经历一个阶段"有所不同。阶段理论认为,在某个或某些发展节点,儿童心智会产生巨大变化。皮亚杰指出,儿童知识结构进步的表现方式是质变而不是量变,是性质变化而不是程度变化,比如他们会突然领悟一些新的真相或事实。一个阶段的孩子对世界的思考方式与另一个阶段的孩子有着根本区别。

表观遗传景观

皮亚杰曾观察发现,尽管许多儿童有非常不同的个人经历,但他们倾向于以相似的方式发展,例如,在大约相同的年龄达成重要发展事件。为了解释这一现象,皮亚杰借鉴了遗传学家沃丁顿的研究成果,后者提出,可以通过表观遗传景观(Epigenetic Landscape)的角度来考虑发展问题(C. H. Waddington, 1975)。

如图5.3所示,一个球位于山谷的顶端,山谷细分为许多层次,球的每一条滚动路径都代表了一个孩子的特定发展轨迹。当球在景观中滚动时,不同环境条件可能会导致球的轨迹受到干扰,但它会倾向于回到原来路径。只有极端环境活动才会导致球改变路径并进入另一个山谷(用箭头表示)。因此,尽管环境条件会影响球的滚动路径,但这些影响总是受到景观结构的限制。

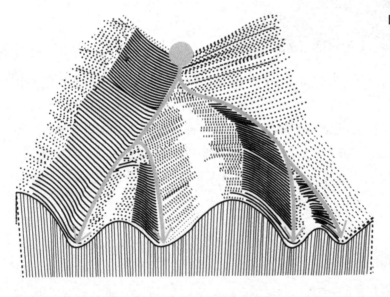

图 5.3 表观遗传景观

如果用这一现象来类比人类发展,我们就可以理解为:尽管经历会影响心理发展,但这种影响的性质和大小受到已存在结构(即景观的地形)的限制。有了这些约束作为缓冲,孩子们就会倾向于彼此相似,尽管他们的学习经验可能完全不同(我们在第6章和第14章再次阐述该问题)。

习得物理世界规律

像所有其他动物一样，人类生活在一个遵循物理定律的世界里，在这个世界里，没有支撑的物体会掉到地上，固体物体不能相互穿过，从 A 点到 B 点需要穿过中间的所有点。理解这些物理原理是必不可少的生存条件，如果进化塑造了心智运作方式，那么我们可以预测个体在生命早期就掌握了世界的物理法则。

婴儿并不懂物理学，甚至大多数高中生都不算了解物理学，但这种说法并不完全准确。因为所有医学意义上的正常儿童都精通物理世界的规律，这些规律不是用公式来表示的摩擦力、倾斜角、向心力与质量等科学物理学，而是让个体能够正常移动、抛掷物品、使用液体容器以及预测物体运动轨迹的常识物理学。有学者提出，正是我们对常识物理学的理解如此透彻，才导致学习科学物理学成了一件很困难的事情(McCloskey, 1983; Slotta et al., 1995)。现实世界没有摩擦力为零的表面；没有孤立的空气阻力，而人们日常对话中所谓的"热"和"能量"与物理概念也具有不同含义。掌握科学物理学不是一件容易的事情，因为我们首先需要忘掉已经掌握的常识物理学。

客体永久性(object permanence)指的是物体的存在与否并不依赖于我们自身感知，这是个体理解的最基本物理规则之一，皮亚杰曾对此开展过研究。

客体永久性

皮亚杰认为，婴儿关于物理世界的所有知识都必须通过学习获得，包括客体永久性这样显而易见的规律——物体在视线之外仍然存在——也同样如此。之所以秉持这一立场，一方面是因为皮亚杰理论体系的出发点就是尽可能限定先天知识的数量，另一方面是因为他相信自己的研究证据可以验证这一点。在一项实验中，他让一个婴儿(小于 10 个月)坐在一个他喜欢的玩具对面，正常情况下，婴儿会对玩具表现出兴趣，并试图伸手去拿它。然而，如果在婴儿和玩具之间放置一个不透明的屏障，挡住婴儿的视线，婴儿很快就会对被遮挡的物体失去兴趣，好像它已经不存在了。但大一点的儿童则有不同表现，他们会绕过屏障去拿玩具。

皮亚杰对这一结果的解释是，对婴儿来说，客体在看不到时就不存在了，这显然不同于成人对物理世界的理解。我们知道，或者至少相信，物体并不因我们的感知而存在。当然，我们有时会把某物放到暂时看不到的地方，然后就忘记它们在那里了。我们把钞票放在裤子后口袋，然后在洗衣服时洗出一堆破损的纸币；我们回家时把钥匙顺手放在桌子上，却以为它一直在手提包里；我们把婚礼巧克力放到西装口袋，结果在参加另一场婚礼时又摸到了它。当这类事情发生时,我们会想起最初放置这些东西时的场景,或者就算我们记不起来,我们也相信一定是当时自己某些不经意的动作导致了这一结果。

我们之所以如此解释,正是因为我们假设世界就是如此运作的:物体不会无缘无故地自己出现,我们还假设,当我们要寻找的东西并不在我们放置它的位置时(或者我们自以为放置它的位置),那么这个东西一定在其他地方,它不会突然消失。这些假设都是成人的直觉物理中最基础的部分,但皮亚杰认为婴儿还没有掌握它们。

然而,皮亚杰对实验结果的解释存在一个问题:他其实没有完全证明婴儿缺乏对客体永久性的理解。例如,可能只是被隐藏起来的物体没那么显眼了,所以婴儿忘记了它的存在;或者婴儿也许知道玩具被挡住了,但不知道如何才能拿到它。

因此,皮亚杰最初的实验结论并不是确信无疑的,因为除了婴儿认为物体已经消失之外,还有许多其他可能。以婴儿为研究对象的一大问题在于我们不能像对成人那样简单明了地问婴儿他们在想什么,而只能通过他们的行为来推测其心理状态。后来发展出的新实验技术——如习惯化程序——使我们能够以更系统的方式探索婴儿思维过程(见专栏 5.2)。

专栏 5.2　习惯化程序

习惯化程序使我们能够洞察婴儿的思维,因为婴儿就像成年人一样,会厌烦重复。如果同样的事情反复发生,无论最初多么有趣,婴儿都会慢慢失去兴趣,表现形式之一就是视觉关注上的转移,因此我们可以认为对某刺激的习惯化就是不再去特别注意。

如果我们向两组婴儿反复呈现一个刺激——比如说,一段简短的动画——他们最终会表现出厌倦的迹象。然后,我们向每一组呈现不同的动画——分别称其为动画 A 和动画 B——并测量他们的感兴趣程度(他们观看动画的时间,以及他们开始感到厌烦的时间)。假设观看动画 A 的婴儿明显比观看动画 B 的婴儿表现出更大观看兴趣,我们就可以假设,在婴儿看来,动画 A 比动画 B 更不同于最初的动画片段。基于此,我们可以了解婴儿是如何对世界加以分类的。当然,也可能是动画 A 只是比动画 B 更有趣,为了排除这种可能性,研究者必须要对各种实验条件进行有效控制。

用习惯化研究客体永久性

许多对客体永久性理解的验证测试都使用过习惯化程序（Bower，1974），其中最被广泛引用、同时也最简洁明了的研究当属勒内·巴亚尔容（Renée Baillargeon，1987；1991）开展的一项实验。图5.4描绘了实验大致场景，四个月大的婴儿坐在一个设备的对面，该设备的屏幕可以180度旋转往返运动，摄像机对准在婴儿头部，可以测量婴儿看屏幕的时间。

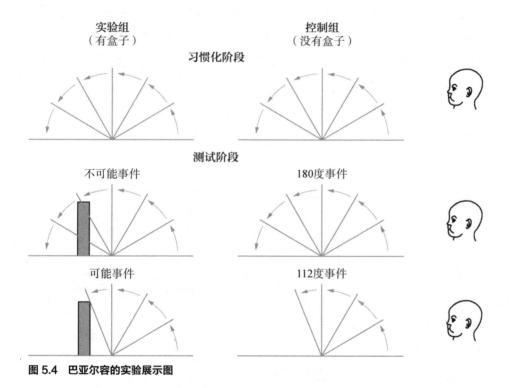

图 5.4　巴亚尔容的实验展示图

最开始，屏幕一遍又一遍地循环往复运动，直到婴儿表现出厌烦迹象，把目光从屏幕上移开，此时习惯化阶段结束，然后是四种不同实验运行条件，在这里我们只重点介绍其中最为重要的两类情形。研究者在屏幕后面放置一个长方体，婴儿可以清楚地看到它，但当屏幕旋转到约60度时，它就被遮挡了。在一种情况下，当屏幕旋转到112度时，与被遮挡的立方体发生接触，之后调转旋转方向；在另一种情况下，屏幕继续旋转到底，好像立方体不存在。摄像机记录下了婴儿的观看兴趣，想想皮亚杰理论会做出何种预测？根据皮亚杰的说法，婴儿会认为一旦某物消失在人们的视线之外，它就不再存在了。如果是这样的话，那么婴儿不应该对屏幕能继续旋转到 180 度感到惊讶，因为一旦立方体被屏幕遮住，它就消失了，所以"没有物体挡住屏幕旋转"。基于此假设，婴儿应该会觉得屏幕移动到 112 度就返回的情况更有趣，因为这与习惯化阶段屏幕的旋转角度差别更大。但事实上，巴亚尔容发现，婴儿在屏幕旋转到 180 度情况下的观看时间更长，这表明他们对屏幕 180 度的移动轨迹更感到惊讶。巴亚尔容据此认为，就像成年人一样，婴儿即使看不到某物体也会认为它仍然存在——这与皮亚杰的预测形成鲜明对比。

再说一下另外两种情形。在这些条件下，屏幕的运动方式与其他两种情况完全相同，只是没有立方体。这种设定是为了确定影响婴儿反应的不仅仅是屏幕运动，而是立方体和屏幕的相互作用。结果显示，当不存在立方体时，婴儿对屏幕停在 112 度然后反向移动的情况表现出更多关注，原因可能在于他们对屏幕这一奇怪的运行模式（没有碰到障碍就返回）感到好奇。

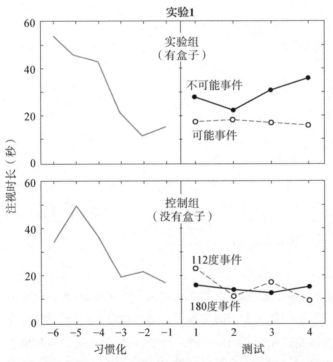

图 5.5　实验中婴儿被试（平均年龄 4 个月 14 天）在不同情况下的反应。左侧图反映了习惯化阶段，当婴儿感到无聊时，看的次数会减少。右上侧图反映了婴儿在测试阶段的观看兴趣，可以看出，当"不可能"事件发生时（即屏幕碰触到长方体不弹回），婴儿的观看时间更长

专栏 5.3　婴儿掌握的其他物理规律

伊丽莎白·史培基(Elizabeth Spelke)和她的同事利用习惯化技术进行的研究表明,4 个月大的婴儿已经认知到现实世界一些基本的物理规律,包括:

物体在连续的路径上作为整体移动。换句话说,如果物体从 A 移动到 B,会保持原来的形状,并经过 A 与 B 之间的所有点(这可以被称为"无传送"原则)。

物体不能相互穿过,也不能占据空间或时间上的同一点(这可以被称为"无幽灵"原则)。

物体不接触就不能相互作用(这可以被称为"无心灵致动"原则)。

例如,史培基等人发现,6 个月大的婴儿已经习惯了一个物体下落时坠落趋势不会停止,直到碰到地面或桌子等阻挡物,所以如果一个物体下坠在桌子上方几英尺的位置停住不动,他们会感到惊讶。然而,4 个月大的婴儿却没有这类惊讶反应,因此他们也许还没有形成对重力的完整认识(Spelke et al., 1992)。正如我们上面所讨论的,这可能表明婴儿出生时并没有完整的物理知识,但具备了与物理规律有关的领域特定学习机制。只要输入了一定容量的信息后,他们就能理解并掌握物理法则。

这种对物理世界如何运行的理解绝非人类婴儿所独有的才能。心理学家马克·豪泽(Marc Hauser)和苏珊·凯里(Susan Carey)已经证明,成年棉顶狨猴(新世界灵长类动物)对现实世界物理规律的预期与 5 个月大的人类婴儿非常相似(Hauser & Carey, 1998)。它们还像人类婴儿一样掌握了一些最基本的数学技能,例如一加一等于二,二减一等于一,一加二大于二等(Wynn, 1993)。非人灵长类动物和人类婴儿在认知能力上的相似处并不让人感到意外,因为对世界基本运行法则的理解是必要生存条件,因此,自然选择在他们身上装载了相同的适应机制。

总之,人类婴儿很可能在出生时就对世界的物理运作规律抱有一定期望。从进化角度看这意义重大,比如想象一群不"畏高"的孩子,假设这群人中有一个人产生了基因突变,他的大脑中埋下了一颗恐高的种子。如果与同龄人相比,恐高症增加了他存活到性成熟的机会,那么可以推测,这一突变将在几代之后迅速传遍整个群体。

我们应该对婴儿的天赋感到惊讶吗?某种意义上说,这其实并不值得感叹。物理世界一向非常稳定,数十亿年来所有物体都遵循着同样的物理法则。通过赋予人们某些初始心理限定,进而使他们更容易从经验中获取常识性物理法则。从进化的角度看，这其实是一种非常高效的设计。

这是先天知识的证据吗？

既然我们在生命早期就掌握了基本物理法则，这是否能表明存在先天物理学模块？正如我们所看到的，婴儿对许多物理原理（如重力）的认知似乎是在 6 个月左右出现的，而不是一出生就掌握（然而，我们也别忘了之前提到的与发展有关的观点：有些能力不是与生俱来的，并不意味着它不"先天"）。一些学者认为，婴儿出生时就携带了一套特定的先天物理知识，这些知识指导他们依据自身经验发展出对物理世界更复杂的认识。在下一节中，当我们探讨婴儿如何了解周围的人际关系时，我们将更详细地介绍天性和养育间相互作用的原理。至于这些到底是否像一些进化论者所声称的那样，可以构成先天模块存在的证据，我们将在本章后面进行分析。

识别同种：比较研究视角

同种（conspecific）这个词的意思是"同一物种的成员"；狗的同种是其他狗，同样地，人的同种是其他人。对于婴儿来说"人类"是非常重要的概念：他们为他提供养育和保护；他们也代表了婴儿长大后必须与之相处的"事物"。动物行为学家注意到，许多社会性动物都面对同样的问题。诺贝尔奖得主、奥地利动物行为学家康拉德·洛伦兹（Konrad Lorenz，见图 5.6）最知名的研究成果与早期依恋过程有关——他自己称之为印记（imprinting）。洛伦兹发现，早熟动物（那些一出生就处于基本成熟状态的动物，如鹅和羊）出生后会进入一个关键期（critical period），在此期间它们会迅速掌握母亲的视觉（和其他）特征。例如，在孵化后的 25 小时左右，家鸡和鹅就会了解它们母亲的具体特征，从这一点开始，它们就会避开其他成年同类。洛伦兹认为这种特殊的学习机制是自然选择的结果，因为那些迅速与母亲建立联系的个体更有可能从母亲提供的保护中受益，从而将主导这种特殊早期学习机制的基因传递下去。他还提出，幼崽在出生时并不会对印记的对象有什么偏好，因为在自然界中，这个对象几乎肯定是它们的母亲（康拉德·洛伦兹曾做出实验，自己给一群小鹅打上了印记，他最有趣的照片就是自己在湖中游泳，周围是"他的"一窝小鹅）。

后来的动物行为学家已经证明，这个早期学习阶段没有洛伦兹想象的那么局限。例如，剑桥大学的行为学家帕特·贝特森（Pat Bateson）和罗伯特·欣德（Robert Hinde）认为，印记敏感期可能具有一定的弹性，雏鸟何时会集中学习母亲的特征在很

图5.6 洛伦兹和他的"幼崽"

大程度上取决于它们接受了什么样的外部信息输入（Bateson & Hinde, 1987）。如果雏鸟孵化后的几天里一直在黑暗中观察印记对象，印记敏感期就可能得以延后。还有研究改变了人们对印记对象特异性的看法，例如，在具有不同选择的情况下，小鸡会对像"类似母鸡"的物体产生偏好（Johnson & Bolhuis, 1991）。尽管洛伦兹最初关于印记的论述后来被不断修改完善，但如今的动物行为学家依然会认可他的主要观点，即印记的功能是使年轻个体能够识别及依恋母亲，这种机制是自然选择的产物（Workman et al., 2000）。

因此，进化赋予了一些动物一种"简单粗暴"的方法来识别它们的父母，这基本上可以概括为"在生命刚开始时的敏感期，将自己依附于任何你能感知到的对象"。这种机制在自然环境中非常有效，因为刚孵出的小鸡看到的第一个对象就是正在孵蛋的母亲，只有在"孵化器"这种非自然环境下，该机制才会造成错误。

回到人类发展的问题上来，很明显，相对雏鸟来说，识别"同种"特征的能力对人类婴儿生存和未来发展要更为重要，尤其是考虑到社会互动在人类生活中所占据的地位。那么，婴儿是如何区分人和其他物体的？他们又如何区分不同的人？研究证据表明，就像成年人一样，婴儿也会用面部信息来确定"某物"是否为人，以及他是什么人。

婴儿普遍的面孔偏好

很早之前心理学研究就已证明,婴儿对面部刺激有浓厚兴趣。范茨(Fantz,1961)曾在实验中比较了新生儿对各种不同视觉刺激的注视时间,这些刺激包括彩色斑块以及类似于牛眼、棋盘、面孔或其他事物的图案,不同类别的刺激配对呈现给婴儿。结果显示,婴儿会用更多时间来观察与面孔相似的刺激物。

范茨的研究结果表明婴儿可能在出生时就对人脸有一定的认知,但这种认知到底能达到什么水平呢?除了能够区分面孔与其他刺激之外,婴儿还需要掌握其他关于面孔的知识吗(比如谁是"母亲",谁是"父亲")?打个比方,比起黑加仑果汁你可能更喜欢喝葡萄酒,但毕竟二者差异确实太大了,所以这并不能让你成为葡萄酒鉴赏专家。同样,虽然我们已经知道比起棋盘婴儿更喜欢人脸,但这一偏好并不能告诉我们他们的面孔认知达到什么水平。为了探究这一点,约翰逊和莫顿(Johnson & Morton,1991)开展了一项类似实验,他们感兴趣的问题是,婴儿是出生时就具有功能齐全的面部识别系统,还是他们最初只有对面部的粗略认识,其他技能细节都源于后天经验的填补。像范茨的实验一样,该研究也使用"观察偏好"范式,如图 5.7 所示,婴儿面对不同视觉刺激。

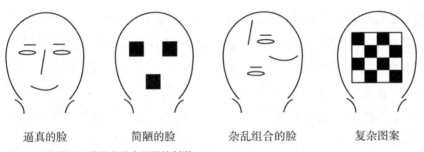

逼真的脸　　　简陋的脸　　　杂乱组合的脸　　　复杂图案

图 5.7 约翰逊和莫顿实验中所用的刺激

刺激之一是一个简单的棋盘图案,设定它的目的是控制复杂性变量;另一个刺激是一张"逼真"的脸,它包含了人脸所有组成部分(眼睛、鼻子、嘴巴),并且以一种相对真实的方式组合在一起;与之相对的刺激是一张"简陋"的脸,它只包含深色斑块,但与正常的脸结构相同;还有一个刺激包含了逼真面孔的所有构成要素,但其组合结构则完全不像人脸。这一设定是为了确定被试对逼真面孔的偏好不仅仅是构成要素决定的,还受组合结构影响。实验对象为新生儿和 4 个月大的婴儿。

约翰逊和莫顿的研究结果显示,对于新生儿来说,简陋面孔和逼真面孔引发的观看时间大致相等,这表明对新生儿来说它们同样吸引人,而且二者都比其他刺激更受欢迎。但对于 4 个月大的婴儿来说，结果却大不相同，尽管简陋的脸仍然比棋盘图案和杂乱的脸更吸引被试，但相比之下，他们会对逼真的脸给予更长关注时间。

约翰逊和莫顿解释说，这些结果可以表明婴儿出生时就对"面部视觉刺激"有一定的偏好，但这绝不是完全明确的，还需要经验来予以充实。他们提出，面孔学习涉及两种机制，分别是"概观限定"（Conspec）和"体验限定"（Conlern）。"概观限定"是一套与生俱来的引导机制，它负责将注意力引向类似人脸的刺激，但其中蕴含的知识信息非常粗糙，比如无法区分简陋面孔和真实面孔的区别。学习过程中最关键的事情就是获取恰当信息，"概观限定"机制确保了这一点。在概观限定的指导下，"体验限定"机制根据注视面部的经验将简陋认知逐渐升级，形成更真实的面部表征。

这一"填充"过程也得到了其他研究证实，例如，人类婴儿在 6 个月时可以区分猴子的面孔，也可以区分人类的面孔，但到 9 个月时，区分猴子面孔的能力就消失了（Pascalis et al.，2002），除非一直持续接触猴子面孔（Pascalis et al.，2005）。在日本猕猴身上也发现了类似结果，如果让它们频繁接触猴子面孔，它们会变得更喜欢猴脸而不是人脸；但如果让它们频繁接触人类面孔，它们就变得更喜欢人脸而不是猴脸。这进一步表明，同种识别能力比人类作为一个独立物种的历史要更为古老——它至少可以追溯到我们与日本猕猴 2 500 万年前的共同祖先。不过我们目前还未确定，是否在与人类亲属关系更遥远的灵长类动物身上或者非灵长类动物身上也存在这一机制（Johnson et al.，2015）。

识别特定人群

人类自出生起就是社会性动物，因为婴儿对人脸有一种普遍偏好。虽然面孔比较容易引起婴儿的兴趣，但似乎有些面孔比其他面孔更受青睐。研究表明，新生儿会表现出对母亲而不是其他人面孔的特殊偏好（Bushnell et al.，1989；Walton et al.，1992）。这里应该指出的是，几乎可以确定，母亲其实并没什么特别之处，新生儿只是将注意力优先分配给了其出生后几个小时内与之接触最密切的人，而这个人往往就是（但并不总是）母亲。

然而，婴儿对面孔的认识似乎相当粗略，因为如果母亲和其他人戴着相同的假发，对母亲面孔的偏好就会消失，这表明婴儿更多地利用了面部轮廓而不是内部特征作为识别线索。

对重要人物的先天偏好与现代进化理论的预测是一致的——能够识别近亲并将其与非亲属区分开的个体将获得选择优势（正如我们在关于印记的研究中看到的

那样)。

解释这些研究结果时必须小心,它们并不能证明新生儿能像成年人那样认识自己的母亲。人脸识别是一个复杂机制,当我们看到一张脸时,不但能意识到它代表一个独立的个体,能察觉到它的独特特征,还能将它与面孔所有者的人格结合起来。而实验只是呈现了婴儿的刺激偏好,且是相对较小的偏好。新生儿对母亲面孔的偏爱并不能说明母亲在他们眼中是一个独特个体,对新生儿来说,母亲的脸可能仅仅是有吸引力的刺激物,这是反复亲子接触导致的结果。此外如上所述,面孔偏好是一种相对微弱的效应,它并不牢固,可以被一些并不触及本质特征的变化所扰乱(Bushnell et al., 1989)。内维尔等人针对婴儿面部加工能力开展的脑成像研究显示,6个月大的婴儿处理人脸信息时使用大脑两半球不同区域,而12个月大的幼儿处理人脸信息时主要激活右半球脑区,这与成年人非常相似(Neville et al., 1993)。实验结果表明,尽管婴儿有能力加工人脸信息,但这一能力会随着经验积累而逐渐完善。

毫无疑问,婴儿的面孔偏好要比雏鸡的印记效应更复杂,同时更具延伸性。但二者之间的共同点也很明显(许多人可能意识不到婴儿和其他动物的幼崽存在这种共同点)——人类和家禽的幼崽都有一种与生俱来的偏好,这种偏好会驱使个体接触自己的同类成员,特别是父母(Dudai, 2002),他(它)们对依恋对象会有特别的凝视兴趣。

识别同类成员的长相只是迈向复杂社会互动的第一步;在下一节中,我们将回顾婴儿如何认识到个体是具有情感、思维、目标和欲望的心理实体。

读心术:心理理论的发展

人类一直生活在复杂的社会群体中(见第7章和第8章)。这样做的一个好处是,群体可以更好地抵御捕食者侵害,同时集体行动往往比独立行动能取得更大成果。例如,狩猎是一项带有很大风险性的活动,相比独自狩猎,成群结队的合作狩猎会更容易捕获大型动物。但这种协调行动也带来了额外问题,应该如何分配猎物?如果想要群体成员继续参与狩猎,公平的分配方式更为有力。但是如果每个成员总是得到相等份额,那么如何防止某个成员在狩猎中不全力投入?狩猎通常与危险并存,而且要消耗大量精力,如果个体能保证自己与那些最努力的同伴获得同样多的奖励,那么为什么不选择有所"保留"?因此,群体生活对群体成员施加了一系列选择压力。个体不仅需要了解物理环境,还需要了解自身周围的社会环境。如果他们进化出一种能理解他人行为、意图和信念的方式,这将大有裨益——"读懂"他人的想法会为个体及其后代带来巨大的竞争优势。此外,借助这种能力,个体不但可以在自己被欺骗时有所察觉,还能欺骗利用他人而不被发现。圣安德鲁斯大学的灵长类动物学家安德鲁·怀特(Andrew Whiten)和理查德·伯恩(Richard Byrne)将这种操纵与欺骗他人的能力称为马基雅维利智能(Machiavellian intelligence, Whiten & Byrne, 1988),他们最初用这个词来描述黑猩猩为了达到自己目的而操纵他者的方式。

从认知上讲,成功实施欺骗和操纵是一个复杂而费力的过程。诚实其实相当简单,你所需要做的就是报告你所知道的情况。而成功的欺骗需要你考虑到被欺骗者的心理状态。一个嘴角满是巧克力酱的孩子坚持说自己没偷吃巧克力,他的欺骗肯定不会成功,因为他没想到父亲指责他偷吃时已经从他嘴角看到了证据。当然,真正的读心术从不存在,而且可能永远不存在,但"估算"他人心理状态是可能的。上文的孩子可能会假设,因为他的脸上沾了巧克力酱,而他的父亲正看着他的脸,所以他知道自己吃了巧克力。面部表情也会向外界泄露隐藏的情绪和意图。社会性动物,尤其是人类,已经学会了捕捉这些线索,使他们能够在心理上表征他人的想法,心理学家通常将这种能力称为心理理论(theory of mind),有时也称为读心(mind-reading)。

上面描绘的画面看起来相当消极,因为它关注的是欺骗、剥削和操控他人的能力,但无论是否消极,在群体生活中个体必须考虑这些因素。另外,心理理论也有重要的积极影响,同理心就是其中之一:如果一个人能发自内心地感受到某人正在承受痛苦,他就会有足够的动力去帮助受难者。所以心理理论对道德行为很重要,它能让社会正常运转,我们将在第 6 章讨论道德时进一步阐述这一点。

心理理论和错误信念

错误信念(false belief)测试是一种针对心理理论的最严格检测方式。错误信念指的是个体能认识到某人所持有的信念与当前现实不符或与个体自己眼中的真实世界不符。只有当一个人能通过这一测试时,我们才可以确信他能理解他人的心理状态。该测试的关键之处就在于,对象(被推测心理状态的人)所持有的信念必须与受测试者不一致,这样测试人员才能确定受测试者确实了解对象的心理状态,而不是简单报告了他眼中的真实情况。

目前,心理学家已开发出许多可以证明人们具有错误信念理解能力的实验程序,例如佩尔奈等人(Perner et al., 1987)设计的"欺骗盒子测试"。在实验中,研究人员给儿童看一个"MM 豆"罐子(里面通常装着 MM 豆巧克力),问他认为里面是什么,孩子总是回答"MM 豆",但他打开罐子后发现里面竟然装着铅笔。之后,研究人员问这个孩子,没有看到罐子里面东西的人会以为里面装着什么。一般四岁或五岁的孩子会说,对方以为罐子里有 MM 豆;然而年龄较小的孩子(四岁以下)则会说,对方以为盒子里有铅笔;而且即使他非常清楚对方事先不知道罐子里面有什么,还是会这么回答。此外,在看到罐子里面的真实物品后,如果问年龄较小的幼儿他之前认为罐子里是什么,他一般会说以为里面是铅笔,尽管几分钟之前他还明确表示里面是 MM 豆。因此,幼儿不但难以理解他人的错误信念,甚至无法分清自己最初想法与当前想法是不同的。再者,通过有效的实验设计,其他的可能性解释也被排除了:只要不涉及错误信念,幼儿就可以顺利在"不同状态"中切换(Gopnik & Astington, 1988)。

心理理论是如何发展的?

其他类似的心理理论测试,如"意外转移测试"(Wimmer & Perner, 1983)和"莎莉-安妮测试"(Baron-Cohen et al., 1985)都证明幼儿在大约 4—5 岁会通过错误信念检验程序,这表明心理理论是以阶段式方式发展的(见专栏 5.1)。然而,有学者对这一结论提出了意见(Mitchell, 1996),他们的看法是,由于错误信念测试的结果只是"有"或"无"(要么通过,要么不通过),它可能导致一个"渐进式发展过程"看起来却像"阶段性突变"。打个比方,在一次驾照考试中,你能得到的结果只是"考试通过"或"考试不通过",想象一下,假设你失败了三次,第四次才通过考试,这是否意味着在第三次和第四次驾考期间你的驾驶水平突然大幅提高?不,更有可能的是,你的驾驶水平是在四次考试中逐渐提高的,但因为考试结果只是通过或不通过,这一逐渐提高的过程被掩盖了。其他人只能看到你前三次都不及格,而第四次测试跨过了及格门槛。

同样的,儿童在四岁时开始能通过标准心理理论测试,但这并不意味着那些四岁以下、无法通过测试的幼儿就没有心理理论。与考驾照的情况相似,更年幼的儿童可能对错误信念有了一些了解,但他们的认知水平还不足以支撑顺利完成任务,因此他们正在萌发的错误信念理解也就被掩盖了。支持这一解释的证据来自巴隆-科恩(Baron-Cohen, 1995),他使用了"莎莉-安妮"测试任务。在这个任务中,一个娃娃(名叫莎莉)把弹珠藏在一个盒子里,然后离开。此时第二个娃娃安妮进来了,她把弹珠从盒子里拿走放到了旁边的篮子里。研究者向幼儿发出提问——莎莉回来后会去哪里找弹珠,是盒子还是在篮子?与"欺骗盒子测试"的结果一致,四岁大的孩子回答莎莉会去盒子里找,因为那是她最后一次看到弹珠的地方。然而年龄较小的孩子则回答说,莎莉会看篮子,因为儿童知道弹珠现在就在篮子里。然而,仔细分析儿童的眼神注视方向就会发现,他们总是在做出错误回答前先看盒子。这表明幼儿对错误信念已经有了一定理解,但弹珠当前所在位置太显眼,捕获了他们的注意力,所以他们错误地回答了问题。

因此,就像我们不可能一步迈过一条大河一样,儿童也不可能在短期内完成心理理论认知从无到有的转变。甚至在儿童能够通过错误信念测试之前,他们就可以做出许多心理状态归因解释。例如,幼儿看到一个角色在桌子下面做出翻找的动作,如果告诉幼儿这个角色想找到猫,幼儿就会推测他可能认为猫就在桌子下面(Wellman, 1988)。此外,除了错误信念外,其实关于心理理论还有许多需要探究的地方。巴隆-科恩(Baron-Cohen, 1989)开发的"二阶"错误信念任务将另一个行动者引入信念推测机制,被试要回答"他认为"——"X猜想"——"Y会做什么",这个任务通过者的平均年龄比标准任务通过者的平均年龄要更大。其他实验则表明心理理论能力存在个体差异。例如,"眼睛读心测试"要求被试根据一些只截取了人们眼睛区域的图片来判断当事人的情绪状态,像是"震惊""沉迷""不耐烦"或"惊慌",测试揭示了许多个体差异,其中最能引起其他研究者兴趣的是,女性在这一测试中的表现要稍微强于男性(Baron-Cohen et al., 1997)。

专栏 5.4　自闭症人士还是身患自闭症

本书先前几版曾多次提到"自闭症人士"(autistic people),在修订第四版时,这种说法似乎突然奇怪地过时了,甚至可能令人反感。毕竟,以人为本的语言运动建议我们不要把一个人与他们的疾病或残疾联系起来。因此,我们被要求用"癫痫症患者"而不是"羊癫疯",用"身患癌症的病人"而不是"癌症者",用"身体遭遇残障者"而不是"残疾人",这是相当合理的。然而,令人惊讶的是"自闭症患者"(people with autism)并不是自闭症群体所接受的术语,他们更喜欢"身份第一"的称呼——"自闭症人士"。大多数癌症患者会认为癌症是一种影响和折磨着他们的疾病,癌症不是他们身份的一部分,不关乎"他们是谁"。相反,自闭症群体的观点是,自闭症不是一种痛苦,这确实是他们身份的一部分,决定了他们到底是谁(也许对一些人来说这甚至是最核心的部分)。你可以把癌症从一个人身上移走,患者在癌症痊愈后还是同一个人(很明显,除了他们有过患癌症的经历);但如果把自闭症从一个人身上移走,他会变成一个不同的人。因此,本书使用相关术语时会遵循自闭症群体自身所认同的身份术语,即自闭症人士。

这个小小的题外话不仅是要解释为什么我们在书中还要使用看似带有侮辱性

> 的术语，同时还是为了提醒大家，不同称呼其实触及了人们如何定义自身（或他人）身份这一问题。

心理理论是模块化的吗？自闭症谱系的案例

2013 年，美国精神病学协会（American Psychiatric Association）对他们的精神疾病手册 DSM-5 进行了重大更新，新版本将自闭症和与之相关的阿斯伯格综合征（Asperger syndrome）从分类系统中删除，并以自闭症谱系障碍（Autism Spectrum Disorder，简称 ASD）取而代之。这主要有两个原因。首先，人们认识到精神疾病不是要么"有"要么"无"的二分法事物，它是一个连续体，在某些人身上达到了比较极端的情况，在某些人身上则比较温和。第二，一些人的自闭症症状达到了"障碍"的程度，因为它已经显著地损害了个人正常能力。虽然人们早在 20 世纪 40 年代就发现了自闭症和阿斯伯格综合征，但直到 20 世纪 80 年代英国心理学家西蒙·巴伦-科恩（Simon Baron-Cohen）和艾伦·莱斯利（Alan Leslie）提出，一些病症可能是由心理理论缺陷引起的，此时科学界才对这一疾病的认知剖面取得重要进展。

大量的研究一致表明，与临床意义上的正常儿童、患有唐氏综合征的儿童及患有威廉姆斯综合征（Williams syndrome）的儿童相比，自闭症儿童很难通过标准的心理理论测试（Baron-Cohen et al., 1985）。例如，在匹配心智年龄后，身患唐氏综合征的儿童在标准测试中的表现看起来并不比（心智）同龄的正常儿童更差，但自闭症儿童（见专栏 5.4）则往往无法像同龄的正常儿童那样通过测试。因此，一个智力年龄为 5 岁或 6 岁的唐氏综合征患儿可以通过标准错误信念测试，而一个自闭症儿童则可能会失败。

然而，那些无法通过标准心理理论测试的自闭症儿童在其他任务中表现得并不差，比如几何透视或其他视觉空间能力测试，他们似乎也有相当好的物理推理能力，比如他们可以顺利完成嵌入图形任务（见图 5.8）——在更复杂的图形中找到目标图形（Jolliffe & Baron-Cohen, 1997）。

并不是所有的自闭症人士都不能通过简单的错误信念测试，许多人通过了测试——尤其是那些一般智力水平良好的人。然而，正如前面所指出的，标准心理理论测试是一种只能衡量"有"或"无"的测试，你要么通过，要么不通过，它对心理理论机制中更微妙的差异不太敏感。测试结果只能告诉我们被试的心理理论发展水平是否达到了四岁正常儿童的水平，但一些更精细的测试则显示，即使一些看似表现良好的自

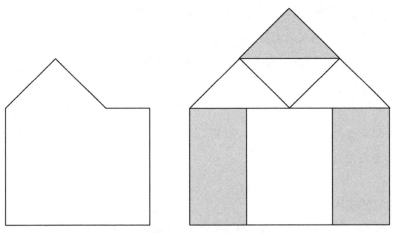

图 5.8　嵌入图形测试，你能在右图中找到左边的图形吗？

闭症患者也具有一定程度的心理理论受损。

因此，有证据表明，患有自闭症和阿斯伯格综合征的人在理解他人精神状态方面存在严重缺陷，但他们其他认知能力显然没有遭受损害。如果可以找到自闭症这种认知特征的反面——心理理论正常、但空间加工能力存在缺陷的病症——那么无疑可以进一步支持模块化假说。在专业术语中这种情况被称为双重分离（double dissociation），即一种障碍存在与之形成镜像的障碍，而威廉姆斯综合征可能就是自闭症的镜像障碍。

威廉姆斯综合征

威廉姆斯综合征是一种相对罕见的发育障碍，大约每 10 000 个婴儿中会有 1 例病患。其症状包括对噪声过敏、皮肤过早老化以及动脉（特别是主动脉）狭窄引起的心血管问题，如果不进行有针对性的治疗，很可能导致过早死亡。然而，患者最明显的身体特征是他们的面部外观。患有威廉姆斯综合征的人往往会长着宽鼻子、厚嘴唇、大耳朵并且有时虹膜上有星形图案，这就是他们在俗语中被叫作"小精灵"的原因。

这一病症最引发科学家研究兴趣的还在于其在心理能力上的表现，同自闭症一样，该病症会导致不同心理能力呈现高峰—低谷特征，即某些能力相对完好，但某些能力严重受损。一项研究曾对 306 名患有威廉姆斯综合征的儿童进行智商测试，结果显示他们的智商得分在 40 到 112 之间，平均为 69，而正常儿童的平均智商分数是 100，因此威廉姆斯综合征患儿的智力水平偏低（Mervis & Becerra, 2007）。更为明显的是,他们的空间加工能力存在重大缺陷,许多患者甚至很难完成简单的日常活动,比如在自己的房子里找路,从橱柜里取出大量物品,或者系鞋带。另一方面,相较于非语言智力,他们的语言智力一般非常发达,虽然他们往往更喜欢华美绚丽的辞藻。当要求一个患者列举出一些动物时,他说出了许多很少被人提到的动物,包括野山羊、翼龙、牦牛以及雷克斯雷龙(Bellugi et al., 1990)。最让人感到惊讶的是,威廉姆斯综合征患者的社交技能看起来要显著高于他们的一般智力水平,正是由于这个原因,许多人把威廉姆斯综合征描述为自闭症的镜像。

威廉姆斯综合征的病因

威廉姆斯综合征是一种遗传疾病,其病因在于一条特定染色体上的基因缺失。染色体(见第2章)就是位于细胞核中的长链DNA,在减数分裂期间,它们的形状就像两根香肠一样,由一处被称为着丝粒的狭窄区域连接起来,着丝粒将每个染色单体分为长臂和短臂。威廉姆斯综合征患者7号染色体长臂近端(11.23区域,7q11.23)的一些遗传物质存在缺损,众所周知,这就意味着患者身上缺失了一些重要的蛋白质组装基因。目前我们了解到的缺失基因至少包含20多个,其中包括编码结构蛋白弹性的ELN基因,顾名思义,弹性蛋白赋予人体许多器官(包括皮肤和主要血管)弹性,ELN基因缺失就解释了威廉姆斯综合征患者的皮肤过早老化及心血管问题。其他缺失的基因包括可能影响智商的GTF2I基因,在小脑中表达的CYLN2基因、编码脑组织蛋白质的LIMK1基因(Frangiskakis et al., 1996)。

威廉姆斯综合征:模块化解释

从简单的模块化立场出发,我们可以推测对于威廉姆斯综合征患者来说,负责空间认知的心智模块具有缺损,而对涉及社会认知(如心理理论)的心智模块则几乎没有缺损。一些证据支持这一假设。例如,卡米洛夫-史密斯(Karmiloff-Smith, 1997)发现威廉姆斯综合征患者和正常个体在面孔识别测试中的表现没有差异;塔格-弗莱斯贝格等人(Tager-Flusberg et al., 1998)的研究表明,威廉姆斯综合征患者在"眼睛测试"中的表现优于心智年龄相当的普拉德-威利综合征患者(Prader-Willi syndrome,一种发育障碍,以低智商为特征,但没有特定的认知缺陷)。后一项研究很重要,因为它表明患有威廉姆斯综合征的人具有超越其心智年龄的心理状态推测水平。

遗憾的是,真实情况远不止这么简单,而是复杂得多。例如,塔格-弗莱斯贝格和沙利文的研究表明(Tager-Flusberg & Sullivan, 2000)的研究表明,虽然威廉姆斯综合征患者似乎保留了社交感知能力,但他们看起来社会认知存在障碍。因此,尽管他们善于识别人的面孔,也能理解他人的心理状态,但在复杂的心理事件推理或归因分析中,他们的表现就无法达标了。例如,有一项任务要求孩子们解释为什么一个角色穿着豹子装爬来爬去并大声咆哮,患有威廉姆斯综合征的孩子不太能像心智年龄匹配的正常儿童那样说出正确答案——对方假装自己是一只豹子。

这些证据表明,处理社会关系的模块可能由许多子模块组成,其中有的负责处理社交感知,威廉姆斯综合征患者保留了这一模块,但他们的社会认知子模块则存在缺陷,这一看法同进化心理学家的观点完全一致(Barkow et al., 1992,599)。

反对模块化解释的证据

然而,还有其他证据似乎与先天模块理论相矛盾。研究表明,虽然患有威廉姆斯综合征的儿童善于识别面孔,但他们运用的具体机制可能与正常人有所不同。人们早就发现,正常人特别不善于识别颠倒的脸,除非目标面孔上有一些非常独特的特征,比如特定造型的胡子或发型。而这一现象似乎是面孔识别所独有的,因为其他颠倒的东西我们识别起来要容易得多,比如判断汽车车型或者狗的品种。卡米洛夫-史密斯(Karmiloff-Smith, 1997)发现,威廉姆斯综合征患者比正常人更善于识别倒脸。进一步的研究表明,可能这是因为威廉姆斯综合征患者在识别面孔时使用了有别于正常人的加工策略。当正常人识别人脸时,他们使用的是整体加工,即将面孔作为一个"完形"进行处理;而威廉姆斯综合征患者似乎是基于面孔的逐个特征进行处理的。卡米洛夫-史密斯等人(Karmiloff-Smith et al., 1998)利用成像技术发现在进行面孔识别判断时,威廉姆斯综合征患者与正常人激活的大脑区域有所差异。

威廉姆斯综合征患者的语言处理能力也有类似的情况。卡米洛夫-史密斯等人(Karmiloff-Smith et al., 1998)的研究发现,患者除了偏爱新奇怪异的词汇外还有其他语言异常。例如,他们很难重复包含定语从句的句子,比如"那个被狗追逐的男孩是大哥"(其中"被狗追逐"是定语从句)。这再一次可以表明,认为"威廉姆斯综合征患者保留了语言模块"的观点可能过于简单化了。卡米洛夫-史密斯相信,个体发展过程要远比模块化解释更为复杂,他提出了另一种被称为神经建构主义(neuroconstructivism)的假设。

心理理论是先天模块吗? 是领域特定的吗?

正如我们上面讨论过的,先天这个词可以有不同的解释。如果我们假设先天的意思是"出生时就存在,不需要必要的经验积累",那么从这个意义上说,心理理论并不算先天机制。我们知道心理理论是随着时间发展的,经验在它发展过程中起着很重要的作用。研究证据表明,有哥哥姐姐的孩子比没有兄弟姐妹的孩子或只有弟弟妹妹的孩子更容易在较低年龄就通过错误信念测试(Ruffiman et al., 1998)。这一现象背后的原因可能在于,有哥哥姐姐的孩子更早被卷入需要考虑他人心理状态的环境。兄弟姐妹在幼年时通常会竞争食物、玩具和父母的关注,而在心理理论能力的基础上,通过欺骗或其他形式的操纵来获得资源显然对幼儿个体是有利的。此外,海耶斯和弗里斯(Heyes & Frith, 2014)提出可能存在两种类型的心理理论——内隐(implicit)心理理论和外显(explicit)心理理论。内隐心理理论指的是个体自动识别出他人可能拥有与自己不同信念的能力,在一项使用优先注视范式的研究中,研究者发现 7 个月大的婴儿已开始表现出内隐心理理论(Kovács et al., 2010)。而外显心理理论是一种反思和分析他人思想、感受和信仰的能力,它可以通过标准错误信念测试而体现出来。心理理论中的显性成分似乎对环境特别是文化条件很敏感。在某些文化背景下,如萨摩亚,揣测他人心理世界会被视为是一种无礼行为,这些地区的人会在稍晚年龄才发展出外显心理理论(Mayer & Träuble, 2013)。与约翰逊和莫顿提出的"概观限定"和"体验限定"机制不同,海耶斯和弗里斯认为,早期发展的内隐心理理论是由基因指定的神经认知机制产生的,这种机制自身包含了特定领域的处理规则,它就像一个"启动工具包",是外显心理理论发展的起点。但除此之外,外显心理理论的发展还要通过领域通用的学习机制、基于经验逐渐发展起来。事实上,海耶斯和弗里斯甚至将外显心理理论的发展类比于学习阅读的过程——缓慢、低效且需要大量练习,因此,尽管外显心理理论有进化基础(内隐心理理论),但它更像是文化产物,而不是进化的产物。

因此,尽管孤独症和威廉姆斯综合征证明了存在领域特定的认知缺陷,但从现有证据来看,先天模块假设并没有赢得足够砝码,或者说真实情况至少不是圣塔芭芭拉学派所推崇的那种大规模模块化。但与此同时,领域通用假说所主张的"最小化先天知识"也与证据不符,真正的答案可能介于这两个极端之间,其中一种可能就是神经建构主义。

对模块化和领域特定的再思考——建构主义与领域相关学习

发展心理学家卡米洛夫-史密斯指出,模块化的大部分证据都基于成年人或大龄儿童的能力特征,我们研究发现某人不能完成特定任务,于是假设他相应的先天模块存在缺陷。然而正如我们所看到的,经验对于心理理论的发展是必不可少的,同样的结论也适用于语言和视觉等能力的发展。不过这种对经验的强调不等同于旧式的白板理论,我们要明白,成年人的大脑连线图包含了近1 000亿个神经元和100万亿个突触连接,它们的连接方式不可能全部由2万个基因一一指定。卡米洛夫-史密斯认为可能存在领域相关(domain-relevant)机制,但这些机制是低层级的,主要涉及基本感知,但可以通过经验而发展为领域特定机制。

为了理解这一点,想想"概观限定"和"体验限定"的区别:概观限定是低层级、内置于婴儿大脑、与生俱来的加工能力,它通过将婴儿的注意力引导到类似面部的刺激上,使体验限定机制能够获得更详细的面部知识。但卡米洛夫-史密斯认为,概观限定并非真的是领域特定机制,别忘了,婴儿对人脸和猴子的脸同样感兴趣,反之亦然。所以概观限定与面孔识别有关,但并不限定于对人类或猴子的脸进行识别。只有通过经验积累,概观限定才能在体验限定的帮助下成为领域特定机制,具体表现为:只有人类婴儿和猴子一直看到自己同类,它们才能很快形成面孔偏好。

虽然这种观点可能削弱了大规模模块化假说的可靠性,但它不会削弱进化解释的基本逻辑。从某种意义上说,你如何到达目的地并不重要(例如,能够理解语言,或识别面孔),重要的是你到达了那里。领域特定机制可能会让你更快地到达目的地,但更灵活的处理方式也有好处,正如秉持神经建构主义的人类学家埃里克·史密斯(Eric Smith, 2007)所指出的,我们祖先在进化史上面临着剧烈变化的环境,环境变化的速度之快,导致自然选择很难跟上它的步伐,不断设计出新的适应模块。但自然选择可以舍弃固定结构,而代之以灵活神经连接,这样我们祖先就可以根据环境而迅速调整自身行为模式,实现生存繁衍的目标。我们在第14章还会对这个主题进行更深入的探讨。

总结

婴儿似乎对物质世界的运作方式有一定的期望。例如,至少三个月大的婴儿已经能认知到物体是独立于他们感知而存在的。他们在生命的最初几个月可以发展出许多常识物理知识,背后的基础似乎是有先天学习机制。

婴儿从出生起就对类似人脸的刺激有偏好,并能很快地掌握人脸细节。这看起来也是先天学习机制导致的结果,但不是生来就携带的知识。

年幼的孩子已经可以理解心理因素是行为的原因,随着幼儿成长,这项技能变得更加复杂。心理学领域将该能力称为心理理论或读心,心理理论发展水平可以通过许多实验任务进行衡量,如错误信念测试与眼睛测试等。

一些人认为,像自闭症和威廉姆斯综合征这样的疾病,会导致患者某些特定认知特征受损,但其他认知能力相对正常,这为心智模块化假说提供了证据。但进一步的研究表明,认知特征缺陷的选择性并不像最初看起来那么简单。例如,威廉姆斯综合征患者虽然似乎具有完整的面部识别能力,但他们加工处理面部的方式与正常人有所不同。

米洛夫·史密斯提出的神经建构主义有别于心智模块化假说,它强调经验的重要性和模块的渐进发展过程。虽然否认先天模块的存在,但这一解释依然符合进化假说对心智的理解。

问题

1. 我们的"常识物理"如何使学习"科学物理"变得困难?我们怎样才能克服这些困难呢?
2. 研究表明,非人灵长类动物与人类一样善于识别同类的面孔,这为什么可以说明,面孔识别机制源于我们与其他灵长类动物的共同祖先,而不是人类特有的?
3. 人与人之间的差异性是天生的,人与人之间的相似性是天生的,这两种看似差不多的说法有什么区别?
4. 经验在心理理论的发展中扮演什么角色?想想你自身的经历是否可以支持这一说法。

延伸阅读

Baron-Cohen, S. (1995). *Mindblindness: Essays in Autism and Theory of Mind*. Cambridge, MA: MIT Press.

Gopnik, A., Meltzoff, A. N. and Kuhl, P. K. (1999). *How Babies Think*. London: Weidenfeld and Nicolson.

Karmiloff-Smith, B. A. (1995). *Beyond Modularity: A Developmental Perspective on Cognitive Science*. Cambridge, MA: MIT Press.

Ridley, M. (2003). *Nature via Nurture: Genes, Experience, and What Makes Us Human*. London: Fourth Estate.

6 社会性发展

> **关键词**
>
> 生活史理论•个体发育适应•延迟适应•条件适应•依恋类型•C-F连续体•快速生活史策略•缓慢生活史策略•分配原则•共享环境•非共享环境•行为遗传学•合作•道德

一些早期的发展心理学家受到达尔文思想的影响。例如，约翰·鲍比（John Bowlby）提出，儿童生来就具有某些基本生理需求，正常发展依赖于这些需求的满足。如果需求得不到满足，就可能会导致以后生活中出现一系列问题，包括犯罪、智力低下、滥交和心理障碍等。近年来出现了一种以进化取向来理解个体发展的新理论——生活史理论（life history theory），其核心假设主张，一些个体差异可能源于儿童根据其童年环境采用了不同进化策略。到底先天和后天因素对儿童发育分别能产生何种影响，在这一问题上，行为遗传学研究也可以发挥至关重要的作用。最后，在本章中我们还讨论了合作发展的进化解释取向，研究总结表明，即使是幼儿也会更喜欢参与联合活动。我们进一步了解一种假说——道德是为了支持合作而得以进化的。

童年是用来干什么的？

许多生物在其生命周期中有多个不同阶段。比如蝴蝶（或飞蛾）有两个明显发展阶段：发育未全的毛虫阶段和成熟阶段，每个阶段都有特定的生理机能与职责。毛毛虫就像是一部进食机器，其有力的下颚和高效的消化系统使它能吃下比自身初始体重重27 000倍的食物，其体重能增长1 000倍（James, 2017），相当于人类婴儿在童年结束时达到3.5吨。为了防止捕食者破坏这种"放纵"的狂欢生活，一些毛虫会长有可怕的眼睛标记或毒刺（见图6.1）。

另一方面，蝴蝶则像是性爱机器，它的职责是与其他蝴蝶交配，以便传播自身基因。蝴蝶会花很多时间飞来飞去，它们需要进食，但不需要体型继续成长，所以它们的

图 6.1　狗蛾毛虫的假眼睛可以用来抵御捕食者

口器被设计成只能啜饮花蜜甘露这种天然的高能量饮料。为什么蝴蝶要到处飞行？因为飞行可以让蝴蝶更分散，从而避免与亲属交配，同时也可以让它们在新栖居地产卵，给后代更好的生存机会。

　　本章的重点是人类发展篇章，用蝴蝶的生命周期作为引述似乎有些怪异，可事实上，尽管具体情况不同，但所有生物都面临着同样的基本挑战，生活史理论也是如此描述的（Stearns, 1976）。在任何时间点，生物体都在努力使适应性最大化。然而，适应性由许多成分组成，它们可分为两大类：躯体努力（somatic effort）和生殖努力（reproductive effort）。躯体努力包括觅食、躲避捕食者、学习，对未成年生物来说，还有成长和进食。繁殖努力包括寻找配偶和生育后代。由于未成年生物不能繁殖，所以看起来它们只能从事与躯体努力有关的活动，但事实并非如此。根据生活史理论，生物往往在未成年阶段就会着眼于繁殖。此外，根据发展心理学家大卫·比约克隆德（David Bjorklund）的观点，未成年生物身上也存在专为繁殖目标而设计的适应机制（Myers & Bjorklund, 2020）。比约克隆德描述了未成年阶段存在的三种不同的适应类型，他称之为个体发育适应（ontogenetic adaptations）、延迟适应（deferred adaptations）和条件适应（conditional adaptations）。

　　个体发育适应是指帮助儿童在当下环境中生存的适应机制，这些适应机制在生命后期不再需要时会消失，如乳牙，或者各种形式的新生儿反射，如觅食反射——具体表现为,当抚摸婴儿的脸颊时,婴儿会转向被抚摸的地方,做出吮吸的动作,这种适应机制对哺乳明显有利。同样,毒刺或保护色可以帮助毛虫存活到成年。因此,个体发育适应指向躯体努力:形体发育、获取食物以及躲避捕食者等。

延迟适应是一种面向未来的适应机制,它开始"部署"时没有直接进化收益,但在儿童长大成人后能发挥适应性作用。例如儿童的"游戏"活动,有利于促进沟通、交流、协作与问题解决等一系列生活技能的发展(见专栏6.1)。同样地,毛虫颌部和消化道的设计功能在于促进其体型增大,但体型增大的好处主要体现在其蜕变为成虫之后,大体型的成虫更容易获得繁殖成功。事实上,延迟适应机制都与繁殖努力有关。当然,游戏很有趣,儿童沉迷于游戏是一件再正常不过的事情,但进化学者认为,游戏之所以有趣,就是因为它能吸引儿童参与其中,从而促使他们在成年后的竞争环境中获得收益。

最后,条件适应指对环境条件很敏感、可以改变生物体发育方式的适应机制。例如,亚利桑那毛虫在出生后前三天对食物线索非常敏感。如果它接触到的是春天的食物,发育形态会更像一朵花;如果接触的是夏天的食物,发育形态会更像一根树枝。不同形态的意义在于适应当季的植被特征,从而更好避开捕食者的捕杀(Canfield et al., 2008)。同样,正如我们之前所讨论过的,个体的性成熟年龄和性行为模式都可能会受童年期环境风险的影响。条件适应机制也与生殖有关,这是我们之后要分析的话题。

专栏 6.1　生活史理论对游戏的解释

如果生活史理论是正确的,动物应该按照适应需求合理地分配时间和资源,那么我们如何解释所有高等哺乳动物都普遍存在一些不具有明显功能的行为,如游戏(见图 6.2)?毕竟,游戏看起来不会为个体的广义适合度带来直接好处。所以游戏是完全无功能的(在这种情况下,它的存在是对生活史理论的严重挑战),还是它有一些隐藏收益?进化论者给出的答案是:游戏是一种策略,它可以让儿童发展出一些在其成年后具有重要意义的技能,从而间接提高个体未来繁殖成功率。例如,游戏性打斗就是一种安全的战斗练习,通过这一活动个体可以获得一些战斗经验(尽管,正如我们稍后将看到的,一种游戏类型到底多有用可能取决于个体的性别等因素)。

根据生活史理论,动物对未来的投资是以当下适应性为代价的,所以游戏策略应该只发生在环境相对稳定和没有威胁的情况下。与这一预测相一致的观察结果是,当生存处境艰难时,幼年哺乳动物的游戏时间要比处境良好时要少得多,大概是因为它们要将时间和精力最大限度地分配到能提高自己即时生存状态的能力上(Fagen, 1981)。然而,对幼猫的研究却明显与这一结论相矛盾。贝特森等人发现限制饮食的母猫比正常饮食的母猫更早断奶(Bateson et al., 1990)。这很合理,因为对猫来说,在食物减少的情况下,最好尽早舍弃额外的热量支出,比如哺乳。然而在游戏方面,较早就断奶的幼猫比那些母亲饮食正常、断奶较晚的幼猫玩得更多,这就与生活史理论的预测产生了冲突,因为根据生活史理论,当生存处境艰难时,幼猫没有多余的精力用于游戏。

然而,冲突其实只是表面上的。贝特森等人发现,较早断奶的幼猫参与了更多的客体游戏——这对狩猎技能的发展很重要——同时减少了具有长期繁殖效益的社会游戏。因此,通过合理分配时间精力,幼猫最大限度地提高了它们的即时生存概率,使它们能够在无法依靠母亲提供食物的情况下生存下来。这些研究打破了人们关于基因的一种固有偏见——基因必然导致行为刻板固化,正如我们所看到的,生物系统内置了灵活性,其具体行为模式取决于环境。

图6.2 像许多哺乳动物一样,幼猫喜欢游戏和玩耍

父母的选择：后代数量还是后代质量

许多生物都必须在后代数量最大化与质量最优化之间做出一个权衡，为什么要做出这种取舍？很简单，因为资源和时间精力总是有一定限制的，这意味着你的后代越多，你能投入到每个后代身上的资源与时间精力就越少，这是大自然的基本法则。

在第7章中，我们将考虑如何使用r-K连续体（r-K continuum）来对生物体的繁殖策略进行分类（暂时不需要关心r和K代表什么）。采用r选择策略的生物会将精力集中在尽可能快地生育更多可存活后代，并做到抚育投入最小化。许多鱼类都会采用这一策略，它们会产下数百万鱼苗，并让鱼苗自己发育。只有一小部分鱼苗会存活到性成熟，但因为最初的基数如此庞大，最终能存活并继续繁殖的后代数目也很可观，因此这是一种值得采用的策略（如果你看过电影《海底总动员》，你会熟悉这种情况）。天平的另一端是K选择策略，采用这种策略的生物只会生育少量后代，但父母在每一个个体上都投入了大量养育资源，这样后代中就有很高比例的数量可以活到成年。一个物种是采用r选择策略还是K选择策略，主要取决于后代因环境严酷而死亡的可能性（包括生态环境，如被捕食者吃掉），当这种可能性很高时，r策略是最优选择（见第7章）。

r-K连续体主要用于不同物种间生殖策略的分类。当描述一个物种内部不同的策略选择时，生活史理论使用了一个相似分类法——C-F连续体（C-F continuum），它描述了生物体是应该选择当前生殖适应性最大化或还是未来生殖适应性最大化。拥有大量后代可以使父母选择当前生殖适应性最大化（因为他们当下就拥有许多基因复制体），而在少数后代上投入大量资源可以使父母选择未来生殖适应性最大化（因为他们确保后代存活到生育年龄）。由于资源和时间精力的限制，大多数人都无法做到对许多后代进行大量投资，即我们常说的鱼与熊掌不可兼得。

与之相关的另一对概念是"快生活史"（fast life history）与"慢生活史"（slow life history），"快生活史"指的是最大化当前繁殖成功率的倾向，而"慢生活史"指的是关注未来繁殖收益的倾向。在本章的其余部分，我们将使用"快"与"慢"的说法，因为这是最直观的表达方式，也是近年来研究中最常用的术语。

同样，个人采用的最佳策略取决于环境性质。当环境不稳定、后代成长到性成熟年龄的概率很低时，最大限度提高当前适应性是最优选择。相反，在可预测的环境中，后代有很高概率存活到成熟，最大化未来生殖适应性是更好的方案。有证据表明，在极端情况下，父母甚至可能采取杀婴这种最残忍的策略（见专栏6.2）。

专栏 6.2 杀婴作为一种选择策略

不是每个婴儿都会得到父母的养育和保护。杀婴——顾名思义,故意杀害年幼后代的行为——贯穿人类历史,甚至在现代工业社会也从未消失。父母杀死婴儿或任由他们死去的悲惨故事会让人感到困惑:怎么会有人表现得如此冷酷无情,这些人肯定有心理问题? 研究表明,后一个问题的答案取决于孩子被杀时的年龄。

从专业角度看(尽管法律不做这种区分),杀婴可以分为真正的"弑婴"(杀害新生儿)和"弑子"(杀害一岁以上的幼儿与儿童)。为什么要做这样的区分? 难道它们不都同样邪恶狠毒,让人极其厌恶? 我们大多数人当然都这么觉得,但之所以还做出区分,是因为研究表明两种杀婴行为背后有一些潜藏的差异之处,弑子(即杀害年龄较大的幼儿或儿童)的母亲在实施杀害行动前通常有心理问题(如抑郁症),而弑婴的母亲则没有(Resnick, 1970)。

戴利和威尔逊认为(Daly & Wilson, 1984),尽管弑婴看起来很残忍,但这种行为可能是父母其中一方(或双方)基于隐性成本—收益分析而做出的选择,他(她,或他们)认为自己的孩子不太可能成长到性成熟年龄,原因也许是婴儿先天残障或存在其他特定困扰(如饥荒背景,或配偶死亡导致单亲抚养)。养育后代需要付出高昂代价,在这种不利条件下,能最大化广义适合度的策略可能就是将注意焦点集中在其他孩子身上,或者等到时机好转时再尝试生养另一个孩子。戴利和威尔逊的研究数据表明,杀害新生儿的女性往往是那些最不可能将子女抚养到成年的女性,她们自身要么太年轻,要么未婚,要么缺乏其他社会支持。

从后代的角度最大化适应性

想象一下,你是一艘残破宇航飞船的船长,被困在某个遥远宇宙空间的小行星上。你当下很安全,但受够了,想回到家人身边。很幸运的是,你有一个逃生舱,可不幸的是燃料不足,你安全返回的可能性只有 50%。你可以把燃料从船上慢慢转移到逃生舱里,但这需要几个月的时间才能完成。你是选择现在冒着风险离开,还是选择等待到燃料充足?

大多数读到这篇文章的人宁愿再坚持几个月,以最大限度地提高安全回家的概率,不知道你是否也是这么想的? 不过现在再想象一下,你的仪器告诉你,一颗小行星正朝你飞来,有95％的几率与你所在的行星相撞,两颗行星将成为碎片,你改变主意了吗?

面对这个新问题时,大多数人确实会改变他们的想法,理由是押注"现在离开"还有50％的生存机会,这比押注"留在原地"只有5％的生存机会要更好。

这个小小思想实验的目的是鼓励你采用基因的观点来看待繁殖。对于不能繁殖的儿童来说,基因被囚禁在了他们的身体里,就像船员被囚禁在残破的宇宙飞船里一样。根据一些生活史理论家,如杰伊·贝尔斯基(Jay Belsky, 1997)的说法,基因已经设计了儿童的机能程序,使他们在必要时可以加速繁殖速率。他认为,一个关键影响因素是环境风险。

如果环境相对来说没有风险,父母也愿意为孩子投资,那么对基因来说,最好的选择就是推迟繁殖,把重点放在躯体努力上。这意味着孩子们可以优先获得有用的技能,建立朋友网络,发展深厚而持久的两性关系,这样当他们长大并有了自己的孩子时,他们就能在孩子身上投资。所有这些选择都指向缓慢生活史,它就像是太空困境中宇航员慢慢等待救生舱储满燃料。相反,如果环境看起来有风险,那么最好加快发育过程,尽早迎来基因逃离身体的时刻,就像是宇航员在遭遇小行星撞击前就驾驶逃生舱离去。

在1982年发表的研究报告中,帕特里夏·德雷珀(Patricia Draper)和亨利·哈彭丁(Henry Harpending)检验了家庭中父亲缺位所产生的环境风险效应。很久之前就有研究注意到(Whiting, 1965),因父母离异而导致的父亲角色缺席与儿童性早熟有密切联系。特别是,相较于双亲家庭中的孩子,缺失父亲的男孩会表现出更强的攻击性,他们更叛逆,成年后会更容易以性剥削的方式看待女性;而缺失父亲的女孩则会对性过早表现出兴趣,她们对男性的性态度很消极,难以维持长期稳定的单配偶关系。

德雷珀和哈彭丁认为,与双亲家庭相比,生活在单亲家庭会带来一系列经济劣势与不确定性,这就意味着最大化当前生殖适应性比最大化未来生殖适应性会更有成效。在父亲缺位家庭中儿童表现出的那些性倾向——过早发生性关系,对随意性行为更宽容,难以维持长期关系——都只是他们采取的生殖策略,旨在通过更早、更高频的繁殖行为来最大化广义适合度。他们认为,在孩子5到7岁这一关键期,父亲是否给予资源投资将影响到不同生殖策略启动开关的触发。

生活史理论也被应用于解释心理学研究中另一个重要主题——依恋。在过去50年里,依恋一直在社会性发展研究领域备受瞩目,在讨论生活史理论对依恋的解读前,我们先花一点时间来介绍一下与依恋有关的基本结论。

依恋理论

英国发展学家约翰·鲍尔比特别关注情感和社会发展的影响因素(John Bowlby, 1951;1969),他指出,人类的婴儿是特别柔弱无助的(用专业术语来表示,晚成性物种),而依恋系统的进化是为了增加婴儿生存机会,从而最终提高繁殖收益(见第7章)。

鲍尔比依恋理论的核心观点是,儿童在早期与母亲相处的经历中形成了关于自我和他人关系的工作模型(working model)。工作模型是一种包括认知和情感成分的心理表征,它用于指导儿童行为。鲍尔比提出,在安全的环境中长大、得到母亲积极回应与关怀的儿童会建立一种工作模型,该模型让儿童相信社会关系都是有益的、人们通常值得信任。而由于母亲冷漠、遭受母亲虐待或母亲缺位等原因,在不安全环境下长大的儿童会建立另一种工作模型,他们会以怀疑的态度看待人际关系与他人。鲍尔比认为,工作模型的形成有一个关键期,大约在 6 个月到 3 岁之间。这意味着对于工作模型来说,关键期的经验影响最为重要,而后期经验的影响则比较微弱(见图 6.3)。

图 6.3 鲍尔比认为,剥夺幼儿的人际接触,对儿童情感关系与心理健康都会产生负面影响

尽管鲍尔比的观点近来遭遇了一些反对，但他的研究无疑具有里程碑意义，许多发展主义者都借鉴了他的依恋模型，心理学家玛丽·安斯沃思（Mary Ainsworth, 1967）就是这样一位研究者，她开发了一种名为"陌生情境测试"的研究模式，用实证方式探讨母婴分离的直接结果。使用这种程序时，婴儿与母亲被带进一个有许多玩具的房间，当婴儿玩得正开心时，一个陌生人走进房间，不久母亲就离开了。稍后陌生人也离开，母亲回来，和婴儿一起玩耍。然后母亲再次离开，陌生人又返回。最后，妈妈回到房间。观察结果显示，只要母亲一消失，婴儿就容易啼哭，这是很正常的。有趣的是当她再次出现时婴儿的反应，安斯沃思根据婴儿在母亲消失和再出现时的反应，将婴儿依恋类型分为安全型、不安全—回避型和不安全—抵抗型三类（见表6.1）。后来又添加了其他类别，例如混乱型，这里我们就不对新增加的类型做过多讨论了。

从表6.1可以看出，大多数婴儿被归类为安全型依恋，尽管实际比例因文化而异，这表明育儿实践中的文化差异会对婴儿行为模式产生影响。

表6.1 三种依恋类型

依恋类型	在陌生环境中的典型表现	童年后期与成年期的典型行为	所占比例
安全型依恋（B型）	母亲离开后会哭泣，母亲回来后会寻求母亲的关注，被安抚后可以继续快乐玩耍	通常能形成持久稳定的关系	2/3
不安全—回避型依恋（A型）	不关注母亲，母亲消失后没有明显压力反应，很容易被陌生人安抚	相比安全型依恋的个体，会更容易与他人发生短暂两性关系	1/4
不安全—抵抗型依恋（C型）	婴儿与母亲非常亲密，当母亲离开时非常焦虑，但母亲回来后不容易安抚	很难承诺一段彼此忠诚的关系	1/10

注：不同类型的依恋有时被认为是一个连续体，回避型个体在一个极端，抵抗型个体在另一个极端，安全型的个体则在中间的某个位置，因此它们也被称为A型、B型和C型。

用生活史理论解释依恋

从安斯沃思和鲍尔比的依恋理论以及相关实证研究中我们可以得出一些非常明确的结论：不安全的依恋儿童——无论是由于母爱剥夺还是父母教养方式不当——更有可能患上心理疾病、更倾向做出离经叛道的举动而且通常在生活中不太成功。尽管安全型依恋儿童占大多数——约占被研究儿童的三分之二——这仍然意味着三分之一的人在某种程度上存在不安全依恋。不安全依恋类型的儿童在童年期以及成年后都常容易出现心理问题,他们也比较难以与他人建立长期稳定的亲密关系。三分之一已经是一个很高的比例了(大多数功能失调症在人群中所占的比例都达不到这个数字)。因此,或许我们不应该将不安全型依恋及其相关的行为模式看作是异常的适应不良,而应该考虑这类儿童的成长环境,看看不安全型依恋是否具有特定的进化收益(Belsky, 1997; Belsky et al., 1991; Chisholm, 1996;1999)。

安斯沃思的依恋类型可以看作是特定环境下的适应性生殖策略。依恋经历为儿童提供了关于环境中风险情况的信息,这些信息可进一步作为衡量其生殖价值的指标。直白地说,依恋经验使幼儿能够预测未来。或者至少它提供了某些线索,使幼儿能够"推测"未来的环境,并据此适当调整自身行为,以选择最佳生殖策略。幼儿由于破碎或混乱家庭生活而感受到的焦虑与紧张可能是一种信号:向其指示出家庭环境是危险的,因此触发了有别于低压力家庭儿童的策略。

杰伊·贝尔斯基的依恋生活史理论

心理学家杰伊·贝尔斯基提出了针对三种主要依恋类型的适应主义解释(Jay Belsky, 1997),我们依次讨论。

首先,安全型依恋。贝尔斯基认为,导致安全型依恋的养育方式代表了父母对生育的重视,换句话说,是期望后代质量而不是数量。这样的父母不会生育太多后代,但会为后代提供大量的时间、精力和资源。作为回应,儿童在这种高投资环境下会形成特定信念:世界是温情仁慈的,其他人可以信任,人际关系对个人有益,人与人之间可以建立持久互利的紧密联系。这些信念会引导孩子与他人建立亲密关系,包括浪漫爱情。当他们生育后代时,这些孩子很可能成为情感细腻的父母,只要经济状况允许,他们就会在孩子身上投入大量资源。

对成人的访谈研究表明,安全型依恋个体成人后比不安全型依恋个体有更强的关系安全感,安全型依恋的男性会与伴侣建立更具支持性的关系(Ewing & Pratt, 1995);安全型依恋的男性和女性会建立更持久的恋爱关系(Hazan & Shaver, 1987);而且安全型依恋伴侣更有可能在一开始就选择迈入婚姻(Kirkpatrick & Hazan, 1994)。

至于不安全—回避型依恋,回想一下,那些被归为这一类依恋的婴儿对待母亲的态度非常冷漠:在陌生情境实验中,当母亲离开房间时,他们几乎没有表现出难过,当母亲回来时,他们也几乎没有表现出欣喜。这样的策略对儿童的广义适合度能带来什么好处呢?贝尔斯基提出,如果个体察觉到可用资源较低且他人不可信任,那么最大化未来生殖适应性可能是一种低效选择。举例来说，如果你的配偶会离开你，并带走你曾为之投入巨大资源的孩子，或者没有为你的后代贡献他（或她）应投入的资源，那么结婚和养育几个孩子又有什么意义呢？考虑到这一点，采取一种以当前生殖适应性最大化为目标的生活方式可能是有益的。因此，这种依恋类型的人可能不会对伴侣负责，而是秉持一种机会主义态度，甚至对其加以利用。此外，他们可能有多位性伴侣，并在相对年轻的时候就与他人发生性关系。

有证据表明，相比其他依恋类型，不安全—回避型依恋者在当下缺乏持久关系时会容易与他人发生随意性行为（Brennan et al., 1991），更有可能与不止一个人约会（Kirkpatrick & Hazan, 1994），并有更大概率经历过关系破裂（Feeney & Noller, 1992）。此外，回避型母亲更倾向于对孩子具有矛盾和不支持的态度，在陌生情境实验中，当她们重新回到房间与婴儿团聚时，不会表现出太多积极回应与亲密举动（Crowell & Feldman, 1988; 1991）。有一些证据表明，不安全—回避型儿童比那些被归类为安全型的儿童更早达到性成熟；还有的研究显示，女孩7岁时家庭冲突的频率可以预测她是否提前步入青春期（Moffitt et al., 1992）。似乎环境线索可以同时对生理及心理层面的性成熟产生影响。

不安全—抵抗型是三种主要依恋类型中比例最少的，这类婴儿往往非常黏人，需要时刻给予关注，而且他们看起来对母亲的依赖性特别高，很难被其他人安抚。贝尔斯基提出，这些孩子会走向不生殖策略，他们注定没有后代。从表面上看，这似乎是一种适应不良策略，因为个体不会直接传递自己的基因副本。然而回想一下，你不一定通过直接繁殖才能将基因传递给下一代，一个直系后代可以遗传你50%的基因，但别忘了，侄子侄女也携带了你25%的基因。因此如果由于某种原因，你自己不能或不愿生孩子，帮助近亲的后代同样有助于提高你的广义适合度。

这一解释带有非常强烈的猜测性质，尽管在动物界确实存在类似情况：某些动物由于天生生理原因或行为模式原因自身不繁殖，而是选择帮助它们的兄弟姐妹或父母养育后代（Dawkins, 1976; 1989; 2006；同时参见第7章），但贝尔斯基的观点几乎没有任何直接证据，这在部分上要归咎于抵抗型依恋的数量确实比较少。不过，一些问卷调查结论提供了间接佐证：焦虑抵抗型的女性会更倾向认为自己在"呵护照顾"配偶，而不是真正投入到典型的浪漫关系中（Kunce & Shaver, 1994）。此外，长子长女，尤其是长女，比后出生的孩子更有可能成长为抵抗型——这与一些个体选择不育而尽心帮助弟弟妹妹的猜测是一致的。

表 6.2　三种不同依恋类型所反映出的父母繁殖策略与幼儿相应发展策略

依恋类型	父母繁殖策略	幼儿发展策略
安全型	长线策略 有意愿进行投资 高养育付出 无条件接受,情感细腻 对幼儿积极回应	最大化长期收益 提高发展质量 对下一代维持投资方式
不安全—回避型	短线策略 不愿进行投资 寻求多配偶关系 忽视幼儿,情感冷漠 对幼儿消极回应	最大化短期生存收益 机会主义 潜在杀婴者
不安全—抵抗型	短线策略 不愿进行投资 为养育进行付出,但资源有限 对幼儿态度不一致	最大化短期生存收益 数量优先发展策略 维持"低质量"投资方式

来源:Chisholm,1996

对依恋生活史理论的评价

生活史方法与达尔文医学有很强的相似之处(见第 12 章),后者也声称,当以广义适合度而不是社会期望作为衡量标准时,许多明显的机能失调或不正常行为模式就能展现出完美的功效。想想之前分析过的,广义适合度的"硬通货"是传递到下一代的基因数量,而不是短暂基因载体——生物个体——的福祉。一种使基因复制数量最大化的策略会在竞争中胜出,即使它会导致个体非常痛苦同时被社会所厌弃。考虑一下我们在第 1 章中讨论过的雄性澳洲红背寡妇蜘蛛,它在交配时会让雌性吃掉自己,但这种彻底的自残行为却给了基因最好的机遇。

但是我们还别忘了,进化解释强调的是,某种策略在祖先生存环境下具有适应性,而不是在现代工业化社会环境下,但绝大多数的研究样本恰恰来自后者。这就给检验那些假设带来了困难,如果我们研究的是非人类动物,我们可以认为大多数动物的生存环境接近于它们的进化环境,因此我们可以通过适当的成本—收益分析,来计算出每种策略在特定条件下是否具有适应性。但我们很难对生活在 21 世纪的人类做同样的事情,因为文化进化已经极大地改变了我们的生存环境。

然而,韦恩福斯等人(Waynforth et al., 1998)调查了伯利兹的玛雅部落和巴拉圭的阿切族部落,检验了父亲缺位带来的影响。之所以以玛雅人和阿切族人作为研究对象,是因为他们生活在前工业社会,相比大多数欧美社会,他们的文化和生存环境更接近我们祖先的生活背景。研究结果喜忧参半,但最重要的是,数据表明父亲缺位和第一次生育年龄间的关系并不符合生活史模型的预测,即在没有父亲家庭中长大的个体并不比在有父亲家庭中长大的个体更早生养后代。研究者建议在今后研究中应制订更复杂的模型,将亲属帮助、交配努力和养育努力等中介因素考虑在内。

近年来贝尔斯基的理论得到了更多证据的支持。例如,65%的不安全依恋型女孩(她们出生后15个月参与了陌生情境测试)在不到10岁半时就经历了月经初潮(青春期开始的生理标志),而在安全型依恋女孩中,这一比例只有54%,另外,不安全依恋型的女孩还更早结束了发育期(Belsky et al., 2010)。这项研究还测量了母亲的严厉程度,"苛刻"的母亲往往会因为孩子做错了事而打他们的屁股,她们认为孩子应该尊重权威,在大人面前需要保持安静,她们还认为表扬会宠坏孩子,不会给孩子太多拥抱。结果发现,女婴15个月大时母亲的苛刻态度也能预测她们月经初潮的提前,同时还能预测她们的性冒险行为。

在一项针对4553名英国女性的研究中,内特尔等人(Nettle et al., 2011)发现,当控制了社会经济地位和被试母亲初孕年龄等因素后,仍然有一系列环境风险因素可以预测早孕:如低出生体重、母乳喂养时间短、童年与母亲分离、频繁的家庭搬家和父亲缺位等。

并不是所有的证据都支持贝尔斯基的理论,部分研究没有找到与生活史解释预测方向一致的结果(Ellis et al., 1999; Miller & Pasta, 2000),但总的来说已有证据更倾向于肯定这一假设。然而,还有一个重要因素值得考虑,那就是导致月经初潮提前和性冒险的基因在某种程度上是相关的。我们知道,大多数基因(也许是所有基因)都有不止一种表现型效应,即所谓的基因多效性。因此,某特定基因或某些倾向于一起遗传的基因组合,同时影响到了性冒险和月经初潮,这并不是什么无稽之谈。倘若事实真的如此,一些看似牵强的结论就完全解释得通了。想象一下,有一种基因导致女性表现出贝尔斯基理论中描述的特征(月经初潮提前,性活动早,危险性行为,多伴侣等);而这种基因也会导致母亲对后代非常苛刻(体罚幼儿,态度冷漠等),拥有这种基因的母亲很可能会把它传给女儿。某项研究中,研究人员在时间点A测量母亲的严厉程度,在时间点B测量了女儿青春期开始的时间,发现二者具有高度相关,于是得出结论,时间点A时母亲的苛刻态度导致了时间点B时女儿的发育提前。事实上,女儿的发育特质可能与母亲行为毫无关系,二者都是受到了某种基因的影响。也许你会觉得母性苛刻和月经初潮过早不太可能是由同一个(或同一类)基因所主导的"同盟"

特征，但不妨这么想，这种基因就是一种引发低亲代投资策略的基因，它会最大化当前生殖适应性，而不关注未来，结果表现就是女性（由于性成熟过早以及随意性行为）会有更多孩子，同时她对每个孩子的亲代投资数量都很低（也就是苛刻的态度）。我们可以认为存在两种表现型——尽管实际上更有可能是连续的——当时机险恶时，环境更青睐低投入、快速的生活史策略，当时机良好时，环境更青睐高投入、缓慢的生活史策略。

一项以双生子为对象的研究试图对生活史解释和基因解释进行澄清，研究者招募了一些成年女性，她们都是同卵双胞胎，同时都有女儿，只是双胞胎中一个经历过家庭破裂，比如离婚，而另一个没有（Mendle et al., 2006）。然后，研究者将双胞胎各自女儿的初潮年龄进行了比较，其中的原理在于，如果过早青春期真的是对破碎环境的适应性反应，那么来自破裂家庭的女儿应该比来自完整家庭的女儿更早出现月经初潮。另一方面，如果过早青春期是受低亲代投资基因的影响，那么二者就不会有什么区别，因为双方都从自己母亲那里遗传了相似基因。研究结果显示，两组女儿的初潮时间没有差异，生活史理论的解释看起来无法得以验证。

然而，另一种不同研究范式为贝尔斯基的假设找到了证据。泰塞尔和埃利斯（Tither & Ellis, 2008）在研究中比较了来自同一个破裂家庭中姐妹间的差异，在家庭破裂时，姐姐已经开始或接近青春期，而妹妹离青春期还有一段时间距离。按照生活史理论的预测，妹妹会比姐姐更早初潮，因为妹妹比姐姐生活在破碎环境中的时间要更长。结果发现，在破裂家庭中，妹妹青春期明显早于姐姐，而在未破裂家庭中，姐姐青春期（略）早于妹妹（见图6.4）。当父亲角色严重缺位时，家庭破碎对月经初潮的影响就会增强，这符合基本预测。当然，这些效应差异不是特别大，尽管如此，如果我们不假设家庭破裂会在一定程度上"加速"青春期，研究结果就很难得以解释。另外，还有一种可能性，即某种遗传因素和环境因素相结合后会起到影响，一些孩子更有可能因为破碎的童年而早熟，到目前为止，该假设还没有得到验证。

最后，该领域未来的研究还需要将男女最佳生殖策略的差异纳入考量。正如我们在第4章看到的，由于男性和女性受到不同资源限制，交配策略上存在着实质性的性别差异。似乎同样的环境条件（例如，父亲在场或不在场，父母最大化后代的质量或数量）可能对男女的最佳策略产生不同的影响（Maccoby, 1990）。这是一个非常重要的问题，第3章和第4章中曾论述过男性和女性在生殖方面可能面临的不同压力。女性比男性在后代数量上会受到更多限制，她们每个月只能释放一颗卵子，而且一旦怀孕，妊娠期和随后的哺乳期都会不孕。对男性来说，虽然他们有拥有数千个后代的潜力，

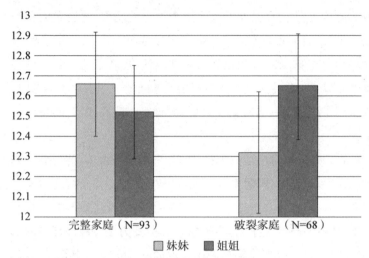

图 6.4　来自泰塞尔和埃利斯的研究表明姐妹初潮年龄的差异会与家庭是否破裂产生交互效应。但要注意，差异效应其实并不大，在破裂家庭中妹妹的初潮时间平均来说只比完整家庭中妹妹的初潮时间提前了 3 个月

他们更值得为了更大的生殖成就参与竞争，但同时他们也可能一个伴侣都争取不到（因为其他男人可能会"霸占"不止一个女人），他们竞争失败的后果会更为严重。此外，女人肯定是自己孩子的母亲，而男人却无法 100％ 确定自己是孩子的父亲。这些差异表明，在相同环境条件下，两性的最佳生殖策略可能不同。

行为遗传学：分离先天与后天因素

当我们想要探讨父母行为对后代的影响时，常常会遇到一个大问题，那就是父母可能以两种完全不同的方式影响了儿童。首先是基因影响，亲生父母与每个孩子有 50％ 的共同基因，因此父母显然对他们的孩子施加了遗传影响。其次，儿童还会受到父母所处社会环境的影响。两种影响是并存的，这就意味着，如果儿童的行为模式与父母很相似，我们无法确定这一相似性到底是源于共同基因、源于共同的社会文化经验还是源于二者的结合。

行为遗传学试图通过对双胞胎和在收养家庭中长大的孩子（无血缘关系）进行研究来解开这一困惑。同卵双胞胎形成于一个受精卵在发育早期分裂成两个卵子，因此他们的基因 100％ 相同。异卵双胞胎形成于两次受精（两个卵子，两个精子），因此就像普通兄弟姐妹一样，他们只有 50％ 的相同基因。通过比较不同类型双胞胎之间的异同，就有可能评估出先天和后天因素对个体行为差异的影响。例如，分开抚养的同卵双胞胎在基因遗传上是完全相同的，因此他们之间任何差异都可以归咎为环境因素。研究结果表明,环境在各种特征差异中贡献的权重比值在50%至60%之间(见第12章),而基因对特征差异的贡献比重也就是40%至50%之间。特别需要指出的是,这种统计数据没有区分基因的直接影响和基因的间接影响。例如,研究发现有吸引力的人通常更坚定,更能坚持自己的主张(Jackson & Huston, 1975;见专栏6.3),即使基因没有对"坚定"的性格产生直接遗传影响,我们也可以想见存在间接影响:基因影响吸引力,导致个体受到不同对待,进而影响到了他们的个性特征。在行为遗传学研究的数据中,两者都被算入了遗传的贡献。

> **专栏6.3 行为遗传学以及基因对环境的影响**
>
> 许多人认为在个体发育过程中,基因和环境所扮演的角色是相互独立的,基因有一些初始作用,环境经验也有重要塑造作用,且不受基因的影响。然而事实并非如此。行为遗传学家已经展示了基因如何对儿童所经历的环境产生根本性的影响,基因与环境的相互作用有三种类型。
>
> 一是被动式互动(passive interactions),这种情况之所以会发生,是因为父母抚养长大的儿童在性格、智力和气质上通常与父母更为相似。因此,一般来说,一个聪明孩子是在有聪明父母的家庭中长大的,他们可能会为儿童提供很多读物,或者经常与儿童进行高质量对话。孩子不仅从父母那里继承了"聪明的基因",而且还继承了一个激发智力的环境。
>
> 二是反应—唤起式互动(reactive-evocative interactions),指的是具有不同遗传特征的儿童会受到不同对待,进而塑造了其人际环境。例如,我们知道,相比相貌平平的儿童,长相富有魅力的儿童在犯小错时遭受的惩罚会更轻或更容易逃脱惩罚(Dion, 1972; Landy & Aronson, 1969),而有吸引力的人通常更坚定自信(Jackson & Huston, 1975)。因此,人们对待儿童的方式(这构成了儿童生存环境的一部分)在一定程度上会受到基因特征的影响。
>
> 第三种情况主动式互动(active interactions)的产生原因是儿童倾向于寻求与他们相似的人。因此,喜欢运动的儿童们会聚在一起玩耍,喜欢智力游戏的儿童则会更喜欢有同样爱好的同伴。如果这些特征与一些潜在的遗传影响有关(就像以上的两个例子,喜欢运动或喜欢智力游戏),那么我们也可以认为与之相关的基因正在影响儿童成长环境。

另一类研究着眼于那些收养家庭,他们包含两个或两个以上没有血缘关系的孩子,而且最好收养时间是儿童一出生之后。研究人员可以检验被收养的兄弟姐妹之间在某些特征上的相关性(比如外向性;见第13章),然后比较在不同家庭中长大的两个毫不相干儿童之间的相关性。如果发现前者的相关水平高于后者,那么它就证明,在同一家庭中长大的儿童会更相似(已经消除了基因的混淆影响,因为两种情况下被试间都不具备血缘关系)。此外,研究人员还可以检验养父母与被收养儿童特征之间的相关性,并在一些研究中比较收养家庭的儿童与他们亲生父母(亲生父母从来没有参与孩子的成长与生活)之间的相似程度。

在继续讨论之前,需要重点强调一下,对遗传力的估计有时会产生误导(见第2章)。考虑一下理查德·列万廷(见第2章)提出的例子。他让我们想象从当地的园艺中心购买一包种子(见图6.5)。这些种子可不是无性克隆的,因此它们具有遗传差异。我们把种子分成两半,种在两个相同的培养盆中。这两个培养盆的处理方式完全相同(同样的光照温度等),只是一个营养充足,另一个营养贫瘠。一段时间后,种子发育成植物,我们会观察到两件事。首先,营养充足培养盆中植物的平均高度大于营养贫瘠培养盆中植物的平均高度。其次,如果你检查每个营养盆里的植物,会发现有些植物比其他植物更高。

图6.5　列万廷的思想实验展示了遗传力概念会如何产生误导

因此,如果问题是"为什么有些植物比其他植物高"? 答案要取决于你比较的是哪些植物。组间差异完全是由环境造成的(一个营养充足,一个营养贫瘠),因为两组间没有遗传上的区别(由于是随机分配的种子,平均来说质量是一样的)。然而,如果我们想解释组内差异,那么这完全归功于种子间的遗传特征,一些植物就是天生比另一些更高。我们之所以能如此肯定,是因为培养盆里所有种子都处于同样环境中。这就是列万廷带给我们的启示:对特定人群的研究——比如说中产阶级的孩子——可能会揭示,环境对智力的影响很小,大多数差异都可以用基因差异来解释。这也许会让你得出结论:群体之间的智力差异——比如中产阶级的孩子和工人阶级的孩子——也是遗传造成的。但事实并非如此,正如列万廷思想实验所证明的那样,群体内部的差异可能源于遗传,而群体之间的差异可能完全源于环境。

特克海默等人(Turkheimer et al., 2003)开展的一项研究为此假设提供了实证支持。他们研究了几百对同卵双生子和异卵双生子,发现环境对贫困儿童智力发展的影响很大,而基因的影响很小,但富裕儿童情况则恰恰相反。研究者推测,很可能对于贫穷孩子来说,每一点微小环境差异其实都可以算是巨大区别(比如可以接触的书籍、父母的教育参与),因此这些环境因素能影响到智力发育水平;但对于富裕孩子来说,环境已经很好了,环境的任何差异都几乎不会带来任何影响。回到列万廷的例子,我们可以这样思考:给植物施加肥料会促进它的生长,但当营养已经足够充足时,环境的改善就不再有任何额外影响,此时植物的大小差异都将归结为遗传因素。

总的来说,我们需要反复提醒大家,行为遗传学研究结果很复杂,可能会被误解,甚至有可能被滥用。想象一下,如果一个政府机构只对富裕家庭的孩子进行行为遗传学研究,并从中获取数据。结果也许会显示,遗传才是教育成就最重要的影响因素,环境影响微乎其微,基于此结论政府决定削减教育经费。对于来自贫困家庭的儿童来说,这会导致灾难性后果。因此,出于政治和科学上的担忧,我们有必要对这类研究有所了解,并警惕其中可能出现的误导性结论。

在意识到这类容易出现的错误之后,我们接下来可以进一步分析行为遗传学家是如何看待环境影响的。行为遗传学家将环境分为两类相对独立的集群:共享环境(shared environment)和非共享环境(non-shared environment)。前者涵盖了所有兄弟姐妹共同接受的影响(他们有相同的父母,他们可能上同一所学校),后者则涵盖个人所接受的特有影响(与老师、同龄人的经历,童年疾病,以及子宫环境的差异等)。基因、共享环境和非共享环境囊括了所有的发展影响因素,因此它们三者的影响系数和是1,或者100%。共享环境的影响可以通过多种方式进行评估。一种方法是比较一起长大的同卵双生子(他们具有共享基因和相同环境)与分开长大的同卵双生子(他们只具有共享基因)之间的差异,他们之间的任何不同都可以归结为共享环境的作用。另一种方法是衡量非血缘—兄弟姐妹之间的相似性,非血缘—兄弟姐妹是指在幼年时被同一家庭收养的儿童,他们之间没有血缘关系,正因如此,他们之间的任何相似之处一定都是共享环境塑造的结果。

不同研究方式得出了非常一致的结果：当你剔除遗传影响时，共享环境对变异几乎没有影响。有人可能会认为，在同一个家庭中长大的同卵双生子会比在不同家庭中长大的双胞胎更相似。事实上，他们之间几乎没有什么区别（Plomin et al., 1994）。其他研究表明，虽然被收养的非血缘—兄弟姐妹具有共享环境，但他们并不比从人群中随机选择的两个无血缘关系也无共享环境的孩子更相似（Plomin & Daniels, 1987）。这些研究采用的衡量标准是人格、认知技能和精神疾病的遗传力。哪怕是最支持共享环境影响效应的研究，也只是显示共享环境能解释 10% 的个体间差异（Turkheimer, 2000）。对收养儿童的研究还揭示了另一个惊人结论：被收养儿童和他们亲生父母所达到的相似性程度（他们没见过面），几乎就像是被他们抚养长大的（Plomin, 2018）。行为遗传学给出的总结是，在正常范围内（即如果我们忽略虐待这种极端情况），父母行为对孩子成长的影响微乎其微。数百个作为研究对象的特征中，唯一显示出显著共享环境影响力的特征就是政治和宗教信仰，影响系数达到 20%（Hatemi et al., 2014）。

如果基因因素占人类差异的 50%，而共享环境因素仅占 0% 到 10%，那么剩余差异又该如何解释呢？考虑到人与人之间差异的三个原因——基因、共享环境、非共享环境——总和等于 100%，我们有理由认为，非共享环境——即每个孩子的独特经历——是造成剩余差异的原因。

那么，父母有影响吗？

上文提出了两个看似相互矛盾的结论。生活史理论认为，由于特定遗传机制的作用，儿童能够基于父母行为模式（无意识）选择自己的生殖策略，不同生殖策略都是旨在依据环境风险最大化遗传适应性，简而言之，父母行为对儿童特征发展有影响。另一方面，行为遗传学研究表明，分开抚养的同卵双胞胎与一起抚养的同卵双胞胎没什么不同，被收养的兄弟姐妹也不比从人群中随机挑选的两个人更相似，简而言之，父母行为对儿童特征发展没影响。1998 年，心理学家朱迪斯·里奇·哈里斯（Judith Rich Harris）出版的著作《教养的迷思》（*The Nurture Assumption*）引发了一场争议风暴，她相信儿童的社会化过程主要是被同伴而不是父母所塑造的，这就是所谓的"群体社会化理论"（group socialisation theory），我们将在第 13 章进一步予以讨论。

回到开始的问题，我们如何调和这些明显矛盾的研究发现呢？贝尔斯基认为，可能基因决定了有些孩子可能比其他孩子对父母的养育模式更敏感（Belsky, 2005）。然而，如果事实真的如此，同卵双胞胎会同样对父母教养敏感，因此，它不能解释为什么同卵双胞胎在行为模式上的不相同。

当我们关注依恋问题时，行为遗传学证据表明，共享环境对学龄前儿童的依恋类型有显著影响，同一父母抚养的同卵双胞胎中只有三分之一表现出不同依恋风格（Gervai，2009）。然而，这种影响似乎在童年后期和青春期消失了（Fearon et al.，2014），基因对依恋类型的影响系数约为40%，非共享环境的影响系数约为60%，共享环境的影响可以忽略不计。

既然行为遗传学研究表明共享父母环境对儿童的成长几乎没有影响，这是否意味着生活史对生殖策略的研究方式有误？未必，原因有三。首先，生活史理论所主张的环境效应可能体现在非共享环境方面，儿童之间的非共享环境是不同的（这正是非共享环境的定义）。就像我们已经了解到的，父母离婚对儿童的影响因年龄而异，即使两个孩子都有相同的经历，这种经历也可能对他们产生不同影响，年龄较小的孩子更有可能通过切换到快速生活史来应对创伤。第二，共享环境的前提假设是，父母对待所有孩子都是一样的，虽然这有一定的道理（大多数情况下，合格的父母会对所有的孩子都好，不合格的父母对所有孩子都不够好），但父母对不同孩子的教养方式也可能会有一些微妙或不那么容易察觉的差异，这进而会对儿童发展产生重要作用。第三，非共享环境，即儿童的独特经历会造成显著影响效应。当我们在第13章讨论个体差异时，我们会回到这个问题。

合作的发展

正如我们在第7章会看到的，蚂蚁、蜜蜂和裸鼹鼠等生物表现出极高的合作水平，这些动物被称为社会性动物。然而，所有这些动物之所以能达到如此高的社会化程度，是因为每个个体都与其他个体具有密切血缘关系，这意味着它们的合作可以用汉密尔顿的广义适合度规则来解释（见第2章）。人类也与亲属合作，但我们还会以一种自然界独一无二的方式与非亲属进行合作（见第8章）。几乎可以肯定，每一项合作都涉及数百人（或者更多）的共同努力，即使这些人中大多数人从未彼此谋面。举个例子，木椅是一种非常简单的物品，甚至可能一个人就能制作完成，但木匠的背后会有一个庞大的合作网络。他们会砍伐树木，生产黏合木材的胶水，制造保护木材的油漆，运输木材，出产和售卖手工工具……当然还能涉及许多其他活动。这只是一把寻常的椅子（见第14章），想想制造一部手机、一辆汽车或一架喷气式战斗机需要多少人合作。我们每个人都生活在紧密的合作网络中，以至于许多人认为这不是偶然发生的：进化一定在其中发挥了作用。那么，合作的基本属性是什么？它是如何发展的？

共享注意与共享目标 迈克尔·托马塞洛（Michael Tomasello）领导的一个团队认为，合作的基本属性之一是合作者要有明确的共同目标以及协调行动以实现这些目标的能力。哲学家让·雅克·卢梭（Jean Jacques Rousseau, 1712—1778）提出了合作中的"猎鹿问题"（Grüneisen & Wyman, 2020），它指的是，人们必须在自己猎鹿（收益小，风险小）和集体合作猎鹿（收益大，风险大）之间做出选择；之所以后者风险大，是因为相比个人行动，合作行动如果要成功，每个人都必须齐心协力。猎鹿问题用专业术语来表达就是"协调博弈"，即只有当人们同意某一特定行动方针并坚持下去时，它才会成功。另一个协调博弈的例子是我们靠左还是靠右行驶，事实上，选择哪一边并不重要，重要的是我们的选择必须一致。协调博弈的关键是共享目标，只要我们都有相同目标，比如不想因为正面相撞而死掉，那么人们通常会达成一致。

目标共享和协调的起源很早就开始了。正如我们在第 5 章中所看到的，婴儿从出生起就对社会刺激感兴趣，他们在第一年开始与成年人互动，并表现出在互动中轮替发言（turn taking）的迹象，这有时被称为"原型对话"（proto-conversation, Trevarthen, 1979）。在大约 12 个月大的时候，婴儿会发出"原型陈述性指向"（proto-declarative pointing），孩子会把成年人的注意力引向他感兴趣的东西，并注视成年人的目光，只有当婴儿确定成年人也在关注同一个物体时，孩子才会把手放下（Lizkowski et al., 2004）。共同关注是共同目标的基础，而共同目标又是协调行动的关键组成部分。

从很小时候起幼儿就对共同目标很敏感。当成年人和两岁孩子搭档参与一项联合行动时，比如把玩具火车滚下斜坡，如果成年人中途放弃，那么儿童会通过发声或手势让对方重新加入，而不是放弃任务或继续独自完成任务，即使他自己可以很轻松地独自完成任务（Warneken et al., 2012）。这表明，两岁的儿童已经能意识到，合作任务的要求不仅仅是实现目标，而是合作者通过共同努力一起实现目标。但如果被试换成三岁的黑猩猩，当搭档中途撤退时它们只会自己继续单独执行任务，这表明它们对协调行动的理解不同于两岁儿童。

有趣的是，在这些研究中，成年人的口头承诺也很重要，如果成年人没有事先做出口头承诺，他们在半途中撤退时儿童们就不会特别坚持让他们重新参与，而是独自继续完成任务（Gräfenhain et al., 2009）。这表明承诺改变了任务的性质，即成人对儿童的承诺启动了合作义务。可以理解的是，当大人违背承诺时，儿童会因为他们违反了合作规则而感到困惑和失望。

儿童和黑猩猩之间的另一个区别是，当可以选择单独行动或合作行动时，儿童更喜欢后者,即使获得的奖励没有什么不同(换句话说,儿童更喜欢"猎鹿",即使"猎鹿"并不会比"猎兔"带来更多好处)。相比之下,黑猩猩更喜欢单独行动,它们只有在无法依靠单独行动实现目标时才转向合作行动(Bullinger et al., 2011)。当黑猩猩集体猎捕较小的灵长类动物时,它们看起来更像是一群个体在各自为政,而不像是一个有共同意图的群体(Grüneisen & Wyman, 2020)。似乎黑猩猩只能理解"我",而儿童能理解"我们"。

大型群体中的合作 "我们"可以用来指代许多实体,从为完成特定任务而聚集在一起的临时联盟,如狩猎小组或实验小组,到小型但更持久和更紧密的团体,如家庭或朋友圈,再到涉及许多陌生人的大型团体,如部落、社会、文化或宗教。所有这些群体都有一个典型特征:他们都有调控行为的准则:"那是不该做的,这是该做的。"规范存在的好处很明显:遵守规范可以让我们做出恰当行动。有些规范很明确,它们以规则和法律的形式明文表达出来,例如驾车时要靠正确一侧行驶,这有显而易见的安全收益;还有一些规范是隐性的,比如按先来后到的次序排队,这样可以确保公平。但有些规范似乎没有什么特别的理由(例如,它们不能确保安全或公平),它们只是"像以往那样做"。比如,有的文化主张见面时亲吻,有的主张握手,这些做法都没什么说得通的逻辑,它们只是一种惯例,让你不必考虑见面时应该怎么做——照做就行了(虽然做错了会很尴尬)。简而言之,规范只不过是一个特定群体中大多数人所做的事情。

从很小的时候起,儿童就会自动观察学习大多数人惯常的做事方式。在一项研究中,5岁的儿童观看其他儿童执行一项任务。其中大多数儿童都使用一种特定方法来解决任务,少数人使用不同方法。当轮到他们执行任务时,他们会使用大多数人使用的方法(Grüneisen et al., 2015)。虽然看起来结果像是儿童思维保守或缺乏想象力,但实际上这种做法很合理。首先,被试没有任何可参照信息,他们无法知晓哪种方法是最优方法,在这种情况下,推测大多数人使用的方式是恰当方式,这完全合乎情理;第二,正如前面讨论的那样,和大多数人保持一致可以尽量避免批评或社交尴尬。

大一点的孩子可以建立自己的行为准则。一项研究使用了一种名为"懦夫博弈"的实验范式(这个名字来源于一种挑战赛,两名司机相向而行,双方如果不做出任何调整,就会相撞,首先转向避免碰撞的司机会输掉比赛)。在研究中,两个孩子各自控制一辆玩具卡车向对方的卡车直线移动,每辆卡车都携带了奖励,如果一个孩子的卡车转向,那么他的奖励会丢失,对方得到全部奖励;如果两辆卡车相撞,两个孩子都得不到任何奖励。可以想见,每个人都想得到奖励,而不是自己一无所获,对方从自己的失败中赚得盆满钵满。因为游戏是反复进行的,所以两个孩子都有可能空手而归。然而事实并非如此。8岁的孩子已经可以建立一种合作规范,确保双方都能得到大致相同的回报,通常的做法是大家轮流做赢家——"这次你转,下次我转"。

虽然孩子们能意识到规范在某种程度上是可以协商的,但在3岁的时候,他们还是更相信通常有一种"正确的"行事方式。当看到木偶违反了孩子们某些熟悉的标准时,孩子们会告诉木偶它做错了,并试图教它正确的方法(Rakoczy et al.,2008)。这种对规范的自动监管与维护在我们日常生活中司空见惯。规范是高度道德化的,违反规范往往会导致旁观者严厉的评判甚至惩罚,即使违规行为可能对旁观者没有直接影响。历史上许多人仅仅因为在宗教习俗、性或者穿着方面做了"不同的事情"而受到迫害。对这种"强制遵从"现象的进化解释是,它可能有助于增加群体凝聚力(Reader & Hughes,2020)。有证据表明,凝聚力更强的群体在与其他群体竞争时往往表现得更好(Choi & Bowles,2007),鼓励群体内的"偏离者"重回"队列"会增强凝聚力。如果遵从规范是为了增加群体内凝聚力,那么我们可以预测群体内的违规行为比群体外的类似违规行为会受到更严厉的批判。毕竟,内群体的成员可没什么理由让局外人成为更有效的合作者。一种被称为"害群之马"效应的现象恰恰证明了这一预测——被试对群体内的违规行为的处罚力度要比对群体外违规行为的处罚力度更严厉(Marques & Paez,1994)。儿童还能认识到,规范往往仅限于内群体,而不是具有普遍性。并且他们会像成年人一样(见第 8 章),在分配奖励时表现出内群体成员偏好(Dunham et al.,2011)。到 8 岁时,他们会更不能容忍群体内的违规行为(Abrams et al.,2014)。

合作发展总结 人类是一种超级合作的物种,上面的研究讨论表明,在生命最初几年合作动机就得以存在,表现为共同关注、共同目标与协调一致等机制。随着幼儿成长,他们获得了一些技能,比如决策和遵循合作准则的能力,以及鼓励他人遵循合作规范的能力。毫无疑问,儿童的合作性发展存在文化差异,许多儿童会从他们的父母、老师和年长伙伴那里获得有利于发展互利的技能与价值观。此外在某些情况下,儿童也可能会表现得很自私,比如身份匿名时。我们不能忽视这样一个事实:在许多研究中,孩子们希望表现出实验者眼中"正确的事情"。因此,关于上文所描述的结论,更准确的说法是它们能证明儿童在适当条件下"会那么做",但不代表他们"总是那么做"。也许上述研究最重要的发现是,儿童们会把自己看作是集体的一部分,而不仅仅是个体。当然,这是保证我们能够成为社会性动物并拥有超级合作能力的一个重要因素。事实上,为了促成社会性,我们进化出了许多不同的特征与机制。

道德 长久以来,许多人都认为道德与进化原则相矛盾。如果基因构建思想是为了确保基因自身的存续,那么它们没有道理帮助其他人复制基因,除非这些人碰巧是自己(宿主)的亲属(从广义适合度角度看)。然而,我们前一节讨论的内容可能会提供一个线索,说明道德是如何进化的以及它的进化目的——合作。虽然一些动物也能与非亲属合作,比如黑猩猩,但没有一种动物在合作方面能达到人类的水平。儿童(成年人也一样)更喜欢携手合作,即使合作并不比自己单独工作更有利可图。

人类学家艾伦·菲斯克(Alan Fiske)提出,道德存在的要旨是为了规范人际关系,从而实现和谐合作(Rai & Fiske, 2011)。菲斯克提出人类关系有三种基本类型:社群共享(community sharing),即群体成员共同努力,共享资源;权力序列(authority ranking),它规定了群体内部的等级,包括谁是领导者谁是追随者,谁是照顾者谁是依赖者,谁是强者谁是弱者;平等相配(equality matching),它支配着一对一的互惠关系,体现为"以牙还牙,以眼还眼,善有善报,恶有恶报"。[菲斯克还提出过第四种关系,即市场定价(market pricing),这在很大程度上是平等相配的延伸,只是使用了金钱等"代币",但这不涉及进化基本原理,因此我们不会在这里予以讨论]

这三种关系类型在不同层面上支配着合作的运作方式,每种关系都有相应的对错道德原则。

社群共享决定了个体对群体的义务,它是群体凝聚力的基础,保证了内群体能够与对立群体展开竞争。社群共享的道德原则涉及对群体传统和规范的遵从、对群体命运的认同以及对资源的群体分配等(Bowles & Gintis, 2000)。

权力序列相应的道德原则与群体成员的组织方式有关,包括下属应该服从和尊重上级,亵渎或不尊重权威应受到惩罚,以及上级有义务引导、培养和保护那些从属成员。

平等相配则规定了个体应平等地相互对待,除非某人处于权力序列所规定的特殊地位。如果个体帮助了另一个人,那么受惠者有义务予以回馈,而欺骗、压榨或利用他人的人则要受到惩罚。

因此,菲斯克认为道德进化是为了规范行为、促成群体合作,基于社群生活的道德可以抑制我们的自私冲动,使我们能够从群体生活中获益。有趣的是菲斯克还认为,历史上(以及现在)人们对彼此所做的大多数坏事,如种族灭绝、女性割礼、谋杀和战争,都是出于特定的道德理由,而不是不道德理由,因此,道德似乎有其阴暗面。

进化心理学家奥利弗·库里(Oliver Curry)同样认为,道德的进化是为了推动合作活动,但他指出,菲斯克的理论将亲属合作与非亲属合作混为一谈。库里提出了他自己的道德合作理论,该理论完善了菲斯克理论和其他理论中(例如道德基础理论;

Haidt & Joseph, 2011)的一些遗漏之处。

在库里看来,认为道德源于推动合作的想法存在两个主要问题:一是过于狭隘,同时也太武断了。所以库里扩大了道德的功能范围,他把道德建立在博弈论基础上,指出博弈论描绘了道德应该解决的一系列社会困境。对博弈论的讨论超出了本章的范围,在第8章我们还会详细介绍,但简而言之,它是一种以精确数学模型来分析各种社会困境的方式。第1章所描述的鹰鸽博弈与上文所描述的懦夫博弈在某种程度上其实是相似的,鹰派的策略是进攻,而鸽派的策略是退让。在对向驾驶游戏中,当鹰派遭遇鸽派时,鸽派率先转向,鹰派获胜;如果双方都是鹰派,那么双方都不转弯,同归于尽,一起失败。从这一视角看,鹰派策略和鸽派策略都是特定情境下解决冲突的方式。

类似的博弈实验展示了各种各样的社会困境,库里认为,道德正是为了解决社会困境而得以进化的,这些困境涉及亲属关系、互惠、交换以及三种不同的冲突:竞争、分配和占有(见表6.3)。其中,互惠相当于菲斯克提出的社群共享,交换相当于平等相配。库里理论的最大不同点在于他将冲突解决也视为一个独立的道德领域(见表6.3)。

表6.3 库里的"道德表格"

困境	例子	对应道德
亲属关系	识别亲属;避免乱伦;亲代投资	对亲属的义务;亲代抚育的责任;禁止乱伦
互惠	联盟心理;公共意识;内群体偏爱	友谊;忠诚;从众
交换	信任;感激;察觉欺骗;复仇和宽恕	互利;惩罚;信任;感激;道歉;原谅
冲突解决(鹰—鸽)	地位;支配和顺从;竞争	鹰派优点:坚韧、勇敢、慷慨、魅力 鸽派优点:谦卑、尊重、服从
冲突解决(分配)	平均分配或按需分配	公平;协商;妥协
冲突解决(占有)	领地意识;物权	财产权;盗窃罪

源自:Curry, 2016

资源冲突可以通过支配和服从(鹰派—鸽派)、平均分配资源,或者与所有权有关的道德感来解决(例如人们会痛恨盗贼小偷)。

菲斯克和库里的理论起点是不同的,菲斯克的理论根植于人际关系的跨文化人类学研究,而库里的理论则根植于数学模型和博弈论。菲斯克淡化了亲缘关系和非亲缘关系之间的差异,而库里则淡化了人类社会的等级结构。但无论如何,他们对道德进化的共识还是要远多于分歧。

我们还不能确定,关于道德进化的理论哪一个更为正确,也许目前的所有理论加在一起,也无法拼凑出完整的答案,不过有一点是肯定的:合作活动是道德感进化的重要驱动力。

总结

关于发展的生活史理论声称,从很小时候起幼儿就在监测他们的生存环境,并据此对他们未来的生育策略做出选择。根据他们对环境条件的评估,他们可以选择最大限度地提高当前繁殖成功率或未来繁殖成功率。

依恋理论声称早期的依恋关系(与照顾者的关系,通常是母亲)会对个体后来的性格和行为产生实质性的影响。该理论的核心是,儿童形成了自我和人际关系的"工作模式",用于指导后续行为。与不安全的工作模式相比,安全的工作模式通常会在以后的生活中带来更令人满意和稳定的关系。

研究者提出了三种依恋类型,即安全型(B型)、不安全—回避型(A型)和不安全—抵抗型(C型)。大量证据表明,表现出不安全依恋的个体在以后的生活中通常会遭遇更多的心理和关系问题。

依恋的生活史假说认为,不安全依恋不是功能失调(正如人们通常认为的那样),它们可以被看作是一种适应方式。在祖先环境中,不安全依恋可能导致儿童采用旨在最大化其适应性的策略。如果风险水平较低,他们将倾向于采用最大化未来生殖价值(缓慢生活史)的策略;如果风险水平较高,他们将试图最大化当前生殖价值(快速生活史)。

行为遗传学对双生子和收养儿童的研究表明,不仅所有性状都有一定程度的遗传性(通常在50%左右),而且性状的其余变异是由非共享环境而不是共享环境造成的。无论父母对孩子有什么影响,在同一个家庭长大似乎并不会使他们更相似。孩子们天生就喜欢社交,他们很快就会发展出与他人分享经验和目标的动机与技能。黑猩猩喜欢单独行动,除非不得不一起行动(比如狩猎),而儿童则喜欢与他人合作,即使合作并不会比单独行动收益更多。

当做一项新活动时,儿童倾向于跟随大多数人,当他们看到别人做法不同时,会强制对方遵从标准程序。到8岁左右,他们已经能够建立并执行自己的规范。他们也能认识到,其他群体的规范可能与他们自己的不同。

合作与道德密切相关。事实上,道德是推动我们合作的驱动力之一。人们公平合作的原因是,如果他们不合作,他们会感觉很糟糕,他们害怕被人发现自己行骗,也害怕受到惩罚。

问题

1. 你认为父母和同伴在多大程度上会影响儿童的发展？想想父母可能对你产生的影响，以及来自同龄人的影响。
2. 被认为导致性早熟的环境风险在多大程度上仅仅是适应性发展轨迹的触发因素，而不是直接原因？这与传统的思考方式有何不同？假设事实真的如此，这将如何影响公共政策？
3. 可以将物种之间和物种内部的繁殖策略看作是遵循慢或快生活史。这与第 3 章中解释的有性生殖理论（如红桃皇后假说）有什么关系？
4. 什么因素会影响一个孩子（或成人）选择与他人合作还是独立行动？什么时候利己主义会凌驾于合作之上？
5. 选择一组规范，如《十诫》或板球规则，看看其中每条规则是否可以归入菲斯克的分类方式，包括社群分享（涉及内群体成员的传统和义务）、权力序列（某些成员有更大权力，同时肩负更多责任和义务）、平等相配（成员应该如何对待彼此）。

延伸阅读

Fiske, A. P. and Rai, T. S. (2014). *Virtuous Violence: Hurting and Killing to Create, Sustain, End, and Honor Social Relationships.* Cambridge: Cambridge University Press.

Harris, J. R. (2009). *The Nurture Assumption: Why Children Turn Out the Way They Do* (Rev ed.). New York: Simon and Schuster.

Pinker, S. (2002). *The Blank Slate: The Modern Denial of Human Nature.* London: Allen Lane.

Plomin, R. (2018). *Blueprint: How DNA Makes Us Who We Are.* London: Penguin.

7 社会性行为的进化心理学——亲缘关系和冲突

> **关键词**
>
> 广义适合度・直接适应性・间接适应性・亲缘系数・亲缘互惠・亲代投资・亲子冲突・亲代操纵・K 选择・r 选择・祖母假设

对许多人来说，人类行为就是社会行为。语言交流至少发生在两个人之间才有意义；性活动同样如此（通常是两个人，但并非没有其他情况）；抚养子女带有强烈的社会性；大多数工作都是在群体中进行的。人类确实会进行一些单独的活动，例如读书或洗澡。但即使按照最严格的标准来看，我们也是一个高度社会化的物种。因此，一些进化学者认为进化心理学可能对社会心理学的影响最大，这并不奇怪（Neuberg et al., 2010; Wilson, 2012; Zeigler-Hill et al., 2015）。社会行为大致可以分为亲社会行为和反社会行为两类模式。在涉及亲缘关系的互动中，两者都经常出现。社会科学家长久一直试图解释为什么家庭中会存在种种爱恨情仇的纠葛。进化心理学家认为答案已经找到了——对他们来说，这都是为了应对古老生存环境中反复出现的挑战而进化出的心理机制。

社会心理和进化理论

社会心理学是心理学领域最成熟同时也最具影响力的研究分支之一，在 20 世纪末和 21 世纪初，社会心理学家提出了一系列理论来解释权威服从、从众、群体刻板印象、群体间攻击、社会观念和态度形成等问题（Hewstone et al., 2015）。这些理论早已经受了实验室研究及生活观测的证实，那么，进化心理学还能如何进一步加深我们对人类社会行为的理解呢？

至少，进化理论可以提供一个有趣的新视角，这可能有助于得出新的预测模型及新的检验方式。尽管传统社会心理学在解释人类社会行为方面取得了重大成功，但它主要采取的是标准社会模型立场，传统社会心理学尚未发展出一个被广泛接受的一般性理论,能够将不同的发现联系起来。用两位美国进化心理学家杰弗里·辛普森(Jeffry Simpson)和道格拉斯·肯里克(Douglas Kenrick)的话来说,社会心理学已经发展了一系列的微型理论(minitheories),但缺乏一个可以将这些理论结合起来的总体理论(Kenrick & Simpson, 1997)。威廉·冯·希佩尔(William von Hippel)和戴维·巴斯用更富诗意的说法表达了这一观点:

> 已有的社会研究就像一千个光点,但还没有一束连贯的光照亮整个风景(von Hippel & Buss, 2017,7)。

通过将远因层次的解释添加到社会心理学那些散布的网点中,进化方法可能会提供一个将社会心理学各领域研究发现整合在一起的框架,即所谓的元理论(metatheory)。我们当前确定了五种这样的理论(Archer, 1996; Wilson, 2012; Zeigler-Hill et al., 2015; von Hippel & Buss, 2017),第一个是性选择理论,第3章和第4章曾讨论过,它可以追溯到达尔文本人。在剩下的四个理论中,有三个是罗伯特·特里弗斯提出的,一个是威廉·汉密尔顿提出的,它们是:

- 亲缘利他主义/广义适合度理论(Hamilton, 1964a, 1964b);
- 亲代投资理论(Trivers, 1972);
- 亲子冲突理论(parent-offspring conflict, Trivers, 1974);
- 互惠利他理论(Trivers, 1971)。

在本章中,我们将介绍社会行为有关的前三个理论(下一章将考虑互惠利他主义)。

仁爱先从家里开始——广义适合度理论和亲缘利他主义

社会心理学家通常将利他主义定义为不考虑自身利益而促成他人福祉的无私行为(Colquhoun et al., 2020; Hewstone et al., 2015;见专栏 7.1)。请注意,这一定义明确了利他主义者的意图。相比之下,进化论者对利他主义的定义纯粹是基于行为本身而不是行为背后的意图。这样,动物行为学家在讨论动物的利他行为时就没有问题了。

表 7.1 列出了动物王国中一些证据充分的利他行为。在所有这些例子中,造福其他对象的个体也造福了自己的亲属。请注意,在表 7.1 中,r 的变化范围是 0 到 1 之

间,它表示两个亲属之间共享基因的比例(例如,兄弟姐妹共享基因的比例是 0.5,同卵双胞胎共享基因的比例是 1.0)。

表 7.1 动物界被明确观测记录的利他行为

物种	利他行为	与利他主义者的关系及利他行为的原因	来源
蚂蚁(许多动物)	兵蚁自身不生育后代,但会为了保护巢穴而牺牲生命。同样的,工蚁也不生育后代,但会照顾年幼的弟弟妹妹	兵蚁和工蚁没有生殖能力,但它们与姐妹的共享基因比例($r=0.75$)大于它们与"理论后代"的共享基因比例($r=0.50$)	Wilson, 1975
非洲豺狗	成年猎食者会把猎物的肉带回来,并反刍给其他成员	群落中所有豺狗都是近亲,因此会喂养年轻的亲属和年老虚弱的亲属	Schaller, 1972
佛罗里达灌丛鸦	雄性个体帮助喂养和保护不属于自己的雏鸟	灌丛鸦喂养自己的弟弟妹妹($r=0.50$),灌木丛生存条件很恶劣,所以巢中帮手至少能确保一些年轻的亲戚生存下来	Woolfenden & Fitzpatrick, 1984
矮猫鼬	雌矮猫鼬会为其他雌猫的幼崽哺乳	矮猫鼬生活在亲密的群体中,互相哺育后代	Rood, 1986
裸鼹鼠	成熟的雌鼹鼠帮助抚养鼠后的幼崽,而不是自己繁殖	群体成员具有高度的亲缘性(平均来说 $r=0.81$)。"鼠后"释放的信息素抑制了年轻的雌性生育选择,它们可能在玩一种"等待游戏",这样它们就有机会在鼠后死后繁殖后代	Sherman et al., 1991

图 7.1 裸鼹鼠挖掘地洞

正如我们在第 2 章中所看到的，在进化研究领域，研究者一直为自然界中为什么会出现表 7.1 所列的自我牺牲或利他主义行为而感到困惑。然而，自 20 世纪 60 年代以来，研究者在该问题上逐渐达成共识（Colquhoun et al., 2020）。在大多数被观察到的例子中，自我牺牲者（或救助者）与受助者都是亲属，它们都有不同比例的共享基因（注意，表 7.1 中的所有例子都是如此）。

按照汉密尔顿的观点，当救助者付出的代价小于受助者的收益时，我们可以期望救助者为"受助者"（亲属）表现出自我牺牲行为，这就是著名的汉密尔顿法则，它可以简化表达为一个公式：

$$c < rb$$

在这一公式中，c 就是救助者付出的代价（cost），r 是救助者与受助者之间的亲缘关系系数（relatedness），而 b 是受助者可以获得的利益（benefits）。所有的代价和收益都是根据广义适合度来衡量的。

汉密尔顿引入了亲缘利他主义的概念来解释自我牺牲行为，如今我们把生物的生存原则视为广义适合度最大化，而不仅仅是个体适应性最大化（见第 2 章）。现代进化论者认为，个体通过繁殖将自身基因传给下一代提高的是直接适应性（direct fitness），通过帮助其他亲属而将基因传递给下一代提高的是间接适应性（indirect fitness）。

这意味着，如果一个人养育了两个孩子，并帮助其他（非后代）亲属，那么他就提高了自身的直接适应性和间接适应性。然而，对于工蚁和大多数裸鼹鼠来说，它们提高适应性的唯一途径可能就是间接地抚育那些不是它们后代的年轻亲属。直接适应性和间接适应性加在一起就等于广义适合度。汉密尔顿认为，借助这一概念，我们可以预测，动物会照顾那些因共同祖先而与它们有共享基因的动物，且这一行为的频率会随着共享基因比例的增加而增加。但汉密尔顿为什么要在亲缘利他主义解释中加上"共同祖先"呢？这是因为有时一个种群的成员可能共享大部分基因，但它们并不密切相关。兄弟姐妹之间以及同物种的其他成员之间可能有 99% 的基因是相同的，然而，它们平均只有 50% 的基因来自共同父母（Dickins, 2011; Buss, 2019）。这样，亲缘系数 r 可以被认为是"两个个体从一个共同祖先获得一个或一个以上相同基因的概率"（McFarland, 1999）。如果一个个体对由于具有共同祖先而共享基因的个体表现出利他主义，而不是对那些仅仅因为是同一种群成员而共享基因的个体表现出利他主义，在进化论者看来，这一更有针对性的策略会更受自然选择的青睐。约翰·梅纳德·史密斯创造了"亲缘选择"（kin selection）这个术语，来指称自然选择促成的亲属偏爱模式。虽然汉密尔顿被认为是广义性适应理论的创立者,但值得注意的是,著名的进化生物学家 J. B. S. 霍尔丹(J. B. S. Haldane)在 20 世纪 30 年代几乎就发展出了这一理论,当时他在伦敦一家酒吧的啤酒垫背面潦草地写下了一个想法:他愿意为至少一个同卵双胞胎或八个堂兄弟姐妹冒生命危险。虽然霍尔丹后来在 20 世纪 50 年代中期简要地概述了这一观点(Haldane, 1955),但他没有予以深入阐述,进化论者不得不再等十年,直到汉密尔顿的工作改变了进化科学的进程。

如今,对行为感兴趣的进化论者倾向于将动物看作是重视全局利益的战略家,而不是只重视个体利益的战略家。用行为学家约翰·阿尔科克(John Alcock)的话来说,"汉密尔顿对利他主义的解释基于这样一个前提,即从进化的角度来看,繁殖的无意识目标是传播个体独特的等位基因"(Alcock, 2005, 564)。请注意,阿尔科克明确表示,行为学家认为,对于动物来说,意识到它们对亲属的行为具有何等功效是完全不必要的,只要它们行动得当就足够了。在自然条件下,几乎总是未发育成熟的亲属比发育成熟的亲属更需要帮助。出于这个原因我们可以预测,动物王国里更常见的利他情况是,年龄较大或不那么脆弱的个体帮助更年轻、更脆弱的亲属。表 7.1 给出的所有例子都肯定符合这一预测。

> **专栏 7.1　对亲属亲善能算利他吗?**
>
> 如果大多数利他行为都发生在亲属之间,其"功能"在于救助者可以间接传递自己的基因副本,一个有趣的问题会自然浮现出来——这种行为真的能算利他行为吗? 对大多数社会心理学家来说,利他主义是指个体愿意以牺牲自己为代价来帮助他人的行为(Bierhoff, 1996; Hewstone et al., 2015)。如果我们从传统的人类个体角度考虑自我牺牲行为,那么我们当然可以将对他人(无论他们是否是亲属)有益的行为称为利他主义。你可能还记得,这种层次的解释被称为近因,它也是社会科学家长久以来所寻求的"正常"因果关系。然而,对进化感兴趣的社会科学家也寻求远因解释,这可被定义为世代时间尺度上的因果关系(Daly & Wilson, 1983)。因此,远因解释的切入点是基因副本传递的概率。显然,从根本上来说,帮助亲属以实现共享基因传递是一种自私行为。因此,我们是否可以认定一种行为具有利他性质,取决于我们是在近因层面还是远因层面上进行讨论。另外,从个体角度来看,对亲属的有益行为是利他行为;但从基因角度看时(远因解释),同样的行为可能被认定为是自私行为!

亲缘利他主义能解释人类的自我牺牲行为吗？

动物帮助它们的亲属是为了维护共享基因的利益，对于大多数社会科学家来说这一观点是没有问题的。然而，将同样的结论推导至人类时则引发了激烈争论。一方面一些社会科学家坚持认为，由于人类进化出了发达智力和复杂文化，我们的自我牺牲行为不再受基因影响（Sahlins, 1976; Harris, 1979; Bierhoff & Rohmann, 2004）。另一方面，还有一些社会生物学家和进化心理学家提出，任何受基因影响、会惯常降低广义适合度的反应模式，比如为完全陌生的人牺牲生命，很可能早已从人类种群中消失了（Wilson, 1975; Brown, 1991; Sigmund & Hauert, 2002）。这并不意味着人类不断地采取行动来提高他们的广义适合度，而是说我们已经发展出一种思维模式，这种思维模式让我们倾向于做一些有助于提高广义适合度的事情，过去是这样，今天可能依然如此（Colquhoun et al., 2020）。进化心理学家面临的一个主要问题是：汉密尔顿的推论在多大程度上符合当前人类的行为？

许多关于亲缘利他主义的早期研究都涉及社会性动物，如表 7.1 所述。然而近年来，尽管一些社会科学家心存疑虑，但进化心理学家已经将这一模型应用于人类社会情境，在这些情境中，个人行为可能对他人生存产生影响。例如，在 1990 年的第一次海湾战争期间，沙维特等人研究了以色列空袭中的利他行为。他们发现，个人更有可能与亲属分享防空洞，并打电话给亲属询问是否需要帮助。相比之下，当涉及"小恩惠"时，如提供有关预防空袭的建议，个人更有可能帮助朋友而不是亲属。这一发现表明，人们可能更依赖朋友的陪伴，但当涉及危及生命的情况时，善意的布施确实是从家庭内部开始的（Shavit et al., 1994; Badcock, 2000）。

除了利用自然观察法外，心理学家还使用了社会心理学常用的评定量表来测试人类的亲缘选择。例如，伯恩斯坦等人要求被试做出一些假设性的救助抉择，其中涉及的情境包括生死攸关情境或小恩小惠情境，涉及的救助对象要么是亲属要么是非亲属，另外，研究人员还对救助对象按照健康、财富和亲属亲密程度等特征进行了分类。研究表明，被试的选择精确贴合汉密尔顿广义适合度理论的预测（见图 7.2）。他们不仅偏爱亲属胜过非亲属，而且在生死攸关的情况下这一倾向更为强烈，尤其是针对年轻健康的亲属（Burnstein et al., 1994）。有趣的是，类似研究也发现，当个体需要的是低成本援助时，朋友身份能得到的援助与亲属身份一样多，但当涉及高成本援助时，天平就会倾向于亲属身份这一侧，且亲属关系越密切，被试为亲属提供的援助就越多（Stewart-Williams, 2007；另见 Roberts & Dunbar, 2011; Colquhoun et al., 2020）。

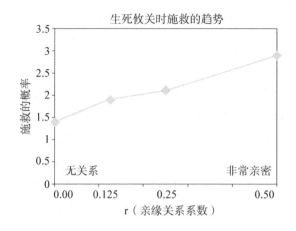

图 7.2　个体在生死攸关的情境下是否向求助者施以救助，随着亲缘系数提高，施以救助的概率显著提高

收养与谬误——萨林斯对亲缘利他主义的批评

尽管存在种种支持性证据，但一些人类的善良行为似乎与汉密尔顿的全局战略家概念背道而驰。以收养为例，如果人类的设计模板是亲属救助者，那么为什么我们有时会选择照顾别人的孩子而不是自己的孩子，甚至像对待自己孩子一样对待他们？

对人类行为进化解释取向持批评态度的人认为，收养行为与广义适合度理论背道而驰。人类学家马歇尔·萨林斯(Marshall Sahlins)就是这样一位反对者，他在其颇具影响力的著作《生物学的使用和滥用》(*The Use and Abuse of Biology*, 1976)中指出，汉密尔顿的亲缘利他主义观念本质上是有缺陷的。萨林斯的反对意见主要集中在两点，首先，他指出大多数狩猎—采集文化在数学上根本没有发展出"分数"概念，所以他们无法计算亲缘系数"r"，因此更没法根据亲缘系数来对亲属区别对待。其次，他认为狩猎—采集社会的收养习惯并不符合亲缘利他主义理论所预测的模式。萨林斯声称，太平洋中部(大洋洲)岛民的收养做法相当随意，并不会专门针对亲属。进化论者应该如何进行回应呢？其中，第一个反对意见表明许多人误解了进化论者所使用的利他主义概念(Buss, 2019)。

萨林斯是一位杰出的社会人类学家。然而不幸的是，他的反对意见表明他并不理解自然选择和行为之间的关系。有机体没有必要了解它自身为什么做某事，或者如何做某事，只要它以能提高其广义适合度的方式行事就足够了——仅此而已。人类并不需要懂得分数才能救助亲属，我们很多行为选择是基于直觉和经验，而不是基于精确分析。如果按照萨林斯论点的逻辑，河狸要懂得土木工程原理才能筑坝，蜘蛛要懂得三角学才能织网。理查德·道金斯在其著作《自私的基因》中以同样的论点对《生物学的使用和滥用》进行了猛烈回击。如今,对进化解释的类似反对意见也被称为"萨林斯谬误"(Workman, 2014)。

萨林斯的第一个反对意见是一种观念上的谬论,但他的第二个反对意见必须严肃对待。在大洋洲,大约30%的儿童是收养儿童。如果收养确实是随意发生的,那么亲缘利他主义就值得怀疑。人类学家琼·西尔克(Joan Silk)更赞同进化解释,她决定对收养者和被收养者之间的关系进行正式分析。通过对大洋洲11个不同社会的样本进行调查,西尔克发现大多数收养者是被收养者的姨妈、叔叔或堂哥堂姐(Silk, 1980;1990; Silk & House, 2016;见图7.3)。与萨林斯的说法相反,在大洋洲,收养者和被收养者之间的亲缘关系系数实际上为亲缘利他主义假说提供了支持。

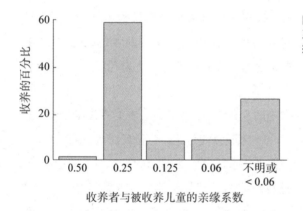

图7.3 被收养儿童与收养者之间的亲缘关系系数比例,基于11个大洋洲社会的调查数据(Silk, 1980;1990)

如今西方社会的领养——你需要的只是爱

在今天的西方社会,领养是受国家控制监管的,大多数领养案例都发生在非亲属之间。这是否表明,在现代工业化国家,领养行为已经摆脱了亲缘利他主义元素?从某种意义上说,确实如此。当人们付出代价收养非亲属而不期望从这些被收养者那里得到回报时,我们必须承认这一行为并非基于广义适合度,它构成了真正的利他主义。然而,这并不能证明人类的收养行为与我们祖先所面临的进化压力完全无关。你可能还记得,进化心理学的核心原则之一是,我们不应该预期所有当前行为实践都能提高广义适合度,而是自然选择机制导致人类发展出某些思维倾向,那些思维倾向在过去能提高人类的广义适合度。在我们祖先生活的环境中,收养年幼孤儿可能具有适应性,因为被收养者是部落一员,而部落成员都具有或多或少的亲属关系(Silk, 1980;

Silk & House, 2016; Alcock, 2009)。当今人类体内依然有这一进化心理倾向的遗迹,即使它们在当前社会可能已不具备适应性(从进化的意义上说)。一些进化心理学家认为,在这一遗存心理倾向的引导下,人们会更容易同情那些柔弱无助的幼儿,并心甘情愿施以救助,所有这些倾向都源于我们亲缘选择的进化史(Rubenstein & Alcock, 2018)。在第 3 章中,我们看到了进化理论如何从儿童养育的角度解释了男女之间为什么会出现浪漫爱情,相类似的,平克提出亲缘利他也可以解释家庭成员之间的爱(Steven Pinker, 1997)。

> 爱的本质是在别人幸福时感到快乐,在别人受到伤害时感到痛苦,这些感受可以激发对所爱对象有利的行为,比如教育、喂养和保护。

通过养育幼小柔弱儿童而产生的强烈愉悦感如今可能依旧伴随着我们,因为它们有助于我们祖先的广义适合度,就像浪漫的依恋一样。也许列侬和麦卡特尼所唱的那句歌词"你所需要的只是爱"是对的,只是"爱"产生的真正原因并不同于流行歌手的想象。

许多进化心理学家认为,对于人类和许多其他物种来说,亲缘利他主义可能在塑造社会行为方面发挥了重要作用。重要的是我们要认识到,动物可不会舍近求远,专门跑去寻求远亲的帮助,只为了分得它们资源蛋糕中那一小块。大多数情况下,父母是抚养后代的主力军,不仅因为亲子之间有很大比例的共享基因,还因为彼此出现在生命周期中最合适的时间。

自汉密尔顿提出亲缘选择理论以来,50 年里大量的实验室和观察研究表明,社会性动物许多行为模式确实符合亲缘选择理论的预测。除了本章开头提到的例子外,我们还能看到很多动物为亲戚而不是直系后代提供帮助的案例。例如,除了佛罗里达灌丛鸦外,还有大约 200 种其他鸟类也存在巢中帮手的角色(见图 7.4)。尽管如此,亲代照顾才是整个动物王国的主流,哺乳动物的父母会为后代提供食物、教导和保护,这是我们常见的亲代投资内容。但对不同物种来说,亲代向子代施以帮助的确切形式往往有很大差异,它们取决于许多因素,如物种的进化史和当前的生态压力。

图 7.4　佛罗里达灌丛鸦是一种会时常扮演"巢中帮手"的动物

> **专栏 7.2　动物如何识别亲属？**
>
> 　　如果包括人类在内的动物确实倾向于将资源优先导向亲属，那么动物必须能准确识别它们的亲属。它们是如何做到的？就人类而言，这似乎很简单，在所有的文化中人们都会强调个体的亲属关系，包括同什么人、具有何等程度的亲属关系（Brown, 1991; Palmer & Coe, 2020）。语言保障了我们可以传达此类信息，但其他动物是怎么做的呢？自20世纪70年代聚焦行为功能的进化解释取向出现以来，动物行为学家已经提出并检验了许多亲属识别机制。苏格兰动物行为学家彼得·斯莱特认为有四种可行渠道（Peter Slater, 1994）。
>
> 　　1. 基于环境识别（context-based discrimination）：也就是基于环境位置信息的区分方式，例如，许多啮齿动物和鸟类只喂养生活在特定巢穴或洞穴中的后代。
>
> 　　2. 基于熟悉度的识别（discrimination based on familiarity）：利用感官线索进行识别，这些感官线索特征通常是在发育过程中形成的。例如，美洲蟾蜍蝌蚪会与在同一群卵中发育的其他蝌蚪有密切联系，因为它们很可能是兄弟姐妹。
>
> 　　3. 表现型匹配（phenotype matching）：利用这种渠道的动物没必要与亲属拥有

共同经历,它们了解自己或亲属的特征,并可以利用这些信息来判断一个新异的其他个体是否也有类似特征。实验证据表明,老鼠能够在不熟悉的老鼠中区分亲属和非亲属。

4. 遗传系统(genetic systems):这一类别涵盖了两种相关的识别机制。首先,基因可以作为亲缘关系的标记,它所产生的信号能帮助动物选择潜在配偶。特别是,其中可能包括参与产生体细胞表面分子[主要组织相容性复合体(the major histocompatibility complex,简称 MHC)]的基因。实验证据表明,老鼠更喜欢同与自己 MHC 具有差异的个体交配。这样它们更有可能生出具备优秀免疫系统的后代。第二,可能有特定的识别基因(recognition genes)——这个想法最初是由理查德·道金斯提出的。道金斯假设,如果有这样一个基因(或者是一群紧密连锁的基因),它能够编码出表型性状绿色的胡须(其他绿色胡须的个体),这个基因使它的携带者能够识别具有同一性状的其他个体,并使它的携带者倾向于给予那些个体以帮助,那么自然选择就会青睐这一基因在种群中传播,而具有绿胡须特征的个体会彼此互利。识别基因这一想法还具有很大推测性,因为它必须同时肩负三项职责:编码为表型信号;编码信号识别;编码正确的社会反应(利他主义)。

虽然大多数基因具有多效性,但对一个基因来说这些要求还是太高了。请注意,除了让动物"知道"该向谁提供援助之外,亲缘关系识别还对交配选择有利,因为与近亲交配可能会提高遗传缺陷的风险。

亲代投资和家庭生活

罗伯特·特里弗斯很清楚父母照顾子女的选择压力。他还意识到,尽管有许多证据表明,生物会帮助除自己后代外的其他亲属,但在动物王国中,亲代照顾的情况要普遍得多。正如我们在第 4 章中看到的,特里弗斯把父母为养育每个后代所投入的时间和精力称为亲代投资。用更学术化的语言来表达,亲代投资定义为"亲代对子代个体进行的任何形式投资,增加了该个体生存的机会,但以牺牲亲代对子代其他个体进行投资的能力为代价"(Trivers, 1972)。因此,虽然亲代投资应该提高特定后代的生存几率,但在特里弗斯的理论中,这种适应性收益需要与对其他后代的投资成本相权衡。

亲代应该提供多少资源？

我们应该期望亲代为每个子女提供多少投资？这里有许多因素需要考虑。首先，我们需要考虑一个物种的平均后代数量，很明显，生育数量越多，给予每个个体的投资就越小。牡蛎能生育数百万个后代，它们几乎不会为后代提供任何资源；相比之下，雌性倭黑猩猩每 4 到 5 年生育一个后代，但对每个后代的养育时间会持续好几年。这是两种完全不同的策略。第一种方式是大量繁殖，其中绝大多数后代肯定会死亡，极少部分能幸运地活到性成熟；第二种方式是生育少量后代，但为它们投入巨大养育资源，每个后代都有很高概率达到性成熟。生态学家将以低成本生育大量后代的做法称为"r 选择"，以高成本生育少量后代的做法称为"K 选择"（Drickamer et al, 2002; Rubenstein & Alcock, 2018）。你可能能看出来，它们其实正对应了快速生活史策略和缓慢生活史策略（Pelham, 2019）。

实际上，大多数生物对后代的投资介于牡蛎和倭黑猩猩之间，所以快/r-慢/K 选择实际上是一个连续体（见图 7.5）。一个生物体是更偏向于连续体的 r 端（尽可能多生育，尽可能少投资）还是连续体的 K 端（为每个后代投入巨大资源），取决于其物种的生态压力和生理结构。K 选择物种往往生活在稳定的环境中，寿命更长，体型更大。由于稳定环境会导致更激烈的种内竞争（见第 2 章），在这种选择压力下，物种会更青睐养育质量而不是养育数量。顺带一提，K 选择的程度还与环境承载力（环境资源所能供给的生物数量）密切相关。相比之下，r 选择物种往往出现在变幻莫测的环境中，在这种选择压力下，物种会生育大量后代，它们在有利情况下会迅速成长发育。另外，r 选择的程度还与种群繁殖率有关。

鸟类和哺乳动物的生殖策略通常是亲代抚育，也就是说，非常倾向于慢（K）选择的一端。但即使这样，不同物种其实也有很大差异。比如，虽然啮齿类动物也是母乳喂养，但它们会大量繁殖，哺乳期非常短。相比之下，灵长类动物子代对亲代的依赖性要更强，其中，黑猩猩和倭黑猩猩一生中有三分之一时间是由它们母亲照顾的（这是动物界之最）。在亲代抚育期间，它们会从母亲和同伴那里学到很多社会行为模式（Strier, 2016）。

当然，人类理所当然承袭了灵长类动物的行为遗产。这意味着，在智人出现之前，我们祖先的繁殖策略就已经涵盖了体内孕育、漫长成长期和巨量亲代投资等一系列特征（Smith, 1987; Buss, 2019）。在所有被研究过的人类社会中，女性对后代的投入都要高于她们的伴侣，正如我们在第 3 章看到的那样，这种差异的部分原因是母亲身份比父亲身份更确定——所有雌性体内受精怀孕的物种都会呈现这一差异。因此，我们

图 7.5 繁殖策略的 r-K 连续体,我们可以看到一系列例子。从一个极端——亲代只负责产卵到另一个极端——漫长的亲代抚育周期。请注意,数字表示的是一年能生育的后代数量,而不是可存活后代数量。

可以推测出两个决定个体亲代投资数量的因素,那就是该物种的进化史和它自己的性别。这意味着,如果你是一种体内受精的动物,你所属物种的新生儿要经历漫长发展期并吸纳大量后天学习经验,并且你是一个雌性,那么你可能会在后代身上投入大量资源。所以我们也就不难理解,为什么人类,尤其是人类女性,会为养育付出如此巨大的精力。

专栏 7.3　蜘蛛的亲代投资——自我牺牲

图 7.6　金线蛛

　　有一种漏斗蜘蛛,它们属于暗蛛科。这种每只大约一厘米长,一般栖息在树洞或人工建筑的缝隙里。它们看起来很不起眼,但却具有一些有趣又可怕的繁殖特征。在第二年交配后,雌蜘蛛会在严密的喂养室中产卵,此后不久就进入休眠状态。蜘蛛最初从母亲提供给它们的卵黄中获取营养,但这很快就会耗尽。贪婪的小蜘蛛会主动寻求更多食物,它们只能找到母亲迟钝的身体,于是将其吃掉。所以一只暗蛛真的会为后代付出一切。但是这种过分的亲代投资是如何进化而来的呢?在汉密尔顿提出广义适合度理论之前,极端自我牺牲行为被许多人解读为为了"促进物种利益"。但如今,大多数动物行为学家问的不是物种会获得什么好处,而是基因会获得什么好处。暗蛛可能是亲缘选择利他主义的一个极端例子。大多数动物的亲代不会让子代吃掉自己,但这个匪夷所思的例子表明,在恰当的环境下,

"全局"战略可以贯彻到什么程度。对于雌性暗蛛来说,遇到雄性的机会极为渺茫,所以在一次繁殖中为后代做出最大牺牲就是最具适应性的策略选择。

亲代投资与生活史理论

尽管我们已经确定人类在生殖策略分布中处于慢/K策略那一端,但对于任何一个特定后代,父母计划或能够投入的资源总是有限的。特定个体能够得到多少投资,部分取决于他们展现出的生存能力、环境的挑战性以及父母可以在这个个体身上投入的资源。根据生活史理论,如果孩子出生在一个父母缺乏养育资源的困难环境中,父母更有可能采取"快策略"(Stearns, 1992)。这听起来非常无情,即父母会像对待残次品一样,漠不关心那些不具有适应性、前途渺茫的后代。然而我们应该记住两件事。首先,我们不能落入自然主义谬误的陷阱,将道德上的"正确"等同于自然逻辑上的"正确"。第二,根据进化心理学家的说法,人类所具有的适应机制是依环境而变化的适应(而不是固有的、与背景无关的适应)。布根塔尔及其同事认为,一方面,父母对不健康的儿童可能会采取快策略,但另一方面,这一选择会依他们的财富和资源水平而变化。他们发现,当富有的父母面对有生理或心理问题的孩子时,他们实际上增加了投资水平,而对于贫穷的父母来说情况正好相反(Bugental et al., 2013; Pelham, 2019)。在前一种情况下,富裕的父母愿意花更多钱对儿童进行医疗干预;相反,在后一种情况下,贫困的父母对不健康的后代关怀最少。最近一项采集了150个国家样本的研究发现,在那些寄生虫风险大、婴儿死亡率高的国家,父母普遍倾向于减少对每个子女的投资,并鼓励童工(Pelham, 2019)。此外,在这些国家,青少年怀孕率相对较高。这一发现证明,父母可以根据生活史将慢策略转向快策略。另外,在非常严峻的环境下,人类的亲代投资水平可能不再那么具有人性特征,而是更像其他物种。我们应该意识到,在更新世,这种情况对大多数家庭来说是常态。幸运的是,对于当今世界上的大多数家庭来说,父母会竭尽全力确保自己后代健康茁壮成长。

专栏 7.4　"觅食父亲"比"现代父亲"更细心吗?

正如我们在第 2 章看到的,哺乳动物的雄性亲代投资通常很低。虽然人类也是哺乳动物的一员,但我们却在很大程度上逆转了这一倾向。在所有(被研究过的)

文化背景下,男性都会为自己的孩子提供食物、保护和教育(Pelham, 2019)。然而,不同的文化中父亲与子女直接相处的时间差异很大。一项研究考察了186种不同文化,发现了一个令人感到吃惊的规律。尽管任何地区的男性都要抚养子女,但在狩猎—采集社会中,父亲在养育子女方面投入的时间和精力明显多于其他社会(包括现代工业化社会;Marlowe, 2000)。这可能听起来出人意料之外,原因可能在于:相比传统狩猎—采集社会的男性,农业社会(以及后来工业社会)的男性花更多的时间在农场/办公室/工厂/运动场上。记住,在更新世的大部分时间里,我们都是狩猎—采集者,这也许意味着我们能看到的男性亲子陪伴模式(父亲与孩子相处的时间要远少于母亲)是"最近"现象。另一种说法是,可能男性花更多时间在工作上会更有助于孩子的生存。

图 7.7 非洲埃塞俄比亚阿尔博雷部落年轻的父亲和儿子

来自祖辈的投资——祖母假说

当然,父母并不是唯一花费时间和精力来帮助孩子生存成长的家庭成员,在所有文化中，祖辈都会为孙辈投入养育资源（Pelham, 2019）。真正令人惊讶的是，通常祖母比祖父投入得更多，而外祖母又比祖母投入更多。这种奇怪的差异是如何产生的？进化心理学家相信他们知晓答案，这一切都与更年期进化和父系确信性有关。我们先单独来看，首先是更年期，事实上，世界上仅有三类物种具有更年期这一特征（另外两种都是齿鲸），即雌性在生育能力完全衰退后依然有很长的生命周期（Photopoulou et al., 2017）。许多女性在生命后40年完全不再生育，这一事实似乎既违反了进化逻辑，也与生活史理论不符。然而，当我们考虑到间接繁殖成就和广义适合度理论时，这个难题就迎刃而解了。就像阿姨或叔叔可以通过在侄子侄女身上投资来提高他们的广义适合度一样，一个女人也可以把自己的资源转移给孙子孙女，这称为祖母假说（grandmother hypothesis, Hawkes, 2016; Ray, 2013）。但为什么女性到了一定年龄就会转向这种策略呢？为什么不是一直生育后代，直到生命走到尽头呢？我们需要意识到两点，第一，怀孕和分娩对人类女性来说是一项高风险活动；第二，人类平均能活到较大年龄是"最近"才出现的现象。因此，相比始终直接生育后代的古人类女性，那些在一定年龄后从母辈投资转向祖辈投资的古人类女性能传播更多的基因副本。设想一下，假如你在55岁的时候生下一个孩子，然后56岁去世，这是提高广义适合度水平的好办法吗？换句话说，如果你不可能长时间陪伴在孩子身边，那么生孩子的繁殖收益就会很低，与其这样，还不如将时间精力用在孙辈身上。这意味着在适当的情况下，停止生育可能是比继续生育更好的进化策略，在我们祖先进化史的某个时刻，"更年期"被自然选择"加到了"人类特征列表中。当女性平均寿命越来越长之后，她们可以为成年后代和孙辈提供重要的帮助。

至于父系的确定性，可以这么理解，女性可以肯定她所生的每一个孩子都是自己的，但她的男性伴侣永远无法做出相同确认。换句话说，只有男性存在因绿帽而被"诱骗"的风险。我们很难确定非亲生父亲的确切比例（特指男性不知情的情况），原因在于女性不太会主动承认自己出轨，但在现代社会，这一比例估计是3%（Anderson, 2006），3%已经足以大到产生选择压力。这种不确定性会在父系中继续延展，因此，虽然母亲的母亲一定与外孙或外孙女具备血缘关系，但在父亲的父亲与孙辈间，血缘关系的不确定性产生了叠加。与祖母相比，正是父系的不确定性导致了祖父对孙辈投入的减少。根据同样的逻辑，我们也可以预测外祖父对孙辈的投资会少于外祖母。这意味着我们可以预测祖辈投资会存在一个递减路径：

外祖母＞外祖父＞祖母＞祖父

理论分析到此为止。问题在于，祖母假说能否得到经验证据的支持？事实上，实证研究有力地支持这一假设。芬兰生物学家拉赫坚波和她的团队调查了 1702 年至 1823 年间生活在芬兰的 500 名女性，她们来自不同的农业或渔业社会。通过对她们的出生、死亡、婚姻和生育记录进行细致分析，他们得到了三个可以验证祖母假说的结论：

1. 如果母亲健在，女性首孕的平均年龄是 25.5 岁，但如果母亲过世，女性首孕的平均年龄则是 28 岁。
2. 如果母亲健在，女性生育不同子女的时间间隔会缩短。
3. 如果外祖母健在且年龄不超过 60 岁，外孙及外孙女的生存概率会提高 12%。

要知道，在这一时期芬兰只有大约 50% 的孩子能活到成年，外祖母提供的这些好处很可能会给她们的女儿带来显著选择优势。

当然，该研究只能说明外祖母投资的重要性，但没有证明由于父系确信性问题，祖辈中母系投资会多于父系投资这一推测。我们需要证据表明，祖辈投资的额度确实会遵循"外祖母＞外祖父＞祖母＞祖父"的递减路径。芬兰的另一项大规模调查触及了这一问题，研究者基于超过 20 000 人的数据发现，祖父母照顾孙辈的时间长度正好符合以上预测（Danielsbacka et al.，2011；见图 7.8）。

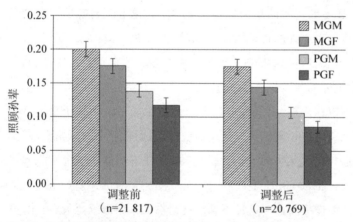

图 7.8 祖辈照顾孙辈的比例分析，结果遵循"外祖母（MGM）＞外祖父（MGF）＞祖母（PGM）＞祖父（PGF）"的模式，支持了父系不确定性导致男性投资水平较低的假说。调整后的数据结果考虑到了健康问题与孙辈的空间距离等因素

你可能会想到，一般来说女性就是比男性更会照顾孩子，这一因素当然值得考虑在内，没错，这在部分上能解释外祖母与外祖父的投资差异以及祖母与祖父的投资差异。但是它不能说明为什么在孙辈身上，外祖母会比祖母付出更多时间精力，以及外

祖父会比祖父付出更多时间精力。这一差异只能借助父系确信性概念得以解释,即投资水平会因亲缘关系不确定性的提高而降低。

关于祖母假说的讨论暂时告一段落,值得注意的是,它是基于亲缘选择理论(祖辈为亲属提供帮助,而不是直接生育)和亲代投资理论(投资水平与亲缘系数成正比,与亲缘关系的不确定性成反比)两个理论推导出的假设。

家庭——亲代投资的结果?

大多数社会科学家会从历史和经济角度来解释家庭存在的原因,但进化心理学家将家庭视为两种倾向结合导致的结果:配偶倾向和偏爱亲属倾向(Smith, 1987; Palmer & Coe, 2020)。加拿大进化心理学家马丁·史密斯(Martin Smith)认为,人类家庭的存在是为了增强其成员的广义适合度,史密斯甚至提出,"基因决定了人类形成的家庭会具备共同特征"(Smith, 1987, 231)。然而,他的观点有一个很大的问题:尽管家庭是人类社会普遍存在的现象,但不同社会的家庭结构确实有很大差异。有些家庭是基于一个父亲和几个母亲的一夫多妻制婚姻而建立的,有些家庭则建立在一夫一妻制基础上,在少数文化中,甚至可能有两个父亲和一个母亲——也就是所谓一妻多夫制的婚姻制度。

对此史密斯的回应是,文化差异是人类先天倾向和不同社会压力之间相互作用的结果。但无论如何,家庭特征的跨文化相似性要远大于差异性。这种相似性包括女性在养育后代方面会付出更多时间精力、对后代的投资差异取决于他们的预期生殖潜力(Bugental et al., 2013),以及女性倾向于嫁给拥有更多资源的男性。另外,父母为后代提供的资源不仅包括食物,还有保护和教育,而后者可能是最重要的(Stearns, 1992)。亚历山大认为,父母可以通过向后代传授适当的道德准则来提高他们的广义适合度(Alexander, 1974)。特别是针对特里弗斯的亲子冲突理论,他提出父母倾向于教导他们的孩子要善待彼此。亚历山大称这种模式为父母操纵(parental manipulation),因为从这种合作行为中获益的正是父母的基因。

专栏 7.5 灰姑娘效应——亲代投资的负面影响?

加拿大进化心理学家马丁·戴利和玛戈·威尔逊提出,当考虑到人们对待继子女的方式时,亲代投资理论可能展现出阴暗的一面。在长达 30 多年的时间里,戴利和威尔逊一直关注灰姑娘效应(Cinderella effect)——继父母对继子女的关爱照料少于对自己亲生子女的关爱照料(Pelham, 2019)。虽然他们的研究结果清楚地表明，大多数继子女并没有受到虐待，但他们也发现，被"非亲生"父母虐待的风险明显更高。根据特里弗斯的亲代投资理论，戴利和威尔逊认为，从亲代投资理论角度看，亲子关怀是一种将资源引向后代的适应机制。这意味着父母重点关注的是遗传意义上的子女，他们不太可能将资源分配给继子女，并且更有可能忽视或虐待后者。研究结果显示，继父杀死继子女的概率比父亲杀死亲生子女的概率高120倍；生活在至少有一个继父母家庭中的三岁以下儿童，其遭受虐待的可能性比同年龄双亲家庭中的儿童高出7倍(Daly & Wilson, 1998)。戴利和威尔逊认为，这种对非亲生子女的虐待倾向可能是雄性灵长类动物一种生殖策略的遗迹，即杀死雌性当下哺育的其他雄性的后代，以增加雌性受孕的可能性。进化心理学的反对者大卫·布勒(David Buller, 2005)对灰姑娘效应提出了质疑，他认为亲生父母的虐待行为很可能被低估了，人们更容易隐瞒亲生父母对儿童的虐待行径，因此才导致了戴利和威尔逊研究结果中那些明显的差异。遗憾的是，布勒的反对意见没有实际依据，许多独立开展的研究看起来都一致支持灰姑娘效应(Anderson, 1999; Tooley et al., 2006)。当然，对亲生和非亲生子女投资水平的差异并不能表明这就是一种适应机制(甚至不能表明这是灵长类动物适应机制的遗迹)。但它确实具有跨文化普遍性，无法只从文化角度做出合理解释(Daly & Wilson, 1998; 2005; 2007; Pelham, 2019)。

父母操纵——父母帮助后代完成社会化

在西方，如果一个孩子行为举止表现得礼貌、勤劳且遵守规则，我们通常会奖励他们。史密斯和亚历山大认为，如果个体成年后要获得高薪职位和高质量合作伙伴，这是最佳途径。从进化角度来看，史密斯认为，社会化在本质上是一种实现养育终极目标的方式：通过培养出最"优秀"的子女来提高广义适合度(Smith, 1987, 235)。在其他社会中，儿童们可能会接受完全不同的道德规范。例如，在南美洲的雅诺马诺部落，冲突会非常频繁，44%的男性曾杀死过另一个人(见第8章)。在那里杀戮被视为男子气概的标志，相比没杀过人的男性，有杀戮记录的男性会获得更大的生殖成就，后者妻子和孩子的数量分别是前者的2.5倍和3倍。和平主义者在雅诺马诺社会不常见——他们很难组建家庭(Chagnon, 1988; 1992; 1997; 2012)。不难想象，在这种文化中男孩子们的社会化标准是，一旦遇到冲突就应猛烈回击。

这并不是说雅诺马诺人有完全不同于西方社会的残酷无情的道德准则，也不是说西方男性没有实施暴力行为的能力。在所有社会中，男性都比女性表现出更高的攻击性水平（Daly & Wilson, 1994; Archer, 2019）。生物学家认为，从远因层面看，这源于男性对女性资源的竞争；从近因层面看，这源于生理差异，如男性有比女性更高的睾酮水平（Daly & Wilson, 1994; Gorelik & Shackelford, 2012; Liddle et al., 2012）。重点在于，在雅诺马诺人的社会和经济条件下，把儿子培养成有能力使用暴力的人可能是一个好策略（如果你想要更多子孙的话）。这样看来，一个社会所推崇的个人品质可能是基因倾向和父母操纵之间相互作用的结果，当然，父母操纵的目标本身也是为了让子女可以适应社会规范。有趣的是进化研究表明，无论孩子是被培养成有礼貌、遵纪守法的人，还是强硬、不妥协的人，父母都会教导子女，让他们像重视自己一样重视兄弟姐妹（Palmer & Coe, 2020）。这可不是和平家庭气氛的好兆头——如果家庭成员之间从来都友好相处，似乎没必要这么做。

亲子冲突

"血浓于水"是一种常见说法，当人们使用这句话时，常常是因为家庭成员想要给某人施加压力，以让其做出重亲轻友的选择。当然，家庭成员在逆境中的相互扶持可能令人震惊和钦佩（Palmer & Coe, 2020）。进化学者相信，借助广义适合度理论，他们已经在远因层面上解释了为什么家庭成员会团结一致。然而，也许任何曾有过家庭生活的人都会意识到，这种其乐融融的幸福家庭画面不会持久。虽然家庭和谐程度因家庭而异，但从不发生争吵的家庭确实很少。如果特里弗斯、亚历山大和史密斯是正确的，即家庭的存在是为了增加亲缘利他主义发生的概率，那么为什么家庭冲突如此普遍？

传统的社会心理研究惯于将父母与子女之间的冲突解释为不良榜样示范以及缺乏冲突解决策略所导致的结果（Straus, 1971; Straus et al., 1980; Deaux & Wrightsman, 1983）。简而言之，冲突被视为一种不正常模式。然而，进化心理学家却认为，许多冲突完全符合广义适合度的自然要求。这是因为特里弗斯亲代投资理论存在一个核心"悖论"，同一个理论既可以基于亲缘系数预测家庭成员之间的仁爱之举，也会预测他们之间的严重冲突。

在提出亲子关怀应被视为生物体对自身基因副本的投资之后，特里弗斯很快意识到，在亲子关怀所涉及的两代人中，自然选择施加的影响是不同的。假定一个 K（缓慢)策略物种——比如一头类人猿——只生了一个后代,那么很明显,它和它的后代都能从大量亲代投资中获益。由于它们有50%的共同基因(r=0.5),我们可以预期,母猿会为新生儿哺乳,给予其尽量细致的照料。但到了断奶期时,问题就出现了:幼猿已经能够比较好地独立觅食、自谋生计,母猿准备再次受孕。最终会出现一个转折时刻,从那个时间点开始,母猿会通过一份新的投资计划——再次生育,将投资转移给新生儿——获得更多利益。对于母猿来说,这发生在适应性成本超过收益的时候。我们再将视角转向最早出生的幼猿,由于哥哥与刚出生的弟弟有50%的共同基因(假设它们都是雄性,并且是同一个父亲,亲缘系数 r=0.5),它不应该对弟弟的幸福漠不关心。然而,它与"自己"的亲缘系数可是1,有100%的共同基因。这意味着对它来说,最有利的做法是母猿继续将资源投给自己,直到在弟弟身上的投资收益至少是自己的两倍。

我们可以看到,从某个时刻开始,当母亲将投资转移到新生儿身上时,母亲比年长的后代能得到更多回报。因此,我们可以预测,在发育的特定时期,亲子冲突有规律地发生(Trivers,1972;1974)。除了子代与母亲的冲突外,我们还可以预测在此期间兄弟姐妹之间也会有竞争(相比兄弟姐妹,个体总是与"自己"有更多的共同基因,只有同卵双生子是例外)。尽管相比于救助非亲属,兄弟姐妹之间的相互救助会产生更多适应性收益,但从个体自身角度看,父母对一个后代的投资等同于对另一个后代的"撤资"。最激烈的竞争可能出现在新生儿诞生时,父母要为新生儿投入大量时间精力,年长后代所能获得的资源大幅缩水。儿童当然不愿意自己的兄弟姐妹死去——毕竟他们有50%的基因是相同的——但他们肯定也不愿意看到父母更喜欢兄弟姐妹而不是更喜欢自己。

图7.9展示了特里弗斯的亲子冲突时间模型。在图表的第一部分(左下),你会看到,当后代还小的时候,母亲付出与后代收益之比很低(小于1,数值越小,相同付出能得到的收益就越大)。然而,随着幼儿年龄增长,母亲付出与后代收益比逐渐提高。在

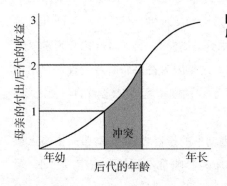

图7.9 特里弗斯的亲子冲突模型,曲线代表了母亲付出与后代收益之比随着后代年龄变化的趋势

幼儿1岁到2岁这个阶段,对于母亲来说,将资源转移到另一个新生儿身上更符合她的繁殖收益,但对于幼儿来说,投资到自己身上更符合他自身的繁殖收益,这就是亲子冲突时期。然而幼儿两岁后,如果母亲继续在自己身上投资,付出与收益比已经是两倍以上了,那么让她投资另一个(与自己具有共同基因)后代是对双方都有好处的。

断奶冲突

这种关于断奶的冲突模式可能看起来相当深奥。问题是,理论预测的冲突在自然界存在吗?它会在预测的时间发生吗?就像汉密尔顿的亲缘选择理论一样,特里弗斯的亲子冲突理论从逻辑上来说很有道理,但检验一种假说是否成立,还要看现实是否与之相符。近年来越来越多的证据表明,真实的动物世界正是如此运作的。几百年来,牲畜养殖者早就熟悉了动物的断奶冲突,但在特里弗斯提出他的理论之前,没有人想过为什么冲突会在这个阶段如此激烈。利物浦大学的进化心理学家罗宾·邓巴和路易斯·巴雷特研究了这类冲突,发现许多物种的幼崽会通过发脾气的方式,试图让母亲增加亲代投资,包括鹅䴗、椋鸟、狒狒、恒河猴、斑马和黑猩猩等(Barrett & Dunbar, 1994; Barrett et al., 2002; Maestripieri, 2004; Goodman et al., 2012)。幼崽的这类吵闹抱怨会在断奶的时候达到顶峰,因为母亲开始拒绝后代的喂养要求,并企图再次繁殖(Hinde, 1977; Barrett et al., 2002; Goodman et al., 2012)。研究表明,冲突发生的模式及时间进程完全同特里弗斯的预测相吻合。然而,到目前为止,这一领域还没有对人类的母婴关系进行任何系统研究。不过,现在有充分证据表明,在人类身上,特里弗斯预测的激烈冲突可能在更早或者更晚时期也会发生(见下文)。

青春期的冲突——该谁生育?

进化论预测,父母应该希望自己能成为祖父母,然而,一位母亲可能不希望看到她的女儿过早生子,这通常是因为不成熟的女孩可能不是理想母亲(当然还有其他的文化影响因素,比如母亲的虚荣心)。但我们还可以从基因收益的角度来解释为什么母亲可能不想过早成为祖母。进化人类学家马克·弗林(Mark Flinn)延伸了特里弗斯的亲子冲突理论,他认为当女儿进入青春期后冲突可能再次发生(Flinn, 1989; 2011; Quinlan et al., 2003)。其背后的原因本质上和断奶时的冲突原因一样——在广义适合度方面,母亲和女儿之间可能存在成本收益的不对称。想象一下,你是一位三十多岁的母亲,有一个十几岁的女儿,她现在到了已经能生育的年龄,但你也能生育。在资源有限的情况下,你宁愿谁生孩子——自己还是女儿?根据广义适合度理论,你应该选择自己，因为你所生的每一个后代都与你有50%的共同基因，而你女儿所生的每一个后代只与你有25%的共同基因。在生命这个阶段，女性还没有必要过早将生育策略转化为祖母模式。当然，一旦女性超过了生育年龄，那么冲突就会消失，因为女儿生育符合两代人的基因收益。

正如上面讨论的断奶冲突一样，这一观点也需要经受现实场景的检验，否则只是纸上谈兵。目前，它至少得到了一些间接证据的支持。弗林报告说，在特立尼达社会，如果母亲和她十几岁的女儿同时处于生育年龄，那么母亲和女儿之间的冲突明显更频繁。此外弗林还发现，直到自己弟弟妹妹已经四岁后，与母亲一起生活的育龄女孩才有可能怀孕。这表明，可能存在一种一定程度上由母亲控制的生殖抑制机制——可能是通过信息素。如果这一推测是正确的，那么我们还应该想到，为什么女儿没有反击，并进化出无视这种压制机制的行为模式？原因可能在于，她不会从反压制中获得明显收益。尽管母亲与孙辈之间的亲缘系数 r 只有 0.25，但女儿与弟弟妹妹之间的亲缘系数为 0.5（假设是同一个父亲），这正是另一种不平衡性的体现：对于母亲来说，自己生育与女儿生育带给自身的繁殖收益是不一样的，但对于女儿来说，自己生育与母亲生育带给自身的繁殖收益是一样的。从女儿基因适应性角度看，谁生其实并不重要。事实上，考虑到女性在刚刚性成熟的几年里缺乏生活经验和个人资源，也许最好的生殖策略就是延迟生育——暂时安心扮演"巢中帮手"的角色，直到自己和母亲都更年长一些，母亲可以成为自己帮手时再自己生育。

这意味着母亲的生育抑制可能在一定程度上对双方都有利。请注意，从这个假说中我们至少可以得出两个猜想。首先，我们可以推测家庭冲突更有可能是由母亲而不是十几岁的女儿发起的。其次，我们可以想象出，十几岁的儿子比十几岁的女儿更少遇到这种冲突。当然，我们还可以推导出母亲通常会比父亲更多地卷入家庭冲突。然而，由于某些情况下父亲身份的不确定性问题，最后一个预测可能和其他结论纠缠不清。这些假设目前都有待系统检验。

专栏 7.6　子宫内的冲突——激烈荷尔蒙的军备竞赛

自从罗伯特·特里弗斯最初提出了亲子冲突理论之后，人们在越来越多让人意想不到的时间点发现了这类冲突。1993年，进化遗传学家大卫·海格（David Haig）甚至提出，亲子冲突可能在婴儿出生前就发生了。海格将特里弗斯的观点延伸到产前发育阶段,他认为,在某种程度上我们可以将胎儿视为寄生虫,而将母亲视为宿主。尽管孕育并平安产下胎儿显然符合双方的基因收益,然而母亲并不希望胎儿从她身上摄取太多营养,这样她就能尽快再生。海格记录分析了胎儿和母亲争夺资源的两种主要方式。首先,胎儿细胞会侵入将血液从母体输送到胎盘的动脉,破坏那里的肌肉细胞。通过这种方式,胎儿可以将更多的母体血液导向到自己身上。之后会产生连锁反应:随着胎儿的生长和对血液需求的增加,母亲血压会升高——在某些情况下,这会导致危及生命的先兆子痫。其次,在怀孕后期,母亲和胎儿之间会有一场关于血糖的斗争。在分娩前的三个月里,胎儿引导胎盘分泌越来越多的"人胎盘催乳素"(human placental lactogen),这种激素会进入母体血液,抵消胰岛素的效应。在同一时期,母体分泌的胰岛素也越来越多,以便将更多血糖导向母体细胞。从某种意义上说,这是一场争夺糖供能的军备竞赛,双方都在分泌激素,以对抗另一方为了抢夺糖而分泌的激素(Haig, 1993;2002;2014)。有趣的是(让事情变得更复杂),现在有证据表明胚胎和胎盘的生长是由父系基因而不是母系基因控制的——这一过程被称为基因组印记。因此,父亲也可能参与了这场军备竞赛,就像一个监督战场但不直接开展军事行动的将军。

在这场竞争中,尽管胎儿似乎赢得了许多战利品,将大量资源纳入麾下,但他也不能完全随心所欲。海格研究的证据表明,很大一部分胚胎(30%至75%)可能在发育的前两周就自然流产,这一过程背后的主导因素之一可能是,母体根据化学信号判断胎儿质量较低(Haig, 1998;2002)。其中具体的操作途径是,通过改变雌激素黄体酮水平(progesterone)来终止妊娠。如果要继续维持怀孕状态,母体就需要高水平的黄体酮,黄体酮是卵子释放后由卵巢中的卵泡或黄体产生的。正常情况下,卵子脱落两周后,随着卵泡开始分解,黄体中黄体酮的分泌水平会逐渐下降。如果子宫中有正在生长的胚胎,胚胎必须在此时释放一种激素——人绒毛膜促性腺激素(human chorionic gonadotrophin),它具有维持黄体和黄体酮分泌的作用。海格认为,正是那些不能产生足够数量人绒毛膜促性腺激素的胚胎会被淘汰,因为它们不能通过母体的质量监控程序。也许在孕期早期阶段,母体通过激素分泌对胎儿有一定的控制,但随着胎儿的成长,就像大多数寄生虫一样,它慢慢开始获得支配权。

家庭进化是否能最大限度地提高广义适合度?

在特里弗斯、亚历山大、史密斯、邓巴、巴雷特、戴利、威尔逊和弗林等进化论者看来，家庭的存在最终是为了提高其成员的广义适合度。家庭可以增加生育和照顾儿童的机会，此外，它还提高了唯"亲"是举的概率，并允许父母教导后代遵守某些道德行为，这些行为模式在未来可以提高他们的繁殖成功率，进而提高广义适合度收益。

关于亲缘选择、亲代投资和亲子冲突理论的知识表明，从家庭规模、后代性别和年龄等因素出发，我们可以预测父母最有可能在哪一阶段与子女发生严重冲突，以及兄弟姐妹之间的竞争何时最为激烈。然而，当问及家庭中利他行为和利己行为对于促进广义适合度的影响时，我们应该先确保，自己清楚到底在讨论谁的广义适合度。也许，在人类家庭中，有些冲突几乎是不可避免的。

进化心理学家目前认为，人类已经进化出了帮助我们理解和预测家庭互动的心理机制。然而，我们大部分社会行为都涉及与非亲属的互动，我们做出的许多选择都涉及与非亲属之间的关系。广义适合度理论在这类互动中也能起作用吗？我们将在下一章讨论这个问题。

总结

进化心理学家已经利用广义适合度理论、亲缘选择理论、生活史理论和亲缘系数等概念来解释人类以及其他物种的社会行为，广义适合度是个体自身基因传播总数量，包括通过直系后代的直接传播和通过其他亲属的间接传播两种途径。

亲缘利他主义是指对亲属做出自我牺牲的行为。个体向亲属提供帮助的倾向似乎与他们之间共同基因的比例（即亲缘系数 r）有关。在动物世界中，尽管有充分证据表明存在亲缘利他主义行为，但最主流、最常见的亲缘利他形式还是亲代抚育。如今，进化学者可以利用这一概念以及亲缘系数概念解释动物许多社会行为的由来。

亲代投资是指个体为养育每一个后代所投入的时间和精力。在一些物种中，生物体会生育大量的后代，但为每个后代提供的资源很少，这种策略被称为"r 选择"。在另一些物种中，生物体生育后代的数量很少，但会将大量时间精力投入每一个后代身上，这种策略被称为"K 选择"。在人类生活史理论的框架下，它们分别对应了"快"策略和"慢"策略。如今进化论者会把"r-K"选择看作一个从极小亲代投资到极大亲代投资的连续体，人类和其他灵长类动物处于 K 选择这一段的末端。

祖母假说认为，之所以女性存在更年期，是因为在一定年龄后，通过将投资方式由直接投资（生育儿女）转为间接投资（照顾孙辈），女性可以提高自身的广义适合度。由于父系关系的不确定性，祖父母提供的投资水平低于外祖父母。

由于亲代投资的存在，个体一生中在某些时候会与父母发生冲突，这是可以预见的。因为父母可能希望在兄弟姐妹之间更平均地分配资源，但每个后代通常都想获得更多的资源。亲子冲突可能在三个时间点最为尖锐：首先，胎儿和母亲在怀孕期间可能会发生冲突，因为双方都在争夺有限的资源。其次，年长后代断奶时可能会发生冲突，因为母亲计划再次生育，以便将投资转移到未来后代身上。最后，如果女儿发育到性成熟时母亲仍处于生育年龄，那么二者之间可能爆发冲突。

问题

1. 马克·弗林曾预言，一个仍有生育能力的女人和她十几岁性成熟女儿之间经常会发生冲突。根据本章的内容，你能想到在这个时期子女和父母之间爆发冲突的其他原因吗？
2. 根据人类学家的研究，66%的人类社会都存在"彩礼"（一个男人向未婚妻的家庭捐赠诸如牛或钱之类的资源）。然而，只有3%的社会会将"嫁妆"（新娘家庭必须支付给新郎家庭一部分财富）视为常态。为什么会这样？一个社会的哪些特征可能会决定人们到底要求彩礼还是嫁妆？
3. 有的蜘蛛会将生命作为亲代投资的一部分，这种行为是如何进化的？
4. 根据"灰姑娘效应"，非亲生后代遭受虐待的可能性更大，这可能是雄性灵长类动物杀婴策略——为了增加雌性受精的可能性而杀死其他雄性后代的进化遗迹。我们如何收集证据来支持或反驳这一假设？这个假设可能会有什么问题？

延伸阅读

Hewstone, M., Stroebe, W. and Jonas, K. (eds.). (2015). *Introduction to Social Psychology*. Oxford: Blackwell.

Trivers, R.L. (1985). *Social Evolution*. Menlo Park, CA: Benjamin/Cummings.

Zeigler-Hill, V., Welling, L. and Shackelford, T. (eds.). (2015). *Evolutionary Perspectives on Social Psychology*. New York: Springer.

8 社会行为的进化心理学——互惠和冲突

关键词

互惠利他主义 • 直接互惠 • 仇外 • 礼品经济 • 博弈论 • 囚徒困境 • 进化稳定策略 • 以牙还牙 • 刻板印象 • 种族中心主义 • 自我概念 • 致命联合攻击 • 黑暗三人格 • 亲密伴侣暴力

大多数动物过着相对孤独的生活。偶尔相遇只是为了交配,或者是相互威胁与争斗。但也有些物种生活在群体中,它们经常互动。研究动物行为的学者们会发出疑问,生物个体能从社会群体生活中获得什么好处?进化论者理查德·亚历山大认为:"只有当互动的收益超过冲突成本时,才会出现复杂的社会性。"(Alexander, 1987, 65)他认为动物社会行为的萌芽源于合作防御和共同繁衍后代的需要。近年来,有关利他主义的理论被用来解释动物的社会行为,也被进化心理学家用来研究人类的社会行为。那么,我们是基于同样的原因,才成为一种群居动物吗?

为什么我们善待他人?

在第7章中,我们概述了亲缘利他行为背后的逻辑——通过直接选择和间接选择有助于提高个体的广义适合度。然而,我们经常对那些与我们没有共同基因的人表现出善意,这是人类一种典型特征(Barkow, 1982)。我们都听说过士兵在战斗中为救战友而牺牲的故事,或者有人冒着生命危险跳入水中拯救陌生人的事迹。在更世俗更宏观层面上,我们都知道无偿献血,也知道人们会向慈善机构捐赠。这就提出了一个问题,如果自然选择青睐的是基因的"自私性",那么为什么人类会对非亲属做出自我牺牲行为呢?是人类发展出的"自由意志"使我们能够超越"基因命令"而做出真正的利他举动?还是进化理论其实完全可以解释这类行为?

令人感到难过的是,人性中不光彩的一面也会体现在社会行为中,在群体内部和群体之间,我们经常看到冲突、争斗和暴力,任何关于群体行为的讨论都不能忽视这些现象,否则讨论就不完整。因此在本章中,我们还会分析攻击行为的进化倾向以及它与环境因素之间的关系。

互惠利他主义

正如我们在第 7 章看到的那样,汉密尔顿、特里弗斯和亚历山大都声称,我们可以从基因收益和亲缘关系的角度来解释利他与冲突行为产生的原因。然而,还有许多自我牺牲行为发生在家庭环境之外。看一下表 8.1。

表 8.1 动物界被明确观测记录的非亲缘利他行为

物种	利他行为	与利他主义者的关系及利他行为的原因	来源
狒狒	一只处于从属地位的雄性狒狒有意去吸引处于支配地位的雄狒狒,当这种情况发生时,另一只雄性会趁机与雌性交配	一般无血缘关系,但这种行为之后会得到回报,也就是说,与雌性交配的雄性在未来的某个时候会分散雄性统治者的注意力,而它的朋友则会与统治者占有的雌性交配	Packer, 1977
吸血蝙蝠	饱餐的蝙蝠将血液反刍到另一只饥饿的蝙蝠口中	这种行为发生在亲属之间,也会发生在非亲属之间,在另一个时间段,互助角色可能会互换	Wilkinson, 1984
绿木戴胜鸟	个体在自己的巢中安置并非自己后代的雏鸟	一些发生在亲属间,但另一些不是。救助者为了确保日后有足够多的后代帮助自己完成繁殖	Ligon & Ligon, 1978
海豚	同伴会将受伤的海豚救助到安全地带	在许多观察到的案例中都不是亲属关系,救助者在日后可能会得到受助者的回报	Trivers, 1985
黑长尾猴	个体察觉到危险时会向特定个体发出警报	群体成员与其他非亲属成员会形成特定的互惠关系	Seyfarth & Cheney, 1991

表 8.1 与表 7.1 非常相似。然而,这里面提及的所有案例,都是指向非亲属的援助活动。

你可能还记得第 2 章中介绍过罗伯特·特里弗斯提出的"互惠利他主义"——受惠者在日后给予救助者一定回报。与特里弗斯关于亲代投资和亲子冲突的概念一样,这一理论假说的出现早于对互利行为的实证研究。请注意,表 8.1 中给出的所有研究都发表于特里弗斯理论阐述(1971)之后。根据特里弗斯的说法,动物社会中互惠利他主义的进化依赖于一些先决条件:

- 通过利他举动,受助者所付出的代价应该少于救助者的收益;
- 动物应该能够识别彼此,这样才能回报救助者以及察觉欺骗者;
- 动物应该有相当长的寿命,它们可以反复遇到特定个体,从而允许互动发生。

图 8.1 吸血蝠正在吸食一头山羊的血

互惠利他主义还是直接互惠?

鉴于援助是有回报的,近年来,许多研究人员开始用直接互惠(direct reciprocation)或简单互惠(simply reciprocation)来取代互惠利他主义概念(Clutton-Brock, 2009; Buss, 2019; Wilson, 2019)。这些新术语巧妙地回避了救助行为是否真的具有"利他性"的争议(如果救助者的最终收益超过了成本,它怎么可能是利他主义?)。表 8.1 中描述的海豚、灵长类动物、蝙蝠和群居鸟类等动物当然符合特里弗斯所提出的互惠先决条件。然而,这不能证明所有情况都是如此。正如剑桥大学动物学家蒂姆·克拉顿-布洛克(Tim Clutton-Brock)所指出的那样,至少还有两种方式可以解释动物帮助非亲属的原因——互惠共生(mutualism)和操控(manipulation)。根据他的说法(Clutton-Brock, 2009; 2016),为了实现回报,"救助行为的成本必须能被随后的救助收益所补偿";相比之下,在互惠共生和操控的情况下,"救助行为的成本当下就能被救助收益所补偿"。具体来说,当涉及互惠共生时,双方都同时从合作行为中受益(比如狼的合作狩猎),因此不存在即时成本和延迟收益间的不对称问题。请注意,只要没有延迟收益,就没有作弊(搭便车)的机会。当涉及操纵时,种群中一个占支配地位的个体可能会强迫另一个个体提供援助,这依然不存在"互利"性质。或者种群中某个普通成员只是坚持不懈地要求援助,直到有其他个体妥协,事实上,表 8.1 中的吸血蝙蝠就符合这种解释,饥饿的蝙蝠会一直乞求同伴救助(Colquhoun et al., 2020)。此外,也有学者认为,发生救助关系的吸血蝙蝠通常都是亲属,这意味着我们不能忽视亲缘选择的作用(Carter & Wilkinson, 2013)。

关于动物王国的互利行为,我们有两个重要问题需要解答。首先,它是否存在?其次,如果存在,它有多普遍?直接互惠的存在需要几个必要证据:首先,几个特定个体间要反复发生互助行为;其次,援助频率与接受援助的频率是对等的;最后,救助者付出的成本要从受助者那里得到补偿。对于除人类之外的动物来说,要达成这些条件无疑非常艰难。尽管今天大多数动物行为学家都同意,直接互惠行为确实存在于动物王国中(尤其是灵长类动物),但它依然是一种罕见现象(Clutton-Brock, 2009; 2016; Hammerstein, 2003)。

互利和人类进化

特里弗斯(Trivers, 1985)认为,互利很可能在古人类的进化中发挥了重要作用,他的这一推测建立在许多证据及观点之上。首先,所有现存社会都满足他提出的三个互利先决条件(见上文);第二,在世界各地,人们都能观察到朋友间会以救助—回报的方式开展互利活动;第三,我们发展出的情感系统构成了这些行为模式的基础(情感可能在合作中发挥重要作用; Hammerstein, 2003;见第 11 章)。用特里弗斯自己的话来说:

> 我们会习惯性地分享食物,我们会帮助病人、伤员和幼童。我们经常分享工具,我们以一种非常复杂的方式分享我们的知识。通常,这些利他行为都符合"给予者(救助者)付出较小代价、受助者获得较大好处"的标准。尽管亲属关系经常是通向互利的捷径,但这看起来并不是必要的先决条件,利他行为经常发生在毫无血缘关系的人之间(Trivers, 1985, 386)。

前工业社会的利他主义

在 20 世纪,许多人类学家、社会学家和社会心理学家花费了大量时间研究当代现

图 8.2 宽吻海豚是一种被观察到表现出复杂合作行为的物种,曾有人目击,一头海豚被电鱼叉击中后,它所属群体的其他成员一起帮忙,托起它到水面呼吸空气(Pilleri & Knuckey, 1969)

存的前工业社会(注意,这些社会曾被贴上"石器时代"的标签,但今天许多人类学家已经放弃了这一术语,因为它被认为有种族主义嫌疑)。考虑到这些地区的人依然生活在低技术条件下,许多研究者相信,通过探究他们的文化习俗,我们可以更好地了解祖先的生活状况。其中,有一个问题引起了许多社会科学家的兴趣,那就是前工业社会的人在利他方面发展到何种水平?他们比现代社会的人更有自我牺牲精神吗?目前有三个前工业社会被系统研究过,他们分别是非洲南部博茨瓦纳的昆桑人社会(Lee, 1972;1979),巴拉圭东部的阿切族人社会(Hill, 2002; Hill & Hurtado, 1996; McMillan, 2000)和巴西与委内瑞拉的雅诺马诺人社会(Chagnon, 1997;2012)。进化心理学家认为,利用直接互利概念,我们可以解释这些社会的许多社会行为模式,接下来我们就一一分析。

无害之人——昆桑族人

昆桑人生活在喀拉哈里沙漠的开阔大草原/沙漠上,大约 20 至 50 人组成一个部落,过着小型游牧生活。他们是一夫一妻制社会,表现出高度的性别平等。据估计目前昆桑人总数为 87 000 人，主要分布在博茨瓦纳和纳米比亚（喀拉哈里沙漠覆盖了这两个国家的部分地区）。尽管 2005 年当地政府曾短暂地将博茨瓦纳地区的昆桑人迁离他们的土地，但这一决定在 2006 年 12 月又被法院裁决所推翻，因此他们又返回了喀拉哈里沙漠。除了这一段短暂的插曲外，昆桑人已经在博茨瓦纳连续生活了至少 22 000 年（Wells, 2003）。与因纽特人（爱斯基摩人）和澳大利亚土著一样，昆桑人极为少见地保留了传统狩猎—采集社会特征，在 1 万年前人类还没有进入农业时代时，这几乎是所有人类的共同生活方式（Lee, 1979; 2003）。每个昆桑部落在大约 5 000 平方公里的范围内活动，部落内有明确分工：男性狩猎，女性采集（见图 8.3）。肉类提供了 40% 的热量供给，在一个成功的狩猎季，这一比例可能上升到 90%，那时每个成员每天可以吃大约两公斤肉。但在猎物枯竭期，这一比例可能会降至 20% 以下。女性采集 100 多种不同类型的植物，包括浆果、块茎和灌木洋葱，其中芒果是最稳定的食物来源。

图 8.3　祖母将一个鸵鸟蛋交到昆族少女手中

不同昆桑男性的狩猎技巧差别很大，但所有的猎物都是共享的。他们经常会同时组成几个四五人的狩猎小队，在围捕大型猎物时，只要其中一个小队成功，就可以为整个猎群提供足够肉类。当一队猎人杀死一头角马时，每个猎人会将自己的份额分给自己亲属，而这些亲属又会与自己的近亲分享。考虑到部落成员要么是血亲，要么是姻亲，所以每个人都能分到一些肉。这种分享习俗具有重要的社会意义，背弃者会被认为犯下了严重罪行,声誉扫地,身败名裂。人类学家将昆桑人的食物分配方式称为"礼品经济"(gift economy),在这种模式中,人们不开展公开交易,而是代之以互相赠送食物(Lee, 1979; 2003)。

在外人看来,狩猎成功者对失败者的慷慨赠予行为可能是纯粹的利他主义。然而,一旦日后赠予者与被赠予者角色互换,双方产生互利性,好处就显而易见了。社会人类学家马文·哈里斯(Marvin Harris, 1985)认为这种互利式的狩猎模式在变幻莫测的大草原和沙漠环境中非常有意义。捕获大型猎物后,不被马上吃掉的肉很快就会变质,将剩余的肉分发给亲属可能有助于提高你的广义适合度,将它们送给朋友则可以确保你今后得到回报。当然我们也要小心谨慎,不能想当然地认为这种将亲缘利他主义和互利主义完美结合的食物分配模式是前工业社会的必然选择。然而,它们确实很普遍,至少在游牧社群中是这样(Barkow, 1982; Harris, 1985; Hill, 2002)。

专栏8.1 献血——驳斥互利主义?

与亲缘利他主义一样,人们对朋友做出自我牺牲行为的根本原因可能是为了自己的利益,这一观点曾受到许多社会科学家的驳斥。他们常引用的例子之一就是献血,一位进化解释的反对者彼得·辛格(Peter Singer)认为,献血就是一种纯粹的利他主义,因为献血者通常不会得到受助者的回报,他们甚至不会见面,不认识彼此。这一情形不太容易通过特里弗斯最初的互惠利他主义理论得以解释,更不用说汉密尔顿的亲缘利他主义理论。人类当然不像吸血蝙蝠一样,期望与特定个体"以血还血",即捐赠者再从受赠者那里得到血液补偿。所以,我们是否必须接受献血行为是一种超越了进化逻辑的真正利他主义? 也许是这样,但理查德·亚历山大基于对互惠利他主义的延伸提出了另一种解释(Alexander, 1987)。他认为,捐赠者不需要直接得到接受者的回报,只要能够通过自我牺牲行为给他人留下深刻印象,他可以在未来获得更多合作机会。因此,人类也许已经将互惠利他主义扩展到更复杂的多方关系中,这是其他物种难以企及的。虽然亚历山大的解释是针对献血行为,但他其实提出了一个具有普遍性的论点:那就是,人类可能已经进化出了一种"行小善而心满意足"的心理机制,尤其是当他人能看到我们行善事的时候,这种心态可能对我们的祖先的适应性有益。亚历山大并不反对"纯粹利他主义"的说法,但相比纯粹利他主义,他提出的确实是一个可以进行检验的假设——比如,做出无偿献血这种"利他"举动的人通常会让人知道自己做了好事(Alcock, 2009)。

> 密歇根大学心理学家进行的一项研究发现,如果在慈善筹款活动中被试可以得到一个证明徽章,他们会做出更积极的贡献(Low & Heinen, 1993)。也许当我们今天将献血徽章或者红丝带(关爱艾滋病患者)佩戴在身上时,这些行为折射出的是祖先对合作的向往——他们努力做出种种善举,以吸引更多的合作。

分享之人——阿切族人

阿切族人是生活在巴拉圭东部热带雨林中的觅食民族。虽然他们也有婚姻形式,但对他们来说,婚姻是个相对宽松的概念,因为他们相信"共享"或"部分父系"。这意味着,当一个女人怀孕时,每个和她发生过性关系的男人都被认为对婴儿的出现有所贡献。事实上,当被问及他们的父亲是谁时,孩子们通常会指认两三个男人。这可能是一种女性为获得更多亲代投资而采取的策略。在等式的另一边,即从男性视角出发,他们也可以通过亲缘选择来提高广义适合度。

直到20世纪70年代,阿切族才与外部世界有了真正的联系,此时他们只剩下560名左右的成员,分布在10到15个不同部落(Hill & Hurtado, 1996; McMillan, 2000)。每个部落通常有15到60名成员,但不同部落间经常会发生融合—分裂(与我们的一些灵长类亲戚没有什么不同)。作为游牧觅食族群,他们的营地几乎每天都在发生迁移。虽然如今他们的世界正在发生迅速变化,但不久前,他们还会将每天用25%的时间来狩猎和采集(Hill, 2002)。在传统部落中,性别角色相当严格——男人打猎,女人采集。近年来,一些阿切人已经转变为农耕者,而另一些人则继续过这样以采集为主的生活方式(我们主要介绍和分析这些人)。

在一次觅食征途中,男女部落成员一大早就一起出发,但他们很快就分开了,男性向四面八方探寻猎物和蜂蜜,如果他们找到了蜂蜜,他们会呼叫女性前往采集,如果他们找到了猎物,会呼叫男性前来围捕。到下午时分,他们会在提前约定好的地方碰头,女人们已经在那里搭建好了临时营地。男性会带来追捕到的猎物,如猴子、犰狳、美洲驼和鹿,女性则会带来采集性食物。为了完成食物目标,男性平均每天要花7个小时在狩猎活动上,女性则要花2个小时在采集活动上。在阿切族社会,女人会和很多男人发生性关系,虽然他们会结婚,但婚姻往往非常短暂,尤其是在年轻人群中。按照这里的传统规范,一旦女人怀孕生子,在这之前与之发生性关系的所有男性都应该帮助她抚养后代。然而,如果她与太多男性发生性关系,每个男性是孩子亲生父亲的平均概率太低,这可能导致他们都不提供帮助。所以很明显,两性在玩一个成本—收益博弈游戏。他们不是没有性嫉妒——如果一个已婚男人发现妻子有外遇,他可能会殴打她,如果他在她身上留下了一些痕迹,她可能会吹嘘丈夫有多么爱自己。

阿切人对平等分享的追求广为人知,他们会整个部落一起共享肉类、采集植物和蜂蜜。金·希尔(Kim Hill)多年来一直对阿切族进行研究,据他所说,合作狩猎和分享食物减少了每日摄入量的可变性,增加了个人饮食的可变性(Hill, 2002; Gurven et al., 2002)。慷慨的分享当然会被铭记,尤其是涉及肉类时(吝啬同样也会被人记住)。分享的习俗可能源于合作狩猎,大部分猎物只有通过合作才能捕获。有充分证据表明,阿切人的分享程度已经超出了合理"一报还一报"的范围,人类学家一直在争论为什么会出现这种情况。无论如何,阿切人对分享的热衷让人印象深刻,虽然这些分享实践中也可能涉及一定的操纵与互惠共生因素,但很明显,他们发展出了良好的互利关系(Hill & Hurtado, 1996; Hill, 2002)。

基于昆桑族人和阿切族人行为模式上的相似性,一些人类学家提出,我们更新世祖先是慷慨、谦虚的"高贵的野蛮人"(Pinker, 2002)。20 世纪 50 年代的一本书甚至将昆桑人描述为"无害之人"(Thomas, 1959)。遗憾的是,那些后来对昆桑人和阿切人进行了更长期深入观察的研究者发现,当地谋杀率要高于美国内城(Pinker, 2002; 2011)。特别是阿切族,尽管他们享有平等分享食物的美誉,但 40% 以上的成人死亡案和 60% 以上的儿童死亡案都归咎为其他阿切人的暴力活动。众所周知,如果一个孩子失去父亲,那么他的生存概率会大大降低,父母死后,孤儿被一起活埋的例子时有发生。如果没有父亲,母亲有时也会杀死婴儿。这种残忍手段在原始社会中并不少见,雅诺马诺人就是其中的典型。

残暴之人——雅诺马诺人

雅诺马诺人社会实行一夫多妻制的婚配方式,他们生活在委内瑞拉和巴西边境两侧的亚马逊热带雨林中。目前总人口约为 25 000 人,分布在 250 多个村庄(Macfarlan et al., 2014)。除了觅食之外,他们还发展了刀耕火种的原始农业,这可能有助于解释为什么他们与昆桑族和阿切族有所不同。雅诺马诺人在种植作物的地方建立了永久性的村庄,交易行为经常发生在村庄内部和村庄之间。在经验不足的观察者看来,雅诺马诺人似乎经常互相赠送礼物。然而,所有赠送行为都会被记住,受赠者有责任在

图 8.4　委内瑞拉雨林中弯弓搭箭的雅诺马诺人

今后予以回赠。这种交换的重点在于,相互赠送的"礼物"必须价值大约相同,但内容不同(Chagnon, 2013)。由于雅诺马诺人的居住地相对固定,每个村庄都专门制造不同的商品。例如,一个村庄可能擅长生产陶罐,而另一个村庄可能擅长生产棉纱(Chagnon, 2013)。专业化分工和商品交易意味着,对交易双方来说,他们在交易中所得商品的制造成本都高于付出商品的制造成本(由于专业分工原因,如果自己制造所得商品,要花掉更多时间精力)。这种行为模式非常符合互利原则:一是回报存在延迟;二是每一方的收益都超过了付出。事实上,劳动专业分工被许多人视为人类文化进化的重要一步,它导致"社会整体产出大于其各部分的总和"(Ridley, 1996, 42)。

正如一夫多妻制社会的普遍情况一样,少数雅诺马诺男性有几个妻子,而其余的人要么与一个女人结婚,要么单身。当一个女人嫁给某个男人后,她必须服从他。如果男人对妻子的行为不满意,那么他可以随意殴打她,甚至向她射箭(只要箭对准的不是要害部位)。然而,与对待其他村庄男性的方式相比,雅诺马诺男性对妻子的暴力简直算得上仁慈(Macfarlan et al., 2014)。他们会频繁袭击邻近的村庄(当不涉及交易时),诱因通常是出于报复——例如过去双方发生过的杀戮或绑架事件。事实上,一旦村庄间爆发暴力冲突,他们总是尽可能杀死敌对方的男性,劫走敌对方的女性(雅诺马诺人自称为"残暴之人")。杀死他人的人会被赋予特殊地位,成为"乌诺卡伊"(unokai),当两个或两个以上的人参与一起杀戮事件时,他们被称为"联合乌诺卡伊"(co-unokais)。几乎一半的雅诺马诺男性是乌诺卡伊,正是这些杀手能最成功地吸引妻子和情人(Chagnon, 1988;2012; Macfarlan et al., 2014)。

雅诺马诺社会"独树一帜"的地方不仅在于暴力事件,如我们之前所言,昆桑人和阿切人社会的谋杀率也很高,可他们会恪守整个部落分享食物的规范,但雅诺马诺人就不是这样了(Keeley, 1996; Hill & Hurtado, 1996)。我们不禁要问,为什么不同文化环境存在这么大的差异?你可能还记得,20 世纪的许多社会科学家认为,社会之间的差异源于偶然的文化因素(这一假设被称为"任意文化理论",是标准社会模型的一部分;Sahlins, 1976; Alcock, 2009)。然而,现代的进化心理学家则认为,食物分享方式取决于食物获取方法和交配系统。更复杂的是,正如我们在第 4 章看到的,食物和性很可能是相互关联的。在一个完全依靠狩猎—采集获取食物的社会中,个体无法有效储存食物和其他资源,因此也就无法实现商品交易。然而,你可以把多余的肉作为礼物馈赠给他人,储存他人欠下的"恩情"。正如进化论者贾里德·戴蒙德所说,在大草原上,你没法把肉存在冰箱里,但你可以把它存在你朋友的肚子里。基于互利的食物分享对昆桑人和阿切人这样的游牧民族来说可能具有重要生存意义。

而在雅诺玛诺社会中,狩猎表现出色的男性一般在部落冲突中也会有亮眼战绩,长于耕种和交易的男性往往也同时更受女性青睐。在灵长类动物中,雌性可以通过获得食物等资源来最大化自己的生殖收益,而雄性可以通过获取雌性交配权来最大化自己的生殖收益(Trivers, 1972)。这意味着,雅诺马诺社会的一夫多妻制其"自然基础"在于成功的男性(狩猎、耕种方面)能够占有更多资源,而这一选择不可能出现在昆桑人的生存备选项目中,因为个体根本无法储存多余资源。因此,对于已经擅长刀耕火种的雅诺马诺农民来说,向他人免费分发食物不会带来什么经济收益(Chagnon, 2013)。

虽然农耕可能降低了食物分享的程度,但就像其他文化一样,雅诺马诺人也会帮助自己的亲属和朋友。特别是,当部落内部发生纠纷时,一个人的亲戚朋友会迅速参与其中,结成当事人的同盟阵营。一旦纠纷升级为暴力冲突,很可能遭遇重伤甚至遭遇杀害的是同盟阵营中的某人,而不是纠纷当事人(Trivers, 1985)。

当我们同时考虑交易和暴力冲突时,就会发现,在前工业化社会中,互利活动既严肃又复杂。而且,如果你认为工业化社会对互利的依赖程度已经比较低了,那么只要看一下一个在所有现代国家都存在的概念:金钱。没有救助、回报和互利关系,金钱又怎么会普及发展起来？

亲缘利他和互惠利他是否源自进化倾向？

对低技术社会的实地深入研究表明，特里弗斯提出的互利观念与汉密尔顿提出的亲缘选择观念在人类社会进化中具有重要意义。事实上，加拿大进化人类学家杰罗姆·巴尔科(Jerome Barkow)认为，相比现代工业社会(他也称之为复杂社会)，我们的进化心理倾向与前工业社会更为适配。他认为，工业社会如果要高效运转，亲缘利他主义就必须受到压制并被贴上"腐败"或"裙带关系"的标签(Barkow, 1989)。此外，当复杂社会走向崩溃时，比如爆发革命，人们对裙带关系的热情则会重新高涨(Barkow, 1982)。巴尔科曾记叙过一个有趣的例子，一个北非豪萨村民曾经问他，他是否真的会雇用一个公务招聘考试成绩更好的人，而不是雇用他的兄弟。当他给出肯定答复时，周围的豪萨村民的表情就像在看待一个疯子！

不同文化背景下人们亲缘利他主义水平与表现形式可能具有较大差异，与之形成对比的是，社会科学家一致认为，所有社会环境下的人都会普遍参与互利活动。唯一的争议是，这到底该归结为进化倾向还是社会文化创造(Ridley, 1996；Colquhoun et al., 2020)。"你为我挠背，我为你挠背"式的互惠举动充斥于每个社会中——尽管它的确切实践形式可能与特定社会经济因素有关(Chapais, 2020)。显然，只要每个人都能从中受益，合作就讲得通。但真的是这样吗？在20世纪中期，一些数学家认为合作可能没那么容易说得通，他们的论点以一个博弈游戏为基础。

囚徒困境和互利

数学中有一个探讨人们如何依据他人所用策略做出抉择的研究分支，称为博弈论。博弈论的整体思想是，它以简化和普世的方式审视世界现实问题。博弈论的主要目标之一是找到问题的最优解决方案，这个"最优"并不是从个体自身角度来看，而是考虑到他人状况，每个人已经不可能更好了，整体达到最优。该解决方案也被称为纳什均衡(Nash equilibrium)，它以诺贝尔奖获得者、普林斯顿大学数学家约翰·纳什(John Nash)的名字命名，著名电影《美丽心灵》就是根据他的人生经历拍摄的。约翰·梅纳德·史密斯将博弈论引入动物行为分析，以解释行为和进化之间的关系。最初，博弈论是经济学家用来预测人们投资决策行动的理论，利用同样的研究思路，它也可以被用来理解人类决策的进化基础。

> **专栏 8.2　没有大脑也可以在囚徒困境中胜出**
>
> 　　你可能会认为,要想玩转囚徒困境,必须有一定程度的智力水平,因此除了人类和部分大脑比较发达的动物外,不太可能在其他动物身上看到类似现象。但最近一项研究表明,即使没有大脑的简单生命形式,也可能参与某种形式的博弈选择(Turner & Chao, 1999)。我们通常将细菌看作是会感染我们身体的小害虫(见第12章),然而,许多细菌本身也会被病毒感染。侵入细菌的病毒被称为噬菌体,一种特定的噬菌体会以两种形式存在,一种形式我们可以称之为"合作者",它制造出能帮助其他病毒颗粒成功繁殖的副产品;另一种形式我们可以称之为"背叛者",它会利用合作者制造的副产品,但自身制造的极少。单个细菌可能被其中一种病毒形式或两种病毒形式同时侵入。有趣的是,当我们观察每种病毒形式的繁殖成功率时,我们发现它取决于其他病毒形式的存在与否。如果我们设定,在一个全是合作者的细菌中,单个合作者的繁殖价值是"1.0"(记为 R,相当于彼此互利),那么当存在叛变者时,它的繁殖成功率降至 0.65(记为 S,被利用)。另外,在一个被合作者感染了的细菌中,叛变者的繁殖价值是 1.90(记为 T,相当于利用其他个体),而当细菌被叛变者感染时,单个叛变者的繁殖价值降至 0.83(记为 P,相互利用)。
>
> 　　我们可以发现,T>R>P>S,这正是囚徒困境的常见形式,因此在细菌这个小小的微观世界中也在上演博弈游戏。

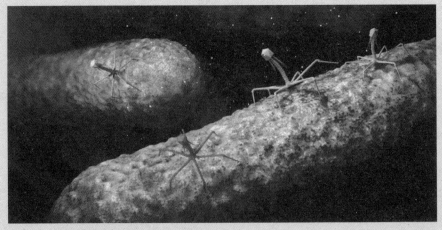

图 8.5　噬菌体感染细菌

你可能会问,博弈和互利有什么关系呢?我们可以先看一个关于互利与博弈的经典例子:囚徒困境。假设两名犯罪嫌疑人被警察逮捕并被分别关押在不同审问室,每个嫌疑人都被告知,如果他举报了另一个人,自己将得到作为污点证人的奖励——当场释放,而另一个人将受到严厉判决。在博弈论术语中,出卖对方被称为背叛,拒绝出卖被称为合作。每个参与者的结果或收益通常用以下四个符号之一来表示:T 是背叛的诱惑,R 是合作的奖励,P 是双方都背叛时所受到的惩罚,S 是被利用的代价——你选择了合作,但搭档选择了背叛。T、R、P 与 S 的收益依次递减,这一点非常重要。因为在搭档选择合作时,你选择背叛的收益理应大于选择合作的收益,也就是说,你要能享受到利用他人带来的红利。同样,互相合作的收益也必须大于互相背叛的收益,否则就不可能产生合作动机。如果用数学来表示的话,$T>R>P>S$,而在博弈实践中,我们可以为每种选择的收益赋予一定分值,整个博弈游戏的目标就是获得更多分值,在囚徒困境的例子中,我们可以具体设定:

$$T=5;R=3;P=1;S=0$$

我们可以用"收益矩阵"来表示这四种可能的结果(见图 8.6)。注意,表中分数指的是玩家 B 获得的分数而不是 A 获得的分数,当然,A 在相同情境下与 B 的收益结果其实完全一致。

	玩家A 合作	玩家A 背叛
玩家B 合作	R=3 (双方合作的奖励)	S=0 (被利用的代价)
玩家B 背叛	T=5 (利用他人的红利)	P=1 (互相背叛的代价)

图 8.6 囚徒困境中四种不同选择组合带来的收益(对于 B 来说)

这是一个典型的两难问题。双方都能意识到,从理性角度看,他们应该选择背叛——但如果两个人都选择了背叛,就会让他们的整体处境最糟。至于为什么选择背叛,想想看,如果你在玩这个游戏,你必须考虑你的搭档可能会做什么。如果你的搭档合作,那么通过背叛,你将获得 5 分;如果你的搭档背叛,那么你将不得不背叛,这样你还能获得 1 分而不是 0 分,也就是说,从个人角度来说,背叛可以保证收益最大化。这种困境可以归结为这样一个事实:你不知道搭档要选择怎么做,所以只能背叛。

你可能会认为囚徒困境听起来像是一个与真实社会行为并无太大联系的小游戏。然而,正如马特·里德利(Ridley, 1996)所言,囚徒困境无处不在:

> 通常来说,如果你很想做某件事,但知道如果每个人都和你一样做,将会导致灾难性后果,此时你就陷入了囚徒困境。

因此,决定是否请客喝酒,决定是否给服务员小费,决定是否排队入场,也许最重要的是,决定是否在一段关系中保持忠诚——这些都可以被认为是囚徒困境的翻版。玩家面临的困境在于决定是选择回报(合作在某种意义上相当于回报)还是欺骗(或者说背叛、利用)。如果像里德利所说的那样,囚徒困境无处不在,如果唯一合乎逻辑的选择是背叛,那么我们如何解释人类社会中(以及一些社会性动物中)普遍存在的互利关系(即彼此回报)?

在特里弗斯提出互惠利他主义理论之前,经济学专业的学生就经常发出同样的疑问。许多人声称,从理性角度分析,我们不应该预期看到合作发生。然而事实是,我们身边的人都在合作。20世纪60年代,最早着手探索囚徒困境的数学家们也发现,人们经常在博弈游戏中选择合作,尽管这看起来不合逻辑。他们的结论是,人们的行动是非理性的,他们还不够精明老练,没有意识到背叛是唯一合乎逻辑的反应(Rapoport & Chummah, 1965)。但如果囚徒困境真的是人类在现实生活中会常常面对的一种决策情境,那么我们理应进化出了最佳应对策略。动物行为学家指出了解答这一疑团的关键之处:现实生活中的社会关系很少像一次性囚徒困境游戏,因为社会性动物会反复遇到对方,并记住上次相遇时发生的事情。一旦意识到这一点,正确答案就自然浮出水面。社交生活更类似于连续性的囚徒困境游戏,相同玩家会反复碰面,产生博弈关系。

因此,尽管在"一次性"囚徒困境中,背叛是唯一合乎逻辑的选择,但当两个玩家反复参与同一个游戏(连续囚徒困境)时,他们就会"陷入"相互合作模式。通过这种方式,双方都不断获得3分。当将这一结果与其他三种结果的平均得分进行比较时,两名玩家都获得了更高收益。该模式的合理性已获得了计算机程序的检验支持,研究者曾设计不同的计算机程序相互对抗,通常最后的赢家都是"以牙还牙"程序(tit-for-tat,也被称为针锋相对)。这一策略的运行方式是:在首次遇到对手时先选择合作,之后再遇到对手时,做出和对手上一轮一样的选择。其他一些复杂程序涉及了极为复杂的应对模式以及随机规则,有的还依据对手策略而切换策略。但显然,简单"以牙还牙"程序获得的积分胜过了所有其他程序(Axelrod & Hamilton, 1981)。这可能有助于解释为什么即使在一次性囚徒困境游戏中,参与者也经常尝试合作——他们(和他们的祖先)不太可能察觉到,自己当前社会行为不会对未来产生任何影响。

但是,为什么"以牙还牙"策略在对抗其他策略时会如此成功呢?政治学家罗伯特·阿克塞尔罗德(Robert Axelrod)一直走在囚徒困境研究的最前沿,他认为以牙还牙是一种进化稳定策略(evolutionarily stable strategy)——有足够多的族群成员采用它,除了这种策略外,不可能有其他策略能带来更乐观的状况(Maynard Smith, 1974)。阿克塞尔罗德指出之所以以牙还牙是进化稳定策略,因为它有三个优势(Axelrod, 1984):

- 友善——也就是说,发生互动时首先展现出合作态度,而不是背叛,同时,永远以合作来回报合作;
- 报复——也就是说,在对手背叛自己后立即以背叛予以报复;
- 宽容——如果之前背叛的对手随后选择合作,那么自己既往不咎,随即也采取合作态度。

如今许多社会科学家相信"以牙还牙"很好地描绘了人们在回应他人行为时所采取的普遍策略。除了可以解释一般性的社会互动外,它甚至还被用来解释战争行为——既可以说明为什么在某些情况下暴力会不断升级(Chagnon, 1983),也可以说明为什么在某些情况下暴力会突然消散(Axelrod, 1984)。

专栏 8.3　一则真实的囚徒困境——津巴多的监狱实验

在20世纪后期,对协作的研究构成了一系列社会心理学研究的基础,这些研究不仅证实了人类可以多么迅速地建立起"我们"和"他们"的概念划分,而且还证实了普通人对待外群体成员的方式能恶劣到何等程度。斯坦福大学心理学家菲利普·津巴多(Philip Zimbardo)和其同事开展的"监狱模拟实验"就是一个戏剧性例子(Haney et al., 1973)。为了了解群体身份是如何形成的,研究者招募了十几名大学生,将他们随机分配到一个模拟的监狱中扮演"囚犯"和"狱警"的角色。津巴多和他的同事们通过视频音频设备来监控两组人的行为。实验最初计划持续两周,但由于"狱警"对"囚犯"的态度日益严酷,实验只进行了六天就不得不终止。在此期间,狱警经常公然欺凌囚犯,他们随意命令囚犯做俯卧撑,并拒绝他们上厕所的要求。而且与对待囚犯的态度不同,狱警内部形成了一个非常有凝聚力的团队,

> 他们可以高效地开展合作，或者换言之，高效地压制囚犯。至于囚犯，他们则日益沮丧消沉，无助难过。以至于在实验结束后一年内，津巴多和他的同事们还召集被试举办了多次讨论会，帮助被试们克服这种消极情绪。

战争中的相互制约

当你听说以牙还牙策略可以减少人类在战争中的暴力行动时，你可能会感到惊讶。毕竟，大多数士兵不会与敌对军队的个别成员进行反复接触，所以很难产生一报还一报的积极互动。然而第一次世界大战期间，双方在堑壕战中僵持了很长时间。于是出现了一种很奇异的现象：敌对军队开始有意越过对手头顶开火，一旦有一方做出这种表态，互惠式的"不命中策略"就会很快建立起来（Axelrod, 1984; Ashworth, 2000）。显然，双方都意识到他们会反复遇到相同的人，这意味着他们能够记住对方之前的行为，双方都会通过"合作"而受益。有趣的是，当"互不瞄准"的潜规则偶然被打破时，惩罚总是很快——双方被杀死的人数会大致相当，相互抵消。同样，恢复克制也会得到对等的回报。在这种情况下，军队行为与连续囚徒困境中最终获胜的计算机程序——"以牙还牙"——惊人地相似。或许在第一次世界大战期间，最能体现以牙还牙策略的事件就是 1914 年的圣诞休战（Riley, 2017）。当时正值圣诞节前夕，英国军队目睹到他们的德国对头在边装饰圣诞树边唱圣诞颂歌。经过了一番战壕间的喊话交流后，双方的士兵聚在一起，他们一起饮酒、交换礼物、拍照，并即兴踢了一场足球赛。然而，当高级军官明白发生了什么事后，他们开始调动部队发动突袭，于是，"不流血战事"就这样结束了。对于无数年轻士兵来说，这无疑是充满了悲剧性的转折。

> **专栏 8.4　搭便车与合作的演变**
>
> 　　搭便车者的存在构成了非亲缘之间合作关系的极大威胁。搭便车者在不付出成本的情况下，从他人的合作中获得好处，通过利用其他合作者而使自己处于竞争优势。许多人认为，考虑与搭便车者一起合作时存在的种种弊端，除非人类已经进化出了发现和应对搭便车者的心理机制，否则合作行为本身就不会得以进化（Tooby

et al.，2006)。我们在第9章中将会讨论对搭便车者的检测,研究表明,一旦确定搭便车行为,我们至少有两种可用的处理方式。首先是惩罚,合作者想要惩罚那些他们认为没有尽到责任的人(Price et al.，2002)。但惩罚并不总是可选项,因为有时人们不知道搭便车者的具体身份。在这种情况下,合作者的应对方式是完全退出合作。

大量经济学实验研究支持了这一结论。例如,在许多人共同参与的公共投资游戏中,被试可以选择将手中的预算(游戏代币)投入一个"公共池"中。每个人完成投资后,组织者根据池中积累的投资总额增加投资红利(例如,将总数乘以1.5)。然后,这笔钱将被平均分配给所有参与者,不管每个人最初往公共池中投入了多少预算。试想一下,如果每个人每次都将全部资金用来投资,那么团队利润就会最大化,也就是说,只要每个人都倾尽所能,他们都会获得最丰厚的回报。

在游戏的早期阶段,参与者通常会在公共池中投入很大一部分预算,但是在重复投资过程中,投资额度会逐渐减少,到游戏结束时已经几乎不再有公共投资。费尔和施密特(Fehr & Schmidt, 1999)对12个公共投资游戏进行了分析研究,结果显示参与者早期阶段的平均投资额度约为初始预算的40%,但在最后一轮游戏中,73%参与者的投资预算额度为零。在实验后的访谈中参与者表示,他们之所以降低投资,是由于其他人投资额太低或者根本不投资,所以他们也打算不再合作。因此,图比等人(Tooby et al., 2006)指出:

> 搭便车者所付出的最大代价在于,他们失去了所有互利合作所带来的潜在收益,如果搭便车没有引发合作者的反剥削防御机制,他们本可以实现这些收益。

对公共资源博弈的研究进一步证明了惩罚性情绪在维持合作中的重要性;当允许个人对搭便车者进行惩罚(以罚款的形式)时,合作率就会显著提升(Fehr & Gächter, 2002)。在惩罚机制的"保障"下,只有20%的参与者在公共投资游戏的最后一轮没有做出合作性选择(在缺乏惩罚机制的情况下,这一比例为73%)。奥斯特罗姆(Ostrom, 1990)的研究强调了惩罚对于确保合作的重要价值,他发现,现实生活中所有成功的公共系统都存在复杂的监控和惩罚程序。因此,惩罚,或者至少是来自惩罚的威胁,似乎对维持合作具有不可取代的意义(Fehr & Gächter, 2000)。

暴力和仇外心理

为了朋友和家人,个人能够作出令人惊叹的巨大牺牲。正如我们所看到的,通过互利关系,这一趋势可以扩展到整个群体,尽管在群体中,群体成员间可能并不具有多少共同基因。当然,有人可能会说,在人类进化史的绝大部分时间里,我们都生活在小群体觅食社会中,任何两个社会成员都可能是某种程度上的亲属,或具有共同的亲密朋友。然而,硬币有两面,群体内的互利也不例外。

大多数人类社会在过去的某个时期(也包括现在)都曾表现出对某些群体的敌意(Archer, 1996; Macfarlan et al., 2014)。社会心理学家早就知道,仇外心理(xenophobia)的源头可以追溯到对自己所在群体的强烈认同以及对其他群体的负面刻板印象(stereotyping)。一个多世纪以前,美国社会学家威廉·格雷厄姆·萨姆纳(William Graham Sumner)提出了"我们-他们"分割的概念,他称之为种族中心主义。在他1906年出版的《习俗》(*Folkways*)一书中,萨姆纳描述了在"群体成员"这一身份的驱动下,个体既会对群体盲目自信,愿意为之牺牲,也会对其他群体极为蔑视,甚至对其展开攻击侵略。大多数研究群体偏好的现代社会心理学家会将这一概念追溯到萨姆纳,但达尔文其实很早就指出:

> 居住在相邻地区的部落几乎总是处于战争状态,可部落成员甚至会冒着自己的生命危险去拯救另一个部落成员。(Darwin, 1871, 480)

自萨姆纳的时代以来,许多理论和实证工作都致力于描述和解释内群体/外群体偏见这一普遍存在的现象(Brown, 1991; Rabbie, 1992)。其中,最流行的方式似乎来自社会认知取向。社会认知主义者认为,我们会对不同的社会身份类别形成认知图式,这构成了所谓的刻板印象(积极的和消极的)。认知图式可以帮助我们迅速识别和理解外部世界,但它们不仅仅是认知上的简化分类方式,还包含情感元素。比如,不熟悉的东西可能被视为危险的、消极的;熟悉的东西可能会被视为友好的、积极的。事实上,根据社会心理学家的说法,我们对自己的看法——自我概念(self-concept)——可能在一定程度上是建立在社会群体身份基础上的,所以我们倾向于积极地看待内群体,这并不奇怪(Bierhoff, 1996)。

对内群体的忠诚和对外群体的敌意

当代社会心理学已经构建了完善的理论来解释为什么人类个体会对"我们"和"他们"分别持有积极和消极态度。然而，社会心理学研究并没有告诉我们为什么人类会普遍产生这种心理二分法倾向，也许通过进化视角我们能找到原因。

大多数进化论者都同意，在人类进化史的大部分时期，我们祖先都生活在相对较小的群体中。虽然不同地区不同环境下群体规模可能不一致，但小群体的人数基本在20人到200人之间，很少有更大规模（Caporael & Baron, 1997）。这一观点经受了许多证据的一致检验，包括化石遗迹、留存下的人工制品（Lewin, 1998）以及现存原始社会的生存状态（Lee, 1979; Chagnon, 2012; Hill & Hurtado, 1996）。通过对现有前工业化社会的观察，我们可以判断，为了与其他群体成员展开（资源与繁殖方面）竞争，一些群体成员可能会缔结小联盟。然而，整个群体又可能会联合起来与其他群体竞争甚至战斗，尤其是在困难时期。这同样从许多前工业化社会（如上所述）那里得到了印证。尽管存在群体内竞争，但正如囚徒困境所表明的那样，从长远来看，合作往往比背叛更可取。

E. O. 威尔逊（Wilson, 1975; 2019）认为，一些聪明而富有智慧的个体会相互协作，发展出发达的互助系统，这样的联盟尽管规模很小，但每个人的利益都息息相关。从这一点看，如果人类祖先社会在很大程度上是基于亲缘利他主义和互惠互利行为模式而建立的，那么选择压力也会导致人类进化出一种特定的心理机制——察觉欺骗，对陌生人保持怀疑，直到确信他们不是搭便车者。事实上，有明确的实验证据表明，相比于找出抽象逻辑推理的漏洞，我们确实更容易在具体社会环境下识别出违反规则的行为（Cosmides, 1989）。

总之，如果在人类进化史的大部分时期，我们祖先都生活在紧密的小群体中，并同其他群体展开资源竞争，那么对我们祖先来说，对其他群体的成员怀有警惕态度可能是一种有益行为模式。根据威尔逊的说法，对外群体威胁的想象有助于强化群体认同感及群体动员效率。用他自己的话说：

> 仇外心理成为一种政治美德，团体内部对违规者的态度会越来越严苛。当这一过程不断循环升级后，最终结果就是社会崩溃或走向战争，历史上充斥着这样的事例，没有一个国家能完全不受其扰。（Wilson, 1975, 290）

一些进化学者认为,"内外有别"的心理倾向对持久联盟的形成至关重要,因此它可能本身就是一种适应机制(Krebs & Denton, 1997)。大量实际观察和实验研究都已证明,群体认同可以导致积极的内群体刻板印象和消极的外群体刻板印象。例如研究表明,当人们目睹外群体成员的不幸后,会将其归咎为个人失败,但如果内群体成员也遭遇了同样的事情,人们则会倾向于认为他运气不佳(Buss, 1997;另见第 9 章)。

人类和黑猩猩的致命联合攻击

正如我们前面看到的,一些前工业化社会(如雅诺马诺)间经常爆发部落战争。雅诺马诺只是一个非常典型的代表,事实上在所有为人研究过的文化中,都存在一些男人结成联盟杀死另一些男人的现象(他们在某种程度上被视作外群体)。与之形成鲜明对比的是,在人类学家所研究过的所有社会中,都没有女性为了杀人而结成联盟的现象(Buss, 2019)。虽然女性有能力组建暴力好斗的团队(尤其是在与其他女性竞争时),但她们并不像我们在男性身上看到的那样,热衷于成立以大规模杀伤他人为目标的联盟(Campbell, 2013)。你可能还记得在第 4 章中,我们曾描述过黑猩猩群体对其他群体开展致命攻击的景象。正如我们所看到的,无论是人类还是黑猩猩,都是雄性结成联盟对另一个群体的雄性实施联合攻击。这些相似特征促使进化人类学家和心理学家提出一个猜想:也许人类和黑猩猩从双方最近的共同祖先那里继承了某些行为模式(Macfarlan et al., 2014; Wrangham, 1999; Wrangham & Glowacki, 2012; Wrangham & Peterson, 1996),该想法被称为同源假说(homologo hypothesis),它表明两个物种相似的行为模式具有同一进化目标及共同进化根源。要检验暴力行动的同源性假设,其中一种方法是看看在人类小规模原始社群和黑猩猩中,是否致命联合攻击都是由近似诱因触发的。幸运的是,在过去的 60 年里,研究者已经收集了大量观察数据,这些研究表明,对黑猩猩来说,攻击的主要驱动力是局部力量的不平衡(侵略者数量更多),这为侵略者提供了可乘之机,它们可以从攻击行动中获得许多好处,比如更丰厚的食物、更广阔的领地和更多性成熟雌性(Wrangham & Glowacki, 2012)。人类学家谢恩·麦克法兰(Shane Macfarlan)和他的同事研究了原始社群中致命联合攻击的主要成因,他们发现,尽管上述特征在人类社会都有所体现,但人类战争也有一些独有特征。特别是,联合乌诺卡伊(雅诺马诺社会中一起杀人的人)通常来自同一大型部族中不同的村落。这意味着,与我们的类人猿表亲不同,人类的致命攻击联盟超越了最小社群边界(Macfarlan et al., 2014)。因此,人们可能在空间上或心理上扩展"内群体"边界，同时将"外群体"视为一个实体。除了这种差异之外，雅诺马诺的攻击联盟往往会带来更多的婚姻机会，因为联合乌诺卡伊通常会与他们"犯罪伙伴"的亲属结婚。因此，攻击联盟的一大直接诱因是可以提高与性成熟雌性接触的机会，这同时适应于黑猩猩和人类，但对后者来说，好处还包括促进亲属繁殖率以及形成跨群体结盟。对雅诺马诺人的观察研究结论一方面可以证明，人类和黑猩猩在致命联合攻击方面具有共同进化根源。另一方面也表明，随着单配偶关系和层级社会系统的出现，我们祖先发展出了相较于黑猩猩而言更为复杂的联合攻击心理。

在地球上5000多种哺乳动物中，只有人类和黑猩猩能够在个体间结成以残杀同类为目的的联盟，一些进化论者据此认为，联合暴力杀戮既是一种行为策略，也是一种适应机制（Wrangham & Glowacki, 2012）。然而不同于黑猩猩的是，人类在更多时候结成的联盟都是和平联盟，因此，有人认为我们不应该将黑猩猩的联合攻击模式与人类相提并论，还有人指出这种并置方式忽视了环境和文化因素的影响。可以肯定的是，我们需要小心看待人类战争的"黑猩猩模式"（chimpanzee model）这一术语，因为它可能暗示人类男性已经被编码了暴力联盟基因。更真实的情况是，虽然这种形式的暴

图8.7　成年雄性黑猩猩有能力对同类施展致命攻击，注意这种攻击性姿态——双腿站立，毛发竖起，其他猩猩能够理解这一姿态的意义

力有深刻进化根源,但它高度依赖于环境,许多措施——如减少权力和资源的不平衡——都可以反过来降低男性的暴力程度(McCall & Shields, 2008)。

专栏 8.5　对爱德华·威尔逊"仇外心理"理论的批评

你可能还记得第 1 章曾提到,E.O.威尔逊在其著作《社会生物学:新综合》中阐述的一些观点曾遭受严厉批判,仇外心理就是其中一个备受指责的领域,威尔逊认为仇外心理在"一定程度上可能铭刻于我们基因中"。在一场异常凶猛的批判中,艾伦等人指控威尔逊有意传播一种邪恶观点——仇外和战争是自然的,因此注定发生,无法避免,他们还指出威尔逊试图"为某些群体(种族、性别和阶层)的生存现状或特权提供遗传上的借口"。显然,我们需要对这一论调保持警惕。认为仇外心理可能在我们祖先生活环境中起到了作用,并不意味着当代人一定会产生这种情感,也不意味着仇外心理和仇外行为在道德上是可以接受的。具有某种特征的发展潜质并不等同于发展必然性,只有通过与环境的相互作用,基因才能发挥其表型效应,而改变环境,则可以减弱甚至逆转表型效应。

此外,我们还应该认识到,威尔逊只是在"说明"某些事情,而不是在"规定"某些事情。进化论者并不认为我们天生会发展出种族主义态度,而是认为对于我们祖先来说,对内群体的强烈认同有助于他们与其他群体开展生存竞争。这可以解释为什么如今许多人会轻而易举地被种族主义思想所蛊惑,了解其中的原因可以让我们更好地对儿童开展教育,使他们不成为种族主义的信徒。

自然群体形成——罗伯洞穴实验

一个社会心理学经典实验曾有力地证明了儿童是多么容易被灌输形成对内/外群体的刻板印象。在 20 世纪 50 年代中期的俄克拉何马州,社会心理学家谢里夫(Muzafer Sherif)和他的同事们开展了一个实验,他们计划探讨群体的形成速度以及内群体的社会凝聚力(Sherif, 1956)。实验发生地位于罗伯洞穴州立公园,研究者将一个夏令营中 22 个男孩随机分成两组(实际上这个夏令营就是为了开展实验而组织的),组建成"老鹰队"和"响尾蛇队"。这些男孩在实验之前从未见过面,他们来自不同学校,但有着相似的背景——他们都是白人新教徒,智商等于或略高于平均水平。两个小队分别到达公园,安置在公园不同地方的木屋中。在第一周,每个小组都误以为整个营地只有他们小组的人。这一安排是为了避免他们提前认识,如此一来,当一周后两组人一起参加竞争性游戏时,研究者可以观察到更真实的群体互动。

有趣的事情发生了:在双方开始接触后(他们从远处听到对方的声音),都立即想让对方知道"谁是老大"。紧接着,实验组织者给两队下达了一系列竞争性任务,于是竞争很快就演变成相互间的敌意,辱骂很快上升为暴力攻击。当群体间的敌意逐渐失控时,个别男孩会采取行动保护其他群体成员。唯一缓解敌意的方法是引入了假想的新外群体。实验者告诉孩子们,营地外有一群男孩破坏了营地的供水系统,需要他们两组人一起检查供水管道。在完成合作任务的过程中,两组男孩才逐渐消除敌意,和谐共处。

尽管进入了"和平"阶段,男孩们仍然更愿意与自己小队的成员在一起,更喜欢和自己的队员接触。你可能会认为,这项研究只是用一种略显极端的呈现方式说明了一个我们所有人可能已经知道的事情。任何参加过团队运动或参加过某种集体活动的人都能体会到男孩们对同伴的忠诚以及对他们竞争对手的敌意。但谢里夫的研究也教会了我们另外重要一课:如果我们想要解决群体冲突,最好的办法之一是制造出一个共同敌人。在共同敌人面前,原来外群体就会变成"自己人"。

基于最小信息的群体有别

如果说罗伯洞穴实验证明了我们是多么容易被任意群体身份所裹挟,那么亨利·泰弗尔(Henri Tajfel)在英国布里斯托尔一所高中所开展的群体歧视实验则进一步证明该效应甚至可以发生在完全匿名的个体间(Tajfel, 1970)。泰弗尔的实验涉及对他人的奖励分配,整个实验过程包括两个阶段。在第一阶段,一名研究人员向同一所学校的男孩们展示了 40 张标有许多点的幻灯片,并要求他们单独估计每张幻灯片上有多少个点,研究人员记录下他们汇报的点数。随后,男孩们被告知,有些人总是高估点的数量,而另一些人总是低估点的数量。再之后,男孩们被带到不同的房间,每个人都分配了一个代码号,这个代码号能够说明他们在前一个任务中是"低估者"还是"高估者"(实际上,他们被随机分配到这些组别中)。此时研究第二阶段开始了,被试们要完成一个决策任务,他们必须给一组组其他配对被试分配一些点数,男孩们分别拿到一本 18 页的小册子,每一页上都印着由一系列数字对组成的矩阵,这些数字对代表了可选的分配方案。上面的点数数字是分配给一个男孩的,被试要从中选择一对。重要的是，这些点数可以兑换成金钱，因此，被试翻开新的一页时其实都是在为另外两个（匿名）男孩分配奖金。他们唯一的参考信息是这两名男孩的代码——代码可以表明男孩在之前的任务中是高估者还是低估者。从图 8.8 中可以看出，在可选范围内，被试可以做出近乎平等的分配，如"11"和"12"；也可以做出不平等的分配，如"9"和"14"，或者做出极端不平等的分配，如"6"和"18"。

| 18 | 17 | 16 | 15 | 14 | 13 | 12 | 11 | 10 | 9 | 8 | 7 | 6 |
| 5 | 6 | 7 | 8 | 9 | 10 | 11 | 12 | 13 | 14 | 15 | 16 | 17 | 18 |

图 8.8　泰弗尔实验中的可选分配方案举例

研究结果显示，当配对男孩属于同一类别时（都是高估者或都是低估者），被试为他们分配的点数会大致相同。考虑到被试对他们完全不了解，这一结果非常自然。然而，与之形成鲜明对比的是，如果配对男孩属于不同类别，被试为他们分配的点数会有所差别——他会更优待与自己类别一致的个体（Tajfel, 1970；Tajfel et al., 1971）。该结果清晰而有力地证明，即使个体完全不知道两个不同群体成员的任何具体信息，他依然会更偏爱内群体成员。泰弗尔称这种行为为"最小群体间区别对待"（minimal intergroup discrimination）模式。也就是说，个体会仅仅基于临时且随意的群体类别就对不同群体成员做出区别对待。

泰弗尔的研究发现震惊了 20 世纪 70 年代的社会心理学界，该结论之后被其他相似实验模式多次加以印证，它被证明是一种稳定而显著的效应（Brewer & Crano, 1994）。

就像罗伯洞穴实验一样，泰弗尔的研究结果表明，我们并不需要寻找完全志同道合的同胞，我们只需要有一些线索（任何微小的信息），让我们感到自己是某个群体的一部分。用约翰·阿彻（John Archer）的话来说：

> 人们似乎会抓住任何线索来对内群体成员和外群体成员进行区分。（Archer, 1996, 33）

谢里夫和泰弗尔的实验证明了当存在竞争关系时，个体会分别对内外群体演变出多么极端的偏见和歧视，但与战争中真实发生的暴力事件相比，实验中出现的行为效应已经非常温和了。从表面上看，社会心理学实验中的群体对立与"现实世界"中那些剧烈的地区（或民族、种族、阶层、国家）冲突似乎相距甚远，但真的如此吗？如果你仔细分析就会发现，这种差异只是程度有别而不是性质有别。例如，洞穴实验中的男孩们可能不希望看到竞争对手中有人死亡，但他们确实试图严重伤害对方，他们都强烈地渴望独自占有营地。如果仅仅将男孩随机分配到不同组，一周之后他们便会自然发展出这种程度的对立态度和群体竞争意识。那么我们就能理解，为什么一些种族或宗教团体间会产生难以消弭的深仇大恨。例如以色列和巴勒斯坦人，他们都声称自己是以色列这块土地的主人。同时，我们也就能理解为什么会发生自杀式爆炸袭击这种极端行为——在本质上它是利他行为，利他对象是内群体成员。

上面介绍的研究都来自社会心理学领域，研究者要解释的是为什么群体间会产生敌意或合作。而进化心理学家则需要为这个方程式增加一个新的解，他们要回答，对于我们祖先来说，对内外群体的区别对待会产生何种广义适合度结果？也许自杀式爆炸可以说明亲缘利他主义和直接互惠主义可以发展到什么程度，同时，它也可以证明人类社会行为模式其实存在种种严重进化缺陷。

两性间的侵犯与暴力

当讨论到侵犯和暴力主题时，我们不应该忽视发生在两性间的攻击性行为。近年来，人们越来越关注男性针对女性的性侵犯，进化取向能帮助我们理解为什么会发生这种情况吗？正如我们在第 4 章中所看到的，人类男性和女性的利益在很大程度上是一致的，因为如果两性想要传递他们的基因，他们就需要彼此。尽管如此，性策略理论预测（Buss & Schmitt, 2019），两性间在某些关系中可能存在冲突，这种冲突不是天生的，而依赖于背景条件。交配冲突就是其中一种，和谁交配，交配频率如何，是否更换交配对象，这些都是可能导致两性冲突的选择问题。

男女间两个重要的性别差异构成了男性对女性侵犯的关键先决条件。首先，由于女性的繁殖成本更高，她们在择偶过程中会更为挑剔保守；其次，与大多数哺乳动物一样，人类男性比女性更强壮（Archer, 2019）。综合这二者，我们可以预测，同其他哺乳动物一样，女性遭遇强迫性行为的概率要远大于男性。事实上，当人们想到强迫性行为时，会很自然地将受害者预设为女性。在所有（被考察过的）文化中，都存在"规律"的男性性胁迫犯罪记录，而对女性的此类犯罪记载则很少见（Archer, 2019）。某些男性的强迫行为可能发生在生殖周期的任何阶段，从求偶一直到关系结束。我们可以将性胁迫分为三种主要形式（Clutton-Brock & Parker, 1995）：

- 性骚扰

- 对伴侣施暴
- 强奸

接下来,我们依次分析每一种行为,并考虑是否在每一种情况下都是男性针对女性的暴力,还是在某些行为关系中,我们也能看到相反的模式?

性骚扰

性骚扰是一种不受欢迎的性试探行为,它通常发生在工作场所或其他社交场合(Browne, 2010),常见表现形式如未经允许的触摸或贸然开启性话题。性骚扰受害者会有更高的概率出现抑郁、焦虑和药物滥用等问题(Brewer et al., 2019),这表明对他们来说,性骚扰并不是无足轻重的玩笑。跨文化研究数据表明,在绝大多数性骚扰事件中,侵害者都是男性而受害者都是女性。当然这不是绝对的,一项针对美国联邦政府雇员的研究发现,42%的女性抱怨过性骚扰,但15%的男性也曾有此困扰(Buss, 2019)。一些进化心理学家认为,性骚扰行为与两性间性策略进化差异有关。幸运的是,其实大多数男性并不会做出性骚扰举动,这就引出了关键问题:到底什么人会那么做?为什么?最近研究表明,具有特定性格特征的男性更容易实施性骚扰以及其他形式的性侵犯行为。该性格特征被称为黑暗三人格(Dark Triad),具有黑暗三人格的个体会同时形成三种不同但相关的人格特征(Paulhus & Williams, 2002),它们分别是自恋(narcissism)——极端的骄傲自大与优越感;马基雅维利主义(Machiavellianism)——企图控制他人;精神病态(psychopathy)——冷漠、麻木以及缺乏同情心。之所以说黑暗三人格不同但相关,是因为在个体身上这三种人格具有显著正相关,但同时个体可能某个人格维度得分很高,而另两个人格维度得分则不与最高的那一项齐头并进。如果我们必须概括出黑暗三人格的本质,那就是会无情地操纵他人(Muris et al., 2017)。虽然男性和女性都可能发展出黑暗三人格,但其中男性更有可能对他人性骚扰,他们倾向于投入短期关系中,并能从中体验到某种权利感(Zeigler-Hill et al., 2016)。如今一些研究者认为,黑暗三人格可能具备特殊的心理适应能力,它们能使"携带者"利用社会环境中的特定生态位,与之相应的行为模式可能有利于一小部分人群的基因传递(Zeigler-Hill et al., 2016)。作为一种机会主义交配策略,虽然性骚扰会被大多数人所不齿,但如果它只是一种"例外"模式而不是"规范"模式,就有可能获得收益(见第13章"频率依赖选择")。我们很难直接验证性骚扰是否具有适应性,但可以找到一些间接证据,例如调查显示最常见的性骚扰对象是性成熟、单身且具有魅力的女性(Buss, 2019)。当然,任何行为对特定个体来说都具有适应性,这不代表它就可以被接受。可以想象,在某些情况下杀死竞争对手也是一种适应性行为,但任何具有道德良知的人都不认为杀人是正确的。

一些进化论者对黑暗三人格中的马基雅维利主义有着特别的研究兴趣,齐格勒-希尔(Zeigler-Hill)和他的同事对以色列人进行的大样本(855 名男性,1 054 名女性)测量分析发现,在马基雅维利主义量表上得分较高的受调查者往往也具有更高的性骚扰倾向,但这一结论只适用于男性(见图 8.9)。

在黑暗三人格中得分高的女性很可能对他人表现出不同形式的侵犯行为。让人感到讽刺以及值得玩味的是,最近的一项研究发现,当对性骚扰情境进行评判时,在黑暗三人格上得分高的女性比得分低的女性更有可能责怪受害者(Brewer et al.,2019)。因此,可能在某些情况下,对男性和女性来说黑暗三人格都能产生适应性,但其引发的两性行为模式却大不相同(Mededović et al.,2018;Mededović,2019)。

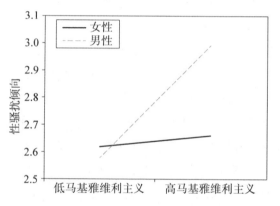

图 8.9　男女两性在马基雅维利量表上得分与性骚扰倾向的关系

对伴侣施暴

在获得理想伴侣后,个体会采取策略留住对方,无论男女都是这样。常见的方式包括表露爱意、取悦对方以及投入时间和精力来维持情感关系。然而,在某些情况下,两性都有可能诉诸一些不让人愉快的战术。当双方中的任何一方在关系中感到不安全时,他们可能会采取各种形式的语言虐待,比如居高临下,颐指气使,让对方服从自己。如果言语攻击起不到作用,那么一方或双方可能采取身体攻击的形式(Archer,2000;Desmarais et al.,2012;Straus,2008),这种行为被称为亲密伴侣暴力(intimate partner violence;Desmarais et al.,2012)。当听到女性对男性的暴力攻击与男性对女性的暴力攻击具有大致相同比例时,你可能会感到惊讶,因为在许多人的想象中,由于大多数社会依然盛行父权制文化,因此男性对女性伴侣施暴应该更为常见。事实上在

21世纪之前,人们一直是如此假定的。然而自世纪之交以来,大量大规模调查研究发现,当涉及亲密伴侣暴力时,女性施暴者的比例不但不亚于男性,甚至还会略高。一项对10年间(2000—2010年)111例已发表研究报告进行的数据分析显示,女性实施亲密伴侣暴力概率为28.3%,而男性实施亲密伴侣暴力的概率为21.6%(Desmarais et al.,2012)。特别需要指出的是,尽管在这些大数据调查中,女性对伴侣进行身体攻击的频率略高于男性,但男性作为施暴者造成严重伤害的概率实际上更高。另外,谋杀率也是如此,尽管男性对男性的谋杀远比男性对女性的谋杀更常见。

如此高的亲密伴侣暴力比例值得我们深思,为什么大约五分之一的男性和四分之一的女性会对伴侣做出身体攻击举动?人类是一种高亲代投资的动物,由于女性是后代的强制性投资人(怀孕、生产和哺乳只能由女性完成),所以她们在选择伴侣时要敏感地捕捉到对方进行物质投资的意愿和能力。这意味着,在几乎所有文化中,男性都要履行"养家糊口"的角色期望。而一旦做出了长期承诺,通常男女双方都会利用多种策略来确保他们挑选出的理想伴侣会一直留在身边,巴斯称这种现象为配偶保留(mate retention)。维护配偶关系的方法之一是时刻保持警觉,如果伴侣对竞争对手过于感兴趣,那么就进入嫉妒状态。虽然引发嫉妒的因素在两性之间略有不同(见专栏8.6),但总的来说性嫉妒是一种非常强烈的情感,它是谋杀案的常见诱因。由性嫉妒引发的凶杀案,既会发生在两性间,也会发生在同一性别中(Daly & Wilson,1988;Nesse,2019)。虽然性嫉妒通常被视作一种破坏性情绪,但进化论者认为它具有重要进化功能——激发个体的警惕意识,并改变配偶行为,从而提高配偶保留的可能性(Buss,2000;2016;2019)。不幸的是,这种嫉妒会演变成暴力。显然,嫉妒并不是导致亲密伴侣暴力的唯一缘由,但它确实是最常见的起因(Daly et al.,1982;Mullen,1995)。

专栏8.6　嫉妒的性别差异

尽管男女都会出现性嫉妒感受,但有证据表明,两性在嫉妒的诱因方面存在差异。当伴侣表现出与其他人相爱的迹象时,女性更容易感到嫉妒;而当怀疑自己的伴侣与他人发生性关系时,男性会感到更强烈的嫉妒(Buss et al.,1992;Buss,2000)。尽管该结论在道德上常常引发争议,但它的实验证据看起来却非常靠得住。巴斯和他的同事们对此进行了一系列研究,所有结果都显示出了这种差异。一个很好的例子是,调查个体在询问伴侣是否行为不检点时,男女两性会分别更侧重哪种询问方式，图 8.10 说明了这一点。

然而，到底是什么原因导致了性嫉妒的性别差异？进化心理学家认为，当涉及两性关系时，我们的男性祖先和女性祖先可能会面对不同选择压力。对于男性来说，如果他的伴侣怀上了另一个男人的孩子，那么他可能会因为抚养一个与他没有共同基因的孩子而降低广义适合度。因此，当存在性背叛时，男人可能会产生强烈嫉妒感，它这是一种"反绿帽"的适应机制。对于女性来说，她们之所以更担心伴侣感情出轨，可能因为这预示男性即将撤出投资，将其转移到另一个女人身上。尽管这些结论最初是通过研究西方社会样本获得的，因而遭受了一定质疑（Buller, 2005a），但巴斯随后证明了它完全经得起跨文化检验（Buss, 2000）。

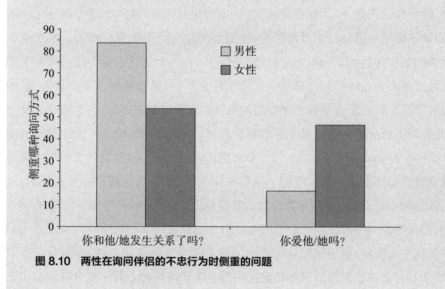

图 8.10 两性在询问伴侣的不忠行为时侧重的问题

为什么有些男人会强奸？

与亲密伴侣暴力形成鲜明对比的是，强奸几乎是"专属于"男性的犯罪行为。显然，强奸是一种极为可憎的罪恶，它会给受害者造成巨大痛苦。因此，了解这种强烈侵犯行为的原因具有重要的科学和社会意义。20 世纪 70 年代，女权主义活动家苏珊·布朗米勒（Susan Brownmiller）提出了一个在社会科学领域产生了重要影响力的强奸解释假说，她认为所有男性都是潜在强奸犯，男性通常将强奸作为控制女性的一种形式（Brownmiller, 1975）。在其著作《违背我们的意志》（*Against Our Will*）中，她说强奸是"一种有意识的胁迫手段，通过强奸，男人会让所有女人感到恐惧"。

尽管布朗米勒没有为这一观点提供确凿证据，但自20世纪70年代以来，她的强奸假说经常被看作是对真相的洞察，《违背我们的意志》成为畅销书。虽然并非所有女权主义理论家都赞同布朗米勒这种激进的女权主义立场，可许多人也认为强奸是一种男性针对女性的控制和压迫手段，而不是由性动机驱动的行为(Dworkin, 1987)。然而，进化心理学家不敢苟同，他们认为强奸在很大程度上与性有关。不过，在我们探讨支持或反对这一立场的证据之前，先想想，"所有男人都是潜在强奸犯"这个说法成立吗？显然，我们很难（实际上可以说是不可能）找到这个问题的确凿答案，但实证研究倾向于证伪布朗米勒的观点。在一项研究中研究者向261名男性和259名女性提出这样的问题："如果被发现的可能性为0，我会强迫一个异性和自己发生性关系"，结果显示，27%的男性没有选择"非常不同意"这一项。这意味着，样本中超过四分之一的男性认为，如果明确知道自己不会被抓住，他们可能会考虑做出强奸行为。虽然这个比例让人感到不安，但它也表明，至少在这个调查中，73%的男性自认为任何情况下都不会考虑强奸他人。此外研究还显示，6%的女性表示，如果知道自己不会被发现，她们也可能强奸男性！对于这些数字我们当然可以做出很多解读，但有一个结论无疑非常清楚：它推翻了所有男人都是潜在强奸犯的说法，其他研究也得出了大致相同的比例(Buss, 2019; Malamuth, 1981)。另一个间接证据是，人们发现，通常有强奸经历的男性其性格特征会明显偏离正常范围。他们往往易于冲动，缺乏同理心和亲和力，对女性怀有敌意(Buss, 2019)。注意符合这些特征的人，也有可能具备黑暗三人格。

另外，将强奸视为一种控制手段而不是性行为的想法也需要审慎检验。很多人都将这一主张认定为事实，就像他们认定所有男性都是潜在强奸犯一样。然而，巴斯则指出，该想法是建立在意识形态而不是建立在经验性证据基础上的。至少有两类实证研究证据看起来更支持强奸行为是由性动机驱动的。首先，强奸犯的目标通常是处于生育年龄的女性。例如，基于10 315个案例的统计分析显示，70%的受害者年龄在16岁到35岁之间(Thornhill & Thornhill, 1983)。这与暴力犯罪（与性无关的）中女性受害者的年龄分布形成了鲜明对比，后者的分布更为均匀。其次，强奸致孕率高得惊人，大约是自愿性行为的两倍（约6.42%对3.1%；Gottschall & Gottschall, 2003）。

进化心理学家大卫·巴斯(David Buss)等人以此为证据，证明当男性实施强奸时，他们的主要动机主要是满足自身的性需要，而不是"让女性安于当前社会地位"的需要。即使那些攻击性天生比较强的男性（即他们在黑暗三人格特质测量上得分很高）实施了强奸，这仍然不能从根本上解释他们为什么这样做。是否可能这类男性采用了一种替代适应策略？2000年，兰迪·桑希尔(Randy Thornhill)和克雷格·帕尔默

(Craig Palmer)在《强奸的自然史》(*A Natural History of Rape*)一书中探讨了该假设,他们不经意间就引发了一场抗议风暴。许多女权主义理论家强烈指责这"两个男人"竟然公然反对对强奸的正统解释——强奸与权力和控制有关(Lloyd, 2001; Rose & Rose, 2000)。有趣的是,尽管这两位学者都赞同需要从进化角度来分析强奸的原因,但他们具体的观点却有所不同。桑希尔认为,对于某些男性来说(比如黑暗三人格男性),强奸确实是一种适应性策略;而帕尔默则认为,强奸是其他适应机制——比如男性倾向于寻求更多性机遇——的副产品。本章不准备对此争论进行更深入的讨论,事实上,巴斯认为,综合目前的已有研究来看,我们还没有足够的证据来判断强奸到底是一种适应机制还是适应机制的副产品(Buss, 2016; 2019)。尽管如此,他还是认为,对该问题的进化研究有助于我们理解为什么以及在什么情况下最可能发生强奸犯罪。总而言之,在20世纪后期时,将所有男性视为强奸犯并认为强奸是一种性别压迫手段的观念已经根深蒂固,而进化解释对该观念提出了严肃质疑,当前实证研究的结论则与进化解释更为一致。

结论

进化心理学家认为,从远因角度看,亲社会行为和反社会行为都是适应性策略,这些策略可能在祖先生活环境中有益于提高广义适合度(见第7章)。更具体地说,我们已经可以用亲缘选择理论和直接互惠理论来解释为什么人们会给予(或不给予)他人帮助。然而,随着语言和复杂文化的出现,人类可能发展出了一些(表面看起来)并不符合这些理论的心理适应机制,它们引导我们在某些情况下去帮助他人,在某些情况下对他人怀有敌意。声誉意识可能将利他行为的复杂性提升到了一个新水平。也正是在这些心理机制的驱动下,人类社会在群体间以及个体间会出现以牙还牙式的斗争循环。当然,暴力也会发生在两性之间,虽然大多数伴侣的爱情之路并不会始终一帆风顺,但大约75%的人能够在不诉诸身体攻击的情况下解决分歧。

在20世纪的大部分时间里,大多数心理学家探讨有关人类亲社会行为和反社会行为的问题时,就好像达尔文主义从未存在过一样。即使如今,许多社会科学家也不愿意用进化理论来解释人类行为模式(Wallace, 2010)。然而,当逐渐理解和接受了远因水平的解释后,社会心理学家会发现他们获得了一个非常强大的工具,借助该工具,他们可以发展出许多关于亲社会行为及反社会行为的新预测(Schaller et al., 2006)。

总结

进化心理学家使用互惠利他主义/直接互惠的概念来解释人类和其他物种的合作行为。直接互惠指两个无亲属关系的个体对彼此做出的救助行为。许多动物身上都能观察到这种行为模式,包括吸血蝙蝠之间的反刍和长尾猴之间的互助。

不过总的来说,动物之间的互惠利他行为更多是基于亲缘关系展开的,而人类则不然,一些进化心理学家认为,互惠行为可能是人类社会基石之一。

进化论者借助数学研究的一个分支——博弈论——来描述人类和其他物种在简化社会决策场景下的行为。在囚徒困境情境下,参与者需要选择与同伴合作或是背叛对方。使用计算机程序进行的模拟研究则表明,"以牙还牙"会成为囚徒困境情境下最成功的互动策略。一旦遵循这种策略,玩家在首次遇到另一个新玩家时都选择合作,之后再遇到同一玩家,则同上次相遇时该玩家所做的选择保持一致。

以牙还牙被称为进化稳定策略(ESS),该概念指的是,对于某种策略来说,只要有足够多成员采用这一策略,就不会有其他策略能带来更高收益。在连续性囚徒困境实验情境中,被试会自发选择以牙还牙策略。这可能表明,人类已经进化出了主动寻求合作的倾向,但当如果合作没有得到回报,则会产生怨恨。

进化心理学家将仇外心理的起源归咎为我们祖先生活环境中那些小团体就有限资源展开的生存竞争。亲缘利他主义和互惠互利行为模式创造出了一种选择压力——对陌生人和外群体成员保持警惕,这很可能是外群体敌意的进化根源之一。一些进化学者认为,"内外有别"的心理倾向对持久联盟的形成至关重要,在某些情境下它是一种重要的适应策略。

人类男性和雄性黑猩猩都会在个体间建立以杀害其他群体雄性为目标的致命攻击联盟,一些学者认为,这表明人类与黑猩猩的暴力行为模式具有同源性。

两性之间的侵犯行为涉及三类:性骚扰、对伴侣施暴和强奸。其中,强奸和性骚扰几乎完全是男性"专属",而在亲密伴侣暴力中,女性施暴者的比例要大于男性施暴者的比例,尽管如此,男性施暴者更有可能对伴侣造成严重伤害。

问题

1. 一些进化心理学家认为,群体间的敌意(甚至战争)可能来自群体偏见。当具体到战争问题的成因时,这个论点有什么局限性?列出所有可能导致战争爆发的原因，然后想想如何对这些观点进行检验？
2. 以下哪一项可以被认为是真正的利他主义行为，请说出理由：
   (a) 一个男人从着火的大楼里救出他的儿子。
   (b) 一个男人从着火的大楼里救出他的朋友。
   (c) 一个女人把她所有的积蓄都捐给慈善机构。
   (d) 一位流行歌星从一个贫穷国家领养了一个孩子。
3. 表 8.1 列举了动物界中一些互利的案例。然而，蒂姆·克拉顿 布洛克认为，许多互利行为可以由互惠共生和操控来解释，表 8.1 中的例子哪些可能属于后两类？我们如何对这三类行为模式进行区分？
4. 艾伦等人指控威尔逊认为"仇外心理在一定程度上可能存在于我们的基因中"。你觉得这有道理吗？即使威尔逊纯粹是在科学认知上持有该观点，但考虑到其潜在影响，他应该发表这一看法吗？目前研究证据表明，女性会有更大概率对伴侣施暴，你能从进化角度想出合理解释吗？

延伸阅读

Alexander, R. D. (1987). *The Biology of Moral Systems*. New York: Aldinede Gruyter.

Chagnon, N. (2012). *Yanomamo: Case Studies in Cultural Anthropology* (6th ed.). Wadsworth, CA: Belmont.

Wilson, E. O. (2019). *Genesis: On the Deep Origin of Societies*. London: Allen Lane.

Wrangham, R. (2019). *The Goodness Paradox: The Strange Relationship between Virtue and Violence in Human Evolution*. New York: Vintage Books.

9 进化、思维和认知

> **关键词**
>
> 计算心理理论・基材中性・解释水平・情景记忆・语义记忆・认知经济・典型性效应・归纳逻辑・道义逻辑・赌徒谬误・热手谬误・觅食理论・边际价值理论

对于有机体来说,能够对环境作出恰当反应并采取相应行动是进化上的一大进步,从简单的刺激—条件反射,到涉及信息感知、判断与预测的复杂决策机制,莫不如是。20世纪中后期出现了一种新的心理学形式——认知心理学,它以信息加工和计算的术语来描述决策机制。传统的认知理论倾向基于认知过程解释个体行为,因此在解释水平上它更强调近因而不是远因。而进化取向试图在远因层面上解释行为,将行为模式看作是祖先的适应性策略。进化心理学家重视的是行为的适应性意义,并探寻特定认知系统旨在解决哪些具体问题。因此,认知被视为一种适应手段,而那些明显的不适应行为要么源于当前世界与心智进化环境(祖先生活环境)之间存在差异,要么属于心智进化过程中所做出的必要牺牲。在本章中,我们先重点介绍认知理论中计算加工的思想,之后我们再详细探讨进化观念对认知理论产生的影响,具体涉及视觉、记忆、推理和决策等重要领域。

什么是心智,什么是大脑,它们的作用是什么?

心理学家,尤其是认知心理学家,对心智话题会非常熟悉,而神经科学家则对大脑话题会非常熟悉。其中的区别是什么,又有什么联系?对许多人来说,尤其是像哲学家笛卡尔这样的二元论者来说,二者当然有区别,而且是非常重要的区别。在他看来,大脑是一种物质,这意味着大脑、身体其他部分以及整个物理世界是由同样的物质构成的。毫无疑问,大脑承载了许多工作——比如移动身体和感知世界,但笛卡尔认为,大脑与思想无关。思想是由"心灵"(或者说灵魂、心智)这一完全不同的东西来实现的,心灵有别于大脑,它的构成成分不是狭义上的物质,而是另一种神秘事物,笛卡尔称之为"思维之物"（源自拉丁文"*res cogitans*"，意思是"会思考的东西"），与之相对，他将包括大脑在内的普通物质称为广延之物（源自拉丁文"*res extensa*"，意思是"能够广延的东西"）。

如今，大多数心理学家和哲学家已经不再同意认知中涉及两种不同物质（这种观点也被称为二元论立场，因为它相信存在两种截然不同且对立的物质），他们更相信心智和大脑在根本上是同一事物。唯物主义（materialism）立场认为，一切事物都是由物质以及物质过程造就的，本章自然也秉持这一立场。不过我们可以用不同的方式来表达思想和大脑之间的同一性关系。史蒂文·平克将心智称为"大脑的信息处理活动"，换句话说，心智只是描述大脑活动的一种特殊方式。

但是我们为什么会有大脑，大脑的作用是什么？当心理学专业的学生被问到这个问题时，他们通常很难找到答案。这一点无疑令人惊讶，因为他们中的许多人已经学习了两三年心理学。这就像生理学专业的学生对心脏已经有了足够深入的了解，他们知道心脏的肌肉、神经通路、瓣膜和血管走向，却从未被告知或者懒得去问，心脏的功能是什么。那么大脑到底是用来干什么的呢？一种观点认为，它是一个决策机构（Gintis, 2007）。大脑的进化是为了回答"我下一步该做什么？"。为了解决这个问题，我们需要了解外部世界和内部世界发生了什么："周围有人吗？""我饿了吗？"大脑需要处理这些信息，以便得出结论。一旦我们开始以这种方式理解大脑功能，我们就会看到，认知的许多方面——视觉、记忆、推理——通常是单独处理的，但它们也会结合在一起，使我们能够作出更好的决策。

认知与思维的进化

人类拥有无比强大和复杂的心智能力。它让我们能够轻松在三维空间中穿行，这一点会让代表了当前最高科技水平的机器人都感到尴尬（如果它们有情感的话）；它让我们可以想象自身从未经历过的事情，并通过语言将这些想法与他人分享。拥有强大头脑的好处是显而易见的，它使我们具备了文化、语言、创造力和解决复杂问题的能力，但也会带来一些不那么明显的代价。

首先，强大的心智源于强大的大脑，而人类大脑的代谢成本很高，大脑重量只有身体重量的 3%，却占据了全身 20% 的热量支出。其次，大脑增加了头部的重量，导致人类比其他灵长类动物更容易死于颈部断裂或其他伤害。第三，为了缓解头部过重的问题，在进化过程中，人类颅骨变得更薄、密度更低，这导致我们的颅骨越来越脆弱，颅骨骨折风险更大。第四，为了容纳大脑，需要更大的头部，这意味着分娩对母亲和婴儿来说都很困难——人类婴儿和母亲死于分娩并发症的数量高得惊人，特别是在没有先进医疗技术的原始社会和传统社会。再者，由于两足行走的生物力学要求，人类骨盆比我们的灵长类亲戚更为狭窄，这进一步提高了分娩难度（见第 4 章）。

尽管付出了这些代价，但大脑进化史清晰地表明，人类大脑变大并不是偶然事件，一定有足够优势对冲了这些成本。事实上，一些研究表明，在过去的 1 万年左右，我们的大脑一直在萎缩（Liu et al., 2014）。这可能是因为现代人越来越依赖文化和团队合作，对个人聪明才智不再具有那么高的要求（见第 6 章和第 14 章）。不管原因是什么，如果这项研究结论的确无误，它表明进化对我们大脑的设计原则是"符合需求"，而不是"越来越大"。

德沃尔和图比认为（DeVore & Tooby, 1987），人类大脑的进化是为了填补所谓的"认知生态位"（cognitive niche）。"生态位"是生物体所利用的特定生态系统。例如，蠕形螨是一种微小的节肢动物，它一生都生活在我们的脸上，以死皮为食，交配，然后死亡（鉴于此，这里就不提供照片了），你的脸就是它的生态位。而人类的认知生态位指我们能够利用自身和其他认知能力——如视觉、记忆、语言和推理——来开发特定的生态环境。例如，合作狩猎、制造陷阱、烹饪、医药和其他许多巧妙的想法。有些技巧源自文化传承，有些是与生俱来的，有些则两者兼具。

因此，从认知的角度来看，大脑的功能在于进行计算，这种计算就是我们所说的心智/思维/思想。许多人对大脑是一种计算机的想法感到惴惴不安，而一些学者则直言不讳地排斥这一观点（Searle, 1980）。人们常常会诉诸的反对意见是，计算机需要由人（通过程序）来告知如何工作，而大脑则会自发学习；或者计算机只会盲目刻板地通过算法解决问题，而人类能通过"直觉"解决问题。

这大概是因为当人们想到计算机时，脑海里浮现的都是他们在工作或家庭中使用的计算机。但生产计算机的方式不止一种，制造那种具备硬盘、内存、软件和中央处理器的计算机只是其中之一，另一类正是大自然制造大脑的方式。为了更清楚地说明这一点，我们先了解一个小知识："computer"一词最初是用来指那些借助算盘或其他设备、以处理数字为工作的人，因此它的原意是"算者"。随着技术进步，这个词才被用来描述机器设备，而不是它们的操作员。事实上，许多在过去指代工作的词语如今都用来指代设备了。比如，如果告诉一些年轻人本书作者的父亲是"printer"（印刷工，现在主要指打印机），他们可能会露出困惑的表情。

计算机芯片不是必须要由硅材料来构成的，早在 1837 年，一位名叫查尔斯·巴贝奇（Charles Babbage）的英国人就设计出了世界上第一台真正意义上的计算机，遗憾的是，他并没有制造完成，很大程度上是因为他已经耗光了所有资金，但详细方案已经成型。在计划中，这台机器可能有 5 吨重，体积相当于一个房间，它主要由钢铁制成，就像是一座"蒸汽朋克"建筑。蒸汽构成了机器的驱动力，数据的输入和输出通过穿孔打卡实现，而信息则是由齿轮驱动的金属鼓来处理的。我们可以想象到当年巴贝奇的雄心壮志，他还有一名合作者——阿达·洛芙莱斯（Ada Lovelace）。洛芙莱斯是一位才华横溢的数学家，也是诗人拜伦勋爵的女儿（见图 9.1），她在 1843 年编写了第一个计算机程序。

图 9.1　阿达·洛芙莱斯，数学家，世人公认她编写了世界上第一个计算机程序

虽然这台只存在于方案书中的机器是机械设备而不是电子设备，但它仍然像现代家用电脑一样，被视为计算机。这是因为它会基于一套数学原理进行加工计算，这套数学原理的设计者之一就包括英国数学家艾伦·图灵（Alan Turing）。只要能够完成计算加工任务的设备就是计算机，不管它用什么材料制成，也不管它如何构造。最极端的例子是，计算机科学家约瑟夫·魏泽姆鲍姆（Joseph Weizembaum）在 1976 年出版的《计算机能力与人类理性》(*Computer Power and Human Reason*)一书中展示了如何用卫生纸和一些鹅卵石制造一台计算机。所以,当我们把大脑描述为一台计算机时,我们指的是抽象的计算机制,就像我们把心脏描述为一个泵时,我们指的是它所具备的那种能够将液体(血液)从一个地方(器官组织)移动到另一个地方的特性功能。大脑当然看起来不像我们日常使用的计算机,就像心脏当然看起来不像我们日常给自行车打气的充气泵,但它们的功能是可以类比的。[关于计算意味着什么,以及大脑是否完成了计算,还可以参见 Fodor(2000);Pinker(2005)]

所以,许多"设备"都可以作为计算的载体,无论是电子计算机、轮子、打孔器还是大脑。这种特性被称为基材中性(substrate neutrality),因为计算这一机制独立于产生该机制的设备。

图 9.2　曼彻斯特的图灵纪念雕像,图灵在那里成长、生活和逝世;人们通常认为,图灵死于自杀,他吃下了含有氰化物的苹果;一些市民会在寒冷天气时自发为图灵雕像裹上围巾,为其"保暖"

进化论给认知研究带来了什么?

希望现在你已经熟悉了进化研究中常提及的远因问题,它关注的是塑造我们心智模式的进化压力,简而言之,研究者要回答的是某种行为到底"为了什么"。这也是进化给认知研究带来的启示,正如我们将看到的,我们的视觉系统、记忆和推理能力在某些情况下似乎"设计"得性能很差：我们会看到实际上不存在的东西，我们可能忘记了伴侣的生日，我们经常得出错误的推理结论。但进化论者认为，这其实是一种误解，因为我们本身就没有正确理解这些系统的设计初衷。对人类心智任何一方面的完整理解都需要我们从远因解释开始。接下来我们就用这种方式来依次分析视觉、记忆、逻辑推理和统计推理等主题。

专栏 9.1　自由意志问题

　　心理学的认知取向经常让一些人感到不舒服。如果思想只不过出自一台生物计算机，那我们的自由意志将何去何从？我们所有的选择都是预先确定的吗？将自由意志与决定论对立起来是一种普遍存在的想法，我们有必要在这里分析一下其中的问题。如果你完全了解一个系统的初始状态，同时你完全获悉系统运行规则，那么你就有可能 100% 准确地预测该系统在未来任何时候的状态。假定宇宙是一个确定性系统，假定我们知道在某个时间点（比如十几亿年前）宇宙中每个粒子的状态，再假定我们已经知晓了"完美的"物理学法则，那么通过物理计算推演，我们就能预测地球形成、生命起源、人类进化甚至是你此刻正在阅读本书这一事实。因此，如果宇宙是确定性的，而我们的大脑是宇宙一部分，由各种原子和分子构成，那么我们的思想就像其他一切一样是确定的、可预测的。这通常会让人们感到非常不自在，许多人寻求安慰的方式是假定宇宙并不符合决定论。他们认为，量子物理学已经表明世界上存在真正的不确定性：物理世界并不像钟表一样严丝合缝、按部就班地运转。在一个不确定的宇宙中就会有真正的不可预测性。例如，受到相同力的粒子可能会朝一个方向移动，但也可能朝另一个方向移动，我们无法事先知道是哪个方向。就像如果有人通过抛硬币或掷骰子来决定接下来做什么，这当然会导致宇宙变得不可预测——确切地说，不可预测的程度取决于随机性的程度。然而，非决定论能拯救我们的自由意志概念吗？有些人认为确实如此，但想想非决定论对自由意味着什么。这就好像在大脑里抛硬币一样，假如我们现在有两个行动方案 X 和 Y，在一种情况下，相当于硬币朝下，我们会选择 X 方案，在另一种情况下，相当于硬币朝上，我们会选择 Y 方案，这真的"自由"吗？随机性似乎并不等于自由意志，自由选择是由动机支配的，而不是随机抛硬币的结果。所以决定论和非决定论都不能挽救我们的自由意志概念。既然这样，自由意志是一种幻觉吗？一些研究似乎表明确实如此。里贝特（Libet, 1985）曾开展过一项著名实验，他让被试有意识地（在想动时）做出手指移动动作，同时通过脑电图记录被试大脑活动。

另外，被试还要盯着一个快速移动的计时器，当他们手指要移动时，计时器会发出一道光，这样研究者就准确记下手部运动的实际时间。将这一记录结果与脑电图记录结果放在一起对比后，研究者发现了有趣的效应：在做出有意移动手指的决定之前，大脑提前 350 至 400 毫秒出现了活动反应，所有被试都是这样。这表明，被试大脑中发生了一些"无意识"过程，且该过程早于他们的有意决定。

在另一项研究中，参与者被要求听到提示后选择移动他们的左手或右手食指（Brasil-Neto et al., 1992）。在此过程中，将经颅磁刺激作用于被试左脑半球或右脑半球的运动皮层。经颅磁刺激可以刺激运动皮层，引起左手或右手手指的启动动作（大脑左脑半球运动皮层控制身体的右手运动，右脑半球运动皮层控制身体的左手运动）。尽管被试实际上无法控制自己的行为（是经颅磁刺激导致的），但他们却表示，是他们自身决定了移动哪根手指。

那么，自由意志是一种幻觉吗？不一定，但这确实意味着我们可能应该改变我们对自由意志和意识的看法。自由意志和意识不是存在于物质世界之外的实体；它们是心智计算机制的一部分（也许是特殊的一部分），而心智计算机制又是由大脑产生的。人们之所以会认为"意识无法完全控制行为"这一想法听起来很古怪，可能源于对意识用途的误解。在传统观念中，人们会将意识看作是一个公司的经理，他必须管控企业的方方面面。但也有可能我们的意识自我只触及那些无法自动加工处理的决策。在里贝特的研究中，我们的意识自我可能只是简单地向较低层次的运算机制发送指令，内容是"在某个时候移动手指，告诉我什么时候完成了"，这导致了决策和意识之间的滞后。同样，在经颅磁刺激研究中，意识可能发出了类似指令："当你听到咔嗒声时，移动一个手指，并告诉我什么时候完成。"因此，虽然手指是在经颅磁刺激的作用下运动的，但意识并不知情，它只接收到"手指已按要求移动"的信号。像许多管理者一样，你的意识只了解下级部门呈现的报告内容，而不一定知道实际发生了什么（Wegner, 2003）。

视觉

当将进化思想与认知科学相结合时，视觉感知可能是相对来说最没有争议的研究领域。视觉科学家大卫·马尔（David Marr）对视觉系统"设计目标"的阐述（见专栏 9.2)彻底改变了这一领域。视觉到底是用来做什么的？许多人认为答案似乎很明显：

让我们看到世界的本来面目。但这一答案其实并不会对我们理解视觉有太大帮助,因为在很多情况下,我们显然没有看到世界的本来面目。

> **专栏 9.2　大卫·马尔和解释水平**
>
> 　　大卫·马尔对视觉问题的研究与其他神经学家截然不同(David Marr, 1982)。他认为,与其通过记录单个神经元的脉冲(通常对象是非人类,比如青蛙和猫),然后推断这些脉冲与所看物之间的关系,科学家们不如先解答一下视觉系统最初的设计目的是什么,然后再向下开展更具体层次的研究,他提出了三种解释层次(levels of explanation):
>
> 　　1. 计算理论层(level of computational theory)。某机制是用来干什么的?它的功能是什么?例如,我们可以设计一个计算机程序来计算一串数字的和,计算加和就是这个程序的功能。
>
> 　　2. 表征和算法层(level of representation and algorithm)。如何在抽象算法层次实现上述目标?例如,要设定哪些步骤,计算机程序才能把数字加起来?
>
> 　　3. 硬件实现层(level of hardware implementation)。第二层中描述的运算步骤如何在实际的物理基材上实现?计算是由什么完成的,是神经元、微处理器、机械齿轮还是打孔卡?这个基材怎样完成运算?
>
> 　　计算理论层与进化论者所说的远因解释非常相似:特定的行为模式或能力是为了什么?对于生存和繁殖而言,它有什么功能?一旦解决了这个问题,神经科学家就可以探寻算法,即产生这一行为模式的方式(第二层)。最后,他们可以分析神经元活动,确定神经元怎样实现算法。
>
> 　　考虑到在当前技术水平下,从神经元层次来理解人类思维还存在种种困难,因此大多数认知理论都倾向于关注第二层解释——表征和算法层。马尔的重要贡献在于他提出,如果要正确理解人类思想和行为模式,我们应该首先对它们的功能或设计目的有所了解。在这本书中我们也一直在强调,进化研究取向为心理学带来的最大裨益之一是它使研究者开始关注行为的功能。因此,进化心理学可以让我们获得关于计算理论层的解答。

　　例如,图 9.3 展示了两种视觉错觉。在第一幅画中,我们看到的是 3 个被切掉了一角的圆,但我们还会看到(而且好像是不得不看到)一个三角形,似乎中间空间比周围空间更能吸引我们的注意力。在第二幅图中,两个构成桌子的平行四边形其大小形

图 9.3 一些视错觉，在左边的图案中，实际上不存在三角形，但你会似乎看到一个三角形，在右边的图案中，两个平行四边形实际上形状大小完全一样，但你会觉得左边的更狭长

状完全一样，但我们会觉得左边的那个看起来比右边的更细长。

换句话说，这两个桌面在视网膜上的覆盖区域是相同的，但我们大脑通过某种方式使它们看起来不同。如果我们的视觉系统真的被设计成表征世界的本来面目，那么我们应该看到三个"吃豆人"两两鼎立围在一起，以及两个完全相同、只是角度不同的桌面。

图 9.4a（Adelson，1993）进一步说明了这一问题。首先看正方形 A 和正方形 B，A 在白色正方形的包围中，看起来是灰色的，B 在灰色正方形的包围中，看起来更偏白色。可实际上，A 和 B 的颜色完全一样，你相信吗？图 9.4b 可以证明，正如你所看到的，两条垂直线和两个正方形的颜色一致，当它们接触到正方形时，颜色完美融合在一起。面对这些视错觉，我们很容易得出结论，认为人类视觉系统存在"设计缺陷"。我们常常看到不存在的东西，而真相摆在眼前时，我们却会视而不见。就像出了故障的火灾报警器，没有火时会响，有火灾时却不报警。然而，根据马尔（Marr，1982，473）的

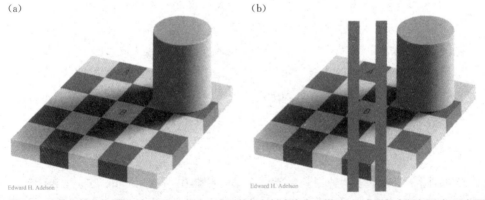

图 9.4 不管你信不信，图 a 中 A 和 B 两个正方形的颜色其实完全一样，但 A 会看起来颜色更暗，而在图 b 中，通过两条颜色相同的竖线相连，我们就能看出它们颜色是一样的。如果你不信，将两条竖线用纸挡起来，你会发现 A 与 B 似乎颜色又不一样了

说法，这是因为我们默认视觉系统的存在是为了忠实地呈现"外面世界"。相反，他认为视觉是"一种从外部世界中产生图像的机制，它只会呈现对观看者有用的描述结果，不会被无用信息所干扰"。

视觉场景中最重要的信息之一就是各种物体的边缘，因为它们定义了物体的边界。当孩子画人的面孔时，他们通常只画最重要的边界部位：头、眼睛和嘴巴，因为这足以捕捉到一张脸的本质。当然，如果再加上一些额外信息，比如鼻子、耳朵、阴影和颜色，可能会让这张画像更让人赏心悦目，但如果我们的目标只是要识别出画中是一张脸，那些信息不会起到太大帮助，或者说，原有的（边缘）信息就已经足够了。探测边缘是我们视觉系统中最重要的机制之一（顺便说一下，对计算机视觉识别设备来说也同样如此）。至于图 9.3 的左边图片，从边界信息角度看，最简单的解释方式就是一个三角形被放到了三个圆的上面，所以我们的视觉系统会自动"填充"出三角形的轮廓。

图 9.3 右边图片中的桌面看起来不同，是因为我们的视觉系统会自动补偿以斜角角度看物体时发生的透视收缩。如果这两个物体是真实的（而不是平面图形的拼接），那么实际上左边桌子真的会比右边桌子狭长。视觉系统通过补偿透视收缩效应，向我们提供了物体形状的"真实信息"。只不过如果我们不把它们看作桌子而看作平行四边形，真实信息就成了错觉。

至于图 9.4 中的错觉，我们要先明白，在人类眼中，各种光照条件下同一物体看起来颜色都差不多，这是一种视觉上的进化策略。白天，自然阳光的亮度和颜色会发生变化，黎明时是暗淡粉色，到中午几乎是蓝色，到黄昏时又回到饱和度较低的红色。这意味着当自然光线通过物体反射到我们视网膜上时，在一天内，反射光的性质会不断发生变化，所以同一物体的颜色也应该看起来不断变化。你可能会注意到，在摄影相片中，物体看起来和你当时看到的可能不一样。而从进化角度来看，如果物体在不同光照条件下看起来是一样的，我们就可以更好地跟踪和识别它们。幸运的是，我们的视觉系统已经进化出了一个特殊技巧，它会考虑物体反射的光，同时测量周围其他物体反射的光。如果环境光中有很强烈的红色，那么当我们看该环境中的某个物体时，视觉系统为了抵消背景影响会自动调低该物体的红色性质。最终结果是同一物体在各种照明条件下看起来大致相同，这就是所谓的感知恒常性。

在图 9.4 中，由于棋盘的布局暗示，导致我们视觉系统假定正方形 B 是浅灰色的而正方形 A 是深灰色的。另外由于正方形 B 在圆柱体的阴影中，这进一步对我们的视觉系统起到了暗示影响，使视觉系统在探测了环境光后，"误以为"正方形 B 应该比实际看起来更浅，所以最终输出了"浅灰色"的结果。

专栏 9.3 神奇的裙子

2015年,当塞西莉亚·布莱斯代尔为女儿的婚礼购买套裙时,发生了一件非常古怪的事情,套裙颜色竟然引发了全球讨论。她将一套裙子的照片寄给女儿,但周围人无法就这套裙子的颜色达成一致:有些人认为它是白色和金色的,有些人则认为它是蓝色和黑色的。后来,在家人朋友的建议下,这张照片被上传到网络,之后它开始被疯狂转发,一度该照片每分钟的点击量达到了11 000次。许多知名人士也参与了这场讨论,泰勒·斯威夫特和贾斯汀·比伯看到的是蓝色与黑色,金·卡戴珊和凯蒂·派瑞看到的是白色与金色,而Lady Gaga则相信自己看到的是玫瑰红和沙色。

目前还不完全清楚每个人在观察这套裙子时所产生差异的具体原因,但这似乎可以归结为个体视觉系统色彩调整机制的不同。该照片是在条形灯照明下拍摄的,产生了强烈的黄色投射,这能洗掉蓝色色调,使黑色显得像金色。由于某种原因,似乎有些人比其他人更"不喜欢"黄色,因此他们更有可能看到裙子的真实颜色(Hardiman-McCartney, 2015)。图9.5显示了在不同光照条件下这套裙子引发的视觉差异。在两张照片中,裙子的颜色实际完全一致,只是调整了模特的肤色。

图 9.5 在两张照片中,背景和模特的肤色有所差异,裙子颜色实际完全一致

说到颜色，值得强调的是世界上并没有真正的颜色。当我们看到绿色时我们并不是真的看到了绿光，因为根本就没有"绿光"（Hardin, 1988）。我们只是探测到了波长在56到520纳米之间的光，绿色实际上是由我们的视觉系统产生的。而且并不是所有动物都有色觉，许多有色觉的动物其色觉感受相对于人类来说要弱一些。我们（以及我们的灵长类近亲）拥有所谓的三色视觉，这意味着我们的视网膜上有三种颜色感受器，它们就像"调色板"，可以创造出我们所能体验到的所有颜色。这三种颜色感受器因其大致呈锥形而被称为视锥细胞，它们分别含红感光色素、绿感光色素和蓝感光色素。当然，就像我们上面所说的，红、绿、蓝并不真的存在，它们只是对特定波长敏感而已。

另一方面，大多数其他哺乳动物是二色视觉动物，它们只有两种颜色感受器。为了防止读者误以为这说明人类"进化程度更高"，我们必须先说明一下，一些在生活史上出现更早、更古老的动物，如鱼和蜥蜴，也有三色视觉，有的甚至是四色视觉。色觉并非始于人类，也不是始于灵长类或哺乳动物祖先，早在大约2.5亿年前，两种类蜥蜴爬行动物谱系之间似乎发生了一场进化之战，涉及其中的兽孔目（therapsida，也被称为似哺乳爬行动物）是我们和所有其他哺乳动物的祖先，双孔亚纲（Diapsida）是恐龙的祖先。从化石证据来看，兽孔目爬行动物发展并不顺利，最终统治世界的是双孔亚纲爬行动物，即恐龙。前者沦落到靠从恐龙"餐桌"上掉落的"残羹剩饭"为生：它们个头很小，常常住在洞穴里，只有在晚上安全时才出来。

视锥细胞能很好地对颜色做出反应，但在弱光或黑暗下却无法发挥作用。而另一种感受器——视杆细胞——则对弱光反应灵敏。诚如其名，这种感受器的形状近似杆杖。因此，我们的哺乳动物祖先为了更好地利用其生态位，将色视觉换成了夜视觉（Jacobs, 1993）。对恐龙来说，它们有可能保留了三色视觉，因为它们的进化后代鸟类也有这种特征。

恐龙灭绝后，哺乳动物开始利用它们以前不具有的生态位，包括昼间生活方式。大约1000万到2000万年前，我们的祖先进化出了三色视觉（或者更准确地说，是重新进化出了三色视觉）。之所以会发生这一变化，很可能原因在于该视觉系统可以帮助祖先更容易在枝繁叶茂的绿色背景下发现成熟水果（Gerl & Morris, 2008）。

很多生物能看见的光波范围跟人类不一样，例如包括蜜蜂在内的一些昆虫能看见紫外线波段，这有助于它们寻找花蜜。这也再一次表明，视觉系统并不是为了"反映"外部世界的本来面目，而是为了有益于生物生存。

记忆有什么功能？

也许我们每个人都幻想过穿越到过去，改变某些已经发生了的事件。大到重写历史，比如在希特勒掌权前杀死他；小到弥补自身遗憾，比如拯救一次糟糕的约会。无数的电视剧、电影和书籍中充斥着类似场景。从《土拨鼠之日》到《时空恋旅人》，从《哈利波特与阿兹卡班的囚徒》到《神秘博士》，我们已经习惯了看到英雄回到过去拯救世界的故事。

当然，我们不能真的回到过去改变历史，但在某种意义上，我们可以追溯自己的个人史，基于记忆来改变未来。正如哲学家乔治·桑塔亚那（George Santayana, 1905）所写的那样："那些不能记住过去的人注定要重蹈覆辙。"许多心理学家相信，这就是记忆的作用。

单细胞生物的记忆

你可能认为记忆是只有高等动物才具备的特征，但在 2016 年，图卢兹大学的奥黛丽·杜苏图尔（Boisseau et al., 2016）领导研究团队证明，一种被称为黏菌的大型单细胞生物也能够记忆，或者说，它们能记录过去发生的事情。黏菌这种生物很有趣：它们其实不是霉菌，而是一种类似变形虫的无神经元生物体（见专栏 9.4）。尽管它们只具有单细胞，但个头又很大，甚至可以轻而易举地填满一个中等大小的盘子，而且能够膨胀和收缩成各种形状，就像"史莱姆"黏液。

杜苏图尔在实验中将培养皿分成两处区域，两部分间有一个狭窄的过渡带，就像一座桥。实验设计了两种情形，在第一种情形里，黏菌被放在培养皿一处区域，食物被放在另一处。在第二种情形里，除了"桥"上涂了一层奎宁以外，其他一切完全一样。奎宁是一种黏菌不喜欢的苦味物质。观察结果显示：在第一种情形下，黏菌直接越过了过渡带；在第二种情形下，它们一开始不会穿过过渡带，直到缓慢接触后，逐渐"了解"到"过渡带"似乎不会给它们带来伤害，然后它们才从过渡带越过去。

专栏 9.4　黏菌的认知

黏菌不是动物、植物、真菌，甚至不是细菌。它们属于"原生生物"（Protista）这一独立的生物王国，原生生物的典型代表还包括变形虫。像变形虫一样，黏菌都是单细胞生物,但体型要大得多,目前最大纪录是人们在北威尔士一个树桩上发现的木薯粉黏菌,重约 20 公斤。可想而知,这种木薯粉黏菌由于体型过于庞大,它们过着一种静逸的生活,不像真菌一样会四处游动。不过,其他种类的黏菌则很活跃,它们在落叶堆中觅食。如果食物变得稀缺,黏菌会展示出一个特殊的生存技巧:单个黏菌可以聚集在一起,形成一个巨大的多细胞生物——"鼻涕虫"(因为外形和鼻涕虫很像)。黏菌鼻涕虫会离开落叶层,爬到更高的地方,变成蘑菇状,然后释放孢子,制造出更多黏菌。

杜苏图尔研究中的实验对象是一种叫作多头绒泡菌的黏菌。从图 9.6 中可以看出,多头绒泡菌会通过发出卷须来探寻食物,一项研究发现,借助该能力,黏菌可以解决迷宫难题(Nakagaki et al., 2000)。实验人员用方形盘设计了一个迷宫,食物被放置在迷宫的一些关键位置。当多头绒泡菌进入迷宫后,它的卷须会慢慢地沿着迷宫走廊蜿蜒而下寻找食物。如果卷须到达死胡同,它会回缩。一旦找到食物,绒泡菌则会将身体的大部分移到这些地方以便进食,身体各部分之间由细丝连接在一起。没有人知道绒泡菌是如何做到这一点的,但很明显,生物在没有大脑甚至没有神经元的情况下也能做出"智能行为"。另外,这也再次证明了认知能力具备"基材中性"的特质。

图 9.6 在树杈上的多头绒泡菌,你能看到,多头绒泡菌分出了许多卷须,目的是探寻食物

我们大多数人都经历过黏菌的困境。就像黏菌一样,我们也对苦味感到厌恶,并倾向于回避具有苦味的物质(许多苦味物质是有毒的),这就是为什么我们初次喝啤酒或初次喝咖啡时通常不太愉快的原因。然而,只要坚持一会儿——来自同伴的压力通常是一个重要驱动因素——我们的大脑很快就会意识到这种饮料是安全的,于是我们会毫无障碍地喝下去,甚至可能开始享受它们。一旦我们已经习惯了某事物,这种效应可能持续终生。但黏菌不同,如果把奎宁从过渡带移走两天,然后再放回去,黏菌就会再次避开它。所以黏菌似乎不仅是最简单的"记忆"生物,也是最简单的"遗忘"生物。

希望你已经看出了这种简单记忆机制所带来的生存优势。我们会尽量回避那些最初给我们带来厌恶感受的刺激,但如果在多次接触后,我们的记忆告诉我们:没什么问题,这种刺激并没有伤害到我们,今后也应该不会伤害到我们。这就是一个人习惯喝酒的过程。然而,如果他在初次喝酒后大病一场,那么他就会立即对酒味产生厌恶感,甚至想到它都会不寒而栗(Seligman & Hager, 1972)。我们会基于过去来预测未来的安全或风险。

可能一些读者认为,黏菌并没有真正的记忆,我们通常所说的记忆可不仅仅是刺激与行为的反应模式,记忆是一种更丰富的存在物,比如脑海中童年假期的画面。但正如我们将要看到的,记忆有不同种类。以上讨论的是其中最简单的一类,但它也同样重要。

用语言预测未来

心理学家会将记忆做出情景记忆(episodic memories)和语义记忆(semantic memories)的区分(Tulving, 1972)。情景记忆通常内容更丰富、更生动同时充满情绪感觉:比如愉快的童年假期,或者看牙医的"痛苦"经历。它们并不一定完全逼真,有时甚至可能模糊不清,但由于它们包含一些未经提炼的个人主观体验,因此构成了"情景"记忆(该词来源于情景剧)。相比之下,语义记忆则经过了提炼加工过程,大部分原始细节都不存在了。比如,你只是"知道"法国首都是巴黎,而不是"感受"到法国首都是巴黎,脑海中也并没有"法国首都是巴黎"的情景画面。当然,从某种程度上说,所有的语义记忆都来自你真实的生活情境:它们是老师在学校教给你的,家长在家教给你的,或者你自己通过电视、书本与网络获得的。但对于我们大多数人来说,我们可能已经忘记了获取到这一记忆片段时的情景细节,留在记忆中的只有"法国首都是巴黎"这一事实(有时人们会认为,情景记忆更多地涉及回忆,而语义记忆更多地涉及知识)。

稍后我们会基于进化视角探讨情景记忆存在的原因,但现在我们还是先关注一下语义记忆系统。语义记忆不仅仅存储了诸如法国首都这类的地理知识,更重要的是,它存储了我们所有的语言概念含义。语义记忆的设计职责是存储信息以及在我们有需要的时候快速检索信息。为了实现后一目标,记忆需要按照符合快速检索的方式进行组织。

考虑另一个古老的信息存储和检索系统:图书馆。许多图书馆都会收藏海量图书、期刊和其他不向公众开放的资料。如果你想从档案室获取某些资料,需要委托图书管理员,他会从档案室取出你需要的东西。如何对图书与资料整理归档?一个重要参照指标是要便于图书管理员快速检索信息(如果你是管理员,你应该不会希望在查询上耗费大量时间,然而让委托者一直等待)。而要想提高检索效率,你应该将那些更频繁借阅的资料放到容易拿取的地方,将很少借阅的资料放到不容易拿取的地方。那么你又该如何预测每本书或资料的借阅频率?可以参照过去的借阅信息。图书馆研究表明,那些在过去受欢迎的书很可能在未来也会继续受欢迎,因此提高未来检索效率的一种方法是通过合理摆放,让资料借阅频率与易取程度成正比。

当然,在更现代化的信息系统中我们也可以找到类似例子。例如,如果你在浏览视频网站时看了两个与你平时关注主题不太一致的视频,没过多久你就会发现,视频平台会为你推荐新的相关视频。这是计算机算法做出的选择,它会监控你过去的观看行为,并基于其他数百万用户的数据,预测其他你可能感兴趣的内容。

尽管记忆与图书馆(以及视频网站)有很大的不同,但原理相似。卡内基梅隆大学的认知心理学家约翰·安德森(John Anderson)提出,人类记忆是按照最适合信息检索的结构进行组织的。例如,可以利用一个词过去出现的频率预测其检索速度,高频词检索速度要比低频词快,安德森认为这是适应性设计的证据(Anderson & Milson, 1989)。大脑的做事风格就像一个聪明的图书管理员,它通过过往使用信息记录来预测哪些记忆资料在将来会被再次提取,并系统组织,合理摆放,以便更快地访问有用资料。

安德森和米尔森对启动效应(priming)提供了类似的解释。一个人在接触到某个特定单词后(例如:"狗"),如果他接下来再遇到同一单词,会更快识别出来,这被称为启动效应(更专业地说,它被称为"重复启动效应"),因为单词的呈现"启动了"未来的识别系统。更有趣的是,被启动的不仅仅是特定单词,还包括语义相关的单词。例如,在我们看过"狗"这个词后,识别"猫""吠"和"皮带"等词的速度也会比识别其他单词(比如桌子)的速度更快。该效应可以基于同一原理进行解释:记忆会依据过去经常共同出现的单词，来预测接下来可能要检索的单词。我们手机和电脑的输入法使用的正是相似预测系统。当你输入一个单词时，输入法程序会搜索与该单词高频率联合出现的单词，并进行推荐，这样就可以有效提高打字速度。

克莱因和他的同事(Klein et al., 2002)扩展了安德森关于记忆的研究，他们认为记忆系统的进化要旨是为决策机制提供支持。我们一生中会做出数以百万计的决定，在大多数时候(如果不是全部的话)，环境中的可用参考信息都要少于我们决策所需要的参考信息；因此，我们的记忆系统要提供必要的附加信息。当然，人类祖先会面对许多不同类型的决策——包括栖息地选择、配偶选择和捕食者躲避——每一种都有特定的解决方案和约束条件。例如，有些决策需要当下立即做出，它们对反应速度有很高要求；而另一些决策问题可以从容应对，但它们对准确性有更高要求。因此，克莱因等人提出，决策性质的不同决定了我们需要不同的记忆系统。我们刚刚已经讨论了语义记忆系统，现在我们来看看情景记忆。

专栏 9.5　进化认知神经科学

正如我们所看到的，认知心理学关注的是心理机制，如记忆、思考、感知和决策，在认知心理学发展早期，认知心理学对这些机制的神经学基础知之甚少。然而，得益于20世纪70年代和80年代的技术进步，认知神经科学这一新领域开始蓬勃发展。通过使用电生理学(如脑电图)和神经成像技术(如磁共振成像)，认知神经科学家开始探索心智过程的结构和功能神经基础。这一领域目前已取得了许多成就，其中许多研究要求大脑完好无损的正常被试完成非常具体的任务(比如工作记忆)，还有一些研究则是对受过脑损伤的特殊患者开展观察。后者的例子包括"HM"(化名)——她切除大部分海马体后不再能形成长期记忆，以及SM——她的杏仁核受损后不再能够体验恐惧(Feinstein et al., 2011；见第11章)。

2007年，出现了一个新的认知神经科学领域——进化认知神经科学(Krill et al., 2007)。根据其支持者的说法，进化视角的加入可以使研究人员发展出一个元理论框架，这有益于推动认知神经科学的进步(Keenan et al., 2007；Platek et al., 2007；Saad & Greengross, 2014)。

进化心理学家认为，由于人类都有共同的进化心理机制，因此，这些机制一定有共同神经基础。进化心理机制针对的是我们祖先在进化过程中反复遇到的生存困境，许多进化论者认为，它们在很大程度上具有领域特定性(见第5章)。尽管一些心理机制无疑是以领域通用方式运行的（比如工作记忆），但实验证据表明，也有许多机制只在特定领域发挥作用。例如，研究发现，当看到漂亮面孔时，眼窝额叶皮层会有显著激活，这表明看到漂亮面孔会引发内在奖励机制且该机制具有特定神经基础（O'Doherty et al., 2003）。科斯米德斯和图比开展的一系列社会互动实验也证明了存在领域特定的认知加工机制。他们发现，一些患者在经受特定脑损伤后，他们在欺骗检测方面会表现出缺陷，但其他问题解决能力则基本完好无损（Stone et al., 2002），大脑边缘系统可能构成了欺骗检测机制的脑神经基础。

这些发现的有趣之处在于，它们利用了当代认知神经科学的成果来验证了进化心理机制的基本思想。由此我们可以更好地理解心智/思维是如何进化的，正如克里尔等人所言："如果没有进化论元理论的指导，认知神经科学将无法准确地描述人类（和动物）的心智。"（Krill et al., 2007, 239）换句话说，虽然认知神经科学家正在揭示近因层面上"如何"问题的答案，但如果没有进化元理论的介入，他们将错失远因层面上的"为什么"问题。

基于情景记忆预测未来

到目前为止，上述讨论都聚焦于语义记忆，除了语义记忆外，人类还会产生大量丰富生动的情景记忆，情景记忆的功能是什么？心理学家斯坦利·克莱因认为，我们的情景记忆不仅涵盖大量细节，而且可以涵盖来自不同感觉通道的大量细节。虽然视觉记忆占据了大部分内容，但也存在嗅觉记忆、听觉记忆和触觉记忆等，并且基于同一场景的不同感觉记忆通常紧密捆绑在一起（Klein et al., 2002）。例如，你的童年海滩度假记忆可能包括浓烈的阳光、海的气味、海鸟的叫声和沙子在脚趾间摩擦的感觉。

另外，与语义记忆不同的是，情景记忆也与情感密切相关。当重温自己的成功经历时，我们感到信心膨胀；当回首自己的失败经历时，我们感到羞愧汗颜；当想起糟糕的约会经历时，我们尴尬得"恨不得钻进地缝"。虽然情景记忆的加工速度要慢于语义记忆（我们经常需要在脑海中"扫描"后才能提取相关信息），但它包含了语义记忆中缺失的完整细节。这些细节在特定决策场景中至关重要，它们所诱发的强烈情感冲动可能会引导我们避免"重蹈覆辙"。

在著作《记忆的七宗罪》（*The Seven Sins of Memory*, 2001）中，心理学家丹尼尔·沙克特（Daniel Schacter）提出，创伤后应激障碍（post-traumatic stress disorder, PTSD）患者会常常回想起自己的痛苦经历，并竭力避免再次进入让他们产生痛苦经历的场景。与上文曾提到的味道厌恶类似，沙克特认为，这种机制可以驱使我们远离已在过去被证实过的危险局面，从而提高我们的生存概率。

闪光灯记忆（Flashbulb memory）也是一种类似效应。它指的是个体会对某些特定事件——通常是令人震惊的重大新闻——形成异常丰富、生动、翔实的记忆记录，比如当事人是谁、他们身边有谁、他们穿着什么衣服、事情是如何发生的以及人们作何反应等细节（Brown & Kulik, 1977）。最典型的例子包括1963年肯尼迪总统遇刺事件、1997年戴安娜王妃车祸事件、2001年911恐怖袭击、2005年巴黎恐怖袭击等。

需要强调一下，闪光灯记忆并不一定真的像照片一样完全复刻历史现场，这类记忆的准确性存在一些争议，特别是当人们重新描述十多年前发生的事件时可能会掺杂很多不真实的情节（Talarico & Rubin, 2007）。不过，对于为什么我们会在极端情感体验时刻形成鲜明记忆，有一个很好的解释理论。重大事件可能会对适应性产生影响，如果我们能从重大事件中汲取某些经验教训，无疑会提高我们的生存优势。就像我们第一次接触啤酒时一样，独特事件通常比那些司空见惯的事件更有生存指导意义，所以我们常常会忘记后者而记住前者。从这一角度看，"遗忘"（那些不重要的事）也是成功记忆的必要组成部分。

在20世纪早期，神经学家亚历山大·卢里亚（Alexander Luria, 1968）曾对所罗门·舍列舍夫斯基惊人的记忆力开展过研究。在卢里亚的书中，舍列舍夫斯基被代称为S。他的记忆能力让人难以置信，例如，他能一字不错地复刻出包含70个单词的列表或50个数字的矩阵。而更让人感到不可思议的是，甚至在多年后舍列舍夫斯基还能记住这些单词或数字，甚至顺序都完全一致，没有任何错误。然而，这种神赐般的记忆超能力常常给舍列舍夫斯基带来严重困扰，有时他会不由自主地记住一些东西，即便是完全无关紧要的事件或非常微小的刺激，也会突然"闯入"他的记忆库。他深深懊恼于自身记忆的持久不忘，以至于他会把单词写在纸上然后烧掉，希望通过这种仪式将它们从脑海中抹去。

因此，遗忘是记忆的重要组成部分，或者说是记忆过程的必要环节，在这个环节中，无用的信息被删除，类似于人们从计算机硬盘清除不需要的文件（Schacter, 2001）。遗憾的是，清理过程可能会不小心误删一些我们想要保留的记忆资料，尤其是那些很少被检测扫描到的资料——正如我们在图书馆例子中所看到的，如果一些图书的借阅率很低，管理员可能会觉得它们不重要。然而，其中也许包含一些很少使用但价值很高的内容；或者像是你的配偶大扫除时扔掉了一件你非常喜欢的礼服，原因只是"从没见你穿过"，我们的记忆系统也会犯下这类令人感到沮丧的错误。另外，我们要注意不要将"遗忘"与"健忘"相混淆,前者是删掉一些不需要的内容,而后者则是注意分配问题导致记忆系统没有将某些记忆整理到它本该在的位置。

情景记忆与未来的关系

从20世纪80年代起,研究者开始意识到情景记忆可能与未来决策密切相关。当时出现了一位"有趣"的患者"KC",他因为在摩托车事故中遭受了脑损伤,因此患有重度逆行性健忘症(Tulving et al., 1988)。KC对事故发生前的经历没有任何个人记忆,而且他的任何新记忆最多维持几小时。显然,这一疾病对KC日常生活造成了严重阻碍,而且也影响了他对未来的感知判断。当被问到明天想做什么时,他会一脸困惑,好像这个问题对他毫无意义似的。KC的语义记忆保留完好,所以他可以毫无障碍地说出自己明天的计划,只是他对个人未来没有任何概念。另一位被称为HM的病人也身患相同病症(见专栏9.5),当被问及明天打算做什么时,HM会回答说:"只要是好事就行。"仔细想想,这应该不会太令人惊讶。我们的"最近过去"和"最近未来"往往非常相似,所以我们会基于前者来预测后者,我们会照例起床、上班、吃午饭、回家、购物、看电视、睡觉。所以如果一个人失去了过去,就不可能期望未来。

对于记忆未受损被试进行的功能性磁共振成像研究表明,回忆过去与预测未来具有几乎相同的神经基础(Schacter et al., 2015)。情景记忆似乎与未来计划以及预想(自身与他人的)行为结果息息相关。这具有明显的生存价值,正如卡尔·波普尔(Karl Popper, 1972)所指出的那样,"回忆让我们以假象代替死亡"。

记忆和分类

我们很多思维过程都涉及心理分类。像"猫坐在垫子上"这样一个简单的句子就包含了三类词汇:"猫""坐"和"垫子"。"猫"是一个类别,因为猫可以有很多不同的种类,而句子中"猫"这个词并没有明确它的大小、性别或颜色;当然,如果我们说"黑色母猫",这其实依然是一个类别,只是更具体一些。另一方面,我们可以将"猫"这一类别同某个特定个体联系起来,比如"不爽猫"(一只来自俄罗斯的网红猫,因患有先天疾病,导致它常常表现出一副"不爽"的表情)。它就不是一个单独的类别了,而是猫这一类别的某个实例。

心理分类在思维中很重要,因为它能够让你快速理解某个情境的基本属性。比如在上述例子中,即使你不知道那是一只什么样的猫、它所摆出的确切姿势以及垫子的款式颜色,你也明白有一只猫坐在垫子上。如果没有沉重细节的妨碍,思维效率会大大提高。分类也有助于交流,如果有人告诉你他们有一只"普利",你会怎么认为?除非你熟悉这个词的意思,否则你根本不知道它是什么。但如果你知道普利是犬类的一种,你会立刻明白许多关于它的信息,比如它吃肉、喜欢散步、见到人会摇尾巴等。

这个过程也可以反过来。如果你看到一只普利犬,你可能会推断出它是一种狗,虽然它的样子不像你常见到的狗。之所以你会做出这一判断,是因为人们倾向于将具有"家族相似性"(family resemblance)的物体归为一类。有时,这种基于家族相似性的分类过程可能会出错,我们会将一些事物归为同一类别,但后来发现它们其实差别很大。例如,我们曾经认为鲸鱼是一种鱼而不是哺乳动物;我们认为蘑菇是一种植物,但实际上它们属于另一个可以与动物、植物并列的独立门类——菌类,并且从生物学角度看它们与动物关系更密切。尽管存在一些偶然失误,但日常生活大多数时候我们的心理分类系统都运作良好,它能帮助我们完成快速决策。例如,除非你是一名专业的真菌学家,否则你与蘑菇的大部分接触都与"吃"有关。把蘑菇想象成一种植物而不是一种动物,有利于我们使用正确的烹饪方式。

该领域的研究者、心理学家埃莉诺·罗施(Eleanor Rosch, 1973)也注意到,分类心理具有原型效应或典型效应(prototype or typicality effect)。如果让你想到一只鸟,你可能会想到一种有喙、有羽毛、生活在树上的小型飞行动物,比如知更鸟或麻雀。你不太可能想到一种生活在地面上、不会飞且体型巨大的鸟,比如鸵鸟。这是有益的,典型效应可以让我们的认知系统将类别焦点调整到最经常遇到的事物上。

类别的创建需要通过某些抽象思维过程,在这个过程中,心智会擦除无关细节,提取出某一事物的本质。正如我们所看到的,我们可以想到一只猫或一只狗,而不必考虑它的颜色、大小或其他无关因素。舍列舍夫斯基的超级记忆力还带来了另一个缺陷,他很难形成抽象概念,甚至在辨别他人面孔方面也常常遇到障碍。当你听到我们对某人面孔的心理表征竟然是一种抽象类别化过程时,你可能感到很奇怪,因为每个人的面孔都是非常具体的。但面孔识别确实与分类的抽象化机制有关,仔细想想,人的脸其实会一直在变化:我们会慢慢衰老,我们会改变发型,会留长或刮掉胡子,会改变妆容,甚至在同一时刻,只要亮度与照明条件不同,或者从不同角度观察,同一张脸也会呈现许多差异。因此,为了识别一张熟悉的面孔,我们需要对这张面孔形成某种抽象表征。舍列舍夫斯基(或者说他的记忆系统)之所以会在这方面感到难以为继,是因为他感觉面孔"总是在变化"(Luria, 1968)。科罗拉多州立大学动物学教授坦普尔·格兰丁(Temple Grandin)是一位孤独症患者,她的抽象认知也存在很大障碍,像舍列舍夫斯基一样,她很难理解笑话、隐喻和讽刺——这些表达方式需要对事物的抽象本质有一定领悟,而她无法做到(Grandin, 2006)。

适应性记忆

上述关于记忆的适应主义理论主要关注存储、提取和抽象化过程,从这些观点出发,记忆系统的进化"设计"标准是:(1)能够基于过去预测未来;(2)能够基于有限信息做出快速且(通常)可靠决策。然而,它们只是记忆系统的通用性特征,但不涉及进化适应环境中出现的领域特定适应。有一种被称为"适应性记忆"(adaptive memory)的研究取向则聚焦于该问题(Nairne et al., 2007)。请注意,"适应性记忆"只是一个专用名称,显然,我们之前讨论的所有研究都认为记忆具有适应性功能。而该研究假设的支持者相信,记忆不仅有助于支持我们做出有效决策,而且它对某些内容更为敏感,特别是与我们祖先生存密切相关的领域。

认知心理学家早就已经证明,某些变量会影响记忆效果,如记忆内容的具体性、形象性和出现频率等,而适应性记忆的支持者则提出了一个新维度——生存价值(survival value; Nairne & Pandeirada, 2008),高生存价值概念是那些与生存、繁殖、战争、社会交换和亲属关系等主题密切相关的概念。研究证明,在触发高生存价值概念的情境中,记忆效果会得以增强。例如在一项实验中,研究者先让被试想象以下场景(Weinstein et al., 2008, Experiment 2):

假设你被困在异国的大草原上,没有任何基本生存物资。在接下来的几个月里,你需要获得稳定的食物和水源,同时保护自己不受捕食者侵扰。

在另一种对照场景中,被试要完成相同想象任务,只是"大草原"换成了"城市","捕食者"换成了"攻击者"。然后,研究者向被试展示了一张包含12个随机单词的词汇表,如"牧师""拖鞋""坟墓"和"通心粉"等,他们需要对这些单词与上述生存任务的相关性进行评分。一段时间后,被试要完成单词回忆测试,结果表明,在第一种条件下被试能正确复述的词汇明显更多。这说明,由于大草原与捕食者是高生存价值概念,因此与之形成联系的词汇更容易被被试所记住,虽然这些词汇(如拖鞋和通心粉)可能与草原生存场景并没有任何关系。而且,一旦我们考虑到被试都来自现代社会,他们实际上应该对城市更熟悉,这一结果就显得更有说服力。

意识记忆的限度

弗洛伊德是对的。意识只是我们思维加工的冰山一角，在任何时候我们都只能意识到自己实际所知的一小部分。这个比例到底有多大？1956 年，心理学家乔治·米勒（George Miller）发表了一篇论文，估计我们可以同时记忆 7 个项目，正负差值约为 2，也就是 5—9 个。这听起来很少，但最近研究表明人类的记忆广度也许平均只能容纳 4 个项目（Cowan, 2001）。问题是，在一个只能塞进七件（或四件）物品的空间里，怎么可能进行复杂思考？这就像试图在一张邮票大小的白板上做数学计算。更糟糕的是，我们的意识工作空间瞬息万变，除非不断提取（或者像心理学家说的，不断"排练"），否则记忆内容很快就会消失。正因如此，当有人告诉你一个电话号码时，你很可能在写到纸上的过程中就忘记了。你必须不断"排练"，甚至大声说出来，一遍又一遍。只要有片刻注意力不集中，或者稍微被打断，它就从你意识中永远迷失了。既然这样，我们的头脑中又怎么能够产生那些伟大而复杂的思想？

令人高兴的是，在同一篇论文中，米勒也提出了解决方案。到目前为止，我们一直在讨论意识工作空间（有些人称之为短期记忆或工作记忆，Atkinson & Shiffrin, 1968; Baddeley & Hitch, 1974），并指出了它只能包含有限数量的信息。米勒则认为，受限的是信息组块（chunks）的数量而不是信息的数量。什么是组块？假设有人说出了一串字母，而你必须马上重复一遍（这就是最初测量意识工作空间容量的方式），你能重复多少个字母？海耶斯最初实验给出的答案是 7 个左右（Hayes, 1952），这与米勒后来所提出的结论一致。但是想象一下如果这些字母是这样的：

PHDCIAPDFUSBFBIBBCTBC

以上包含 21 个项目（字母），按理说我们很难一下记住。但事实上，大多数人会发现要做到这一点其实很容易（如果你大声读出来，会更明显）。事实上，这 21 个字母只包含了 7 个信息组块。

PHD CIA PDF USB FBI BBC TBC

当然，只有在你熟悉 USB 是什么或者 TBC 是什么意思的情况下这种记忆技巧才能生效，你甚至可以进一步用这 7 个组块造出一段有意义的句子，例如：

这位博士（PHD）申请者正在接受中情局（CIA）调查，因为有人在他的移动硬盘（USB）上发现了一个可疑文档（PDF）。联邦调查局（FBI）可能逮捕他，以上报道来自英国广播公司（BBC），未完待续（TBC, To Be Continued）。

如此一来,这些信息甚至成为了一个组块,但它包含几十个单词,上百个字母。许多记忆大师,如舍列舍夫斯基,会借助这种技巧来完成让人感到不可思议的超级记忆表演。

当然,能进行组合的不仅仅是数字、字母或单词,组块极大扩展了意识工作空间的有效容量:低层次思想组合成更高层次的组块,这些高层次组块又可以进一步组合成更高层次的组块,以此类推。

生理学学生刚刚接触人体构造知识时,他们记住的是一个个独立器官,如肝脏、肺、甲状腺、心脏、胃、大肠以及小肠等,当他们积累了一定知识后,他们可以将许多器官放置在一个高层次组块中,如消化系统、免疫系统以及内分泌系统等,这一做法也有利于他们更清楚地思考器官是如何协同工作的。当他们成为专家后,他们的生理知识组块会包含更多信息,例如内分泌系统与神经系统间的互动关系,直到最后他们会对有机体运行模式形成整体心理表征。正是凭借不同层次的组块,专家才能够毫不费力地思考非常复杂的想法(Ericsson & Smith, 1991)。当然,组块机制对我们所有人来说都是必不可少的。通过将许多"小观念"打包成比较少的"大观念",我们可以在"小空间"里思考那些"大问题"。

记忆是适应性的吗?记忆进化了吗?

以上讨论表明,记忆系统的进化是为了通过储存过去经验来为当下和未来有效决策提供依据。储存的经验既可以保持其原始形式(情景记忆),也可以通过抽象化加工转化为语义记忆。

传统认知心理学倾向于假定记忆系统与信息相互独立,影响记忆效果的是信息的形象性、熟悉度和易加工性等因素。最近有研究者提出了"适应性记忆"的观点,该假设认为,记忆也具有领域特定性,我们的记忆系统会对与人类祖先生存密切相关的主题更为敏感。目前,该理论已得到一系列实证研究的验证,它有可能彻底改变认知心理学对记忆的研究取向。

条件推理和逻辑推理

条件推理(conditional reasoning)指的是通过使用"如果/那么"格式来获得结论的方法,在社会交往中,人们常常基于这一形式来制定规则或签订承诺。假设有人对你说,"如果你把钱交给我,那么我就把演唱会的票给你"。你交了钱,却没有得到票,显然,这个人违背了对你的承诺,破坏了条件规则。

但是条件推理不仅用于做出承诺,还可以用于说明事件之间的因果关系。例如,如果你喝啤酒,那么你就会头痛,这就是一个因果规律的例子。但如果你没有喝啤酒,但仍然头痛,这个规律是否被打破了?从逻辑上讲,答案是否定的,因为该规律并不排除你的头痛可能是通过其他方式引起的(例如阅读有关逻辑的书籍)。然而,如果你发现有人喝了啤酒却没有头痛,那么这个规律就被证伪了,因为你发现了一个反例。

假设你喝啤酒后头痛了,这是否可以证明该规律的真实性? 其实也不可以,因为根据哲学家卡尔·波普尔(Karl Popper, 1959)的说法,要真正检验一个假设,你需要尝试证伪它。在某种意义上,你永远不能证明一个科学理论是正确的,只能证明它是错误的。设想一下,你提出了一个假设——所有的天鹅都是白色的。无论你找到多少白天鹅的例子,你都无法证明该假设一定正确,因为很可能下一只天鹅就是黑色的(确实有些天鹅是黑色的),此时假设就被推翻。这就是为什么教师会教导心理学专业的学生,讨论心理学实验结果时尽量不要使用"证明"这个词。正如波普尔曾经说过的,没有真正的理论,只有那些还没有被证明是错误的理论。

华生的选择任务

1966年,心理学家彼得·沃森(Peter Watson)设计了一项选择任务,实验目的是看看被试是否能按照逻辑规律进行推理选择。研究者向被试提供了一项有待验证的条件规律:如果卡片的一面是元音,那么另一面是偶数。他们向被试出示4张卡片(见图9.7),并询问被试,要检验该规律是否成立,应该需要翻看哪张卡片? 表9.1总结了这个实验的数据结果(数据来自 Jonnson-Laird & Wason, 1970)。

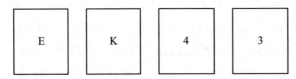

图9.7 华生选择任务中使用的卡片

表 9.1 在华生的选择任务中被试做出各种选择的比例

卡片选择	E 和 3	E 和 4	E	E, 4 和 3
逻辑	p 和非 q	p 和 q	p	p, q 和非 q
选择百分比	4	46	33	7

这个任务可以被看作一个逻辑检验问题——p 意味着 q,也可以表达为"如果 p 符合某条件,那么 q 也必然符合某条件"。要验证实验提出的规律,真正需要翻看的卡片是"E"和"3"。我们花点时间来分析一下:之所以有必要翻开"E",是因为如果你发现它不是偶数(非 q),那么规律被证伪。之所以没必要翻看"K",是因为"K"的背面是什么根本不重要,因为规律没有提到辅音(非 p)另一面是什么;至于"4",很多人会翻看这张卡片,毕竟这是偶数,如果翻开后另一面是元音,这将为实验规律提供支持证据。根据波普尔的说法,我们应该避免这么做,因为它永远不能证伪规律,只能确认规律。最后,"3"(非 q)应该被翻看,因为另一面有可能是元音(p),如果是这样,规律就被推翻了。从表 9.1 中我们可以看到,只有 4% 的人做出了正确的选择,大多数人会通过翻看"E"和"4"(p 和 q)来寻求证实规律。

后来,另一项实验使用了一个与上述研究非常相似的任务,但得到了截然不同的结果(Griggs & Cox, 1982)。研究者同样先告知被试一项规则:一个人要想喝啤酒,年龄必须达到 19 岁以上。然而被试拿到 4 张卡片,其中一面是某人的年龄,另一面是他在酒吧喝的饮品。被试看到的 4 张卡片分别标着"啤酒"(p)、"可乐"(非 p)、"16 岁"(非 q)、"22 岁"(q)。被试想象自己是执勤警察,要找出酒吧内不合规饮酒者。当面对这个任务时,大多数被试都能正确地选择出"啤酒"和"16 岁"这两张卡片。

为什么被试在这一实验任务中的表现会比在华生选择任务中的表现更为成功?曾有研究者推测这是因为华生"字母—数字"选择任务中要验证的假设更为抽象,但原因可能并不尽然如此。在另外一项研究中,实验者告知被试规则是"吃黑线鳕鱼就要配杜松子酒",然后向被试呈现了"黑线鳕鱼""普通鳕鱼""杜松子酒"和"威士忌酒"四张牌,结果显示,与"字母—数字"任务相比,被试在该任务中做出正确选择的比例(应该选"黑线鳕鱼"和"威士忌酒")并没有显著改善。而且,即使是"饮酒—年龄"任务,也只有在适宜背景中才能出现高正确率。比如,如果省去警察执勤检查的设定,被试的正确选择率就会显著降低。那么,为什么人们有时看起来精通逻辑,有时又似乎不懂逻辑呢?解释方式有很多(Evans & Over, 1996),这里我们只讨论与进化心理学和本章主题关联最紧密的假设。

领域特定的进化算法

科斯米德斯认为,"饮酒—年龄"任务与上述其他任务的主要区别之一是该任务更有实际意义,因为它调动了人们对抓获搭便车者的兴趣。搭便车者是指从他人那里得到利益却不给任何回报的人。在计算机程序模拟实验中(见第 8 章),搭便车者由于擅长利用和剥削其他参与者,他们会比合作者留下更多后代。然而,正如我们所知,人类社会并不乏合作者,事实上合作才是人类默认的生存策略。这说明,我们一定已经进化出了专门的欺骗检测机制,它可以引导个体迅速察觉那些搭便车者或不兑现承诺的人。

科斯米德斯认为,之所以被试会在"饮酒—年龄"任务中表现更出色,是因为它触发了负责检测背叛行为的心智回路(她更喜欢"心智模块"这个词)。其他任务——如抽象的"字母—数字"任务——不会触发该回路,因此被试的正确选择率也就较低(Gigerenzer & Hug, 1992)。有证据表明,这不仅仅是独属于西方社会的文化特征,科斯米德斯和图比在厄瓜多尔一个传统觅食社会中开展的研究重复了该结论(Cosmides & Tooby, 1992)。

因此,抽象假设与具体假设的区别可能并不是造成不同任务条件下被试表现差异的真正原因,正如上文所述,被试也有可能被具体假设所迷惑。关键之处在于,任务到底涉及哪类问题。用逻辑学术语来说,华生最初的"字母—数字"任务涉及的是一个陈述性(indicative)问题,它与因果关系等事实判断有关。而"饮酒—年龄"任务涉及的是一个道义性(deontic)问题,它与责任感或"为所应为"有关。正如我们在第 6 章所了解到的,道德的进化要旨在于促成合作,而未成年人饮酒问题会触发我们的道德感(发现违规者),华生的"字母—数字"任务则不会。

曼特罗和奥维尔(Manktelow & Over, 1990)证明,在不涉及欺骗探测的情况下,人们也有很大可能在规则验证任务中做出正确选择,例如规则是"如果你要清理溅出的鲜血,你必须戴上橡胶手套"。这一假定情境触发了被试"避开污秽物"心理模块,正如同饮酒情境会触发被试"发现骗子"心理模块一样,二者都是与生存密切相关的问题。科斯米德斯和图比认为,大脑很可能包含大量与生俱来的心智模块,它们具有领域特定性,专用于解决特定类型的问题,如察觉欺骗和避免污秽物(Cosmides & Tooby, 1992)。事实上,近年来大量研究都关注到了行为免疫系统(Schaller & Park, 2011)。一旦病原体进入我们的身体,身体免疫系统会与之对抗,而行为免疫系统则将防线提前,它会阻止我们接触病原体。病原体的主要来源之一就是各种排泄物和分泌物,如尿液、呕吐物、粪便、汗液、唾液、黏液和血液等。为了尽量避免身体被以上有害物质侵染,人类已经进化出了一种厌恶感,它会让我们像躲避瘟疫一样远离那些可能携带病原体的污秽物。

有趣的是,这种厌恶感是如此强烈,以至于我们甚至不喜欢自己的排泄物。在一项实验中,研究者先要求被试对一碗他们非常喜欢的汤进行评分,之后被试朝汤里吐口水,接着再次评分。结果显示,50 名被试中有 49 人的评分出现了下降。

表 9.2 对抽象任务、欺骗检测任务和利他检测任务的实验结果总结

任务	正确选择	正确选择比例
抽象任务	p 和非 q	4%
欺骗检测任务	p 和非 q	74%
利他检测任务	非 p 和 q	28%—40%

注:利他检测任务中被试做出正确选择的差异较大,主要取决于描述语强调利他(28%)还是自私(40%)。
数据来源:Cosmides & Tooby,1992

专栏 9.6　模块的领域是什么

进化心理学和模块理论认为,模块可以对与它们最初进化适应无关的刺激做出反应。尼克·丁伯根曾讲述过一个奇异的例子,他发现每当一辆红色的邮差车路过自己家窗户时,客厅水缸里的棘鱼就会对邮车表现出强烈的攻击性反应。这说明,棘鱼交配心智模块(雄性竞争)中一部分可能错误地"擦枪走火"了——因为雄性棘鱼是红色的,而雄鱼通常会对其他雄性表现出好斗态度。

斯珀伯(Sperber,1994)针对此类现象提出了心智模块实际领域(actual domains)和适宜领域(proper domains)之间的区别。模块的实际领域是指可以触发心智模块的任何刺激;适宜领域也是指可以触发心智模块的刺激,但同时,它还要求有机体在该刺激环境下做出的行为有利于提高其生存价值。以棘鱼为例,对于同类竞争的攻击行为模式来说,适宜领域是雄性棘鱼的红色外表,而实际领域则可以涵盖很多刺激物,如红色邮车。实际领域中许多刺激物不会产生有利于适应性的结果(例如红色邮车),在某些情况下它们甚至可能对适应性产生负面影响。例如,一些兰花会模拟雌蜂,导致雄蜂与它们交配。也就是说,兰花启动了雄蜂的交配心智模块,对于雄蜂来说,这不会提高它们的生存繁衍价值,相反会让它们浪费大量宝贵的精子和时间。但兰花却可以借此传播花粉,提高自身基因的复制效率。

对"欺骗—检测"解释的评价

许多心理学家并不同意科斯米德斯和托比对这些结果的解释(Oaksford & Chater,1994)。但后续一些实验结果似乎只能借助于欺骗—检测理论进行解释。例如,被试不仅在涉及陈述性问题与涉及道义性问题的任务中会有表现差异,而且在面对不同道义性问题时也会有表现差异。要理解其中原因,我们首先要明白道义规则的由来。众所周知,道义主要与义务、社会规范和道德等概念息息相关,它们的一大重要功能都在于维护社会内部的稳定,例如一则古训表示:为了团结与和谐,不要拿走超过你应得的份额。社会资源总量是有限的,如果每个人都有权享有其中一部分,个体的资源获取量就有必要受到限制。假设不存在这类规则,会有一些人拿走超出自己应享份额的资源,相对应地,另一些人则无法获得自己应享的份额。倘若违规行为不受惩罚(或者规定没有足够的约束力),那么即使最具公正意识的人,也可能做出贪婪的选择(既然其他人都这么做了,我为什么不这么做呢),最终导致资源过早耗尽。这种现象在经济学上被称为公地悲剧(tragedy of the commons)——它描述的是由于人们过度索取,从而使得共享资源不可避免地走向枯竭。

根据科斯米德斯的观点(Cosmides et al., 2010),只有在以下情况下,违反社会交换规则的行为会被检测到:(1)欺骗者能够从欺骗行为中获益;(2)欺骗者是有意而非无意的;(3)有可能通过违反规则做出欺骗行为。如果满足所有这些条件,欺骗检测算法将自动启动,人们会正确处理当下涉及到道义规则的问题;但如果不同时满足这些条件,欺骗检测算法会"哑火",人们就会像"字母—数字"选择任务中的被试那样,出现推理错误。科斯米德斯的一系列研究为该观点提供了支持。例如,在一项实验中,被试被告知,现在要将一些青少年分配到两所学校,他们需要审查分配过程中是否存在舞弊行为,分配规则是:

> 如果一个学生要想被分配到格罗弗高中,那么他必须住在格罗弗市。

被试还被告知,分配青少年去不同学校的人是志愿者,但政府担心其中一些人可能是利益相关者,因为他们正是那些上学儿童的父母。另外,在一种情况下,被试得知,由于格罗弗市市民付出了更多税收来资助学校,格罗弗高中的校况要好于另一所学校——汉诺威高中(舞弊可以获利);在另一种情况下,被试得知,两所学校的校况没有区别(舞弊无法获利)。最后,该实验还设定了"欺骗意图"变量,一部分被试被告知,有人无意中听到志愿者密谋在分配过程中徇私舞弊;另一部分被试则无此操作,他们只是被要求检查是否存在错误分配。实验结果显示:相比没有舞弊收益和舞弊动机,在存在舞弊收益和舞弊动机的条件下,被试做出正确选择判断的概率会更高。

对逻辑推理问题的总结

与逻辑推理主题相关的研究文献数量庞大,许多研究者试图探析为什么人们在某些情况下可以做出非常准确的逻辑判断,而在某些情况下则不可以。上文介绍的欺骗—检测理论是目前该领域最成功的理论之一,它不仅可以解释条件推理任务与道义推理任务之间的(被试表现)差异(Cosmides,1989)以及不同类型道义任务之间的差异(Cosmides et al.,2010),同时它还为这些差异提供了进化上的依据——为防止搭便车行为而进化出的心智模块。需要明确的是,"欺骗检测机制"并不是研究者为了解释研究结果而临时虚构出的事物,它完全符合其他进化理论,正如我们之前指出的,对欺骗和背叛保持敏感是合作进化的必要条件。

统计推理

认知心理学有时似乎过于频繁地讨论那些我们不太擅长的事情。视觉错觉揭露了我们的感知觉缺陷,遗忘表明我们的记忆系统会出现故障,推理错误展示了我们逻辑判断上的不足之处。这一话题可以继续延伸下去,接下来我们就看一看,人类的统计思维有多么糟糕。

先思考这样一个问题,如果你接连投掷十次硬币,每次结果都是正面朝上,现在你投掷第十一次,它正面朝上的概率是多少?希望你能够精明地意识到,硬币正面与反面朝上的概率都是50%,而上一次投掷结果不会影响到这一次投掷结果,它们完全无关。所以第十一次投掷时,正面朝上的概率还是50%。

赌徒谬误(gambler's fallacy)是与该问题相关的一种现象(Tversky & Kahneman, 1971),它指的是,个体倾向于相信一系列相同事件(例如,投掷硬币连续出现正面)会增加不同事件(出现反面)发生的可能性。因此,在赌博机上连续输钱的赌徒还会继续玩下去,因为他相信连续输钱后一定会赢。还有一种被称为热手谬误(hot hand fallacy)的相反现象,"热手"这一说法起源于篮球比赛,它指的是比赛时如果某队员连续命中,其他队员一般相信他下次投篮时还会命中。也就是人们常说的"有手气""手感好"或"状态正热"。然而研究表明,这一规律其实并不存在,成功其实是完全随机分布的(Gilovich et al., 1985)。但博彩公司会利用我们的这两种直觉,从中谋取厚利。那么,为什么我们会陷入这种统计谬误呢?"觅食理论"(foraging theory)提供了一种解释思路(见专栏9.7)。

专栏 9.7　觅食理论和边际值定理

觅食理论(有时被称为最优觅食理论；见 Stephens & Krebs, 1986)是行为生态学家研究动物行为时发展出的一种理论。他们探讨的问题很简单：考虑到动物(包括人类)需要满足自身许多需求(例如食物需求、交配需求和养育后代需求)，而它们只有有限的时间精力来完成这些事情，它们如何分配时间去寻找更丰富的"食物区"(觅食理论用这个词来形容环境中的大量集中分布的食物，比如黑莓灌木丛)。

动物觅食理论已经证明，动物非常善于寻找和利用高质量食物区，考虑到能量和营养对动物生存的重要性，我们完全可以预料到这一点。研究还表明，动物的觅食行为很灵活，它们可以根据内部因素(如需求)和外部因素(如被捕食的风险)来调节自己的行为模式。例如，在正常情况下，动物可能会避开那些有高捕食风险的食物区，例如松鼠很少进入田野这种没有任何掩护的环境。然而，一旦内部需求提高，比如动物饥肠辘辘时，它们可能会冒险在空旷的地方觅食。觅食理论表明，动物实际上在进行一些相当复杂的计算，它们会评估被捕食的风险和承受饥饿的风险，经权衡后做出抉择。

动物觅食认知中还有另一个令人印象深刻的特征，它们可以合理地决定在一个食物区停留多久。回到黑莓的例子，任何采摘过黑莓的人都知道，一开始你通常很容易就能摘到很多美味多汁的浆果，但随着时间的推移——当我们逐渐耗尽当前黑莓灌木丛的成熟果实后——能摘到的浆果越来越少。此时，我们就需要在去留之间做出抉择。到底该怎么做？答案往往是，视情况而定。如果附近有其他的浆果丛，那么提前离开是有意义的：为什么要浪费时间越过层层荆棘，只为从一片日渐贫瘠的灌木丛中艰难寻觅到少量浆果？为什么不去另一个灌木丛轻而易举地采摘大量浆果？相反，如果下一片灌木丛距离遥远，需要花费大量时间和精力才能到达那里，那么待在原地是有意义的。与其浪费时间旅行，还不如花时间在附近继续寻觅浆果。

所有觅食动物都明白这一点，此类行为所蕴含的逻辑可归纳为查诺夫边际价值理论(Charnov's marginal value theorem)，该理论的名称源于其提出者埃里克·查诺夫(Eric Charnov)。边际价值理论是一套非常精确化的数学模型，但我们也可以以图形的形式对其进行大致描述。如图 9.8 所示，横坐标轴表示时间，其中右半边部分表示在当下食物区度过的时间；纵坐标轴表示积累的资源数目，可想象成摄入的卡路里量或采摘的浆果数量。最下方的曲线(称为"增益曲线")表明，随着时间的推移，资源会消耗殆尽，即动物在某食物区停留的时间越长，单位时间内获得的资源就越少。那么什么时候应该离开当下的食物区？它取决于到达下一个食物区需要的时间，在图上表示为时间轴的左半部分。其中，斜率较大的虚线代表到下一个食物区所需的旅行时间较短，斜率较小的虚线则代表到下一个食物区所需的旅行时间较长。不同虚线与增益曲线相切的点决定了在当前食物区停留的时间，你可以看到，到下一个食物区所需的旅行时间越长（低斜率虚线），动物开发利用当前食物区的时间就越长。同时，所需旅行时间越长的食物区，在单位时间内能提供的资源就越多。这就像如果你要去一个很远的超市购物，这个超市一定是商品丰富的大型超市。

当前研究表明，大量动物行为模式都符合边际价值理论，如人类采摘果实、大山雀捕食昆虫、植物根系生长（土壤养分分布也不均匀）以及粪蝇交配的时间长短等。

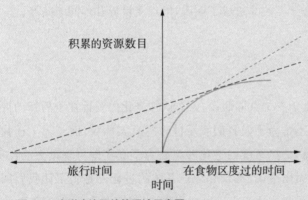

图 9.8　查诺夫边际价值理论示意图

觅食理论与统计推理

首先需要强调的是，正如我们已经提到的，在抛硬币、玩赌博机或投篮时，每一轮行为的结果是相互独立、互不影响的，这与许多具有重要进化意义的活动有很大不同。以觅食为例，在人类进化史的大部分时间里，我们祖先都是强制性觅食者。（"强制"只是意味着他们在这件事上别无选择，我们的祖先可不能点比萨外卖）

根据心理学家安德里亚斯·维尔克（Andreas Wilke）的说法，我们过去的觅食史可以对热手谬论和赌徒谬论做出合理解释。只要换个观察角度，它们不但不是谬误，反而是具有进化意义的运算机制，其功能在于对于事物分布保持敏感（Wilke & Barrett, 2009；Wilke, 2020）。如果你在自然环境中曾寻觅过某种食物，比如黑莓，就会发现黑莓并不会完全随机分布，它们成团生长，组成黑莓灌木丛。食物并不是我们的祖先唯一关心的事物，也不是唯一不遵循随机分布规律的事物。太阳会在某个特定时刻升起，在天空中停留很长时间，然后慢慢落下，周而复始；炎热季节时会有连续的降雨，雨季过后则是漫长的干旱期；找到一个浆果预示着将找到一片浆果，就像一滴雨预示着一场雨；甚至连人也倾向于聚集在一起，形成村庄、部落或狩猎小队。这正是热手谬误的由来：在真实环境中，大部分事物都是带状或片状分布，而不是散点分布。同时，转变总会发生，旱季过后就会下雨，果树枯叶掉光后还会再发新芽，这正是赌徒谬误的由来。如同威尔克和其他人所提出的，对我们祖先来说这些思维模式都是有益的，它们都是精心设计的心智装备。只是如今我们将这种思维用于某些独立随机的序列事件时——如轮盘赌和掷骰子——才造成了谬误，但现实世界并不同于赌场。

进化与认知

上述介绍的所有理论都基于一个共同假设：人类认知进化的要旨在于为行动提供支持。因此，视觉系统的进化不是为了向我们展示世界的真实面貌，而是为了让我们快速有效地获取某些环境信息；记忆系统的进化并不是为了真实地再现过去的经历，而是为了存储经验，以供未来做出决策；推理和统计系统的进化不是为了让我们回答教科书上的抽象逻辑问题，而是为了让我们逃离捕食者、吸引配偶或发现骗子。

这些决策选择通常需要迅速完成，尤其是对适应性产生显著影响的决策，因此认知系统的某些部分（视觉、语义记忆、统计推理）倾向于"快速、直觉式、自动化"启动。另一方面，某些问题则需要我们更谨慎地思考与评估，或许因为它们都是"新颖"问题，我们手头没有现成的自动化反应系统。在这种情况下，我们可以依靠情景记忆，它为我们提供了更丰富（但搜索速度较慢）的信息；我们还可以依靠组块机制，它使我们能够通过层层组合建立复杂概念，并对这些概念进行思维加工。丹尼尔·卡尼曼（Daniel Kahneman）将它们分别称为系统 1（快速、自动）和系统 2（缓慢、有意识、深思熟虑），这两种系统在我们和我们祖先的生活中都扮演着重要角色。

当然，即便考虑到进化功能，认知系统也并非完美的。像任何设计与工程系统一样，它充满了妥协。一些视错觉就体现了这类妥协，记忆和推理系统的很多不足之处也源于此。事实上，人类认知系统中并非每一部分都是进化适应的结果，它也具备许多意外、副产品和缺陷。但有些部分确实具有深刻进化根源,通过探讨这些内容,我们可以更清楚地理解心智的运作方式。

总结

心理学的认知研究取向将行为视为内部心理加工的结果,进化心理学家则指出,理解心智的"设计主旨",有助于我们搞清楚心智到底是如何运作的。

我们视觉系统的进化目标并不是向我们展示世界的真实状况,而是要向我们呈现有用的信息,从而为有效行动提供支持。感知恒常性就体现了这一设计原则,我们的视觉系统可以将不断变化的外部世界"稳定"下来,在某些情况下,这也可能导致视错觉的产生。

情景记忆和语义记忆分属不同记忆系统,它们在预测和未来规划方面发挥着重要作用。情景记忆通常更加丰富、生动、翔实,它允许我们回顾性地提取某些信息,这些信息可能在某个时刻极为有价值(比如回想出谁出现在犯罪现场),但该过程可能较为缓慢;而语义记忆系统则可以快速提取某些信息,为当前选择提供依据。

人们在"饮酒—年龄"逻辑判断任务中的表现要明显好于许多同类型逻辑判断任务,很可能是因为前者不仅涉及逻辑判断问题,还涉及规范与义务问题。在这种情况下,被试的欺骗—检测心智模块得以触发。

一些统计思维上的谬误,如热手谬误和赌徒谬误,可能源于人类要对环境中的事物分布保持敏感,它们都是具有进化功能的运算机制。在真实的环境中,许多事物的分布并不像赌博胜率一样是完全随机分布的。觅食理论可以对这种思维倾向的成因作出合理解释。

问题

1. 在网上找几张视错觉图片,分析一下哪些可能是视觉适应的结果,哪些是适应的副产品,哪些是视觉系统的进化缺陷?
2. 感受一下你视杆细胞和视锥细胞的区别。视锥细胞能"检测"颜色,视杆细胞不能,在光线较弱的情况下,视杆细胞比视锥细胞更能发挥作用。首先,拿一些小的彩色物体——比如小小的彩球,让朋友或同事盯着一个固定的点,他们不能移动他们的眼睛或头部。慢慢地把彩球绕到他们面前,直到他们说自己可以看到球,但要保证他们一直在向前盯着固定点看。当他们看到彩球时,问他们球的颜色。除非他们不自觉地眼球移动了,否则他们应该说不出彩球的颜色。因为视锥细胞位于眼睛的中心(中央凹),当眼睛盯着前方的一个固定点时,来自彩球的反射光无法到达中央凹。视杆细胞散布在视网膜周围,因此它们可以探测到物体,但探测不到物体颜色。要感受视杆细胞的运作方式,你可以这么做,在晴朗的夜晚找一颗不太闪耀的星星,盯着它看(此时视锥细胞在起作用),然后眼睛稍稍偏移几度,看看星星周围黑暗的地方(视杆细胞起作用),再看看星星,它是不是会显得更亮。

3. 对"闪光灯记忆"的研究表明,人们通常会对那些伴随着极端情绪体验的事件(尤其是创伤性事件)有着异乎寻常的准确记忆。例如,有的人常常会回想起 9·11 恐怖袭击发生时的情景。想想那些让你有这类感受的事件,当时发生了什么事? 从进化角度看,这类记忆有什么意义?

4. 上网找找本章专栏 9.3 中提到的那条套裙,你看到了什么颜色? 它在不同的光照条件下会改变吗? 你的亲戚朋友们看到了什么不同颜色?

5. 当人们无法恰当处理某些问题时(例如逻辑问题或统计问题),通常认为这是心智机制存在短板,其实,心智机制没问题,只是用错了地方,想想它们本该如何正确发挥作用?

延伸阅读

Dennett, D. C. (1996). *Kinds of Minds: Towards an Understanding of Consciousness.* London: Weidenfeld and Nicolson.

Kahneman, D. (2011). *Thinking, Fast and Slow.* London: Macmillan.

Nairne, J. S. and Pandeirada, J. N. S. (2008). *Adaptive memory: Remembering with a stone-age brain.* Current Directions in Psychology, 17(4), 239–43.

Pinker, S. (1997). *How the Mind Works*. London: Allen Lane.

10 语言进化

> **关键词**
>
> 易习得论•示范沟通•普遍语法•参数设置•递归•FOXP2 基因•社会梳理假说•社会契约假说•文化传播假说

　　如果没有语言,我们的社会互动会变得一塌糊涂。语言使我们能够向他人透露我们内心最深处的想法,或者,如果你愿意,你也可以用谎言来掩饰自己的想法。通过语言沟通,人们可以协调一致行动,形成整体行动合力。纵然黑猩猩能想象出金字塔的构造,但它们依然无法建造金字塔,因为它们不具有通过语言进行行动协调的能力。正如我们将在第 14 章看到的,通过语言,我们还可以将来之不易的知识传递给他人——包括我们的孩子——从而使得文化得以累积和扩散,这一切对于我们那些还未进化出复杂语言系统的祖先来说,都是难以企及的(事实上,正如我们将看到的,有一种观点认为语言进化正是源于文化传播的需要)。语言诞生是人类进化史上的爆炸性事件。它不仅极大地扩展了人类祖先的能力范围,使他们比当时其他古人类更有竞争力,而且很可能对大脑本身的进化产生了影响。我们不会语言的祖先不太可能拥有与我们相同的大脑,这不但是因为他们缺乏适当的语言回路;更有可能的是,复杂沟通的逐渐进化导致我们与他人的互动方式产生了巨大飞跃,语言、互动方式和大脑之间具有彼此作用的复杂进化效应。语言为人类带来了巨大生存优势,毫无疑问,它是自然选择的产物。本章首先概述语言学习的复杂性,然后讨论语言的进化以及领域特定性问题,接着阐述对语言基因的思考。最后,我们提出了一些关于语言进化功能的猜想:在祖先时代,它最初到底缘何得以进化?

语言是专属于人类的吗?

　　毫无疑问,在某种意义上非人类动物之间也存在交流,因为它们进化出了向彼此传达信息的特定方式,动物之间传达的信息可能包括自身的心理状态(比如狗愤怒时的吠叫），也可能包括其他与生存有关的内容。奥地利动物行为学家卡尔·冯·弗里施对蜜蜂舞蹈的研究就是一个典型例子。冯·弗里施发现，在找到一片尚"有利可图"的食物区后，蜜蜂会回到蜂巢，并发起一场精细复杂的舞蹈，以向同伴告知食物信息（见图 10.1）。为了表明花蜜位置，蜜蜂舞蹈时会与垂直方向保持一定角度，这个角度正是太阳和食物区之间的角度；为了表明食物区的丰厚程度，蜜蜂会摆动腹部，摆动力度与食物区价值成正比，慵懒的摆动代表低质量花蜜丛，而充满活力的摆动则代表高质量花蜜丛。

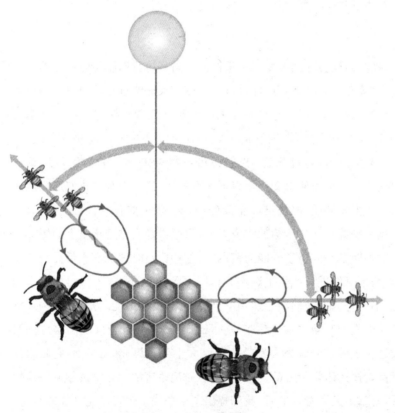

图 10.1　蜜蜂会通过舞蹈向同伴传达食物位置信息

另一个典型例子是，研究证明，针对当下存在的不同捕食者，如蛇、猎豹或鹰，长尾猴会发出不同的警示声音（Cheney & Seyfarth, 1982）。不仅仅是灵长类动物能够做到这一点，土拨鼠（见图 10.2）似乎也会因特定刺激发出特定警告声。例如，面对土狼、红尾鹰、鹿和人类时，它们发出的叫声是不一样的。也许更令人惊讶的是，当土拨鼠看到不熟悉的物体时，比如欧洲雪貂或黑色椭圆形，它们都会独立地发出相同叫声

图 10.2　一只土拨鼠在向同伴发出警示声

(Slobodchikoff, 2002), 而且它们甚至能够将捕食者的颜色信息融入叫声中 (Slobodchikoff et al., 2009)。叫声一致很重要, 因为这表明叫声确实代表了刺激物的特定属性(例如颜色或形状), 而不仅仅是随机发出的声音。因此, 草原土拨鼠的交流系统已经配备了产生新"词"的规则, 而且这些规则被整个群落共享——如果个体之间想彼此理解, 这是必不可少的基本条件。

　　研究人员推测, 土拨鼠可能有一种与生俱来的规则系统, 使得它们能够在面对新颖刺激时发出符合规则的叫声, 只是我们目前对其中的具体细节尚不得而知。然而, 为什么土拨鼠会进化出如此复杂的报警系统？原因可能在于, 土拨鼠是许多其他动物的猎物, 包括土狼、獾、猫、雪貂、猫头鹰、鹰、山猫、蛇, 当然还有人类。面对如此多样的捕食者, 灵活的警告系统有助于它们启动不同反应策略(像长尾猴一样, 针对不同捕食者做出不同类型的反应), 从而更好地躲避危险。

　　但这些交流方式是否算得上语言？这是一个争议已久的问题。尽管目前大多数研究者对此持否定看法, 但随着科学家对动物交流行为理解的加深, 情况似乎正在缓慢地发生变化。专栏 10.1 中描述了构成语言的 10 条标准, 除了人类外没有一种动物能全部满足(Aitchison, 1989)。其中最主要的区别在于, 人类语言的灵活性和创造性是其他动物交流系统完全无法比拟的。例如, 就指明食物区而言, 蜜蜂可以算得上沟通天才, 但它们好像无法用它们复杂的舞蹈来传达其他有用信息, 如竞争对手的位置。长尾猴可以发出不同的警示音, 但它们好像无法用叫声来表示食物来源、适宜的栖息地或潜在配偶质量。相比之下，人类语言则无所不包，我们可以就各个经验领域的信息展开交流。

> **专栏 10.1　语言是什么**
>
> 　　给语言下定义并不是容易的事情，但这里有一些被广泛接受的标准，可以帮助我们确定一种交流形式是否够得上是语言(Aitchison, 1989)。
> 　　**使用声音听觉通道。**　不言自明，语言应该包括口语交流。这可能是最弱和最具争议的标准之一，因为它排除了听力受损者使用的手语，而手语完全符合其他所有的语言标准(并且手语能像口语一样完成复杂交流)；该标准还排除了书面交流。正如艾奇逊(Aitchison)所指出的那样，口语是人类语言的一个特征，但不是必要特征。因此，这条标准对于判断动物是否具有语言几乎毫无意义。
> 　　**任意性。**　语言符号不必与所指代内容有任何关系。例如，"狗"(dog)这个词听起来并不像狗；"极小"(minusule)这个单词看起来比"巨大"(huge)要大不少，但它们的意思则完全相反；同样，一个人可以大声喊出"安静"(quite)这个词，无论他喊叫的声音有多大，都不会影响这个词本身的意思。一些动物的交流形式也具有任意性特征。
> 　　**具有语义。**　语言是有意义的。当我们听到"椅子"这个词时，我们知道某人指的是一种特定类型的物体。
> 　　**文化传播。**　语言是代代相传的；它们通常不是自发产生的(尽管有证据表明这种情况发生在一些手语中)。我们可以将语言看作是一种文化上的人工制品，而使用者则小心翼翼地保护并传承着它们。
> 　　**自发使用。**　使用者可以自由地运用语言，而不是被迫发出语言。即使是人类婴儿似乎也有咿呀学语的欲望，这并非来自父母的鼓励，而是来自他们天生的意愿。
> 　　**轮流**(turn taking)。除了非常特殊的情况——比如讲座或戏剧中大段独白——我们开口说话时一次性讲很长时间，也不会在对话者说话时自说自话，我们会轮流说话。轮流说话似乎也是个体在生命早期会自动掌握的规则，不需要特别指导。
> 　　**双重发音**(double articulation)。语言可以分为两个层次，一个词的组成声音，比如 d-o-g，它们本身是没有意义的，只有当它们按特定的顺序排列时才有意义。
> 　　**移位性**(displacement)。语言可以指称当下不存在的东西。无论是它们不再存在(时间移位)，还是它们离我们距离遥远(空间移位)，或者是它们完全是假设

的。比如当我们说"如果明天下雨,我就待在家里"时,我们指的就是一种假定的情况。

结构依赖(structure dependence)。所有的人类语言都对词汇组合方式有所要求。"祝你今天愉快"(have a nice day)的意思取决于词汇和词汇组合顺序,仅从这些词汇的独立含义中不能推测出其含义。相比之下,动物(和人类)发出的许多声音不具有结构。一个人被锤子砸到拇指时会发出痛苦嚎叫,这当然能表达出他的痛苦,因此也具有传递信息的意义,但它没有任何结构可言。

创造力。 语言具有无限的表现能力,人类不像一些死板的计算机程序一样,只能做出有限数量的反应。当一些新奇的事情发生时,我们能够予以描述,或者起码做到尽量去描述。

人类语言和语法的组合能力

在声音和事物之间形成一对一映射的关系是语言进化的重要一步,如同我们上文所介绍的,长尾猴和土拨鼠已经可以做到这一点。如果长尾猴所掌握的"词汇"不断扩展,我们可以想象出,最终它们会拥有一张囊括上千个词汇的单词表,它们生活中出现的所有事物在这张单词表中都有相应指称词汇。英语世界中受过高等教育的人可能能知道5万到10万个单词,然而,如果你去掉那些有共同词根的单词——比如walk, walking, walked,以及由已知单词组成的复合词,如腕表(wristwatch)和铅笔盒(pencil case)——平均每个美国高中毕业生能掌握大约45 000个单词(Nagy & Anderson, 1984)。如果每个概念都有一个相对应的单词,这当然是好事,但考虑到人类想要谈论的事物实在太多,我们可能根本没有那么大的大脑空间来存储如此之多的词汇,也没有足够时间去记住它们。此外,如果每个事物都必须有一个独特对照"词",你怎么能说出新的东西呢?当然,你可以发明一个新词,但由于这个词是你发明的,没有人知道它的意思,其他人就无法理解你。语法(grammar)在这种时候就派上用场了,相比丰富的词汇,语法是一种更为行之有效的技巧,通过语法,我们只需要很有限的词汇就能获得近乎无限的表达能力。

据我们所知,其他动物的交流方式中不存在类似语法的结构,这就是为什么长尾猴和蜜蜂被困在它们有限的语言世界里无法"讨论"任何新事物的原因。有趣的是,冯·弗里施讲述了一个实验,他把糖水放在离蜂巢不远的天线上。当蜜蜂察觉到蜂蜜后,它们飞回蜂巢,并通过舞蹈将信息分享给同伴。不久后,一群蜜蜂在天线底部嗡嗡作响,显然无法找到蜂蜜在哪。冯·弗里施得出结论:蜜蜂的语言中没有"上"这个词。原因当然也很好理解:花朵从来只长在地面,而不在空中(von Frisch, 1954, 139)。

平克和布鲁姆——语言机制的进化理论

心理学家史蒂文·平克和保罗·布鲁姆(Paul Bloom)在他们具有里程碑式意义的论文《自然语言和自然选择》(*Natural language and natural selection*, 1990)中指出,人类的复杂器官具有许多相似特征,包括眼与手等,语言也不例外。与眼睛一样,语言也具有积极的适应性意义,因为它能够更加高效便利地传递信息,同时大大扩展了可传递信息的内容和类型。语言的移位性和创造力特征(见专栏10.1)意味着我们交流的内容不必局限于此时此地,也不必局限于固定内容。有了语言,我们可以轻松地谈天说地、评古论今、畅聊未来,我们可以讨论任何能想到的问题,这些都是用非语言交流很难实现的。

平克和布鲁姆认为,要想解释人类语言系统所具备的复杂适应性特征,我们只可能求助于一种机制——自然选择。事实上,为了"获得"语言,我们付出了高昂的成本。语言的理解和产生会涉及大量专业化硬件和神经基材,它们位于大脑特定区域,如维尔尼克区和布洛卡区,这些神经设备既会抢占大脑空间,也会消耗巨大热量(见图10.3)。

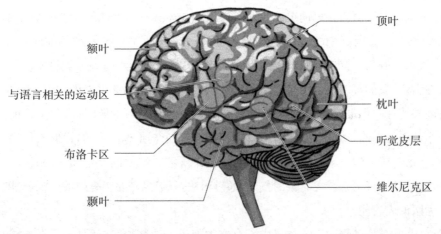

图 10.3 与语言加工机制相关的大脑区域,包括维尔尼克区、布洛卡区、听觉皮层、前额叶与运动皮层等众多脑区

此外，人类独特的声道结构设计使我们能够发出各种复杂声音，但它带来了不幸的副作用，大大提高了窒息死亡的可能性。其他哺乳动物能够同时吞咽和呼吸，事实上，还没有形成语言的人类婴儿也能够做到这一点，但成人这么做就有呛噎风险。如果语言不是通过自然选择产生的，如果自然选择在"创造设计"语言的过程中没有不断为我们带来更多生存优势，我们很难解释祖先为什么甘愿承受这些代价。

在接下来的几节中，我们将考察平克和布鲁姆论述的一些证据。首先，我们讨论语言的基本组成部分，即用来传递信息的声音或音素。接着，我们讨论儿童是如何习得词汇的，以及他们在习得词汇时会有哪些心理预设。最后，我们会介绍乔姆斯基关于语法的研究，该工作表明语言学习是由先天的语言"器官"支持的。

语言习得

习得语声

除了少数例外——如听力受损群体使用的手语——语言都是通过声音媒介进行信息传递的。为什么会出现这种情况呢？一代又一代的听力障碍患者已经向世人证明，手势和面部表情结合在一起后，也完全可以发挥相同作用，那么声音到底有什么特别优势？首先，使用声音可以实现多任务同步处理，你可以边说话边用手做其他工作。其次，你不必一直盯着和你交流的人，这意味着你可以在交流的时候关注其他事情；同时也意味着你的注意力可以被那些不在你视野内的人所吸引，从而有助于你获得他们发出的有价值信息，如警示的大喊声。第三，你可以在黑暗中交流，在我们祖先生活的区域（非洲），平均每天大约有12个小时是黑暗环境。

虽然所有人类语言都会选择声音作为媒介，但并非所有语言都使用相同的声音。每种语言都包含一系列被称为音素（phonemes）的最小声学构件，如"b""a"和"m"。不同语言包含的音素数量也不同，例如，英语会使用大约40个不同的音素，波利尼西亚语只使用11个音素，而科伊桑语（非洲南部的一种语言）则使用多达140个音素。昆桑人班图语中的一些音素——如"click"——在英语使用者听来会很奇怪，但对说其他语言的人来说，英语本身就有一些很难的发音。例如，英语单词"thick"或"the"中的"th"发音对于许多非英语国家的人来说就不太容易，他们很可能发出一些近似音，如"s"或"z"。当人们学习外语时，他们不仅会觉得某些发音不顺畅，而且还常常无法将不同音素区分开，即便经过几百次的训练后依然如此（Pinker，1994，264）。然而，两个月大的婴儿其实能分清世界上所有语言中的音素（Kuhl et al.，1992）。这并不奇怪，因为他们必须能识别所有音素,才能将母语中的音素与其他因素相区分。从 6 个月大开始,婴儿的这种能力逐渐下降,因为他们开始专注于自己母语中的音素。例如,在西班牙语环境中,大一点的婴儿会像他们父母一样,把"v"和"b"当作相同音素,而小一点的婴儿则会加以辨别。婴儿似乎从出生起就倾向于关注类似语言的声音,在说出第一个单词之前,他们已经对环境中的语言有了大量了解。但音素只是语言的组成部分,它们本身并不具有任何意义,必须组合起来才能构成词汇,接下来我们就要讨论儿童是如何习得词汇的。

习得词汇

学单词似乎很容易。一个人指着一个物体,大声说出它的名字,孩子就会逐渐学会将发音与物体联系起来(这是斯金纳行为主义的主张之一)。然而,这一被称为实例交流(ostensive communication)或明示(ostension)的单词学习过程之所以看起来简单,是因为许多认知机制予以了其足够支持。明示学习所涉及的内部过程比表面看起来的要复杂得多,哲学家 W. V. O. 奎因(W. V. O. Quine, 1960)曾提出一个"gavagai 问题"对此进行说明。奎因让我们想象自己在异国他乡旅行,身边有当地向导陪同,但你不会说他的语言,他也不会说你的语言。当你们爬到山顶时,一只兔子突然冲到你们面前。向导指着兔子大喊"gavagai"。他是什么意思?大多数人认为当地语言中"gavagai"一定是兔子的意思,但我们为什么这么认为呢?"gavagai"可能是一个表示惊讶的感叹词,比如"天哪";也许向导大声喊出的是兔子的颜色,或者它奔跑的方式,或者是它的体型。我们其实不可能知道他说的到底是什么,但我们假设他说的是整个物体(兔子),而不是物体的局部特征(颜色、体型)。学习单词的幼儿也面临着类似问题。例如,当父母指着一只毛茸茸的棕色动物叫它"狗"(dog)时,行为本身无法说明他们指的到底是这种动物的总称、是这只动物的名字、是它毛茸茸的皮毛还是它的颜色。在没有额外信息的情况下,儿童必须通过自己的假设判断为命名过程提供信息补充。

词汇习得中的假设

艾伦·马克曼(Ellen Markman, 1989)认为儿童在学习单词时(至少)内置了三种假设。首先,儿童会做出"整体对象假设"(whole object assumption),也就是儿童在没有任何其他证据的情况下会假设,当某人为某物命名时,他指的是整个物体,而不是物体的部分、颜色或其他一些属性。其次,儿童会做出"类别假设"(taxonomic assumption),即当某人为某物命名时,儿童会认为他不是指物体的特有名字(如"肖恩"），也不是指它的广义类别（哺乳动物），而是指一个中等水平的类别（羊）或者说基本水平的类别（Rosch et al., 1976）。基本类别的特征在于它所包含的事物在关键属性上非常相似。例如，"桌子"是一个基本类别，而"家具"则处于更高级的广义类别。虽然不同的桌子存在大小形状差异，但它们看起来都是同一事物，但"家具"类别中许多事物看起来可能差异较大（如桌子、床和晾衣架）。最后，儿童会做出相互排他性（mutual exclusivity assumption）的假设：如果儿童已经知道一个物体的名称，当他听到某人用其他名称称呼该物体时，他会认为第二个词指代的是物体的其他属性，比如它的颜色、运动方式、材料等，而不是假设它是一个同义词。

为了证明以上观点，马克曼在实验中向三岁儿童展示了一系列物品，其中既有他们熟悉的物品（杯子）也有他们不熟悉的物品（钳子）。儿童们看到钳子并被告知它是"biff"，此后，他们被要求收集更多的"biff"。结果显示，儿童会默认 biff 一定是钳子的名称（整体对象假设），他们找出的钳子具有一些微妙差异，但他们认为那些都属于钳子（类别假设）。然而，当向孩子们展示一个锡杯，并告诉他们这是一个"biff"时，他们由于已经知道这个物体是杯子（cup），就会认为"biff"一定是物体的其他特征，而不是它的名称（相互排他性）。一般来说，儿童会相信"biff"指的是特殊材料，因此当他们收集"biff"时，选出的都是其他锡制品。我们可以看到通过相互排他性假设，儿童能够从具体环境中推断词汇意义。

词汇习得中的共同注意

行为主义心理学家认为，单词学习仅仅是两种刺激（物体和声音）之间形成联系的过程，这一观点已被证明并不准确。明示单词学习还需要一些特定机制的参与，否则当儿童看到他人为一物体命名时，他根本无法判定对方所指的到底是什么，从而会被"含义"的海洋所淹没。而且似乎只有在特定情况下，声音才会与物体联系在一起。例如，如果一个婴儿正在玩一个新奇的玩具，此刻听到一个新奇单词，他会认为这个词是玩具的名字，但前提是他专心于玩具时对方说出了单词（Baldwin et al., 1996）。同样地，如果一个儿童正在看一个新奇的物体，此刻成年人说出了一个新奇的名字，儿童会将注意力转移到成年人身上，他会看着对方的眼睛，查看对方在看什么。这类研究表明，学习单词不仅仅是在声音和物体之间形成联系那么简单，它还涉及内置的假设机制与共同注意，这些可能都是婴儿与生俱来的天赋。当我们考虑到儿童获得语法结构的方法时，先天知识的重要性就更加突出了，接下来我们就要讨论该主题。

习得语法：乔姆斯基、先天性与普遍语法

诺姆·乔姆斯基(Noam Chomsky)是一位著名的政治活动家,也是著名的语言学家(见图 10.4)。有人曾经问乔姆斯基,比起语言学,是否他更喜欢政治方面的工作。乔姆斯基的回答是,他对政治的热衷是出于一种责任感,如果社会不存在种种需要政府干预解决的问题,他更愿意将所有时间精力致力于追求知识(Horgan, 2016)。评述乔姆斯基的理论总是多少会让人感到有些忐忑不安,不仅因为他的研究与数学的密切度超出了大多数心理学家的"舒适区",还因为他的理论随着时间的推移在不断发生变化,我们就一切从头开始说起。

图 10.4　语言学家、政治活动家诺姆·乔姆斯基

在 20 世纪 50 年代中期,乔姆斯基(Chomsky, 1957)提出了一个极为惊人的主张——习得语言是不可能的。他的意思是,考虑到语言信息总量之庞大,儿童是不可能只通过学习而获得语言的,这个论点被称为贫乏刺激论(argument from the poverty of the stimulus,意思是输入的信息少,输出的信息多)或易习得论(learnability argument)。乔姆斯基认为,鉴于儿童学习语言的速度如此之快,错误如此之少,他们肯定不是像斯金纳等行为主义者所指出的那样,仅仅通过试错来学习语言,也肯定不是通过另一种一般性的学习机制(如类比)来学习语言(Chomsky, 1959)。儿童一

定得到了某些先天知识的支持，它们可以填补人类语言混乱留下的空白，这是习得语言的唯一途径。

为了说明这一点，我们将引用乔姆斯基最著名的例子之一，即如何变陈述句为问题句。假设你得到以下陈述：

1. The man is playing football.（这个男人正在踢足球。）

我们可以把这个陈述句变成一个疑问句，问这个人在做什么，只要把"is"放在句子的开头就可以了：

2. Is the man playing football?（这个人在踢足球吗？）

乔姆斯基让我们想象一下，现在一个儿童正试图通过观察上述例子来发现（或归纳）将陈述句转化为疑问句的语言规则。但如果他遇到了一个不同的句子：

3. The man who is wearing shorts is playing football.（穿短裤的那个人正在踢足球。）

问题是单词"is"出现了两次，儿童应该把哪个"is"提前？如果儿童对之前的例子比较熟悉，他可能把第一个"is"提前：

4. Is the man who wearing shorts is playing football?（穿短裤的那个人正在踢足球吗？）

这是不合语法的。如果像许多早期理论所宣称的那样，儿童只是通过反复试验来学习语法规则，那么我们应该预期至少在某些时候看到这样的错误，但其实并没有，为什么呢？

根据乔姆斯基的说法，语言不仅仅是词语的线性组合，它是有层次结构的。儿童们从小就明白这一点，他们会"隐性"地将话语分解（专业术语是语法分析）为更高层次的单元，如名词短语和动词短语。在第一个句子中，"the man"是一个名词短语，包含了关于句子主语的信息，"is playing football"是一个动词短语，包含了关于这个人正在做什么的信息。在第二个句子中，名词短语"the man who is wearing shorts"要长一些，因为"who is wearing shorts"说的是关于这个人的信息（修饰名词），而不是关于他正在做什么的信息（动词）。所以如果要将陈述句转为疑问句，并且问题是这个男人在做什么，那么需要移动的"is"必须是与动词短语相关的那个"is"，而不是与名词短语相关的那个"is"。反之，如果我们想问一个关于这个人的问题，我们就可以把"is"从名词短语中移开，变为"Is the man who is playing football wearing shorts?"。绝大多数人可能从来没有听说过名词短语和动词短语，甚至刚刚开始学习语法和语言学的学生也会觉得这种区分很不"自然"，但每个人能够都隐性地意识到它们的存在，否则他们就不会用合乎语法的句子进行交流了。

这是乔姆斯基易习得论的一个经典例证：儿童并没有从语言环境中获得将陈述句转化为疑问句所需的规则信息，父母也不会明确地教儿童关于动词短语和名词短语的知识。因此这些信息一定来自其他地方，乔姆斯基认为它们是儿童生来具备的。

当然我们需要先澄清一个前提，当儿童们把陈述句变成疑问句时，他们说的是符合语法的句子吗？在一项实验中，研究者要求三岁儿童基于一些事实陈述向赫特人贾巴（《星球大战》中的人物）玩偶发问，例如，系着蓝色领带的狗喜欢玩接球游戏（the dog who is wearing the blue collar likes playing fetch）。在大多数情况下，孩子们能够把这些陈述句变成符合语法规则的问题，他们不会像前文第 4 句所展示的那样，将属于名词短语的"is"错误地移到句子开头（Crain & Nakayama, 1986）。

其他证据表明，婴儿能够理解复杂的句法结构。研究发现，13 个月到 15 个月大的婴儿已经能够区分发音相似但语法不同的短句，尽管在这个年龄段他们可能只是刚刚开始说出第一个单词（Hirsh-Pasek & Golinkoff, 1991）。在实验中，婴儿们坐在两台电视机前，每台电视机分别播放不同动画，两个动画片段里都是由一对成年人扮成的甜饼怪和大鸟（《芝麻街》中的角色）在玩闹。画外音说："哦，看！大鸟在给甜饼怪洗澡！"此时，一个动画的内容正是大鸟在给甜饼怪洗澡，另一个动画的内容则是甜饼怪在给大鸟洗澡。测量显示，婴儿们确实会更长时间注视与画外音相匹配的动画。这表明，早在婴儿可以将单词连在一起组成短句前，他们就已经能够理解主语、动词和宾语的意义了。

普遍语法

乔姆斯基认为，一个包含普遍语法知识的语言器官承载了人类的语言习得机制，而普遍语法是所有人类语言的抽象规范。不同语言在句法上存在差异，有些语种把动词放在句子的主语和宾语之间，如英语，这被称为主（subject）—动（verb）—宾（object）结构（SVO 语言）；有些语种把动词放在前面，然后是主语，再接着是宾语（如盖尔语）；还有一些语种把主语放在前面，然后是宾语，再后面跟着动词（德语就是这样）。表 10.1 显示了在世界上 402 种语种样本中，六种不同句法组合顺序分别所占据的比例。可以看到，大多数语言都是主—动—宾或主—宾—动结构，而宾—动—主和宾—主—动极为少见。另外，在 96％的语种样本中，主语置于宾语之前。

表 10.1 在 402 种语言中,六种不同句法组合顺序所分别占据的比例

顺序	语言数量	百分比
主—宾—动	180	45%
主—动—宾	168	42%
动—主—宾	37	9%
动—宾—主	12	3%
宾—动—主	5	1%
宾—动—主	0	0

不同语言在其他方面也有所区别。例如,英语对单词在句子中出现的顺序有严格要求;改变词序也就改变了句子的意思。其他语言,如拉丁语和一些澳大利亚土著语,对词序的要求较为宽松,这些语言会通过使用特殊词缀(加在单词的末尾、开头或中间)来表达是谁在对谁做什么。

不过,尽管不同语言的主语、动词、宾语顺序有所区别,但所有语言都会使用这些句法成分;所有语言都有起着名词、动词、形容词和介词作用的语言结构。乔姆斯基认为,之所以存在这些相似之处,是因为它们都是普遍语法的一部分,都来自新生儿先天具备的语言知识。

儿童如何学习周围语言(母语)的特征?乔姆斯基提出,儿童有一组被称为"参数"(parameters)的心理开关,它们可以被语言经验所轻易触发,参数设置保证了个体可以快速习得语言。举个例子,儿童的普遍语法让他们知道存在主语和宾语,同时还存在一个自由参数,允许他们可以接受主—宾—动、主—动—宾或动—主—宾句法结构。如果儿童的语言环境是英语,那么由于接触英文惯用的句法结构,该参数将被设置为主—动—宾;如果儿童在讲德语的环境中长大,参数将被设置为主—宾—动。

乔姆斯基及其追随者认为,即使儿童会犯语法错误,其中许多错误也不是随机的。比如,英语地区儿童在交流中所产生的错误表达只是不符合英语句法规范,但完全符合德语的正确语法规范。这到底是怎么回事?别忘了,普遍语法中包含所有曾经存在的、已经存在的以及一些从未存在过的人类语言抽象规范。普遍语法使儿童能够仅仅基于贫乏的刺激输入就归纳出特定语言的正确规则,从而使自身成为语言社区的一员。

以上只是对乔姆斯基理论的简化描述,至于一些具体细节问题,比如参数设置过程是如何实际运作的,已设定好的参数能否以及在多大程度上可以取消(比如儿童转移到另一个语言环境),这些问题都存在很多争议。事实上,参数设置或者说普遍语法

似乎具有很大弹性,在7岁之前,儿童能够轻松地学习新语言,之后这种能力就逐渐下降(Pinker, 1994)。

乔姆斯基和进化

尽管乔姆斯基认为语言学习由先天心理机制所支持,但他最初并不愿意接受这些机制源自自然选择。相反,他认为语言官能是为了其他目的而进化的,只是后来又服务于信息传递。但他后期观念有所改变,他开始讨论语言官能的哪些部分可能特定于语言——即为了支持语言专门得以进化,而哪些部分可能有其他进化目的只是日后才被语言表达机制所"拉拢"。为了阐述这一想法,乔姆斯基及其同事(Hauser et al., 2002;2014)对"狭义的语言官能"(the faculty of language in the narrow sense)和"广义的语言官能"(the faculty of language in the broad sense)进行了区分。

广义的语言官能是指与语言相关的能力与机制,但它们不一定是语言所特有的,甚至不是人类所特有的,其他物种也可能具备。其中就包括口语和手语加工所需的感知觉以及从感知觉信息中提取"意义"的机制。正如我们所看到的,土拨鼠和长尾猴也有这样的能力。此外,其他一些"非语言"但同时对于语言加工来说必不可少的认知能力,如记忆和视觉,也属于广义语言官能的一部分。

狭义的语言官能只包括那些专属于人类及专属于语言的机制。其中,递归(recursion)运算可能就是一种语言特定的认知操作。从最简单意义上讲,递归是一种将一个单元项目嵌入到另一个单元项目的方式,只要有需要,嵌套可以不断累积,产生层层嵌套。如果你曾经站在两个镜子中间,你会熟悉类似现象。一面镜子反射你的图像,这个图像被第二面镜子反射,然后又被第一面镜子反射,以此类推,直到无穷。你较小的图像被"嵌入"到自己更大的图像中。在数学上的曼德博集合(Mandelbrot Set)图像中你也可以看到类似的情况(见图10.5)。

递归也出现在语言中。我们可以在句子中嵌入子句,然后在子句中再嵌入子句。比如这句话:

"Throw the spear at the mammoth."(把长矛投向猛犸象。)

如果有不止一头猛犸象,我们可以说:

"Throw the spear at the mammoth with the large tusks."(把长矛投向那头有

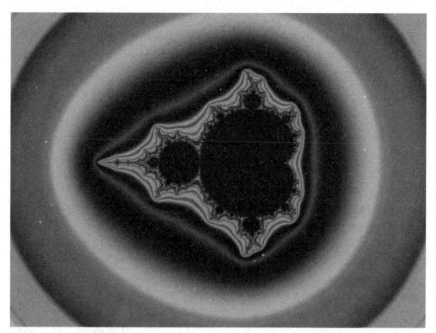

图 10.5 一组曼德博集合，边缘部位的每一个小图案都是中心形状微缩版，如果你进一步放大该集合，会发现这种模式在不断重复

长长獠牙的猛犸象。)

如果有不止一头长着长长獠牙的猛犸象，我们可以说：

"Throw the spear at the mammoth with the large tusks that is running towards you."（把长矛投向那头长着长长獠牙并正朝你冲过来的猛犸象。)

每一条新嵌入的子句都进一步说明了该向哪一头猛犸象投掷长矛，通过递归式的嵌套扩充语句信息，这正体现了语法的重要组合特征。

一些书籍和研究报告可能声称，乔姆斯基对递归的看法是错误的，递归并不是语言的核心和专属特征。语言学家丹尼尔·埃弗雷特（Daniel Everett）报告说，巴西亚马逊雨林地区皮拉哈人（Piraha）的语言中就不具备递归式表达。不管真假，这类研究实际上并没有驳倒乔姆斯基的理论，因为他试图解释的是一些语言如何利用递归机制实现信息传递，而没有强调递归是必须的。如果皮拉哈人的语言可以不使用递归，那也很好。不过，对皮拉哈语开展过更详细研究的人发现，它其实会使用嵌套表达（Salles,

2016）。在一个例子中，一位皮拉哈人说：

"Kapoogo's canoe's motor is big."（卡波哥的独木舟的马达很大。）

我们可以看到，在这句话里，一个所有格（"卡波哥的"）被嵌入到另一个所有格（"独木舟的"）中，这就像"长长的獠牙"被嵌入到"猛犸象"中。

豪瑟等人的理论还留下了一个悬而未决的问题，即递归是否是狭义语言官能的唯一特征（可能还有其他特征），以及递归是否真的专属于语言（Hauser et al., 2002; 2014）。他们提出了一种可能性，即递归的进化初衷可能是空间导航，后来被语言机制所开发利用。到目前为止，还没有证据表明这是事实，如果在非人类动物中可以找到递归的同源特征，那么递归再利用假设就可以获得一定支持。倘若果真如此，是不是可以说语言并非源于进化，而是源于其他进化机制的同化？杰肯道夫和平克（Jackendoff & Pinker, 2005）在评议豪瑟等人的论文时指出，即使语言的所有构成机制都可归因于其他进化目的，我们也依然不能否定语言是经由进化形成的。自然选择通常的工作模式就是尽量利用和修改已经存在的结构，而不是凭空创造新的结构。比如我们可以看一个典型例子：哺乳动物耳朵的听小骨（包括锤骨、砧骨和镫骨等结构）是从爬行动物祖先颚骨的一部分继承及进化而来的。但是，现在听小骨的适应性功能显然是通过传递声音振动以实现听觉感知，无论它在进化史的某一刻是否具有其他形态或其他功用，我们都不能否认听觉就是一种进化适应机制。

总之，绝大多数学者都相信，语言是各种机制相互配合所产生的一套复杂系统，它肯定不是进化"意外"产生的。但如果语言具有特定的进化编码，那么语言基因在哪里呢？对于该问题我们目前已经取得了哪些研究进展？在讨论完乔姆斯基的理论后，我们就会着手探索这一主题。

对乔姆斯基理论的评价

在评价乔姆斯基对语言进化研究的贡献时，我们需要再简要回顾一下他的几个主要观点。他的首要主张是，如果语言习得仅仅依赖于一般学习机制（行为主义者的观点），如联结、强化和惩罚，那么儿童根本不可能习得语言，这就是所谓的易习得论。第二个观点是，语言特定的认知机制——普遍语法——为语言习得提供了额外信息，在普遍语法的支持下，儿童可以快速掌握语法知识。第三个观点，儿童具有特定的语言参数，自由参数设置简化和加速了儿童对母语的习得过程，如"否定格参数"和"名义映射参数"(除非你想更深入地研究这个问题,否则你不需要特别了解这些名称的含义)。当前,几乎所有的心理学家和语言学家都同意第一种说法,该主张的支持证据具有压倒性优势。至于能为语言习得提供额外信息的认知机制,相比之下会引发许多争议与讨论。例如,我们的大脑是否真的天生具有一个抽象的语法表征系统,并且它会通过参数设置过程逐渐扩充?或者像一些人认为的那样,语言知识是通过对语言规律的统计分析而获得的?

评价乔姆斯基理论的一个关键问题在于,要评价哪个理论?因为自20世纪50年代以来,乔姆斯基已多次改变自己的理论主张。其中一个最明显的变化趋势是,他逐渐接受许多机制并不是专属于语言的。正如我们在上文所看到的,后期他只强调递归机制才是人类语言的专属特征。

正如许多其他科学研究领域一样,由于乔姆斯基巨大的影响力,语言习得研究领域在一定程度上被划分成了乔姆斯基主义者和反乔姆斯基主义者两大阵营。这让人感到非常遗憾,科学理论不应该成为教派信条一类的东西,人们不应该像对待宗教或政治意识形态那样,全盘接受或拒绝某些理论。划分阵营的做法本身就是反科学的,我们应该接受一个理论中能对相关现象做出解释并得到证据支持的部分,而拒绝接受那些无法做出合理解释或不存在证据的部分。

语言习得的其他进化解释

还有许多理论认为语言是通过自然选择过程进化而来的,但具体想法不同于乔姆斯基与平克等人所支持的语言进化观,即儿童基于与生俱来、领域特定的心智模块而习得了语言。迈克尔·托马塞洛(Michael Tomasello, 1999)提出,语言就像我们祖先传下来的任何其他文化人工制品一样,语言学习无需诉诸任何领域特定的语言学习机制。他提出,人类的认知、社会认知和文化学习机制就足以对语言习得作出解释(见第14章)。与行为主义者提出的其他语言学习理论(即儿童通过经验被动地习得语言)不同,托马塞洛认为,儿童会通过共同注意来主动理解成人交流的结果,并从中提取语言意义。尽管托马塞洛也秉持进化立场,但他认为人类和其他动物的主要区别在于人类能够准确表征其他同伴的心理状态(即心理理论能力),正是这一能力使语言学习成为可能。

托马塞洛指出,乔姆斯基和平克夸大了儿童普遍语法等先天知识的帮助,低估了模仿在语言学习中的作用(Tomasello, 2005)。例如,3岁的儿童已经能自发把新异名词改变为复数形式，乔姆斯基据此认为，这说明儿童在规则归纳过程中展现出了特定的创造力。但托马塞洛的研究表明，这种创造力存在严格的界限（Akhtar & Tomasello, 1997）。比如当向儿童呈现"The ball is getting dacked by Ernie"（球被厄尼挡住了，"dacked"对于儿童来说是个不认识的新词语）这个句子后，询问儿童"What is Ernie doing?"（厄尼在干什么）？儿童很难给出正确答案"dacking"（挡球），他们倾向于使用与原始陈述句一致的动词形式"dacked"。托马塞洛提出，儿童对抽象语法规则的理解可能要远低于乔姆斯基等人所认定的水平。他相信儿童只是习得了一些常用的语言图式，例如"动词集群"（verb islands）就是一种语言图式，它包含了一个儿童熟悉的动词以及一个或多个可以插入名词的空位。因此儿童可能会掌握"____ kicked ____"这一动词集群，两边的空位可以填入儿童熟悉的名词，这体现出了一定的语言表达灵活性，但是——至少对幼儿来说——中心结构的动词是不能改变的。

托马塞洛为他的理论提供了一些很有吸引力的证据，但是对于许多支持存在语言特定学习机制的现象，它还无法作出合理解释（比如上文提到的儿童可以准确无误地将陈述句转化为疑问句），因此，该观点还需要更多实证研究予以探索和拓展。与托马塞洛假设一致的是，那些心理理论受损的孤独症患者会表现出语言发展迟缓症状，而且他们的语言能力通常无法达到正常个体水平。然而，阿斯伯格综合征患者也有严重的心理理论障碍，但他们在学习语言方面却没有什么困难。

结论：语言习得理论

之所以我们要花如此多时间讨论乔姆斯基的理论，原因主要在于他的理论是心理学学生最熟悉的语言习得理论；同时也几乎是最翔实、最明确的语言习得理论（但不是说一定正确）。

托马塞洛认为，语言产生于更具普遍性的社会认知能力，如心理理论和行动协调，儿童学习使用动词时所表现出的学习特征与该假说相符。

通过创建复杂的计算模型，可以对不同理论进行检验。到目前为止，这类研究只涉及了有限的语言类型。例如，平克完成了一本四百多页的语法分析著作，但其中也只触及到了动词。就像心理学许多领域一样，面对该问题我们还有很多基础研究工作有待完成。

寻找语言基因

在寻找语言功能的过程中，许多研究者认为他们可以从一种语言缺陷症——特定型语言障碍(specific language impairment)——那里获得研究线索。顾名思义,特定型语言障碍表现为语言某方面存在障碍,患者没什么特别明显的神经损伤或其他认知问题,但他们无法正确理解语法,因此他们不但说话费力,词序混乱,也常常听不懂他人说出的复杂语句(Bishop et al., 1995)。20世纪80年代末,心理语言学家默娜·戈普尼克(Myrna Gopnik)及其同事对来自英国伯明翰的"KE"家族开展了研究(Gopnik, 1994; Gopnik & Crago, 1991; Crago & Gopnik, 1994)。这个家族30位家族成员中有16人身患严重的特定型语言障碍,他们会说出这样的句子:

"It's a flying finches they are"(它是一只会飞的鸣鸟他们是)
"Carol is cry in the church"(卡罗教堂哭)
"A Patrick is naughty"(一个帕特里克顽皮)

正如上文所看到的,特定型语言障碍患者似乎无法掌握正确的屈折形态词法(inflectional morphology)。屈折形态词法机制是通过对单词进行修饰以表明语法特征的机制,如英语中名词加"s"表明复数,动词加"ed"构成过去时。

戈普尼克对患者进行了一项被称为"Wug"测试的实验(Gopnik, 1994)。过去大量研究早已证明,3—4岁的孩子已经能够运用名词的单复数变化(Berko, 1958)。在Wug测试中,实验者先给孩子看一个他们不熟悉的物体,并称呼这个东西是"Wug",然后给孩子看两个同样的物体,并询问他们,"现在有两个____?"(见图10.7)。儿童们会说出正确的"Wugs"而不是"Wug"。

戈普尼克的研究表明,身患特定型语言障碍的成年人难以准确完成Wug测试,他们不仅不能使用正确的复数后缀,而且还会产生错误发音(最后一个因素发音为清音"s",而不是浊音"z")。

专栏 10.2　非人类动物可以学习语言吗?

一些研究人员曾试图教动物学习人类语言,这一研究领域引发了许多讨论和争议。类似尝试通常选择非人灵长类动物——尤以黑猩猩最为常见(或者倭黑猩猩、大猩猩)——作为训练对象,选择无声语言——如手语或使用象形符号的特殊语言——作为教学内容。原因在于,非人灵长类动物的声音系统无法发出人类口语所需要的精细声音。之所以人们会认为这类训练具有特殊价值,是由于它可以为许多理论的成立与否提供判定依据,特别是乔姆斯基的先天语言知识论点。正因如此,动物语言研究者赫伯特·特莱斯(Herbert Terrace)甚至挑衅性地将他饲养的一只黑猩猩命名为尼姆·齐姆斯基(Nim Chimpsky,乔姆斯基名字的变称,可以理解为"猩姆斯基")。我们可以想到,如果其他动物能学习语言,那么先天知识对语言学习来说就不是必不可少的。考虑到自然选择可不会慷慨地让生物装配上"无所事事"的重要官能,再考虑到非人灵长类动物通常不使用语言,因此,它们肯定不具备先天语言知识或专用于支持语言习得的机制。

早期的学习案例包括"莎拉"(Premack & Premack, 1972)和"瓦秀"(Fouts et al., 1984),前者被教导使用包含特定符号标志的塑料键盘与人进行交流,后者则被教导学习一种美国手语。莎拉和瓦秀的学习进程似乎相当成功,它们好像都学会了如何理解和表达"话语"。例如,瓦秀会做出诸如"穿鞋的婴儿"和"快开门"之类的手语。然而,这类富有创造性的语言运用只是偶尔闪现,在大多数情况下,瓦秀做出的都是逻辑混乱、毫无意义的语言表达。人类婴儿当然也会犯相似的表达错误,但他们出错的可能性要远远小于将词汇随意组合(而不考虑规则和实际意义)的程度(Brown, 1973)。后来又出现了一些好像更为成功的案例。特别值得一提的是,由苏·萨维奇-朗博(Sue Savage-Rumbaugh)领导的团队声称,他们已经成功地教会了非人灵长类动物掌握语言的基本知识。取得突破进展的是一只名叫坎兹的倭黑猩猩,它的养母马塔塔也是语言训练对象。研究者最开始是教马塔塔使用特殊符号键盘,键盘上每个符号对应一种现实世界中的事物。在马塔塔训练期间,坎兹好像一直对键盘没什么兴趣。但后来,坎兹却显露出可以使用十余种符号词的迹象。这令人感到震惊,因为通常情况下,类人猿需要经过长时间的专业训练才能学会符号词。坎兹证明了自己的学习成果多么丰厚:他后来可以运用 200 多个单词,并且能够"理解"500 多个单词,它也能够正确地执行指令,比如"把松针给凯利"(Savage-Rumbaugh et al., 1993)。然而,在心理学领域很少有研究像动物语言学习这样,面对同样的证据,研究者的解读可以走向严重两极分化。支持人士声称,尽管非人灵长类动物学习的"语言"并不像幼儿所说的那样复杂,但二指之间只存在程度差异而不是性质差异。但许多语言学家和认知科学家则认为,虽然动物的语言学习成就令人印象深刻,但实际上,它们掌握的那些小技巧与真正的语言几乎没有相似之处(Pinker, 1994)。

我们眼下暂且假设,至少一部分教导是成功的,动物通过训练后确实学会了语言,这会推翻乔姆斯基的观点吗?从逻辑上说,既然动物也能掌握语言,那么先天语

图10.6 苏·萨维奇-朗博和坎兹。在这张图中,坎兹正在学习生营火以及使用词汇表进行交流

言知识就不是语言学习的必要条件了,自然选择可不会计划让动物在未来某个时候被人类训练着学习语言。然而,我们还应该看到,那些教导项目中的类人猿通常要接受大量系统语言训练,每只猿都要经历一段又一段精心构建的配对关系,研究团队需要轮流为它们提供指导。相比之下,人类儿童的语言接触经验是非常杂乱的,他们并不会参与什么专业性的语言课程。因此,类人猿的语言学习方式完全不同于儿童语言学习方式,动物学习证据无法反驳易习得论。

因此,即使黑猩猩和大猩猩可以表现出人类语言的某些特征(注意,只是假设,该假设是否成立还有很大争议),但为它们"灌输"这些能力所依赖的训练体系却恰好可以证明,语言这一目标没有被写入动物的心智设计蓝图中(或者至少不包括像人类语言那样的交流系统)。正如心理语言学家与哲学家杰里·福多(Jerry Fodor)指出的那样:"狗可以被训练成用后腿走路,但这并不妨碍只有人类才具有两足行走的基因编码。"事实上,我们可以学习像云雀一样鸣叫,可这不影响鸟鸣是云雀的物种特异性特征(Fodor et al., 1974)。

图 10.7　Wug 测试的提问示例

this is a Wug.

Now there is another one.
There are two of them.
There are two ____?

FOXP2：语言基因？

某些特定型语言障碍似乎具有遗传性，因为患者具有家族聚集特征（如 ke 家族的情况）。遗传模式表明，该病症是常染色体上（即非性染色体）单个显性基因导致的结果（见第 2 章）。实验检测发现，与特定型语言障碍相关的基因位于 7 号染色体，具体来说，似乎 7q31 区域出现了缺陷（Fisher et al.，1998）。后来的进一步研究找到了涉及其中的关键基因——FOXP2 基因（Lai et al.，2001）。FOXP2 并不是人类所独有的，但人类携带的 FOXP2 版本与其他动物携带的 FOXP2 版本有细微不同。比较遗传学研究显示，人体携带的 FOXP2 最终成型于大约 10 万至 20 万年前（Enard et al.，2002）。即使在非人类动物中，不同的 FOXP2 基因变体似乎也在交流系统中发挥一定作用。例如，如果敲除小鼠的 FOXP2 基因，它们的超声波发声会受到影响（Castellucci et al.，2016），而斑胸草雀的鸣叫学习也同该基因密切相关（Heston & White，2015）。

得益于近年来的技术进展，研究者已经可以将现代人的 DNA 样本同已灭绝古人类尤其是尼安德特人的 DNA 样本进行对比分析。这项研究特别令人兴奋，因为通过了解古人类"亲属"的状况，我们可以更好地探明现代人走过的进化之路。研究表明，尼安德特人拥有与智人（现代人）几乎相同的 FOXP2 变体，这进一步为尼安德特人拥有某种形式的语言提供了佐证。其他研究表明，造成该状况的原因，可能并不是尼安德特人与智人的共同直系祖先已进化出了 FOXP2 变体，而是尼安德特人与智人之间存在基因流动。换句话说,这两个人种之间发生了"杂交"关系(Coop et al., 2008;参见第 3 章);如果是这样的话,那么这就意味着尼安德特人从人类那里"得到"了 FOXP2 基因,而不是相反的关系。因为尼安德特人的 DNA 不存在于非洲原住民身上,但非洲人显然具备语言能力,也具备 FOXP2 基因。

所以 FOXP2 到底是语言基因吗?很简单:从某种意义上说,当然不是。我们早就知道复杂性状可能是由许多基因共同操控的,但其纷繁程度要远超我们过去的想象。之前,许多学者相信很可能几十个或几百个基因会相互配合,从而产生特定机制。但当前的全基因组关联研究(见第 6 章和第 13 章)则表明,复杂性状是成千上万个基因协同作用导致的结果(语言的其他"候选"基因包括 CNTNAP2、ASPM、MCPH1、PCDH11X 和 PCDH1Y)。

所以 FOXP2 不是产生语言的基因,但它是一个影响语言的基因,这么说对吗?其实也不是,因为该想法背后的假设是:基因组就像一张设计图,你可以用一种直截了当的方式追溯产生特定行为的基因。正如我们在第 2 章看到的,相比于把基因组看作设计图,更好的比喻是把它想象成海绵蛋糕配方,其中许多配料相互作用,而这些配料还会与环境相互作用(例如,混合蛋糕粉和烹饪蛋糕的过程)。所以,你无法将蛋糕的某部分追溯到个别配料。然而,这个比喻虽然要更符合事实一些,但仍然不完全正确。因为蛋糕的某些品质确实可以追溯到个别配料,如果蛋糕吃起来过甜,那就是糖加多了;如果过于油腻,那就是黄油加多了;如果过于蓬松,那就是发酵粉加多了。可遗传特征就不是这样了:事实上,我们研究得越深入、了解得越多,我们看到基因型和表现型之间的路径就越复杂曲折。例如,DNA 负责编码特定蛋白质,而我们现在知道,同一段 DNA 可以编码不同种类的蛋白质,这取决于它所在细胞的具体类型(以及其他因素),这一调控机制被称为可变剪接(alternative splicing)。FOXP2 也是一种会控制其他基因表达与否的特定基因,所以它的影响作用会扩展到身体许多部位,不仅仅是大脑,还有肺和肠壁。

回到我们的问题,FOXP2 不是语言基因,它只是在某种程度上与语言有关,或者至少与口语有关。而像这类与语言有关的基因还有成千上万个,它们除了影响语言功能外,也会调控其他机制,其中许多机制与语言没什么直接关系。

它当然与语言有关,也许更重要的是复杂,但还有很多其他成千上万的基因也是如此。所有这些基因也负责许多其他的事情,其中许多与语言无关。现代遗传学研究带来的第一条启示就是:我们需要改变对基因和行为之间关系的认知。

语言是何时进化的?

语言不会变成化石保存下来,所以我们很难完全肯定地说,某个时期的古人类祖先是否拥有语言以及他们语言的复杂程度。然而,来自早期人类的骨骼解剖证据和他们创造的"文化文物"在某种程度上能帮助我们回答这个问题。例如,人们曾经认为,大约20万年前出现在欧洲的尼安德特人没有语言,尽管他们的大脑比现代人更大。原因是他们舌骨位于声道的上方,无法发出某些元音(舌骨位于颈部,在下颌骨与喉之间支持舌头,扩大了人类声音的表达范围)。然而,最近的一项研究发现,尼安德特人的舌骨处于合适低位,他们可以发出清晰的元音。同时,尼安德特人也拥有与现代人相似的 FOXP2 基因变体(见上文),这说明也许尼安德特人确实拥有语言。

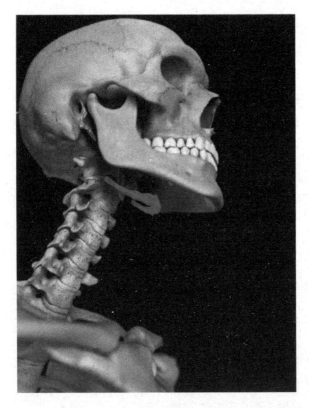

图 10.8 舌骨(红色部分)对于口语来说非常重要

大约 200 万年前,人类祖先的脑容量开始扩大(Boyd & Silk, 2000; Deacon, 1997),这一进程可能与语言进化同步发生。一些人认为,大约 200 万年前出现在非洲的直立人——尼安德特人和智人的祖先——可能已具有某种程度的语言能力。直立人颅腔模型表明,他们具有同现代人相似的维尔尼克区和布洛卡区(Wynn, 1998),这正是大脑中与语言功能最紧密相关的两个脑区(见图10.3)。然而,其他证据表明,直立人可能没有足够精细的气息控制能力,这大大限制了他们的口语表达范围(Wynn, 1998; MacLarnon & Hewitt, 1999)。

总之,目前我们还难以描述语言进化的确切进程,但即使直立人不具备像现代人那样复杂的语言能力,他们仍可能已掌握了原始语言技能。始祖鸟的翅膀还不足以让它们像现代鸟类那样精确地控制飞行,但滑翔飞行已能够提高其适应性。同样,或许直立人的语言很原始,但再原始的语言也可以为他们赋予竞争优势,使他们能胜过那些语言更贫乏的同类。

专栏 10.3　语言发展和生活史理论

传统上,语言发展被视为语言能力不断提高的过程:儿童的发声开始于一些非语言的咕咕噜噜声,之后从类似语言的咿呀学语发展到说出第一个词,接着是两个词合成句,随着词汇量的扩大和语法复杂性的增加,他们的语言变得越来越像成年人。

在过去的发展心理学中,人们常常将儿童视为成人的"学徒"。这一由来已久的观点最近受到了一些进化论者的挑战。在第6章中,我们看到了一些研究者如何采用生活史的方法来研究发展。他们认为,应该从两方面来理解儿童行为:(1)试图最大限度地提高他们自身生存能力;(2)试图提高他们成年后的生殖适应性。我们曾以毛虫为例,与发育成熟的毛虫(蝴蝶)相比,未成熟的毛虫有自己独特的形态和特征,这意味着我们不能仅仅把毛虫当作未成形的蝴蝶来研究,与此同时,我们也强调毛虫已经着眼于未来的生殖适应性(通过摄取更多食物,成为体型更大、更有吸引力的蝴蝶)。

洛克和博金(Locke & Bogin, 2006)在一篇论文中指出,或许我们可以用同样的方式来看待语言发展。我们不应该仅仅将儿童语言视为成人语言的过渡形态,而是应该探讨儿童语言对儿童有什么意义,以及这有没有可能影响他们成年后的生育机会。洛克和博金认为,智人的生活史比其他灵长类亲戚更为复杂。黑猩猩有婴儿期、少年期和成年期,而人类有婴儿期、童年期、少年期、青春期和成年期。也许这两个多出来的发展阶段(童年期和青春期)正是一种适应方式,它们是语言进化的重要组成部分。洛克和博金声称,这两个额外发展阶段正是用来支持语言发展的,从另一个意义上来看,正是因为有了语言,人类个体成长史才会多出这两个阶段。

图10.9比较了智人及其祖先每个发育阶段的长度:例如,我们可以看到各个

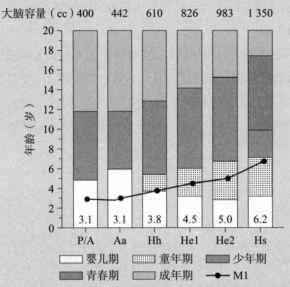

图 10.9 不同人种发育阶段比较。P/A= 黑猩猩和南方古猿阿法种，Aa= 非洲南方古猿，Hh= 能人，He1= 早期直立人，He2= 晚期直立人，Hs= 智人(现代人类)。M1 代表出现恒磨牙的年龄

时期古人类出现第一颗恒磨牙的平均年龄（这被认为是童年期结束、少年期开始的标志）。这种比较可以直观地表明，智人有一个相对较长的童年期和一个漫长的青春期。

洛克和博金相信，这两个额外阶段进化设计原因之一是让人类更好地获得语言能力发展。具体来说，首先，童年期时儿童开始探寻建立家庭外友谊关系，与此相对应的，在 6 岁左右，儿童已经能够掌握所有元音。在童年期，儿童开始学习和参与复杂游戏，他们的语言创造力在迅速提高，语言使用方式也出现了性别差异。男孩倾向于更果断自信地发言及吸引他人注意；女孩往往说话更温柔，也更热衷于人际关系。另外，这一时期儿童最重要的语言进展在于能够运用位移——谈论不存在的事物的能力。所以洛克和博金将童年期视为专为"语言发展"而进化设计的发展阶段，通过获得更强大的语言能力，个体最终同时提高了直接适应性和间接适应性。至于青春期，青少年虽然已经性成熟，但身高体型与社会情感能力却尚未达到成人水平。洛克和博金认为在这一阶段，语言成为性别内竞争（男性—男性，女性—女性）和求偶准备工具。简而言之，通过放慢发展速度，增加两个发展阶段，智人获得了更强的语言能力，因此更具选择性优势。表 10.2 显示了每个阶段语言发展的主要特征和功能。

表 10.2　洛克和博金认为不同阶段语言发展的主要特征与功能

阶段	大致时期（有年龄差异）	开始于	语言特征	功能
婴儿期	0 到 36 个月	出生	咿呀学语，说出第一个单词	获得父母关注，获得亲代投资
童年期	36 个月到 6 岁	出现乳牙	逐渐流利，自我参照	创造及维持自我独立性
少年期	6 岁到 10 岁	出现恒磨牙	稳步推进：如窃窃私语，讲故事，用语言"决斗"（特别是男孩）	群际竞争；形成联盟；巩固友谊
青春期	10 岁到 17 岁	性发育	语言表达更为复杂；使用语言与他人进行竞争；利用语言吸引异性注意力	发展社交网络；探索浪漫关系
成年期	17 岁之后	达到成人身高	与上一阶段大致相同	维持社交网络；巩固浪漫关系；指导儿童

语言的进化

本书写作期间，全世界尚存在 7 117 种被人类使用的语言（包括手语）。但是这个 7 117 是不稳定的：就像生物多样性面临许多威胁一样，语言多样性也面临威胁。例如，据估计，平均每 14 天就有一种语言灭绝，目前约有 40% 的语言面临消失的风险（Rymer，2012）。鉴于如今语言灭绝的速度，很可能在不太久远的过去，人类语言总数要高得多。一旦想到所有这些多样性都源于我们某个时期祖先的创造之举，我们也许会感到震惊。或者更准确地说，是一种特殊基因组合开启了语言的故事。平克称之为"大爆炸"。当然，这只是一种比喻的说法；作为一位优秀的进化心理学家，平克当然知道自然选择很少或者说从来不会推动巨大飞跃，日复一日地蹒跚前行才是它的运作方式。

就像古人类学家试图构建智人的族谱一样（见第 2 章），比较语言学家也试图重现尚在使用语言的进化过程。图 10.10 显示了这一领域的研究成果示意图，图中只涉及印欧语系的一部分，印欧语系包括欧洲和亚洲次大陆的大多数传统语言。1786 年，驻扎在印度的英国法官威廉·琼斯爵士（Sir William Jones）注意到一件事情，他的发现促成了这一重建工作。琼斯当时正在研究印度的古梵语，他察觉到古梵语与古希腊语和拉丁语（以及其他现代语言）有明显的相似之处（见表 10.3）。

表 10.3　梵语和其他印欧语系语言的比较

英语	mother	three	me	brother
梵语	matar	tri	me	bhrator
拉丁语	mater	tres	me	frater
意大利语	madre	tre	me	fra
西班牙语	madre	tres	me	hermano
法语	mere	trois	moi	frère
希腊语	meter	treis	me	phrater
荷兰语	moeder	drie	mij	broeder
德语	mutter	drei	mich	bruder
挪威语	Mor	tre	meg	bror
立陶宛语	mater	tri	manen	brother
凯尔特语	mathair	tri	me	Brathair

琼斯的结论是，它们一定有着一个更古老的共同祖先，这种"祖先语言"后来被称为原始印欧语（Proto-Indo-European）。似乎原始印欧语的使用者曾遍布欧洲和亚洲大部分地区，可能只剩下少数岛屿没有被其覆盖（例如巴斯克语和芬兰语就不属于印欧语系）。英国考古学家科林·伦弗鲁（Colir Renfrew, 1987）提出，印欧人发源于公元前 7000 年左右新月沃地地区的安纳托利亚（今土耳其）。相比于当时居住在亚洲和欧洲的狩猎—采集者，身为农民的印欧人（新月沃地被认为是农业的起源地）繁殖效率更高（见第 14 章）。而且更有可能的是，印欧人会与这些狩猎—采集者交配，并将他们吸收到了自己的先进文化中（见图 10.10）。

关于其他语系的源流问题，学者们意见不一，除了印欧语系外，至少还有以下语系：

1. 尼日尔-刚果语系（涵盖 1526 种语言，5.5 亿使用者），非洲中部和南部使用的语言，包括科萨语、祖鲁语和斯瓦希里语；
2. 南岛语系（涵盖 1227 种语言，3.26 亿使用者），包括在印度尼西亚、马来西亚、新西兰使用的语言；
3. 跨新几内亚语系（涵盖 477 种语言，65 万使用者），巴布亚新几内亚和印度尼西亚部分地区使用的语言；
4. 亚非语系（涵盖 366 种语言，5 亿使用者），非洲北部和中部的语言，包括埃塞俄比亚语、希伯来语、马耳他语和多种形式的阿拉伯语；
5. 汉藏语系（涵盖 455 种语言，14 亿使用者），包括缅甸语、印度语、尼泊尔语和汉语。

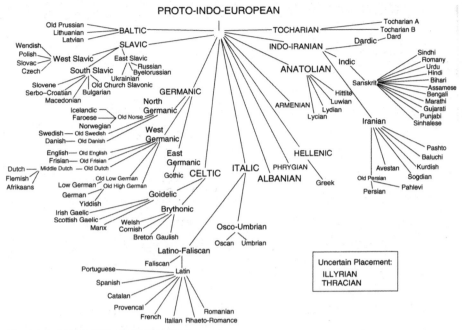

图 10.10　语言的起源，印欧语系"家谱"

一些历史语言学家曾试图重建所有语言的共同祖先，如已故去的约瑟夫·格林伯格（Joseph Greenberg, 1987）。通过仔细分析不同语言中的词汇，他将除印欧语系和汉藏语系在外的大部分语言归为一种被称为"诺斯特拉语系"（Nostratic 这个词来自俄语，意思是"我们的语言"）的祖先语言。其余的语言被归为"高加索语系"（Dene Caucasian），它是汉语、藏语、缅甸语和其他几种南亚和东亚语言的祖先，而研究的最终目标是构建这两个大语系的共同祖先。

该研究的主要问题在于它所涉及的时间尺度过长。试图重建大约 6 000 年前的原始印欧语已经非常困难了，其中每一个具体结论都足以引发巨大争议。而当我们进一步回望分析更早的语言时（超过 1 万年前），计算分析中的任何一点微小错误都可能会导致严重误差（Hurford, 2012）。这就像如果你要把球扔向一个目标，当你站得离目标足够近时，一个小错误不会造成太大影响；当你逐渐移到离目标更远的地方，同样的小错误造成的影响就会越来越大。更麻烦的是，对于古老的祖先语言而言，根本没有所谓的目标，因此我们没有办法检验瞄准的方向是否正确。

> **专栏 10.4　早期的语言是手语而不是口语吗?**
>
> 对于我们大多数人而言,我们会把语言想成和声音有关的事物。但也有例外,最典型的例子就是听障人士,他们倾向于用手语进行交流。在我们的惯性认知中,口语是更自然的交流方式,只有当声音失效时,我们才会求助于手势。在某种程度上这是对的,如果儿童能听到别人说话,他们就可以学会说话;如果他们不能听到别人说话,给他们接触手语的机会,他们也会同样熟练地学会手语。
>
> 迈克尔·科尔巴里斯(Michael Corballis, 2020)认为,这并非是巧合现象。他相信,人类最早的语言实际上并不是口语,而是类似于哑剧表演的手势语。证据之一是,在那些尝试对非人灵长类进行语言教学的项目中,较为成功的案例都是将手势语作为训练内容。而在大自然环境中,尽管黑猩猩和倭黑猩猩会发出许多不同的声音,但它们的有意交流似乎更多依赖于手势。人们发现黑猩猩会使用 66 种手势来表达 19 种不同含义,比如"停止""走开""开始梳理毛发""跟着我"和"靠近点"等(Hobaiter & Byrne, 2014)。
>
> 来自神经生物学的研究也为手势假说提供了进一步的证据。在灵长类动物大脑的顶叶和颞叶部位,有一个区域会对"有意"的手部运动做出反应。该区域也被称为"镜像系统"(mirror system),原因是,如果灵长类个体看到其他对象做出手部运动,它大脑这一区域表现出的激活模式与它自己做出同样手部运动动作时一致,就像是将对方的动作"映照"到了自己脑中一样。在镜像系统中,信息的输入(看到对方做动作)和输出(自己做动作)是以相同方式进行表征的,通过该系统,个体可以轻易地理解其他个体的动作,因此它是一种极为理想的交流机制。对应到人类大脑中,镜像系统所处脑区正是布洛卡区和维尔尼克区占据的区域(见图 10.3)。
>
> 很可能,黑猩猩和人类的共同祖先主要使用手势进行交流,直到人类进化晚期,由于本章前面讨论的原因,人类的口语交流才逐渐代替了手势交流。

语言为何进化?

如果语言是自然选择造就的结果,那么一个自然而然的问题是,为什么人类会进化出语言?是什么特殊压力导致我们祖先中有更强语言能力的个体会比其他个体更受自然选择青睐?首先,我们需要再强调一次,就像人类眼睛这种复杂器官一样,语言系统肯定不是只经历了一次巨大突变就进化成型的,我们不可能在短时间内从一种不具备语言的动物变成了拥有成熟语言的动物。更可能的是,人类语言是从非人灵长类动物原始交流模式进化而来的,并在进化过程中逐渐趋于复杂化。

至于为什么会进化出语言,这个问题很难回答,但原因不是缺乏相关解释性理论,而是理论太多,正如生物和人类学家特伦斯·迪肯(Terrence Deacon, 1997, 377)指出的那样:

> 出于后见之明,我们太容易解释语言的进化起源了。语言的适应性功能几乎涉及人类生活各个领域,寻找语言带来的适应价值就像在你最喜欢的面包店里限量挑选一种甜点:有太多具有说服力的选择,到底你该挑哪一种?同样的,人类社会哪个方面没有从语言进化中受益?

语言研究者倾向于关注语言的信息传递功能,特别是在协调狩猎或教授他人新技能中的作用。然而,近来,一些进化科学家向语言起源假说发起了挑战,他们倾向于从社会性方面解释语言的由来。接下来,我们将讨论四种理论假说。

流言蜚语和语言进化

牛津大学教授罗宾·邓巴(Dunbar, 1993; 1996)曾指出,虽然信息传递很重要,但这可能并不是语言进化的最初驱动力。他认为,语言是一种通过流言蜚语来维持社会联系的手段。

邓巴相信,从社会功能角度看,人类的流言蜚语相当于其他灵长类动物的相互梳理毛发——它们都是群体成员之间建立联系的途径。该观点的源头是一个更"高阶"的理论——智力进化是"为了"维持群体规模;与你共同生活的人越多,你越需要了解每个人的行迹以及他们之间的关系,这一认知需求又会相应地要求大脑容量有所扩增。为了支持该理论,邓巴描绘了各种非人灵长类动物大脑新皮层(大脑的一部分,主要与高级认知能力相关,包括语言能力)与总脑容量的比例,以及它们群体规模的大小。之所以人类没有被涵盖其中,因为很难准确估计人类群体规模——例如,它可以是一个大家族的几十人,也可以是一个大城市的几百万人。如图 10.11 所示,我们可以看出群体规模与新皮层占大脑比之间存在很强正相关性,这说明社会脑假说可能有一定的可信度。如果将人类大脑新皮层占大脑比的数值标注在这张图上,我们会发现人类平均群体规模的预测值约为 150。

邓巴提供了一些证据,用以说明"150"这一数目是对人类群体规模一个较好的评

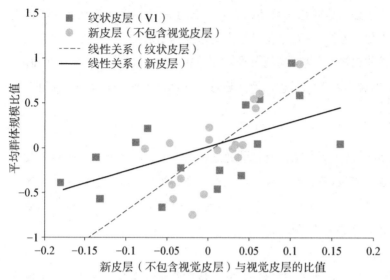

图 10.11　许多非人灵长类大脑新皮层占大脑比与群体规模的关系

估。例如,许多狩猎—采集者生活在 100 到 200 人的群体中(150 人左右)。(事实上,狩猎—采集者的群体规模似乎呈三阶梯分布:有涵盖几十人的营地,也有涵盖几百人甚至几千人的部落。)他还指出,在西方世界,人们日常遇到困难时平均可以向 150 个人求助(例如,如果他们需要借钱时)。

根据邓巴的理论,导致人类大脑容量提高的压力之一是我们要记住认识的人并以一种有效方式与他们开展互动。但这和语言有什么关系呢？邓巴提出(Dunbar, 1993),对于非人灵长类动物来说,相互梳理毛发可以作为一种黏合剂,将群体密切团结在一起。表面看来,梳理毛发有助于清除身上的蜱虫和其他寄生虫,这当然没错,但它同时也是一种建立和维持关系的手段。如果这一假设成立,那么一种灵长类动物群体规模越大,每个成员需要建立和维持的社会关系越多,它们用在梳理毛发上的时间就越长。实际上,一些灵长类动物甚至会将 20％可用时间花在梳理毛发上。

按照这一规律进行估算,如果人类要通过一对一的梳理来维持 150 人的群体规模,那么个体将需要耗费大约 50％的白天时间。这个比例太高了,以至于我们无法再处理其他琐事,所以邓巴认为,我们祖先发展出了一种新的毛发梳理形式——语言。语言使我们能够突破一对一的互动限制,还可以让我们在"相互梳理"的同时兼顾狩猎和采集等其他活动。鉴于非人灵长类动物的平均群体规模为 50 个成员,而人类的群体规模为 150 个成员,由此可以推测得出,如果人类要用不超过 20％的时间进行社交梳理,那么语言的效率必须是一对一梳理的三倍。邓巴等人(Dunbar et al., 1995)的研究表明，通常人类最多能够与三个伙伴同时维持对话。

邓巴为他的语言梳理假说提供了一些有趣的证据。研究表明，语言最常用于闲聊和其他社交性寒暄，而不是其他目的（比如给出指示或传递信息）。邓巴等人通过统计分析人们的日常谈话，计算出60%到70%的交谈内容是社交性的，而不是教学性的。有趣的是，女性参与社交闲聊的倾向和时间并不高于男性，也就是说，男性其实和女性一样热衷于"八卦"。

根据邓巴提出的假说，语言进化有两个主要驱动力：(1)交换社会性信息；(2)使个人能够在任何时候与更多人互动。许多语言学家和心理学家会接受第一种观点，即语言的进化主要是出于社会原因，而不是讨论狩猎技术或传递关于物质世界的信息。然而，第二个观点就比较有争议性了。更大的群体当然会产生更多可存活后代，但究竟是群体规模对我们祖先的交流机制施加了选择压力，导致语言能力更强的祖先更有适应性优势，还是群体规模仅仅是语言进化的附加收益，这仍然是一个悬而未决的问题。针对这一点，德里克·比克顿（Derek Bickerton, 2007）曾提出：为什么梳理会被语言这样复杂而昂贵的机制所取代（从根本上说，梳理是一项相当简单的活动）？另外，语法和语义之类的东西有什么进化意义？难道一个人不能简单地用发声模式来强化社会联系吗？换句话说，对于语言的特定设计特征，梳理假说（社会联系的需要）并没有给出合理解释。

社会契约假说

乔姆斯基和平克倾向于认为语法是人类语言的标志性特征，而迪肯则倾向于关注语言的另一个重要特征——指称（Deacon, 1997）。他认为，人类语言和动物交流的关键区别在于，人类语言会使用符号（单词）来指代物体。因此，语言起源理论最需要解释的是从非符号性交流向符号性交流的转变过程。他相信这一转变可能追溯至性选择而不是自然选择，在其他物种中，也是性选择导致了交流模式出现质性转变。

迪肯认为，人类择偶婚配模式将我们祖先置于一种特殊选择压力之下，我们基本上是一种单配偶制动物，配偶关系较为稳定，男性在供养及照顾后代方面扮演重要角色。隐患由此而生，一旦男性离开配偶一段时间——比如外出参与围猎，这在狩猎—采集社会很常见——搭便车者就可能乘虚而入。这些投机分子与有配偶的女性交配，然后将供养幼崽的账单留给其他男性来支付。

然而，任何行为都会引发相应回应，当男性面临很高的"绿帽"风险时，由于无法确定后代与自己的血亲关系，他们会减少对后代的投资，最终结果是配偶系统走向崩溃。

但婚姻成为了阻止崩溃发生的有力屏障,通过婚姻仪式,伴侣间公开向对方做出有约束力的承诺,以此来保证他们不会与其他人发生性关系。根据迪肯的观点,符号性语言是承诺的唯一实现形式,因为承诺不仅涉及此时此地,还会指向未来的假设性事件("只要你们还活着,就要……")。因此,符号语言的存在使得社会契约成为可能,进而保证了群体凝聚力、男女两性的角色安排(男性狩猎,女性采集;见第4章)以及高额度的男性亲代投资。

该假设同样既富有吸引力但同时又带有很强推测性。虽然迪肯提出了符号交流机制的进化驱动力,但我们不清楚的是,到底语言进化的起始点是在他所强调的社会结构(单配偶制)出现前还是出现后,很可能在那之前,语言进化是由其他完全不同因素所引导的。当人类祖先开始掌握语言后,这一特殊能力打开了社会契约的大门,之后成为单配偶制和男性亲代投资的保障。

这个假设的最大问题在于,人类语言最令人印象深刻的特征之一就是谎言(Hockett & Altmann, 1968),或者可以表述为免受刺激控制(stimulus freedom; Trask, 1999)。大多数(如果不是全部的话)非人类动物的交流内容都与一种特定的刺激密切相关:狗因为生气而吠叫,长尾猴因为看到鹰而嘶吼,蜜蜂因为有花蜜而跳舞等。而人类语言并不需要与特定刺激联系在一起,这是一个巨大优势。我们可以谎称"狼来了",可以讲述一些荒诞离奇的故事,违心地说出"我爱你"。我们也可以做出一些我们实际不愿意或者无法信守的承诺(离婚数据已充分证明了这一点)。鉴于语言具备这一特征,它如何能成为社会契约的基石?虽然语言或许对出轨确实能起到一定抑制作用,因为目睹出轨行为的旁观者可能会向当事人告密,但仅凭这一点,也不足以证明语言有能力充当黏合剂,可以紧固地维系单配偶制婚姻结构。

择偶心理和语言进化

和迪肯一样,杰弗里·米勒(Geoffrey Miller, 2000)认为,语言是在性选择而非自然选择的引导下进化而来的,它是个体向潜在伴侣炫耀自身优秀基因的一种手段。米勒的论述以扎哈维的诚实信号概念为基础,即某些表型的进化要旨正在于向配偶和竞争对手表明自身的遗传适应性(见第3章)。米勒用这一理论来解释许多从自然选择角度看无明显功能的人类活动,如艺术、创造力和语言。当然,语言并非没有功能,而且恰恰相反,几乎没有哪个特征能比语言更"实用"。但米勒的论点是,语言最初可能是作为一种择偶竞争手段而出现的;直到后来,它才被用于其他用途。他认为,男性就像会说话的孔雀,在求爱期间用语言来打动女性;而女性则把语言作为一种关系维系工具，通过语言，女性努力向配偶证明她们仍然是最佳选择，从而试图阻止他们与其他女性交配。正如我们在第3章中所看到的，根据红桃皇后假说（Ridley，1993），雄性的装饰特征，如角或孔雀尾巴，由于可以影响雌性选择而逐渐进化得更为夸张。同样，语言在求爱中的作用可能导致语言复杂性不断提高。

米勒的研究表明，男性创作艺术作品的能力是女性的十倍以上，而且性活动的高峰期恰恰对应了他们创作能力的高峰期。此外，男性的词汇量往往比女性更丰富，使用的词汇也更复杂。然而，女性在语言流畅性测试中的平均得分要高于男性，如果男性试图通过语言来追求女性，那么他们的语言流畅性水平应该更高才对。米勒解释了这种反常现象，他认为，为了对潜在伴侣的语言能力作出准确判断，从而选择最合适的伴侣，女性自身也需要良好的语言表达能力。

米勒的观点也极具争议，尤其是我们要考虑到有许多压力都可能导致女性的艺术创造力会低于男性（养育后代上花费更多时间，不具备经济上的优势，以及不同的性别社会期望等）。但它确实试图解释那些没有明显功能的行为活动，比如诗歌、神话、音乐和艺术等。然而，就像其他两个假设一样，我们并不清楚将语言作为吸引潜在伴侣的手段到底是语言进化的原始动因，还是语言出现后自然导致的结果。例如，孔雀尾巴最初是由于具备特定功能才得以存在的，后来才被性选择"扭曲"得面目全非。同样，语言最初进化的原因可能并不是为了给潜在伴侣留下深刻印象，只是当语言发展到一定程度后，性选择才介入其中。

语言作为文化传播的引擎

凯文·拉兰德和他的同事们提出，语言进化是为了更好地实现文化传播。在第6章中，我们讨论了合作对于人类生存繁衍的重要意义，人类已经进化出了强烈的合作倾向，以至于在合作并不比单独行动会带来更多实际收益的情况下，人们还是倾向于选择合作。但人类之所以能取得如今的成就，并不仅仅是因为我们比灵长类亲属合作得更紧密，还因为我们掌握的文化技术。

正如我们将在第14章中看到的，文化涉及新的问题解决方案：新的工具，新的烹饪方法，新的合作方式。好想法往往会被其他人复制，之后在人群中传播。经验技术的传授既会发生在空间维度（传授给更多人），也会发生在时间维度（传授给下一代人）。拉兰德的观点是，语言最初是用于教学的（Laland，2017a）。

借助语言，人们可以相互间给出更直接的行为指导建议，比如指示出食物的位置，或者说明如何制作石斧，因此，语言教学比观察模仿教学的学习效率要高得多。语言既源于文化传播,又促成了文化传播。当然,最早的人类语言,或者说原始语言不会有太过复杂的语法与词汇,但即使简单的语言形式,比如指指点点或明示单词,也能对教学有所帮助。

文化传播意味着我们不必费心自己想出问题解决方法,我们可以通过"教学—学习"来掌握已经他人成功验证的方法,我们不用花费时间和精力不断地重新发明轮子(以及其他工具),我们的经验技术可以不断累积,这就解释了为什么人类会拥有如此先进的技术。但文化传播假设的问题在于,它没有解释为什么语言的主要形式是有声语言,也没有解释语法、音韵学或语言许多其他特征出现的原因。

评价:语言和社会互动

上面介绍的几种假说都认为,语言进化是出于某些固有的社会性因素。目前来说,这些假说全部带有很强的推测性,缺乏确凿的支持证据。或许是因为以上假说的提出者都不是专业的语言学家,只有当来自不同背景的研究人员——包括心理学、行为学、生物学、神经科学、语言学、考古学和古生物学——共同参与到对语言进化的研究中,才有可能对这些理论作出准确完整的评价。

在那之前,我们可以先勾勒出语言进化理论的框架,一个合格的语言进化理论需要解释什么问题?首先,它必须解释语言的复杂性,好的理论必须说明语言机制为什么要如此复杂?就像我们之前所说的,如果语言只是为了维系人际关系、做出承诺或给女性留下深刻印象,怎么会需要有语法这么复杂的特征?有人可能会提出反对意见,雄孔雀尾羽也不是吸引雌性所必需的,但这似乎就是它为什么会存在的原因(参见本书第3章)。可是与语言相比,孔雀的尾巴太微不足道了,它只需要将一个现有器官"发展"得更大更艳丽,而语言则需要对大脑和声道进行大规模的重组。

其次,与第一点相关的是,语言进化理论还需要解释语言的成本,比如脑容量扩增使得头部沉重,增加了脖子骨折的风险;喉部下降导致更容易窒息等,这些变化所带来的收益一定超过了其代价,变化才会发生。

第三,语言进化理论必须确定谁真正从语言中受益。在考虑信息传递时,我们常常认为是听者而不是说话者受益:说话者给出指示,听者学习。但这不可能是对的,因为它违反了第6章和第7章讨论的搭便车问题。如果只有他人从我们的行为中受益,那么这一行为模式就不会达成进化稳定状态,除非我们自己(最终)受益更多。更准确地说,如果"使用语言"的基因在适应方面处于劣势,它们就会被"不使用语言"的基因战胜。一种可能是,我们只与具有共同基因的亲属交谈(Hamilton, 1964a;1964b),如此一来,说话者在向听者传达信息的同时也间接提高了自身适应性,然而事实上我们的交谈对象并不局限于亲属。另一种可能是,就像救助行为一样,语言交流也达成了互惠平衡(见第8章),在某种程度上,每个说话者也都是听者,所以收益抵消了成本。

不过,汤姆·斯科特-菲利普斯(Thom Scott-Phillips, 2007)提出了另一种"根本上不同"的观点,他认为语言其实是一种自私活动。根据约翰·克雷布斯和理查德·道金斯(Krebs & Dawkins, 1984)的一篇经典论文,斯科特-菲利普斯指出,语言使用的许多特征表明,它对说话者的好处大于听者。第一个证据与欺骗概念有关,在第9章中我们曾说过,针对搭便车行为,人类已经进化出了一套专门的检测和惩罚机制(Cosmides, 1989)。如果听者的行为具有搭便车性质,我们可能会认为"听了太多"的人是自私的,并应受到相应惩罚。然而事实恰恰相反,人们普遍觉得那些话太多的人才是自私的。他的第二条证据是:与说话有关的适应改变(比如喉头位置的下降)要远多于与倾听有关的适应改变(Lieberman, 1984)。举个例子,聪明的边境牧羊犬能够对200多个单词做出反应,但它不会说出一个单词(Kaminski et al., 2004)。或许,说话者能够在地位(Dessalles, 1998)和交配机会(Miller, 2000)方面实现某些收益。斯利特-菲利普斯基于克雷布斯和道金斯的研究提出,语言是一种操纵形式。通过请求、要求、诱惑和其他各种手段,语言使我们有可能控制他人,以达到我们自身目的。当然,并非所有的语言交流都具有同样功能,正如克雷布斯和道金斯(Krebs & Dawkins, 1984, 391)自己指出的那样:

> 对比一下福音派牧师所做出的宣讲和一对夫妇在晚宴上的相互微妙示意(比如该回家了),前者是公开的,带有强烈的说服性质,后者则是私人化的并带有协商性。

总结

乔姆斯基最初提出,我们有一种天生的语言"器官",它装载了关于语言普遍运作方式的完整抽象信息。因此,婴儿出生时就对语言的运作方式有一定的期望。乔姆斯基还认为,语言学习只是一个参数设置的问题——例如,设定中心词在前还是在后。

虽然乔姆斯基是一个语言"天赋论"的支持者,但他否认语言是自然选择的结果。

平克和布鲁姆则从进化的角度看待语言，他们认为应该将乔姆斯基的理论置于进化框架中。乔姆斯基后期的观点指出，所谓的语言"官能"很少是语言领域特定的——也许只有递归是例外。

一些特定型语言障碍，比如KE家族的语言缺陷，可以追溯到FOXP2基因的异常变异。虽然这一发现最初引起了人们对"语言基因"或"语法基因"的关注，但随后研究表明，真实情况要复杂得多。

研究表明，语言很可能已经存在了近200万年，直立人很可能拥有语言，尽管这种语言相比现代人的语言非常原始简单。

一些理论认为语言最初进化是为了实现一种社会功能，比如社会性梳理（将大群体联系在一起），社会契约的制定（使一夫一妻制和雄性供给成为可能），或者使用语言给潜在伴侣留下深刻印象，利用语言进行文化传播。虽然这些假设都有其优点，但每个假设都带有很强的猜测性，需要来自不同研究领域（如语言学和人类学）的更多支持证据。

问题

1. 有研究者认为，大部分学者都是基于人类语言构建了语言标准（见专栏10.1），这种做法贬低了动物的交流系统。那么，规定语言标准有何利弊？是否构建一套交流系统的标准（而非语言的标准）会更有意义？
2. 既然我们可以说任何我们想说的内容，而不考虑内容的真实性，我们为什么要相信他人的话语？换句话说，是什么机制让我们（通常）保持诚实？
3. 当有人说话时，谁受益？说话者还是听者？试着思考不同的语境下答案会有什么区别（如讲座、访问或朋友间的八卦）。如果是听者受益，为什么我们会惩罚一些说太多的人，却不惩罚听太多的人？（如果有相反的情况，也想想为什么。）
4. FOXP2被广泛认为是决定语言（或者更确切地说，决定语法）的基因。分别有哪些证据可以支持和反对这种说法？

延伸阅读

Aitchison, J. (1998). *The Articulate Mammal(4th ed.)*. London: Routledge.

Berwick, R.C. and Chomsky, N. (2016). *Why Only Us: Language and Evolution.* Cambridge, MA: MIT Press.

Dunbar, R. (1996). *Grooming, Gossip, and the Evolution of Language*. Cambridge, MA: Harvard University Press.

Pinker, S. (1994). *The Language Instinct: How the Mind Creates Language.* London: Penguin.

Tomasello, M. (2009). *Constructing a Language.* Cambridge, MA: Harvard University Press.

11 情感的进化

关键词

普遍情绪・表情・情感体验・情感和动机・情感色轮・詹姆斯-兰格理论・边缘系统・杏仁核・眶额皮层・情绪偏侧性・自主神经系统・表现规则・准备理论・积极情感・消极情感・脑功能定位说

进化心理学家坚持认为，人类心智的作用是解决我们祖先经常面临的特定适应问题。如果是这样的话，除了认知机制之外，情绪肯定也有适应意义。这一观点可以追溯到达尔文，他在 1872 年提出，许多表情在所有文化中都是共通的。在长达一个世纪的时间里，这种说法要么受人诟病，要么为人所忽视。但如今大多数心理学家都承认，至少有一些基本表情是所有文化共有的。然而该结论又引出了新问题：表情的跨文化共通性表明它们应该具有适应意义——可表情如何能帮助个体生存和繁殖呢？此外，如果人类以同样的方式表达相同情绪，这是否意味着我们都以同样的方式体验情绪？在本章中，我们从三个研究领域来对上述问题展开论述，它们分别是情绪的跨文化比较、情绪的跨物种比较以及情绪的神经基础。另外，我们还会对特定情绪的功能加以讨论。

什么是情绪？

如果你今天问一些心理学家"情绪"这个词是什么意思，你可能会得到一堆不同的定义，就像你们问他们什么是精神疾病一样。然而，大多数人不会反对，情绪是由外部或内部刺激所触发的，并涉及人们积极或消极的生理、认知和行为反应。进化论者可能也对这一看法表示认同，但会指出这是对情绪的"近因定义"，而他们更感兴趣的是远因解释——为什么会出现这样的机制。亚利桑那州立大学的伦道夫・内森是一位专注于情绪研究的进化心理学家，他明确地阐述了情绪与其进化功能的关系：

情绪是一种可以对自身生理、认知、主观体验、表情和行为进行调节的特定状态，它可以强化物种对那些反复出现困境的应对能力。(Nesse, 2019, 54)

这是一个特别"恰当"的定义，因为它不仅包含了远因层次的分析，而且还表明，每种情绪状态都与我们祖先所面临的具体环境问题有关。当我们探讨进化心理学对情绪"里里外外"——情绪内部体验和外部表达——的看法时，你可能会再次注意到内森的看法。

图 11.1 达尔文经常被当时的流行杂志讽刺。这张图片出自 1871 年《名利场》杂志，它将达尔文描绘成了一个热衷于追求名声、享受外界追捧的形象。几个月后，达尔文就出版了他那本关于情绪的著作

为什么我们会有情绪？

在第 9 章中，我们看到了某些认知机制的适应性功能，了解到了它们如何帮助我们祖先解决种种生存适应问题。但人类和其他动物不是呆板的问题解决机器，如我们所知，认知机制总是与特定目标相关联，无论是为了获得食物、避免受伤或被捕食，还

是为了找到合适的性伴侣、保护后代以及避免被他人欺骗。进化研究者认为,情绪在其中发挥了至关重要的激励作用。在很多科幻作品中,"情感"经常被刻画为一种人性的弱点。如果我们能像《星际迷航》中的斯波克先生那样,用纯粹、冷静的逻辑行事,不受情感包袱的拖累,我们就能更好地做出抉择,获取更伟大的生存成就。但问题在于,如果没有情感来激发认知,我们还有什么"理由"去做任何事情呢?想想,你努力学习是因为你想获得一个好的学位证(也可能是因为你害怕表现不好而受到惩罚);你帮助处于困境中的人是因为你同情他们;你与他人合作是为了避免被贴上"占便宜"的标签而感到羞耻内疚。实际上,斯波克也不是真的没有感情,尽管根据《星际迷航》剧集设定,他只遵循纯粹的逻辑理性,所以他不会表现出狂热或愤怒,然而,斯波克经常用"迷人"和"有趣"来描述事件。换句话说,他觉得有很多东西是有意思的。"有意思"其实就是一种奖励,将某些事物看作奖励(或者相反,惩罚)意味着我们已经对其产生了情感反应。事实上,美国心理学家卡罗尔·伊泽德(Carroll Izard, 1977)认为"有趣"是人们最常体验到的情感。情绪是行为的驱动力,一个没有情感的人就像是一台超级复杂却无所事事的计算机——不是因为它不愿意工作,而是因为它根本没有什么"想要"去做的事情。愤怒、恐惧、悲伤,这些情绪会推动我们去利用自身拥有的认知能力。

因此,根据进化心理学的理解,情感的存在是为了让我们做出那些能让我们祖先更成功的事情,并避免做那些会将他们引入歧途的事情。如果是这样的话,那么我们也许能更准确地理解每种情绪的特定功能(Nesse, 1990;2009)。但是,该想法从何而来?在本章中,我们将先探讨"情感是自然选择产物"这一观点的历史根源。看看当涉及情感研究时,现代进化心理学家到底站在谁的肩膀之上。

达尔文、詹姆斯、弗洛伊德和早期情绪研究

如今许多心理学家认为,美国心理学先驱威廉·詹姆斯(William James)提出的情绪本能论在情绪研究领域具有奠基性意义。但是,其实最先思考这一概念的人是达尔文。在詹姆斯关于情绪的著名论文《什么是情感》(*What is an emotion*, 1884)发表 12 年前,达尔文就出版了《人类和动物的表情》(*The Expression of the Emotions in Man and Animals*, 1872)一书。他在书中明确指出,情绪不仅有助于我们祖先生存和繁殖,而且不同文化中人们会以相同方式表达同一类情绪。然而,达尔文也并不是唯一一个认识到这一点的人。在 19 世纪后 30 年里,达尔文、弗洛伊德和詹姆斯都为人类情绪及情绪普遍性话题挥洒了大量笔墨。

> **专栏 11.1　情绪和动机**
>
> 　　情绪、动机和认知常常被视为是心理学家研究的三大领域。我们在第 9 章里已经讨论过认知，而另外两个主题在许多人看来是相互交叠的。情绪和动机都与唤醒及目标导向行为有关（Buck，1988；2014；Toates，2011；2020）。我们如何区分这两个概念呢？康涅狄格大学的罗斯·巴克（Ross Buck）对动机和情感进行了专门区分。他认为动机是行为系统中固有的行为激活器和方向调控设备（Buck，1988，9），而情绪则涵盖三个与动机无关的要素（Buck，1988；2014）：
>
> 　　情绪会涉及感受，如愤怒、恐惧和快乐的感觉。
>
> 　　情绪会涉及行为表达，如微笑或哭泣。
>
> 　　情绪会涉及外周生理反应，如心率加快或出汗。
>
> 　　虽然巴克的定义也许有助于对情绪和动机进行区分，但我们也应该记住，在某些方面，这两者都是彼此不可或缺的一部分，因为我们只有在某些事情会影响到动机实现进程时才会产生情感反应（Lazarus，1991）。但是到底哪一个先出现呢——我们是因某件事感受到某种情绪进而产生了动机？还是我们因为有动机去实现某一目标进而产生了情绪？这种先有鸡还是先有蛋的问题很难解决——但是，考虑到我们理所当然地认为很多动物都具备动机，但使用充满情感色彩的术语描述动物则会让很多人不认同。有人会因此认为，情绪是后进化出的系统，用以辅助动机实现。在本章中，当我们使用情绪一词时，我们不否认其中包含动机成分。

达尔文、詹姆斯和弗洛伊德眼中人类情绪的作用

　　达尔文观察到，来自不同文化背景的人在表达相同情绪时，脸上的表情常常是一致的。他据此推测表情具有遗传性，而不是后天习得的，情绪作为一种内在心理状态，其表达方式可以追溯到人类祖先的基本行为模式（Workman，2014；Workman & Taylor，2019）。更具体地说，他认为人类的面部表情与我们灵长类亲戚有着共同的进化起源。在《人类和动物的表情》一书中，达尔文论述了情绪表达的三原则：

　　1. 合用的习性。这意味着，当处于特定的情绪状态时，一个人可能会表现出相同的表情和相同的身体姿势。有趣的是，尽管达尔文认为表情对我们的原始祖先有价值，但他也认为表情对于现代人来说已经不再具有适应作用了。

　　2. 对立。该原则指的是，积极和消极情绪的表情是相反的——所以当一个人快乐和友善时，你会看到他身体姿态非常放松，而当一个人非常愤怒并充满攻击性时，你

会看到他的身体像绷紧的弹簧一样。此外，当我们试图掩饰自己的感受时，我们可能会无意识地试图呈现一种与我们真实感受相反的身体姿势。

3. 神经系统独立于意志而直接作用于身体。当我们处于强烈的情绪唤醒状态时，我们的面部表情、语调和身体姿势都会透露出我们的内心感受。我们会因恐惧而颤抖，我们面对恶心的场景会不由自主退缩，当我们看到非常有趣的事情开怀大笑时，整个身体都会摇晃起来，所有这些动作都不受意识控制。

图 11.2　查尔斯·达尔文《人类和动物的表情》一书中出现的表情插图，从左上到右下：中性表情、儿童的悲伤、成人的悲伤、难过、轻蔑、愤怒、惊讶、快乐、鄙视

詹姆斯进一步发展了达尔文的思想，他认为，我们并不是有了内在感受后才出现生理反应，情况恰恰相反，我们感到恐惧是因为我们颤抖，我们感到愤怒是因为我们血液上涌。所以，人类已经进化到可以对内部和外部的身体情绪信号做出反应。詹姆斯特别指出，大脑会监控内脏状态（即内脏感觉），然后随之做出反应。大约在同一时期，哲学家卡尔·兰格（Carl Lange）也独立提出了同一想法，因此，该主张被称为詹姆斯-兰格情绪理论（James-Lange theory of emotion）。这一理论在长达四十年的时间内被

心理学界广为接受,直到1927年,生理学家沃尔特·坎农(Walter Cannon)提出了反对意见,他观察到那些内脏与中枢神经系统间联系被意外切断的病患仍然有情绪感受。如今,虽然詹姆斯-兰格理论不再是情绪心理学领域的支配性理论,但实验证据表明它有一定的真实性,例如,当被试被要求做出某些表情后,他们会感受到与表情一致的情绪体验(Ekman, 1992)。

弗洛伊德和他之前的詹姆斯一样,深受达尔文的影响。他利用达尔文的理论来理解和治疗患有严重情绪问题的人(如歇斯底里症),在描述和解释病人行为时他常会引述情绪对立原则。弗洛伊德还提出,人类行为在很大程度上是由追求快乐和避免痛苦这两大动机所驱动的,他将这一想法的源头也追溯至达尔文。

不同于20世纪大多数心理学家的意见,弗洛伊德认为情感才是人类行为的核心要素,他的观点受到了主流心理学的严厉批评。看起来弗洛伊德的思想对进化心理学的发展没有产生重大影响(Badcock, 2000)。

情感色轮

早在1980年,罗伯特·普鲁契克(Robert Plutchik)就试图通过"情感色轮"(wheel of emotions)来帮助我们理解人类情绪状态的范围及其关系(见图11.3)。普鲁契克是进化论的忠实信徒,他认为人类主要进化出了八种有助于交流和生存的情感,它们互为两两对立关系。例如,快乐被认为是悲伤的对立面,嫌恶是信任的对立面。此外在情感色轮中,主要情绪可以结合起来创造次要情绪。例如当快乐和信任结合在一起时,就变成了爱。再者,色轮中颜色的强度代表了情感强度,例如,比忧虑更强烈的情绪是害怕,而更强烈的害怕则是恐惧,在图11.3中它们分别用浅绿色、绿色和深绿色来表示。如今,进化学者对人类有多少种基本情绪状态的看法并不完全一致,甚至对是否存在所谓的基本情绪也颇有异议(见专栏11.2)。尽管如此,普鲁契克的情感色轮理论是现代心理学第一个系统探讨情绪状态一般规律及适应机制的理论,它对情绪研究领域产生了深远影响。

普遍情绪理论在20世纪的失利与复兴

尽管达尔文、詹姆斯和弗洛伊德都强调过情绪的重要意义,但在20世纪大部分时间里,社会科学家在很大程度上并没有对情绪研究予以足够重视(Barrett, 2018)。许多开展过情绪研究的学者要么秉持行为主义理念,认为大多数行为(包括情绪反应在

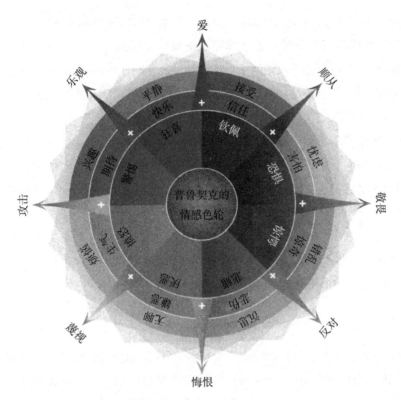

图 11.3 普鲁契克的情感色轮,我们可以看到八种基本情绪,它们两两对立,不同情绪结合可以产生次级情绪,同时同一类情绪还具有强度差异

内)都是条件学习的结果(Skinner, 1957);要么坚守标准社会科学模型的立场,认为人类所有特征都是文化环境所塑造的。其中,后者以格雷戈里·贝特森(Gregory Bateson)和玛格丽特·米德夫妻为代表,他们对达尔文的先天情绪论产生了质疑。米德相信,每种文化都有自己独特的情绪,她甚至声称,有的社会——至少萨摩亚是这样——没有性嫉妒这类情感(Mead, 1928)。毫无疑问,人性的"白板学说"对 20 世纪社会科学发展产生了决定性影响,标准社会科学模型的盛行导致许多心理学家会有意回避人类情绪普遍性这一研究主题——如果每种文化都有一套独特的情感体系,那么为什么还要探讨情绪的普遍性?然而,由于存在立场偏颇和先入之见的问题,米德许多关于情感文化差异的观点已不再为人所信。根据人类学家德里克·弗里曼(Derek Freeman)的说法,米德被两个萨摩亚女孩误导了(米德的访谈对象),她将她们的恶作剧玩笑信以为真(Freeman, 1983;1999; Ekman, 1998)。弗里曼自己对萨摩亚社会的研究表明,性嫉妒在那里和在其他地方一样普遍。事实上,过去的 30 年里,越来越多的证据表明达尔文关于人类具有共同情绪的观点是正确的——至少从表情来看是这

样(见专栏11.2)。

20世纪90年代,继弗里曼和埃克曼等人的研究后,科学家对情绪问题的兴趣日益增长,他们开始倾向于将情绪视为一种适应机制,而不是特定的文化现象。正如我们稍后会看到的,如今许多研究人员都在一定程度上接受了达尔文的情绪理论。

表情和情感体验

心理学家对于表情的研究结论往往较为坚定自信,因为面部表情和肢体语言可以被直接观察到,并在一定程度能够量化。我们还可以将人类与灵长类亲属进行比较,如果研究者发现在相同情绪情境下人类与其他灵长类动物会显露出相似表情,那么他们可以更好地推测情绪的源头(见专栏11.3)。相较于表情,一个人内心的真实感受更加难以确定——我们只能综合考虑他们的自述、表情以及语调,之后利用我们自己的情感经验,尝试"拼凑"出他们的感受。试图在实验室里测量内部体验会带来很多问题,因为众所周知,人们总是尽量表现得更乐观积极、正直高贵。事实上,尽管我们经常被告知要勇于展现自己的真实情绪,但如果每个人都不断地向他人报告自己每时每刻的内心真实感受,整个社交网络就会陷入瘫痪。此外,至少在现代社会,当被问及自己的情绪时,人们常感到尴尬(这恰恰也是另一种情绪)。正因为如此,我们会把许多感受藏于内心深处,当向他人透露自己的情感状态时,我们会做出许多修饰。也许研究情绪的更好途径是直接记录检测大脑反应。那么我们可以预测,特定情绪状态会对应于特定的神经过程。

专栏 11.2   六种普遍表情?

早在19世纪70年代,达尔文就首次提出表情具有普遍性,一个世纪后,保罗·埃克曼(Paul Ekman)和他的同事华莱士·弗里森(Wallace Friesen)终于通过实验证据证实了这一观点。在20世纪60年代末,埃克曼和弗里森报告称,生活在新几内亚偏远地区的一个原始狩猎民族——南福尔人——能够识别并模仿许多西方人使用的表情。另外,在表达相同情绪时,南福尔人做出的表情与西方人是一致的。当埃克曼和弗里森向他们的美国学生展示南福尔人的表情照片时,前者能够迅速准确识别出后者表情所代表的情绪(Ekman & Friesen, 1967; 1969; 1971)。这表明,表情可能是一种适应机制,因为在彼此孤立的环境下,人们几乎不可能偶然发展出完全相同的面部表情。虽然这支持了达尔文的观点,即许多表情具有普遍性,但我们不应该认为每种情绪都有一个相对应的特定大脑基质。事实上,如今许多学者都认为人类情绪通常处于相互叠加交织状态,只是有时一种情绪会暂时占据主导地位,埃克曼和弗里森实验中被试所识别出的情绪,正是这类主导情绪(Barrett, 2013;2018; Nesse, 2019)。公平地说,埃克曼和弗里森并没有认为表情是天生的,而是认为它们源自不同文化环境下人们面对的共同选择压力。此外,正如埃克曼随后指出的那样,我们不应该将每种情绪视为单一的情感或心理状态,而应该将其视为相关状态的集合(Ekman & Cordaro, 2011)。

在最初的研究之后,埃克曼和弗里森又陆续在20多个国家和地区开展了观察研究,他们发现,人类至少有六种基础通用表情——惊讶、愤怒、悲伤、厌恶、恐惧和快乐(注:埃克曼随后提出,轻蔑也可能是一种普遍表情;Ekman & Cordaro, 2011)。

许多研究者追随他们的步伐,对普遍情绪和表情问题展开了测验。2002年的一项元分析报告综合了100多项独立研究、涉及超过20 000名被试,该报告的最后结论是人类确实具备基本表情(Elfenbein & Ambady, 2002)。尽管如此,科学界对于我们到底存在几类基本情绪仍存在一定程度的争议。例如,菲利普·约翰逊-莱尔德和基恩·奥特利(Johnson-Larid & Oatley, 1992)认为有5种普遍情绪,而卡罗尔·伊泽德(Carroll Izard)认为有8种(Izard, 1977;1992;1994)。显然,我们的表情不只5种,也不只8种。大多数情绪研究者相信,人类表现出的各式情绪是由这些基本情绪混合而成的,就像我们只用少量原色颜料就可以表现出丰富色谱(LeDoux, 1996;2012)。

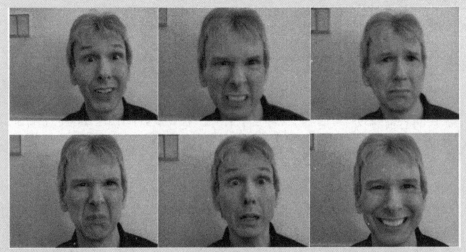

图11.4 本书作者摆出的六种基本情绪,从左至右,自上而下分别是惊奇、愤怒、悲伤、厌恶、恐惧和开心

大脑中的情绪体验——关于表情的神经科学研究

根据内森的定义,情绪包含三种成分——生理层面成分、心理层面成分以及行为层面成分。大多数对情绪的研究都会涉及心理感受及行为反应,而近几十年神经成像技术的进步让科学家有条件直接窥探情绪的生理基础。利用正电子发射断层扫描(positron emission tomography)和功能性磁共振成像技术,神经心理学家可以揭示个体体验到某种情绪时大脑的内部变化过程,这大大提高了情绪研究的客观化程度,因此成为了情绪研究领域的重要方向。

专栏 11.3　人类和其他灵长类动物的表情相似性为表情起源提供了线索

达尔文非常喜欢灵长类动物富有表现力的表情,并发现它们经常做出的"嘻嘻哈哈"和"龇牙咧嘴"表情与人类表情极为相似:

"小猩猩被挠痒痒时,也会咧嘴笑,发出咯咯的声音。"(Darwin, 1872/1998, 132)

图 11.5　黑猩猩展示各种表情——微笑、大笑和无聊?

达尔文提出，人类和其他灵长类动物的相似表情中，至少有一部分可能来自二者的共同祖先，英国动物行为学家理查德·安德鲁（Richard Andrew, 1963a; 1963b）和德国动物行为学家范·胡佛（Van Hooff, 1967; 1972）的观察研究都进一步证实了这一假设。

安德鲁认为，灵长类动物的面部表情是它们在特定情绪状态下发出喊叫所导致的附加产物。例如，许多猴子在遇到可怕刺激时会发出尖锐叫声，这要求它们收缩嘴唇，于是就出现了"龇牙咧嘴"的惊恐表情。而后来人类祖先和其他灵长类动物可能经常"无声地"使用相关面部表情。

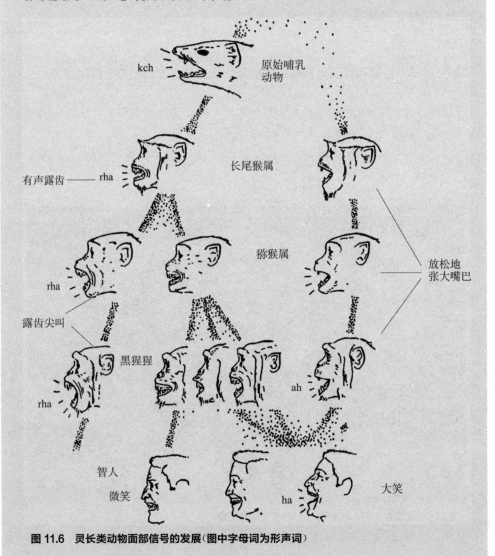

图11.6 灵长类动物面部信号的发展（图中字母词为形声词）

范·胡佛也观察并记录了人类和其他灵长类动物的同源表情。他认为亲社会的姿态有两个维度——一是"友善",比如不带威胁地露出牙齿,二是"欢乐",例如张开嘴巴发出断断续续的"咯咯"声。用人类的语言来说,友善涉及微笑,欢乐则涉及大笑。根据范·胡佛的说法,无声露齿表情最初是一种安抚信号,后来在许多灵长类动物身上演变成一种友好姿态,包括人类在内;张嘴大笑表情则可能最初是玩耍邀请的信号(所有被研究的灵长类动物都会参与玩耍活动)。如图11.6所示,范·胡佛描述了微笑和大笑的进化路径,最右侧是大笑,中间是微笑,左侧是愤怒(Van Hooff, 1972)。总之,尽管特定表情的确切起源和具体功能仍可能存在争议,但现有证据已明确表明,人类确实与其他灵长类动物具有许多共同表情,并且我们确实会在大致相似的情境下使用这些"信号"。

定位主义者的视角

根据定位主义者(locationist)的观点,特定情绪类别与大脑特定区域之间存在对应关系。也就是说,悲伤和恐惧等情绪状态与大脑特定位置密切相关(Lindquist et al., 2012)。其中一些部位位于大脑的最外层,即大脑皮层,而另一些则位于皮层下部。基于大脑扫描研究、脑损伤患者研究以及跨物种对比研究,目前科学家已经确信大脑四个部位涉及情绪的脑功能定位(见图11.7)。

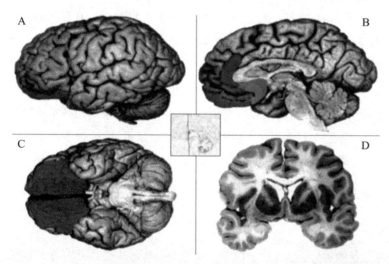

图11.7 情绪处理对应脑区视图,特定大脑区域负责处理特定情绪:(a)侧面视图(侧面)、(b)矢状视图(从大脑中线切开,分离两个大脑半球)、(c)腹侧视图(从下方观察)、(d)冠状视图(从正面观察穿过大脑中部)。在这些大脑图像中,表现了以下情绪状态:恐惧——杏仁核(黄色区域);厌恶——脑岛(绿色区域);愤怒——眶额皮层(棕色区域);悲伤——前扣带皮层(蓝色区域)

前扣带皮层

前扣带皮层是大脑皮层的一部分,位于外侧沟(脑裂,Sylvian fissure)中,外侧沟在胼胝体(神经纤维束,在两个半球之间传递信息)上方将前脑两侧分开。众所周知,它与负责"认知"的前额叶皮层和负责"情感"的边缘系统有许多联系。行为神经科学家认为,通过与这两个区域联动,前扣带皮层在情绪调节和社会认知中能起到重要作用(Ray, 2013)。另外,它更显著的功能在于加工处理悲伤及其他令人不安的情绪。功能性磁共振成像研究显示,创伤后应激障碍患者的前扣带皮层会有异常激活模式(Etkin & Wager, 2007)。再者,它还会参与加工(与脑岛协作)由社会拒斥引发的生理痛苦和情感痛苦(Toates, 2011)。更有趣的是,DNA结构的共同发现者之一弗朗西斯·克里克(Francis Crick)在其著作《惊人的假设》(The Astonishing Hypothesis)中声称,前扣带皮层是自由意志的中心(Crick, 1994)。

脑岛

脑岛是大脑皮层的一小部分,位于将额叶和顶叶同颞叶分开的外侧裂深处。在过去的大脑研究中它在很大程度上被忽视了,随着扫描技术的发展,科学家发现在多种情绪状态下,脑岛都有异常活跃的表现,这些情绪包括厌恶、渴望、痛苦和爱等。由于与杏仁核和前扣带皮层等区域有大量神经连接,脑岛还参与了许多活动,如厌恶反应、社会情绪反应(其中就有我们对他人的"热情"程度)和疼痛感知(Nieuwenhuys, 2012)。因此脑岛具有双重功能,它既负责处理生理痛苦,也负责处理心理痛苦(Kang et al., 2011)。有学者基于这一事实提出了一个有趣的猜测:在人类进化史上,对人际温暖的感知可能建立在对身体温暖的感知之上(反之亦然)。实验证据为此猜想提供了佐证,在一个实验中,被试先接触冷或温暖的物体,之后再参与经济博弈游戏,脑成像扫描显示,两种条件下被试的脑岛活动有所不同(Kang et al., 2011);而在另一个实验中,被试要拿着"暖手器"或"冷却器"玩囚徒困境游戏,结果显示,前一种条件下被试做出合作选择的比例要显著更高(Story & Workman, 2013)。这可能有助于解释为什么销售员经常在推销前为潜在客户提供热饮。

杏仁核

杏仁核是一个杏仁状的神经元束,位于两个大脑半球,距离耳朵约一英寸的位置(见图11.8)。它是边缘系统的重要组成部分,而边缘系统位于大脑深处(皮层下部的一部分),与情绪加工密切相关。很久之前,人们就已经知道大脑边缘系统特别是杏仁

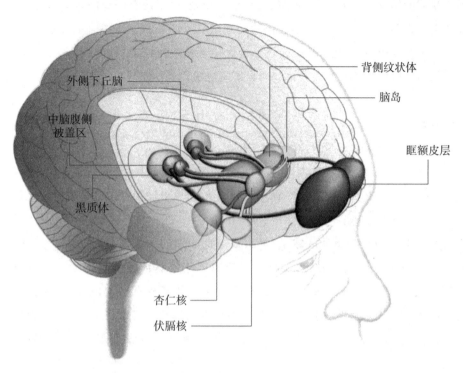

图 11.8　大脑眶额皮质和边缘系统(连同边缘系统的其他组成部分)

核与情绪处理的关系,因为该脑区受损的个体(包括人类和动物)会表现出不适当情绪反应。例如,无论是人类还是其他灵长类动物,一旦杏仁核受损,他们似乎就无法识别他者脸上的恐惧表情(Calder et al., 1996; Atkinson, 2007; Ray, 2013);而且他们的记忆也会出现严重问题(LeDoux, 2012; McGaugh, 2004; Toates, 2011)。对正常普通人进行的脑部扫描显示,当个体感知情绪特别是看到恐惧表情时,杏仁核会显著激活(Morris et al., 1998; Ray, 2013)。目前研究还发现,杏仁核所涉及的其他生理与心理机能还包括悲伤感知、攻击性、性欲、母爱、摄食、奖励学习以及动机等(Blair et al., 1999; Kenny, 2011; LeDoux, 2012)。

　　杏仁核同负责处理面部情绪感知和情绪记忆的颞叶存在神经连接。一位代号为 SM 的女性杏仁核损伤患者曾引起许多研究者的兴趣,她的病症非常具有典型性。尽管 SM 仍然理解恐惧概念,但她再也感觉不到恐惧了(Feinstein et al., 2011)。研究人员让 SM 接触蛇和蜘蛛,带她参观鬼屋,给她看了一系列恐怖电影片段,这些活动都没有引起她的恐惧反应。而 SM 自己称,在受伤前她确实会因这些事而感到害怕。幸运的是,SM 仍然能够体验到其他情绪,无论积极情绪还是消极情绪。

到底我们能够从这些研究发现中得出什么结论,实际上还有待商榷。例如,是否杏仁核产生了恐惧体验,还是它只是恐惧神经环路某个环节的处理器?此外,是情绪状态导致了杏仁核激活,还是杏仁核激活导致我们能感受到更强烈的情绪体验?请注意,这二者之间是存在区别的,而且这一差异还能说明许多其他问题。

眶额皮层

大脑皮层由一层 6 毫米厚的神经元组成,这些神经元形成了大脑的外表面,覆盖着下面的结构(即上面提到的皮层下部)。大脑皮层负责许多"高级"认知功能,如语言处理、推理和意识(Toates, 2011)。在神经解剖学上,每一处皮层分区都是根据它相对于大脑中心位置进行描述的。其中,眶额皮层由眼眶上方的大脑皮层所组成,因此得名。眶额皮层上方是其他额叶区域,它涵盖大脑两半球的大量脑皮层,参与行为控制(见图 11.7 和图 11.8)。眶额皮层接收来自额叶皮层其他区域及感觉系统的信息,它还会同其下方的边缘系统进行广泛信息交换。从某种意义上说,眶额皮层的功能在于同时获知周围环境中发生的事情以及监控内部行为计划。此外,它还能影响大脑边缘系统的活动,尤其是杏仁核。这也就不难理解,为什么眶额皮层会与情绪密切相关。

有趣的是,研究发现左侧眶额皮层主要参与积极情绪的处理,而右侧眶额皮层则主要参与消极情绪的处理(功能偏侧性的一个例子;Ray, 2013;见专栏 11.4)。眶额皮层损伤会导致情绪反应和人格产生深刻变化。特别是,右脑损伤患者可能变得异常欢乐兴奋,不负责任(Berridge, 2003;Kringelbach & Rolls, 2004)。当前,一种新的神经成像技术可以向我们展示,一百多年前就已去世的脑损伤患者,其生前眶额皮层对情绪加工的影响。

菲尼亚斯·盖奇——早期的严重脑损伤研究案例

最早有记载的眶额皮层损伤病例发生在 19 世纪中叶,当事人是铁路工人菲尼亚斯·盖奇(Phineas Gage)。1848 年,菲尼亚斯在北美参与修建一条新铁路。有一天,他发现一块大圆石立在将要铺设新铁轨的地方,为了移走这块石头,他在石头上钻了一个洞,想往里面填满炸药。然后,他打算借助一根铁管将炸药埋进洞里,不幸的是,铁与岩石摩擦产生的火花点燃了炸药,在爆炸巨大冲击力的作用下,铁管穿过菲尼亚斯的左脸颊和大脑前部,从他的颅骨顶部冲出,落在大约 300 英尺远的地方。神经心理学家安东尼奥·达马西奥(Antonio Damasio)和他的同事使用高性能计算机重建了菲尼亚斯大脑前部的损伤,并能够确认他的眶额皮层大部分都被铁管损毁了(Damasio et al., 1994; Ratiu et al., 2004)。

关于发生在菲尼亚斯·盖奇身上的事故,至少有两点富有传奇性:第一,他竟然大难不死,活了下来。事实上,在短暂失去知觉后,他还能走到一辆马车旁,自己主动就医;第二,康复之后,他简直变了一个人。在事故发生之前,人们评价他是一个严肃、勤奋、有抱负、受人尊敬的人,事故发生后,他变得易怒、幼稚、粗心(Harlow, 1848; Ratiu et al., 2004)。图11.9显示了铁管穿过颅骨的位置。这可能是科学史上第一个证明大脑特定部位与情感和个性密切相关的临床证据。

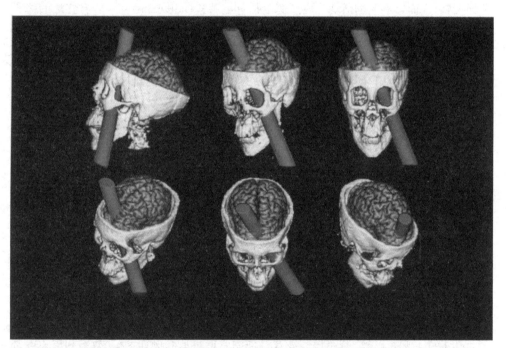

图 11.9 电脑重建盖奇受伤的部位。铁管破坏了他左额叶皮层大部分,导致他人格和行为的彻底改变

随后又有少数类似菲尼亚斯·盖奇这样的眶额皮层脑损伤病例(数量很少,因为大多数受到如此严重损伤的人不太可能活下来)。在这些案例中,患者的情绪状态都产生了明显变化(Carlson et al., 2000; Carlson & Birkett, 2016),包括变得焦虑、冷漠、易怒、冲动和缺乏同理心等。如此多样化的脑损伤影响表明,眶额皮层不太可能只负责处理一两种情绪状态。似乎更有可能的是,大脑的这个区域参与整合与鉴别微妙的社会与情绪线索,因此一旦该部位受到伤害,个体区分琐碎选择与重大决策的能力

也会遭遇严重损毁(Damasio, 2003; Carlson & Birkett, 2016)。

有关杏仁核和眶额皮层功能的研究发现可以证明,在人类身上存在与生俱来的情绪处理系统。由于大脑组织在很大程度上是选择压力的结果,因此进化心理学家会认为,这些发现也能表明情绪是进化适应的产物(LeDoux, 2012; Izard, 2009)。

情绪的化学成分——肾上腺素

尽管大脑(以及神经系统)是人类情绪的"所在地",但它的活跃程度由内分泌腺释放的激素所调节。激素的释放在很大程度上受中枢神经系统的控制,它们通过血液输送到大脑,进而影响大脑活动。典型例子是肾上腺素(adrenalin)——所有狂热的体育迷都应该对这一化学物质不陌生。当富有挑战性的情绪刺激出现时,杏仁核向自主神经系统(autonomic nervous system,神经系统中调节内部器官活动的部分)发送信息,之后自主神经系统引导肾脏上方的肾上腺将肾上腺素释放到血液中。肾上腺素是一种事关"战斗"或"逃避"的化学物质,它为目标器官(如骨骼肌)的行动做好动员工作。因此,当个体极为兴奋或受到惊吓时,大脑(一部分脑区)会导致肾上腺素激素的释放,而这反过来又会让身体为即将迎接的挑战做好准备。问题在于,到底是杏仁核为我们提供了焦虑与兴奋感觉并让我们准备行动,还是这些感觉其实都是肾上腺素以某种方式引发的?或者双管齐下?肾上腺素一旦进入血液,除了作用于心脏、肠道和肌肉外,还会进入大脑,那里有许多广泛分布的受体会受到它的影响。在大脑中,肾上腺素能发挥多种作用,包括"帮助"颞叶强化记忆(Carlson & Birkett, 2016; Toates, 2011)。另外它还会直接刺激杏仁核,杏仁核将神经纤维发送到皮层的处理中央,并从这些区域接收反馈信息。这意味着我们很难对战斗或逃跑反应的原因以及我们的感受过程进行确切拆解。

除了肾上腺素,情绪状态还会涉及其他激素的释放。例如,睾丸激素和皮质醇都与压力事件及记忆构成有关(Carlson & Birkett, 2016)。例如,当两只雄性哺乳动物发生争斗时,失败者的睾酮水平会降低,皮质醇水平会升高——而胜利者的情况正好相反(Toates, 2011)。皮质醇和其他相关激素(皮质类固醇)还可以加强记忆(McGaugh, 1992; Barsegyan et al., 2010),因此被打败的动物不太可能忘记谁是胜利者并再次犯同样错误。进化研究者将这种记忆强化效应视为情感功能的重要组成部分——也就是说,分泌的激素不仅让我们在身体上做好相应准备,还能确保我们记住积极或消极遭遇,因为它们很可能对我们祖先的生存繁殖产生深远影响。

专栏 11.4   大脑偏侧性——不对称的情绪大脑

虽然大脑左右半球在结构上互为镜像,但它们某些功能是不同的,这类功能差异被称为偏侧性(lateralisation)。对偏侧性的研究始于 19 世纪中叶,当时人们观察到,右脑半球损伤通常对语言能力几乎没有影响,而左脑半球的损伤会导致相当严重的语言缺陷(Springer & Deutsch, 1998; Corballis, 2014)。从那时起,对于两个脑半球的不同功能,科学家提出了许多主张。经过 150 多年的研究积累,目前最有信服力的结论是左脑半球与语言识别和处理关系特别密切,而右脑半球在情绪方面的功能更明显(Springer & Deutsch, 1998; Corballis, 2009)。不过,近年来研究发现左脑对于情绪加工也有重要意义。

在讨论这些发现之前,有必要了解一些大脑偏侧性研究中常用的研究方法。研究者如果要测试大脑两半球的表情识别能力,可以分别向两半球呈现表情视觉图像,听起来有点复杂,但这实施起来其实很容易。每个脑半球都有主要的视觉输入路径,当你直视前方时,视野中偏左侧的区域只被投射到右脑半球的视觉处理中心,而视野中偏右侧的区域只被投射到左脑半球的视觉处理中心。因此,如果向一个人单侧视野展示情绪图片并记录其反应,我们就能够了解对应脑半球的情绪加工情况。不过需要注意,可用的测试时间非常短暂,因为两半球之间通过一大束神经纤维——胼胝体(corpus callosum)——相连,它会帮助两个脑半球实现快速信息传递。

在这里我们可以了解一种测试途径:向被试展示一张嵌合面孔,其中一半是中性表情,另一半是情绪化表情,与之配对的嵌合面孔也是如此,只是中性表情与情绪化表情左右颠倒(见图 11.10),被试需要判断哪张面孔表现出了更强烈的情绪状态。许多研究都证实,被试倾向于判断左半边脸是情绪表情的面孔情绪更强烈(Levy et al., 1983; Springer & Deutsch, 1998; Watling et al., 2012),这表明右脑半球确实更善于识别情绪,我们可以称之为情绪加工的右脑半球假说(right-hemisphere hypothesis)。然而,一些研究人员认为,虽然右脑半球能够更好地识别消极情绪,但左脑半球在识别积极情绪方面更胜一筹(Reuter-Lorenz & Davidson, 1981),这种相信左右脑半球分别对不同类情绪具备加工优势的观点被称为效价假说(valence hypothesis)。一系列基于嵌合面孔的实验表明,以上两种假设可能都没错(Workman et al., 2000; 2006; Taylor et al., 2012)。在实验中,当向被试呈现六种不同的嵌合面孔时——快乐、悲伤、惊讶、厌恶、恐惧和愤怒,被试整体上表现出了右脑半球加工优势,但是,如果看到的是亲社会表情而不是反社会表情,优势又会转移到左脑半球。注意,亲社会/反社会的情绪分类方式与积极/消极的情绪分类方式并不完全一致。研究者认为,人类两个脑半球对应的情绪处理分别是"左脑半球—亲社会情绪—接近"和"右脑半球—反社会情绪—回避"。

更复杂的是,威斯康星大学的理查德·戴维森(Richard Davidson)和他的同事们认为,尽管右脑半球在识别情绪刺激方面更胜一筹,但左脑可能更多地参与情绪、体验情绪(Davidson & Sutton, 1995)。显然,情绪的偏侧性问题还需要未来更多研究深入探讨。

图 11.10　恐惧表情与中性表情的嵌合面孔

学习和文化表现规则可以改变情绪反应

尽管保罗·埃克曼的观点调和了文化相对论者和进化论者之间的分歧(见专栏 11.5),但"普遍情绪"在许多社会科学家看来依然是一个具有争议的想法(LeDoux, 2012; Izard, 2009; Barrett, 2018)。当然,表情的使用方式以及对各种刺激的情绪反应存在文化差异。我们经常隐藏或修饰自己的真实内心状态,事实上,人们应该在公共场合表现出什么情绪,以及到底应该在多大程度上真实呈现自己的情绪,这同社会背景有密切关系。例如,日本文化不鼓励个体在公共场合表现除快乐以外的任何情绪。因此,日本人在街上往往微笑示人,很少露出不悦表情,这会让不了解内情的外人误以为,日本人的负面情绪比欧洲人或北美人要少。特定文化所允许的表情(频率及强度)被称为其表现规则(display rules; Ekman et al., 1972)。所以,一个人会经常做出什么样的表情，不仅取决于他的心理状态，也部分取决于他所在文化背景的表现规则。请注意，这并不是说生活在不同文化中的人会感受到不同的情绪范围与强度，而是说他们在公共场合的表现在很大程度上取决于他们的文化规范。事实上有一些实验证据表明，即使在不支持负面情绪表达的文化背景下，当个体在私人化场合时，他们展现出负面表情的频率与其他地方的人也没有差异，至少就焦虑和厌恶表情而言确实如此，这一点在日本人身上得到了证明（Ekman et al., 1972）。

我们还应该记住，情绪反应可以被个人经验所塑造。虽然某些对我们祖先构成威胁的动物往往是最有可能让我们产生恐惧感的动物，比如蛇和蜘蛛（在世界上许多地方，这两种动物都是有毒的），但更具体的个人反应在很大程度上取决于我们早期与它们的接触经历。如果你小时候让蜘蛛或蛇受到过惊吓，可能会对它们发展出一种过分的焦虑恐惧感，即所谓的恐惧症；相反，如果成年人向孩子保证他们不太可能被蜘蛛或蛇伤害，孩子长大后就可能不会患上这类恐惧症（Field & Field, 2013; Field & Workman, 2008）。还有一种获得性反应被称为条件性情绪反应，例如被狗咬过后就对其产生恐惧。在许多情况下，由于条件反射是习得的，因此它们也可以被新习得的条件反射所逆转。比如，让个体与其恐惧的动物接触，同时使他感受到一些积极体验。恐惧系统具有一定可塑性是合理的，因为许多事物的危险程度（比如动物）因环境而异。然而，经典条件反射在治疗蛇和蜘蛛恐惧症时往往不成功，这一事实表明，某些情绪反应是与生俱来的，因为与之相关的刺激在进化史上曾对我们祖先构成了严重生存威胁（Seligman, 1970; Buck, 1988; Ohman & Mineka, 2001）。这种认为人类生来就对某些动物或物体具有恐惧倾向的观点被称为准备理论（preparedness theory）。

另外一个能体现人类情绪可塑性的现象是，我们对某些身体特征的魅力判定其实具有很大调节空间。例如，在某些文化中，疤痕或文身被认为是富有吸引力的优势特征，而在另一些文化中，它们可能被等同于丑陋和缺陷（Carlson et al., 2000）。此外，在一个特定文化中，丑陋和魅力的标准可能会随着时间推移而迅速变化，甚至在社会不同阶层之间也有所差异。例如，在如今的西方文化中，人们对文身的情感反应已向积极一面倾斜，至少对年轻人来说是这样，他们会把文身视为"酷"和"成熟"的象征。

因此，一方面，所有文化似乎都具有相同情绪范围与强度，从这个意义上说，情绪可能具有普遍性；但另一方面，人类对外部刺激的情绪反应模式具有相当程度的可塑性（Barrett, 2018）。无论如何，最重要的问题在于，如果我们接受情绪是一种适应机制，那么它们到底能起到什么确切作用？

图 11.11 在不同文化背景下,当人们微笑时,他们会以完全相同的方式使用完全相同的肌肉,我们都会将这种表情解读为友善的象征。尽管如此,由于"表现规则"的差异,不同文化背景下人们展现笑容的频率是不一样的

专栏 11.5 对情感普遍性的反对意见

　　人类的基本表情具有普遍性,它们源于进化史上的共同祖先——在过去的 30 年里,这一观点得到了许多心理学家的支持,但并非没有反对者。例如,弗雷德隆德(Fridlund, 1992)指出,面部表情在更大程度上是人们交流时使用的社交工具,而不是为了向他人表达我们的真实感受。如果是这样的话,不同社会可能会对特定表情赋予不同含义,例如微笑可能被用于表示嘲讽,在某些文化中,还可以用作表示威胁。一种更极端的观点认为,情绪本身就是社会产物而不是生理产物(Averill, 1980; Harré, 1986),这是社会建构主义或标准社会科学模型对"人性"的看法。例如,詹姆斯·阿弗尔(James Averill)描述了生活在新几内亚高地的古鲁伦巴人会陷入一种被称为"野猪"的情绪状态。在此期间,他们会像被驯化的猪一样在野外奔跑,精神亢奋,但语言不清楚,其他行为表现还包括暴力与偷窃——尽管他们很少对他人造成实质性伤害,也不会偷走真正贵重的物品。一段时间后,"野

猪"恢复正常，生活回归先前秩序。由于在其他文化中还没有发现此类野猪状态，阿弗尔据此认为，这就可以说明，大多数情绪反应是社会建构的（Averill, 1980; LeDoux, 2012）。

因此，如果进化心理学家要宣称人类情绪具有普遍性，那么他们就需要先平息这些争论。埃克曼提出了一种解释方法，他认为我们应该将所有文化所共有的基本表情同其他身体表达相区分——后者是可以习得的，同时也混入了一些基本表情。这样，文化特定的表情就可以被置于普遍情绪之上（Ekman, 1980; 1992）。在埃克曼看来，许多情绪理念的分歧其实似是而非，它们并没有真正的对立之处，因为社会建构主义者关注的是表情文化习得层面的特征，而其他的心理学家特别是进化心理学家关注的是表情先天反应层面的特征。埃克曼进一步指出，在不同的社会环境下，基本表情也可以通过有意识地修改而被赋予不同含义（Ekman & Cordaro, 2011）。正如当你有了几种原色后，就可以混合出各种新颜色。

对特定情绪状态的功能性解释

之前我们已经提出，情绪机制源于我们的祖先所面临的选择压力。三个领域的研究似乎都支持这一观点：

首先，在不同文化背景下，当人们面对相似情境时，会做出相同的基本表情；

其次，我们的灵长类亲属在同样情况下使用的表情与人类表情具有高度相似性；

第三，人类有专门用于识别和处理情绪的神经基质。

然而，面对这些发现，其实还有另一种不需要诉诸自然选择的解释方式：那就是，情绪可能只是其他进化进程的副产品，这意味着它们本身不具有特别的生存繁衍意义。但内森（Nesse, 1990; 2011; 2019）认为这种想法不太可能是事实，因为情绪不仅由不同文化的人所共享，而且正如我们看到的，它们也有明显的适应价值。显然，对伴侣和后代的情感依恋通常是基因传播的先决条件，能够对危险信号做出情感反应也会影响基因复制。事实上，有严重情绪问题的人往往无法照顾自己，更不用说形成稳定的伴侣关系和抚养后代了。这些证据都表明，情绪的适应理论比副产品理论更有说服力、更符合事实。

特定情绪的功能

内森在前人研究的基础上，试图详细说明"形成每种情绪的情境和选择性压力"

(Nesse, 1999, 269)。密歇根大学的芭芭拉·弗雷德里克森(Barbara Fredrickson)和加州大学的保罗·埃克曼也在同一条研究道路上力图开拓(Fredrickson, 1998; Ekman, 1994; 1998)。虽然这三位进化论者关注的是同一问题，但他们的具体观点有所差异。下面的阐述主要参考了内森、弗雷德里克森和埃克曼的研究成果，讨论了最核心的"积极"情绪(爱和快乐)和"消极"情绪(恐惧、愤怒和悲伤)所具备的适应功能，我们先从消极情绪开始。

消极情绪——恐惧、愤怒和悲伤

科学家普遍相信，消极情绪的进化目标在于使得我们可以对厌恶刺激做出适当反应。不同于积极情绪，消极情绪似乎更丰富也更具体(Fredrickson, 1998; 2004)。例如，恐惧和愤怒体验通常与非常具体的事件有关，而快乐和爱更像是一种"整体感受"，且常常转瞬即逝。内森认为，消极情绪之所以具有更显著的刺激特异性，是因为相比生存繁殖机遇，人类面临的威胁类型要更为多样化。还有一个原因可能在于，忽视积极刺激和忽视消极刺激会导致完全不同的后果，前者只会让个体浪费某些机遇，但后者则可能危及生命。试想一下，如果你对一位充满魅力的异性视而不见，以后还有其他择偶机会；但如果你对一头凶残的狮子视而不见，恐怕以后再也没有逃生机会了。正因如此，许多进化研究者都相信，消极情绪反应的选择压力远远大于积极情绪反应的选择压力(Pratto & John, 1991; Fredrickson, 1998; 2006)。

如果要选出一种对生存而言意义最重大的情绪，那么一定是恐惧，没有恐惧感的祖先不太可能发展壮大自己的血脉。埃克曼将恐惧视为一种基本情绪(Ekman, 1994; 1998)，然而内森认为，恐惧有许多子类型，他认为，每一种子类型都会以特定方式增强适应性。总的来说，恐惧的功能在于让个体为逃跑做好生理和心理层面的准备。当体验到恐惧感时，我们的身体会自动将血液调整输送到关键肌肉组织，同时大脑高度集中，以便专注于寻找逃生途径。实际上除了恐惧外，许多负面情绪都会暂时缩小个体的注意焦点并提高其警觉性，如愤怒(Fredrickson, 1998)。任何曾经感到过强烈恐惧或愤怒的人都能意识到，在当时的情境下，我们很难将注意力从负面情绪对象上转移开。

消极情绪引发的行为冲动被称为特定行为倾向(specific action tendencies; Frijda, 1986; Lazarus, 1991; Tooby & Cosmides, 1990b)。与恐惧感相对应的是逃避冲动，与愤怒感相对应的则是伤害攻击冲动。这两类情绪导致的行动倾向是非常明确的，但是悲伤呢？与恐惧和愤怒不同，我们好像很难想象出悲伤会引发哪些具体行动。有的学者认为,悲伤会产生中止当下行为的冲动(Fredrickson,1998);还有学者认为,悲伤是一种自我惩罚形式,它促使我们去保护儿童和其他所爱之人(Wright,1994)。但这些似乎都不能算特定行为倾向,也许正如埃克曼和弗雷德里克森所指出的那样,我们不应该期望所有情绪都符合一个通用模型,而应该接受,不同情绪可能会依赖不同运作模式(Ekman,1994;Fredrickson,1998,2001)。

总之,也许我们确实很难将悲伤与某种特定的行为倾向联系在一起,而悲伤的特殊之处还不仅于此。相比于恐惧和愤怒,人们对悲伤的界定存在更大跨文化差异。美国人类学家罗伯特·莱伊(Robert Levy)甚至报告称,塔希提人的文化中根本没有悲伤这一概念。有趣的是,尽管没有与悲伤相对应的词语,但塔希提人显然能够感受到这种情绪。例如,当被所爱之人拒绝时,他们会闷闷不乐、精神萎靡——这同我们常见的悲伤表现是一致的。然而,他们认为这种状态是一种疾病,与被拒绝的经历无关。这表明,在某些文化中,缺少特定的情绪概念并不一定意味着缺少相应的情绪体验。与悲伤有关的另一个问题是,什么情况下悲伤感会发展成更长期的抑郁状态?下一章讨论精神疾病时,我们将会仔细分析这个问题。

内森指出,虽然负面情绪通常具有显著适应意义,因为它们可以帮助我们即刻应对不利事件,但奇怪的是,愤怒很可能为行动者自身招致更大的威胁,尤其是当愤怒对象是我们的朋友时,这一趋势更为明显。在这种情况下,愤怒的适应意义是如何体现的呢?特里弗斯认为,当施惠行为或合作行为没有得到预期回报时,个体就可能感到愤怒。可是,个体为什么不直接忽略不愿合作的人,将精力用于寻找新的互惠伙伴,而是要对搭便车者大动干戈呢?内森给出的答案是,从长远来看愤怒反应才是合乎情理的。愤怒是一种公开的信号,其意义在于向背叛者表示我们"已经发现了背叛行为"且认为"不可容忍",它可能会促使背叛者做出补偿,或者至少能警告对方不要再继续欺骗自己。虽然这一假设带有推测性,但试想一下,一个不发怒的人可能确实很容易成为被剥削压榨的对象。顺便说一句,内森还指出,内疚和其他"自我惩罚"负面情绪在一定程度上是为了让个体在做出背叛行为后努力修补关系(Nesse,2019)。值得庆幸的是,在大多数情况下,友好的关系会引发积极的情绪状态。

积极情绪——爱和快乐

大多数关于情绪的理论与实证研究都集中于消极情绪领域。芭芭拉·弗雷德里克森认为这一偏好的成因主要有三点(Fredrickson,1998),分别是:

- 积极情绪类型要少于消极情绪类型;

- 积极情绪一般不涉及为他人造成麻烦；
- 积极情绪不太像消极情绪那样，可以精确地还原为刺激事件与行动倾向的联结。

弗雷德里克森相信，积极情绪也源于强大的选择压力，并提出积极情绪有助于扩大注意力焦点、增加信息储备以及改善健康状况。他将自己的理论称为积极情绪的拓展—建构理论（broaden-and-build theory of positive emotions; Fredrickson, 1998; 2001; 2004; 2013）。

弗雷德里克森认为有四种基本的情绪状态：喜悦（joy）、兴趣（interest）、满足（contentment）和爱（love），前三种情绪可能被视为幸福的组成部分，但弗雷德里克森认为，它们之间还是具有一些明显的差异，因此有必要加以区分。

喜悦通常与安全和熟悉的环境有关，或者也可能产生自目标实现过程（Izard, 1977）。对弗雷德里克森来说，喜悦是玩乐冲动的驱动力。长期以来行为学家一直认为，参与游戏可以促进儿童身体和智力技能的发展（Fagen, 1981），另外，游戏活动还有利于个体察觉社会群体中其他成员相对于自己的优势与劣势（Fagen, 1981）。正如弗雷德里克森所说的那样，喜悦"创造了玩耍、挑战极限和创造的冲动，这些冲动不仅体现在社交和肢体活动中，也体现在智力和艺术活动中"（Fredrickson, 2004, 1369）。因此，喜悦感的功能在于通过激励玩耍行为以推动社会交往和智力发展。

前文我们提到过，在《星际迷航》的剧集设定中，斯波克先生是一个没有任何情绪的人，但显然，他会对一些事物"感兴趣"，兴趣是所有心理健康的人每天都会感受到的一种状态。没有了"兴趣"，我们就不可能探索外部世界，从而获得对世界的认识。难以想象，假如"兴趣"从这个世界消失了，我们的日常生活还如何正常开展。一些研究者否认兴趣是一种基本情感（Lazarus, 1991）。但正如弗雷德里克森指出的那样，与兴趣有关的冲动会涉及愉悦和奖励，我们不可能不带任何情感地关注某件事。同样，就像喜悦一样，兴趣往往会产生长期的智力影响，并有可能拓宽我们的思维（Fredrickson, 1998; 2006; 2013; Johnson et al., 2010）。

满足通常被视为一种低唤醒水平的积极情绪。那么，这种积极情绪是否也符合弗雷德里克森的拓展—建构理论呢？想到满足时，我们可能会想到"知足"和"甘于现状"，如果这样的话，与喜悦和兴趣相比，满足不太容易引发进取行为。但弗雷德里克森认为，满足创造了"暂时放松下来、品味当前生活环境的冲动，并将收获整合进自我认知中"（Fredrickson, 2004, 1369），而这反过来又拓展了个体的吸纳能力和渴求精神。因此，虽然满足的运作模式要比喜悦和兴趣复杂得多，但它们指向的方向都是一致的：扩大而非缩小个体的注意焦点。

爱是一个相当模糊的概念，它常被用来描述一个人对另一个人形成的积极情感依恋状态。很显然，我们对母亲的爱、对伴侣的爱和对后代的爱是不同的，但所有这些感受都涉及对所爱之人亲近的冲动，以及因他们陪伴而生的愉悦感。然而，它们如何能像拓展—建构理论所假设的那样，扩宽个体的思维视野呢？弗雷德里克森认为，爱和与之相关的各种积极感受有助于个体"获取和巩固社会资源"（Fredrickson, 1998, 306）。这意味着爱可能在互惠利他主义的发展中发挥作用——该猜想并非不切实际。显然，如果爱是通过选择过程产生的，那么它一定对适应性有所影响。友谊可能只是互惠行为模式的基石之一，而基于爱所形成的伴侣和家庭关系则可能构成了互惠行为模式更直接的源头。当然，不同类型的爱会通过不同途径提高广义适合度（Trivers, 1985）。激情之爱可能会提高个体的直接适合度（当然，我们必须假定爱是相互的），而对家庭成员和其他亲属的爱则可能同时提高个体的直接适合度和间接适合度（见第2章和第7章）。

在弗雷德里克森的理论中，积极情绪也是由选择压力塑造的，但不是因为它们会驱使个体做出拯救生命的即时反应，而是因为它们让个体准备迎接新体验，使个体处于一种着眼于未来的状态。从这一角度看，积极情绪当然应该被视为适应机制，那些"屈从"于积极情绪的祖先会通过玩耍、探索和交往等活动积累更多的个人资源（Fredrickson, 2004, 1369）。

这是一个很有吸引力的想法，但证据呢？弗雷德里克森提出了两个间接证据来支持她的理论。首先，有一些证据表明，双相抑郁症患者（即"躁狂抑郁症"）在躁狂（极度快乐）阶段会特别有创造力（Jamison, 1993; 2011）；第二，基于实验室的研究表明，当诱导被试产生积极情绪后，他们的注意力焦点可能会扩大（Derryberry & Tucker, 1994; Fredrickson, 1998）。例如在一项研究中，弗雷德里克森为被试播放了一些旨在促进积极情绪（喜悦或满足）或消极情绪（恐惧或愤怒）的电影片段，然后让他们列出他们现在想做的事情（最多20件）。他们发现了，相比消极情绪状态和中性情绪状态，在积极情绪状态下的被试确定了更多他们今后想做的事情。弗雷德里克森称，这清楚表明，诱导积极情绪状态会立即拓宽被试的视野。

近年来，弗雷德里克森扩展了她的"积极情绪拓展—建构"理论，发展出一套"生活方式改变的上升螺旋理论"（upward spiral theory of life style change），以此来理解积极情绪如何激发有利于改善健康的行为（Fredrickson & Joiner, 2018）。图11.12描绘了这个上升螺旋理论的内容。

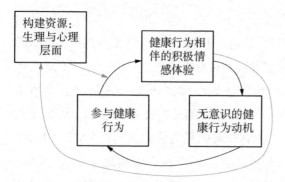

图 11.12　生活方式改变的上升螺旋模型

具体来说，以抑郁症为例，身患这种心理疾病的人会进入一个向下螺旋，消极情绪既是消极心境的特征，也是消极心境的促成因素，生活方式改变的上升螺旋理论探讨的是相反过程。在螺旋模型的内循环中，当人们产生与健康行为相关的积极情感体验时，他们开始发展出无意识的积极行为动机，这会进一步驱使他们做出更多积极行为。外循环则展示了这些行为和心理状态如何通过构建生物和心理资源来获得支持。改善心率就是一个典型的生物资源例子，而增加生活中的积极目标是一个典型的心理资源例子。注意，外循环会反馈并巩固内循环。根据弗雷德里克森的说法，进入上升螺旋的能力是人类一种重要适应机制，它有助于个体从长期消极情绪状态中解脱出来并逐渐恢复。

和弗雷德里克森一样，内森也认为积极情绪是重要的适应能力。然而，近年来他又重新修正了自己的情绪功能论点。正如我们所看到的，一些进化研究者认为特定情绪状态具有特定功能。内森则指出，尽管情绪的进化确实是为了解决我们祖先在古老环境中反复面对的挑战，但每种情绪的功能并不是特定的：

> 如果我们将情绪视为某些情况下的操作模式，一切就更合理了。（Nesse, 2019, p.53）

这意味着，虽然我们与其他物种以及不同文化背景下的其他人具备共同情绪，但一个给定的情感状态可以有许多功能，我们需要结合情境背景来理解其功能。这对积极情绪和消极情绪都同样适用。例如，当我们所爱之人与我们分享一段成功经历时，我们可能会感到高兴。但当我们看到一个讨厌的人失败时，我们也同样会感到高兴。

总之,在 21 世纪,受亲社会行为解释的启发,越来越多进化科学家开始意识到积极情绪的重要性,虽然这一领域在某种程度上只是刚刚起步,但已经取得了可观的理论和实证研究成果。

人类普遍情感理论经得起检验吗?

正如我们所看到的,近年来进化心理学家已着手探讨人类普遍情绪状态的功能。对于诸如恐惧和愤怒等负面情绪而言,研究者通常相信,这些情绪状态能起到生理和心理动员作用,让我们可以更好地应对令人厌恶的情况。对于积极情绪,有的学者认为爱、快乐、兴趣和满足等感觉有助于知识、关系和资源的积累;也有学者认为,积极情绪(也包括愤怒和内疚等一部分消极情绪)可能是利他行为模式进化的一部分。

有些人可能会说,这些想法都仅仅是猜测而已。我们不否认,某些理论细节确实带有很强的推测性,但如今很少有学者还会反对选择压力对于人类情感机制的塑造作用。如果说将特定行为倾向同特定社会环境相关联的想法确实存在什么问题,那就是,人们实际上常常处于一种复杂情绪状态(Nesse, 2019)。例如当被侮辱挑衅时,我们可能同时感到不同程度的愤怒、恐惧和焦虑体验。此外,我们还应该注意到,不同的情绪状态也许会产生相同的行为结果。例如,人们在极度喜悦和极度悲伤时都可能哭泣(LeDoux, 1996;2012)。还有,正如一些认知主义者所质疑的那样,为什么不同的人会有不同的情绪反应模式?甚至面对完全一样的刺激情境,同一个人在不同时间产生的反应也会有所差异(Ortony & Turner, 1990)?事实上,许多心理学家认为情绪不仅仅是与生俱来的自动反应,其产生过程也会涉及认知评价机制。

公平地说,许多像埃克曼这样秉持"基本情绪"观念的研究者也早就意识到了所有这些潜在问题,他们也接受了文化和认知因素可以改变情绪反应这一事实(见专栏 11.5)。正如我们之前看到的,埃克曼现在把基本情绪都看作是一个"家族"。这意味着当人们产生某种情绪时,如愤怒,既会有相似的生理变化,也会涉及独特的个体印记(Ekman & Cordaro, 2011)。此外,正如勒杜所指出的,许多关于基本情绪的分歧其实够不上真正的分歧,不同研究者可能只是在描述相同情感时使用了不同术语,如快乐、幸福或喜悦。而且"人类具有共同情绪"这一主张,与"一个人可以同时处于几种情绪状态中"这一事实间并不存在矛盾之处。最后,当代神经生物学研究已经证明,人类和其他灵长类动物在处理相同情绪时会触发相同大脑区域,如果不借助进化理论,这一发现很难得到合理解释,其中最典型的例子就是杏仁核与恐惧情绪关系的跨物种研究(LeDoux, 2012)。

> **专栏 11.6　内森提出的"情绪的系统发育"**
>
> 受达尔文情绪进化观点的影响,2004 年伦道夫·内森从系统发育角度提出了情绪进化树(evolutionary tree of emotions)理论。其主要观点在于,远古有机体先是进化出了应对威胁和机遇的唤醒机制;在后来的进化史中,每个物种面临新的适应性挑战,物种分化也伴随着情绪分化,最终导致了人类复杂的社会情绪分类,如骄傲、羞耻和激情之爱。
>
> 请注意,正如内森所指出的那样,"这棵想象中的情感之树说明了情绪的演变,在大树叉上一些不同但有所重合的情绪会交织在一起"(Nesse, 2019, 54)。与之相反,还有一些学者更愿意孤立地看待每类基本情绪。
>
>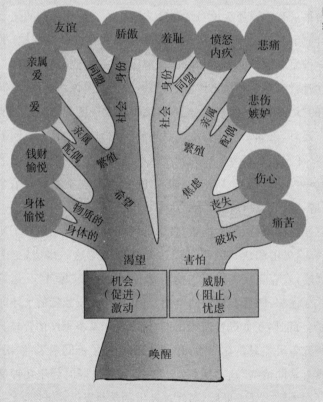
>
> 图 11.13　内森提出的情绪进化树

所有情绪都有适应功能吗？

如果我们接受情绪是所有人类所共有的，它们源自选择压力，那么这是否意味着我们必须接受所有情绪都具有适应意义？我们之前已经介绍过，根据内森的论述，进化副产品假设不太可能解释核心情绪的由来，然而，这不等同于它不适用于所有情绪。例如，有学者认为，人们在亲人去世时感受到的巨大悲伤感可能具有适应功能，因为它使我们在适当的时候暂停行动并保存能量。可是，也许丧亲之痛没有适应功能，它只是我们拥有与依恋相关的积极情绪而必须付出的代价，它类似于人们停药时所遭受的戒断症状。如果是这样的话，那么很可能，有一些消极情绪本身并不是进化适应直接塑造的，它们都是积极情绪诱导物消失所引发的结果（反之亦然）。进化心理学家其实很难确定哪些情绪具有进化意义而哪些情绪只是进化副产品。但至少我们可以看到，在认知占据心理学研究中心长达半个多世纪之后，心理学家终于将注意力转向了驱动认知过程的因素——情绪。

总结

1872年，达尔文出版了《人类和动物的表情》一书。他认为，各个文化背景下的人有一些共同表情，且这些表情是与生俱来的，包括悲伤、愤怒、惊讶和享受等。尽管达尔文普遍表情学说提供了大量观察性证据，但在20世纪，大多数社会科学家对这一说法提出了异议，他们坚持认为每个社会都有自己的情绪表达方式。然而在20世纪后期，越来越多证据表明达尔文的观点是正确的。

普遍情绪假设的支持证据主要来自三个方面：跨物种比较研究表明，人类与其他灵长类动物的相似表情源于他们的共同祖先；跨文化研究表明，不同文化背景下的人面对相同刺激时会产生相同的体验和反应；脑神经科学研究表明，情绪处理会涉及大脑特定区域，具体来说，杏仁核在恐惧情绪的识别与感受中会异常活跃，眶额皮层负责整合与鉴别社会和情绪线索，前扣带皮层与悲伤及其他心理层面的痛苦密切相关，脑岛则会参与厌恶反应。这些研究表明我们进化出了专用于情绪加工的神经基质。

和达尔文一样，西格蒙德·弗洛伊德和威廉·詹姆斯也认为情绪状态是进化的产物。达尔文论述了情绪表达的三原则，它们是：(1) 合用的习性——一种特定情绪状态会导致特定表情和姿态；(2)对立——积极和消极情绪成对出现，表现相反；(3)神经系统独立于意志而直接作用于身体——与情绪相关的面部表情和身体姿势不受意识控制，并且它们能提供线索，使他人可以洞察我们的内部状态。弗洛伊德认为，人类的许多行为都是由追求快乐和避免痛苦的动机所驱动的。詹姆斯提出，情绪是大脑监测身体状态变化后做出的反应，而不是相反过程，即身体状态变化是情绪的结果。

许多社会科学家对人类情感具有普遍性的观点持批评态度。一些文化相对论者提出，情绪是文化而不是生物进化的产物。这种情绪的社会建构主义观主要基于这样一个事实：一些社会中存在着其他社会中没有的复杂情绪。埃克曼等进化论学者对此提出了反驳，埃克曼指出，我们应该区分所有人共同具有的基本情绪和特定文化情绪。埃克曼还声称，尽管所有人都会体验到各种相似的情绪，但一个人在公共场合的情绪表现可能是由该文化的"表现规则"所决定的。例如，与西方人相比，一些东亚人可能在公共场合会隐藏自己的悲伤或愤怒，但他们在私下场合也会表现出这些情绪。

一些进化研究者，如伦道夫·内森、芭芭拉·弗雷德里克森和保罗·埃克曼研究探讨了不同情绪的功能。像恐惧和愤怒这样的消极情绪，其进化目的可能在于让个体能够快速正确地对负性刺激做出反应，因此，它们都会产生特定行为倾向。而一些积极情绪，如爱和快乐，可能有助于个体获取知识、拓展思维以及巩固社会资源。还有的学者将积极情绪的进化同互惠利他行为模式联系在了一起。

问题

1. 马丁·塞利格曼(Martin Seligman)认为，从生物学上看，我们已经"准备好了"对蜘蛛和蛇等动物产生恐惧症，因为它们对我们的祖先构成了生存威胁。这一理论有什么优势，又有什么局限性？我们该如何对其进行验证？
2. 列出几种不同的"爱"，这种强烈的情感如何能影响到一个人的适应性？
3. 人类的浪漫爱情与动物的性印记有根本区别吗？
4. 菲尼亚斯·盖奇的案例让我们了解了哪些关于人类情绪基础的知识？
5. 内森认为，从长远看，负面情绪对我们是有好处的。一些脑损伤患者自称再也感受不到恐惧了。如果给你一颗可以消除恐惧的药丸，你会吞下它吗？如果你的答案是否定的，为什么不呢？

延伸阅读

Barret, L. E. (2018). *How Emotions Are Made: The Secret Life of the Brain.* New York: Houghton.

Damasio, A. B. (2003). *Looking for Spinoza: Joy, Sorrow and the Feeling Brain.* Fort Worth, TX: Harcourt Brace College Publishers.

Darwin, C. (1872/1998). *The Expresion of the Emotions in Man and Animals* (3rd ed.), with Introduction and Afterword by Paul Ekman. London: HarperCollins.

Nesse, R. M. (2019). *Good Reasons for Bad Feelings: Insights from the Frontier of Evolutionary Psychiatry.* London: Allen Lane.

Toates, F. M. (2020). Are evolutionary psychology and the neuroscience of motivation compatible? In L. Workman, W. Reader and J. H. Barkow(eds.). *The Cambridge Handbook of Evolutionary Perspectives on Human Behavior* (77 – 90). Cambridge: Cambridge University Press.

12 进化精神病理学和达尔文医学

关键词

进化精神病理学·达尔文医学·病原体·病因学·发病机制·特征变异·免疫系统·验证模块·烟雾探测器原理·情感障碍·社会竞争假说·精神分裂症·人格障碍·季节性情感障碍·FSD 模型

地球上的生活史已有 30 多亿年,经历了如此漫长的进化过程后,为什么现代人仍然遭受感冒、发烧、晨吐、人格障碍、焦虑、抑郁以及精神分裂症等疾病的折磨?自然选择肯定有足够的时间让我们摆脱这些问题吧?进化心理学家在过去 25 年做出的最主要贡献之一,就是基于进化知识对精神和身体疾病进行了重新思考。他们认为,这些疾病可能因为它们本身具有适应意义,可能因为进化过程的限制,也可能因为进化遗产和当前环境之间的不匹配。例如,我们很容易遭受传染病的侵染,现代医学将这一过程视为病原体与宿主的军备竞赛,由于二者在生命周期和绝对数量方面存在严重不对等,人类其实永远不可能"战胜"病原体。从达尔文主义视角分析疾病时,我们很可能会得到一些反直觉的结论——也许有时候不愉快的症状应该持续下去,因为它们对你有好处。在精神病学领域,进化思想带来的启发最为深刻,心理学家第一次意识到,为什么在人类身上会存在如此普遍的精神疾病倾向。

什么是进化精神病理学和达尔文医学?

进化精神病理学(evolutionary psychopathology)和达尔文医学(Darwinian medicine)是两个互有重合但又有所不同的领域。精神病学主要以精神疾病作为研究对象,所以我们可以把进化精神病理学看作是基于达尔文主义思想来探讨精神疾病的研究取向(Baron-Cohen, 1997)。达尔文医学也会借助进化理论来加深我们对精神疾病的理解,但由于它还关注非精神疾病,因此范围更广(Nesse & Williams, 1995)。近年来,"进化医学"(evolutionary medicine)和"进化精神疾病治疗学"(evolutionary psychiatry)这

图 12.1 我们祖先的生活方式与现代生活方式之间是否存在严重的不匹配?

两个术语也常常为人使用(Brüne, 2016; Gluckman et al., 2016; Nesse, 2019)。本章大多数时候都统一使用"达尔文医学"这一概念。正如我们即将看到的,除了专注于更深刻准确地理解疾病问题外,达尔文医学的支持者也会考虑如何改善当下的疾病治疗手段。

到底达尔文医学与传统医学有何不同?从根本上看,它与进化心理学不同于传统社会科学的地方是一致的——也就是说,传统医学处理的是"如何"和"什么"这样的近因问题,而达尔文医学关注的是远因层面的"为什么"问题(Nesse & Dawkins, 2010)。这意味着进化论者更感兴趣的不是疾病的因果机制,而是"为什么那些疾病如今依然存在"。在本章中,我们会重点论述如何基于进化理论来理解和治疗疾病——包括精神疾病和身体疾病。我们会先从传染病和遗传疾病开始,然后再考虑严重的精神健康问题和人格障碍(Brüne, 2016; Nesse, 2012;2019)。

传染病和进化军备竞赛

当一个人抱怨自己得了传染病时,实际上相当于他在说,他的身体已经成为一种病原体的宿主,这一病原体给他带来了许多令人不快的症状。常见病原体包括病毒、细菌和其他微生物寄生虫,如原生动物和真菌。传统医学试图了解每种疾病的病因(aetiology)和发病机制(pathogenesis)。请注意,这些都是近因水平的解释,即那些我们要应对的疾病是如何发生的,而不是为什么会发生(McGuire et al., 1992; Troisi, 2020)。从近因理解层次出发,临床医生的目标是开发有效治疗手段,帮助病人缓解症状以及消灭病原体。然而,达尔文医学会探求疾病症状的远因解释。秉持进化理念的研究者会问为什么存在这些症状——它们可能起到什么作用?所以我们需要认识到,达尔文医学并不是要取代传统医学,它只是试图从不同角度来看待疾病和健康,从而获得对这些问题更完整更深刻的理解(Gluckman et al., 2016; Nesse, 2005; 2012)。

第2章曾提到,从进化视角来看,宿主—寄生虫关系可以被视为进化时间尺度上的军备竞赛,每一方都在努力占据上风,一方的适应机制会引发另一方的反适应机制。这种解读视角的优点之一是将疾病症状看作适应机制。但其中存在一个问题,所谓的"适应"到底是谁的适应,是宿主还是寄生虫?宿主的适应性旨在摧毁或驱逐病原体,而病原体的适应性旨在传播基因副本。在传统医学中,医生倾向于将所有病症视为病理,缓解病症是治疗目标之一(Nesse, 2012; 2019)。然而进化论者认为,我们许多病症很可能是防御手段,是进化形成的自我保护机制(Martin, 1997; Gluckman et al., 2016)。因此,也许我们应该集中精力缓解那些有利于病原体的病症,但让那些旨在消灭病原体的病症持续更长时间,后一种病症的"维持"可能会加速身体康复过程。下面我们看一下具体例子。

细菌感染

细菌是一种微生物有机体。它们中许多可以自由生活,但也有一些只能寄宿在其他生物体内,并由此引发宿主某些症状。细菌感染会导致身体释放一种叫作白细胞内源性介质(leucocyte endogenous mediator)的化学物质。该物质反过来又会导致体温升高以及铁元素从血液中脱离(并进入肝脏,很可能血液中铁含量减少的比例能高达80%)。对我们来说,这些事件可能听起来像是坏消息,从某种意义上看,它们确实是坏消息,我们会无精打采、浑身虚弱甚至发烧。然而,事实还有另一面——细菌需要铁元素来发展和繁殖,而较高的体温有助于杀死细菌,所有这些令人不适的变化与医生"驱散入侵者"的目标正是完全一致的。遗憾的是,医生经常给患者开的处方却是退烧药和补铁剂。事实上,大多数医生和药剂师甚至不会意识到他们的治疗方法是在"维护"疾病(Nesse & Williams, 1995; Nesse, 2012)。

与之相反,还有一些症状显然是病原体的适应机制,目的是帮助其传播基因副本。

以霍乱(霍乱弧菌)为例,患者感染后数小时内会出现严重腹泻,这有助于将寄生虫传染给他人(见图 12.2)。腹泻引起的脱水可能为患者带来致命威胁,你可能会好奇,既然霍乱病症这么"容易"就杀死这么多宿主,它们又何谈适应性呢?事实上,霍乱病菌的繁殖传播速度极快,以至于从病原体的角度来看,宿主的死亡根本无足轻重。

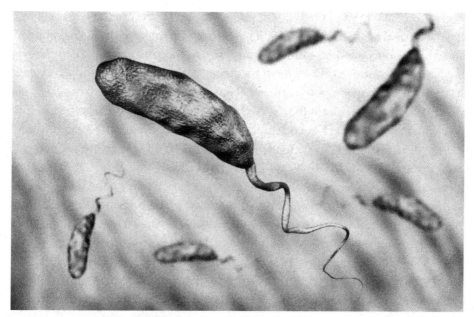

图 12.2　电脑生成的霍乱弧菌演示图

接下来我们会看到,有时候我们很难分清一种病症到底是属于谁的适应机制,或者说,我们难以确定是宿主从中获利还是病原体从中获利。比如当涉及病毒时,适应问题就会复杂得多。

专栏 12.1　孕吐是一种适应吗?

就在几十年之前,大多数临床医生都认为妊娠期早期的惯性恶心和呕吐反应是女性孕期身体状态变化的副产品,它不具备任何功能。然而在 1992 年,医学研究者和进化科学家玛姬·普里姆(Margie Profit)提供了证据,证明"孕吐"可能是一种保护胚胎免受食物中的毒素和微生物侵害以避免胎儿畸形发育的适应机制。潜在毒素存在于各种植物性食物中,如卷心菜、芹菜、橙子和香蕉,而微生物在肉类中也很常见。这些食物通常不会对成年人造成问题，因为肝脏可以利用酶将其中的毒素转化为无害物质并排出体外。虽然成年人能够应对这些毒素，但早期发育阶段的胎儿却很容易受到它们的侵害。此外，为了防止身体免疫系统攻击胎儿，孕妇的免疫系统敏感性会自动降低，这也放大了外来毒素的危害。普里姆认为，以上问题可以通过释放孕激素来解决，孕激素可以降低恶心呕吐的阈值，而恶心阈值是由脑干（化学感受器触发区）某区域所控制的。最终导致的结果是，孕妇不太可能食用含潜在毒素的食物，一旦她们食用那些食物，她们更有可能触发呕吐反应。

普里姆的理论得到了一项发现的支持，即那些很少或没有孕吐迹象的孕妇比那些有孕吐症状的孕妇更有可能自发性流产(Profit, 1992)。另一个事实——女性在怀孕早期最有可能对肉类感到恶心——也支持了这一假说(Bjorklund et al., 2016; Sherman & Flaxman, 2001; 2002; Flaxman & Sherman, 2008)。所以，孕吐不仅仅是女性怀孕带来的"副产品"，实际上它可能是一种保护胎儿发育的适应机制。

病毒感染

如果说细菌是一种微观生物，那么病毒就是亚微观生物，它的构成成分只有一段被蛋白质外壳包围的核酸短链。大致上这类病原体可分为 DNA 病毒和 RNA 病毒。我们所说的"普通感冒"就是鼻病毒引起的，它遍布全球，并且有约 100 种快速变化形式。这种病毒呈正 20 面体对称结构，一旦进入人的鼻腔细胞，它们会迅速进行无性繁殖。然后，我们每次打喷嚏时，病毒的新副本就会跟随鼻腔分泌物排出人体并继续感染其他人。显然，打喷嚏既能排出病毒（这对我们有益），又能帮助病毒传播（这对病毒有益）。这就表明，在某些情况下，宿主身上表现出的感染病症可能对宿主和病原体都有利，虽然这些病症可能危害其他人(Clamp, 2001; Goldsmith & Zimmerman, 2001; Gluckman et al., 2016)。

免疫系统的抵抗

如果人类已经与病毒和其他病原体进行了数百万年的进化军备竞赛，那么我们已经开发出了什么对策？在进化史的某个阶段，人类发明了一项绝技——免疫系统。更准确地说，我们的爬行动物祖先发明了它，并将它传给了所有后代。在免疫系统的构成中,有一种特别重要的白细胞——淋巴细胞(lymphocyte),它又可主要分为 T 淋巴细胞(又名 T 细胞)和 B 淋巴细胞(又名 B 细胞)两大类,前者在胸腺发育成熟,后者在骨髓发育成熟。

免疫系统的激活是由大分子抗原进入身体所触发的,抗原可以是任何大分子,如蛋白质或糖。由于病原体表面有这样的抗原,它们一旦出现在体内,就会使 B 淋巴细胞分泌一种被称为抗体的蛋白质。然后这些抗体在血液中循环,并通过与抗原结合(附着在一起)而将它们标记出来,以便进行摧毁。例如,当病毒或细菌的表面被抗体标记出来后,它们就会被另一种叫做巨噬细胞(macrophage)的白细胞吞噬。T 淋巴细胞也会积极地参与这一过程,检测出病原体后 T 淋巴细胞开始增殖并形成各种亚类,这些亚类既帮助攻击抗原,又帮助 B 淋巴细胞产生抗体。

由于抗体可以以数百万种不同的形式出现,这说明我们每个人都有数百万种不同类型的抗原。抗体的变异性在一定程度上是通过有性繁殖得以保障的,正如我们在第 3 章看到的那样,性增加了免疫系统的可变性水平,因此寄生虫可以被用来解释为什么存在有性生殖(参见第 3 章的"红桃皇后"假说)。

"开发"一种复杂的抗寄生虫适应机制(如免疫系统)要面临许多问题,其中之一就在于,寄生虫当然也会利用它们自己的适应机制进行反击。有些寄生虫,比如吸血虫,通过将宿主细胞附着在它们的表面来隐藏自己,这样它们就被免疫系统忽略了。其他病毒,如流感病毒,毒性很强,在免疫系统启动时就已经传播了。这种反适应再一次说明,进化过程不像是阶梯,而更像跑步机。

HIV 和 AIDS——欺骗免疫系统的病毒?

在 20 世纪 80 年代,科学界发现了一种具有前所未有欺骗性的病毒,这种病原体不会试图逃避免疫系统的注意,也不会隐藏自己,而是直接摧毁免疫系统,它就是人类免疫缺陷病毒(human immunodeficiency virus, HIV)。HIV 会与 T 淋巴细胞表面结合,进入并摧毁它们。由于 T 细胞协调免疫系统的活动,因此 HIV 的这一招简直是超级撒手锏。在感染 HIV 后,一个人可能会在一段时间内保持健康,因为虽然一部分 T 细胞会被杀死,但身体还会继续生成新的 T 细胞。然而,一旦 T 细胞的消失速度大于它们的制造速度,患者就会逐渐变得更容易受到其他病原体的侵染,比如细菌、真菌和原生动物。其中,许多病原体并不会给健康人带来太大困扰,但在 HIV 感染者体内,它们能够迅速繁殖,引起严重症状。医学专家称这些继发性症状为获得性免疫缺陷综合征（acquired immune deficiency syndrome, AIDS），即艾滋病（见图12.3）。

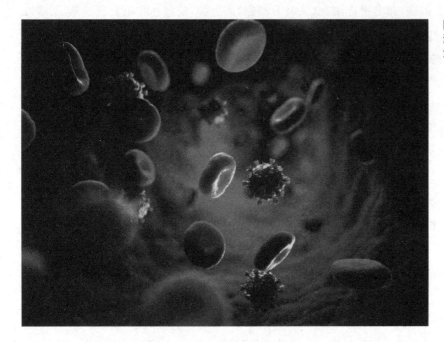

图 12.3　血液中的人类免疫缺陷病毒

HIV 和 AIDS 说明了宿主—寄生虫关系的两个要点。首先，它们展示了我们自身行为如何改变病原体的进化——比如静脉注射药物的使用就有利于这种高毒性病毒的传播（HIV 感染方式非常有限，只能通过直接体液接触）。其次，它们说明我们不可能取得"宿主—寄生虫"军备竞赛的完全胜利，我们最多在与一种病原体的拉锯战中暂时占据上风，获得一些喘息机会。

关于传染病，我们可能会问的最后一个问题是为什么有些病原体如此致命，而其他病原体的毒性则小得多？进化科学家保罗·埃瓦尔德（Paul Ewald, 1994；2002）提出，病原体毒性会受其传播方式影响。相比那些通过个人接触直接传播的病毒，通过媒介传播的病毒对人体造成的伤害应该更大。例如，对于鼻病毒来说，"要想"扩大传播范围，必须让宿主维持活跃状态，这样他们才能更频繁地与他人接触。相反，引起疟疾的寄生虫（疟原虫）主要通过蚊虫叮咬传播，感染者会出现周期性的畏寒、发热甚至贫血等症状，这些病症会降低患者对蚊虫的注意力，从而更有利于这种寄生虫传播。简单地说，只要媒介有足够机会将副本带到其他宿主身上，病原体就不会"在乎"是否杀死宿主（Nesse & Dawkins, 2010）。正因如此，对于我们大多数人来说，普通感冒只会带来轻微的不适，但全世界每年有多达 300 万人死于疟疾。

专栏 12.2　遗传疾病

我们自身的基因竟然会让我们生病？太不可思议了。自然选择肯定已经从人类基因组中"移除"了那些导致疾病的突变基因，这听起来完全符合直觉。然而，有明确证据表明，某些导致疾病的基因确实在人类身上得以保留，因为总的来说，它们是有益的。其中，最经典的例子是20世纪40年代末发现的镰状细胞性贫血（Ridley, 1999），它已被写入生物教科书。镰状细胞性贫血会导致患者红细胞异常（它们变成镰状而不是圆形），进而引发氧运输障碍和一系列不适症状，如全身无力、智力受损和肾损伤。这种疾病只发生在有两个镰状细胞基因副本的人身上——一个来自父亲遗传，一个来自母亲遗传。镰状细胞性贫血常见于疟疾多发地区，单一的镰状细胞基因就足以让携带者对疟疾有一定程度的抵抗力，正因为具有免疫优势，它才能够在人类基因谱中得以留存。镰状细胞性贫血提醒我们，基因的影响不仅取决于环境，还取决于生物体中其他基因的存在。这种观点被遗传学家称为杂合优势（heterozygous advantage）。也就是说，当在一个种群中发现两个具有优势的不同等位基因时，就有可能经常产生纯合子（见第2章）。这种纯合子可能是中性的，也可能带来危害。我们可以认为杂合优势是基因多效性的一个特例。当代进化研究者相信，之所以一些"有问题"的突变会一直留存在人类种群中，是因为这些基因对我们自身或我们亲属施加了其他有利影响（Martin, 1997;

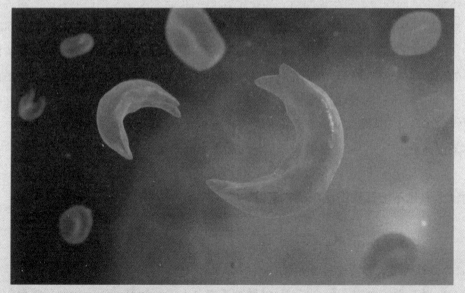

图 12.4　引起贫血病的镰状细胞

> Ridley, 1999; Gluckman et al., 2016)。
>
> 除了杂合优势外,还存在第二种更为常见的成因:如果一种有害基因对携带者的影响发生于生殖阶段之后,那么自然选择就无法通过选择手段将其从种群中移除。比如亨廷顿舞蹈症患者会逐渐失去运动控制能力,同时伴随精神异常及认知障碍,最终走向死亡。但这种遗传病在中年时才会病发,因此与之相关的基因没有被自然选择所淘汰。幸运的是,亨廷顿舞蹈症是一种小概率遗传病,但它只是冰山一角,因为还有一些极为常见的退行性疾病困扰着许多人,如阿尔茨海默病和骨关节炎。这些疾病之所以在人群中普遍存在,一是由于发病期晚,同时也可能在于与之相关的基因使携带者于生命早期获得了一定优势。也许具有阿尔茨海默病"基因"的人在年轻时反应特别敏捷,或者他们比同龄人更擅长运动。到目前为止,还没有多少研究去探寻这些基因的优势。

精神问题

也许寄生虫确实在人类进化中发挥了非常重要的作用,但进化心理学家最感兴趣的还是心理问题而不是生理问题。尽管起步较晚,但达尔文医学的研究者已经对许多心理健康问题进行过探索,包括抑郁、焦虑、精神分裂症和其他严重人格障碍(Brüne, 2016; Del Giudice, 2018)。总的来说,所有被临床心理学家和精神病学家视为精神障碍的问题都是达尔文医学的研究对象,我们将一一予以论述。但首先我们需要考虑的是,正如上文所提到的,如果自然选择和性选择一直在促成积极的适应变化,为什么精神疾病还没有从人类中消失?我们仍然会患上感冒,是因为人类不可能在与病原体的军备竞赛中完全获胜。但这种解释应该对精神疾病不适用吧?

为什么进化不能让我们摆脱精神问题?

达尔文医学的研究先驱之一、美国进化论者伦道夫·内森(Randolph Nesse, 2019)针对现代人的精神问题提出了六个远因层面的解释:
1. 适应既有利也有弊,也就是说,精神障碍是人类获得某些适应机制所需要付出的代价。

2. 导致精神疾病的环境因素是全新的——现在的生活环境同祖先进化环境之间存在不匹配（失配假说）。
3. 自然选择并非无所不能。特征分布符合正态曲线，因此，自然会出现一些"极端特征"，换句话说，分布在特征曲线两端的个体就是会特征水平过高或特征水平过低。
4. 自然选择的目标是繁殖收益最大化，而不是个体健康程度最大化。
5. 在面对挑战时，一些不愉快反应是有用的，如痛苦和焦虑。
6. 病原体的进化速度要快于人类应对策略的发展速度。

其中最后一种现象通常与精神健康问题关系不大，因此，我们主要讨论前五种解释。

我们可以把第一种解释称为多效性论点——也就是说，许多基因具有不止一种表型效应，因此一个基因的负面效应可能会在基因库中保持下来，因为它还会带来更显著的积极影响。这种观点的另一种变体是，当有害基因与其他基因结合时，它们的联合作用会产生好结果；但如果个体身上只有有害基因而没有能与之形成有益配合的必要基因，他就只能承受这种有害基因带来的苦果。第二种解释我们可以称之为失配假说（mismatch hypothesis），也就是说，人类已经发展出了一种全新生活方式，这种生活方式在我们祖先的进化史中并不存在，由于当前生活方式变化速度太快，导致自然选择没有足够时间让人类（生理和心理层面）产生适应性改变（Gluckman & Hanson, 2008）。第三种解释我们可以称之为性状变异论点，它主要基于正态分布概念。具体来说，如果对一个特定人群某方面的特征——不管是身高、体重、发色等身体特征，还是智力水平、外向性、焦虑与神经质等心理特征——进行统计分析，最终统计结果基本符合正态分布，也就是绝大多数个体的特征水平在均值附近，与均值的差距越大，分布者的数量就越少。例如，很少有人智力能达到爱因斯坦的水平，也很少有人身高会超过两米二。因此，只要人类进化出了某种特征，如愤怒情绪，根据分布规律，一定会有少数个体表现出极端特征，如暴躁易怒（Troisi, 2020）。

最后，我们可以把第四和第五种解释归为一类，并将它们称为妥协论点——也就是说，选择压力的目标是提高广义适合度，而不是完善心理（和身体）设备。正如怀孕生产会威胁到女性生命，雄性激素也会为男性身体带来负担（这正是女性平均寿命比男性长的原因之一），但两性还是分别具备了这些特征。

基因多效性、失配、妥协和性状变异等概念对达尔文医学的早期发展产生了重大影响，在探讨下面的主题时，我们还会提及这些观点。

注意，上一章的主题"情绪"主要涉及个体瞬间的内部感受体验，谈及精神问题时，我们主要指一个人持久的情绪与精神状态。

焦虑——为什么要担心？

我们都了解焦虑——这是一种对可能发生在我们自己身上或我们所爱之人身上的事情感到担忧的感觉。通俗地说，我们称之为"令人不安"。在某种程度上，焦虑是进化框架内最容易解释的心理问题之一。想象一下，在与焦虑相关的基因还没有广泛传播前，第一批获得这种基因突变的人会具备多么明显的生存优势。从出生起，他就想吸引母亲的注意，不让母亲离开自己；终其一生，他都会对不熟悉的食物或陌生动物保持警惕；相比之下，那些面对捕食者不为所动的人可能看起来很镇定勇敢，但结局恐怕就没那么乐观了。

显然，这种想象过于简化了，可能早在人类作为一个独立的物种出现前，焦虑机制就已经存在了（Nettle & Bateson, 2012），一些基因赋予了我们（及其他一部分动物）体验这种感受的能力。但重点还是一样的，正如内森（Nesse, 2019, p.71）所说：

> 有焦虑感受的人更有可能逃离危险处境，以及尽量避免让自己陷入危险处境。

当受到威胁时，焦虑体验会让我们集中注意力，以一种相对合理（对我们祖先来说）的方式采取应对行动。然而需要解释的问题是，为什么我们有这么多焦虑？七分之一的美国人其焦虑程度已达到临床上焦虑症的水平，而即便那些在焦虑量表上得分尚达不到病症标准的人也总是会为各种各样的事情担心。我们担心度假时的天气，担心支持球队的表现，担心自己在社交舞会中的穿着——难道这些琐碎的事情都会对适应性产生影响？

烟雾探测器原理

内森和威廉姆斯认为，为了理解人类为什么如此容易焦虑，我们需要考虑调节焦虑的机制是如何被选择压力所塑造的。他们指出，在过度焦虑与焦虑不足之间存在明显的成本—收益不平衡。设想一下当我们应该焦虑时没有感到焦虑会导致的后果，再设想一下当我们不应该焦虑时却感到焦虑会导致的后果，那么你应该很清楚自己该选择站在不等式的哪一边。内森和威廉姆斯称之为"烟雾探测器原理"(smoke detector principle),即假警报的代价很低,但忽视真正的警示则可能致命。用他们的话来说,"死亡一次的代价就超过几百次大惊小怪"(Nesse & Williams, 1995; Nesse, 2019)。烟雾探测器原理已得到一些实证研究的支持,例如研究表明,从长期来看,高焦虑水平的人比低焦虑水平的人更具生存优势(Mykletun et al., 2009; Bateson et al., 2011)。

不过,既然焦虑对我们如此有用,那么为什么我们没有进化成始终处于焦虑状态呢?这是由于,焦虑会消耗太多不必要的时间精力,而这些时间精力本可以用在其他地方。因此,考虑到我们祖先生活的更新世充满了捕食者、病原体和其他竞争性生物,而那时的人类对气候、天气、地质变化以及自然灾害等自然因素几乎没有任何控制能力,我们的祖先将"发达"的担忧能力传给下一代可能是合理的——但只是在一定程度上合理。事实上,在现代社会这些生存压力大部分都消失了,但敏感的焦虑倾向依然留存在我们体内,所以烟雾探测器原理是失配假说的一个特例。

然而,即使我们接受这种推测,对于一部分人来说,焦虑仍然不仅仅是一种比较敏感的防御机制,而是一种严重的心理障碍。达尔文医学能作何解释?也许性状变异的论点能派上用场,也就是说,尽管人们都有普遍焦虑的倾向,但总有一部分人其焦虑特征水平远超人群均值。用两位达尔文医学研究者的话来说,"焦虑症,就像其他防御机制引发的心理障碍一样,主要源于一些极端个体的过度反应或反应不足"(Marks & Nesse, 1994, 69—70)。

除了性状变异的解释,我们还可以求助于失配假说。一种可能性是,某些焦虑反应在祖先生活环境中确实是合理的。以离家恐惧症为例,顾名思义,这种焦虑症指的就是对离家感到高度担忧害怕。设想你是一个生活在几十万年前的狩猎—采集者,你与另一个部落的成员相遇了,双方发生了一些不愉快的接触,之后你撤退躲藏到一个安全场所(比如一个洞穴),此时,如果你对离开洞穴感到焦虑,想尽量多待一段时间,这一倾向也许能让你更安全地度过危机。

如果我们今天仍然有这样的倾向,那么,高度社交焦虑可能会导致一些人在很长一段时间内躲在家里。不同的是,在远古环境中,你早晚要为了获得食物而离开洞穴,于是主动突破了焦虑的"封锁";但在现代社会,你可以足不出户也获得食物,因此当代环境在某种意义上助长了离家焦虑。虽然这种想法带有很强的猜测性,但由于人类生存环境确实在极短时间内发生了巨大变化,因此我们有理由相信,某些现代社会新出现的生活模式放大了我们的焦虑反应,换句话说,焦虑倾向的进化环境与当前生活环境之间存在不匹配(Bateson et al, 2011; Nesse, 2019)。

长期焦虑很少是孤立发生的精神问题，在临床上，它常常伴随着另一个更为严重的心理障碍——抑郁症。

> **专栏 12.3　强迫症——一个过度活跃的验证模块？**
>
> 　　也许强迫症（obsessive-compulsive disorder）可以证明人类心智中存在"验证模块"——一个有时过度活跃的模块。强迫症患者通常具有两个相关问题（Berle & Phillips, 2006）。首先，他们会产生执念——反复出现的想法和冲动，并伴随着焦虑状态。具体表现形式可能有所不同，比如担心自己没有锁门，或者感觉自己可能开车时撞到了某人。第二，他们有进行重复行为的冲动——例如，在第一种情况下，他们会一次又一次回家检查门是否已锁上了，或者在第二种情况下，他们会开车沿路往回走，检查路边有没有受伤的人。其他常见的强迫症症状还包括反复思考健康和卫生问题——患者可能会认为其他人不干净或有传染病（Berle & Phillips, 2006），与之相关的强迫行为可能包括频繁洗手。因此，强迫思维直接导致了强迫行为，而强迫行为又能减弱强迫思维（比如洗手可以减轻对不洁的恐惧）。不幸的是，对于那些严重患者来说，强迫行为只能暂时缓解焦虑感，强迫思维会反复迅速重启。
>
> 　　官方数据显示，大约 2.5% 的人口患有强迫症，这一比例足以使其算得上是一种常见精神障碍了（Kring & Johnson, 2019）。一种观点认为，强迫症可能是人类某些正常特征和行为模式的极端表现（也就是对应了性状变异假设）。也许我们所有人都应该注意卫生问题，尤其是在准备食物的时候，因为食物可能含有病原体，一个没有食品卫生意识的人是不可能留下后代的。对我们与他人的相处方式表现出一些担忧也有好处——例如，有时感到内疚可能会阻止我们做出欺骗背叛行为，这样我们反而可以通过互惠合作得到长期回报。
>
> 　　史蒂文斯和普莱斯认为，强迫症可以追溯到一些惯例行为，如保证合理的资源储备以及检查在战争或狩猎中使用的武器（Stevens & Price, 2000）。显然，如果你在这些方面出了错，结果不容乐观。而那些强迫症患者只是做得有些过头了。但我们如何验证这一想法呢？史蒂文斯和普莱斯指出，我们可以通过与其他物种和现存的狩猎—采集社会成员进行比较研究来证明该假设。其他动物也会表现出重复、刻板的行为模式，例如持续地梳理和清洁。大量观察记录表明，一些动物在压力情境下会过度"洁身自好"，猫和狗甚至会不断舔毛，直到将自己舔秃也不停止。这表明，也许强迫行为模式的根源相当古老，只是随着人类的进化，在人类身上

表现出了更复杂的焦虑意识(因为我们能够想象未来的事件并为之担忧)。总的来说,这些复杂的焦虑意识可能通过发展成"验证模块"(即寻找需要担心的事情,以便在问题发生之前避免问题),为我们祖先提供了一种选择优势。但它们也让那些"错误设置"了该模块的个体陷入心理障碍(正如上文的"烟雾探测器原理")。人类学观察记录则表明,狩猎—采集者会非常小心谨慎地对待他们的武器,他们在开始狩猎或参与战争前经常举行复杂仪式。这在一定程度上也可以作为史蒂文斯和普莱斯假设的佐证,证明在人类身上确实存在一个促使我们反复确认和检查的验证模块。再加上性状变异的影响——一些高焦虑水平或者面对巨大压力的人会更容易被拉扯进强迫症的漩涡,我们就可以理解,为什么平均每四十个人中,就会有一个人遭受强迫症的困扰。

图 12.5 马赛族战士身着传统服饰展示他们的武器

抑郁症——现代的流行病?

抑郁症是一种非常常见的情绪问题,自 20 世纪中叶以来,抑郁症患者数量一直以惊人速度增长。世界卫生组织的报告表明,抑郁者的发病率约为11%,它会影响到3.5亿人,是世界上第三大最常见的疾病(WHO, 2008; 2012)。精神科医生和临床心理学家将之区分为内源性/临床抑郁症(endogenous/clinical depression)与反应性抑郁症(reactive depression)两大类,反应性抑郁症虽然可能表现得极为严重,但它源于个体对刺激事件的正常反应,任何人面对这类事件都会难过,比如丧亲之痛或事业受挫。而内源性抑郁症要么与刺激事件无关,要么是对刺激产生了过度反应——体现在强度或持久性方面。心理学家将内源性抑郁症与其他严重情绪困扰都归为情感障碍(affective disorders, Kring & Johnson, 2019)。从发作特点上看,内源性抑郁症可分为两个亚类,分别是单相抑郁症(unipolar depression)和双相抑郁症(bipolar depression),或单相情感障碍与双相情感障碍。前者通常表现为抑郁阶段与正常情绪阶段交替出现;后者则表现为躁狂与抑郁交替发作,中间也可能间隔正常情绪阶段,因此它也被称为躁郁症(manic depression)。

大约每100人中就会有1人被诊断为双相抑郁症(Dawson & Tylee, 2001; Ustun & Chatterji, 2001),患者发病时间通常在20多岁。当处于躁狂阶段时,患者可能极端狂喜,充满干劲,他们可能构想出很多不切实际的宏伟计划。其中,轻度躁狂者会精神亢奋,睡眠减少,自我感觉良好,性欲高涨,挥霍无度;而极端躁狂者则可能出现妄想和幻觉。经历了一段时期的躁狂后,患者会疲惫不堪,他们也许先短暂地处于相对正常情绪状态,之后就进入抑郁期了。抑郁症发作的后果极为严重,很少有人因为遭受巨大打击或丧亲之痛而长期抑郁,但抑郁症患者会一直陷入绝望情绪中,以至于多达八分之一的患者会选择自杀。

相比之下,单相抑郁症更为常见,至少有5%的人在某个阶段曾受困于此病症(Kring & Johnson, 2019)。患者平均发病年龄在40岁,女性比男性更容易发病。单相抑郁症通常会表现出悲伤、沮丧、嗜睡和社交自闭等特征。死亡和自杀的想法可能一直占据在患者头脑中,但从统计数据来看,他们自杀的可能性比双相抑郁症患者要小得多。

同样,和焦虑一样,进化科学家认为抑郁也是人类的一种适应性特征。事实上,抑郁症是达尔文医学研究者最为关注的问题之一。考虑到抑郁症患者会表现出种种典型的不适应行为模式,我们到底应该如何理解抑郁的进化功能呢?如表12.1所示,加州大学洛杉矶分校的迈克尔·麦奎尔(Michael McGuire)和迈克尔·罗利(Michael Raleigh)以及罗马托雷维尔加塔大学的阿方索·托鲁瓦西(Alfonso Troisi)在一篇回顾性研究报告中,论述了三类抑郁症的进化假设模型(McGuire et al., 1997)。

表 12.1　抑郁症的进化解释		
强调远因的理论	强调破坏发展的理论	强调远因近因相互作用的理论
适应假说。将抑郁看作是个体对不利条件做出的适应性反应。例如，抑郁可以阻止低社会地位的个体向高社会地位的人发起挑战，从而起到一定保护作用。	婴儿有正常的发展遗传信息，但某种形式的破坏导致了抑郁症或患抑郁症的风险。例如毒素对胚胎的影响、母亲摄入的酒精等。	社会地位下降假说。抑郁症是由于地位下降或无法在社会等级中上升。注意，这个假说与抑郁症的适应解释有重合之处。
多效性假说。抑郁是某些有利基因（例如，具有吸引力或创造性思维的基因）带来的不利结果。	"破坏"还包括不利的成长经验影响，例如幼儿遭到母亲的排斥。	人际冲突解决失败假说。个体无法解决被支配的地位，产生心理冲突，抑郁状态使个体能够接受失败。
性状变异假说。抑郁症可能源于受孕时基因混合的偶发性影响。	该假说对抑郁者的解释更符合传统心理学的看法，即强调异常成长环境是心理疾病的关键成因。	损失回应假说。抑郁状态是对人际损失的一种反应，这再次与其他的心理学假说有重合之处。

鉴于目前已经有太多关于抑郁症的进化解释假说，我们无法对表 12.1 列出的理论一一详细论述。不过，这里还是有必要讨论一下部分重点内容，尤其是考虑到表 12.1 中的很多论点都借鉴了一个 20 世纪 60 年代就已存在的进化理论。

首先我们要明确一点，这些抑郁症假说绝不是相互排斥的——例如，一个人可能由于失去亲人和社会地位下降而出现发展破坏问题。在这种情况下，如果他身患抑郁症，我们当然可以理解原因。此外，由于抑郁症的表现形式和强度在个体之间差异很大，不同亚型的抑郁症（如单相和双相抑郁症）可能有不同成因。同样值得指出的是，许多抑郁症远因理论的观点会相互重合。"抑郁是一种适应特征""无法解决人际冲突"和"社会地位下降"的说法都与缺乏社会地位有关。事实上，这三种理论都借鉴了英国精神病学家约翰·普莱斯（John Price）的研究成果。

社会竞争假说

早在达尔文医学出现之前，约翰·普莱斯就提出，情绪在人类的地位等级中起着重要作用，这可能与我们早期祖先的社会状况有关。更具体地说，他认为抑郁症经常出现在那些无法赢得等级斗争但同时又拒绝屈服的人身上（Price, 1967; Price et al., 1994）。普莱斯将此称为抑郁症的社会竞争假说（social competition hypothesis）。根据他的说法，抑郁是一种非自愿服从策略，它有助于抑制攻击性，同时也充当信号，表明个体已不具备威胁。抑郁状态以及与之相关的行为可能有助于结束冲突并促成和解。普莱斯和他的同事们认为，当个体在心理上始终未能自愿屈服时，原本短暂的抑郁状态就会发展成抑郁症。在我们祖先生活的环境中，社会等级是公开且明确的，个体可以直接向竞争对手显露屈从意愿;也许在现代社会,我们缺乏表达"自甘屈从"的途径,因此社会竞争假说是从失配角度进行解释的。当然,正如我们将在下面看到的,之所以长期抑郁状态在当今社会如此普遍,可能还有其他原因。

普莱斯的理论也符合我们在第 11 章中曾论述过的观念,即沮丧低落情绪会产生行动退缩的倾向(Fredrickson,1998;2013),但是否有证据支持该假说?

抑郁的猴子?

如果社会竞争假说是正确的,抑郁症与社会等级竞争有关,那么我们可以预测,其他现存灵长类动物也会表现出类似状态,我们还可以预测,它们产生抑郁的近因机制与人类抑郁的近因机制是一致的。麦奎尔、罗利和托鲁瓦西在长尾猴身上发现了情绪状态、社会地位与神经递质 5-羟色胺(neurotransmitter serotonin,又名血清素)之间的关系。他们的研究表明,在一个族群中,地位最高的雄性其血清素水平要比地位最低的雄性高出一倍(Raleigh & McGuire, 1991),而且这样的雄性很容易通过外表识别出来,因为它们有亮蓝色睾丸(见图 12.6)。然而,当高地位雄性失去统治优势时,它们的血清素水平急剧下降(McGuire et al., 1997)。与此同时,它们的行为模式也会发生改变,之前它们在群体中表现得很自信,但失势后却蜷成一团,拒绝进食(它们的睾

图 12.6　三只长尾猴,其中有一只蓝色睾丸的雄性首领

丸失去了有光泽的蓝色,变成了灰色)。事实上,它们的行为特征与抑郁症患者非常相似(除了睾丸颜色的变化)。有趣的是,一旦给"抑郁"的猴子服用百忧解(一种抗抑郁药)以提高其血清素水平,这些行为就消失了(McGuire et al.,1997;McGuire & Troisi,1998)。而且令人难以置信的是,研究还发现,当把一个族群中的雄性首领移走,然后随机选择一只雄性,让其服用百忧解,结果后者就能够成为新的雄性首领!

该研究为普莱斯的人类社会竞争假说提供了一定证据。有学者认为,基于其他物种(甚至灵长类动物)的研究结论并不一定适用于人类,但以人类为对象的研究也证明了地位、血清素水平和情绪之间的关系。

马基雅维利主义者和道德家

许多关于人类社会行为的研究会将男性归类为"马基雅维利主义者"和"道德家",前者富有竞争性和侵略性,后者则更为恭顺。对于马基雅维利主义者来说,社会地位和血清素水平呈正相关,但对于道德家来说,社会地位和血清素水平呈负相关(Madsen,1985;Madsen & McGuire,1984)。简单地说,就像长尾猴的情况一样,有证据表明,野心勃勃的高地位男性血清素水平很高。鉴于低水平血清素与抑郁症具有相关性(Ray,2018),那么这一发现看起来也可以作为社会竞争假说的证据。然而,我们需要明确,这一证据并不充分,因为对马基雅维利主义者和道德家的研究并没有涉及抑郁问题。

总的来说,社会竞争假说似乎得到了一些实验证据的支持,也许血清素的功能正是调节情绪状态,使得个体在面对社会地位竞争失败时可以做出适应性反应。当然,社会竞争假说不可能符合所有抑郁症患者的情况。而且它强调的是社会竞争和地位等级的影响,许多人认为这一解释视角只关注了男性。不过,女性其实也会为地位而竞争——尽管可能不像男性竞争那样公开(Cashdan,1996;Campbell,2002;2006;2020)。如果社会竞争假说确实从远因层面反映了抑郁症的(部分)成因,那么它将有助于临床医生识别与预防潜在抑郁症病患。

抑郁症变得越来越普遍了吗?

人们普遍相信,如今抑郁症患者的数量越来越多。这一看法站得住脚吗?事实上许多纵向研究表明,自20世纪30年代以来,每代人的抑郁症发病率都在上升(Hidaka,2012;Twenge,2015)。此外,也许与人们直觉想象不同,研究显示发达社会的抑郁症发病率高于贫穷社会(WTO,2008;Hidaka,2012;Twenge,2015)。那么,为什么生活相对舒适、物质资源更丰富的西方人反而越来越容易抑郁呢？进化心理学家的解释思路是，某些现代社会新出现而祖先生活中不太会遇到的问题增加了人们患抑郁症的可能性。早在1995年，内森和威廉姆斯就提出，两种新的生活面貌可能在其中起到了重要影响，它们是大众传播和社区解体。

根据内森和威廉姆斯的说法，大众传播造成的结果之一是"有效地将我们都变成了好胜动物"，其中，尤以电视和电影的影响最为突出。因为对于祖先来说，他们只会把自己和小群体中的其他人进行比较，而今天我们则不断地把自己和地球上最成功的人进行比较。富翁、美女和天才的形象不断暴露在我们面前，与之相比，我们的能力显得微不足道。根据社会竞争假说，如果我们发现自己无法胜过那些优秀的比较对象，就可能导致抑郁。此外，一旦将影视作品中的迷人形象与自己伴侣做对比，我们也可能觉得伴侣的吸引力相形见绌，从而心生不满，引发抑郁。这些猜想得到了一定的实证数据支持。例如，如果让被试接触理想型异性的照片或故事，那么他们对当前伴侣的情感承诺和评分都会降低(Nesse & Williams, 1995)。也许大众传播的发展会让我们做出更多不切实际的比较，从而突显了我们自身的不完美和我们伴侣的不完美，进而又导致了抑郁症发病率的上升。

至于社区解体，内森和威廉姆斯认为，"随着个人追求独立的经济目标，大家庭解体了"(Nesse & Williams, 1995, 12)。根据他们的说法，虽然单独监禁是最残忍的惩罚方式之一，可由于大家庭逐渐瓦解(甚至由于离婚率持续上升，核心家庭模式也趋于衰落)，独居已成为越来越多西方人的主流生活模式。同样，这个想法也带有很强的猜测性，但婚姻和亲密的家庭关系确实可以抑制抑郁症(Kring & Johnson, 2019)。不过，抑郁症发病率与家庭解体之间的正相关性并不能证明是后者导致了前者。有人可能会反驳说，可能二者都受到了其他因素的影响。

要完全澄清大众传播和社区解体在抑郁症发病率上升中的作用，研究者可能还有很长的路要走。我们还应该记住，之所以抑郁症发病率越来越高，部分原因可能是由于人们如今更加重视抑郁问题(Kring & Johnson, 2019)。

专栏 12.4　女性会使其他女性陷入神经性厌食症吗？

自然选择和性选择的作用方向是提高广义适合度，然而，目前在发达国家竟然约有10%的年轻女性会通过节食挨饿的手段让自己更为瘦弱(Steiger et al., 2003)，看起来这一现象对进化学说提出了相当大的挑战。神经性厌食症患者会通过节食、服用泻药与过度运动等方式,严格限定热量摄入或加大热量支出,将体重控制在比健康标准至少低15%的水平。患者还会有明显的形象管理焦虑,他们很容易因为(潜在的)体重增加感到担忧和抑郁。过去30年里,进化论者对该心理障碍提出了多种解释,包括生殖抑制假说(reproduction suppression hypothesis; Lozano, 2008),即女性通过减肥来避免怀孕(当女性体重大幅下降时,月经就会停止,出现闭经);以及亲代操纵假说(parental manipulation hypothesis),即父母操纵女儿的生育,以便使其将生殖投资从自己身上转移到其他兄弟姐妹身上(Voland & Voland, 1989)。这些解释将患者或其父母视为主要影响因素。然而,最近越来越多的证据表明,女性同龄人在神经性厌食症的形成机制中处于中心位置。1998年,阿贝德(Abed)首次提出了性竞争假说(sexual competition hypothesis),该假说从性选择角度出发,认为女性间为吸引潜在伴侣注意而进行的激烈竞争导致了饮食失调。考虑到女性的生育能力与年龄有关,而身材苗条程度又是年龄的外显指标,年轻女性可以通过苗条的形象吸引潜在伴侣。简单地说,性竞争假说认为女性对身材的不满意和厌食症都源于性内竞争。该假说最开始只是一种理论解释思路,但随后的一些研究为它提供了支持。例如,阿贝德及其同事对200多名年轻女性开展的研究表明,那些具有高水平性别内竞争意识的女性确实也最有可能表现出饮食失调行为(Abed et al., 2012)。法尔等人(Faer et al., 2005)以学生群体为被试进行的研究证明了自我身材不满、性别内竞争意识和厌食症三者间的相关性。另外,该假说还同另一个公认的研究结论相吻合,即间接攻击(非直接肉体攻击行为,如恶毒的污蔑、语言攻击、损害名誉等)在年轻女性中比在年轻男性中更为常见(Vaillancourt, 2013)。有趣的是,这意味着饮食失调可能源于女性间为争夺男性资源而发生的冲突,它与女权主义的立场正相反,后者认为来自男性的压力导致女性厌食症(Chernin, 1994)。

创造力——狂热的功能?

总而言之,某些进化假说认为抑郁情绪状态具有适应性特征,这也许能说明单相抑郁症的成因,但双相抑郁障碍呢?它具有什么功能?也许我们需要一个不同的假说,来解释为什么有些人会交替经历抑郁和躁狂。

约翰·霍普金斯大学的精神病学家凯·雷德菲尔德·贾米森(Kay Redfield Jamison)提出,躁郁症可能有遗传基础,某种基因使携带者易患该疾病,但它也提供了其他优势,这一想法符合我们之前提到过的基因多效性解释。贾米森注意到许多著名的艺术家、作家和音乐家都有抑郁和躁狂的倾向(Jamison, 1989;1993;1995;2011),包括威廉·布莱克(英国浪漫主义诗人)、拜伦勋爵、阿尔弗雷德·丁尼生勋爵、西尔维亚·普拉斯(美国女诗人)、文森特·梵高、田纳西·威廉姆斯(美国剧作家)和罗伯特·舒曼(德国作曲家)。基于这一观察,她对英国47位杰出的作家、画家和雕塑家进行了回顾分析,结果显示她的调查对象中有38%的人接受过双相抑郁症治疗,而普通人患双相抑郁症的比例是1%。贾米森并不是唯一一个有此发现的人——其他研究也证实了创造力和双相抑郁症之间的关系,并证明了该病症具有家族遗传性(Ludwig, 1992;Jamison, 1995)。贾米森从进化论角度提出,与躁狂状态相伴的活力、创造力和专注力可能具有足够的优势,使得"躁狂基因"得以保留在种群中。为了支持自己的观点,她证明那些天才在躁狂或轻度躁狂状态下成果产出最为丰富(Jamison, 1995)。而创造期之后的抑郁状态可能是躁狂基因的多效性效应。这一观点暗合了古老的"疯狂天才"说法,即具有卓越才华的人会有精神问题。总的来说,该假说还需要更多实证研究加以检验,然而,如果它真的经得起验证,又会产生另一个现实困境——如果双相情感障碍艺术家接受药物治疗,他们的创造力是否会随之降低?

治疗的缺点

达尔文医学可以帮助我们理解抑郁和焦虑的远因由来,但它能为我们提供任何可以改善治疗的指导策略吗?

现代医学对待精神障碍的常见做法可能会带来一些始料未及的问题。健康研究人员保罗·马丁(Paul Martin)指出,如果不愉快的状态具有适应性功能,那么抑制这些症状可能类似于抑制咳嗽和发烧。换句话说,症状的即刻缓解可能导致问题最终持续更长时间(Martin, 1997)。内森和威廉姆斯也考虑了这个问题,并进一步提出,如果血清素确实可以调控社会地位对情绪的作用,那么在等级森严的大公司中,大量员工服用可以提高血清素的抗抑郁药可能会出现问题(上文我们已经看到了,提高血清素对长尾猴的影响,会将它们变成雄性首领)。另外有人认为,躁郁症患者应该意识到,他们服用的药物虽然会平复情绪,但也可能会抑制创造力。达尔文医学的支持者并不是说,在临床上我们不应该使用抗抑郁药的处方药,而是说我们应该更多地意识到滥用抗抑郁药带来的潜在风险(Andrews et al., 2012;Nesse, 2019)。从长远来看,如果让这些问题顺其自然,一些患者可能会过得更好。当然,一旦患者症状已经严重到具有相当程度的自杀风险,服药就是一种必要举措了。

> **专栏 12.5　蓝色眼睛的进化是否提供了对周期性情感障碍的抵抗力?**
>
> 　　你是否发现随着季节的变化,你的心境也在变化?如果是这样,你并不孤单。世界上很大一部分人的情绪会随着季节交替出现明显周期改变,比如相比于夏季,他们在冬季时情绪更为低落。这种现象在严重情况下会发展成为季节性情绪失调(seasonal affective disorder; Rosenthal et al., 1984)。季节性情绪失调是一种周期性抑郁症,具有季节性特征,大多数患者都是冬季时消沉、颓丧,伴随着嗜睡和社交退缩的症状。相比之下,在夏季时他们会积极乐观、精神抖擞,成为"聚会中的灵魂人物",但也经常失眠。季节性情绪失调症还具有明显的地理分布规律,赤道地区的人很少得这种病,随着纬度逐渐增高,发病率也越来越高(Mersch et al., 1999)。研究发现,这与日照期的季节变化程度有关,在越远离赤道的地区日照的季节变化就越大,而季节性情绪失调的发病率也会随着日照季节变化的增大而提高。其中具体的因果机制可能在于,光线穿过眼球时,会通过视网膜上的一种特殊细胞到达下丘脑视交叉上核(suprachiasmatic nucleus),视交叉上核受到刺激后又会导致血清素分泌增多,从而振奋情绪。因此,如果到达大脑这一敏感部位的光线太少,对于那些由于未知原因更容易患季节性情绪失调的人来说,冬季环境(白昼少)可能非常糟糕。
>
> 　　有趣的是,虹膜色素沉着会导致光线进入视网膜的程度不同,简单来说,虹膜颜色越浅,进入眼睛后部的光线就越多。由此可以推测,相比棕色眼球,蓝色眼球会导致更多光线到达视网膜,那么拥有蓝色眼球的人更不容易患季节性情绪失调。我们的研究小组(即本书作者的研究组)通过全球季节性量表(Global Seasonality Scale, GSS)测量了受调查者的情绪季节性变化程度(Rosenthal et al., 1984)。GSS 的指标范围是 0(没有季节变化)到 24(情绪和行为随季节交替出现极端变化),根据临床指导建议,评分达到 11 分以上的人就可以被认定为患季节性情绪失调症。当然,略低于此分值的人也可能会出现明显但相对温和的季情绪变化(比如冬季忧郁,而不是冬季抑郁)。另外,我们在研究中还测定了被调查者的眼球颜色,可分为深/棕色和浅/蓝色。
>
> 　　受调查者来自威尔士和塞浦路斯,共 175 人,研究结果显示蓝眼球的人在 GSS 上的得分确实比棕眼球的人要低(Workman et al., 2018; Workman, 2019)。换句话说,至少在我们的研究中,蓝眼睛的人患季节性情绪失调的可能性要更小。我们

猜测,当人类从赤道迁移到北方大陆后,他们遇到了冬季光亮强度低这一生存适应问题,因此蓝色眼球作为一种对抗手段得以进化。许多现实情形都与该猜想相符合,例如,时至今日,在越往北的地区,蓝眼睛的人群比例越高。显然,在北欧地区,与棕色眼睛相比,蓝眼睛能够赋予当地人对季节性情绪失调更强的抵抗力。季节性情绪失调症这一术语的创建者诺曼·罗森塔尔(Norman Rosenthal)曾描述过,一些特别严重的季节性情绪失调症患者不但在冬天更为自闭、不合群,甚至会出现自杀的念头。因此,对于生活在北欧的人来说,他们对季节性情绪失调的抵抗力可能具有显著选择性优势,这导致蓝色眼睛这一特征在人群中得以扩散。

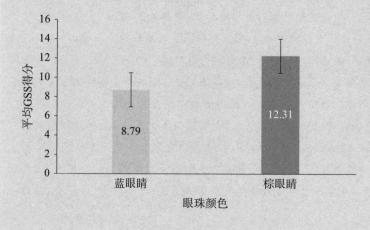

图 12.7 蓝/浅色眼睛和棕/深色眼睛受调查者的 GSS 得分的平均分与标准差。可以看出,蓝眼睛的人 GSS 得分明显较低

基于进化的抑郁症治疗:进化环境能帮助我们解决抑郁症问题吗?

对于抑郁症在多大程度上是一种适应机制这一问题,目前进化心理学内部仍存在分歧(Andrews & Thomson, 2009; Nettle, 2004; Troisi, 2020)。但无论它是否具有适应性,我们都更想知道的是在治疗实践中,进化心理学研究能不能发挥一定作用?现有证据给出了肯定答案。进化论者斯蒂芬·艾拉迪(Stephen Ilardi)和他的同事们开发了一套为期 14 周、分 6 大步的抑郁症治疗方案,其中部分治疗方式是让患者模仿我们更新世祖先的生活条件。具体举措包括增加患者每天接受的阳光照射量、提高饮食中 omega-3 脂肪酸的含量、花更多时间与朋友和家人相处以及进行更多的户外活动,另外,患者的睡眠模式也要做出改变,要求与祖先生活习惯更为一致(Ilardi et al., 2007)。艾拉迪等人在研究报告中指出,该疗法的治愈成功率为 75.3%(对照样本的成功率为 22%),这一数据对比可以作为证据,证明抑郁症的原因之一正是当今生活方式与我们祖先进化环境的生活方式之间存在不匹配(llardi, 2010; Jiaqing et al, 2019)。

图12.8　如果采取与祖先更相似的生活方式，你会更快乐吗？许多研究证明确实如此

精神分裂症

精神分裂症(schizophrenia)堪称最严重的精神疾病，不幸的是它并不少见。据统计，全世界约有1%的人会在不同程度上承受这一疾病所带来的痛苦(Del Giudice, 2018; Ray, 2018)，许多人身边都会有精神分裂症患者。

精神分裂症从字面意思看是"精神"上"分裂"了，这种分裂指的是认知、情感和动机过程之间的联系出现了分裂，因此它不应该与"多重人格障碍"(multiple personality disorder)相混淆，后者是一种罕见疾病，患者表现得好像有两个或多个独立人格。精神分裂症病人会出现许多精神病症状，包括幻觉(通常是听觉的，但在某些情况下也有视觉的)、妄想、情感失调(即不适当的情绪反应)以及思维失调(Ray, 2018)。其中，幻听具体表现为患者经常听到一种声音，它告诉患者去做某事，或者对某事发表评论。患者经常秉持奇怪的信念，例如他们认为自己实际上是另一个人，像是王室成员、某个死者的转世甚至是上帝，或者他们被卷入了一个复杂阴谋的中心。许多患有这种疾病的人在社交方面很孤僻,他们很难维持正常人际关系。从某种意义上说,精神分裂症的"分裂"是个体与现实相分裂,它基本上等同于许多人口头上所说的"精神错乱"或"疯子"——只是这些术语并不符合现代精神病学和临床心理学的概念定义方式。

表 12.2　DSM-5 中精神分裂症分类的变化

《精神健康诊断与统计手册》(Diagnostic and Statistical Manual of Mental Health)简称 DSM(由美国精神病学协会制作),它是一本被世界各地临床医生用来对精神障碍进行诊断和分类的指导手册。在 DSM 之前的版本中,精神分裂症被细分为五个亚型:混乱型(特征如语无伦次、思维混乱)、紧张型(有周期性兴奋期)、偏执型(多疑和不切实际)、未分化型(各种特征都有一些)和残留型(症状程度较轻)。随着 2013 年 5 月 DSM-5 的出版,这些亚型被删除,因为不同亚型患者的症状有很大重合性。另外,双相情感障碍患者在躁狂期也可能表现出许多类似症状。DSM-5 对精神分裂症的划定范围要更广泛,包括"精神分裂症谱系和其他精神障碍"。在病理评估中,个体要被诊断为患精神分裂症,必须在至少六个月的时间里出现一种或多种典型症状(包括至少一个月的活跃症状),这些症状包括:妄想、幻觉、言语紊乱、行为失调以及其他会导致社交障碍或机能障碍的症状。

精神分裂症在家族中的延续——它是遗传疾病吗?

人们早就认识到精神分裂症具有家族群聚特征。如表 12.3 所示,精神分裂症患者的亲属比一般人群更容易发病。此外,个体与精神分裂症患者的亲属关系越密切(即共同基因比例越高),患精神分裂症的可能性越高。其中,先证者(proband)概念具体指的是某个家系中第一个被医生或遗传研究者发现具有某种指定性状(或罹患某种遗传病)的成员;而亲缘系数(r)我们已经不陌生了,它指的是两个个体之间由于具备共同血统而共享基因的比例。

表 12.3　精神分裂症的遗传研究总结

与先证者关系	精神分裂症患病概率	亲缘系数
夫妻	1.00%	0.00
祖孙	2.84%	0.25
叔侄	2.65%	0.25
亲子	9.35%	0.50
兄弟姐妹	7.30%	0.50
异卵双生子	12.08%	0.50
同卵双生子	44.30%	1.00

来源:Gottesman et al., 1987

在考虑表 12.3 时,特别要注意配偶(与先证者没有遗传关系)并不比其他人(无亲属关系的人)更容易患精神分裂症。然而,随着亲属与先证者共享基因比例的增加,他们患精神分裂症的可能性也在增加。从这一规律来看,精神分裂症似乎主要是由遗传决定的。然而,"基因决定"的论点存在两个争议点。首先,拥有最多相同基因的亲属也可能拥有相同环境;其次,尽管同卵双胞胎(100%共享基因)同时患病概率非常高,但如果纯粹遗传决定,那么概率应该是100%而不是44.30%。因此,这些发现表明环境风险因素和表观遗传机制在精神分裂症病因中会起到重要作用(Plomin, 2018),然而,占据核心地位的则是基因(因为与异卵双胞胎相比,同卵双胞胎同时患精神分裂症的概率提高了三到四倍)。

素质—应激模型

素质(diathesis)是指对身患某种疾病或发育畸形的倾向(Kring & Johnson, 2019)。精神分裂症会在家族中蔓延,但并不遵循完美的孟德尔式遗传,许多专家基于这一事实提出,有些人可能对这种疾病具有易感性,但只有在经历了应激生活事件后

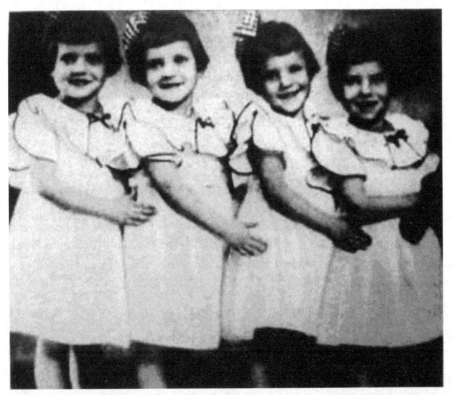

图12.9 被称为"吉娜四胞胎"的四个女孩同时患有精神分裂症,这一现象发生的概率为十亿到二十亿分之一,该案例为精神分裂症的遗传效应提供了可信支持

才会发病。该观点被称为精神分裂症的素质—应激模型(Kring & Johnson, 2019)。如果素质—应激模型是正确的,那么我们仍然可以使用"精神分裂症基因"这一术语。基因创造了疾病易感性,但表观遗传因素也是重要诱因。这意味着拥有精神分裂症基因并不等同于必然患病,同样地,它也有助于解释为什么许多患者的近亲(包括同卵双胞胎)自己不会患上这种疾病。

精神分裂症与大脑变化有关吗?

一些研究精神分裂症病理的临床医生认为,该疾病与多巴胺或谷氨酸酯等神经递质的异常情况有关(Moghaddam & Javitt, 2012)。其他人则提出,其中可能涉及灰质损失或其他形式的脑萎缩(Thompson et al., 2001; Ray, 2018)。当前研究已充分证实,精神分裂症患者灰质(构成大脑皮层大部分神经元的细胞体)损失的速度比非精神分裂症患者要更快。这是一个重要结论,因为人们已经确定,大量处理过程产生于大脑皮层灰质,包括决策和自我意识。也许精神分裂症的症状与灰质丧失直接相关?然而,精神分裂症患者通常会服用抗精神病药物,因此他们大脑灰质的减少也可能是长期服药的结果。要解开这一疑问,研究者可以重点关注刚刚身患精神分裂症的年轻人。现有证据表明,在患者使用抗精神病药物之前,异于常人的灰质损失现象就已经开始出现了(Ray, 2018)。神经科学家保罗·汤普森(Paul Thompson)和他的同事们开展过一项特殊研究,他们使用高分辨率核磁共振扫描仪来比较青年双生子的大脑,双生子中只有一人患有精神分裂症。他们发现,患病者灰质损失速率明显大于其同胞兄弟(或姐妹),后者的参照数值约为1%至2%,而前者的参照数值约为4%至5%(图12.10)。由于使用了双生子作为比较对象,该研究为精神分裂症成因与皮质组织丧失之间的关系提供了强有力证据。然而,这也提出了另一个问题,为什么那些双生子中只有一个发生了灰质损失,而另一个则没有受损?显然,正如我们前面所概述的那样,携带精神分裂症基因是患病的必要而非充分条件。

对于我们理解精神分裂症的病因和发病机制,神经科学可以提供极为重要的信息。然而,这类研究并没有告诉我们为什么精神分裂症在人类中如此普遍。近年来,进化论者开始从远因层面对这一疾病进行解析。

进化论者如何解释精神分裂症?

与焦虑和抑郁不同,精神分裂症症状并不是正常情绪状态的夸张化版本,且疾病和积极特质(如创造力)之间也没有直接联系。事实上,由于患病带来的一系列问题,

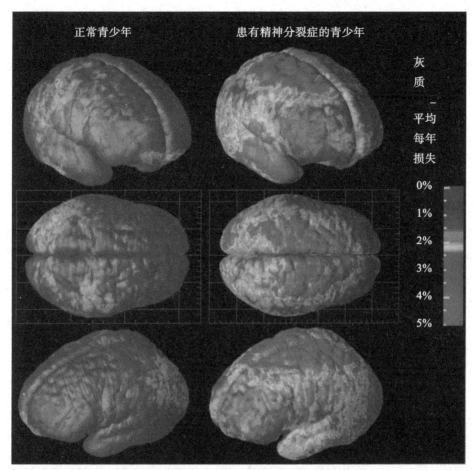

图 12.10 正常青少年和精神分裂症患者的平均灰质损失率(每组 24 人,年龄 13—18 岁)。该图像由高分辨率核磁共振成像扫描得出,扫描结果显示,精神分裂症患者的脑灰质损失率严重异于未患病者

精神分裂症患者在生育方面会有明显劣势,这与其遗传性之间形成了明显的冲突,也为相关理论解释的提出设置了障碍(Ray, 2018)。进化论者已设想了许多假说来解释精神分裂症的进化成因,包括"语言偏侧性异常"(abnormal lateralisation of language)假说、"群体分裂"(group-splitting)假说和"社会大脑"(social brain)假说。这三种假说都强调,从进化角度来看,精神分裂症可能具有特定补偿性优势。

语言偏侧性异常假说 来自牛津大学的精神病学家蒂姆·克劳(Tim Crow)对神经科学和进化理论都很感兴趣,他认为精神分裂症与人类语言偏侧性进化有关。你可能还记得,偏侧性指左右脑半球具有不同功能(见第 11 章)。语言的偏侧性发展表现为左脑半球主要负责语言的识别和理解(Hsiao & Man Lam, 2013; Del Giudice,

2018)。根据克劳的说法，大脑功能不对称可以带来诸多好处，这使得偏侧性在人类中得以维持，但偏侧性也导致人类大脑神经发育模式更为复杂了，一些人会"陷入"发育异常模式(Crow, 2005)。对这些人来说，他们可能无法将外部声音与内部语言相区分，而精神分裂症的所有症状，包括偏执和思维混乱，都源于这一问题。因此克劳相信，之所以人类具有患精神分裂症的风险，是因为调控语言发育和大脑偏侧性的基因给我们大多数人都带来了巨大适应优势。克劳还指出，与精神分裂症有关的基因与其他一些基因组合时（发生在患者亲属身上）可能会导致携带者在艺术创作等方面取得更高的成就，这或许也是精神分裂症基因在人类中得以保留的原因之一。

克劳的假设得到了一项研究的间接支持，研究发现，精神分裂症患者的惯用手具有较为明显的偏左倾向，也就是说，他们当中左利手的比例明显多于常人（这是偏侧性异常的一个标志）。不过我们应该记住的是，绝大多数左撇子不会患上精神分裂症。

群体分裂假说 史蒂文斯和普莱斯对精神分裂症提出了一种被称为"群体分裂"的新解释(Stevens & Price, 2000)。他们提出，历史上许多激进的领袖人物很可能都患有精神分裂症，如阿道夫·希特勒和大卫·考雷什（韦科邪教的头目）。如今被我们视为精神疾病的特征可能与领导力密切相关，当一个社会的部分成员对现状表示不满时，激进的领袖可能脱颖而出，他也许会提出根本性的变革方案，吸引反叛者追随他的方向。这意味着，在史蒂文斯和普莱斯的理论中，精神分裂症的一些症状——如离经叛道的世界观和奇异的思维方式——在某种程度上等同于领导魅力，而领导魅力与地位又具有相关性，它会提高繁殖机遇，对适应性产生有利影响。

群体分裂理论是一个相当具有颠覆性的假说，它经得起检验吗？希特勒和大卫·考雷什等领导人确实在反叛者群体中获得了显赫地位，这一点毋庸置疑。尤其是考雷什，他利用自己的身份与大量女性发生性关系，从而可能将与其病情相关的基因传递给后代。如果这种情况在人类历史上经常发生，那么精神分裂症特征可能具有适应意义。然而这一理论存在三个问题。首先，在有记载的历史中，对现实不抱期望的人其实很少追随像希特勒或考雷什这样的"疯狂"领袖，这使得"疯狂"不太可能成为一种适应性策略；其次，大多数患有精神分裂症的人根本没有组织能力和清晰思维，因此他们不太可能发展出一个充满内部凝聚力的群体分裂计划；第三，也是最后一点，我们甚至不能确定那些领袖是否真的患有精神分裂症——他们可能有病，但要证明这一点非常困难。史蒂文斯和普莱斯则指出，或许我们应该考虑到追随者的精神状态也不是完全正常的，实际上，如今任何一个理性、平和的人审视希特勒（或考雷什）的著作与演讲，都会认为那些内容没有任何说服力（且不道德），但他们的追随者却为这样的胡言乱语献出了生命。

社会脑假说 南非心理学家乔纳森·伯恩斯(Jonathan Burns)于2007年提出了对精神分裂症的第三种进化解释论点。他在《疯狂的开始：精神病的进化起源和社会脑损伤》(*The Descent of Madness*：*Evolutionary Origins of Psychosis and the Social Brain Burns*)一书中提出，鉴于人类社会生活的复杂性，我们会不断为他人行为赋予内在意义，伴随着这一倾向，我们也进化出了同样复杂的脑，一旦社会认知的基础神经基质在某些情况下无法正常发育，就会产生过度诠释的反应模式，进而导致精神病症状。与克劳一样，伯恩斯也将精神分裂症视为脑进化这一适应性进化过程带来的意外结果，但不同之处在于，他认为精神分裂症主要与解释复杂社会行为有关，而与语言偏侧化无关。

伯恩斯的观点同样带有很强的推测性，但在某种程度上，也确实有让人信服之处。考虑到人类脑是我们所知宇宙中最复杂的实体，也许社会认知神经回路已经把人类脑架到了走钢丝的高危境地，任何一点微妙的基因组合错误都可能导致我们患上精神疾病。然而，社会大脑假说也并非没有问题。首先，患者经常宣称自己在独处时听到某种声音，这说明精神分裂症症状会在非社会化背景下也有所表现。另一个更重要的潜在问题是(上述其他两个假说也面临同样问题)，正如我们所看到的，许多专家将精神分裂症视为一大类精神疾病，它包含许多症状重合但又不同的精神障碍，而不是只涉及单一病因的特定障碍(Ray，2018)。事实上，如今很多研究者都相信，被我们标注为"精神分裂症"的"疾病"根本不存在，这些症状是正常人类内部体验的极端化表现(Bentall，2003)。

精神分裂症基因？

如果精神分裂症通过自然选择过程在智人身上得以维持，那么它必然与我们携带的大脑发育编码基因有关。2007年，一个国际研究团队在分析了人类的DNA后，确定了28个使个体易患这种疾病的基因(Crespi et al.，2007)。从那时起，研究者发现了越来越多与精神分裂症相关的基因，其数量呈指数级增长(Ray，2018)。如今一些专家认为，精神分裂症可能受1 000多种基因的调控(Cannon，2015；Plomin，2018)，这些基因的部分组合方式可能会提高我们的语言技能和创造力，因此在人类身上得以保留，但拥有太多这些基因则可能会让一个人更容易患上精神分裂症。有趣的是，该解释与社会大脑假说和语言偏侧性异常假说(甚至也包括群体分裂假说)的立场都非常吻合。也许这些关于精神分裂症的进化理论并不相互排斥，它们只是从不同角度解析了该问题。

然而,进化解释方式——无论是将精神分裂症视为祖先生活环境中某种适应机制,还是认为与其相关的基因可能为患者或其亲属提供了补偿性优势——目前仍面临很大争议,远没有达到被普遍接受的程度(Brüne, 2004;2016)。我们需要意识到的是,精神分裂症在全球范围内的发病率和症状表现都具有显著一致性,如果忽视了远因层面的解释,我们很可能无法对这一最严重心理疾病形成准确完整的认识。

人格障碍

人格障碍(personality disorder)通常不涉及幻听或偏执等精神病症状,它主要是指偏离文化背景期望、有损个体社会交往和职业能力的行为模式与内心体验,这些障碍具有持久性、顽固性和泛化性特征(Kring & Johnson, 2019)。因此,人格障碍只是神经质而不是精神病患。

从进化的角度来看,人格障碍可能比精神分裂症更容易解释,部分原因可能在于障碍者的许多思维方式和行为模式在正常人身上也有所体现,只是障碍者表现得更为极端。DSM-5将十种人格障碍分为三大类:奇异/古怪性、戏剧化/情绪性和焦虑/恐惧性。

表 12.4 DSM-5 的人格障碍分类

类型	特定人格障碍
奇异/古怪性	偏执狂型—对他人的强烈怀疑,经常怀有敌意,高度性嫉妒 分裂样型—对他人缺乏温暖的感觉,冷漠,社交退缩 分裂型—严重人际交往困难,奇怪的信仰,例如相信魔法巫术
戏剧化/情绪性	边缘型—冲动,尤其是在人际关系中,情绪不稳定,好争论且善变 表演型—情绪外露、极端,表情丰富,易激动,思维肤浅 自恋型—过分夸大自己的能力,高度自我中心,缺乏同理心,固执己见 反社会型—易欺骗他人,控制欲强,不负责任,好斗,无视后果和他人的权利
焦虑/恐惧性	回避型—对批评过于敏感,在社交环境中高度焦虑 依赖型—缺乏自信和自主意识,高度依赖伴侣 强迫型—专注于规则和细节,要求严格和完美,墨守成规,过分拘谨

进化心理学能解释人格障碍吗?

看看表12.4,很明显,人格障碍患者有一些共同特征。他们常常以自我为中心、高度焦虑、不值得信任也不太友好。简而言之,他们不是理想合作伙伴。当代精神病学认为人格障碍是人们在社会生活中所表现出的持久性异常行为(及心理)模式。这种观点表明，人格障碍患者具有明显的不良适应行为。但真的是这样吗？接受过进化理论训练的心理学家对该假设提出了质疑——也许某些形式的"人格障碍"在我们祖先生活中是有适应意义的，也许某些障碍源于当今生存环境与早期进化条件之间的不匹配，还可能是与人格障碍相关的基因编码了其他可以提高适应性的特征。这些想法正对应了本章之前介绍的失配假说、妥协假说和基因多效性假说等观念。就像前面讨论过的精神问题一样，一些论点可以解释特定类型的人格障碍，但不存在一个可以解释所有障碍的普适理论。迈克尔·麦奎尔和阿方索·托鲁瓦西指出，一些障碍可能本身具有适应意义，而其他障碍则可能是适应性行为受损（McGuire & Troisi, 1998; Troisi & McGuire, 2000; Troisi, 2020）。为了更好地理解他们的观点，我们详细讨论一下反社会型人格障碍（antisocial personality disorder）和表演型人格障碍的情况。

反社会型人格障碍——精神病患者是否在使用适应性策略？

尽管一些专家认为"精神病态"（或病态人格，psychopath）和"反社会"（sociopath）这两个术语构成了反社会型人格障碍类别的两个分支（Rutherford et al., 1999），但如今它们常被用作同义词。在这里，我们使用精神病态和反社会人格障碍来指代同样严重的人格问题。病态人格者的特征是缺乏同情心，冷酷无情，对他人的痛苦毫不在意，无视他人权利。他们在利用或伤害他人后不会感到丝毫内疚或羞耻，同时他们往往焦虑程度较低，寻求新鲜事物和即时满足。想象一下，现在你面临两种选择，一是马上得到100英镑，二是等待一年，然后得到200英镑，你会选择哪一个？正常成年人通常愿意为了多获得100%的收益而选择等待一年，但精神病态者却会选择马上拿到100英镑。从某些层面看，他们的道德行为可能与一个两岁儿童相似，他们以自我为中心，无法延迟满足。然而与两岁儿童不同的是，成年精神病态者会通过一些巧妙手段来推卸责任。

这种以自我为中心的行为模式可能具有适应性吗？你或许还记得在第2章和第8章中，我们曾提到过互惠是人类大部分社会行为的基石（Trivers, 1972; 1985）。然而，互惠以及对互惠的期待也为搭便车者的进化创造了条件，也许精神病态就像搭便车一样，是一种与互惠相对应的进化替代策略。许多研究者都曾就该观点展开过论述（Mealey, 1995; 2005; McGuire et al., 1997; Glenn et al., 2011），毫无疑问，不参与互惠是精神病态者的主要特征（Mealey, 1995）。然而，该解释的合理性至少要建立在两个条件之上：首先，"障碍"必须有遗传成分，其次，人群中大多数人必须是互惠者。第二点尤其重要，因为当搭便车者的比例达到某个临界点后，互惠选择无法带来足够收

图 12.11 如果你能马上得到一笔奖金,或者推迟到一年后得到双倍奖金,你会如何选择?

益(因为互惠者在每一次社会互动中大概率会碰到搭便车者),整个系统就会崩溃。这两个基本条件是否与现实相符?

首先,研究发现,同卵双胞胎同时患反社会人格障碍的概率明显高于异卵双胞胎(Lyons et al., 1995;Buss, 2019);调查显示,如果被收养儿童的亲生父母患有反社会人格障碍,他们的患病风险也会显著高于常人(Ge et al., 1996);而精神病态患者一级男性亲属的患病概率比普通人高出了4倍(Plomin et al., 2016)。所有这些结果都表明,遗传因素在精神病态的形成机制中会发挥重要作用。从发病率来看,大约3%的成年男性和1%的成年女性可能患有这种疾病(Kring & Johnson, 2019),这意味着大约每50人中会有一个反社会型人格障碍患者,用麦奎尔和托鲁瓦西(McGuire & Troisi, 1998, 191)的话来说:

> 在一个主要由互惠者组成的社会中,作弊者的基因可以在人群中保留下来,只要有这种基因的人能够繁殖。

此外,他们认为之所以病态人格在男性中更常见,是因为男性的迁移性更强,导致他们可以更容易实施欺诈策略。换句话说,对于男性来说,他们可以更频繁地从一个群体转入另一个群体,这样就可以有效避免欺诈后被发现的风险。据评估,全世界目前约有50%的精神病态患者未被确诊(没有被检测出),这也从另一个角度表明了病态人格确实是一种很成功的策略。

病态人格的平衡理论和或然转移理论

其他研究者基于麦奎尔和托鲁瓦西的进化欺诈策略假说又发展出两种理论。其中,平衡理论(balancing theory)认为,来自社会环境的选择压力会导致不同的特征分布概率(Buss, 2019; Glenn et al., 2011)。这意味着一些具有病态人格潜质的个体,在特定环境下会通过反社会行为来提高自身的广义适合度。最常见的例子可能是人口稠密的大城市,在现代大都市中,欺骗者与被欺骗者直接接触(或再次直接接触)的机会极低,因此欺诈行为更有可能获得成功。相反,根据平衡理论的预测,在人与人关系更密切的小社会环境中,精神病态者更为少见。请注意,虽然这听起来像是精神病理学的社会学学说,但它确实反映了生物—社会交互作用论——由于遗传原因,某些个体对反社会型人格障碍症具有更高的易感性,而正确(或错误)的环境条件则会抑制(或释放)他们的潜质。例如,对于一个有病态人格倾向的男孩来说,如果他察觉到在自己所生活的社会中,人们能够利用自私和冷酷无情的手段取得成功,那么他就可能发展成为精神病态者;但如果他生活在一个更强调相互关爱和亲密关系的社会中,则可能始终不表现出反社会行为。

或然转移理论(contingent shift theory)与平衡理论相似,它也认为在适宜(或不适宜)的环境下,个体可能发展出一系列会导致(或抑制)反社会人格障碍的行为策略。不同之处在于,或然转移理论强调,所有个体都具有发展成为精神病态的倾向(平衡理论则强调,由于遗传作用,人口中只有少数人能够发展出病态人格策略)。根据该理论,之所以每个人都可能成为反社会人格障碍患者,是因为我们每个人生来都继承了一种可以让我们校准行为模式的心智模块,这种模块可以让我们在不利社会环境中触发无情剥削他人的策略。与该理论相一致,研究发现童年遭受虐待的经历与病态人格行为之间存在很强的相关性(Gao et al., 2010)。

总的来说,目前有一些研究结果支持精神病态是一种进化策略,但该观点以及相关研究结论尚有很大争议。正如我们所看到的,一个关键问题在于,尽管许多进化心理学家都认为这种疾病会涉及遗传因素,但科学界对环境—遗传相互作用的作用方式以及易感人群比例存在分歧。诚然,如冲突、责骂以及缺乏父母关爱等不良发展环境确实与病态人格的发病概率高度相关(Ge et al., 1996; 2010),但这一发现也不能明确证明病态人格就是一种进化策略(甚至不能证明病态人格就是社会环境所触发的)。

其他因素也进一步加剧了该议题的复杂程度,首先,进化研究者琳达·米莉(Linda Mealey)提出,可能存在两种基本形式的精神病态,其中一种独立于环境,主要源自遗传;另一种则主要受不利社会环境影响(Mealey, 1995;2005),对这一假设做出检验并不是一件容易的事情。其次,近年来越来越多的证据表明,当精神病态与马基雅维利主义和自恋相结合形成黑暗三人格时,它会表现出更明显的适应性优势(Brewer et al., 2019; Muris et al., 2017),这也为澄清精神病态的进化成因增添了难度。

表演型人格障碍

表演型人格障碍患者的特征是寻求关注、以自我为中心、行为表现富有戏剧性效果、有时陷入幻想且非常在意自己的外表。他们可能看起来非常感性,情感丰富且外露,然而事实上他们的情感体验其实并不深刻,这导致患有表演型人格障碍的人容易做出社会背叛行为(即利用他人,不予以回报)。表演型人格障碍的患病率同精神病态一样,也是3%,但女性患者比男性患者更为常见。另外,它同样具有家族聚集的特征,这表明病因中可能涉及遗传因素(Coryell, 1980)。根据麦奎尔和托鲁瓦西的观点,从进化标准来看"表演者"很可能是成功的,因为他们经常能够"赢得配偶,结婚,生育后代,操控资源,将资源导向亲属"(McGuire & Troisi, 1998, 193)。为了设法避免回报他人,表演型患者会一次又一次装病,另外,尽管他们的情感体验很浅显,但表演型患者往往不会像反社会型患者那样表现出非常高的攻击性。

除了表演型人格障碍和反社会型人格障碍,麦奎尔和托鲁瓦西还认为注意力缺陷/多动障碍(attention deficit/hyperactivity disorder)患者和诈病者(malingerers)都是潜在的非互惠策略使用者。虽然在DSM-5中,这两者都没有构成独立的障碍类型,但它们是许多人格障碍的特征表现。根据麦奎尔和托鲁瓦西的猜想,至少一部分人格障碍可能是一种适应性策略,这些策略会导致个体剥削利用他人,如同寄生虫在宿主身上榨取资源。

我们大多数人之所以不会去欺骗利用朋友或其他人,是因为这类行为引发的内疚感和羞耻感会阻止我们去那么做。进化研究者相信,内疚感与羞耻感具有适应意义,因为它们驱使我们避免做出反社会违规行为,从长远来看,违规行为可能会将我们排除在互惠圈之外(Wright, 1994)。但患有表演型人格障碍、反社会型人格障碍、注意力缺陷/多动障碍和诈病症的人似乎没有同样的羞耻感、悔恨感和同理心——事实上,一些精神病态者甚至可能完全不具备这类情绪感受。

其他人格障碍：社会导引

即使我们毫无保留地接受上述所有假设，我们承认那些心理障碍都具有适应功能，但其他障碍呢？看起来，似乎很难将边缘型人格障碍、自恋型人格障碍和偏执型人格障碍与适应性策略联系在一起。对于此问题，麦奎尔和托鲁瓦西抛出了另一条对策。他们认为，我们应该把那些障碍看作是"试图适应"。这并不意味着患者在有意识地尝试做出适应性行为，只是说，当他们发现自己遭遇严重困境时，会在糟糕的处境中尽力而为——这被称为"社会导引"(social navigation)。用麦奎尔和托鲁瓦西的话来说：

> 我们可以这样理解心理障碍，就像一个人的一条腿打上了石膏，面对迎面疾驰而来的车辆，他试图快速穿过马路。如果有必要，这个人会拖着自己打石膏的腿、会单腿跳甚至会爬行，这些姿势对其他人来说当时不合适，但对他来说却具有适应性。(McGuire & Troisi, 1998, 196)

麦奎尔和托鲁瓦西认为属于"试图适应"的人格障碍包括边缘型、自恋型、偏执狂型、回避型和依赖型（见表12.4）。患有这些疾病的人"阅读他人行为规则、制定新的行为策略和有效使用自我监控信息"的能力有限，他们人际关系不稳定，情绪波动较大。尽管存在种种问题，但在麦奎尔和托鲁瓦西看来，这些患者确实试图达成相对正常的目标，只是他们为达成目标而尝试的方式可能与常人有所不同，比如他们可能过度谨慎、过度疑虑，或者攻击性更强。

根据麦奎尔和托鲁瓦西的说法，我们在思维或情绪障碍患者身上观察到的行为反应模式是他们应对缺陷的方式。有人可能会指出，这一解释方式根本不需要任何进化水平的分析。到底为什么有人会患人格障碍？为什么人格障碍会在人类种群中世代保留？为什么会出现这种疾病，以及为什么它们会在人群中持续存在？麦奎尔和托鲁瓦西认为，患有这些疾病的人可能只是恰巧具备了一些极端变异特征（性状变异假说）。然而，另一种可能性是，导致这些疾病的基因如果与其他基因结合就可以发挥适应性优势，或者这些基因能够促进携带者亲属的适应性（基因多效性假说）。事实上，各种人格障碍都表现出家族聚集的特征，这也为上述看法提供了一些佐证。

另外需要注意的是，没有证据表明相比其他人，人格障碍患者生育的后代更少。麦奎尔和托鲁瓦西指出，该结论其实适用于大多数异常精神状态，如双相情感障碍患者的后代数量也并不低于平均水平。这再次无情地提醒我们,自然选择的力量以广义适合度作为根本目标,而不是为了让我们的生活更快乐或更舒适。

> **专栏 12.6　精神病理学的新分类——FSD模型**
>
> 　　最近,新墨西哥大学的研究人员马尔科·德尔·朱迪斯(Marco Del Giudice)基于进化框架提出了一种具有突破性意义的精神病理学分类法(Del Giudice, 2018),他称之为精神病理学的"快速—缓慢—防御"模型(Fast-Slow-Defence, FSD)。FSD将障碍分为三个谱系(即三大类),分别是快谱系(F型障碍)、慢谱系(S型障碍)和防御激活(D型障碍)。该模型以生活史理论为基础(见第6章)。概括地说,生活史理论讨论的是生物体在发展过程中对各种活动的资源投入,特别是躯体(身体生长和维持)投入和生殖投入之间的平衡性。自20世纪80年代以来,一些进化研究者提出,不同的生活史策略可能导致人与人之间的个体差异(Draper & Harpending, 1982; Rushton, 1985; Black et al., 2017)。一部分人由于在特别具有挑战性的环境中成长起来,他们因此采用了快速繁殖策略,为养育后代投入的资源较少。与之形成鲜明对比的是,另一部分在优越环境中成长起来的人可能采取缓慢繁殖策略,他们会为后代的生存发展投入更多资源。当然,在现实中个体的生殖策略选择并非是非此即彼的二择一,而是会落到从"极快"到"极慢"的一个连续体中。德尔·朱迪斯认为,不同的心理健康问题正是与这两种极端情况有关(Del Giudice, 2018, 154),他指出:
>
> > 不同的策略与动机、自我调节、个性、认知和神经生物学功能的差异有关,这反过来又增加(或减少)了发展成不同类型精神障碍的风险。
>
> 　　因此,与快速策略相对应的风险包括冲动、不负责任以及反社会行为模式等(F型障碍),而与缓慢策略相对应的风险包括强迫确认、焦虑以及过度谨慎等(S型障碍)。当我们从快—慢连续体的一个端点移向另一个端点时,患某些精神障碍的概率会减少,但患其他障碍的概率则会增加。
>
> 　　那么D型障碍呢?德尔·朱迪斯指出,许多精神障碍都与焦虑、恐惧、厌恶和羞耻等负面情绪反应有关,负面情绪是个体面对威胁时(包括社会威胁和非社会威胁)的自我保护反应。这意味着D型障碍——包括社交焦虑和饮食失调——只是正常适应性防御机制的过度激活版本。例如,正常的羞耻感可能会让我们在犯错后做出弥补措施,但过度激活的羞耻感则可能导致我们对自身外形过分在意,进而发展成神经性厌食症。请注意,在FSD模型中,D型障碍分别同F型障碍和S型障碍有重合之处。

FSD 模型当然与传统的 DSM 分类法具有很大区别。这就提出了两个问题：首先，它是否比 DSM 体系更合理？其次，它是否经得起审查检验？关于第一个问题，根据德尔·朱迪斯的说法，DSM 的一个主要问题是基于症状进行诊断分类，但相似症状的背后可能有不同的发生机制。以感冒和流感为例，它们虽然症状看起来差不多，但致病病毒并不同（而且通常严重程度也有很大不同）。因此德尔·朱迪斯建议，如果我们要理解精神病理学，我们需要思考正常的适应性反应模式如何因遭遇发展挑战而成为失调症。第二个问题还有待回答，因为这是一个新提出的理论。也许在本书的后续版本中，我们会将它作为重点内容进行更详细的论述，时间会告诉我们答案。

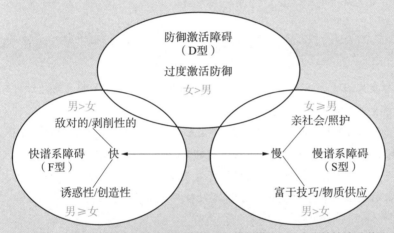

图 12.11 FSD 模型图示。精神病理学的 FSD 模型描述了三大类精神障碍谱系，包括快谱系（F型障碍）、慢谱系（S 型障碍）和防御激活（D 型障碍）。F 型障碍包括反社会人格障碍、边缘型人格障碍和精神分裂症，它们在男性中比在女性中更常见。S 型障碍包括双相情感障碍、高功能自闭症和强迫症，它们在女性中比在男性中更常见。D 型障碍在女性中也比男性更常见，包括广泛性焦虑症、创伤后应激障碍和特定恐惧症

进化与疾病——解释还是推测？

伦道夫·内森、阿方索·托鲁瓦西、迈克尔·麦奎尔以及马尔科·德尔·朱迪斯等进化研究者都相信，我们应该基于进化论立场对异常行为进行解释。传统的病理学思想将疾病症状视为功能失调的表现（Troisi, 2020）。然而，有些症状其实是对个体有益的适应性反应，而不是身体故障（Nesse, 2019）。达尔文医学必须回答的一个重

要问题是,我们如何对功能失调和适应性症状进行区分(Del Giudice, 2018; Nesse, 2019; Troisi, 2020)?基因多效性假说、失配假说、妥协假说和性状变异假说等观念将有助于我们解答以上问题。

正如本章反复强调的,目前来看,达尔文医学中的许多观点都带有很强的推测性。当然,也有一些假说已经得到了较为充分的检验,尤其是涉及生理健康方面的理论,例如,玛姬·普里姆对孕吐的研究就是一个例子,她从适应机制的角度对孕吐进行了解释,医学研究数据支持了其观点的合理性。但目前为止,达尔文医学在心理健康领域还算不上成功,它所面临的最主要挑战在于,如何能对潜在精神疾病和人格障碍做出预测,事实上,传统医学在这一点上也并不令人满意。

总结

进化精神疾病治疗学、进化医学、进化精神病理学和达尔文医学都关注通过进化原理来理解生理和精神疾病的成因。

由病毒、细菌、真菌和原生动物等微生物寄生虫引起的症状可能是病原体的适应机制,目标是帮助其繁殖,也可能是宿主的适应机制,目标是杀死或驱逐病原体。了解哪些症状是用来消灭病原体的而哪些症状是用来传播病原体的,会为传染病的治疗提供启示。宿主和寄生虫之间的关系则可以被视为适应和反适应的进化军备竞赛。

失配假说从进化远因层面解释了精神障碍的成因,它认为,我们的肉体和心理适应了石器时代的生存压力,与现代生活条件之间存在不匹配,从而导致了种种问题。其他解释包括基因多效性假说——致病基因可能有相关的积极作用;妥协假说——选择压力的作用在于提高广义性适应性,而不是让个体更快乐;性状变异假说——疾病可能是正常适应机制的极端化表现。

一些进化心理学家认为,高度焦虑的倾向可能是一种适应能力,帮助我们祖先在危险情况下生存下来。他们认为,过度焦虑的风险要远小于焦虑不足,这就是"烟雾探测器原理"。在单相障碍中,患者有严重抑郁期,而在双相障碍中,患者会交替度过抑郁期和躁狂期。有人提出,单相抑郁症可能是社会竞争失败的结果,抑郁的表现,如沮丧、精神不振和社交退缩都是我们祖先面对社会竞争失利时产生的适应性自我保护机制。双相抑郁症与个体的创造力有关,有学者提出,可能这正是"躁狂基因"带来的生存优势,也是该基因在人群中得以留存的原因。

抑郁症发病率在现代社会的上升可能与大众传播的发展有关,大众传播不断向我们展示成功的个人形象,这可能导致我们对自身能力的评估降低,从而使得更多的人自认为是失败者。另一个引起抑郁症发病率上升的因素可能是传统家庭和社区的解体。

季节性情感障碍患者的情绪随着季节变化而变化,大多数患者在冬天情绪低落,而在夏天则更"兴奋"。有学者认为,在北纬地区,蓝色眼睛的进化是一种对抗季节性情感障碍的手段。

精神分裂症是最严重的精神疾病,影响着全世界至少1%的人口。症状包括幻听、奇怪的错误信念、偏执、不适当的情绪反应和社交退缩。有强有力的证据表明,精神分裂症具有家族聚集特征,这表明该病症涉及遗传因素。然而,精神分裂症的发病率并不遵循简单的孟德尔遗传比率,这表明其中还涉及环境因素影响。进化论者对精神分裂症提出了许多解释,其中一种观点认为,精神分裂症是大脑偏侧性异常导致的结果,因此,它是人类为偏侧性这一适应机制所付出的代价。另一种解释则认为,患有精神分裂症的个体可以吸引反叛者,成为反叛群体的领袖,进而取得更高的繁殖成就。最后,拥有高度复杂的"社会大脑"和精神分裂症的进化之间可能存在某种关系。

人格障碍主要涉及不正常的行为模式与内心体验,具有持久性、顽固性和泛化性特征。其中,反社会型人格障碍和表演型人格障碍患者常常会欺骗和利用他人。进化研究者认为,在人类这种已将合作和互惠利他主义视为常态的物种中,搭便车心理可能构成了一种替代适应策略。

FSD精神病理学分类模型将精神障碍分为三大谱系,包括快谱系(F型障碍)、慢谱系(S型障碍)和防御激活谱系(D型障碍),该理论与生活史理论相结合,从进化科学视角重塑了精神障碍体系。

问题

1. 内森曾提出,为了探讨为什么精神疾病在人类中如此普遍,我们需要研究患病者的亲属,你是如何理解内森这一说法的?
2. 本托尔认为精神分裂症不是一种精神疾病,而是正常适应机制的极端表现。如果这被证明是正确的,它是否可以解释为什么精神分裂症在人群中一直得以存在?

3. 有学者基于进化理论对反社会型人格障碍和表演型人格障碍提出了解释,那完美主义倾向呢?你是否可以推测这一心理障碍的进化成因?
4. 在同卵双胞胎中,如果其中一个患有精神分裂症,另一个依然有50%的概率不患病,在诊断时,考虑到同卵双胞胎所有基因都相同,我们该如何解释这一发现呢?
5. 你能想到任何无法从进化角度进行解释的疾病吗?

延伸阅读

Brine, M.（2016）. *Textbook of Evolutionary Psychiatry and Psychosomatic Medicine: The Origins Of Psychopathology*（2nd ed.）. New York: Oxford University Press.

Del Giudice, M. (2018). *Evolutionary Psychopathology: A Unified Approach*. New York: Oxford University Press.

Gluckman, P., Beedle, A., Buklijas, T., Low, F. and Hanson, M.（2016）. *Principles of Evolutionary Medicine* (2nd ed.). Oxford: Oxford University Press.

Ray, W. J.（2018）. *Abnormal Psychology: Neuroscience Determinants of Human Behavior and Experience*（2nd ed.）. Thousand Oaks, CA: Sage.

13　进化与个体差异

关键词

人格・生态位匹配・遗传力・频率制约选择・全基因组关联研究・智力・多重智力・草原—智力相互作用假说・单核苷酸多态性

大量心理学研究都集中于个体差异领域,心理学家对人格和智力等心理特征的个体差异问题特别感兴趣,他们会探讨差异的形成原因,以及这些差异如何影响生活的其他方面,如职业发展、人际关系和精神疾病易感性等。关注远因层面的进化心理学家提出了一个很有趣的问题:个体差异的意义是什么?例如,为什么有些人是寻求刺激的外向者,而有些人是宅在家里的内向者?为什么有些人聪明,有些人鲁钝?人们常常会想到的答案是:这些区别反映了教养差异,它们是环境而不是基因造就的结果。智商高的人比智商低的人获得了更多受教育机会;外向的人从小是在鼓励氛围中长大的。但这并不是全部事实,研究表明,许多心理特征都具有遗传性,因此,个体之间的特征差异中,至少有一部分受到了基因的影响。但这带来了另一个问题。我们知道,如果某些基因比另一些基因能为个体带来更大的生存繁殖优势,自然选择就会青睐前者。既然如此,为什么我们的基因库中还存在遗传差异(或者可以简单理解为,为什么有的人拥有"聪明基因",有些人拥有"鲁钝基因",而不是所有人都有聪明基因)?心理特征的遗传可变性是否隐藏着什么好处?本章就重点探讨这些问题,在论述过程中,一方面我们会多次提及前几章曾提到过的理论和研究结论,同时我们还可以看到一种新的进化心理学观。

个体差异与进化

很明显,每个人都是不同的。例如,在法国长大的人通常会说法语,而在中国长大的人往往会说汉语,我们不需要考虑基因构成问题,也知道为什么会这样,我们还明白,除了语言外,世界各地的文化习俗也各有其特点。但是当心理学家谈到个体差异时，他们通常指的是比这些差异更微观、更具体的东西，比如个体之间的智力和人格差异。大量证据表明，人们在性格和智力上的差异是非常稳定的，不会随着时间和环境的变化产生太大波动（Cooper, 2012; Larsen & Buss, 2020; Haslam et al., 2017）。有人可能会问，在个体差异问题上，我们是否真的需要进化理论？难道那些差异不是环境经验所塑造的吗？

进化的解释视角之所以重要，其中一个原因在于，正如我们在前几章看到的，大量研究表明人格因素具有一定水平的可遗传性（约为 0.3 到 0.5 之间，智力的遗传系数为 0.4 至 0.7；Loehlin et al., 1998; Plomin, 2018）。中等遗传系数表明个体差异至少部分是由遗传差异造成的，同时，它还意味着我们的后代具有可变性可以带来适应方面的优势，因为对生存不利的表现型会被自然选择筛选淘汰。

这里有一个潜在的悖论。本书之前的内容一直在向读者指出，进化适应环境中的选择压力导致了人类"天性"的进化，其进化目标在于解决我们狩猎—采集祖先遇到的生存适应困境（Cosmides & Tooby, 1992; Pinker, 1997; Myers & Bjorklund, 2020）。如果是这样的话，那么我们现在不应该拥有同样的人格和智力吗（除非脑损伤和其他不可预见的情况）？个体差异的存在（尤其是那些明显源于基因的差异）不是完全推翻了进化论者宣称的"进化天性"概念吗？不，这一悖论恰恰体现了许多人对"天性"概念的误解。只要了解了两种观念，你自然就会明白，进化天性和个体差异之间其实并不存在矛盾之处。

站在自然选择的审判视角来看，至少就对广义适合度的影响而言，个体差异真的微不足道。作为一个个独立的生命体，我们倾向于过分强调人与人之间的不同程度，但在一个外星生物学家眼中，所有人类可能都是一样的（除了明显的性别区别）。因此，在某个人格维度上我们更偏向哪一端，或者在智力水平上我们偏高还是偏低（当然，要在合理范围内的变动），并不会导致明显的适应差异。当然，极端人格（例如人格障碍或精神分裂症）或者智力缺损确实会产生不利结果，但对大多数人来说，个体间的微小差异不足以对广义适合度造成影响。在某种意义上，这种可变性可以被认为是系统中的"噪声"。毫无疑问，我们祖先面临的许多问题只有一个最佳解决方案。例如，有色觉比没有色觉要好；提防陌生人比平等待人要好；警惕欺骗者比无差别利他要好。在这些问题上，我们很容易看出天性中某些方面如何"固定"下来。然而还有许多问题，它们或许没有唯一的最佳解决方案。是大胆冒险好，还是谨小慎微好？是自私自利好，还是慷慨大方好？是拈花惹草好，还是始终不渝好？以上每一种行为都可能具有适应性，其适应价值则取决于环境性质和其他社会成员的行为模式。后一点尤为重要,有时候更符合你自身利益的方式是表现得和他人不同、善加利用别人错过的机会。我们稍后会论述的生态位匹配(niche fitting)和频率制约选择(frequency-dependent selection)观念都体现了这一思想。不过在此之前,我们首先需要更详细地讨论一下内部差异的本质,我们从人格说起。

人格的个体差异

什么是人格?

为了理解人格,我们需要区分心理状态(psychological states)和心理特征(psychological traits)。假设某个人表现出某种行为,例如有人看到她生气了,如果她在不同的时间和不同的情况下总是表现出相同行为,我们可能会得出结论,她是一个易怒的人,这就是一种心理特征。反之,如果她在其他时间或其他情况下并不经常发怒。我们可能会得出结论,她上次生气是短暂的情绪体验,那是一种心理状态,如果我们再了解到上次她生气时遇到了某些突发高压事件,那么我们可以进一步肯定,她当时只是短暂地经历了愤怒心理状态。心理特征(人格)差异可以被视作是某种驱动力的差异,它会激励个体去做某些事情或对特定事态做出某种反应。例如,善于交际的人会主动寻找具有社交挑战性的场合,害羞的人则会避开这些场合;神经质的人在紧张情况下可能会变得焦虑,因此习惯于回避这类刺激而更悠闲松弛的人则没有理由那么做,因为他们可以从容应对。从进化角度看,我们或许可以认为人格是一种行为策略,是个体对特定情况作出特定反应的倾向。我们所谓的人格测试通常测试的正是心理特征——也就是说是一个人性格中持久的特征而不是暂时状态,比如一个人有多外向或多开明(Schultz & Schultz, 2005; Haslam et al., 2017)。

专栏 13.1 如何测量人格?

人格是通过人格测试来评定的,这是一种自我报告测试,一般要求参与者回答一系列与被测人格特定方面有关的问题。例如,如果测试者对测量外向性感兴趣,他们可能会问参与者这样的问题:"你在社交场合经常待在不为人关注的位置吗?"或者为了了解个体的神经质水平,测试者在测试中可能问:"你是一个经常会产生烦恼的人吗?"在完成一系列类似问题后,参与者会得到一个指示其外向程度或神经质水平的分数。测试中的问题都已经过了大样本检验,这是为了保证它们能够真实地预测行为，或者说为了确定它们可以构成有效的人格测量标准，如测试中归为外向者的人日常行为作风是否真的能体现出外向的一面(Cooper, 2012; Haslam et al., 2017)。同时，这也是为了保证测量的稳定性，例如，如果人们多次完成测试，他们每次人格测试得分是否较为一致。以下是一个自我报告型人格问卷的例子(实际上通常有超过 100 个问题)，测试目的在于揭示受测者是一个焦虑/放松、外向/内向或友好/不友好的人：

1. 你爱交际吗？　是/否
2. 认识新朋友会让你开心吗？　是/否
3. 你经常担忧自己的健康吗？　是/否
4. 其他人畏惧你会让你开心吗？　是/否
5. 你会因为工作上的烦恼而失眠吗？　是/否
6. 当你伤害了你爱的人，你会感觉很好吗？　是/否

显然，这样的测试依赖于测试者诚实作答。为了保证这一点，许多测试都会掺入"测谎"问题，如果受测者在测谎问题上的回答太虚伪，测试人员就可以判定他们的分数不可靠。比如：

7. 你曾因黄色笑话而笑过吗？　是/否

一共有多少种人格特征？

在 20 世纪 30 年代，心理学家奥尔波特确定英语字典中包含不少于 17 953 个不同的人格特征单词(Allport & Odbert, 1936)，但这并不一定意味着有这么多不同的人格特征。许多词是近义词(如外向、合群、善于交际)，而有些词是反义词(如外向与害羞、果断与被动、焦虑与冷静)。因此，完全可以将描述个性特征的单词进行大幅缩减——也许是 100 个左右。但这仍然太多，进一步缩减它们的方法是在一些概念中寻找共同的潜在模式。例如，"合群"和"自信"或许不是同义词，但它们可能在某种程度上彼此相关，即爱交际的人也比较自信。将大量潜在特征还原为少数特征的技术方法被称为因子分析(factor analysis)，鉴于其中涉及非常复杂的统计数学知识，本书在这里就不详细解释其原理了，但可以说明一下因子分析的过程。测试人员首先向一组被试提出大量与性格有关的问题(如上)，然后寻找答案之间的相互关系，任何答案彼此高度相关的问题都可以被整合在一起，形成一个更具包容性的高阶人格特征(例如好斗、合群、冲动)。测试人员可以就此打住，但也可以对这些高阶特征进行因子分析以找到更高阶的人格集群。为了做到这一点，测试人员需要继续寻找特征之间的相关

图 13.1 1968 年,伦敦国王学院医院精神病学研究所的汉斯·艾森克教授使用一台瑞典机器测量眨眼次数

性;如果相关性足够高,他们可以将相关特征整合在一起,形成一个人格因子。例如,我们可能会发现,合群和害羞是(负)相关的,所以它们可以被整合进一个被称为"外向性"的因子。或许测试人员能够不断重复这一过程,直到最后只剩下一个因子,但这实际上是无法做到的,因为我们不可能只用一个因子就准确地描述出人格。

主合派与主分派

人格理论家倾向于分为两大阵营:主合派(lumpers)和主分派(splitters)。主合派提倡将人格特征归为少量人格因子,而主分派更支持存在大量人格因子。汉斯·艾森克将所有人格差异归结为三个因子:外倾性 vs 内倾性、神经质 vs 稳定、精神质 vs 社会化(Eysenck, 1990)。外倾性维度与一个人的社交外向程度有关,外倾性高的人通常更合群以及善于交际,而外倾性低的人(或内倾性高的人)通常会更内向;神经质维度与一个人的心理稳定程度有关,神经质得分高的人非常容易紧张焦虑,而神经质得分低的人则较为松弛稳定;精神质维度与"友善"(或其对立面——"敌视")有关,在这一因子上得分高的人更为冷酷、残忍、有控制欲,而得分低的人更善良体贴。

在艾森克的人格理论中,每个因子都是一个连续体而不是特定类型,例如在外倾性维度上,个体不是被简单地归为外倾类别或内倾类别,而是被标记上一个外倾性分数。每个维度与其他维度互相垂直正交,这意味着如果进行大样本测试,被试在一个维度上的得分与在其他维度上的得分无关。因此,一个人的外向性得分无法预测其神经质得分或精神质得分,反之亦然。

还有一些研究者提出了大五人格理论(McCrae & Costa, 1996)。大五人格因子是开放性、责任心、外向性、宜人性和神经质。表13.1列出了这些人格因子的主要特征。

表 13.1 大五人格因子维度上的高得分特征与低得分特征

因子	高得分	低得分
开放性	好奇、爱冒险、兴趣广泛	传统、保守、思想封闭
责任心	自律、谨慎、目标感强	易冲动、散漫、草率
外向性	热情、好交际、精力旺盛、有支配力	沉默、好独处、腼腆
宜人性	善解人意、友好、慷慨、乐于助人	多疑、精明、冷酷、攻击性强
神经质	易担忧、焦虑、紧张、头脑混乱	情绪平静稳定、自信

责任心和宜人性是艾森克人格理论中精神质维度的次级因子,大五人格理论则将其区别开,这是因为研究者认为它们各自可以独立地解释一些人格特征,因此不应该合并为更高阶的单因子;另外,在艾森克的理论中,开放性因子被纳入了外向性因子,大五人格理论则将外向性与开放性区别开,前者更聚焦于社交方面,之所以这么做,是因为研究者同样认为用它们各自独立解释一些人格特征更为合理。

今天,大多数对个体差异感兴趣的心理学家都赞同大五人格因子模型(Haslam et al., 2017)。进化心理学家大卫·巴斯对人格研究也颇感兴趣,他认为相比其他分类方式——如艾森克的理论和雷蒙德·卡特尔(Raymond Cattell, 1965)提出的16种人格因子理论——大五人格因子是一种从进化角度来看更合理的人格划分方式(Buss, 2019; Larsen & Buss, 2020)。巴斯所说的"进化角度看合理"是指,每个人格维度都代表了一种有利于个体在特定物理和社会环境下生存的动机力量。例如,巴斯认为,艾森克人格理论中的外倾性因子将社交特征同好奇心与想象特征结合在了一起,这并不合适,因为好奇心倾向与社交倾向对适应性所产生的影响是完全不同的,因此最好像大五人格理论一样,将它们区分开。

如果要正确理解人格理论,我们还有两点需要注意一下。首先,我们很容易认为在某些因子上得分高就具有积极意义,而得分低则具有消极意义。例如,一个人信任他人、乐于合作且和蔼可亲似乎是件好事,相反,愤世嫉俗、特立独行和暴戾乖张则是坏事。这是一种我们必须摆脱的偏见，如果我们从进化论角度来看，能否把一个特征称为"积极"或"消极"要看它对广义适合度会产生什么影响。道德意义上的消极特征很可能在特定情况下会促进适应性，例如，我们可以想象，和蔼可亲的人更容易被他人利用，而愤世嫉俗的人面对搭便车者时可能直接中断合作，这就避免了被剥削压榨的灾难性后果。因此，环境可以通过这种方式塑造或触发某些人格特征。

第二点是，只有完全获知一个人在所有相关人格因子上的得分后，我们才能充分了解一个人的人格（包括他们在特定情况下的行为）。例如，外向性高的人究竟会如何表现，还取决于他们是思想开放还是狭隘保守，是焦虑紧张还是平静稳定。

人格与进化理论

天性、教养和人格

对双生子的研究（分为同卵和异卵以及一起抚养和分开抚养等不同情况）表明，大五人格因子的遗传系数在 0.3 到 0.5 之间（Tellegan et al., 1998; Plomin, 2018），这意味着人与人之间的性格差异中，有 30% 到 50% 的部分源于他们的基因不同，换言之，50% 到 70% 的差异是由非遗传因素造成的，而非遗传因素通常会被视为环境因素。但请记住，环境是一个非常宽泛的范畴，它包含了所有的非遗传影响。

具体来说，环境可能包括以下内容：
- 你的父母、同龄人、兄弟姐妹以及老师等人对待你的方式；
- 怀孕期间进入子宫并破坏胎儿发育的毒素、药物、辐射或病菌，这些物质被称为致畸物，如酒精、沙利度胺、麻疹病毒和宇宙射线；
- 母亲在怀孕期间或怀孕之前的饮食与生活方式，例如，有证据表明，女性在怀孕期间的饮食不但会影响她的孩子，甚至可能会影响她孙辈的发育情况（Barker, 1998）；
- 分娩时造成的创伤，如缺氧和其他产科并发症；
- 细胞内环境；
- 儿童时期感染的疾病和毒素；
- 其他任何或积极或消极、或生理或心理、可能发生在生命任何时刻的经历。

这里有些要点需要澄清。设想一下同卵双胞胎的情况，从行为遗传学上看，上述任何一类因素如果要归为环境影响，它只能影响到双胞胎中的一个而不会影响到另一个，只有这样才会造成双生间的差异，或者反过来说，如果某个环境因素同时影响到了双生子(例如某种病菌),根据行为遗传学的统计分析方式,它会被归为基因影响。当然,即便某个因素导致双生子朝不同方向发展,我们也不见得就应该为其贴上环境影响的标签,在某些情况下,环境可能仅仅是导致表型变化的触发因素(参见第 2 章的表观遗传学)。

> **专栏 13.2　不同情境下行为的一致性**
>
> 　　如上面所讨论的,大多数研究者都假定,个体基于人格特质所表现出的行为应该随着时间和情境变化具有较高的稳定性。例如,外向性得分高的人应该在各种不同情况下都非常"外向"。沃尔特·米歇尔(Walter Mischel)是最早对该假设提出质疑的心理学家之一。他发现,涉及与人格测量有关的行为指标时(如外向、诚实),个体在不同情境下确实会有一些表现差异。换句话说,在某些情境下看起来很合群的人可能在另一些情境不怎么合群。由此产生的争论通常被称为"个人—情境"争论(person-situation debate),它指的是行为主要决定因素到底是一个人的人格还是具体情境。虽然该争论持续了许多年(Mischel, 1992; Ross & Nisbett, 1991),但重要的是研究者对它的理解没有发生偏差:没有人怀疑个体在不同情况下存在一定水平的行为风格一致性——人格当然会发挥影响作用——关键问题是人格到底能在多大程度上"驾驭"行为。这一争论不太可能得到解决,原因在于没有一个人们能够普遍接受的"先验标准"——比如一旦达到该标准,我们就可以认为人格对行为影响更重要,如果在标准之下,我们就认为情境对行为影响更重要。现实情况是,如果我们发现人格和行为的相关性在 0.4 左右,情境决定论者和人格决定论者都会据此宣称己方取得了胜利。
>
> 　　从进化的角度来看,行为是进化策略的一部分,其要旨在于尽可能提高广义适合度。个体之间稳定的人格差异代表着不同生活策略:例如有些人通过支配他人获得资源,而另一些人则通过顺从他人获得资源。与此同时,行为也应该随情况而定,从广义适合度角度看,如果我们在任何情况下都"一意孤行",罔顾当下实际需求或短期与长期目标,那无疑会离适应之道渐行渐远。例如,一个惯于支配他人的人,当面对能为他提供有价值信息或物质资源的权威时,可能表现得非常恭顺(Henrich & Gil-White, 2001);相反,一个通常态度恭顺的人在地位较低的人面前也可能会极为强势。进化研究会对"个人—情境"争论提出不同的问题,它要问的不是行为最重要的决定因素是什么,而是问行为的稳定性和可变性如何能最大化地提高广义适合度。

关于人格差异的进化理论——需要解释什么问题？

我们先说明一下人格进化理论需要解释什么，以及这样的理论可能包含什么内容。首先，它要解释以下观察结果：对于大多数人格因子（如大五人格）来说，个体之间的差异至少有30%是由基因造成的。因此，进化理论应该说明为什么特定人格特征具有一定程度的遗传性。本书曾反复提到过，可遗传特征（无论是生理特征还是心理特征）通常有因可溯，如果它们会导致消极的适应性结果，很快就会在种群中消失。其次，我们知道人与人之间大约50%—70%的差异不是由基因决定的（或者至少不是直接由基因决定的），这些差异会被归因于环境因素。如果人格特质遗传确实能带来收益，那么为什么进化又为人格的可变性留出了这么大空间？这就出现了一个矛盾之处。因此，人格差异的进化理论需要对人格的可遗传变异和不可遗传变异（环境造成的变异）这两类特征同时作出解释。

目前存在三种解释，适应性假设认为，就广义适合度而言，拥有这两类变异是有好处的；非适应性假设认为，这些变异可能源于"噪声"干扰，或者是其他适应性机制的副产品；而适应性不良假设则表明，这些变异可能会对广义适合度产生有害影响，比如导致精神障碍（见第12章）。不同假设并不互相排斥：某个假设可能适用于某些现象，而另一个假设可能适用于另一些现象。表13.2总结了针对人格遗传变异和非遗传变异的适应理论解释（有利于适应）、非适应理论解释（对适应没有影响）和适应不良理论解释（不利于适应），接下来几节我们主要围绕这些内容展开讨论。

表13.2 依据来源（遗传、环境）和适应性结果（适应、非适应、适应不良）对个体人格变异的解释

		变异来源	
		遗传变异	非遗传变异
个体差异造成的结果	适应	<ul><li>频率制约适应策略（米莉的原发性精神病）</li><li>基于生态位匹配的遗传</li><li>变异源于不断变化的环境</li><li>对养育影响的不同易感性（贝尔斯基的观点）</li><li>适应性权衡导致的变异（如生存、繁殖、养育）</li></ul>	<ul><li>早期环境校准或"天气预报"（例如贝尔斯基/奇泽姆对依恋理论的解读）</li><li>策略生态位（如米莉对继发性精神病的解释）</li><li>基于生态位匹配的环境，例如同伴社会化（哈里斯），出生顺序效应（苏洛威）</li></ul>
	非适应	<ul><li>性重组引起的表型差异</li><li>适应的副产品（例如，提高女性生育能力的基因可能意外导致了男同性恋）</li></ul>	<ul><li>基因不完全指定发展模式而引起的偶然变异（平克的观点）</li><li>社会学习（如社会学习理论）</li></ul>
	适应不良	<ul><li>遗传异常（如亨廷顿舞蹈病）</li></ul>	<ul><li>环境创伤（如胎儿酒精综合征）、身体或心理创伤</li></ul>

解释个体差异的可遗传成分

由性重组和突变引起的非适应性差异

正如我们在第 2 章和第 3 章中讨论的那样,在有性重组过程中发生的基因洗牌意味着每个后代都有父母基因的独特组合。基因会对彼此产生多样化的影响,例如,在发展的不同阶段,一些基因会调控其他基因的"开"与"关"。此外,我们每个人平均有大约 100 个突变基因。因此,遗传变异在很大程度上可能只是一种"附带现象",也就是说,它是基因重组、有性生殖和突变机制的副产品,而不是自然选择的直接结果。

环境变化导致的适应性变异

毫无疑问,我们都知道环境会随着时间推移而不断变化。在恐龙时代,地球是一个不折不扣的"温室星球",那时没有永久性冰川,南北两极也是湿热气候。不久之后地球突然进入了几个冰期,地表大部分地区都被冰原所覆盖,这一影响持续至今,因为两极仍然处于冰冻之中。当然,环境变化也可能存在于更为微观的层次上,某地区可能会出现周期性的食物短缺期与食物充足期。因此,之所以个体间的遗传变异会导致人格差异,或许是因为某些表型在一定条件下有利,而另一些表型则在完全不同的条件下有利(这甚至可能是性存在的原因,见第 3 章中的红桃皇后假说)。例如,资源稀缺环境可能会"偏袒"那些愿意合作的人——在艰难时期,人们需要通过共同努力以维持生计;而资源丰富环境可能会"偏袒"那些自私的人——在繁荣时期,所有人都有充裕物质,自私者更容易独自过上富裕生活。现在我们想象一下,在第一种情形下,促成合作的表型会逐渐传播,而促成自私的表型会逐渐衰落,如果这样的情形持续很长一段时期,自私的个体甚至可能全部灭绝。但如果环境条件存在波动(假设变动周期为 100 年),那么在某些情形下,自私的个体反而更具有适应优势,促成自私的表型会迅速增加,而合作者数量则逐渐减少。

当本章后面讨论非人动物的个性时,我们会举出一些例子,说明快速变动的环境条件(比如周期为几个月或几年)如何导致种群中存在多类个性特征。

人格变异是进化副产品

根据上文的论述,在一个变幻莫测的世界中变异可能是有益的,但性格的遗传变异也可能仅仅是一些有益因素带来的副作用。正如我们所介绍过的，许多基因存在多效性，这意味着它们具有多种表型效应（见第 2 章和第 12 章）。比如有证据表明，后代的免疫系统差异可以避免父母将所有"基因蛋"放在一个篮子里。因此，人格差异也可能是其他变异来源所引发的附带现象。如果环境中某些方面一直非常稳定，那么众多备选特征中最有利的特征会被选择出来成为种群规范特征，而这一规范特征则可能会带来连锁效应。举例来说，我们知道女性的平均寿命比男性长，基于这一性别差异，有人或许会提出假设，认为存在某种只会影响到女性的适应机制。然而，之所以男性寿命较短，部分原因要归咎于睾酮，睾酮会导致男性在成年早期发育出更宽大的胸部和更强大的上身力量。因此，女性更长的寿命本身并不是一种适应机制，它只是女性睾酮激素比男性少这一事实的副产品。换句话说，调控男性睾酮激素的基因也会缩短他们的寿命（基因多效性）。这种现象——相同基因在生命早期会产生积极影响而在生命后期会产生消极影响——被称为"拮抗基因多效性"（antagonistic pleiotropy）。我们可以清楚地看到，在祖先过去的生活中，为了给女性留下深刻印象并与其他男性展开竞争，"睾酮基因"通过性选择过程被保留了下来，尽管它们会导致男性更早逝世，但这只是一种进化的副产品（Nesse & Dawkins, 2010; Nesse, 2019）。

源自不同生态位与频率制约的适应性变异

正如我们上面所讨论的，之所以存在个体差异，其中一个原因可能在于根本没有一个普适的"最优人性"，就像没有一个普适的最优汽车设计一样。涉及人格领域，这意味着拥有与群体中其他成员不同的人格实际上可能是有益的——因为相似人格少，你可能占据了一个竞争相对较小的行为生态位。这种生态位匹配现象可能发生在物种之间，也可能发生在物种内部。一种动物越是像人类这样会产生高度复杂的社会性互动，越是容易在内部发展出生态位匹配。简而言之，在生命竞赛中（竞赛内容是留下尽可能多的后代），有不止一种获胜方式。比如精神病态水平高的人可能会通过剥削他人的途径获利，而精神病态水平低的人可能会通过信任他人以达成互惠的途径获利（Furnham & Kanazawa, 2020），这也就可以解释为什么在人类族群中一直会有病态人格的存在（见第 12 章）。

此外，在某种程度上，"人格类型"的成功与否取决于群体中其他成员所采用的策略。为了避开高峰期而提前开车上班是一个提升交通效率的好办法，但前提是只有少数人这么做。如果很多人都采用同样的策略，那么它的效果就会越来越差。

当遗传策略的有效性取决于采用相同策略的个体数量时，这就涉及到了频率制约选择问题。例如,琳达·米莉认为精神病态可能是一种频率制约行为策略(Mealey,1995)。精神病态的特征是控制欲强,寻求刺激,忽视他人感受(见第 12 章)。这些特征往往会导致精神病态患者走上犯罪的道路,因此它才会被视为是一种病态症状。米莉指出精神病态可分为两类:原发性精神病态(primary psychopathy)和继发性精神病态(secondary psychopathy)。她认为原发性精神病态是天生的,与后天因素无关,而继发性精神病态则源自遗传倾向和特定环境因素之间的相互作用(稍后讨论人格的非遗传成分时会详细论述继发性精神病态)。

米莉将注意力主要聚焦于原发性精神病态患者身上,她认为病态人格实际上是一种适应性策略:患者可能会利用他们的控制倾向来剥削他人,获得包括性在内的资源(回想一下第 12 章,大多数精神病态患者是男性)。虽然这听起来有些牵强,但著名的精神病学家罗伯特·黑尔(Robert Hare, 1980;1993;2006)也认为,精神变态者所具有的许多特征(控制欲、蛊惑力、意志坚定)正是成功企业管理者所表现出的性格特质。然而,关键的一点是,精神病态策略的有效性取决于有多少精神变态者。当精神病态患者的数量相对较少时,他们的受害者倾向于信任他人,因此很容易被变态者所利用(你可能还记得,第 12 章曾提到,精神病态患者占人群总比例在 1‰到 3‰之间)。然而,如果因为精神变态是一种有效策略,变态者数量以及相应的欺骗行为都有所增加,那么潜在受害者将变得更为警惕,从而更不容易被利用(想象一下,如果 20‰的人是精神变态者,我们几乎每天都会遇到他们,那么我们会一直处于警惕状态)。随之而来的影响是,精神病态策略的收益受损,于是适应性降低,变态者比例逐渐减少。但当比例减少到某个节点时,精神病态再次成为一种成功策略,变态者数量又会继续增加。我们可以看到,在频率制约选择的作用下,精神病态者总数量将始终保持在较小规模。当然,我们也可以基于频率制约选择概念以及相同逻辑来解释其他极端人格在总人群中的比例,比如过于尽责和善(Wolf & McNamara, 2012)。

在讨论人格的非遗传成分之前,我们首先看看那些试图确定人格差异遗传基础的研究。

养育影响的易感性差异

我们在第 6 章讨论了贝尔斯基儿童发展理论(Belsky, 2005)。简要来说,贝尔斯基的观点是"基因程序"导致儿童对父母的影响会做出不同反应,有些儿童非常容易受到父母"讯息"的影响(比如父母的性格、教养方式),而另一些孩子则不那么敏感。贝尔斯基认为如果环境总是不可预测(间歇性的稳定期中穿插快速变动期),这种易感性

图 13.2　一些研究人员认为，在商业世界中，精神病态倾向可能具有适应性价值

变异就具有明显的适应意义。那些更容易被父母所左右的儿童在稳定期可能更有优势，而不容易被父母左右的儿童在快速变动期更有优势——因为在快速变动期，创造力会凸显出重要价值(Harris, 2006)。

变异是成本—收益权衡的结果

对个体人格差异的最后一种解释源于这样一个事实：在任何一种环境中，有机体都有多种可以确保基因传递到下一代的策略。其中一类策略选择就是我们之前讨论过的"C-F"(或相关的"r-K")连续体。回忆一下，根据生活史理论，C-F 连续体描述了个体是选择最大化其当前的适应性(大量后代，但对后代的投资少)还是未来的适应性(少量后代，但对后代的投资多)。正如我们在第 6 章看到的，这也被称为"快—慢"连续体(当下生育还是延迟生育)。我们还讨论了个体选择当前适合性(C 或快策略)还是未来适应性(F 或慢策略)在部分上要取决于存在多少环境风险(Chisholm, 1996; Belsky, 1997)。然而，即使在单一环境中也同样存在可行的替代策略。内特尔(Nettle, 2005)曾探讨过外向性的情况。与内向的人相比，外向的人会更热爱交际，也更喜欢寻求冒险。内特尔指出，这种差异可能会对适应性产生影响，外向者倾向于最大化当前繁殖成功率,内向者则倾向于最大化未来繁殖成功率。与该预测一致,一项对 545 名成年人进行的研究显示,个体外向性水平与一生中性伴侣的数量、后代数量以及婚外情数量都呈正相关;但糟糕的是,外向性水平也与住院次数呈正相关,在受调查前两年,外向者更有可能就医四次以上。内特尔据此认为,外向者的策略是最大限度地增加后代数量,但牺牲了后代的受照顾质量,导致他们的后代会过早去世或能力不足。因此,虽然看起来外向性会带来更多繁殖收益——与更多的人发生性关系,从而繁育更多后代。但这些收益会被外向者的劣势所抵消——他们对后代的照顾不够细心,同时也更容易出轨或分手。

当然,这些解释只是推测,因为没有证据表明外向者的后代更容易因父母失职而死亡,也没有证据表明外向的人比内向的人花在照顾孩子上的时间更少(尽管考虑到他们有更多婚外情,这确实可能导致他们没有足够精力照顾后代)。另一方面,即使今后的研究结论更加明确地支持这一猜测,它也不能完全解释为什么会出现这种内外向的个体差异。一种可能性是,这种人格特征是一种条件适应的产物。你可能还记得,第 6 章中曾提到,条件适应指的是生命体会依据环境条件而改变发育模式(Myers & Bjorklund, 2020)。例如,在父母外向行为风格造就的糟糕家庭环境中("糟糕"针对的是子女),如果子女发展为内向人格,可能更有利于成长,因为内向性格的保守、谨慎等特征可以弥补父母的粗心大意(反之亦然)。这种解释目前还处于推测阶段,但如果它能得到验证,将为基因和环境的相互作用提供一个很好的范例。

寻找人格的遗传基础

如果人格的个体差异在一定程度上是进化的产物,那么我们这些差异必然具备遗传基础。正如我们在第 2 章和第 6 章看到的,行为遗传学家会试图探求基因对人格差异的影响。直到大约 30 年前,他们都还是采用比较间接的研究方式,比如比较双生子以及个体同其他亲属的人格相似性。然而,自 20 世纪 90 年代中期以来,行为遗传学家已经开始鉴别与人格特征相关的特定基因。进入 21 世纪后,遗传学家又开发出了探索完整基因组的工具,这将该研究领域向前推进了一大步。我们将依次回顾这些研究进程。

在此之前先介绍一个概念:当单个基因(等位基因)同个体间人格(或智力)差异具有因果关系时,它被称为候选基因(candidate gene)。

搜寻基因

有两种方法可以识别候选基因——连锁分析或关联分析。当使用连锁分析时,通过利用 DNA 中的共同变异并将其与家系信息相结合,遗传学家可以对基因组展开研究。连锁指染色体上彼此接近的遗传标记(genetic markers)倾向于一起遗传的现象。遗传标记是一段 aDNA 片段(基因和其他遗传物质),它或许具备也或许不具备(已知)功能。重点在于,一些可能与人格(如喜欢寻求新鲜刺激)或疾病(如精神分裂症)相关的基因由于同已知遗传标记接近,因此它们会与遗传标记一起传递给后代。在连锁研究中,遗传学家先对大家庭进行测试,其中一些成员具备特定的目标特征,而另一些则不会。之后他们确定每个家庭成员的基因型,特别是遗传标记(可能有 300 个)。再接下来,他们会证实哪些标记等位基因只出现在具备目标特征的家庭成员身上。通过这种方式,他们可以确定一个人是否有特定的候选基因。

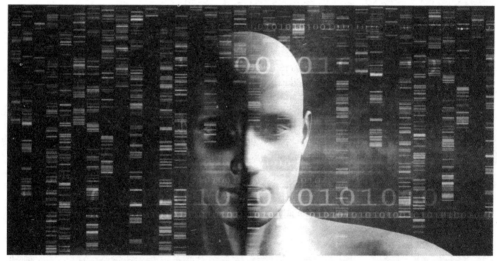

图 13.3　所有人类有 99% 的共享基因,1% 的变异听起来不多,但考虑到每个人的基因"阶梯"有 30 亿个"梯级"(碱基对),这意味着个体间会有 3 000 万对碱基对差异。显然,这足以对个体间的差异构成有效影响

关联分析并不专注于同一家族中的家庭成员,而是以人群中的两组无关样本作为研究对象——一组样本具有目标特征,另一组没有。然后对两组样本中的被试进行基因分型(genotyped,确定个体基因型的过程,通过检测 DNA 序列变异来实现),以确定两组被试间等位基因频率的差异。利用这种方式,关联研究能够定位与目标特征相关的基因组区域(也可能是一个特定基因)。到目前为止,连锁分析和关联分析的应用领域主要局限于遗传疾病研究,因为它们成本高昂,同时费时费力。但一些遗传学家也

会基于这两种方法探寻部分人格特征的遗传基础,比如冒险特质和焦虑倾向。

当前,连锁分析和关联分析已经确定了许多候选基因,其中一些正是与个体之间的人格特征有关。这些基因通过影响神经递质的释放或再吸收,使神经递质的受体位点发生变化,进而导致了个体差异。其中,有两类基因的作用最为明显。

D4DR 和多巴胺系统 在 11 号染色体的长臂上有一个名为 D4DR 的基因,它可以编码 D4 蛋白质的产生,而 D4 蛋白质可以从大脑中各种神经元的膜上伸出来,接受神经递质分子多巴胺(这是第四种被发现的多巴胺受体)。如果有足够多的多巴胺分子被这些受体捕获,那么神经元就会释放电信号(即"放电")。当然,神经元要共同工作,形成神经束或通路,而多巴胺通路与动机和觉醒密切相关。现在我们知道,个体之间的 D4DR 基因长度可能存在差异,这会影响它所编码的多巴胺受体工作效果。染色体的 D4DR 部分越长,神经元对多巴胺的反应就越弱。因此,相比遗传较长 D4DR 基因的人,遗传较短 D4DR 基因的人更容易感受到多巴胺的影响。

人格测验表明,个体的 D4DR 基因越长,对新颖和刺激体验就越渴望(Ebstein et al., 1996; Eichhammer et al., 2005)。大致来说,这表明那些拥有长 D4DR 基因的人,无法完全感受到多巴胺通路的效用,因此他们会不断地尝试提高多巴胺水平,进而行事风格也就更为外向性。这意味着单个基因的自然差异就足以对性格产生深刻影响。

5-HTT 和血清素活性 另一种与人格差异有关的基因是 5-HTT 基因,它编码了影响血清素活性的蛋白质。5-HTT 基因存在"长型"和"短型"两种形式,你身上的 5-HTT 基因形式决定了血清素的运输情况(即,释放到突触间隙的血清素随后被运送回神经细胞进行再利用的情况),而这进而又会影响你的害羞程度。该基因位于 17 号染色体上,它的一部分被称为"血清素转运启动子调控区"或 5-HTTLPR,一些研究人员称,该基因的等位基因可能与某些疾病有关,如强迫症、贪食症、酗酒以及孤独症。许多研究则表明,长型(或杂合型)5-HTT 基因在一定程度上会导致羞怯、焦虑甚至饮食失调症(Benjamin et al., 2002; Munafò et al., 2003)。

单一基因研究的局限性

对于进化心理学等强调行为和心理具有遗传基础的学科来说,以上发现无疑是突破性研究进展。然而,近年来,单一基因影响效应的研究前景却不容乐观。首先,每当一项研究报告了候选基因与人格特征之间的重要关系时,总会出现另一项得出相反结论的研究(Flint et al., 2020)。其次,大量的元分析(将大量以前的研究数据整合起来,进行重新分析)表明,这些单基因效应要么经不起推敲,要么它们在个体之间造成的变异量真的非常微小(Munafò et al., 2008; Mathieson et al., 2012; Webb et al., 2012)。为什么会这样呢?其中一个原因是,这些单一基因的影响效应会与其他基因的影响效应产生相互作用。众所周知,多巴胺和血清素就会以复杂方式产生反应,前者受后者调节(Toates, 2011)。因此,5-HTT基因和D4DR基因对人格的影响会相互作用,另外这两种基因也可能与其他基因相互作用。因此,解开这些基因的纠缠关系将是一项非常艰巨的工作。我们还必须考虑到这样一个事实:个体差异的许多方面可能都属于多基因特征(即它们取决于许多基因,可能有数千个; Heck et al., 2009; Plomin, 2018),如人格和智力。

最后,拥有这些基因可能会使个体倾向于发展出某种人格,但这种倾向或许没有那么强烈。回到表13.2中列出的变异来源,从某种意义上说,这些基因的活性可能取决于早期环境(见上文)。特定的早期环境可能会减轻某些等位基因的影响,甚至逆转它们。比如双生子研究表明,焦虑水平的遗传率在40%到60%之间,而这已经是行为遗传学领域中遗传率最高的人格特征了。相比之下,其他人格特征(如"宜人性"和"外向性")的遗传程度要低一些,约为30%到50%(Plomin, 2018)。

全基因组关联研究

如上所述,由于单一基因影响效应的相关研究存在各种局限,许多研究者对该领域的研究结论提出了质疑。尽管在少数情况下,单个基因也可以产生很大的影响(亨廷顿舞蹈症就是一个很好的例子),但在过去的20年里,科学界越来越清晰地认识到,人格和智力等复杂的心理特征会涉及众多基因的协同调控,行为遗传学的前途日渐暗淡。然而从2007年开始,风潮再次逆转,得益于技术进步,行为遗传学家已能够对全基因组进行关联分析(Flint et al., 2020),这大大提高了关联分析的可靠性。由于全基因组关联研究(genome-wide association studies, GWAS)能够使用大样本,相比连锁分析,它的研究结论具有更高的可重复水平(Plomin, 2018; Flint et al., 2020)。GWAS基于识别单核苷酸多态性(single nucleotide polymorphisms)——即单个核苷酸(A,T,G,C,它们成对形成DNA阶梯的梯级;见第2章)的变异——来确定哪些等位基因导致了人与人之间的特征差异。

在一项开创性的研究中,维康基金会(Wellcome Trust)的一个团队使用GWAS证明了大量已识别基因与七种常见疾病的关系(包括2型糖尿病和双相情感障碍)。尽管大多数这类研究主要关注与疾病有关的等位基因,但也有一些行为遗传学家,如罗伯特·普洛明（Robert Plomin），会利用GWAS来探索个性和智力遗传基础。例如，普洛明对数百万样本进行分析检验后，总结了大量涉及智力水平的等位基因，它们能够解释10%的智力变异（Plomin & von Stumm, 2018）。无疑，对于探索智力的遗传基础来说，这确实是向前迈出了一大步，然而我们也知道，双生子研究早已表明50%的智力个体差异要归因遗传因素，所以还有40%的遗传变异有待挖掘。行为遗传学家相信，这些谜团很快就会被逐渐破译（Plomin, 2018）。还有一些研究则发现了与性格特质有关的基因，它们清楚地表明，人与人之间大五人格特质差异是由大量基因所调控的，每个基因都具有很小的影响（Sanchez-Roige et al., 2018; Plomin, 2018; Flint et al., 2020）。这里所谓"大量"可能会达到数万个之多。

解释个体差异的非遗传成分

源于社会学习过程的非适应性变异

我们在第10章论述语言主题时已经对斯金纳的行为主义思想进行了一番详细探讨。在人格研究领域，斯金纳依旧秉持相同立场，他认为人格只是通过各种奖惩过程而习得的一套行为模式，例如，一个儿童因合群而得到奖励、因孤僻而受到惩罚，那么他会成长为外向者，反之则成为内向者。阿尔伯特·班杜拉（Albert Bandura）在一定程度上修正了这一观点，他提出，儿童的人格习得也可以通过观察他人来实现，这是一种社会学习过程。虽然社会学习理论假设（起码最极端版本的假设）与人格的遗传学研究证据并不相符，但后者其实也表明，环境因素在人格形成中会发挥重要作用。

源于偶然因素的非适应性变异

大脑是一个非常复杂的器官，包含大约10亿个神经元，每个神经元都与许多其他神经元相连接。这就是大脑的互联性，据估计，成年人大脑有1.5亿个突触连接（Pakkenberg & Gundersen, 1997）。因此，这张"线路图"是如此复杂，它的分布方式不可能仅仅由一套基因组来指定——尽管这套基因组也足够庞大，它包含20 300个基因，其中大约三分之一的表达效果集中于大脑（比身体任何一个部位或器官所涉及的基因表达都要更多）。

因此，尽管同卵双生子具有完全相同的基因，但他们的大脑似乎从出生时就有所区别，甚至特定脑区也存在一些尺寸差异，这并不奇怪。鉴于此，我们可以推测，同卵双生子的行为特征在一定程度上应该也有所不同，这一点同样得到了验证。双生子的人格相关系数通常在 0.6 到 0.7 之间（这导致了上文所说的变异系数为 0.3 至 0.5，变异系数即方差，它是相关系数的平方），智力相关系数则在 0.75 至 0.76 之间（Plomin, 2018；见专栏 13.4）。斯蒂芬·平克（Steven Pinker, 2002, 396）推测这些差异可能源于偶然因素：

> 双胞胎中的一个躺在子宫里，守着胎盘，另一个必须挤在他身边；宇宙射线会使一段 DNA 发生突变；轴突的生长锥向左而不是向右；这些偶然因素都可能导致同卵双生子大脑结构的发育差异。

因为基因不能完全指定大脑的线路布局（也不能完全指定身体其他部分的发展模式），所以大脑某些结构的发育调控权就交给了环境。为了支持这一观点，平克指出，即使在严格的实验室控制条件下，饲养基因完全相同的动物，如老鼠、果蝇和蛔虫，个体之间仍会表现出很多差异，如果蝇的刚毛数量差异或蛔虫的寿命差异（Austad, 2000）。因此，这种假说认为个体差异的非遗传成分其实源自非适应性过程——之所以存在变异，是因为基因提供的信息过于有限，不足以完全指定整个生物体的发展方向。

早期环境校准或"天气预报"导致的适应性变化

不断变化的环境不但可以解释特质变异的可遗传成分，也可以解释非遗传成分。根据早期环境校准理论，变化莫测的环境往往意味着自然选择不能将表型限定在固有框架内。因此，之所以遗传只能决定一部分人格特质，原因在于当外部世界无常多变时，根本不存在永远成功的表型，或者说任何一种暂时成功的表型都可能很快就不再具有适应性。因此，基因没有指定完整的人格，而是指定了能够调整或校准人格的心理机制，使其更适合个人发展的环境。这就像测量员会因地制宜，根据局部状况来校准科学仪器。

为了了解这一理论，我们可以看看一个来自昆虫界的例子。某些种类的蚱蜢可以非常巧妙地将自身融入周围环境中（Rowell & Cannis, 1972；Bateson & Martin, 1999）。如果将一只幼虫放在一个深色环境中，它下一次蜕皮时，自己也会变成深色（和所有外骨骼生物一样，蚱蜢必须脱掉外骨骼才能生长，在蜕皮后的一段时间里，它们的新皮肤较柔软，此时就会生长）。如果将这只深色蚱蜢放在浅色环境中，那么在下一次蜕皮之后，它又会变成浅色的（见图 13.4）。这种变化显然完全是由环境造成的，似乎与基因无关,因为将两只基因相同的蚱蜢放在不同颜色环境中饲养,它们会成长为不同颜色。按照行为遗传学的分析原则,这种情况下遗传不能解释任何变异,环境要100%负责。然而,是否可以据此认为环境是颜色变化的原因?这就要看我们应该如何理解"原因"。

这些蚱蜢生活在森林中,在那里火灾是一种司空见惯的现象。一旦发生火灾,由于植物被烧焦,整个森林的背景色都会变得深暗,此时浅色蚱蜢就会很容易被捕食者捕获。因此,能够帮助蚱蜢实现肤色转换的突变自然会受到自然选择青睐。所以环境实际上是一种诱因,它触发了可以调控肤色的遗传机制。具体来说,在该过程中最关键的环境变量是地面反射光,光的强度与蚱蜢颜色亮度呈正相关。生物这种根据环境信号改变其特征的能力被称为表型转换(phenotype switching),当然,它也可以被视为是一种条件适应(见第6章,Myers & Bjorklund, 2020)。

图 13.4　蚱蜢会根据环境中的背景色发育出不同"肤色"

我们把话题再转回到人类身上,有的学者认为,一些人类个体间的差异也是源于类似机制。正如我们在上面看到的,如果可以"预测到"环境的"不可预测"(意思是环境组合形式的种类是固定的,但你不清楚自己将出生成长在何种环境中),那么就像蚱蜢一样,人类可能生来就携带了某种校准机制,它的作用在于采集环境中的关键信息,进而决定个体的一系列发展轨迹。我们在第1章就讨论过两个基于该思想的假说。

贝尔斯基(Belsky, 1997)和齐泽姆(Chisholm, 1996)都认为早期经历可能会造就不同生殖策略。父母的高投入养育模式可能会引导后代也走向高投入养育的道路(例如,发生第一次性接触的年龄偏大,性伴侣少,稳定的伴侣关系,后代少,对后代投入较多资源)。相反,低投入养育线索可能会致使他们沿着低投资养育模式发展下去(比如第一次发生性接触的年龄偏低,随意性关系和性伴侣较多,后代多,对后代投入资源少）。大量实证研究早已表明，父母行为会影响儿童成长轨迹（参见第 6 章），发展心理学家习惯于在依恋框架下对此现象进行解释。贝尔斯基和奇泽姆修正理论则指出，童年时父母的行为模式能预示着未来可能发生的事情（当我十几岁的时候，父母可能还在身边吗？他们还会照顾我吗？），凭借与生俱来的进化机制，儿童可以将父母行为线索作为今后生活的"天气预报"，并基于预报结果采取相应行动，发展出不同的人格及其他心理特征（Bateson & Martin, 1999；Myers & Bjorklund, 2020）。

基因—环境相互作用导致的继发性精神病态

米莉认为，原发性精神病态是由基因所决定的，而继发性精神病态的成因更为复杂，患者只是遗传了采用欺骗策略的倾向，但他们是否会成为精神病态患者则取决于自身成长环境。基因导致某些个体具备易感体质，而环境则是诱因，常见触发因素包括生活在一个很少有机会通过合作获得资源的环境中，人口密集（因此有很多欺骗机会），社会互动匿名（欺骗行为不太容易被发现）。因此，之所以原发性精神病态在人群中得以维持，主要受到了频率制约选择的影响；而继发性精神病态则较有"弹性"，患者的行为模式会基于早期环境进行"校准"。所以继发性精神病态也可以被视为是一种条件适应现象。

早期环境校准既是一个较新的研究领域，也是一个让人振奋的研究领域。之所以让人振奋，是因为它表明，行为遗传学家讨论的人格环境变异中，其中一部分源自个体携带的某些进化机制，这些机制可以对个体周围的生存环境进行样本采集，并据此预测未来走向，同时进一步影响特定表型的表达。顺便提一下，这种观点进一步反驳了那种将进化思维视为决定论的观点（见第 1 章）。诚然，环境会产生重要影响，但至少在某种程度上，它无法毫无限制地塑造个体，个体发展更像是一种选择过程——从备选方案库中选出最适应当前环境的表型（Myers & Bjorklund, 2020）。

适应性生态位填补

另外两种截然不同的理论声称，一些非遗传人格变异可能是个体占据了特定生态位造成的结果。我们在第 6 章讨论了哈里斯的群体社会化理论，这一理论表明，儿童的人格可能会受到群体中特定位置的影响。例如，一个群体也许只有一个领导者的位置，所以如果这个位置已经被占据了，那么儿童要么会与现任领袖竞争领导权，要么会占据不同生态位（比如成为专门逗乐的角色，即开心果，或者出谋划策的角色）。伯克利大学的研究者弗兰克·苏洛威（Frank Sulloway）则提出了"填补不同生态位"这一概念，他的理论完全以家庭关系为基础，主要聚焦于解释兄弟姐妹之间的人格差异。苏洛威指出，长子通常会承担代家长的职责，帮助父母抚养年幼的弟弟妹妹，为了实现这一目标，他们会装配以适宜人格。因此，长子长女常常采用苏洛威所谓的"尽责成就者"策略，他们强势、勤恳、责任心重、谨慎，同时有些保守。另一方面，对于后出生的孩子来说，他们的兄长或姐姐不但身体更强壮，也更懂得如何获得父母关注，因此，后出生的孩子不会与"尽责成就者"展开直接竞争，他们倾向于采取不同策略，比如善于交际、富有创造力以及桀骜不驯（Sulloway，1996；2011；2020，见专栏 13.3）。

对进化解释的评价

我们论述了关于人格变异的进化假说，它可以解释变异的遗传成分和非遗传成分。同卵双生子的人格具有极高相似性——无论是在一起抚养还是分开抚养——仅仅这一点就可以证明，个体之间的人格差异与基因有关，一定程度的人格特质多样性有利于提高广义适合度。人们很容易据此误以为，人格差异对整个种群有利，但这种群体选择主义的立场完全是多余的。就像一支足球队由许多不同角色构成（前锋、后卫、守门员等），多样性角色安排当然对球队有利——如果全是守门员，球队进攻无力；如果全是前锋，则防守漏洞百出。但角色安排其实也对个体有利，当每个球员各司其职时，球队获胜的概率更高，这样每个球员都能通过赢取比赛而获得财富和地位。所以，当解释人格特征的多样性时，我们没必要诉诸群体选择主义，在个体选择水平上它也具有适应意义。

进化理论也可以从适应性角度解释为什么人格不是完全由遗传决定的（同卵双生子的人格也有差异），由于环境和可利用的生态位处于不断变化之中，对个体来说，最适宜的选择是采取部分"观望"策略——根据环境（早期环境校准假说和生态位匹配假说）构建行为模式。不过，这到底是出于进化适应（适应性假说，米莉、贝尔斯基以及奇泽姆的理论），还是仅仅因为人类基因组无法完全指定我们的所有特征（非适应性假说，平克的理论），该问题有待实证研究的检验。

通常，我们会认为人与人之间的个体差异与进化机制无关，它们主要源于环境因素。然而，进化科学家认为，发展可塑性（developmental plasticity）本身就是一种适应机制，它允许我们依据环境"选择"最佳生存策略。不过，除了人格特征外，人们的智力水平也存在个体差异，如果进化心理学认为个体差异具有适应意义，那么他们也必须对智力差异做出合理解释。

专栏 13.3　人格与出生顺序

弗兰克·苏洛威是一位科学历史学家,但他最广为人知的作品可能是 1996 年出版的《天生叛逆》(*Born to Rebel*)一书。他在书中认为,出生顺序对性格有重大影响。作为一名历史学家,苏洛威自然非常善于挖掘史料,他敏锐地注意到,历史上许多极具颠覆性和创造性的人往往是家庭中后出生的孩子,包括列宁、托马斯·杰斐逊、菲德尔·卡斯特罗、查尔斯·达尔文、比尔·盖茨和卢梭。苏洛威对 6 556 名"伟大"历史人物的调查分析发现,其中大多数伟人都不是长子长女。他还对 196 项人格研究进行了元分析,结果显示,支持其假设的研究有 72 项,不支持其假设的研究有 14 项,其余则没有对应关系(Sulloway,1995)。

苏洛威还有一些有趣的研究成果:他发现,在 1700 年到 1875 年期间,个体的出生顺序竟然还同他们对进化论的接受程度有关(他调查了 433 人)。在达尔文出版《物种起源》(1859 年)之前,科学界对于进化的认识其实一直处于激烈交锋中,而后出生孩子支持进化论的可能性比长子女高出 8.7 倍。从统计学角度看,如果说这种顺序差异完全是巧合造成的,概率要小于十亿分之一。而且有意思的是,在《物种起源》出版后不久,大批量长子长女选择皈依达尔文主义,他们对达尔文主义的态度迅速发生转变(见图 13.5)。

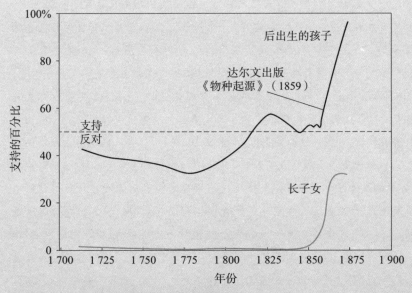

图 13.5　出生顺序、时间与对进化论态度间的关系

在另一项研究中,苏洛威(Sulloway, 1999;2001)要求被试基于大五人格因子来评价自己及自己兄弟姐妹的人格。结果显示,人格特质得分与出生顺序具有显著相关性,长子长女通常在责任心和神经质因子上的得分较高,而在开放性、外向性和宜人性因子上的得分较低。

表 13.3 出生顺序与大五人格因子得分间的关系

因子	与出生顺序相关性	显著性,p<
开放性 后出生的孩子更具有想象力和创造力,情感更丰富,更容易被新颖的观念和想法所吸引	0.08	0.001
责任心 先出生的孩子更为自律、谨慎、克制、坚毅、细心、有条理,同时更具有责任心	−0.18	0.001
外向性 后出生的孩子更为热情、活跃、勇于冒险、乐观	0.14	0.001
宜人性 后出生的孩子更具有合作精神,更为直率、依从、谦虚,更容易信任他人,更容易相处	0.10	0.001
神经质 先出生的孩子更容易紧张、焦虑,而后出生的孩子更为自信	−0.04	0.01

来源:Sulloway, 2001

你可能已经注意到,尽管出生顺序和一些人格特质的相关性达到了显著水平,但相关性其实微不足道。相关性的范围在 −1 和 +1 之间,当两个变量的相关系数达到 0.8 以上(或 −0.8 以下)时,我们可以认为它们具备强相关,如果在 0.3 与 −0.3 之间,它们就只能算弱相关。所以表 13.3 中的许多相关系数其实非常微弱。从这一点来看,尽管出生顺序与人格特质具有相关性(也就是说,不可能毫无关系),但前者对后者的影响可能很小。你可以计算出一个变量中有多少变异能由另一个变量所解释(二者相关系数的平方,再乘以 100%)——宜人性与出生顺序的相关性为 0.1,这意味着出生顺序只能解释个体间 1% 的宜人性变异。对此,苏洛威指出,基于方差的统计分析方式可能会低估出生顺序等因素的重要性。虽然他的看法有一定道理,但大多数心理学家依然认为出生顺序与人格特质的相关性过于微弱。另外,苏洛威还相信许多因素(如性别、年龄、社会阶层)都能影响人格发展,尽管从传统统计学角度来看,出生顺序的影响效应极小,然而从长远角度出发,即使是 1% 的适应性优势也足以让一种基因型战胜其竞争对手。还有一些学者认为,苏洛威提出的假设与进化假设并不相容。例如,平克就指出,家庭内竞争策略不太可能于家庭之外发挥作用:想想,无论你表现得多么糟糕,你的父母通常都会给予你一定的关爱和照顾，但非亲属之间不太可能如此友善。所以，进化应该为我们配备了专门针对亲属和非亲属的两套应对策略(Steven Pinker, 2002)。苏洛威的回应是，在所有脊椎动物中，无论是鱼类还是哺乳动物，年长后代总是比年幼后代具备一些竞争优势，这足以对物种行为产生深远影响(Sulloway, 2020)。

非人类动物的个性会不同吗？

最近研究表明，不只人类具有个体差异。当然，实际上几百年来人们一直了解这一点，宠物犬的主人会告诉你，没有两只狗是一样的，猫也同样如此。不同的是，现代研究证据表明，像人类一样，动物的部分个性差异源于遗传。例如，生活在湍急溪流中的孔雀鱼比生活在平静溪流中的孔雀鱼更勇敢(O'Steen et al., 2002)，原因似乎是湍急的水流中不太可能存在梭子鱼等捕食者。在没有捕食者的情况下，大胆的孔雀鱼会得到更多好处，它们能获得更多食物，同时也能为自己争取到更频繁的交配机遇。但如果生存环境中存在捕食者，勇敢就会成为劣势，因为它增加了孔雀鱼被猎杀的风险。这种行为特征并不是通过习得形成的，因为如果把来自湍急溪流的孔雀鱼后代放到有梭子鱼出没的环境中，它们依然漫不经心。简而言之，"胆怯"是孔雀鱼进化出的一种针对捕食者的应对策略。

在大山雀身上也存在类似现象，而且更有趣的是，它们的个性倾向还存在两性反转。人们发现，"探索型"大山雀勇敢、好奇，具有很强的攻击性；而"内敛型"大山雀则胆小谨慎(Dingemanse et al., 2002)。同孔雀鱼一样，这种特质具有遗传性(遗传率估计在 0.3 到 0.6 之间)，它似乎也源于生存适应。对于雌性来说，当食物供应稀缺时，"探索型"特质更有利，因为探索型雌性更有可能找到食物；当食物充足时，内敛型雌性也能获得足够食物，反而探索型雌性会面对更高的被捕食风险。对于雄性来说情况正好相反。当食物供应稀缺时，饥饿导致大量鸟类死亡，雄性间竞争减小，内敛型雄性可以很好地生存繁衍；当食物充足时，雄性增多，针对配偶和资源的性别内竞争变得极为激烈，探索型雄性往往在竞争中更容易胜出(Dingemanse et al., 2004)。

总之，非人类动物身上也有许多遗传造就的个体差异(Nettle, 2006)，问题在于，这与我们在人类身上看到的个体差异是否具有相同性质？我们可否认为这些差异就是个性差异？在众多反对意见中，许多观点我们早已非常熟悉：动物的行为模式具有跨情境稳定性吗(见专栏 13.2 的"个人—情境"争论)？这些特征本身就是进化适应过程的直接产物，还是说它们其实是其他适应性特征带来的副产品？例如，探索型雄性大山雀可能体型更大，它们之所以能在竞争中胜出，不是因为它们具有较强的攻击性，而是因为它们更健壮。当然，只要通过严密的实验控制，排除混杂变量，以上问题可以得到解答。要证明（或证伪）动物具有真实的个性差异，一种方法是检验这些差异是否同人类身上的同类差异具有相似近因机制。有意思的是，现在明确证据表明，大山雀的行为模式差异确实与 D4DR 基因有关（本章曾介绍过 D4DR 基因与人类人格特征的关系）。蒂姆等人研究发现，大山雀的勇敢或胆怯取决于它携带何种形式的 D4DR 基因(Timm et al., 2015)，这证明，至少某些动物确实具备遗传性个性差异。

图 13.6　一只勇敢的大山雀正在面对体型比它更大的乌鸫

　　除了各种科学上的反对意见之外，还有一些人对将"个性"一词应用于非人类动物感到不安(Katsnelson, 2010)。可以肯定的是，个性一词有许多含义，比如我们说某人"个性十足"或"缺乏个性"。然而，如果仅仅从狭义的科学专业术语角度出发，我们很难找出什么禁止用该概念来描述动物的理由——除非我们认定，个性（人格）一词只是专属于人类的。如果我们所说的个性就是指个体间相对稳定的特征差异——这些差异可以被观测到，同时会影响行为，那么，上文所陈述的研究显然足以证明，动物也具有个性。或者，我们也可以加入反对者的队伍，承认动物没有个性，但前提是我们也必须承认人类没有人格。进化心理学最重要的贡献之一就是，它消除了那些实际上并不存在的、只深植于人类偏见中的物种隔阂。正如理查德·道金斯(Richard Dawkins, 1976)所指出的，我们都是生存机器，尽管不同的物种可能进化出不同的生存方案，但也会使用相似策略，个性的个体差异可能就是其中之一。

智力

什么是智力？如何测量智力？

智力是一个难以定义的概念，甚至在心理学家中也有很多争论。1986年，24位世界顶尖的智力研究专家聚在一起，想要创建一个智力概念的公认定义，他们失败了。或者从某种意义上说，他们做得太成功了——因为他们提出了太多定义方式(Sternberg & Kaufman, 2002)。有意思的是，尽管专家们对智力的理解似乎很难达成百分百共识，但他们的观点中存在大量明显重合之处，其中之一就是"适应环境"，看起来，智力研究专家也受到了进化思想的影响。但这其实不见得完全正确，虽然"适应环境"好像具有很强的达尔文主义意味，但智力研究者口中的"适应"更多聚焦于个体发育层面（个体发展），而不是系统发展层面（物种适应生存环境）。事实上，心理测量学家（测量心理能力的研究者）很少会考虑进化在人类智力发展中所扮演的角色。普洛明(Plomin, 2018, p.53)曾提炼过智力概念的内涵，我们认为大多数心理学家都可以同意这种定义方式：

> 智力是推理、计划、解决问题、抽象思考、理解复杂思想、快速学习和从经验中学习的能力。

智力测验的历史

智力测量有着悠久的历史，它甚至可以追溯到公元前2000年左右古代中国的官员选拔制度(Cooper, 2012)。因此，很可能从人类祖先发展出了劳动分工的概念以来，我们就试图使用某种方法对人的才能进行评估排序(Ridley, 1996)。在心理学史上，第一个现代智力测验是由法国心理学家阿尔弗雷德·比奈(Alfred Binet)和西奥多·西蒙(Theodore Simon)于1905年设计的，它后来被称为比奈-西蒙智力量表(Binet-Simon intelligence scale)。比奈和西蒙最初设计这个智力测验的目的是鉴别出需要特别关注的学生（智力达不到正常水平的学生），但后来的智力测验则被用来对"正常"学生的智力水平进行测定排序。比奈和西蒙意识到，儿童解决问题的能力会随着年龄增长而提高。因此，他们设计了一系列涉及记忆力、判断力和理解力的任务，这些任务的复杂程度递增，儿童的任务表现决定了他们的心理年龄(mental age)——也就是说，他们的比较对象是某年龄段儿童的平均水平。例如，一个"聪明"的六岁儿童在测试中能达到八岁儿童的平均成绩，那么他的心理年龄就是八岁。1916 年时，斯坦福大学的刘易斯·推孟(Lewis Terman)对比奈-西蒙智力量表进行了改良，推出了"斯坦福-比奈智商测验"(Stanford-Binet IQ test)。智商(intelligence quotient)中的"商"是一个数学术语，表示两数相除，因此智商就是一个人心理年龄除以实际年龄得到的结果。正常人心理年龄与实际年龄相等，所以智商为 1，如果一个人心理发育不足，智商就会小于 1。为了方便表示，推孟建议将智商得分乘以 100。如此一来，普通人的平均智商得分就是 100，假定一个 10 岁孩子的心理年龄为 12 岁，他的智商就是 120；如果他心理年龄为 5 岁，智商就是 50。由于这种形式的智商是基于心理年龄与实际年龄的比率而得出的，因此它又被称为比率智商。比率智商后来被离差智商所取代，离差智商衡量的是一个人偏离标准值(平均值)100 的程度。而标准值是基于大样本测量获得的，一个人的智力水平越是偏离正态分布的中间位置(即标准值)，他的智商就越高或越低(Haslam et al., 2017)。

单一智力还是多元智力？寻找"一般智力"

当想到智力时，我们通常认为它是一种非常"单纯"的东西——每个人身上都有，只是程度有别。许多智力理论也是以类似方式来定义智力概念的，英国心理学家查尔斯·斯皮尔曼(Spearman, 1923)致力于寻找这种"一般智力"(general intelligence，或简称为"g")，他观察到儿童在比奈-西蒙量表的不同子测试上(如算术和词汇)得分常常处于近似水平。但美国心理学家路易斯·瑟斯通(Louis Thurstone, 1938)后来指出，并不存在单一的"一般智力"，人类的智力主要由七种能力构成，它们分别是：

- 空间感知(辨别方位与空间关系的能力)；
- 词汇理解(理解语言的能力)；
- 语言表达(产生流畅语言的能力)；
- 数字运算(处理数学问题的能力)；
- 知觉速度(依靠知觉辨别事物的能力)；
- 机械记忆(依靠背诵记住事物的能力)；
- 推理(归纳推理的能力)。

瑟斯通的观点在心理学内部引发了一场巨大争论，且这一争论持续至今。那些对进化和智力之间关系感兴趣的学者将一般智力与多元智力之争推向了一个新层次。

智力和进化

在20世纪，很少有心理学家会将进化机制置于智力理论的中心位置，但存在两个例外——罗伯特·斯滕伯格（Robert Sternberg）和霍华德·加德纳（Howard Gardner）。斯滕伯格是最早主张"自然主义"智力概念的心理测量学家之一（Sternberg, 1985; 1998），在20世纪80年代中期，斯滕伯格已经确信，传统的智商测试实际上是在衡量一个人"在20世纪的美国是否能获得成功"（Cooper, 2012）。他认为，我们在评定智力时，还应该考虑在特定文化背景下人们会将何种表现视为"聪明"。这意味着我们需要意识到"聪明"行为发生的背景——通常来说，聪明行为是可以促进我们（当然还有我们祖先）适应性的行为，比如设计并建造一座可以跨越河流的桥。这类活动并不等同于课堂知识，要完成此类活动，人们可能最需要的是与他人开展有效沟通合作的能力。斯滕伯格将智力的内涵拓展到了传统智力测验无法测量的社会维度，在他的智力观中，智力是一种在自然状态下可以帮助个体获得成功的能力。

如果说斯滕伯格只是在理解智力的内涵时考虑到了达尔文主义的适应性概念，那么哈佛大学的加德纳则明确将进化论纳入了他的多元智能（multiple intelligences）理论中，他直接将适应能力等同于智能，从某种意义上看，我们可以认为加德纳的理论是对瑟斯通观点的复辟。但同时，他又提出了一些非常独特的想法，总的来说，加德纳的"智能"远超出了传统智力概念的范围。他提出有八种形式的智能（Gardner, 2000; 2003; 2010）：

- 语言（使用语言的能力）；
- 逻辑—数学（数学推理能力）；
- 视觉空间（辨别空间关系、产生思维图像、理解空间位置的能力）；
- 音乐（学习和创作音乐的能力）；
- 肢体动觉（控制身体动作的能力）；
- 人际沟通（体察他人情绪与想法的能力）；
- 自我认识（认识、洞察和反省自身的能力）；
- 自然观察（对物体进行辨别分类的能力）。

我们可以看到，前三种智能与传统的智力观点相重叠，后五种智能则不在传统智能智力所涵盖的范围内。

加德纳是从远因视角来理解智能的，例如，肢体动觉能力通常不是智力测验的测量对象，但毋庸置疑，它在祖先生活环境中是一项宝贵"财富"，狩猎与追踪都要依赖这一能力。当今世界的顶级足球运动员往往拥有高超的肢体动觉能力，从这一点来看，来自威尔士的前锋加雷斯·贝尔就拥有高水平的肢体动觉智能(见图 13.7)。

图 13.7　贝尔在欧冠比赛中的倒钩射门

根据加德纳的观点,不同智能是相互独立的,主流人格心理学家对此并不认同。例如,库珀(Cooper,2012)认为,加德纳的假设目前还没有获得实证研究支持。然而,进化心理学家通常对多元智能理论持肯定态度,正如高林和麦克伯尼(Gaulin & McBurney,2001,183)所指出的:

> 开发现代智力测验的目的是预测一个人的学业成绩,从进化史的角度来看,这是一种全新的现象。因此,如果智力测验遗漏了许多明显的智能成分,其实我们不应该感到惊讶。

要证明加德纳的理论,我们必须先证明,"人际沟通"和"自然观察"等智能是完全独立的。当然,这些智能其实很难加以量化。从进化角度来说,加德纳的想法确实很有道理。正如第 5 章所讨论的,人际沟通智能与心理理论密切相关。还有一些学者,则希望将自然观察智能进一步分为身体智能(理解目标对象的行为)和生物智能(理解自然系统的行为)。

为什么我们的智力水平不同？

和人格研究者一样，智力研究者也可以被分为两类。在这种情况下，那些认为智力是一种单一因子的人——一般智力的拥护者——可以被视为主合派，而像加德纳这样拥护多元智能理论的研究者则代表了主分派。其中，后者的主张与进化心理学更密切。例如，圣塔芭芭拉学派的丽达·科斯米德斯和约翰·图比强调人类心智是由领域特定的心智模块组成的。我们可以认为每种智能都对应了特定的心智模块（如与人际沟通相关的心智模块，与视觉空间相关的心智模块），个体间在特定领域的智能水平差异源于潜在心智模块处理能力的差异。

虽然多元智能理论从进化角度看很有吸引力，但它的一个问题是，似乎确实存在某种类似于一般智力的智力因子。例如，加德纳认为八种智能是相互独立的，所以有的人可能语言智能很强但空间智能很差。我们不排除有这样的情况存在，但从整体看，八种智能中有四种（语言、逻辑—数学、空间和音乐）确实彼此相关，并且它们还都同一般智力的测量结果较为一致（Taylor & Workman, 2018）。此外，加德纳从未对这些不同形式的智能进行过可靠测量（Waterhouse, 2006）。

那么，是否斯卡尔和温伯格的研究结果（Scarr & Weinberg, 1976）表明个体之间的差异从根本上都可以归结为环境因素（见专栏 13.4）？不，他们的研究结果表明的是，不同种族之间的智力差异其实可以用环境差异来解释，而族群内部的个体差异在很大程度上则要追溯到个体遗传差异。简而言之，也许个体间遗传基因的不同造就了智力水平的不同，但这不代表不同种族的智力基因有所区别。

其他人则主张将特定智力和一般智力结合起来（Burkart et al., 2017; Anderson, 1992）。这些研究人员认为，尽管可能人类具有多元智能，但这仍然不能排除一般智力的存在。夏普和麦克唐纳（Chiappe & MacDonald, 2005）认为，虽然领域特定的智能具有重要适应意义，可通用智能也有进化优势。他们指出，人类祖先很可能经历了大量快速变化，包括气候异常的冰河时代，这对迅速适应的能力提出了很高要求。那些通常善于解决新问题（例如，找到新的食物获取途径、发现新保暖方法或发明新的狩猎技术）并将这些能力传递给后代的人（一般智力具有高度的遗传性）往往更成功。夏普和麦克唐纳认为，通用智能的潜在优势是如此之大，它理应会被进化过程选择出来。

不过，真正有意思的问题是，为什么不同人的智力会存在如此大的差异？如果这一切都源于进化选择压力，那么对于我们一部分祖先来说，较低的智力水平能有什么好处呢？当解释环境因素对智力的影响时，有两个作用因素是很好理解的。首先，正如上文所言，有性繁殖和基因重组会导致那些由多基因调控的人格特征产生变异，个体的人格特征水平落在均值附近；如果智力同样是由许多基因共同调控的，那么就像人格一样，有性繁殖和基因重组会导致智力产生变异，个体的智力水平也会落在均值附近。其次，子宫内以及出生后的环境条件（如饮食、致畸刺激以及父母养育方式）都可能会影响大脑发育，进而对智力产生连锁作用。其中，涉及环境条件对智力的影响，我们可以参考"草原—智商互动假说"（Savanna-IQ Interaction Hypothesis）。金泽（Kanazawa，2010）提出，智力的重要意义在于帮助物种理解和处理进化史上新出现的问题，而不是那些早已熟悉的问题。这意味着，我们也许能解释许多个体差异的适应意义，从阅读兴趣到道德态度等。一个人越聪明，就越有可能形成出新颖的世界观，比如无神论、自由主义和另类生活方式（Kanazawa，2010；Furnham & Kanazawa，2020）。

重要的是，我们需要解释为什么存在先天智力差异。一个原因可能在于，我们当下所认可的智力（在智力测验中得高分的能力），对于我们祖先来说并不那么重要。现代智力测验无法测量出一个人是不是能找到回家的路，或者他是否能将石头准确地投向捕食者，也不能评估出一个人社交沟通的水平（注意，加德纳的多元智能理论强调了这些智能）。一旦考虑到多元智能，可能我们就很容易想到为什么个体间的智力变异会受到自然选择的青睐了。回想一下，上文讨论人格主题时，我们论述了一个观点：群体内人格变异对个人有利（就像球队中有不同角色，球队获胜概率更高，球员个体是最终受益者）。对于智力变异，我们也可以这样认识：假定一个人视觉空间智能很发达但动觉智能存在短板，如果他可以同一个智能特征与自己相反的人结盟，双方都可以更好地发挥自己的优势，并因此双双受益。这其实就是智力版本的生态位匹配理论（再次强调一下，该想法的立场不是群体选择主义，因为受益的是个体，而不是整个群体）。

然而，如果我们想要解释一般智力变异的进化优势，那么这个假说就不成立了。如果只存在单一智力因子，那么个体要么更聪明，要么更不聪明，智力水平是单维的，在这种情况下，我们很难想出"不聪明"的进化意义。一种可能性是，"不聪明"并不会带来什么劣势，或者说，所谓的"聪明"与"不聪明"其实根本没什么太大区别，我们所习以为常的智力差异，其实是把一些微弱的差异"人为"放大了。这一想法得到了部分研究的支持。罗斯等人曾对一群在智力测验中被评定为"智力迟钝"（他们平均得分只有67分）的男孩进行了长期纵向追踪研究（Ross et al.，1985）。到成年后，尽管这些男性的平均收入略低于全国平均水平，但大多数人都从事着正常工作，其中技术工种的比例与对照组无显著差异。另外，虽然他们当中没有出现职业专家或管理人才，不过他们完全能够自力更生，正常融入社会。罗斯等人的结论是，智商在60到70之间构不

图 13.8　一位非洲布须曼人父亲正在教儿子射箭，现代智商测验往往忽视了实践智力的重要性

成明显缺陷。事实上，与黑猩猩相比，智商在 60 到 70 之间的人类也是名副其实的天才（而 99% 的人智商得分都会高于这个范围）。

将这些结合在一起，我们猜测，在祖先环境中（而不是后工业社会中），个体一般智力只要高于某个最低水平就可以了，具体超过多少其实无关紧要（例如，对于狩猎—采集者来说，他们的抽象推理能力其实并不是特别重要）。因此，我们所看到智力的巨大个体差异，其实是在过去一千年我们发明了学校和大学后才出现的。显然，抽象思维是人性的重要组成部分，但它并不应该成为智商测验的主要受测对象（Burkart et al.，2017；Haslam et al.，2017）。

专栏 13.4　智商的误用——遗传力、种族和智商

在心理学研究领域（实际上可以说在整个社会科学领域），很少有主题能像智商的先天/后天之争那样使研究者分裂成立场完全相反的两大阵营。自从 100 多年前比奈和西蒙发表了第一个智力测试以来，这个争论就一直在持续。20 世纪针

对该问题的学术观念(也包括公众舆论)像钟表一样反复来回摇摆。最初,随着智商测试的推广,人们普遍相信智力在很大程度上是可遗传的,政府开始担心智力迟钝者会繁殖过多后代。到 20 世纪 20 年代时,在美国的一些州和部分欧洲国家,政府允许"精神缺陷者"(当时被称为"白痴")被强制绝育(即第 1 章讨论的"消极优生学";Gould, 1981; Ridley, 2003)。二战的暴行导致这一政策彻底破产,20 世纪 60 年代前后,随着文化相对主义的兴起,钟摆又倾向了养育/白板说的一端,认为智力具有可遗传性的观点在政治上会被视为是一种危险思想。1969 年,亚瑟·詹森(Arthur Jensen)发表了一篇论文,指出智商表现出高度的可遗传性,请注意,这是一个实证研究结论而不是道德结论,但他却因此遭到了严重中伤。20 世纪 80 年代时,一系列针对双生子以及亲属间智力差异的研究都表明,亲密家庭成员的智力水平高度相关,这足以证明智力的可遗传性。普洛明在汇集了大量实证研究报告后总结得出结论:智商的遗传力为 0.68(Plomin, 1988; Plomin et al., 2016)。尽管如此,我们需要意识到,调控智力的基因数量可能达到几千种,所以每种基因的影响效应其实非常微弱;另外,虽然智力的可遗传性要高于人格特征,但它依然为环境输入留下了足够大的发挥空间。

因此,虽然智力测验的早期拥护者高估了智力的遗传性,但"白板说"显然又低估了基因对智力的影响。另外,智力与种族的关系也是一个饱受争议的话题,理查德·赫恩斯坦(Richard Herrnstein)和查尔斯·默里(Charles Murray)在 1994 年出版的《钟形曲线》(*The Bell Curve*)一书指出,不同种族人群在智力测验中的成绩差异源于遗传因素,这再次引发了学术界的激烈辩论。赫恩斯坦和默里认为,之所以美国白人在智商测试中的表现会优于黑人,是因为这两个种族智力基因的不同。显然,哪怕没有任何道德伦理学方面的专业知识,我们也能猜测到许多人会对这一想法感到不安,《钟形曲线》遭受了多方面的指责。虽然这种反应是可以理解的,但关键之处在于智力的种族差异是一个实证性问题而不是一个道德问题,前者关注的是一个结论是否经得起科学检验,后者则关注事物"应该"如何(注意,是"应该",而不是"本来")。事实上,赫恩斯坦和默里的结论似乎并不经得起严格的科学检验,种族智力差异可以由教育机会差异和社会经济差异来解释,而不必诉诸基因区别,例如,非洲裔美国人比盎格鲁-撒克逊裔美国人更贫穷,他们无法像后者一样接受较好的教育。事实上,桑德拉·斯卡尔(Sandra Scarr)和理查德·温伯格(Richard Weinberg)在大约 20 年前就已经提出了支持社会经济差异假说的证据,研究者发现,如果贫穷的非洲裔美国儿童被富裕白人家庭收养,他们的智商测试分数也会达到白人中产阶级的平均水平(Scarr & Weinberg, 1976)。

评价智力与进化的关系

以上讨论表明,我们有两种智力观。其中一种的典型代表是多元智能理论,这也是圣塔芭芭拉学派所秉持的立场,它认为人类为了应对在祖先生活环境中遇到的各种问题,进化出了各种不同智能。正如上文所看到的,我们可以将该想法与生态位匹配假说相结合,从而对智力的个体差异作出解释。另一种智力观则在智力研究和智力测验中更为常见,它将智力视为个人具备的单一维度能力。许多研究者相信,之所以存在一般智力,是因为一般智力有助于人类快速灵活地应对进化史中新出现的生存困境(Chiappe & MacDonald, 2005;Myers & Bjorklund, 2020;Furnham & Kanazawa, 2020)。然而,从进化角度看,我们很难说明为什么一般智力存在个体间差异。也许当我们更全面地了解了智力的遗传基础后,我们能得到一个更为合理的答案。

先天个体差异与后天个体差异

人格与智力的个体差异可能是由多重原因造成的,其中一些影响因素目前还存在巨大争议。即使在今天,很多人格理论家和心理测量学家也会尽量回避进化解释取向(Schultz & Schultz, 2005)。然而,就探讨遗传和环境的交互作用来说,该研究领域确实产出了丰硕成果(Workman, 2007),而且我们有理由相信,随着对人格遗传基础了解的加深,未来我们还可以得到更多令人兴奋的研究发现。

在本章开头,我们提出过一个问题:进化理论是否能帮助我们理解个体差异?本章中我们已经看到,进化心理学不仅可以很好地帮助我们理解人类先天心理结构的由来,还可以帮助我们理解为什么个体之间存在巨大心理结构差异。

在最后一章中,我们将注意力转向另一个问题——为什么文化也会存在差异。

总结

心理学家会关注个体差异,其中人格与智力的个体差异是成果积累最为丰富的研究领域。

人格有多种定义方式,有的研究者会将人格视为一种驱动系统,它引导个体以特定方式对环境刺激做出回应。

衡量人格的方法有很多,最常见的是自我报告问卷。这些问卷通常从多个维度(如外向性、神经质、精神质)来描述一个人的人格。

基于双生子和收养家庭进行的研究表明,人格具有一定遗传性(例如,大多数人格因子的遗传率为30%至50%)。

解释人格变异的理论必须同时考虑可遗传成分和不可遗传成分,也就是说,合格的假说不但要说明为什么人格具有遗传性,也要说明为什么人格变异会受到环境因素的影响。该领域目前已积累了许多有一定说服力的理论。

对人格遗传基础的研究还处于起步阶段,但研究者已经发现了许多"候选"等位基因,例如D4DR和5-HTT。然而,这些基因的作用一直存在争议。

由于单基因研究存在可靠性方面的问题,全基因组关联研究(GWAS)已逐渐取代了前者。最近的研究结果表明,人格特质会涉及大量基因,每个基因都会发挥微弱的调控效应。同样,智力发育也是由大量基因共同调控的。

智力研究领域一直存在一般智力与多重智力之争,进化心理学家,尤其是圣塔巴巴拉学派,相信人类智力是由多重智能构成的(包含心理理论、语言加工与空间识别等不同的心智模块)。尽管如此,还是有一些进化论者试图解释一般智力的进化意义。

和人格一样,智力也具有遗传性,一些研究表明智力的遗传率可以高达75%。

对于那些坚持多元智能观的学者来说,智力变异可以用"生态位匹配"假说来解释。一些人可能擅长空间加工,一些人擅长语言表达或理解他人。对于那些坚持一般智力观的学者来说,智力的个体差异是一个很难解释的问题,一些研究者认为,智力个体差异其实非常微弱,但在现代社会,我们人为地将这一差异放大了。

问题

1. 心胸狭窄、不可靠、难以相处、内向和神经质,这几种人格特征有可能带来什么好处(就广义适合度而言)?
2. 行为遗传学有一个有趣的发现,同卵双生子智商水平的相关性会随着年龄增长而增加,从婴儿期到青春期,相关系数会从0.75上升到0.85。我们该如何解释这一现象?
3. 有人可能会说,个体之间之所以存在差异,是因为进化需要差异才能运作,你能概括一下这个论点的问题吗?

4. 加德纳认为我们可能有八种形式的智能，包括"肢体动觉"（控制身体动作的能力）和"人际沟通"（体察他人情绪与想法的能力）。你能想出衡量这两种智能的方式吗？

延伸阅读

Flint, J., Greenspan, R. J. and Kendler, K. S.（2020）. *How Genes Influence Behavior.* Oxford: Oxford University Press.

Harris, J. R.（2006）. *No Two Alike: Human Nature and Human Individuality.* New York: Norton.

Haslam, N., Smillie, L. and Song, J.（2017）. *An Introduction to Personality, Individual Differences and Intelligence (2nd ed.).* Thousand Oaks, CA: Sage.

Larsen, R. and Buss, D. M.（2020）. *Personality: Domains of Knowledge about Human Nature (7th ed.).* Boston, MA: McGraw-Hill.

14 进化心理学和文化

> **关键词**
>
> 超有机体・文化传播・诱发文化・传播文化・双重遗传理论・基因—文化协同进化・文化基因・模因・模因论・文化驱动

文化研究通常是人类学家、社会学家和文化理论家的专利,他们提出了各种复杂的理论来描述和解释文化现象。近年来,许多进化科学家对文化进化产生了浓厚兴趣。与早期理论不同,进化理论试图为文化提供远因层面的解释。在文化研究领域,最有分量的远因问题可能是:"为什么我们会有文化?"文化现象并不是"凑巧发生的事情";有充分证据表明,我们需要特定大脑结构来支持文化运转。很可能,文化为我们祖先赋予了一定的适应性优势,它的出现源于选择压力。除了远因问题外,进化论者也关注部分近因问题。例如,文化传播依赖哪些心理机制?哪些心理因素会导致文化习俗的变化?文化与基因之间的关系是什么?

文化的重要性

人类在极短时间内取得了巨大进步,只用了大约11 000年的时间——按照进化时间尺度,这只是弹指一挥——我们就从使用原始手工制品、以狩猎采集觅食的小型社群,变成了拥有集约化农业、文学、大众教育和社交媒体的庞大自由民主国家。在如此短暂的时间内,我们大脑结构不会发生重大变化,因此现代人和祖先之间的生活差异不太可能源于我们心智硬件(大脑)的升级,看起来,软件更新才是我们生活进步的直接驱动力——这些软件就是我们获得的知识以及知识所能提供的实践指导。通过文化传播机制,知识在人类种群中得以不断扩散传递。

由于文化有着如此巨大的影响,我们很容易会误以为文化与进化或生物遗传全然无关。换句话说,我们会把生物进化和文化影响视为两种相互独立的驱动力,并认为对生物学的理解并不能帮助我们理解文化的本质。近年来,这些传统观念开始受到质疑。首先，正如我们将要看到的，一些理论家认为，尽管文化习俗具有很强的可塑性和可变性，但它们并不能完全随意变化，它们也要受到自然选择和人性的制约。再者，文化传播机制——我们模仿他人的能力和欲望——需要依赖经由进化选择压力而形成的特定神经结构。模仿看似是一种自然行为，但它涉及许多复杂技巧。

在介绍文化的进化理论之前，我们首先讨论一些早期的文化理论，特别是这样一种观点——文化远不受人性约束，可以自主地塑造人类行为方式。

文化是"超有机体"

大多数文化研究都倾向于关注文化差异问题，维多利亚时代的学者非常热衷于探讨该话题。他们会询问，为什么西方人拥有农业、铁制工具和民主，而世界上其他地方的人依旧使用石器、缺乏有组织的政治体系且以狩猎采集作为主要生活方式？在当时许多人看来，这些差异显然是由于不同地区的人类族群具有先天生理差异。或许野蛮人没有独立思考能力，或许他们与西方人完全是两个独立物种。例如，动物学家恩斯特·海克尔（Ernst Haeckel, 1834—1919）相信，"原始人更接近高等脊椎动物，而不是高度文明的欧洲人"。

人类学家弗朗茨·博厄斯（Franz Boas, 1852—1942）颠覆了这种理解方式。他提出，我们不应该将不同群体之间的文化差异归结为天生的人种差异，而应该反过来，基于文化差异来解释群体间的行为模式差异。换句话说，是文化造就了心理与行为模式，而不是反向塑造关系。这一主张在如今不会引起太大争议，绝大多数心理学家（包括进化心理学家）都会予以认同。没有证据表明文化差异可以追溯到基因遗传的不同（除了极少数例外，本章在最后会进行讨论）；正如我们在第 6 章看到的那样，不管血缘源头在哪里，儿童都很容易接受他们成长环境中的文化。

一旦文化被认定为一种可以塑造人类行为的力量，一些博厄斯的追随者开始将其视为人类行为的唯一重要影响因素。博厄斯的学生之一、人类学家阿尔弗雷德·克罗伯（Alfred Kroeber）认为，文化是超有机体（superorganic）；它的存在与否可以独立于人类生活，不受人类活动干扰。社会学家埃尔斯沃思·法里斯（Ellsworth Faris）在 1927 年总结了这一观点：

> 人性不能创造习俗；但习俗可以催生人性，因为人性其实是后天习得的，并非与生俱来。（引自 Degler, 1991, 161）

在 20 世纪早期,博厄斯的另一位学生玛格丽特·米德出版了一系列极具影响力的著作,这些著作展示了人类文化的可塑性。在《萨摩亚的成年》(*Coming of Age in Samoa*, 1928)一书中,她描述了萨摩亚青春期女孩对性和婚姻的态度与西方社会女孩有何不同。她特别强调,同 20 世纪 20 年代的欧美同龄人相比,未婚的萨摩亚青少年有更开放的性态度。在其他作品中,她还记录了坎布里社会相反的性别角色分工,在那里,女性负责养家糊口,而男性将时间用于一些传统意义上专属于女性的活动,比如绘画和跳舞。在米德的启发下,人类学研究彻底爆发了,研究人员在世界许多地方发现了各种不符合西方人认知的文化规范。到了 20 世纪 50 年代时,似乎全世界已经没有任何一种通用的文化习俗,无论看起来多么奇异的行为,都可能是某些人的主流行为模式——只要我们找对了地方。

这些例子似乎都证明了文化是一种超有机体,正如米德(Mead, 1935, 280)所说:

> 我们不得不得出这样的结论,人性几乎具有令人难以置信的可塑性,面对截然不同的文化条件,个体可以发展出不同的行为反应。

在图比和科斯米德斯看来,标准社会科学模型或文化相对主义观念的核心概念之一正是文化超有机体,从米德的时代到现在,许多社会科学家都对这一概念笃信不已。然而,近些年来该想法遭受到了许多抨击。首先,一些研究者对支持这一假说的证据提出了质疑;其次,种种迹象表明,文化并不具有自主性和无限可塑性,而是存在许多"文化共性"(见专栏 14.1)。

文化共性

人类学家唐纳德·布朗(Donald Brown, 1991)描述了一些文化规范和实践,这些规范和实践似乎存在于所有被研究的文化中。布朗认为他的研究源头可以追溯至进化心理学家、人类学家唐纳德·西蒙斯(Donald Symons),后者主张某些性别差异的普遍性。作为一名拥护文化相对主义学派的人类学家,布朗不相信文化存在普遍性,他与西蒙斯打赌,自己一定能找到一种奇异文化,那里的性别角色与所谓的"普遍性别差异"处处相反。最终,布朗没有赢下这场赌局。事实上,他完全改变了自己的观点。在研究了大量文化之后,布朗发现所有文化在 200 多个方面存在共同特征(现在大约是 350 个;Pinker, 2002),包括丧葬仪式、逻辑运算符、性别角色区分、乱伦禁忌、围绕食物的仪式、舞蹈、隐喻性言语、工具制作、对蛇的警惕、颜色分类和吮拇指等。

图 14.1　米德开展田野调查期间，萨摩亚女孩正在玩扑克牌

这项研究表明，人类文化并不具备无限可变性，反而存在大量共性。然而，文化共性并不能证明它们是与生俱来的，因为"优秀"思想倾向于从一种文化传播到另一种文化（这被称为思想扩散）。例如，绝大多数社会都发展出了陶器和农业，但没有人会认为人类天生装载了筑模或耕地的心智模块。然而，当新时代的学者着手研究文化先天特征时，文化共性完全可以构成一个合适的研究起点，尤其是我们要考虑到许多文化实践活动似乎不太可能由思想扩散产生时（由于地缘隔绝，许多地区没有机会从其他地区吸收文化思想）。

专栏 14.1　重新评价玛格丽特·米德

玛格丽特·米德（Margaret Mead）的研究成果是超有机文化观的基石之一，但这些成果后来却饱受非议。人类学家德里克·弗里曼（Derek Freeman, 1983）曾对米德的研究提出过严厉指责，弗里曼认为，米德反对借助生物学和进化概念来解释人类行为与文化，她所开展的研究以及对研究结论的阐述，都是为这一立场服务的。他还指出，米德的许多研究结论都有严重问题。往好里说，她或许被一些自己的研究对象误导了；往坏里说，她或许犯下了夸大捏造的罪过。弗里曼认为，米德笔下的萨摩亚青少年乐于编造性解放的故事，而米德从未去求证这些故事的真实性,或许原因在于她"很想"相信它们全是真的。

然而,人类学家保罗·尚克曼(Paul Shankman, 1998)为米德辩护称,玛格丽特·米德并不是一个反进化论者,她也相信人类行为是由文化和生物因素共同决定的。在米德早期的学术生涯中,她确实接受了某种形式的文化决定论思想,但随着她的观点逐渐成熟,米德开始拥护多元决定论。例如,1961年,她对生物人类学(physical anthropolog)——一门将遗传学应用于人类学研究的分支学科——表示了关注,并敦促她的社会人类学家同行去了解该学科。她谈到"人们对进化研究的热情提供了许多新的机遇,其中一部分机遇属于人类进化领域,另一部分机遇属于文化进化领域"(p.481)。后来,米德卷入了社会生物学的争论中(见第1章),威尔逊于自传中提到,米德在1976年的美国人类学大会中曾发布抗议,谴责官方企图打压社会生物学的做法(E.O. Wilson, 1994)。有趣的是,在她自己的自传里,米德暗示她极端的文化相对主义在部分上也出自政治考量:

> 我们知道,对先天差异的讨论会引发多少问题……很明显,这些研究最好还是等待时机成熟时再开展。(Mead, 1972, 222)

米德当然不是一个进化论者,但在她后来的著作中,她似乎认识到了进化机制在塑造人类行为中的重要意义。当然,就像许多伟大的人物一样,当米德被后人提及时,人们首先想到的是她的早期观念,而不是后来的思想转变。

文化与社会学习

从根本上说,文化包括两个过程:创新和复制,其中最重要的是复制。产生一个好想法固然很难得,但如果没有人注意到,它通常很快就会消失。任何伟大的想法,要成为文化的一部分,必须被人们学习、接受、采纳、拥抱和认可;创新推动文化前进,而复制则使创新变成文化。许多动物都能复制,不仅是相对大型的动物,如鹦鹉、猿类和狗,还包括更小、更容易被忽视的物种,如果蝇和棘鱼(Mery et al., 2009; Pike & Laland, 2010),但毫无疑问,它们的复制能力都远不如人类。心理学家温斯洛普·凯洛格和卢埃拉·凯洛格(Winthrop Kellogg & Luella Kellogg, 1933)的研究很好地揭示了这一点,他们将一只名叫"瓜"的黑猩猩和他们的儿子唐纳德一起养大,凯洛格夫妇想知道,如果按照抚养人类幼儿的方式抚养黑猩猩,黑猩猩是否会变得更像人类。他们训练"瓜"穿衣服和鞋子,给它洗澡,教它使用小马桶,并允许"瓜"自由奔跑,"瓜"

的"待遇"基本都同唐纳德一样。

"瓜"和唐纳德相处得很愉快，他们就像一对同龄姐弟。在温斯洛普·凯洛格设计的各种发展测试中，"瓜"也领先于唐纳德，她更早地学会了自己用勺子吃饭，而且她比唐纳德更善于借助椅子去够取高处的饼干。但是，即使在唐纳德习得语言之前，他在一件事上也可以轻而易举地击败"瓜"：他是更优秀的模仿者。让凯洛格感到担心的是，唐纳德会模仿"瓜"，通常是"瓜"带头探求新鲜刺激，唐纳德则模仿她，而不是反过来的关系。这个故事说明了人类——甚至是幼儿——是多么善于模仿，哪怕那些模仿对象并不特别契合于人类。

为什么人类会成为优秀的模仿者？

从表面上看，模仿似乎并不是一种特别聪明的行为，事实上，我们用来描述模仿的许多词都带有贬义，比如"鹦鹉学舌""人云亦云""东施效颦"和"生搬硬套"。有趣的是，虽然英语中会用"猿类"一词形容无意识模仿（ape），但凯洛格夫妇的研究表明，人类在模仿方面比猿类更胜一筹！如今，许多研究者都已经认识到模仿在人类文明进程中的重要性，同时也认识到模仿是文化发展的重要组成部分。

然而，到底什么行为算模仿，学界其实存在着相当大的争议。心理学家 E. L. 桑代克（E. L. Thorndike）将模仿定义为"从观察中学习"（Thorndike, 1898, 50），这是一个很好的定义，但它涵盖了各种复杂程度各异的行为。例如，许多简单形式的模仿可以被解释为刺激突显效应（stimulus enhancement, Byrne & Russon, 1998）。刺激突显效应指动物个体看到其他动物通过某些对象或区域获得适应优势后，对该对象或区域产生关注的倾向。比如，一个动物看到另一个动物成功地利用了某食物区后，它也会接近该食物区。但这似乎与另一类动物有意的模仿行为有所不同，如日本猕猴洗土豆（Kawai, 1965；见专栏 14.2）。

纳高尔等人（Nagell et al., 1993）开展的比较研究表明，尽管黑猩猩能够模仿人类使用耙子捡回够不着的东西，但它们只能达到两岁儿童的水平。在非人灵长类动物中，确实存在一些典型的文化传播案例，比如日本猕猴会模仿其他个体清洗食物，但这种行为的传播速率非常缓慢，换作是人类社群，类似创新会像野火一样迅速蔓延。

托马塞洛认为，之所以人类拥有如此复杂的文化，其中一个原因在于，他们比其他动物更善于识别自己的同类。灵长类动物似乎是动物王国中唯一能够表征同类心理状态的动物；当观察动物的行为时，它们能够推断出动物行为背后的意图。对于模仿来说，这一能力非常重要，因为它赋予了动作以"意义"——个体必须先弄清楚其他个体正在"做什么",否则机械重复其动作不会有太大收获。托马塞洛相信,相比黑猩猩和其他灵长类动物,人类有更为复杂的心理理论系统,我们能更准确地理解他人的目标和意图,这是人类能够成为优秀模仿者的重要原因之一。想象一下,一只猩猩看到另一只猩猩将一根棍子戳进了土里,如果它的心理理论水平足够高,它可以推断对方这么做的目的是捕获白蚁。有了这些知识,这只猩猩就可以决定是否模仿对方,最重要的是,它只在有白蚁出没时才做出同样的模仿动作。如果没有意图推断的能力,它所看到的只是戳棍动作。在这种情况下,猩猩没有理由模仿对方,即使它模仿了,也可能是随机的,而不是为了捕获白蚁。

专栏 14.2　其他动物是否有文化?

关于其他动物是否拥有文化的讨论很容易让我们联想到类似争议,比如其他动物是否有语言,或者其他动物是否会使用工具。考虑到我们人类可以"毫不费力"地拥有文化(或语言),似乎其他动物——尤其是我们的猿类近亲——也应该拥有文化(或语言)。这样的想法不一定正确,有时一个物种会在某方面具有独一无二的适应机制,自然界中充斥着这样的例子。大象的鼻子就是典型代表,除了大象外,其他任何动物的鼻子都不能如此灵活、精巧和强壮。当然,这并不是因为某次巨大进化飞跃让大象获得了好用的鼻子,而是因为大象的其他近亲都灭绝了(那些近亲也有好用的鼻子)。同样,我们没有理由排除这样一种可能性,人类是目前自然界中唯一拥有文化的物种(其他拥有文化的古人类都灭绝了)。

当然,与所有那些类似争议一样(见第 10 章),答案取决于我们如何定义文化。人类文化中包含着无数技术创新,显然,没有任何一种动物能做到这一点,但是,如果我们把文化定义为一种传递行为的系统呢?有没有证据表明非人类动物能表现出该类特征?研究者确实观察到了创新行为在灵长类动物种群中传播的例子。1952 年(Kawai, 1965),一群科学家在研究日本猕猴时(见图 14.2),为了吸引猴子,他们把红薯丢到地上。起初,猕猴会用手擦拭红薯上的灰尘和沙子,一天一只名叫伊莫的年轻雌性猕猴把红薯带到河边,用水将红薯洗干净。这种洗红薯的行为开始在整个种群中传播,到 1958 年,15 只幼猴中有 14 只会洗红薯,11 只成年猴中有 2 只会洗红薯。其他通过群体传播的新行为还包括黑猩猩用小树枝捕捉白蚁(Goodall, 1964)、鸟鸣(Jenkins, 1978)和恒河猴遇蛇后紧急躲避(Mineka & Cook, 1988)。此外研究发现,黑猩猩的不同族群间存在大量规则差异,这很容易让人联想到人类文化差异(Whiten et al., 1999)。那些规则涉及梳理、工具使用和求爱等

图 14.2　日本猕猴喜欢滚雪球（另一个文化传播的例子）

方方面面，我们可以推测，相关行为是通过文化而非基因传播的。例如，以萨桑德拉河为界，尽管河岸两边的黑猩猩是近亲，但只有一边的黑猩猩会敲开坚果。观察研究表明，黑猩猩会模仿同类（尤其是模仿年长的黑猩猩和父母）使用工具。一群被称为"泰黑猩猩"的黑猩猩能够利用石头或木槌敲开坚果，年轻黑猩猩似乎是从成年黑猩猩那里学来的这一技能。与之相对应的，虽然"贡贝黑猩猩"的领地也有丰富的坚果资源，但它们不会敲碎坚果。这说明，在环境没有发生变化的情况下（坚果资源不变），黑猩猩社群也会出现行为变异，因此行为模式不仅仅是由环境机遇决定的。实验研究也进一步证明，黑猩猩可以通过模仿来习得新行为，例如如何打开它们之前没见过的水果（Whiten, 1998）。

不过，并不是每个人都相信动物有文化。许多人认为，上述行为特征源自遗传变异，或者是环境压力迫使动物发展出了新的适应策略。另一些人则抗辩称，尽管黑猩猩（和其他动物）也许能够相互学习新的行为，并将这些行为传递给后代，但这并不构成文化。纳高尔等人（Nagell et al., 1993）提供的证据表明，为了达成特定目标，人类儿童能够复制示范动作（在实验中是用耙子够取东西），相比之下，黑猩猩做出的动作则更为多样。纳高尔等人认为黑猩猩是通过"仿真"（emulation）而不是模仿进行学习的。模仿要求个体在心理上表征示范者的意图，从而将示范者动作视为实现目标的手段，而仿真机制则不涉及对意图的精准表征。

文化的进化心理学理论

诱发文化和传播文化

文化共性的存在表明文化在某些方面可能会受到人性的制约。然而,根据科斯米德斯和图比的观点,即便是不同文化间的差异之处,我们也不能认为人性对它们毫无影响。某些文化实践所依赖的心智模块可能会受环境输入调控,他们将这种情况称为"诱发文化"(evoked culture),与之相对应的则是源于模仿和扩散的传播文化(transmitted culture)。例如,第 6 章论述的依恋生活史理论表明,高风险环境可能导致个体采取最大化当前生殖收益的策略,而低风险环境可能导致个体采取最大化未来生殖收益的策略。所以个体间差异其实是由进化模块中不同参数设置造成的——这些进化模块会对环境线索(如亲代投资额度)保持敏感,进而调整相应参数。这类似于乔姆斯基对儿童语法发展的解释,即语言模块根据幼儿语言环境设置参数(例如是"主—动—宾"结构还是"动—主—宾"结构)。因此,当环境中存在可变条件时会产生"或然共性"(contingent universal)。当前对或然共性的研究依然较为稀缺(第 13 章中论述的"或然转移理论"是一个例子),一些研究人员对它们在解释人类行为方面的效用持怀疑态度。然而,或然共性和诱发文化是未来重要研究领域,对这些概念的探讨有助于加深我们对文化共性的理解。

双重遗传理论和文化进化

生物学家罗伯特·博伊德和人类学家彼得·理查森提出(Boyd & Richerson, 1985; Richerson & Boyd, 2001; Boyd et al., 2011),对于人类(也许也包括部分其他动物)来说,心智(以及行为)的遗传会涉及两种相互作用的遗传模式:基因遗传和文化遗传。他们的理论使研究人员既能够模拟基因对文化的影响(许多心理学家和人类学家"鄙视"的还原论取向),也能够模拟文化对基因的影响(Tomasello, 1999)。

生理进化的速度极为缓慢。人类个体需要 12 到 16 年的成长期才能发育至性成熟,也就是说,100 年内人类的繁殖上限是 6 代到 8 代人。相比之下,一些病毒和细菌的繁殖周期可以以分钟为单位。当然,正如我们在第 3 章看到的,有性生殖能比无性繁殖制造出更大的变异,从而加快进化速率。但即使考虑到这一点,生理进化过程也依然崎岖迟缓。从生物学角度看,当代人的身体与几万年前人类祖先的身体几乎没什么区别(Mourre & Henshilwood, 2010),然而在此期间,人类的文化面貌却已焕然一新。因此，文化不仅能为我们提供经验、技能和人工制品，还能让我们迅速改变行为模式以适应环境条件。博伊德和理查森认为，正是由于文化具有快速适应的优势，人类心智系统才进化出可以创造和维持文化的能力。

想象一下，世界上某个地方气温急剧下降。许多物种无法适应低温，除非出现耐寒突变，否则它们可能会冻死。人类则通过第二种遗传方式开发出了新的御寒方法，比如穿动物皮，并将这些技术传给后代，使他们也能生存下来。这种"技术遗传"机制至关重要，其实许多哺乳动物个体也会无意中掌握新的适应策略（通常是通过试错或幸运的巧合），但如果缺乏技术遗传机制，这些创新最终会同创新者一起消亡。

因此，相较于生物学意义上的进化，文化使人类能够以更快的速度适应环境。然而，文化传播也只有在一定条件下才能发挥作用。数学模拟表明，文化传播的价值与环境变化速度有关。如果环境变化太快，那么前一代人掌握的知识对下一代就没多大用处了。在这种情况下，父母将知识传递给后代是徒劳无益的，每一代人自主学习创新更有意义。另一方面，如果环境变化太慢，那么基因进化的速率可以跟上环境变化的步伐，这时就不需要依靠大脑这种成本高昂的系统了（文化传播以大脑为载体）。

现代人类开始出现的时间似乎与博伊德和理查森所声称文化传播最佳环境条件相吻合。更新世时期，环境发生了显著变化。有几个冰河时代持续了数万年，温度在几千年的时间里急剧变化。这些变化会对我们祖先产生直接或间接影响。直接影响包括极度寒冷所创造出的衣物、住所和饮食要求；间接影响则包括因植被和动物种群变化而催生出的狩猎采集技术。这两类影响都意味着，通过文化传播来传递新的经验技术有利于提高个体的适应性。然而，博伊德和理查森也坦率地承认，逻辑上的合理性并不能证明文化传播是一种领域特定的进化机制。

博伊德和理查森还推测了文化进化的具体形式——一群人所接受的特定行为模式和价值观。他们提出，文化实践可以通过类似于群体选择的过程得以进化（只限于文化实践，他们坚持认为生理进化过程不是由群体选择塑造的）。不同文化可以被视为彼此竞争的对手，而那些可以实现代际传递的文化是竞争中的"胜出者"。例如，部落战争可能会导致较弱的部落被彻底毁灭（原因也许是较强的部落发明了更有效的战争文化技术）；或者，较弱的部落不会被直接灭族，但他们要被迫接受胜利者的文化（语言、习俗、宗教等）；再或者，较弱的部落会自觉学习另一个部落的文化，因为他们认识到了对方比自己更为优越（Richerson & Boyd, 2005）。因此，一方面，人类获取文化的能力源于领域特定的进化模块，另一方面，进化机制也可以解释文化传播过程。

基因—文化协同进化

上文对"诱发文化"的讨论表明文化习俗可能受到基因的直接或间接影响。我们可以从双重遗传理论(dual-inheritance theory)中推导出的另一个结论是,文化习俗也能够作用于基因进化过程。社会生物学家查尔斯·拉姆斯登(Charles Lumsden)和威尔逊提出了一种被称为基因—文化协同进化(gene-culture co-evolution)的理论。他们认为,基因和文化密切交织在一起,相互依赖。由于人类心智天生具有特定结构,这使得一些文化元素比其他文化元素更容易被学习掌握,结果是它们更有可能获得长久的生命力(Lumsden & Wilson, 1981)。威尔逊曾总结称(Wilson, 1978, p.167):

> 基因把文化束缚住了,但这条长长的绑带反过来又圈定了人类基因库的范围。

拉姆斯登和威尔逊关注的是表观遗传过程,即发育过程中基因和环境之间的相互作用(见第2章)。他们提出,表观遗传规则蕴含了某些生物必然性(增强生物体生存的行为或倾向),它们会对一系列文化实体产生影响。由于表观遗传规则本身是由基因塑造的,这表明基因会间接作用于文化。但与此同时,文化也会作用于基因,不同的文化机遇会改变表观遗传规则的适应性,从而导致特定类型基因在人群中的比例变化。

拉姆斯登和威尔逊还引入了文化基因(culturegens)这一概念,它指的是在个体间传播的文化模式(该概念与另一个概念"模因"密切相关,下文会专门介绍)。他们认为,许多文化基因有助于提高携带者(文化习得者)的广义适合度。例如,像乱伦禁忌(布朗发现的文化共性之一)这样的文化基因可以通过阻止个体与近亲交配以避免近亲繁殖带来的后代健康风险;之所以存在食物禁忌——认为某些动物不洁及不适宜食用,是因为在祖先生活的环境中,这些动物是许多危险病原体的宿主(见第3章和第4章);再者,某些地区特定的食品制作方式也许可以提高当地饮食的安全性,来自非洲、南亚和地中海等炎热地区的食物往往较为辛辣,而来自斯堪的纳维亚半岛、英国和极地地区等寒冷国家的传统食物则更为清淡,这可能部分原因是大蒜和辣椒等香料具有一定抗菌特性(见图14.3)。在气候炎热地区,食物会更容易被细菌和寄生虫所侵染。

反之,文化对基因进化能产生影响。你可能知道有些人无法消化牛奶中的乳糖,因此他们日常饮食必须避免牛奶及奶制品。然而,乳糖不耐症其实并不神秘:乳汁"本来"是婴儿的食物。大多数哺乳动物一旦成年,就会"关闭"产生乳糖酶的基因,从而失

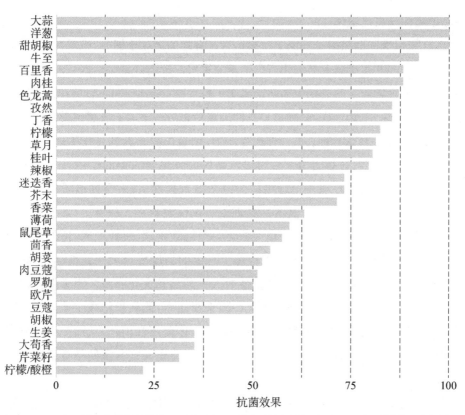

图 14.3　不同香料和草药的抗菌效果。请注意，一些更强的香料(如大蒜、甜胡椒、辣椒)往往在炎热国家食用较多

去消化乳汁的能力。因此，实际上科学家需要解释的不是为什么少部分人具有乳糖不耐症，而是为什么大部分人具有乳糖耐受性。答案似乎在于文化，对于那些祖先以牧牛或牧羊为生的人来说，他们身体携带了一种支持成年后依旧产生乳糖酶的突变基因，而不携带这种突变基因的人在幼儿期断奶后身体会自动关闭乳糖酶生产系统(Bloom & Sherman, 2005)。因此，文化实践可以施加选择压力，这种压力会对生物进化造成影响。酒精耐受性也有类似情况。严格来说，酒精是一种毒药，除非它被酒精脱氢酶代谢。之所以欧洲人具有更高的酒精脱氢酶和酒精耐受水平，是因为他们传统上将酒精作为净水剂。与之相对，南亚人传统上会用茶或其他抗菌草药作为净水剂(Osier et al., 2002)。因此，对于一个古代欧洲人来说，假如他携带的是低水平酒精脱氢酶代谢基因，他可能会因为水污染或酒精中毒而更早死亡，相比之下，携带高水平酒精脱氢酶代谢基因的人会更容易将基因传递给下一代，使后代成为天生的饮酒高手。

生态位建构与文化进化

一度，乳糖耐受和酒精耐受的例子曾被认为是有趣的进化小插曲，但现在看来，文化实践可能在许多方面都对人类进化产生了至关重要的影响(Laland, 2017a)，这正符合苏格兰圣安德鲁斯大学的进化生物学家凯文·拉兰德(Kevin Laland)及其团队提出的生态位建构(niche construction)理论。我们再重新思考一下关于乳糖耐受性进化的故事：通过放牧，人类无意中制造了一种选择压力，创造出一个新的可用生态位，即饮用牛奶，从而改变了他们的基因型。我们很容易认为环境与人类的作用关系是单向的——环境塑造了我们的心理与生理结构。但在很大程度上，人类创造了自己的环境，并由此带来了新的选择压力。其实这类现象不仅仅发生在人类身上，许多大大小小的生物都在积极地改变着它们的环境——无论是海狸筑坝、蜘蛛织网，还是黑猩猩用石头敲开坚果（见专栏14.2）。但人类构建生态位的力度要远大于其他动物，我们创造出了成千上万有可能改变自身生理属性的人工制品和文化实践。除了上文讨论的牛奶和酒精外，烹饪方法也为人类带来了许多选择压力：柔软食物减少了大牙齿和强壮颌骨的必要性，熟食意味着食物可以更快地被人体食用和消化，从而使人类能够腾出时间做其他事情，包括创新和学习文化习俗，所以文化实践在不断孕育新的文化实践(Wrangham, 2009)。

这正是拉兰德的论点，他认为许多认知现象源于我们对文化产物的适应。为了进一步探讨这一问题，拉兰德和同事创建了一个计算机模拟游戏(Rendell et al., 2010)，让各种文化"策略"展开竞争。

该研究的灵感很大程度上可以追溯至罗伯特·阿克塞尔罗德开发的计算机博弈游戏，而在拉兰德的版本中，研究人员设计了一个有各种生态困境的模拟世界，他们公开招募了许多研究者，邀请他们编写出"入住"模拟世界的程序，这些程序要解决环境中出现的各种问题，同时与其他程序展开竞争。胜出的程序将进入下一轮游戏，如此循环往复。

可用的策略大致分为三类：创新、观察和利用。创新是自己找出问题解决方法；观察是注意并模仿他人的解决方法；利用则是窃取他人的成果。比赛存在资源限制，比如，用于创新的时间精力越多，用于利用的时间精力就越少。成功解决一个问题后可以获得积分。研究小组发现，最成功的程序是那些做出大量模仿行为且能实现高效复制的程序，也就是说，模仿必须要足够精准（将时间精力用于精确学习）。相比之下，观察量很大但学习转化率低的程序（将时间精力用于观察其他程序）是表现最差的程序之一。

拉兰德等人由此得出一种假设：也许正是不断增强的高效模仿能力在推动人类进

化。如前所述,高效和高保真的复制要求为大脑带来了选择压力,促使其产生新的认知机制,如心理理论(评估行动者意图)和洞察力(提炼模仿内容)。随着大脑变得越来越复杂,人类能够更为准确迅速地模仿,又反过来为我们施加了选择压力,导致认知能力进一步提升……

更大的大脑,意味着更复杂的文化,它会驱使大脑继续扩容。当某种东西能够制造出更多"自身"时,我们将这一过程称之为正反馈循环。拉兰德认为,由于种种原因(拉兰德将该反馈的起源归结为我们祖先制作石器),没有其他动物经历过这一过程。

这是一个有趣的理论,因为它不像其他一些理论,认为文化进化必须等到人类大脑进化出语言、心理理论和许多其他实用技巧。根据这一理论,文化本身就可以促进这些能力的进化。正如我们在第 10 章中所介绍过的,拉兰德相信,语言的进化驱动力正是文化传播:当我们教导某人做某事时,仅仅展示是不够的,我们需要说明应该如何做,并不断纠正解释。从这一视角看,人类不仅是天生的学习者,也是天生的教导者。

文化基因理论的未来

作为描述基因与环境相互作用的理论,以上假说其实都处于起步阶段。它们对文化进化的解释都具有一定说服力,然而,不同理论间的区别也很明显。例如,科斯米德斯和图比以及拉姆斯登和威尔逊强调特定文化实践的生物学基础,博伊德和理查森更关注文化的进化属性,而拉兰德及其同事则侧重于论述基因和环境之间的相互作用以及文化、大脑与认知间的正向反馈循环。

专栏 14.3　文化进化总是进步的吗?

文化实践是随意的吗?还是与环境适应密切相关?在波利尼西亚开展的一项自然实验显示,某些文化实践可能是人类对环境条件的适应方式(Diamond, 1998)。毛利人是波利尼西亚务农者的后裔,他们在 11 世纪左右占领了新西兰。不久之后(可能是在 13 或 14 世纪),一群毛利人——最有可能来自新西兰北岛西海岸——又占领了一个邻近岛屿,他们将占领地命名为查塔姆群岛。最初,新西兰毛利岛民与查塔姆群岛毛利岛民具有高度相似的文化,但随着时间推移,他们走上了不同的文化轨道。

到 19 世纪 30 年代,新西兰毛利人已经发展出了发达的农业文明,他们从事集约化农业生产。这种开发土地的方法意味着他们具有丰富的食物储备,因此当地出现了许多不参与农业生产的专职人员,如工匠、官僚、酋长和兼职军人(原因也在于当地存在持续战乱)。与此同时,查塔姆群岛毛利岛民——如今被称为莫里奥里人——似乎"退步"了,莫里奥里人不再从事集约化农业生产,也不再供养专业的工匠和士兵,他们回归到了没有复杂政治体系和专业领域分工的狩猎采集生活。相比传统毛利人,莫里奥里人更热衷和平,最终在 1835 年时,西方殖民者入侵并占领了他们的岛屿。

到底发生了什么事?这是不是可以说明,文化习俗有时并不具有适应性?事实恰恰相反。人们常常会误以为,文化进化代表着更复杂的生产方式、更高级的技术创新、更专业化的社会分工以及更严密的社会组织体系(还有一种类似的误解,认为生物进化方向是发展成更大、更快、更强的生物体)。但这其实只是一种误解,文化的运行轨迹并不必然如此。查塔姆群岛比新西兰北岛要冷得多,这意味着,当这些岛屿最初被来自新西兰的岛民所占领时,他们携带的作物种子没法发挥作用。此外查塔姆群岛有丰富的天然食物,包括鱼类、海豹、海鸟、小型哺乳动物、海鲜和许多可食用植物,在这种情况下,从农业转向狩猎采集是很合理的。由于采集无法产生大量易保存的剩余食物,因此莫里奥里人无法供养专业工匠,他们人工制品的复杂程度逐步降低。基于同样的原因,莫里奥里人的政治组织体系也日趋简单化,他们中的领导阶层只包括一位世袭酋长和几位助手。加之他们周围没有其他部落,所以没必要维持日常军队。总之,对于莫里奥里人来说,狩猎采集者的生活方式实际上更具适应性。当地部落居民甚至意识到,只要人口增长不超过一定程度,从大自然中获取的食物就足够食用,所以他们通过阉割一定比例的男性后代来控制人口,这正是一种文化创新。另外,他们还会采取各种维护自然资源平衡的措施,比如,他们只猎杀成年雄性海豹。所以直到 18 世纪晚期欧洲人到来之前,当地海豹数量几乎没有减少。莫里奥里人并不是人类历史上唯一一个放弃"高级"文化实践的种群。而且几乎所有的文化"倒退",细究之下其实都有合理原因。

作为复制因子的文化信息——模因

许多文化实践显然能带来积极收益,大多数人都同意陶器、火、乱伦禁忌以及净化食物和水的方法对适应性可以产生良性影响。但与此同时,也有某些文化实践的适应功效可能不太明显。服装无疑是有用的,但着装时尚呢?棒球帽的帽檐是朝上、朝下还是绕在后脑勺上，能对生存繁衍产生什么影响？有些文化习俗看起来没有明确的直接收益，由此我们可以做出一个比较激进的猜想：也许一些文化行为根本不是为了我们的利益，而是为了"它们自己"的利益。

在《自私的基因》一书中，理查德·道金斯指出，要充分理解基因，我们需要采用"基因的视角"（见第 2 章）。成功的基因（基因库中普遍存在的基因）不一定对携带者有益，一种基因对携带者有利与否，不一定会提高或降低该基因被传递给下一代的机会。我们常常认为，基因会"考虑"携带者的福祉，其实并非如此，在遗传游戏中，只有一个玩家总是会获得好处，那就是基因自身。你可以想想雄性澳洲红背寡妇蜘蛛的奉献行为——它们会让雌性把自己当作交配后的小甜点吃掉，或者想想为了保护蜂巢而勇于牺牲的蜜蜂，再或者想想你自己的身体。你身体某些器官确实是你生存的基本保障，比如心脏和手，但也有很多器官，其实不具备类似功能。比如你的性器官，它和你这个"个体"没太大联系。它们只是一套便捷的"逃生系统"，其功能在于将基因打包成精子或卵子的形式，帮助它们脱离身体，继续传播。这种行为模式之所以能得以进化，不是因为它对个体有利，而是因为它对引发这一行为的基因有利。同样，许多文化现象，如音乐和贞操观，可能对个人没什么好处，真正重要的是它们会复制。就像病毒借助人类肉体传播一样，文化遗传物会借助人类的思想进行传播。道金斯将这些文化遗传单位与生物遗传单位"基因"相类比，称之为模因（meme）。

模因是什么？

模因学（研究模因的学科）是一个相对年轻的学科，因此人们会以不同的方式看待模因，这并不奇怪，也算不上一个大问题。道金斯（Dawkins, 1982, 109）提出，模因是"文化传承的基本单位……其表型结果决定了自身的生存和复制"。道金斯（Dawkins, 1976, 206）给出了模因的例子：它们是"曲调、流行语、服装时尚、制作陶器或建造拱门的方法"。重要的是，根据道金斯的说法，模因不是曲调、标语或拱门；这些仅仅是模因的物理表现。模因是拱门的概念，或者更准确地说，是"拱门"的潜在心理表征。在解释模因时，道金斯做了一个类似于基因型和表现型的区分。例如，人类虹膜颜色是基因（调控虹膜颜色）的表型表达。同样，拱门是模因（关于拱的知识）的表型表达。克洛克（Cloak, 1975）也作了类似区分，他明确了"现实世界中存在的文化"和"人们头脑中存在的文化"之间的区别。

然而，我们必须小心，不要把基因型和表现型的差异过于紧密地套在模因问题上——否则我们会得出一系列让人感到困惑的疑问。如果拱门的概念是一个模因，那么关于如何建造拱门的说明呢？这也是一个模因吗？如果你创作了《扬基歌》的旋律，它算是一个模因吗？苏珊·布莱克摩尔（Susan Blackmore,1999;2010）曾告诫道，我们不应该太多使用与基因相关的概念来描述模因，毕竟，模因不是基因，它们是不同类型的复制因子，遵循不同运行规则。另外，我们到底如何定义模因的边界？人们很容易将一个笑话或一段小调认定为模因，但宗教呢？宗教本身是一个模因还是许多模因？如果是后者，各个模因之间的界限在哪里（Wimsatt,1999）？当然，基因也会面临同样的定义问题（Haig,2006）。如今，我们普遍接受的基因定义是"编码多肽或 RNA 序列的 DNA 片段"（第 2 章介绍过），但其实还存在其他定义基因的方式。在《自私的基因》一书中，道金斯就引用了乔治·威廉姆斯（George Williams,1966,28）对基因的定义，即"存在于染色体中的物质，它们作为自然选择的对象，能够持续多代"。虽然这看起来是一个很模糊的定义，但从"选择"角度来看，它定义了最关键的问题。之所以某些基因会被选择出来，不是因为它们编码了多肽或 RNA 序列，而是因为它们对表型有影响（有的基因使我们具有乳糖耐受性，有的基因让我们产生了色觉）。所以基因的定义取决于定义到底"有什么用"：如果你是一位生物化学家，那么第一种定义方式对你来说更为合适；如果你是一位进化心理学家、行为生态学家或进化生物学家，那么第二种定义方式对你来说更为合适。同样，如果我们对模因的行为后果感兴趣，那么我们可以遵循道金斯对基因的定义，简单地将其定义为"被复制的东西"。

虽然存在种种争议，但我们可以承认，模因确实也有生理基础，尽管它不太可能像基因在 DNA 中那样直白简单地得以体现。或许当大脑扫描技术进一步发展后，我们也可以看到特定想法在大脑中是如何体现的，我们甚至有可能通过仪器设备直接判断一个人大脑中是否具备特定模因（比如关于拱形结构的概念）。但我们不必等到那时才去研究模因，回想一下第 1 章和第 2 章，孟德尔从未见过基因——他通过豌豆杂交实验推断出了遗传因子的性质，并由此总结出了遗传学定律。同样，即使不清楚模因的生理基础，我们也可以研究模因的性质和传播规律。

专栏 14.4　传说、心理病毒和互联网

都市传说是一种在人与人之间口耳相传的奇异文化存在物。它们往往被包装成"真人真事"，故事主角是讲述者社交圈中某个真实存在但并不相识的人，比如"朋友的朋友"。这些故事有的很滑稽（某人的亲戚朋友藏在客厅，为他准备了一个惊喜派对,没想到他赤身裸体地从卧室走出来了),有的包含警告意味(美国下水道里的鳄鱼,汉堡里的老鼠),有的则很惊恐(外星人一直伪装成家庭成员)。从复制因子角度看,都市传说就是为感染我们思想而量身定做的。人类对故事特别感兴趣,尤其是那些能引起听众强烈情绪反应(比如让人震惊、大笑或惊恐)的故事。互联网的出现极大地提高了这些"心理病毒"的复制能力(Dawkins, 1995)。现在,我们甚至不需要自己记住笑话、故事或想法的具体内容,就能把它们传递给朋友。因此,电子网络促进了文化信息的扩散效率。例如,在20世纪80年代至90年代,数以百万计的电子邮件用户曾收到过以下信息:

> 一个即将死于某种不治之症(不同邮件对疾病的描述有所不同)的小男孩(不同邮件中小男孩的名字也不同)想打破吉尼斯世界纪录,成为收到"康复祝福卡"最多的人。希望你可以寄出一张这样的卡片,帮助他完成临终遗愿。

后来,人们找到了这个现实世界中的男孩,他名为克雷格·谢戈尔德,由于媒体报道,他引起了美国亿万富翁约翰·克鲁格的注意。1991年时,克鲁格安排克雷格在弗吉尼亚大学医学中心接受一种新的治疗方案,结果很成功,克雷格康复了。但与此同时,康复祝福卡还是不断寄来,无奈之下,他们只得搬家。据估计,到2007年时,全世界的人一共为他寄出了3.5亿张祝福卡。

可能更有害的信息是伪造的病毒警告邮件。大多数人得知自己电脑感染了病毒后,可能都会感到紧张不安。2001年时,本书某位编者收到了他朋友的一封邮件:

> 请确保遵循以下指令!因为病毒是通过地址簿传播的,所以它现在也会在你的通讯录里!病毒会潜伏14天,然后清空你的硬盘。请将如何删除它的说明转发给你通讯录中的每一个人。

这条信息附带了一份说明,内容是教用户如何删除名为"sulf-nbk.exe"的违规文件,该文件实际上是Windows操作系统的一个常规组件,删除它会导致计算机无法正常工作。

如今,互联网上充斥着无穷无尽的模因,这个词已经进入日常用语,用来描述人们与他人分享的各种滑稽、有趣或令人震惊的信息,包括图片、视频、流行语以及新闻等。有时候,模因不仅仅要求你复制传播内容。比如2014年的"冰桶挑战"就成为一种文化现象(见图14.4)。为了给"运动神经元疾病"慈善机构筹款,接受挑战的人需要拍一段往自己头上浇一桶冰水的视频,然后将视频上传到社交媒体上,再提名另一个人(通常是朋友)接受挑战,被提名者要在24小时内完成同样挑战。最终互联网上共产生了240万个同类视频,募款总额达到了2.2亿美元。

图 14.4　F1 方程式赛车手丹尼尔·里卡多接受冰桶挑战

许多专业营销人员早就注意到了这类现象，他们也会开发出病毒式营销信息来推广自己的产品。

模因论有什么意义？

模因这一概念非常具有吸引力，它迅速传播扩散，影响了许多著名哲学家、科学家和公众的想法。一些模因论的倡导者极为擅于舞文弄墨、讲述故事（最主要是道金斯和丹尼特），这也在一定程度上导致了模因论能够深入人心。诚如上文所分析的，许多模因论的批评者指出基因和模因之间不能进行类比（Midgley, 2000; Wimsatt, 1999），例如模因不像基因一样有清晰的个体边界，模因与基因的突变机制也完全不同。但模因论最大的问题不在定义方面，而是在实用性方面：我们到底能基于模因概念"做"些什么？以基因为中心的进化视角在生物学研究领域具有革命性意义，它使我们能够解释许多过去难以理解的行为，如亲属之间的利他主义、自我牺牲行为、兄弟姐妹竞争和亲子冲突等；虽然以模因为中心的文化进化观非常具有吸引力，但它所涉及的现象——如从众、服从、顺从和可记忆性等——在传统理论中也都能得到合理解释（Haney et al., 1973; Milgram, 1963; Asch, 1956; Centola et al., 2005; Bartlett, 1932）。

其他形式的文化！学习

人类不仅有获取文化的迫切需要，而且还倾向于通过教学和其他方式传播文化。语言显然在文化传播中扮演着重要的角色，正如我们上面所讨论的那样，凯文·拉兰德认为，对有效教学的需求导致了语言进化。与其他动物不同，人类可以向他们的孩子描述美味的水果长什么样子，如何正确地准备食物，以及怎样将动物的毛皮制成外套。根据托马塞洛等人（Tomasello et al., 1993）的说法，指导学习对儿童来说特别重要，幼儿不仅通过指导获得特定技能，在此过程中他们还会将指导过程内化，习得一些通用技能，如自我监督。

指导学习大大扩展了人类知识学习的范围。正如我们所看到的，猕猴有可能通过模仿其他个体来学习如何洗土豆，前提是它们看到洗土豆的价值。但有了语言，我们可以直接向他人解释一项活动的价值，从而提高了传播效率。我们可以说"我这样加工食物是为了防止引起疾病"，"我在祈祷我的灵魂免受诅咒"，或者"不要吃那棵树的果子，因为它会让你生病"。语言不仅促进了文化传播，而且大大增加了可传播文化信息的类别。

为什么文化财富会有如此大的差异？

为什么世界上不同地区在财富和技术上有如此大的差异？为什么欧洲富裕而撒哈拉以南的非洲贫穷？为什么是欧洲殖民了美洲，而不是美洲殖民了欧洲？针对这些问题，人们提出过许多答案。一些人认为，欧洲人——尤其是北欧人——在生物性方面更优越：他们天生聪明，更适合当领导者。显然，这一解释毫无证据。另一些人则指出，欧洲（或者更准确地说是欧亚大陆——包括欧洲和亚洲）之所以主宰世界其他大陆（北美和南美、澳大利亚和非洲），是因为欧洲人拥有更多的先进文化，包括他们发展出了铁制武器的生产技术、动物驯养手段以及复杂的政治组织。虽然这种说法有一定道理，但生物学家贾里德·戴蒙德（Jared Diamond, 1997）认为它并不完整，因为它回避了更深一步的问题，即为什么欧亚人是拥有铁制武器、驯养动物技术和复杂政治组织的人类群体。简而言之，他探求事物存在原因的远因解释，而不是简单的近因解释。

图14.5显示了戴蒙德理论示意图。图的底部表明了欧亚统治近代历史的直接原因：动物驯养——例如马，可用于农业和战争；技术——保证了远程旅行和有效杀戮；

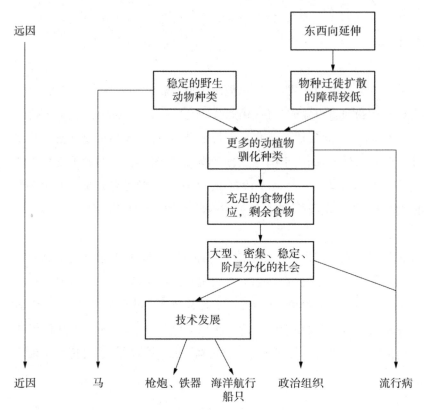

图 14.5　导致文明进程的因素，从远因到近因

组织能力——能够调度大规模军队和管理殖民地，以及流行病。最后一项经常让人感到困惑，流行病如何能使欧亚人殖民世界其他地方？在征战海外的过程中，欧亚士兵经常发现他们根本不需要与当地人交战，士兵身上携带的疾病成为了他们的"先锋部队"。例如，之所以西班牙能够轻易殖民南美洲，是因为大量当地人被欧洲传来的天花所屠杀。但为什么最初携带天花病毒的是西班牙人而不是南美人？事实证明，大多数流行病都是农业的产物。过去几个世纪的那些疾病杀手——天花、流感、霍乱、肺结核、黑死病、疟疾和麻疹——都来自动物，而且通常是家畜。南美人几乎没有驯养动物的历史，所以根本没有机会获得流行病抗体。

戴蒙德认为，从远因角度看，之所以欧亚大陆处于优势地位，是因为欧亚大陆在东西方向上延伸了很长一段距离，而其他大陆则不具备该特征。东西延伸意味着欧亚大陆一部分地区可以相对容易地引进同纬度其他地区驯化的动植物。而在南北向延伸的非洲和南美洲，由于不同纬度地区间气温差异较大，一个地区的动植物无法在另一个地区存活，因此农作物和牲畜的迁移性都较差。另外，欧亚大陆也有更多适合驯化的动物。事实上，在14种大型家养动物中，欧亚大陆有13种，南美洲有1种（美洲驼的祖先），澳大利亚、北美和撒哈拉以南非洲根本没有。

动植物驯化使集约化农业生产成为可能，由此产生的食物过剩又为人口增长提供了保障。人口爆炸有两个后果。首先，这意味着社会中需要某种形式的集中政治组织，其次，这意味着社会专业分工的发展，从而进一步促进了技术进步。

那么这一文明进程是从哪里开始的呢？有证据表明，它起源于一个被称为新月沃土的地区，该地区现在包括叙利亚、黎巴嫩和伊拉克。这里不仅是农业的发源地，也是字母表和印欧语系的发源地（见第10章），如今大多数欧洲语言（如英语、意大利语、挪威语和俄语）、印度次大陆的语言（如印度语、乌尔都语、旁遮普语）和一些中东语言（如波斯语和普什图语）的起源都可以追溯至该地区。

戴蒙德的理论表明，财富分配不均在很大程度上是历史偶然性造就的结果，欧亚人拥有文明的"原材料"，而生活在其他大陆的人则不具备这些条件。

专业分工的重要性

向农业转移的好处之一是它实现了文化实践的专业化发展。马特·里德利曾举过这样一个例子（Ridley, 1993），想象有两个人，亚当和奥兹，亚当用四个小时做了一支矛，用三个小时做了一把斧头（总共用了七个小时）；另一方面，奥兹用一个小时做了一支矛，用两个小时做了一把斧头（总共用了三个小时）。奥兹既擅长制矛也擅长制斧，所以奥兹还需要亚当吗？

你可能会认为答案是否定的，既然奥兹在制作长矛和斧头方面都比亚当更有效率，所以他为什么需要亚当的帮助？事实上，如果奥兹专门制造长矛，他可以在两小时内制造两支长矛；如果亚当专门制造斧头，他可以在六小时内制造两支斧头。现在，他们一共只用了八小时就获得了两支长矛和两把斧头，相比原来的工作方式（每个人同时做两种工具），每个人的工作时长都缩短了一小时。当然，如果奥兹只专注于长矛，亚当专注于斧头，可能额外的练习会导致他们工作效率更高。这个故事告诉我们，你最好将自己不擅长的任务交给其他人去做，即使接替你的人工作效率比你还低。当然，一个人只需要这么多矛或斧头，所以这个分工系统只在存在贸易机制的情况下才能正常运转，贸易可以以互惠的方式进行，比如亚当需要长矛时，奥兹就给亚当一支长矛，奥兹需要斧头时，亚当就给奥兹一把斧头；也可以以物物交换的方式进行，比如一支长矛值两把斧头；还可以以代币经济的方式进行，比如用一定数额的钱可以买来一把斧头。生物学家马克·帕格尔（Mark Pagel, 2012）认为，语言进化是促成贸易发生的重要因素。之所以黑猩猩的文化发展受到限制，因为它们不具有交易的能力，因此无法实现专业分工。同样，尽管尼安德特人拥有复杂的文化制品，但似乎很少有证据表明他们开展过贸易。尼安德特人的人工制品总是由当地材料制成的，而智人祖先的人工制品中有许多是非当地材料制成的，这表明智人通过贸易获得了这些材料（Gamble, 1999）。霍兰等人（Horan et al., 2005）的研究表明，尼安德特人灭绝的原因是他们在竞争中输给了我们的智人祖先，而后者正是因为贸易和专业分工而开发出了更好的技术。

贸易会产生许多后果。首先，由于工作效率和产量的提高，商品与服务的成本会下降，因此每个人，而不仅仅是少数特权阶层，都能负担得起矛、衣服或职业军队的保护。里德利曾引述了经济学家威廉·诺德豪斯（William Nordhaus, 1996）的成果，他试图估计普通人要购买一小时1000流明的光（流明是光源亮度单位，1000流明大约是普通家用灯泡的亮度）需要工作多长时间。1992年，普通人工作半秒钟的收入就能买到一个小时光线；1960年时大约是3.5秒；1940年时是20秒；1900年时是大约15分钟；1800年，当时人们还在使用蜡烛，将光源换算成蜡烛的话，普通人工作5到12小时的收入才能买得起那么多蜡烛。这就意味着大多数人都负担不起蜡烛的价格，当夜幕降临时，人们要么坐在火旁，要么上床睡觉。

其次，专业化程度的提高会带来创新，因为专家们会找到越来越好的方法来加工材料、烹饪食品或制造衣物。最后的结果是我们不再自给自足，而是购买各种服务及商品。如果有足够时间和合适材料，我们中的大多数人——就像我们的祖先一样——都能做到自己制造一把粗糙的手斧。但换成其他物品——即使像铅笔这种看起来不起眼的小东西——我们中有多少人可以自己生产呢？1958年，经济学家伦纳德·里德（Leonard Read）以铅笔的视角写下了一段话：

> 我能比汽车、飞机或洗碗机更好地让你们认识到一个道理，因为我看起来如此简单。
>
> 真的简单吗？然而，这个地球上没有一个人知道如何制造我。

正如伦纳德所描述的，制造铅笔需要成千上万甚至数百万人的努力，包括石墨矿工、森林工人、伐木工人、油漆制造商等，其中，没有一个人拥有获取、加工、组装材料以及生产最终产品的全部专业知识。不再能自给自足是我们为先进文化付出的代价。

这是坏事吗？罗伯特·赖特（Robert Wright, 2001；2007）开过一个玩笑，他不想对日本宣战的原因之一是日本人制造了他的汽车。赖特想指出，专业分工让全世界各地的人越来越彼此依赖，这是维护和平的重要因素（Pinker, 2011）。

文化在文化发展中的重要性

模仿、指导和强大的心智对文化发展至关重要，但还有另一个会影响文化发展的因素：那就是文化实践自身。农业意味着不是每个人都必须参与粮食生产（因为会产生大量剩余食物，就像我们在毛利人身上看到的那样），它会解放一部分劳动力，进而导致劳动分工。从农业中脱离出来的劳动力可以从事其他工作，因此有可能开发出更好的农业工具或技术。这又会反过来使农民受益，他们利用每公顷土地能够生产更丰厚的粮食，从而解放更多劳动力。

其他技术，如文字的发展，也会对文化产生深远影响。已知最早的书写形式是公元前3000年前美索不达米亚的苏美尔楔形文字。后来书写系统独立发展，出现在墨西哥、古埃及和古代中国。书面文字让我们可以与素未谋面的人分享专业知识，它还使得我们能够向多年前去世的人学习。书写也意味着文化实体可以被复制，它最终促进了数学和科学的发展。后来通信技术进步，从印刷机到广播、电视再到互联网，都在很大程度上重塑了我们的生活方式。

横向传播的重要性

正如我们所看到的，遗传信息传递总是垂直向下的，因为儿童会从父母那里获得遗传基因。相比之下，文化传播可以发生在更多维度。虽然人们最常讨论的传播形式是垂直向下传播，比如儿童向成人学习（动物身上也会发生类似的事情，比如黑猩猩）。然而，它也可以垂直向上传播，比如父母会从儿童那里了解到一些有趣的事情；它还可以在水平维度上横向传播，比如人们彼此分享创意与想法。奇怪的是，对横向传播形式的研究相对较少。事实上，在文化发展过程中，横向传播会发挥至关重要的作用，尤其是年轻人之间的思想传播（Harris, 1998；见第6章）。

物理学家马克斯·普朗克（Max Planck）提出，每当一种新理论战胜了旧理论时，往往不是因为旧理论的追随者接受了新理论，而是因为旧理论的追随者消亡了，他们被思想更开放的年轻科学家所取代。事实上，那些伟大文化和科学理论的缔造者确实更多是年轻人而不是老年人。历史上的例子不胜枚举，例如，爱因斯坦在28岁时发表了他的广义相对论,达尔文在 29 岁时提出了自然选择假说。雷曼(Lehman, 1953)在一项研究中分析了不同学科专家在哪个年龄段取得的成就最高(见表 14.1)。这项研究表明,对于大多数学科来说,"巅峰"年龄在二十多岁到三十多岁之间(Over, 1988)。

表 14.1 不同学科(领域)专家成果最为丰富的年龄段

学科(领域)	巅峰年龄
天文学	24—29 岁
诗歌	25—35 岁
化学	30—34 岁
文学作家	30—34 岁
哲学	35—39 岁
心理学	35—39 岁
畅销书作家	40—44 岁
精神治疗师	40—49 岁
平均	32.5—37.9 岁

另外,年轻人不仅仅是创新者,他们本身也最容易接受新技术和新思想。第一个洗红薯的猕猴就是一只幼猴,而年轻猕猴比年长猕猴更容易接受这一创新(专栏 14.2 给出了数字比例)。因此,年轻人是文化进化的引擎。

心理学家朱迪斯·哈里斯(Judith Harris, 1998)提出,同龄人对儿童的影响要大于父母对儿童的影响,这种所谓的群体社会化理论(group socialisation theory)认为,虽然纵向向下传播似乎更受到人们的关注,但实际上,横向传播在个人文化适应中具有更重要的意义。引入文化传播概念后,我们也许可以理解为什么群体社会化是一种明智的进化策略。垂直向下的思想传播往往是"无噪声"的静止传播,上代人可能会告诉下代人,我们几千年来做某件事时就是会用某种方式,这么做一直是正确的。如果人们生活在与世隔绝的真空地带,那还好,但我们生活在一个瞬息万变的不确定世界。人类的历史是一部竞争史:我们不仅与自然环境竞争,还与不同群体的其他人竞争。在这种情况下,"社会"本身也需要迅速适应,以发展出新的保暖手段、新的狩猎技术、新的植物种植方法、新的武器和新战术策略等。要实现这一需求,我们不仅需要创新者(正如我们所说的,他们往往是年轻人),还需要一群愿意接受并采用新思想的信徒。因此,年轻人相互学习模仿的倾向可能是快速文化进化的一个重要组成部分。

在横向传播和垂直传播之间取得平衡

为什么老年人不能像年轻人一样满怀热情地迎接新思想,这在进化上难道有什么不合理之处?也许这只是心智运作方式的副作用,老年人很难接受新思想(正如那句著名谚语所说的,你不能教老狗新把戏)。一旦一个人掌握了某种特定的做事方式,学习新方式可能就很难了。但这些都是近因解释,为什么大脑没有进化到可以让新想法更容易被接受的状态?也许这样的变异从未出现过,因此老年人无法迅速接受新思想;或者它们确实出现了,但糟糕的后果使它们无法传播下去。

不过,我们还可以从另一个角度解释为什么老年人不容易接受新思想。文化发展得太慢对文化自身不利,但发展得太快也会对它造成损害。想象一下,如果人们还没有认真考虑某些想法的利害就贸然采纳,可能会招致什么灾难性后果?这样一个社会可能会走向自我毁灭。而老年人在文化进化过程中可以发挥制动器的作用:蔑视或排斥新事物的做法能在一定程度上确保创新思想得以适当检验,这样可以避免悲剧性结果。

最后,我们要提醒一下,人们很容易认为文化有利于社会或"群体的利益"。从严格进化角度来看,情况并非如此。正如我们在第 2 章看到的,很少有证据表明选择发生在群体层面。大多数现代进化论者会采用一种"以基因为中心"的观点,文化进化机制同样如此,文化选择的基础是它可以提高个体的广义适合度。

专栏 14.5 宗教与进化

宗教是一种文化共性事物,也就是说在所有文化中都存在宗教信仰。让人困惑的是,宗教信仰常常导致人们做出"反适应"选择。例如,某些宗教会要求信徒独身、殉道或为了信仰放弃大量资源(比如传统佛教规定,信徒应舍弃财产,出家后僧人的一切财产都归寺院所有),所有这些行为看起来都与提高广义适合度的目标截然相反。因此,宗教是一种不适应机制吗?或者说它的存在自有其合理性?大卫·斯隆·威尔逊(David Sloan Wilson, 2002)认为,我们可以将宗教视为一种促进人类生存和繁殖的超有机体,但它的对象是群体而不是群体中的个体成员。因此,一些信徒的自我牺牲无关痛痒,重要的是作为整体的群体受益。宗教的成功性体现在它能持续吸引更多信众,而不在于每个信徒的个人适应性。换句话说,不同宗教信仰之间竞争的是宗教本身的生存和繁衍能力,虽然信徒个人适应性与之相关,但不是决定因素。因此,威尔逊在解释宗教现象时,是基于群体选择而不是个体选择视角。

人类学家斯科特·阿特兰(Scott Atran, 2002)提出了另一种解释方案,他试图在个体层面上为宗教现象寻求合理性。根据阿特兰的说法,宗教本身不是一种适应机制,而是其他适应机制的副产品。这些机制首先包括人们感知能动性的倾向。例如,在一项著名研究中,研究人员向被试播放了一段视频,视频中展现了两个三角形进入一个盒子,与此同时一个圆圈离开盒子。如果要求被试描述发生了什么事情,被试会为这些图形赋予能动性和心理状态。他们会认为三角形是侵略者,赶走了圆形。第二种机制是因果归因机制,当两个事件发生的时间和空间都距离较近时,即使它们之间其实并不存在任何联系,人们也会常认为是一件事导致了另一件事。这可能导致迷信行为,例如,如果一个人在他最喜欢的球队获胜时碰巧穿着一件特殊衣服,他可能会在之后的比赛日继续穿这件衣服,希望它能给球队带来好运。第三种机制是心理理论。正如我们在第5章看到的那样,我们不仅会推测行为者的行为意图,还会将心理状态赋予这种事物,包括汽车和电脑等无生命物体。这三种机制可以帮助我们预测和理解世界,它们具有重要适应意义;但正如上面的例子所表明的那样,在某些情况下它们也会让我们"误入歧途",让我们看到本不该存在的能动性、因果性和意向性。根据阿特兰的说法,我们会因此而常常感受到有某种"神灵"在控制世界秩序。

人们还提出了许多其他的理论来解释宗教现象。理查德·道金斯在其著作《上帝的错觉》(*The God Delusion*, 2006)中指出,宗教信仰传播的背后可能有一种特殊机制。他认为,儿童需要从成年人那里获得技能和知识,以便解决现实世界中的种种难题。儿童对文化习俗的盲目接受可以看作是"文化习得装置"所导致的结果,这一适应机制使他们容易受到各种信息的影响,包括宗教信息。因此,宗教可以被认为是一种被人们全盘吸收的模因或"模因系统"(system of memes, Blackmore, 1999)。因此,宗教之所以能得以传播,是因为该模因本身具有成功的适应性,它(们)不一定对个体有益。丹尼尔·丹尼特在他的《打破魔咒》(*Breaking the Spell*, 2006)一书中也提出了类似观点。

结论

许多人认为文化是与生理属性和进化无关的事物,这种认识有很大问题。首先,一些文化习俗（如乱伦禁忌）可能在某种程度上具有遗传基础（Lumsden & Wilson, 1981），布朗对文化共性的论述为该假设提供了事实依据。其次，之所以人类会拥有文化，这也要归因于进化机制。如果博伊德和理查森是正确的，那么文化是人类应对环境变化的一种方式，它是另一种遗传模式。凯文·拉兰德指出，文化并不是当我们进化出复杂大脑后"自然而然"产生的东西。相反，复杂大脑本身就是文化的产物，而文化又是我们拥有复杂大脑的结果，文化与大脑之间存在正向循环反馈。

对于进化论者来说，理解文化无疑是最困难的任务之一，迄今为止，研究者提出的问题要远多于给出的解答。比如，文化共性在多大程度上源于人性？文化为什么会进化？将文化信息看作自私的复制因子有什么意义？文化传播需要哪些具体的心理机制？也许文化领域比本书涉及的其他领域都更能说明一个道理：采用达尔文主义视角不仅有助于回答现有问题，还能发掘出新的、有趣的问题。

过去一万年，人类在文化发展上取得了巨大进展，但进化心理学家认为，如果我们要了解人类心智，那么我们就应该意识到，与一万年前的祖先相比，我们心智的基本结构没有太大改变。

总结

早期的文化理论（标准社会科学模型，也被称为文化相对主义）从生物学角度对文化现象做出解释，文化被视为不受人性影响的超有机体。

与文化相对主义者的观点相反，唐纳德·布朗认为不同文化存在许多文化共性，其中一些源于与生俱来的人性。

许多进化论者，如拉姆斯登、威尔逊、图比和科斯米德斯，都相信文化习俗受到了遗传的制约；文化的意义在于提高人类适应性。理查森和博伊德比较关注我们如何进化出了获取和学习文化的能力，即是什么因素导致了"文化革命"。他们认为，文化遗传为我们提供了第二种适应环境的方式，这种适应方式的效率要快于生物上的变异式适应方式。

拉兰德提出，一旦文化开始发展，它能够为更有效的复制提供选择压力，这会推动人类大脑扩张，而更复杂的大脑则可以进一步创造出更多文化实践。因此，人类进入了一个积极的正反馈循环，最终导致人类统治世界。

模因论将信息视为复制因子（模因），该理论认为，在许多情况下文化习俗和行为不一定对宿主有任何好处。文化信息是一种自私的复制因子或心理病毒，它利用了人类相互模仿和复制的能力。

尽管许多动物似乎都可以通过模仿其他个体来改变自己的行为,但没有一种动物在这方面表现得像人类一样成功。一些研究人员提出,模仿能力构成了人类文化适应机制的基础。

专业分工(可能是由农业的发展促进的)和贸易促进了创新与文化实践,除人类外的其他动物之所以在文化领域进展缓慢,一定程度上可能因为它们无法开展有效分工与交易。

虽然我们通常认为文化信息是垂直向下传递的(就像生物遗传信息一样),但实际上,横向传播也非常重要,尤其是发生在年轻人之间的文化传播。

问题

1. 列出一些世界各地的文化习俗(当然,以你自己所在地区为例是最容易的)。考虑一下,这些习俗在多大程度上可能是适应的/反适应的/中性的。以上讨论的理论(先天决定、文化习得、模因、基因—文化协同进化)能否解释它们的存在意义? 有没有哪些文化现象是任何理论都无法解释的?
2. 技术在文化实践中发挥着作用,现代技术,如手机、电脑游戏、电视和互联网在很大程度上改变了我们的生活方式。但它们有没有从根本上改变我们的行为模式? 或者我们只是用不同方式来完成同样的事情? 这和进化形成的人性有什么关系?
3. 无论是在个人层面还是在国家层面,自给自足常常被描绘成一件好事。但如果不能自给自足,是否会导致不同地区或国家之间的人相互依存,从而促进和平与合作?
4. 非人类动物的文化可以发展到什么程度? 这些动物的文化在哪些方面不同于人类文化?

延伸阅读

Brown, D. E. (1991). *Human Universals*. New York: McGraw-Hill.

Diamond, J. (1998). *Guns, Germs and Steel: A Short History of Everybody for the Last 13,000 Years.* London: Vintage.

Laland, K. N. (2017). *Darwin's Unfinished Symphony.* Princeton, NJ: Princeton University Press.

Pagel, M. (2012). *Wired for Culture: Origins of the Human Social Mind.* London: W.W. Norton.

Richerson, P. and Boyd, R. (2005). *Not by Genes Alone.* Chicago: University of Chicago Press.

Tomasello, M. (1999). *The Cultural Origins of Human Cognition.* Cambridge, MA: Harvard University Press.

参考文献

Abed, R., Mehta, S., Figueredo, A. J., Aldridge, S., Balson, H., Meyer, C. and Palmer, R. (2012). Eating disorders and intrasexual competition: Testing an evolutionary hypothesis among young women. *Scientific World Journal*. doi:10.1100/2012/290813.

Abrams, D., Palmer, S. B., Rutland, A., Cameron, L. and Van de Vyver, J. (2014). Evaluations of and reasoning about normative and deviant ingroup and outgroup members: Development of the black sheep effect. *Developmental Psychology*. 50(1), 258–70.

Adams, D. et al. (1986). Seville statement on violence. *American Psychologist (publication date 1990)*. 45(10),167–8.

Adams, M. P. (2011). Modularity, theory of mind, and autism spectrum disorder. *Philosophy of Science*. 78(5),763–73.

Adelson, E. H. (1993). Perceptual organization and the judgment of brightness. *Science*. 262, 2042–4.

Aiello, L. C. (1993). The fossil evidence for modern human origins in Africa: A revised view. *American Anthropologist*. 95, 73–96.

Ainsworth, M. (1967). *Infancy in Uganda: Infant Care and the Growth of Love*. Baltimore: Johns Hopkins University Press.

Aitchison, J. (1989). *The Articulate Mammal* (4th ed.). London: Routledge.

Akhtar, N. and Tomasello, M. (1997). Young children's productivity with word order and verb morphology. *Developmental Psychology*. 33, 952–65.

Alanko, K., Santtila, P., Harlaar, N., Witting, K., Varjoen, M., Jern, P., … Sandnabba, N. K. (2010). Common genetic effects of gender atypical behavior in childhood and sexual orientation in adulthood: A study of Finnish twins. *Archives of Sexual Behavior*. 39, 81–92.

Alcock, J. (2001). *The Triumph of Sociobiology*. New York: Oxford University Press.
—— (2005). *Animal Behavior: An Evolutionary Approach* (8th ed.). Sunderland, MA: Sinauer.
—— (2009). *Animal Behavior: An Evolutionary Approach* (9th ed.). Sunderland, MA: Sinauer.

Alexander, R. D. (1974). The evolution of social behaviour. *Annual Review of Ecology and Systematics*. 5, 325–83.
—— (1980). *Darwinism and Human Affairs*. Seattle: University of Washington Press.
—— (1987). *The Biology of Moral Systems*. New York: Aldine de Gruyter.

Alexander, R. D. and Noonan, K. M. (1979). Concealment of ovulation, parental care and human social evolution. In N. A. Chagnon and W. Irons (eds.). *Evolutionary Biology and Human Social Behaviour* (402–35). North Scituate, MA: Duxbury Press.

Alexander, R. D., Hoodland, J. L., Howard, R. D., Noonan, K. M. and Sherman, P. W. (1979). Sexual dimorphisms and breeding systems in pinnipeds, ungulates, primates and humans. In N. A. Chagnon and W. Irons (eds.). *Evolutionary Biology and Human Social Behaviour* (436–53). North Scituate, MA: Duxbury Press.

Allen, E. et al. (1975). Against 'sociobiology'. *New York Times Review of Books*. 22(18), 13 November.

Allport, G. W. and Odbert, H. S. (1936). Trait names: A psycho-lexical study. *Psychological Monographs*. 47 (whole no. 211).

American Psychiatric Association (2013). *Diagnostic and Statistical Manual of Mental Disorders* (5th edn, DSM-5). American Psychiatric Association.

Anderson, C. M. (1992). Male investment under changing conditions among chacma baboons at

Suikerbosrand. *American Journal of Physical Anthropology.* 87, 479–96.

Anderson, J. R. (1983). *The Architecture of Cognition.* Mahwah, NJ: Erlbaum.

(1990). *The Adaptive Character of Thought.* Hillsdale, NJ: Lawrence Erlbaum.

Anderson, J. R. and Milson, R. (1989). Human memory: An adaptive perspective. *Psychological Review.* 96(4), 703–19.

Anderson, K. G. (1999). Paternal care by genetic fathers and stepfathers I: Reports from Albuquerque men. *Evolution and Human Behaviour.* 20, 405–31.

(2006). How well does paternity confidence match actual paternity? Evidence from worldwide nonpaternity rates. *Current Anthropology.* 48, 511–18.

Anderson, M. (1992). *Intelligence and Development: A Cognitive Theory.* Oxford: Blackwell.

Andersson, M. (1982). Female choice selects for extreme tail length in a widow bird. *Nature.* 299, 818–20.

(1986). Evolution of condition-dependent sex ornaments and mating preferences: Sexual selection based on viability differences. *Evolution.* 40, 804–16.

Andrew, R. J. (1963a). The origins and evolution of the calls and facial expressions of the primates. *Behaviour.* 20, 1–109.

(1963b). Evolution of facial expressions. *Science.* 142, 1034–41.

Andrews, P. W. and Thomson, J. A., Jr. (2009). The bright side of being blue: Depression as an adaptation for analyzing complex problems. *Psychological Review.* 116, 620–54.

Andrews, P. W., Thomson, J. A., Jr., Amstadter, A. and Neale, M. C. (2012). Primum non nocere: An evolutionary analysis of whether antidepressants do more harm than good. *Frontiers in Psychology.* 3, 117.

Angier, N. (1999). Men, women, sex and Darwin. *New York Times*, 21 February.

Archer, J. (1996). Evolutionary social psychology. In M. Hewstone, S. Wolfgang and G. M. Stephenson (eds.). *Introduction to Social Psychology* (24–45). Oxford: Blackwell.

(2000). Sex differences in aggression between heterosexual partners: A meta-analytic review. *Psychological Bulletin.* 126(5), 651–80.

(2001). Evolving theories of behaviour. *The Psychologist.* 14, 414–19.

(2019). The reality and evolutionary significance of human psychological sex differences. *Biological Review.* 94, 1381–1415.

Ardrey, R. (1961). *African Genesis: A Personal Investigation into the Animal Origins and Nature of Man.* New York: Dell.

Asch, S. E. (1956). Studies of independence and conformity. A minority of one against a unanimous majority. *Psychological Monographs.* 70(9), 1–70.

Ashworth, T. (2000). *Trench Warfare, 1914–1918: The Live and Let Live System.* London: Pan Macmillan.

Atkinson, A. P. (2007). Face processing and empathy. In T. F. D. Farrow and P. W. R. Woodruff (eds.). *Empathy in Mental Illness* (360–85). Cambridge: Cambridge University Press.

Atkinson, R. C. and Shiffrin, R. M. (1968). Human memory: A proposed system and its control processes. *Psychology of Learning and Motivation.* 2(4), 89–195.

Atran, S. (1990). *The Cognitive Foundations of Natural History: Towards an Anthropology of Science.* New York: Cambridge University Press.

(1994). Core domains versus scientific theories: Evidence from systematics and Itza Maya folkbiology. In L. A. Hirschfeld and S. A. Gelman (eds.). *Mapping the Mind: Domain Specificity in Cognition and Culture.* Cambridge: Cambridge University Press.

(2002). *In Gods We Trust: The Evolutionary Landscape of Religion.* Oxford: Oxford University Press.

Aunger, R. A. (2000). *Darwinizing Culture: The Status of Memetics as a Science.* Oxford: Oxford University Press.

Austad, S. (2000). Varied fates from similar states. *Science.* 290, 944.

Averill, J. R. (1980). On the paucity of positive emotions. In K. R. Blankstein, P. Pliner and J. Polivy (eds.). *Advances in the Study of*

Communication and Affect. Vol. 6, Assessment and Modification of Emotional Behaviour (7–45). New York: Plenum.

Axelrod, R. (1984). *The Evolution of Co-operation.* New York: Basic Books.

Axelrod, R. and Hamilton, W. D. (1981). The evolution of co-operation. *Science.* 211, 1390–6.

Badcock, C. (1991). *Evolution and Individual Behaviour: An Introduction to Human Sociobiology.* Oxford: Blackwell.
(2000). *Evolutionary Psychology: A Critical Introduction.* Malden, MA: Blackwell.

Baddeley, A. D. and Hitch, G. (1974). Working memory. In *Psychology of Learning and Motivation* (vol. 8, 47–89). New York: Academic Press.

Baillargeon, R. (1986). Representing the existence and the location of hidden objects: Object permanence in six- and eight-month-old infants. *Cognition.* 23, 21–41.
(1987). Object permanence in 3½-and 4½-month-old infants. *Developmental Psychology.* 23, 655–64.
(1991). Reasoning about the height and location of a hidden object in 4.5- and 6.5-month-old infants. *Cognition.* 38, 13–42.

Baker, R. R. (2006). *Sperm Wars: Infidelity, Sexual Conflict, and Other Bedroom Battles.* New York: Basic Books.
(1995). *Human Sperm Competition.* London: Chapman and Hall.

Baker, R. R. and Bellis, M. A. (1989). Number of sperm in human ejaculates varies in accordance with sperm competition. *Animal Behaviour.* 37, 867–9.
(1995). *Human Sperm Competition: Copulation, Masturbation, and Infidelity.* London: Chapman and Hall.
(2014). *Human Sperm Competition: Copulation, Masturbation and Infidelity.* London: Hard Nut Books.

Baldwin, D. A., Markman, E. M., Bill, B., Desjardins, R. N., Irwin, J. and Tidball, G. (1996). Infants' reliance on a social criterion for establishing word–object relations. *Child Development.* 67, 3135–53.

Banku, M. and Abalaka, M. (2012). Recent advances in medicine using molecular genetics. *Innovative Journal of Medical and Health Science.* 2, 17–24.

Baranowski, A. M. and Hecht, H. (2015). Gender differences and similarities in receptivity to sexual invitations: Effects of location and risk perception. *Archives of Sexual Behavior.* 44(8), 2257–65.

Barker, D. J. P. (1998). *Mothers, Babies and Health in Later Life.* London: Churchill Livingstone.

Barkow, J. H. (1982). Return to nepotism: The collapse of a Nigerian gerontocracy. *International Political Science Review; The Biology of Politics.* 3(1), 33–9.
(1989). *Darwin, Sex, and Status: Biological Approaches to Mind and Culture.* Toronto: University of Toronto.

Barkow, J. H., Cosmides, L. and Tooby, J. (eds.). (1992). *The Adapted Mind: Evolutionary Psychology and the Generation of Culture.* Oxford: Oxford University Press.

Baron-Cohen, S. (1989). The autistic child's theory of mind: A case of specific developmental delay. *Journal of Child Psychology and Psychiatry.* 30, 285–97.
(1995). *Mindblindness: Essays in Autism and Theory of Mind.* Cambridge, MA: MIT Press.
(1997). *The Maladapted Mind: Classic Readings in Evolutionary Psychopathology.* London: Psychology Press.
(2002). The extreme male brain theory of autism. *Trends in Cognitive Sciences.* 6(6), 248–54.
(2004). *The Essential Difference.* London: Penguin.

Baron-Cohen, S. and Wheelwright, S. (1999). Obsessions in children with autism or Asperger syndrome: A content analysis in terms of core domains of cognition. *British Journal of Psychiatry.* 175, 484–90.

Baron-Cohen, S., Jolliffe, T., Mortimore, C. and Robertson, M. M. (1997). Another advanced test of theory of mind: Evidence from very high functioning adults with autism or Asperger syndrome. *Journal of Child Psychology and Psychiatry.* 37, 813–22.

Baron-Cohen, S., Leslie, A. M. and Frith, U. (1985). Does the autistic child have a 'theory of mind'? *Cognition*. 21, 37–46.

Baron-Cohen, S., Wheelwright, S., Scahill, V. et al. (2001). Are intuitive physics and intuitive psychology independent? A test with children with Asperger Syndrome. *Journal of Developmental Learning Disorders*. 5, 47–78.

Barrett, L. F. (2013). Psychological construction: A Darwinian approach to the science of emotion. *Emotion Review*. 5, 379–89.

(2018). *How Emotions Are Made: The Secret Life of the Brain*. London: Pan Books.

Barrett, L. and Dunbar, R. I. M. (1994). Not now dear, I'm busy. *New Scientist*. 142, 30–4.

Barrett, L., Dunbar, R. I. M. and Lycett, J. (2002). *Human Evolutionary Psychology*. New York: Palgrave.

Barsegyan, A., Mackenzie, S., Kurose, B. D., McGaugh, J. L. and Roozendaal, B. (2010). Glucocorticoids in the prefrontal cortex enhance memory consolidation and impair working memory by a common neural mechanism. *Proceedings of the National Academy of Sciences of the USA*. 107, 16655–60.

Bartlett, F. (1932). *Remembering*. New York: Cambridge University Press.

Basolo, A. L. (1990). Female preference predates the evolution of the sword in sword-tail fish. *Science*. 250, 808–10.

(1995). Phylogenetic evidence for the role of a pre-existing bias in sexual selection. *Proceedings of the Royal Society of London, Series B*. 265, 2223–8.

Bates, E. (1994). Modularity, domain specificity and the development of language. In *Discussions in Neuroscience*. 10(1–2), 136–49.

Bateson, M., Brilot, B. and Nettle, D. (2011). Anxiety: An evolutionary approach. *Canadian Journal of Psychiatry*. 56, 707–15.

Bateson, P. (2000). Taking the stink out of instinct. In H. Rose and S. Rose (eds.). *Alas Poor Darwin: Arguments against Evolutionary Psychology* (157–73). London: Jonathan Cape.

Bateson, P. and Hinde, R. A. (1987). Developmental changes in sensitivity to experience. In M. H. Bornstein (ed.). *Sensitive Periods in Development* (19–34). Hillsdale, NJ: Lawrence Erlbaum.

Bateson, P. P. G. and Martin, P. (1999). *Design for a Life: How Behaviour Develops*. London: Jonathan Cape.

Bateson, P., Mendl, M. and Feaver, J. (1990). Play in the domestic cat is enhanced by rationing of the mother during lactation. *Animal Behaviour*. 40, 514–25.

Bell, G. (1982). *The Masterpiece of Nature*. London: Croom Helm.

Bellugi, U., Bihrle, A., Jernigan, T., Trauner, D. and Doherty, S. (1990). Neuropsychological, neurological, and neuroanatomical profile of Williams syndrome. *American Journal of Medical Genetics Supplement*. 6, 115–25.

Belsky, J. (1997). Attachment, mating, and parenting: An evolutionary interpretation. *Human Nature*. 8, 361–81.

(2005). Differential susceptibility to rearing influence: An evolutionary hypothesis and some evidence. In B. Ellis and D. Bjorklund (eds.). *Origins of the Social Mind: Evolutionary Psychology and Child Development* (139–63). New York: Guilford.

Belsky, J., Houts, R. M. and Fearon, R. M. P. (2010). Infant attachment security and timing of puberty: Testing an evolutionary hypothesis. *Psychological Science*. 21, 1195–1201.

Belsky, J., Steinberg, L. and Draper, P. (1991). Childhood experience, interpersonal development and reproductive strategy: An evolutionary theory of socialization. *Child Development*. 62(4), 647–70.

Belsky, J., Steinberg, L., Houts, R. M., Halpern-Felsherd, B. L. and the NICHD Early Child Care Research Network (2010). The development of reproductive strategy in females: early maternal harshness → earlier menarche → increased sexual risk taking. *Developmental Psychology*. 46 (1), 120–8.

Benjamin, J., Osher, Y., Kotler, M., Gritsenko, I., Nemanov, L., Belmaker, R. H. and Ebstein, R. P. (2002). Association between tridimensional personality questionnaire (TPQ) traits and three functional polymorphisms: Dopamine receptor D4 (DRD4), serotonin transporter promoter region (5-HTTLPR) and catechol O-methyltransferase (COMT). *Molecular Psychiatry*. 5, 96–100.

Bentall, R. (2003). *Madness Explained: Psychosis and Human Nature*. London: Allen Lane.

Benton, T. (2000). Social causes and natural relations. In H. Rose and S. Rose (eds.). *Alas Poor Darwin: Arguments against Evolutionary Psychology* (206–24). London: Jonathan Cape.

Bergman, T. J., Beehner, J. C., Cheney, D. L. and Seyfarth, R. M. (2003). Hierarchical classification by rank and kinship in baboons. *Science*. 302, 1234–6.

Berko, J. (1958). The child's learning of English morphology. *Word*. 14(2–3), 150–77.

Berle, D. and Phillips, E. (2006). Disgust and obsessive–compulsive disorder: An update. *Psychiatry*. 69, 228–38.

Berndt, T. J. (1986). Children's comments about their friendships. In M. Perlmutter (ed.). *Minnesota Symposia in Child Development. Vol. 18, Cognitive Perspectives on Children's Social and Behavioral Development* (189–212). Hillsdale, NJ: Lawrence Erlbaum.

Beroldi, G. (1994). Critique of the Seville statement on violence. *American Psychologist*. 49, 847–8.

Berridge, K. C. (2003). Pleasures of the brain. *Brain and Cognition*. 52, 106–28.

Betzig, L. (1997). *Human Nature: A Critical Reader*. New York: Oxford University Press.

Bickerton, D. (2007). Language evolution: A brief guide for linguists. *Lingua*. 510–26.

Bierhoff, H. W. (1996). Heterosexual partnerships: Initiation, maintenance and disengagement. In A. E. Auhagen and M. V. Salisch (eds.). *The Diversity of Human Relationships* (173–96). Cambridge: Cambridge University Press.

Bierhoff, H. M. and Rohmann, E. (2004). Altruistic personality in the context of the empathy–altruism hypothesis. *European Journal of Personality*. 18, 351–65.

Birkhead, T. (2000). *Promiscuity: An Evolutionary History of Sperm Competition and Sexual Conflict*. London: Faber and Faber.

Bishop, D. V. (2002). Motor immaturity and specific speech and language impairment: Evidence for a common genetic basis. *American Journal of Medical Genetics*. 114, 56–63.

Bishop, D. V. M., North, T. and Donlan, C. (1995). Genetic basis of specific language impairment. *Developmental Medicine and Child Neurology*. 37, 56–71.

Bisson, T. (1991). They're made out of meat. *Bears Discover Fire and Other Stories*. Electricstory.com.

Bjorklund, D. F., Hernández Blasi, C. and Ellis, B. J. (2016). Evolutionary developmental psychology. In D. M. Buss (ed.). *Evolutionary Psychology Handbook* (2nd edn, vol. 2, 904–25). New York: Wiley.

Black, C. J., Figueredo, A. J. and Jacobs, W. J. (2017). Substance, history, and politics: An examination of the conceptual underpinnings of alternative approaches to the life history narrative. *Evolutionary Psychology*. doi:10.1177/1474704916670402.

Blackmore, S. J. (1999). *The Meme Machine*. Oxford: Oxford University Press.
 (2010). Dangerous memes; or, what the Pandorans let loose. In S. Dick and M. Lupisella (eds.). *Cosmos and Culture: Cultural Evolution in a Cosmic Context*. Washington, DC: NASA Press.

Blair, R. J., Morris, J. S., Frith, C. D., Perrett, D. S. and Dolan, R. J. (1999). Dissociable neural responses to facial expressions of sadness and anger. *Brain*. 122, 883–93.

Blanchard, R. (2018). Fraternal birth order, family size, and male homosexuality: Meta-analysis of studies spanning 25 years. *Archives of Sexual Behavior*. 47, 1–15.

Block, N. (1995). How heritability misleads about race. *Cognition*. 56, 99–128.

Bloom, G. and Sherman, P. W. (2005). Dairying barriers affect the distribution of lactose malabsorption. *Evolution and Human Behavior*. 26(4), 301–12.

Boden, M. A. (1994). *Piaget*. London: Fontana.

Boisseau, R. P., Vogel, D. and Dussutour, A. (2016). Habituation in non-neural organisms: evidence from slime moulds. *Proceedings of the Royal Society B: Biological Sciences.* 283(1829), 20160446.

Bower, T. G. R. (1974). *Development in Infancy.* San Francisco: Freeman.

Bowlby, J. (1951). *Maternal Care and Mental Health.* Geneva: WHO.

(1969). *Attachment and Loss. Vol. 1, Attachment.* New York: Basic Books.

Bowles, S. and Gintis, H. (2000). Walrasian economics in retrospect. *The Quarterly Journal of Economics.* 115(4), 1411–39.

Boyd, R. and Richerson, P.J. (1985). *Culture and the Evolutionary Process.* Chicago: Chicago University Press.

Boyd, R. and Silk, J. B. (2000). *How Humans Evolved.* New York: Norton.

Boyd, R., Richerson, P. J. and Henrich, J. (2011). The cultural niche: Why social learning is essential for human adaptation. *Proceedings of the National Academy of Sciences.* 108(Suppl 2), 10918–25.

Brasil-Neto, J. P., Pascual-Leone, A., Valls-Sole, J., Cohen, L. G. and Hallett, M. (1992). Focal transcranial magnetic stimulation and response bias in a forced-choice task. *Journal of Neurology, Neurosurgery and Psychiatry.* 55, 964–6.

Breland, K. and Breland, M. (1961). The misbehavior of organisms. *American Psychologist.* 16, 681–4.

Brennan, K. A., Shaver, P. and Tobey, A. E. (1991). Attachment styles, gender, and parental problem drinking. *Journal of Social and Personal Relationships.* 8, 451–66.

Brennan, P. (2010). Sexual selection. *Nature Education Knowledge.* 1, 24.

Brewer, M. B. and Crano, W. D. (1994). *Social Psychology.* New York: West.

Brewer, G., Lyons, M., Perry, A. and O'Brien, F. (2019). Dark triad traits and perceptions of sexual harassment. *Journal of Interpersonal Violence.* OnlineFirst. doi:10.1177/0886260519827666.

Brown, D. E. (1991). *Human Universals.* New York: McGraw-Hill.

Brown, R. (1973). *A First Language: The Early Stages.* Cambridge, MA: MIT Press.

Brown, R. and Kulik, J. (1977). Flashbulb memories. *Cognition.* 5(1), 73–99.

Browne, K. R. (2010). The evolutionary psychology of sexual harassment. In J.D. Duntley and T. K. Shackelford (eds.). *Evolutionary Forensic Psychology* (81–100). New York: Oxford University Press.

Brownmiller, S. (1975). *Against Our Will: Men, Women and Rape.* New York: Bantam Books.

Brüne, M. (2004). Schizophrenia – An evolutionary enigma? *Neuroscience and Biobehavioral Reviews.* 28, 41–53.

(2016). *Textbook of Evolutionary Psychiatry and Psychosomatic Medicine: The Origins of Psychopathology* (2nd ed.). New York: Oxford University Press.

Buck, R. (1988). *Human Motivation and Emotion* (2nd ed.). New York: Wiley.

(2014). *Emotion: A Biosocial Synthesis.* Cambridge: Cambridge University Press.

Bugental, D., Corpuz, R. and Samec, R. (2013). Outcomes of parental investment in high risk children. *Journal of Experimental Child Psychology.* 116(1), 59–67.

Buller, D. (2005a). *Adapting Minds: Evolutionary Psychology and the Persistent Quest for Human Nature.* Cambridge, MA: MIT Press.

(2005b). Evolutionary psychology: The emperor's new paradigm. *Trends in Cognitive Sciences.* 9, 277–83.

Bullinger, A. F., Melis, A. P. and Tomasello, M. (2011). Chimpanzees, Pan troglodytes, prefer individual over collaborative strategies towards goals. *Animal Behaviour.* 82(5), 1135–41.

Burkart, J. M., Schubiger, M. N. and van Schaik, C. P. (2017). Future directions for studying the evolution of general intelligence. *Behavioral and Brain Sciences.* 40, e224.

Burns, J. (2007). *The Descent of Madness: Evolutionary Origins of Psychosis and the Social Brain.* New York: Routledge.

Burnstein, E., Crandall, C. and Kitayama, S. (1994). Some neo-Darwinian decision rules for altruism: Weighing cues for inclusive fitness as a function of the biological importance of the decision. *Journal of Personality and Social Psychology.* 67, 773–89.

Bushnell, I. W. R., Sai, F. and Mullin, J. T. (1989). Neonatal recognition of the mother's face. *British Journal of Developmental Psychology.* 7, 3–15.

Buss, D. M. (1989). Sex differences in human mate preferences: evolutionary hypotheses tested in 37 cultures. *Behavioral and Brain Sciences.* 12, 1–49.

(1991). Evolutionary personality psychology. *Annual Review of Psychology.* 42, 459–91.

(1995). *The Evolution of Desire.* New York: Basic Books.

(1997). The emergence of evolutionary social psychology. In J. A. Simpson and D. T. Kenrick (eds.). *Evolutionary Social Psychology* (21–48). Hillsdale, NJ: Lawrence Erlbaum.

(1999). *Evolutionary Psychology: The New Science of the Mind* (1st ed.). Boston: Allyn and Bacon.

(2000). *The Dangerous Passion: Why Jealousy Is as Necessary as Love and Sex.* New York: Free Press.

(2007). The evolution of human mating. *Acta Psychologica Sinica.* 39, 502–12.

(2009). How can evolutionary psychology successfully explain personality and individual differences? *Perspectives on Psychological Science.* 4, 359–66.

(2011). *Evolutionary Psychology: The New Science of the Mind* (4th ed.). Boston: Allyn and Bacon.

(2016). *The Evolution of Desire: Strategies of Human Mating.* New York: Basic Books.

(2019). *Evolutionary Psychology: The New Science of the Mind* (6th ed.). New York: Routledge.

Buss, D. M. and Greiling, H. (1999). Adaptive individual differences. *Journal of Personality.* 67, 209–43.

Buss, D. M. and Hawley, P. (eds.). (2011). *The Evolution of Personality and Individual Differences.* Oxford: Oxford University Press.

Buss, D. M. and Schmitt, D. P. (1993). Sexual strategies theory: An evolutionary perspective on human mating. *Psychological Review.* 100, 204–32.

(2019). Mate preferences and their behavioral manifestations. *Annual Review of Psychology.* 70, 77–110.

Buss, D. M., Abbott, M., Angleteitner, A. et al. (1990). International preferences in selecting mates: A study of 37 cultures. *Journal of Cross-Cultural Psychology.* 21, 5–47.

Buss, D. M., Larsen, R. J., Westen, D. and Semmelroth, J. (1992). Sex differences in jealousy: Evolution, physiology, and psychology. *Psychological Science.* 3(4), 251–6.

Butler, J. (2004). *Undoing Gender.* Oxford: Routledge.

Byrne, R. W. (1995). *The Thinking Ape: Evolutionary Origins of Intelligence.* Oxford: Oxford University Press.

Byrne, R. W. and Russon, A. E. (1998). Learning by imitation: A hierarchical approach. *Behavioral and Brain Sciences.* 21(5), 667–84.

Calder, A. J., Young, A. W., Perret, D. I., Etcoff, N. L. and Rowland, D. (1996). Categorical perception of morphed facial expressions. *Visual Cognition.* 3, 81–117.

Callender, L. A. (1988). Gregor Mendel: An opponent of descent with modification. *History of Science.* 26, 41–75.

Campbell, A. (2002). *A Mind of Her Own: The Evolutionary Psychology of Women.* Oxford: Oxford University Press.

(2006). Sex differences in direct aggression: What are the psychological mediators? *Aggression and Violent Behavior.* 11, 237–64.

(2008). The morning after the night before: Affective reactions to one-night stands among mated and unmated women and men. *Human Nature.* 19, 157–73.

(2013). *A Mind of Her Own: The Evolutionary Psychology of Women* (2nd ed.). Oxford: Oxford University Press.

(2020). Survival, selection, and sex differences in fear. In L. Workman, W. Reader and J. H. Barkow (eds.). *The Cambridge Handbook of Evolutionary Perspectives on Human Behavior* (313–29). Cambridge: Cambridge University Press.

Camperio-Ciani, A., Corna, F. and Capiluppi, C. (2004). Evidence for maternally inherited factors favoring male homosexuality and promoting female fecundity. *Proceedings of the Royal Society of London, Series B*. 271, 2217–21.

Canfield, M. R., Greene, E., Moreau, C. S., Chen, N. and Pierce, N. E. (2008). Exploring phenotypic plasticity and biogeography in emerald moths: A phylogeny of the genus Nemoria (Lepidoptera: Geometridae). *Molecular Phylogenetics and Evolution*. 49(2), 477–87.

Cannon, T. D. (2015). How schizophrenia develops: Cognitive and brain mechanisms underlying onset of psychosis. *Trends in Cognitive Science*. 19, 744–56.

Caporael, L. R. and Baron, R. M. (1997). Groups as the mind's natural environment. In J. A. Simpson and D. T. Kenrick (eds.). *Evolutionary Social Psychology* (21–48). Mahwah, NJ: Lawrence Erlbaum.

Carey, S. and Spelke, E. S. (1994). Domain-specific knowledge and conceptual change. In L. Hirschfeld and S. Gelman (eds.). *Mapping the Mind: Domain Specificity in Cognition and Culture* (169–200). Cambridge: Cambridge University Press.

Carlson, N. R. (2002). *Foundations of Physiological Psychology*. Boston: Allyn and Bacon.

Carlson, N. R. and Birkett, M. A. (2016). *Physiology of Behavior* (12th ed.). Boston: Pearson.

Carlson, N. R., Buskist, W. and Martin, G. N. (2000). *Psychology: The Science of Behaviour*. London: Allyn and Bacon.

Carter, G. and Wilkinson, G. (2013). Does food sharing in vampire bats demonstrate reciprocity? *Communicative and Integrative Biology*. 6(6), e25783, 1–6.

Cartwright J. (2016). *Evolution and Human Behaviour: Darwinian Perspectives on the Human Condition*. London: Macmillan/Palgrave.

Cashdan, E. (1996). Women's mating strategies. *Evolutionary Anthropology*. 5, 134–43.

Caspi, A., McClay, J., Moffitt, T., Mill, J., Martin, J., Craig, I., Taylor, A. and Poulton, R. (2002). Role of genotype in the cycle of violence in maltreated children. *Science*. 297, 851–4.

Casscells, W., Schoenberger, A. and Grayboys, T. (1978). Interpretation by physicians of clinical laboratory results. *New England Journal of Medicine*. 299, 999–1000.

Castellucci, G. A., McGinley, M. J. and McCormick, D. A. (2016). Knockout of Foxp2 disrupts vocal development in mice. *Scientific Reports*. 6, 23305.

Cattell, R. B. (1965). *The Scientific Analysis of Personality*. Chicago: Aldine.

Causey, B. C. and Bjorklund, D. F. (2011). The evolution of cognition. In V. Swami (ed.). *Evolutionary Psychology: A Critical Introduction* (31–71). Chichester, UK: Wiley-Blackwell.

Cavalli-Sforza, L. L. (1991). Genes, peoples and languages. *Scientific American*. 265(5), 72–8.

Centola, D., Willer, R. and Macy, M. (2005). The emperor's dilemma: A computational model of self-enforcing norms. *American Journal of Sociology*. 110(4), 1009–40.

Chagnon, N. A. (1983). *Yanomamo: The Fierce People* (3rd ed.). New York: Holt, Rinehart and Winston.

(1988). *Yanomamo: The Fierce People* (4th ed.). New York: Holt, Rinehart and Winston.

(1992). *Yanomamo: The Fierce People* (5th ed.). New York: Holt, Rinehart and Winston.

(1997). *Yanomamö* (6th ed.). New York: Holt, Rinehart and Winston.

(2012). *Yanomamö: Case Studies in Cultural Anthropology* (6th ed.). Belmont, CA: Wadsworth.

(2013). *Noble Savages: My Life among Two Dangerous Tribes – The Yanomamö and the Anthropologists*. New York: Simon and Schuster.

Chapais, B. (2020). The nature and psychological foundation of social universals. In L. Workman, W. Reader and J. H. Barkow (eds.). *The Cambridge Handbook of Evolutionary Perspectives on Human Behavior* (47–60). Cambridge: Cambridge University Press.

Charlesworth, W. and Dzur, C. (1987). Gender comparisons of preschoolers' behavior and resource utilization in group problem solving. *Child Development*. 58, 191–200.

Charnov, E. L. (1976). Optimal foraging, the marginal value theorem. *Theoretical Population Biology*. 9(2), 129–36.

Chater, N. and Oaksford, M. (1999). Ten years of the rational analysis of cognition. *Trends in Cognitive Sciences*. 3, 57–65.

Cheney, D. L. and Seyfarth, R. M. (1982). How vervet monkeys perceive their grunts: Field playback experiments. *Animal Behaviour*. 30, 739–51.

(2007). *Baboon Metaphysics: The Evolution of a Social Mind*. Chicago: Chicago Press.

Chernin, K. (1994). *The Hungry Self: Women, Eating, and Identity*. New York: Harper Perennial.

Chiappe, D. and MacDonald, K. B. (2005). The evolution of domain-general mechanisms in intelligence and learning. *Journal of General Psychology*. 132(1), 5–40.

Chisholm, J. S. (1996). The evolutionary ecology of attachment organization. *Human Native*. 7, 1–38.

(1999). *Death, Hope and Sex: Steps to an Evolutionary Ecology of Mind*. Cambridge: Cambridge University Press.

Choi, J. K. and Bowles, S. (2007). The coevolution of parochial altruism and war. *Science*. 318(5850), 636–40.

Chomsky, N. (1957). *Syntactic Structures*. The Hague: Mouton.

(1959). A review of B. F. Skinner's 'Verbal Behaviour'. *Language*. 35, 26–58.

Clamp, A. (2001). *Evolutionary Psychology*. London: Hodder Headline.

Clark, R. and Hatfield, E. (1989). Gender differences in receptivity to sexual offers. *Journal of Psychology and Human Sexuality*. 2, 39–55.

Cloak, F. T. (1975). Is a cultural ethology possible? *Human Ecology*. 3, 161–82.

Clutton-Brock, T. (2009). Cooperation between non-kin in animal societies. *Nature*. 462, 51–7. doi:10.1038/nature08366.

(2016). *Mammalian Societies*. New York: Wiley.

Clutton-Brock, T. H. and Harvey, P. (1977). Primate ecological social organization. *Journal of Zoology*. 183, 1–39.

Clutton-Brock, T. H. and Parker, G. A. (1995). Sexual coercion in animal societies. *Animal Behaviour*. 49, 1345–65.

Clutton-Brock, T. H., Guinness, F. E. and Albon, S. D. (1982). *Red Deer: Behaviour and Ecology of Two Sexes*. Chicago: University of Chicago Press.

Collins, D. W. and Kimura, D. (1997). A large sex difference on a two-dimensional mental rotation task. *Behavioural Neuroscience*. 111, 845–9.

Colquhoun, L., Workman, L. and Fowler, J. (2020). The problem of altruism and future directions. In L. Workman, W. Reader and J. H. Barkow (eds.). *The Cambridge Handbook of Evolutionary Perspectives on Human Behavior* (125–38). Cambridge: Cambridge University Press.

Confer, J. C., Easton, J. A., Fleischman, D. S. et al. (2010). Evolutionary psychology: Controversies, questions, prospects, and limitations. *American Psychologist*. 65(2), 110–26.

Connellan, J., Baron-Cohen, S., Wheelwright, S., Ba'tki, A. and Ahluwalia, J. (2001). Sex differences in human neonatal social perception. *Infant Behavior and Development*. 23, 113–18.

Coop, G., Bullaughey, K., Luca, F. and Przeworski, M. (2008). The timing of selection at the human FOXP2 gene. *Molecular Biology and Evolution*. 25(7), 1257–9.

Cooper, C. (2012). *Individual Differences and Personality* (3rd ed.). London: Hodder Arnold.

Corballis, M. C. (2009). The evolution and genetics of cerebral asymmetry. *Philosophical Transactions of the Royal Society London, Series B*. 364: 867–79.

(2014). Left brain, right brain: Facts and fantasies. *PLOS Biology*. 12(1).

(2020). The evolution of language: A Darwinian approach. In L. Workman, W. Reader and J. H. Barkow (eds.). *Cambridge Handbook of Evolutionary Perspectives on Human Behavior* (233–40). Cambridge: Cambridge University Press.

Coryell, W. A. (1980). A blind family history study of Briquet's syndrome. *Archives of General Psychiatry*. 37, 1266–9.

Cosmides, L. (1989). The logic of social exchange: Has natural selection shaped how humans reason? Studies from the Wason selection task. *Cognition*. 31, 187–276.

Cosmides, L. and Tooby, J. (1992). Cognitive adaptations for social exchange. In J. Barkow, L. Cosmides and J. Tooby (eds.). *The Adapted Mind* (163–228). New York: Oxford University Press.

(1994). Origins of domain specificity: The evolution of functional organization. In L. A. Hirschfeld and S. A. Gelman (eds.). *Mapping the Mind: Domain Specificity in Cognition and Culture* (85–116). Cambridge: Cambridge University Press.

(1996). Are humans good intuitive statisticians after all ? Rethinking some conclusions from the literature on judgement under uncertainty. *Cognition*. 58, 1–73.

Cosmides, L., Barrett, H. C. and Tooby, J. (2010). Adaptive specializations, social exchange, and the evolution of human intelligence. *Proceedings of the National Academy of Sciences*. 107, 9007–14.

Cosmides, L., Tooby, J., Fiddick, L. and Bryant, G. (2005). Detecting cheaters. *Trends in Cognitive Sciences*. 9(11), 505–6.

Costa, P. T. and McCrae, R. R. (1990). Personality disorders and the five factor model of personality. *Journal of Personality Disorders*. 4, 362–371.

(1992). Four ways five factors are basic. *Personality and Individual Differences*. 13, 653–65.

Cowan, N. (2001). The magical number 4 in short-term memory: A reconsideration of mental storage capacity. *Behavioral and Brain Sciences*. 24(1), 87–114.

Cox, C. R. and Le Boeuf, B. J. (1977). Female incitation of male competition: A mechanism of mate selection. *American Naturalist*. 111, 317–35.

Crago, M. B. and Gopnik, M. (1994). From families to phenotypes: Theoretical and clinical implications of research into the genetic basis of specific language impairment. In R. Watkins and M. Rice (eds.). *Specific Language Impairments in Children* (35–51). Baltimore: Paul H. Brookes.

Crain, S. and Nakayama, M. (1986). Structure dependence in children's language. *Language*. 62, 522–43.

Crawford, C., Smith, M. and Krebs, D. (1987). *Sociobiology and Psychology: Ideas, Issues and Applications*. London: Lawrence Erlbaum.

Crespi, B., Summers, K. and Dorus, S. (2007). Adaptive evolution of genes underlying schizophrenia. *Proceedings of the Royal Society of London, Series B*. 274, 2801–10.

Crews, D. (1994). Animal sexuality. *Scientific American*. 270, 108–14.

Crick, F. (1994). *The Astonishing Hypothesis: The Scientific Search for the Soul*. New York: Simon and Schuster.

Cronin, H. (1991). *The Ant and the Peacock: Altruism and Sexual Selection from Darwin to Today*. Cambridge: Cambridge University Press.

Crooks, R. L. and Baur, K. (2013). *Our Sexuality* (12th ed.). Belmont, CA: Wadsworth.

Cross, J. E. and Cross, J. (1971). Age, sex, race and the perception of facial beauty. *Developmental Psychology*. 5, 433–9.

Crow, T. J. (1995). A Darwinian approach to the origins of psychosis. *British Journal of Psychiatry*. 167, 12–25.

(2005). Who forgot Paul Broca? The origin of language as test case for speciation theory. *Journal of Linguistics*. 41, 133–56.

Crowell, J. A. and Feldman, S. S. (1988). The effects of mothers' internal models of relationships and children's behavioral and developmental status on mother–child interaction. *Child Development*. 59, 1273–85.

(1991). Mothers' working models of relationships and child behavior during separation and reunion. *Developmental Psychology*. 27, 597–605.

Cummins, D. D. and Cummins, R. (1999). Biological preparedness and evolutionary explanation. *Cognition*. 73, 37–53.

Cunningham, M. R., Roberts, A. R., Barbee, A. P. et al. (1995). Their ideas of beauty are, on the whole, the same as ours: Consistency and variability in the cross-cultural perception of female physical attractiveness. *Journal of Personality and Social Psychology*. 68, 261–79.

Curry, O. S. (2016). Morality as cooperation: A problem-centred approach. In *The Evolution of Morality* (27–51). Cham, Switzerland: Springer.

Curry, O. S., Chesters, M. J. and Van Lissa, C. J. (2019). Mapping morality with a compass: Testing the theory of 'morality-as-cooperation' with a new questionnaire. *Journal of Research in Personality*. 78, 106–24.

Daly, M. and Wilson, M. (1983). *Sex, Evolution and Behaviour* (2nd ed.). Belmont, CA: Wadsworth.
(1984). A sociobiological analysis of human infanticide. In G. Hausfater and S. B. Hardy (eds.). *Infanticide: Comparative and Evolutionary Perspectives* (487–502). New York: Aldine.
(1985). Child abuse and other risks of not living with both parents. *Ethology and Sociobiology*. 6, 197–210.
(1988). *Homicide*. New York: Aldine de Gruyter.
(1994). Evolutionary psychology of male violence. In J. Archer (ed.). *Male Violence* (253–88). London: Routledge.
(1998). *The Truth about Cinderella: A Darwinian View of Parental Love*. New Haven, CT: Yale University Press.
(2005). The 'Cinderella effect' is no fairy tale. *Trends in Cognitive Sciences*. 9, 507–8.
(2007). Is the 'Cinderella effect' controversial? In C. Crawford and D. L. Krebs (eds.). *Foundations of Evolutionary Psychology* (383–400). Mahwah, NJ: Lawrence Erlbaum.

Daly, M., Wilson, M. and Weghorst, S. J. (1982). Male sexual jealousy. *Ethology and Sociobiology*. 3, 11–27.

Damasio, A. R. (2003). *Looking for Spinoza: Joy, Sorrow and the Feeling Brain*. Fort Worth, TX: Harcourt Brace College Publishers.

Damasio, H., Grabowski, T., Frank, R., Galaburda, A. M. and Damasio, A. R. (1994). The return of Phineas Gage: Clues about the brain from the skull of a famous patient. *Science*. 264, 1102–5.

Danielsbacka, M., Tanskanen, A. O., Jokela, M. and Rotkirch, A. (2011). Grandparental child care in Europe: Evidence for preferential investment in more certain kin. *Evolutionary Psychology*. 9, 3–24.

Dann, K. T. (1998). *Bright Colors Falsely Seen: Synaesthesia and the Search for Transcendental Knowledge*. New Haven, CT: Yale University Press.

Darwin, C. (1859). *On the Origin of Species by Natural Selection*. London: Murray.
(1871). *The Descent of Man, and Selection in Relation to Sex*. London: Murray.
(1872). *The Expression of the Emotions in Man and Animals*. London: HarperCollins.
(1877). A biographical sketch of an infant. *Mind*. 2, 285–94.
(1872/1998). *The Expression of the Emotions in Man and Animals* (3rd ed., with introduction and afterword by Paul Ekman). London: HarperCollins.

Darwin, L. (1925). Race deterioration and practical politics. *Eugenics Review*. 141–3.

Davidson, R. J. and Sutton, S. K. (1995). Affective neuroscience: The emergence of a discipline. *Special Cognitive Neuroscience issue for Current Opinions in Neurobiology*. 5, 217–24.

Dawkins, R. (1976). *The Selfish Gene* (1st ed.). Oxford: Oxford University Press.
(1979a). Twelve misunderstandings of kin selection. *Zeitschrift für Tier -psychologie*. 51, 184–200.
(1979b). In defence of selfish genes. *Philosophy*. 56, 556–73.
(1982). *The Extended Phenotype*. Oxford: Oxford University Press.
(1986). *The Blind Watchmaker*. Harlow, UK: Longman.
(1989). *The Selfish Gene* (2nd ed.). Oxford: Oxford University Press.
(1994). Burying the vehicle. *Behavioural and Brain Sciences*. 17, 617.
(1995). *River Out of Eden*. New York: Basic Books.
(2003). *A Devil's Chaplain: Reflections on Hope, Lies, Science, and Love*. London: Weidenfeld and Nicolson.
(2004). *The Ancestor's Tale: A Pilgrimage to the Dawn of Life*. London: Weidenfeld Nicolson Illustrated.
(2006). *The God Delusion*. London: Bantam Press.
(2012). The descent of Edward Wilson. *Prospect*, 24 May.

Dawson, A. and Tylee, A. (2001). *Depression: Social and Economic Timebomb*. London: BMJ Books.

Deacon, T. W. (1997). *The Symbolic Species: The Co-Evolution of Language and the Brain*. London: Penguin.

Deaux, K. and Wrightsman, L. (1983). *Social Psychology* (4th ed.). Pacific Grove, CA: Brooks/Cole.

Degler, C. (1991). *In Search of Human Nature: The Decline and Revival of Darwinism in American Social Thought*. New York: Oxford University Press.

Del Giudice, M. (2018). *Evolutionary Psychopathology: A Unified Approach*. New York: Oxford University Press.

Dennett, D. C. (1994). E pluribus unum? *Behavioural and Brain Sciences*. 17, 617–18.
 (1995). *Darwin's Dangerous Idea: Evolution and the Meanings of Life*. New York: Simon and Schuster.
 (1996). *Kinds of Minds: Towards an Understanding of Consciousness*. London: Weidenfeld and Nicolson.
 (1999). The evolution of culture. *The Edge*. www.edge.org/3rdculture/dennett/dennettp1.htmlon28/08/03.
 (2006). *Breaking the Spell: Religion as a Natural Phenomenon*. London: Allen Lane.

Derryberry, D. and Tucker, D. M. (1994). Motivating the focus of attention. In P. M. Neidenthale and S. Kitayama (eds.). *The Heart's Eye: Emotional Influences in Perception and Attention* (167–96). San Diego, CA: Academic Press.

Desmarais, S. L., Reeves, K. A., Nicholls, T. L., Telford, R. P. and Fiebert, M. S. (2012). Prevalence of physical violence in intimate relationships: part 1. Rates of male and female victimization. *Partner Abuse*. 3(2), 140–69.

Dessalles, J.-L. (1998). Altruism, status and the origin of relevance. In J. R. Hurford, M. Studdert-Kennedy and C. Knight (eds.). *Approaches to the Evolution of Language: Social and Cognitive Bases* (130–47). Cambridge: Cambridge University Press.

DeVore, I. and Tooby, J. (1987). The reconstruction of hominid behavioral evolution through strategic modeling. In W. G. Kinzey (ed.). *The Evolution of Human Behavior: Primate Models* (183–237). New York: State University of New York Press.

Diamond, J. (1992). *The Third Chimpanzee*. New York: HarperCollins.
 (1997). *Why Is Sex Fun?* New York: Basic Books.
 (1998). *Guns, Germs and Steel: A Short History of Everybody for the Last 13,000 Years*. London: Vintage.

Diamond, M. (2010). Sexual orientation and gender identity. In I. B. Weiner and W. E. Graighead (eds.). *The Corsini Encyclopedia of Psychology* (vol. 4). New York: Wiley.

Dickins, T. E. (2011). Evolutionary approaches to behaviour. In V. Swami (ed.). *Evolutionary Psychology: A Critical Introduction* (1–30). Chichester, UK: Wiley-Blackwell.

Dingemanse, N. J., Both, C., Drent, P. J. and Tinbergen, J. M. (2002). Repeatability and heritability of exploratory behaviour in great tits from the wild. *Animal Behaviour*. 64, 929–38.

Dingemanse, N. J., Both, C., Drent, P. J., Van Oers, K. and Van Noordwijk, A. J. (2004). Fitness consequences of avian personalities in a fluctuating environment. *Proceedings of the Royal Society of London, Series B*. 271, 847–52.

Dion, K. K. (1972). Physical attractiveness and evaluation of children's transgressions. *Journal of Personality and Social Psychology*. 24, 207–13.

Dobzhansky, T. (1970). *Genetics of the Evolutionary Process*. New York: Columbia University Press.

Draper, P. and Belsky, J. (1990). Personality development in evolutionary perspective. *Journal of Personality*. 58, 141–57.

Draper, P. and Harpending, H. (1982). Father absence and reproductive strategy: An evolutionary perspective. *Journal of Anthropological Research*. 38(3), 255–73.

Drickamer, L. C. and Vessey, S. H. (1992). *Animal Behaviour: Mechanisms, Ecology and Evolution* (3rd ed.). Dubuque: Wm C. Brown.
 (1996). *Animal Behaviour: Mechanisms, Ecology and Evolution* (4th ed.). Dubuque: Wm C. Brown.

Drickamer, L. C., Vessey, S. H. and Jakob, E. M. (2002). *Animal Behavior: Mechanisms, Ecology, and Evolution* (5th ed.). New York: McGraw-Hill.

Dudai, Y. (2002). *Memory – from A to Z: Keywords, Concepts, and Beyond*. Oxford: Oxford University Press.

Dunbar, R. I. M. (1988). *Primate Social Systems*. London: Croom Helm.

(1993). Coevolution of neocortical size, group size and language in humans. *Behavioral and Brain Science*. 16, 681–735.

(1995). *The Trouble with Science*. London: Faber and Faber.

(1996). *Grooming, Gossip, and the Evolution of Language*. Cambridge, MA: Harvard University Press.

(2004). *The Human Story: A New History of Mankind's Evolution*. London: Faber and Faber.

Dunbar, R. I. M., Duncan, N. and Nettle, D. (1995). Size and structure of freely forming conversational groups. *Human Nature*. 6, 67–78.

Dunham, Y., Baron, A. S. and Carey, S. (2011). Consequences of 'minimal' group affiliations in children. *Child Development*. 82(3), 793–811.

Dunn, M. J. and Searle, R. (2010). Effect of manipulated prestige-car ownership on both sex attractiveness ratings. *British Journal of Psychology*. 101, 69–80.

Durrant, R. and Ward, T. (2015). *Evolutionary Criminology: Towards a Comprehensive Explanation of Crime and Its Management*. San Diego, CA: Academic Press.

Dutton, D. (2009). *The Art Instinct: Beauty, Pleasure and Human Evolution*. Oxford: Oxford University Press.

Dworkin, D. (1987). *Intercourse*. New York: Free Press.

Eagly, A. H. and Steffan, V. J. (1986). Gender and aggressive behavior: A meta-analytic review of the social psychological literature. *Psychological Bulletin*. 100, 283–308.

Eagly, A. H. and Wood, W. (1999). The origins of sex differences in human behavior: Evolved dispositions versus social roles. *American Psychologist*. 54, 408–23.

(2011). Feminism and the evolution of sex differences and similarities. *Sex Roles*. 64, 758–67.

Ebstein, R., Novick, O., Umansky, R., Priel, B., Osher, Y., Blaine, D., Bennett, E. R., Nemanov, L., Katz, M. and Belmaker, R. H. (1996). D4DR exon polymorphism associated with the personality trait of novelty seeking in normal human volunteers. *Nature Genetics*. 12, 78–80.

Eibl-Eibesfeldt, I. (1984). *Human Ethology*. New York: Aldine de Gruyter.

Eichenbaum, H. and Cohen, N. J. (1991). *From Conditioning to Conscious Recollection: Memory Systems of the Brain*. New York: Oxford University Press.

Eichhammer, P., Sand, P. G., Stoertebecker, P. et al. (2005). Variation at the DRD4 promoter modulates extraversion in Caucasians. *Molecular Psychiatry*. 10, 520–2.

Ekirch, A. R. (2006). *At Day's Close: Night in Times Past*. London: Norton.

Ekman, P. (1980). *The Face of Man: Expressions of Universal Emotions in a New Guinea Village*. New York: Garland STPM Press.

(1969). The repertoire of nonverbal behaviour: Categories, origins, usage and coding. *Semiotics*. 1, 49–98.

(1971). Constants across cultures in the face and emotion. *Journal of Personality and Social Psychology*. 17, 124–9.

(1992). An argument for basic emotions. *Cognition and Emotion*. 6, 169–200.

(1994). Are there basic emotions? In P. Ekman and R. Davidson (eds.). *The Nature of Emotions: Functional Questions* (15–19). Oxford: Oxford University Press.

(1998). *Charles Darwin: The Expression of the Emotions in Man and Animals* (3rd ed., with introduction, afterword and commentaries by Paul Ekman). London: HarperCollins.

Ekman, P. and Cordaro, D. (2011). What is meant by calling emotions basic. *Emotion Review*. 3(4), 364–70.

Ekman, P. and Friesen, W. V. (1967). Hand and body cues in the judgement of emotion: A reformulation. *Perceptual and Motor Skills*. 24, 711–24.

Ekman, P., Friesen, W. V. and Ellsworth, P. C. (1972). *Emotions in the Human Face: Guidelines for Research and an Integration of Findings*. New York: Pergamon Press.

Elder, G. H. (1969). Appearance and education in marriage mobility. *American Sociological Review*. 34, 519–33.

Eldridge, N. and Gould, S. (1972). Punctuated equilibria: An alternative to phyletic gradualism. In J. M. Schopf (ed.). *Models in Paleobiology* (82–115). San Francisco: Freeman.

Elfenbein, H. A. and Ambady, N. (2002). On the universality and cultural specificity of emotion recognition: A meta-analysis. *Psychological Bulletin*. 128, 203–35.

Ellis, B. J., McFadyen-Ketchum, S., Dodge, K. A., Pettit, G. S. and Bates, J. E. (1999). Quality of early family relationships and individual differences in the timing of pubertal maturation in girls. *Journal of Personality and Social Psychology*. 77, 387–401.

Ellis, L. (1996). A discipline in peril: Sociology's future hinges on curing its biophobia. *American Sociologist*. 27, 21–41.

Ellsberg, D. (1961). Risk, ambiguity, and the Savage axioms. *Quarterly Journal of Economics*. 75, 643–69.

Elman, A. (1996). *Sexual Subordination and State Intervention: Comparing Sweden and the United States*. Providence, RI: Berghahn Books.

Enard, W., Przeworski, M., Fisher, S. E. et al. (2002). Molecular evolution of FOXP2, a gene involved in speech and language. *Nature*. 418, 869–72.

Ericsson, K. A. and Smith, J. (eds.). (1991). *Toward a General Theory of Expertise: Prospects and Limits*. Cambridge: Cambridge University Press.

Estioko-Griffin, A. and Griffin, P. B. (1981). Woman the hunter: The Agta. In F. Dahlberg (ed.). *Woman the Gatherer* (121–51). New Haven, CT: Yale University Press.

Etkin, A. and Wager, T. D. (2007). Functional neuroimaging of anxiety: A meta-analysis of emotional processing in PTSD, social anxiety disorder, and specific phobia. *American Journal of Psychiatry*. 164, 1476–88.

Evans, J. St. B. T. and Over, D. (1996). *Rationality and Reasoning*. Hove, UK: Psychology Press.

Evans, J. St. B. T., Handley, S. H., Perham, N., Over, D. E. and Thompson, V. A. (2000). Frequency versus probability formats in statistical word problems. *Cognition*. 77, 197–213.

Everett, D. (2005). Cultural constraints on grammar and cognition in Pirahã: Another look at the design features of human language. *Current Anthropology*. 46(4), 621–46.

Ewald, P. W. (1994). *Evolution of Infectious Disease*. New York: Oxford University Press.
(2002). *Plague Time: The New Germ Theory of Disease*. New York: Random House.

Ewing, K. and Pratt, M. W. (1995). The role of adult romantic attachment in marital communication and parenting stress. Poster presented at the Society for Research in Child Development Meetings, Indianapolis, March.

Eysenck, H. J. (1990). Biological dimensions of personality. In L. A. Pervin (ed.). *Handbook of Personality: Theory and Research* (244–76). New York: Guilford Press.
(1991). Dimensions of personality: 16, 5, or 3? – Criteria for a taxonomic paradigm. *Personality and Individual Differences*. 12, 773–90.

Faer, L. M., Hendriks, A., Abed, R. T. and Figueredo, A. J. (2005). The evolutionary psychology of eating disorders: Female competition for mates or for status? *Psychology and Psychotherapy: Theory, Research and Practice*. 78, 397–417.

Fagen, R. (1981). *Animal Play Behaviour*. New York: Oxford University Press.

Fantz, R. L. (1961). The origin of form perception. *Scientific American*. 204, 66–72.

Farah, M. J., Rabinowitz, C., Quinn, G. E. and Liu, G. T. (2000). Early commitment of neural substrates for face recognition. *Cognitive Neuropsychology*. 17, 117–24.

Faris, E. (1921). Are instincts data or hypotheses? *American Journal of Sociology*. 27, 184–98.

Fearon, P., Shmueli-Goetz, Y., Viding, E., Fonagy, P. and Plomin, R. (2014). Genetic and environmental influences on adolescent attachment. *Journal of Child Psychology and Psychiatry*. 55(9), 1033–41.

Feeney, J. A. and Noller, P. (1992). Attachment style and romantic love: Relationship dissolution. *Australian Journal of Psychology*. 44(2), 69–74.

Fehr, E. and Fischbacher, U. (2004). Third-party punishment and social norms. *Evolution and Human Behavior*. 25, 63–87.

Fehr, E. and Gächter, S. (2000). Cooperation and punishment in public goods experiments. *American Economic Review*. 90, 980–94.

(2002). Altruistic punishment in humans. *Nature*. 415, 137–40.

Fehr, E. and Schmidt, K. M. (1999). A theory of fairness, competition, and cooperation. *Quarterly Journal of Economics*. 114, 817–68.

Feinstein, J. S., Adolphs, R., Damasio, A. and Tranel, D. (2011). The human amygdala and the induction and experience of fear. *Current Biology*. 21, 34–8.

Field, A. P. and Workman, L. (2008). The man who frightens small children: Lance Workman talks to Andy Field about his work on childhood anxiety. *The Psychologist*. 21, 760–1.

Field, Z. C. and Field, A. P. (2013). How trait anxiety, interpretation bias and memory affect acquired fear in children learning about animals. *Emotion*. 13, 409–23.

Finger, E. C., Marsh, A. A., Mitchell, D. G., Reid, M. E., Sims, C., Budhani, S. et al. (2008). Abnormal ventromedial prefrontal cortex function in children with psychopathic traits during reversal learning. *Archives of General Psychiatry*. 65, 586–94.

Fisher, R. A. (1930). *The Genetical Theory of Natural Selection*. Oxford: Clarendon Press.

(1958). *The Genetical Theory of Natural Selection* (2nd ed.). New York: Dover.

Fisher, S. E., Vargha-Khadem, F., Watkins, K. E., Monaco, A. P. and Pembrey, M. E. (1998). Localisation of a gene implicated in a severe speech and language disorder. *Nature Genetics*. 18, 168–70.

Flaxman, S. M. and Sherman, P. W. (2008). Morning sickness: Adaptive cause or nonadaptive consequence of embryo viability? *American Naturalist*. 172, 54–62.

Flinn, M. V. (1989). Household composition and female strategies in a Trinidadian village. In A. E. Rasa, C. Vogel and E. Voland (eds.). *The Sociobiology of Sexual and Reproductive Strategies* (206–33). New York: Chapman and Hall.

(2011). Evolutionary anthropology of the human family. In C. Salmon and T. Shackleford (eds.). *Oxford Handbook of Evolutionary Family Psychology* (12–32). Oxford: Oxford University Press.

Flint, J., Greenspan, R. J. and Kendler, K. S. (2020). *How Genes Influence Behavior*. Oxford: Oxford University Press.

Fodor, J. (1983). *The Modularity of Mind*. Cambridge, MA: MIT Press.

(2000). *The Mind Doesn't Work That Way: The Scope and Limits of Computational Psychology*. Cambridge, MA: MIT Press.

Fodor, J., Bever, T. and Garrett, M. (1974). *The Psychology of Language*. New York: McGraw-Hill.

Foley, R. (1995). The adaptive legacy of human evolution: A search for the environment of evolutionary adaptedness. *Evolutionary Anthropology: Issues, News, and Reviews*. 4(6), 194–203.

Ford, C. S. and Beach, F. A. (1951). *Patterns of Sexual Behaviour*. New York: Harper and Row.

Fouts, R. S., Fouts, D. H. and Schoenfeld, D. (1984). Sign language conversational interactions between chimpanzees. *Sign Language Studies*. 42, 1–12.

Fox, R. (1988). On the Seville statement on violence. *Human Ethology Newsletter*. 5(5), 4.

Frangiskakis, J. M., Ewart, A., Morris, C. A., Mervis, C. B., Bertrand, J., Robinson, B. F. et al. (1996). LIM-kinase1 hemizygosity implicated in impaired visuospatial constructive cognition. *Cell*. 86, 59–69.

Fredrickson, B. L. (1998). What good are positive emotions? *Review of General Psychology*. 2, 300–319.

(2001). The role of positive emotions in positive psychology: The broaden-and-build theory of positive emotions. *American Psychologist*. 56, 218–26.

(2004). The broaden-and-build theory of positive emotions. *Philosophical Transactions of the Royal Society London, Series B*. 359, 1367–77.
(2006). Unpacking positive emotions: Investigating the seeds of human flourishing. *Journal of Positive Psychology*. 1, 57–60.
(2013). Positive emotions broaden and build. *Advances in Experimental Social Psychology*. 47, 1–53.

Fredrickson, B. L. and Branigan, C. (2005). Positive emotions broaden the scope of attention and thought–action repertoires. *Cognition and Emotion*. 19, 313–32.

Fredrickson, B. L. and Joiner, T. (2018). Reflections on positive emotions and upward spirals. *Perspectives on Psychological Science*. 13(2), 194–9.

Freeman, D. G. (1983). *Margaret Mead and Samoa: The Making and Unmaking of an Anthropological Myth*. Cambridge, MA: Harvard University Press.
(1999). *The Fateful Hoaxing of Margaret Mead: A Historical Analysis of Her Samoan Research*. Boulder, CO: Westview Press.

Freud, S. (1914). On Narcissism: An Introduction. *Standard Edition*. 14, 73–102.

Fridlund, A. J. (1992). Darwin's anti-Darwinism and the expression of the emotions in man and animals. In K. T. Strongman (ed.). *International Review of Emotion* (vol. 2, 117–37). New York: Wiley.

Frijda, N. H. (1986). *The Emotions*. Cambridge: Cambridge University Press.

Furnham, A. and Kanazawa, S. (2020). The evolution of personality. In L. Workman, W. Reader and J. H. Barkow (eds.). *The Cambridge Handbook of Evolutionary Perspectives on Human Behavior* (462–70). Cambridge: Cambridge University Press.

Furuichi, T. (2011). Female contributions to the peaceful nature of bonobo society. *Evolutionary Anthropology*. 20, 131–42.

Furuichi, T. and Thompson, J. M. (eds.). (2008). *The Bonobos: Behavior, Ecology, and Conservation*. New York: Springer.

Galef, B. J., Jr, Manzig, L. A. and Field, R. M. (1986). Imitation learning in budgerigars: Dawson and Foss (1965) revisited. *Behavioral Processes*. 13, 191–202.

Galton, F. (1864). Hereditary talent and character. *MacMillan's Magazine*. 11, 157–66.
(1908). *Memories of My Life*. London: Methuen.

Gamble, C. (1999). *The Paleolithic Societies of Europe*. Cambridge: Cambridge University Press.

Gangestad, S. W. and Buss, D. M. (1993). Pathogen prevalences and human mate preferences. *Ethology and Sociobiology*. 14, 89–96.

Gangestad, S. W. and Simpson, J. A. (1990). Toward an evolutionary history of females' sociosexual variation. *Journal of Personality*. 58, 69–96.

Gao, Y., Raine, A., Venables, P. H., Dawson, M. E. and Mednick, S. A. (2010). Early maternal and paternal bonding, childhood physical abuse, and adult psychopathic personality. *Psychological Medicine*. 40, 1007–16.

Gardner, A. (2015). The genetic theory of multilevel selection. *Journal of Evolutionary Biology*. 28, 305–19.

Gardner, H. (2000). The case against spiritual intelligence [Response to R. Emmons. The psychology of ultimate concern: Personality, spirituality, and intelligence]. *International Journal for the Psychology of Religion*. 10, 27–34.
(2003). Multiple intelligences after twenty years. Paper presented at the American Educational Research Association, Chicago, IL, 21 April.
(2010). A debate on 'multiple intelligences'. In J. Traub (ed.). *Cerebrum: Forging Ideas in Brain Science* (34–61). Washington, DC: Dana Press.

Gardner, M. (2000). Kilroy was here. Review of *The Meme Machine* by Susan J. Blackmore. *Los Angeles Times*, 5 March.

Gaulin, S. J. C. and McBurney, D. H. (2001). *Psychology: An Evolutionary Approach*. Upper Saddle River, NJ: Prentice-Hall.

Ge, X., Conger, R. D., Cadoret, R. J., Neiderhiser, J. M., Yates, W. et al. (1996). The developmental interface between nature and nurture: A mutual influence model of child antisocial behaviour and parent behaviours. *Developmental Psychology*. 32, 574–89.

Geary, D. C. (1998). *Male, Female*. Washington, DC: American Psychological Association.

(n.d.). Commentary on the extreme male brain theory of autism. *The Edge*. www.edge.org/3rd culture/baron-cohen05/baron-cohen05 index.html.

Gerl, E. J. and Morris, M. R. (2008). The causes and consequences of color vision. *Evolution: Education and Outreach*. 1(4), 476.

Gervai, J. (2009). Environmental and genetic influences on early attachment. *Child and Adolescent Psychiatry and Mental Health*. 3(1), 25.

Gigerenzer, G. (1991). How to make cognitive illusions disappear: Beyond heuristics and biases. In W. Stroebe and M. Hewstone (eds.). *European Review of Social Psychology* (vol. 2, 83–115). Chichester, UK: Wiley.

(1997). The modularity of social intelligence. In A. Whiten and R. W. Byrne (eds.). *Machiavellian Intelligence II* (264–88). Cambridge: Cambridge University Press.

Gigerenzer, G. and Hug, K. (1992). Domain-specific reasoning: Social contracts, cheating, and perspective change. *Cognition*. 43, 127–71.

Gilby, I. C., Emery Thompson, M., Ruane, J. D. and Wrangham, R. W. (2010). No evidence of short term exchange of meat for sex among chimpanzees. *Journal of Human Evolution*. 59, 44–53.

Gilovich, T., Tversky, A. and Vallone, R. (1985). The hot hand in basketball: On the misperception of random sequences. *Cognitive Psychology*. 17(3), 295–314.

Ginsburg, H. J. and Miller, S. M. (1982). Sex differences and children's risk taking behavior. *Child Development*. 53, 426–8.

Gintis, H. (2007). A framework for the unification of the behavioral sciences. *Behavioral and Brain Sciences*. 30(1), 1–16.

Glass, S. P. and Wright, T. L. (1992). Justifications for extramarital relationships: The association between attitudes, behaviours and gender. *Journal of Sex Research*. 29, 361–87.

Glenn, A. L., Kurzban, R. and Raine, A. (2011). Evolutionary theory and psychopathy. *Aggression and Violent Behavior*. 16, 371–80.

Gluckman, P. and Hanson, M. (2008). *Mismatch: The Lifestyle Diseases Timebomb*. Oxford: Oxford University Press.

Gluckman, P., Beedle, A., Buklijas, T., Low, F. and Hanson, M. (2016). *Principles of Evolutionary Medicine* (2nd ed.). Oxford: Oxford University Press.

Goldsmith, T. H. and Zimmerman, W. F. (2001). *Biology, Evolution and Human Nature*. New York: Wiley.

Gomes, C. M. and Boesch, C. (2009). Wild chimpanzees exchange meat for sex on a long-term basis. *PLoS ONE*. 4(4): e5116. doi:10.1371/journal.pone.0005116.

Goodall, J. (1964). Tool-using and aimed throwing in a community of free-living chimpanzees. *Nature*. 201, 1264–6.

(1986). *The Chimpanzees of Gombe*. Cambridge, MA: Belknap.

Goodman, M., Waters, S. F. and Thompson, R. A. (2012). Parent–offspring conflict. In V. S. Ramachandran (ed.). *Encyclopedia of Human Behavior* (2nd ed., 28–33). New York: Academic Press.

Gopnik, A. and Astington, J. W. (1988). Children's understanding of representational change, and its relation to the understanding of false belief and the appearance–reality distinction. *Child Development*. 59, 26–37.

Gopnik, A., Meltzoff, A. N. and Kuhl, P. K. (1999). *How Babies Think*. London: Weidenfeld and Nicolson.

Gopnik, M. (1994). Impairments of tense in a familial language disorder. *Journal of Neurolinguistics*. 8, 109–33.

Gopnik, M. and Crago, M. (1991). Familial aggregation of a developmental language disorder. *Cognition*. 39, 1–50.

(1997). Language deficits and genetic factors. *Trends in Cognitive Science*. 1(1), 5–9.

Gordon, P. (1985). Level ordering in lexical development. *Cognition*. 21, 73–93.

Gorelik, G. and Shackelford, T. K. (2012). Spheres of sexual conflict. In T. K. Shackelford and A. T. Goetz (eds.). *Oxford Handbook of Sexual*

Conflict in Humans (331–46). New York: Oxford University Press.
Gottesman, I. I., McGuffin, P. and Farmer, A. E. (1987). Clinical genetics as clues to the 'real' genetics of schizophrenia. *Schizophrenia Bulletin*. 13, 23–47.
Gottschall, J. and Gottschall, T. (2003). Are per-incident rape-pregnancy rates higher than per-incident consensual pregnancy rates? *Human Nature*. 14, 1–20.
Gould, J. L. and Gould, G. C. (1997/1989). *Sexual Selection: Mate Choice and Courtship in Nature*. New York: W. H. Freeman.
Gould, S. J. (1977). *Ontogeny and Phylogeny*. Cambridge, MA: Harvard University Press.
(1981). *The Mismeasure of Man*. New York: Norton.
Gould, S. J. and Lewontin, R. C. (1979). The spandrels of San Marco and the panglossian paradigm: A critique of the adaptationist programme. *Proceedings of the Royal Society of London*. 205, 281–8.
Grafen, A. (1990). Biological signals as handicaps. *Journal of Theoretical Biology*. 144, 517–46.
Gräfenhain, M., Behne, T., Carpenter, M. and Tomasello, M. (2009). Young children's understanding of joint commitments. *Developmental Psychology*. 45(5), 1430.
Grandin, T. (2005). *Animals in Translation*. London: Bloomsbury.
(2006). *Thinking in Pictures: And Other Reports from My Life with Autism*. New York: Vintage.
Graves, H. B., Hable, C. P. and Jenkins, T. H. (1985). Sexual selection in Gallus: Effects of morphology and dominance on female spatial behaviour. *Behavioural Processes*. 11, 189–97.
Green, R. E., Krause, J., Briggs, A. W., Maricic, T., Udo, S. et al. (2010). A draft sequence of the Neandertal genome. *Science*. 328, 710–22.
Greenberg, J. H. (1987). *Language in the Americas*. Stanford, CA: Stanford University Press.
Greene, J. D. and Haidt, J. (2002). How (and where) does moral judgment work? *Trends in Cognitive Science*. 6, 517–23.

Greene, J. D., Nystrom, L. E., Engell, A. D. et al. (2004). The neural bases of cognitive conflict and control in moral judgment. *Neuron*. 44, 389–400.
Greene, J. D., Sommerville, R. B., Nystrom, L. E., Darley, J. M. and Cohen, J. D. (2001). An fMRI investigation of emotional engagement in moral judgment. *Science*. 293, 2105–8.
Gregory, D. J. et al. (2017). Transgenerational transmission of asthma risk after exposure to environmental particles during pregnancy. *American Journal of Physiology – Lung Cellular and Molecular Physiology*. 313(2), L395–L405.
Griggs, R. A. and Cox, J. R. (1982). The elusive thematics material effect in Wason's selection task. *British Journal of Psychology*. 73, 407–20.
Gruber, T. and Clay, Z. (2016). A comparison between bonobos and chimpanzees: A review and update. *Evolutionary Anthropology*. 25, 239–52.
Grüneisen, S. and Wyman, E. (2020). The ontogeny and evolution of cooperation. In L. Workman, W. Reader and J. H. Barkow (eds.). *Cambridge Handbook of Evolutionary Perspectives on Human Behavior* (265–75). Cambridge: Cambridge University Press.
Grüneisen, S., Wyman, E. and Tomasello, M. (2015). Conforming to coordinate: Children use majority information for peer coordination. *British Journal of Developmental Psychology*. 33, 136–47.
Gurven, M., Hill, K. and Kaplan, H. (2002). From forest to reservation: Transitions in food sharing behavior among the Ache of Paraguay. *Journal of Anthropological Research*. 58, 91–118.
Haeckel, E. (1969). *The History of Creation* (vol. 1, trans. E. Ray Lankester). London: Kegan Paul.
Haidt, J. and Joseph, C. (2004). Intuitive ethics: How innately prepared intuitions generate culturally variable virtues. *Daedalus*, Fall, 55–66.
(2011). How moral foundations theory succeeded in building on sand: A response to Suhler and Churchland. *Journal of Cognitive Neuroscience*. 23(9), 2117–22.
Haidt, J., Koller, S. H. and Dias, M. G. (1993). Affect, culture, and morality, or, is it wrong to

eat your dog? *Journal of Personality and Social Psychology*. 65(4), 613–28.

Haig, D. (1993). Genetic conflicts in human pregnancy. *Quarterly Review of Biology*. 68, 495–523.

(1998). Genetic conflicts of pregnancy and childhood. In S. C. Stearns (ed.). *Evolution in Health and Disease* (77–90). Oxford: Oxford University Press.

(2002). *Genomic Imprinting and Kinship*. New Brunswick, NJ: Rutgers University Press.

(2006). The gene meme. In A. Grafen and M. Ridley (eds.). *Richard Dawkins: How a Scientist Changed the Way We Think*. Oxford: Oxford University Press.

(2007). Weismann rules! OK? Epigenetics and the Lamarckian temptation. *Biology and Philosophy*. 22(3), 415–28.

(2014). Coadaptation and conflict, misconception and muddle, in the evolution of genomic imprinting. *Heredity*. 113, 96–103.

Haines, S. and Gould, J. (1994). Female platys prefer long tails. *Nature*. 370, 512.

Haldane, J. B. S. (1955). Population genetics. *New Biology*. 18, 34–51.

Hall, J. A. (1978). Gender effects in decoding nonverbal cues. *Psychological Bulletin*. 85, 845–58.

Halliday, T. R. (1994). Sex and evolution. In P. J. B. Slater and T. R. Halliday (eds.). *Behaviour and Evolution* (150–92). Cambridge: Cambridge University Press.

Hamer, D. and Copeland, P. (1998). *Living with Our Genes: Why They Matter More than You Think*. New York: Doubleday.

Hamilton, W. D. (1964a,b). The genetical evolution of social behaviour (vols I and II). *Journal of Theoretical Biology*. 7, 1–52.

Hamilton, W. D. and Zuk, M. (1982). Heritable true fitness and bright birds: A role for parasites? *Science*. 218, 384–7.

Hammerstein, P. (2003). Why is reciprocity so rare in social animals? A protestant appeal. In P. Hammerstein (ed.). *Genetic and Cultural Evolution of Cooperation. Dahlem Workshop Report* (83–93). Cambridge, MA: MIT Press.

Haney, C., Banks, W. C. and Zimbardo, P. G. (1973). A study of prisoners and guards in a simulated prison. *Naval Research Review*. 30, 4–17.

Hardiman-McCartney, D. (2015). #Thedress and your optometrist – the scientific voice of reason. *Royal College of Optometrists*. www.college-optometrists.org/the-college/blogs/-thedress-and-your-optometrist-.html.

Hardin, C. L. (1988). *Color for Philosophers: Unweaving the Rainbow*. New York: Hackett.

Hare, R. D. (1980). A research scale for the assessment of psychopathy in criminal populations. *Personality and Individual Differences*. 1, 111–19.

(1993). *Without Conscience: The Disturbing World of the Psychopaths among Us*. London: Guilford Press.

(2006). Psychopathy: A clinical and forensic overview. *Psychiatric Clinics of North America*. 29, 709–24.

Harlow, J. M. (1848). Passage of an iron rod through the head. *Boston Medical and Surgical Journal*. 39, 389–93.

Harré, R. (1986). *The Social Construction of Emotions*. Oxford: Basil Blackwell.

Harrington, J. M. (2001). Health effects of shift work and extended hours of work. *Occupational and Environmental Medicine*. 58(1), 68–72.

Harris, J. R. (1995). Where is the child's environment? A group-socialization theory of development. *Psychological Review*. 102(3), 458–89.

(1998). *The Nurture Assumption: Why Children Turn Out the Way They Do*. New York: Simon and Schuster.

(2006). *No Two Alike: Human Nature and Human Individuality*. New York: Norton.

Harris, M. (1979). *Cultural Materialism: The Struggle for a Science of Culture*. New York: Random House.

(1985). *Good to Eat: Riddles of Food and Culture*. New York: Simon and Schuster.

Hartle, D. L. and Orel, V. (1992). What did Mendel think he discovered? *Genetics*. 131, 245–53.

Haslam, N., Smillie, L. and Song, J. (2017). *An Introduction to Personality, Individual*

Differences and Intelligence (2nd ed.). Thousand Oaks, CA: Sage.

Hassett, J. M., Siebert, E. R. and Wallen, K. (2008). Sex differences in rhesus monkey toy preferences parallel those of children. *Hormones and Behavior*. 54(3), 359–64.

Hatemi, P. K., Medland, S. E., Klemmensen, R., Oskarsson, S., Littvay, L., Dawes, C. T., … and Christensen, K. (2014). Genetic influences on political ideologies: Twin analyses of 19 measures of political ideologies from five democracies and genome-wide findings from three populations. *Behavior Genetics*. 44(3), 282–94.

Hauser, M. D. (2006). *Moral Minds*. New York: Springer.

Hauser, M. D. and Carey, S. (1998). Building a cognitive creature from a set of primitives: Evolutionary and developmental insights. In D. Cummins and C. Allen (eds.). *The Evolution of Mind* (51–106). Oxford: Oxford University Press.

Hauser, M. D., Chomsky, N. and Fitch, W. T. (2002). The faculty of language: What is it, who has it, and how did it evolve? *Science*. 298, 1569–79.

Hauser, M. D., Cushman, F., Young, L., Kang-Xing, K. and Mikhail, J. (2007). A dissociation between moral judgments and justifications. *Mind and Language*. 22(1), 1–21.

Hauser, M. D., Yang, C., Berwick, R. C., Tattersall, I., Ryan, M. J., Watumull, J., … and Lewontin, R. C. (2014). The mystery of language evolution. *Frontiers in Psychology*. 5, 401.

Hauser, M. D., Young, L. and Cushman, F. A. (in press). Reviving Rawls' linguistic analogy. In W. Sinnott-Armstrong (ed.). *Moral Psychology and Biology*. New York: Oxford University Press.

Haviland, J. M. and Malatesta, C. (1981). A description of the development of sex differences in nonverbal signals: Fantasies, fallacies, and facts. In C. Mayo and N. Henley (eds.). *Gender and Nonverbal Behaviors* (183–208). New York: Springer.

Hawkes, K. (2016). Genomic evidence for the evolution of human postmenopausal longevity. *PNAS*. 113, 17–18.

Hawkes, K., O'Connell, J. F., Jones, N. G., Alvarez, H. and Charnov, E. L. (1998). Grandmothering, menopause, and the evolution of human life histories. *Proceedings of the National Academy of Sciences of the USA*. 95(3), 1336–9.

Hayes, J. R. M. (1952). Memory span for several vocabularies as a function of vocabulary size. *Quarterly Progress Report*, January–June, Acoustics Laboratory. Cambridge, MA: Massachusetts Institute of Technology.

Hayes, N. (1995). *Access to Psychology*. London: Hodder and Stoughton.

Hazan, C. and Shaver, P. (1987). Romantic love conceptualized as an attachment process. *Journal of Personality and Social Psychology*. 52(3), 511–24.

Hazarika, M. (2007). Homo erectus/ergaster and out of Africa: Recent developments in paleoanthropology and prehistoric archaeology. 1st Summer School of the European Anthropological Association 16–30 June 2007, Prague, Czech Republic. *EAA Summer School eBook*. 1: 35–41.

Heck, A., Lieb, R., Ellgas, A. et al. (2009). Investigation of 17 candidate genes for personality traits confirms effects of the HTR2A gene on novelty seeking. *Genes Brain and Behavior*. 8, 464–72.

Heider, F. and Simmel, M. (1944). An experimental study of apparent behavior. *American Journal of Psychology*. 57, 243–9.

Henrich, J. and Gil-White, F. J. (2001). The evolution of prestige: Freely conferred deterrence as a mechanism for enhancing the benefits of cultural transmission. *Evolution and Human Behavior*. 22, 165–96.

Henrich, J., Heine, S. J. and Norenzayan, A. (2010). The weirdest people in the world? *Behavioral and Brain Sciences*. 33(2–3), 61–83.

Herrnstein, R. and Murray, C. (1994). *The Bell Curve: Intelligence and Class Struggle in American Life*. New York: The Free Press.

Heston, J. B. and White, S. A. (2015). Behavior-linked FoxP2 regulation enables zebra finch vocal learning. *Journal of Neuroscience*. 35(7), 2885–94.

Hewstone, M. W., Stroebe, W. and Jonas, K. (eds.). (2012). *Introduction to Social Psychology: A European Perspective* (5th ed.). Oxford: Blackwell.
(eds.). (2015). *Introduction to Social Psychology* (6th ed.). Oxford: Blackwell.
Hewstone, M. W., Stroebe, W. and Stephenson, G. M. (eds.). (1996). *Introduction to Social Psychology.* Oxford: Blackwell.
Heyes, C. M. and Dawson, G. R. (1990). A demonstration of observational learning using a bidirectional control. *Quarterly Journal of Experimental Psychology*. 42, 59–71.
Heyes, C. M. and Frith, C. D. (2014). The cultural evolution of mind reading. *Science*. 344(6190).
Hidaka, B. H. (2012). Depression as a disease of modernity: Explanations for increasing prevalence. *Journal of Affective Disorders*. 140, 205–14.
Hill, K. (2002). Altruistic cooperation during foraging by the Ache, and the evolved predisposition to cooperate. *Human Nature*. 13, 105–28.
Hill, K. and Hurtado, A. M. (1996). *Ache Life History: The Ecology and Demography of a Foraging People*. Foundations of Human Behavior. Hawthorne, NY: Aldine de Gruyter.
(1999). The Ache of Paraguay. In R. Lee and R. Daly (eds.). *The Cambridge Encyclopedia of Hunters and Gatherers* (92–6). Cambridge: Cambridge University Press.
Hill, K. and Kaplan, H. (1988). Trade-offs in male and female reproductive strategies among the Ache. In L. Batzig, M. Borgerhof Mulder and P. Turke (eds.). *Human Reproductive Behaviour* (277–305). Cambridge: Cambridge University Press.
Hinde, R. A. (1977). Mother–infant separation and the nature of inter-individual relationships: Experiments with rhesus monkeys. *Proceedings of the Royal Society of London, Series B*. 196, 29–50.
Hirschfeld, L. A. and Gelman, S. A. (eds.). (1994). *Mapping the Mind: Domain Specificity in Cognition and Culture*. New York: Cambridge University Press.

Hirsh-Pasek, K. and Golinkoff, R. M. (1991). Language comprehension: A new look at some old themes. In N. Krasnegor, D. Rumbaugh, M. Studdert-Kennedy and R. Schiefelbusch (eds.). *Biological and Behavioral Determinants of Language Development* (301–20). Hillsdale, NJ: Lawrence Erlbaum.
Hite, S. (1987). *Women and Love: A Cultural Revolution in Progress*. New York: Knopf.
Hobaiter, C. and Byrne, R. W. (2014). The meanings of chimpanzee gestures. *Current Biology*. 24(14), 1596–1600.
Hockett, C. F. and Altmann, S. (1968). A note on design features. In T. A. Sebeok (ed.). *Animal Communication: Techniques of Study and Results of Research* (61–72). Bloomington: Indiana University Press.
Hoffman, M. L. (1977). Empathy, its development and prosocial implications. In C. B. Keasey (ed.). *Nebraska Symposium on Motivation* (vol. 25, 169–208). Lincoln: University of Nebraska Press.
(1978). Psychological and biological perspectives on altruism. *International Journal of Behavioral Development*. 1, 323–39.
(1982). Development of prosocial motivation: Empathy and guilt. In N. Eisenberg (ed.). *The Development of Prosocial Behavior* (281–313). New York: Academic Press.
Hoffmann, D. L., Standish, C. D., García-Diez, M., Pettitt, P. B., Milton, J. A., Zilhão, J., … and Lorblanchet, M. (2018). U-Th dating of carbonate crusts reveals Neandertal origin of Iberian cave art. *Science*. 359(6378), 912–15.
Horan, R. D., Bulte, E. and Shogren, J. F. (2005). How trade saved humanity from biological exclusion: An economic theory of Neanderthal extinction. *Journal of Economic Behavior and Organization*. 58(1), 1–29.
Horgan, J. (2016). Noam Chomsky is so anti-establishment he disses himself. *Scientific American*. https://blogs.scientificamerican.com/cross-check/noam-chomsky-is-so-anti-establishment-he-disses-himself/.
Hrdy, S. B. (2000). The optimal number of fathers: Evolution, demography, and history in the

shaping of female mate preferences. *Annals New York Academy of Sciences*. 907, 75–96.

(2009). *Mothers and Others: The Evolutionary Origins of Mutual Understanding*. Cambridge, MA: Harvard University Press.

Hsiao, J. H. and Man Lam, S. (2013). The modulation of visual and task characteristics of a writing system on hemispheric lateralization in visual word recognition – A computational exploration. *Cognitive Science*. 37(5), 861–90.

Hull, D. (2000). Taking memetics seriously: Memetics will be what we make it. In R. Aunger (ed.). *Darwinizing Culture: The Status of Memetics as a Science* (43–67). Oxford: Oxford University Press.

Humphrey, L. and Stringer, C. (2018). *Our Human Story*. London: Natural History Museum.

Hunt, M. (1974). *Sexual Behaviour in the 70s*. Chicago: Playboy Press.

Hurford, J. R. (2012). Linguistics from an evolutionary point of view. *Philosophy of Linguistics*. 14, 477.

Hutchinson, G. E. (1959). A speculative consideration of certain possible forms of sexual selection in man. *American Naturalist*, 81–91.

Ilardi, S. S. (2010). *The Depression Cure: The 6-Step Program to Beat Depression without Drugs*. Cambridge, MA: Da Capo Press.

Ilardi, S. S., Jacobson, J. D., Lehman, K. A. et al. (2007). Therapeutic lifestyle change for depression: Results from a randomized controlled trial. Paper presented at the annual meeting of the Association for Behavioral and Cognitive Therapy, Philadelphia, PA.

Ing, B. (1999). *The Myxomycetes of Britain and Ireland: An Identification Handbook*. Slough, UK: Richmond.

Ingman, M., Kaessmann, H., Paabo, S. and Gyllensten, U. (2000). Mitochondrial genome variation and the origin of modern humans. *Nature*. 408, 708–13.

Izard, C. E. (1977). *Human Emotions*. New York: Plenum.

(1992). Basic emotions, relations among emotions and emotion–cognition relations. *Psychological Review*. 99, 561–5.

(1994). Innate and universal facial expressions: Evidence from developmental and cross-cultural research. *Psychological Bulletin*. 115, 288–99.

(2009). Emotion theory and research: Highlights, unanswered questions, and emerging issues. *Annual Review of Psychology*. 60, 1–25.

Jablensky, H., Sartorius, N., Ernberg, G. et al. (1992). *Schizophrenia: Manifestations, Incidence and Course in Different Cultures: A WHO, Ten Country Study. Psychological Medicine*. Monograph Supplement 20. Cambridge: Cambridge University Press.

Jackendoff, R. (2007). Linguistics in cognitive science: The state of the art. *Linguistic Review*. 24(4), 347.

Jackendoff, R. and Pinker, S. (2005). The nature of the language faculty and its implications for evolution of language (Reply to Fitch, Hauser and Chomsky). *Cognition*. 97(2), 211–25.

Jackson, D. J. and Huston, T. L. (1975). Physical attractiveness and assertiveness. *Journal of Social Psychology*. 96, 79–84.

Jacobs, G. H. (1993). The distribution and nature of colour vision among the mammals. *Biological Reviews*. 68, 413–71.

Jacobs, G. H. and Deegan, J. (1999). Uniformity of colour vision in Old World monkeys. *Proceedings of the Royal Society of London, Series B*. 266, 2023–8.

James, D. G. (2017). *The Book of Caterpillars: A Life-Size Guide to Six Hundred Species from Around the World*. Chicago: University of Chicago Press.

James, O. (2002). *They F*** You Up: How to Survive Family Life*. London: Bloomsbury.

James, W. (1884). What is an emotion? *Mind*. 9, 188–205.

(1890). *Principles of Psychology*. New York: Holt.

James, W. H. (1981). The honeymoon effect on marital coitus. *Journal of Sex Research*. 17, 114–23.

Jamison, K. R. (1989). Mood disorders and patterns of creativity in British writers and artists.

Psychiatry: Journal for the Study of Interpersonal Processes. 52, 125–34.

(1993). *Touched with Fire: Manic-Depressive Illness and the Artistic Temperament.* New York: The Free Press.

(1995). Manic-depressive illness and creativity. *Scientific American.* 272, 62–7.

(2011). Great wits and madness: More near allied? *British Journal of Psychiatry.* 199, 351–2.

Jankowiak, W. and Fischer, C. R. (1992). A cross-cultural perspective on romantic love. *Ethology.* 31, 149–55.

Jenkins, P. F. (1978). Cultural transmission of song patterns and dialect development in a free-living bird population. *Animal Behaviour.* 25, 50–78.

Jennings, K. D. (1977). People versus object orientation in preschool children: Do sex differences really occur? *Journal of Genetic Psychology.* 131, 65–73.

Jensen, A. R. (1998). *The g Factor: The Science of Mental Ability.* Westport, CT: Praeger.

Jiaqing, O., Kavanagh, P. S., Brune, M. and Esposito, G. (2019). Testing the unsolved problems hypothesis: The evolutionary life issues-mitigating function of nature exposure and its relationship with human well-being. *Urban Forestry and Urban Greening.* 44, 126396.

Johanson, D. C., White, T. D. and Coppens, V. (1978). A new species of the genus Australopithecus (Primate: Hominidae) from the Pliocene of eastern Africa. *Kirtlandia.* 28, 1–14.

Johnson, K. J., Waugh, C. E. and Fredrickson, B. L. (2010). Smile to see the forest: Facially expressed positive emotions broaden cognition. *Cognition and Emotion.* 24, 299–321.

Johnson, M. H. and Bolhuis, J. J. (1991). Imprinting, predispositions and filial preference in the chick. In R. J. Andrew (ed.). *Neural and Behavioural Plasticity* (133–56). Oxford: Oxford University Press.

Johnson, M. H. and Morton, J. (1991). *Biology and Cognitive Development: The Case of Face Recognition.* Oxford: Blackwell.

Johnson, M. H., Senju, A. and Tomalski, P. (2015). The two-process theory of face processing: modifications based on two decades of data from infants and adults. *Neuroscience and Biobehavioral Reviews.* 59, 169–79.

Johnson-Laird, P. N. and Oatley, K. (1992). Basic emotions, rationality and folk theory. *Cognition and Emotion.* 6, 201–23.

Johnson-Laird, P. N. and Wason, P. C. (1970). Insight into a logical relation. *Quarterly Journal of Experimental Psychology.* 22, 49–61.

Johnston, V. S. and Franklin, M. (1993). Is beauty in the eye of the beholder? *Ethology and Sociobiology.* 14, 183–99.

Jolliffe, T. and Baron-Cohen, S. (1997). Are people with autism or Asperger's syndrome faster than normal on the Embedded Figures Task? *Journal of Child Psychology and Psychiatry.* 38, 527–34.

Jordan, L. A. and Brooks, R. C. (2010). The lifetime costs of increased male reproductive effort: courtship, copulation and the Coolidge effect. *Journal of Evolutionary Biology.* 23, 2403–9.

Jordania, J. (2009). Times to fight and times to relax: Singing and humming at the beginning of human evolutionary history. *Kadmos.* 1, 272–7.

Kagan, J. (1998). A parent's influence is peerless. *Boston Globe,* 13 September, 3.

Kahneman, D. (2011). *Thinking, Fast and Slow.* New York: Macmillan.

Kahneman, D. and Tversky, A. (1982). On the study of statistical intuitions. *Cognition.* 11, 123–41.

Kaminski, J., Call, J. and Fischer, J. (2004). Word learning in a domestic dog: Evidence for fast mapping. *Science.* 304, 1682–3.

Kaminsky, Z., Petronis, A., Wang, S. C., Levine, B., Ghaffar, O., Floden, D. and Feinstein, A. (2008). Epigenetics of personality traits: An illustrative study of identical twins discordant for risk-taking behavior. *Twin Research and Human Genetics.* 11(1), 1–11.

Kanazawa, S. (2010). Evolutionary psychology and intelligence research. *American Psychologist.* 65, 279–89.

Kanazawa, S. and Kovar, J. L. (2004). Why beautiful people are more intelligent. *Intelligence.* 32, 227–43.

Kang, Y., Williams, L. E., Clark, M. S., Gray, J. R. and Bargh, J. A. (2011). Physical temperature effects on trust behavior: The role of insula. *Social Cognitive and Affective Neuroscience.* 6, 507–15.

Kant, I. (1798/1996). *Anthropology from a Pragmatic Point of View.* Carbondale: Southern Illinois University Press.

Kaplan, H., Hill, K., Lancaster, J. and Hurtado, A. M. (2000). A theory of human life history evolution: Diet, intelligence, and longevity. *Evolutionary Anthropology.* 9, 156–85.

Karczewski, K. J. and Snyder, M. P. (2018). Integrative omics for health and disease. *Nature Reviews Genetics.* 19, 299–310.

Kardum, I., Gračanin, A. and Hudek-Knežević, J. (2008). Evolutionary explanations of eating disorders. *Psychological Topics.* 17, 247–63.

Karmiloff-Smith, A. (1992). *Beyond Modularity: A Developmental Perspective on Cognitive Science.* Cambridge, MA: MIT Press.

(1994). Beyond modularity: A developmental perspective on cognitive science. *European Journal of Disorders of Communication.* 29(1), 95–105.

(1997). Crucial differences between developmental cognitive neuroscience and adult neuropsychology. *Developmental Neuropsychology.* 13(4), 513–24.

(2000). Why babies' brains are not Swiss-army knives. In S. Rose and H. Rose (eds.). *Alas Poor Darwin: Arguments against Evolutionary Psychology* (129–43). London: Jonathan Cape.

(2015). An alternative to domain-general or domain-specific frameworks for theorizing about human evolution and ontogenesis. *AIMS Neuroscience.* 2(2), 91.

Karmiloff-Smith, A., Klima, E., Bellugi, U., Grant, J. and Baron-Cohen, S. (1995). Is there a social module? Language, face processing and theory of mind in subjects with Williams syndrome. *Journal of Cognitive Neuroscience.* 7(2), 196–208.

Karmiloff-Smith, A., Tyler, L. K., Voice, K., Sims, K., Udwin, O., Davies, M. and Howlin, P. (1998). Linguistic dissociations in Williams syndrome: Evaluating receptive syntax in on-line and off-line tasks. *Neuropsychologia.* 36(4), 342–51.

Katsnelson, A. (2010). Odd Man Out: Do fish have personalities? *The Scientist*, 1 March. www.the-scientist.com/?articles.view/articleNo/28820/title/Odd-Man-Out.

Kawai, M. (1965). Newly-acquired pre-cultural behavior of the natural troop of Japanese monkeys on Koshima Islet. *Primates.* 6, 1–31.

Keeley, L. H. (1996). *War before Civilization.* New York: Oxford University Press.

Kellogg, W. N. and Kellogg, L. A. (1933). *The Ape and the Child.* New York: McGraw-Hill.

Kenny, P. J. (2011). Reward mechanisms in obesity: New insights and future directions. *Neuron.* 69(4), 664–79.

Kenrick, D. T. and Keefe, R. C. (1992). Age preferences in mates reflects sex differences in reproductive strategies. *Behavioural and Brain Sciences.* 15, 75–133.

Kenrick, D. T. and Simpson, J. A. (1997). Why social psychology and evolutionary psychology need one another. In J. A. Simpson and D. T. Kenrick (eds.). *Evolutionary Social Psychology* (1–20). Mahwah, NJ: Lawrence Erlbaum.

Kimura, D. (1999). *Sex and Cognition.* Boston: MIT Press.

King-Hele, D. (1968). *The Essential Writings of Erasmus Darwin.* London: MacGibbon and Kee.

Kinsey, A. C., Pomeroy, W. E. and Martin, C. E. (1953). *Sexual Behaviour in the Human Female.* Philadelphia: Saunders.

Kirkpatrick, L. A. and Hazan, C. (1994). Attachment styles and close relationships: A four-year prospective study. *Personal Relationships.* 1, 123–42.

Klein, R. G. (2009). *The Human Career: Human Biological and Cultural Origins.* Chicago: University of Chicago Press.

Klein, S. B., Cosmides, L., Tooby, J. and Chance, S. (2002). Decisions and the evolution of memory: Multiple systems, multiple functions. *Psychological Review.* 109, 306–29.

Klein, S. B., Loftus, J. and Kihlstrom, J. F. (1996). Self-knowledge of an amnesic patient: Toward a neuropsychology of personality and social psychology. *Journal of Experimental Psychology: General.* 13, 501–18.

Koenigs, M., Kruepke, M., Zeier, J. et al. (2012). Utilitarian moral judgment in psychopathy. *Social, Cognitive, and Affective Neuroscience.* 7, 708–14.

Koenigs, M., Young, L., Adolphs, R. et al. (2007). Damage to the prefrontal cortex increases utilitarian moral judgements. *Nature.* 446(7138), 908–11.

Koss, M. (n.d.). Rape and the criminal justice system. http://vip.msu.edu/theCAT/CAT Author/MPK/justicecritique.html.

Kovács, Á. M., Téglás, E. and Endress, A. D. (2010). The social sense: Susceptibility to others' beliefs in human infants and adults. *Science.* 330(6012), 1830–4.

Krause, J., Lalueza-Fox, C., Orlando, L. et al. (2007). The derived FOXP2 variant of modern humans was shared with Neanderthals. *Current Biology.* 17(21), 1908–12.

(in press). Evolutionary models of why men rape: Acknowledging the complexities. *Trauma, Violence and Abuse: A Review Journal.*

Krebs, D. L. and Denton, K. (1997). Social illusions and self-deception: The evolution of biases in person perception. In J. A. Simpson and D. T. Kendrick (eds.). *Evolutionary Social Psychology* (21–48). Hillsdale, NJ: Lawrence Erlbaum.

Krebs, J. R. and Davies, N. B. (1978). *Behavioural Ecology.* Sunderland, MA: Sinauer.

(1981). *An Introduction to Behavioural Ecology.* Oxford: Blackwell Scientific.

Krebs, J. R. and Dawkins, R. (1984). Animal signals: Mind-reading and manipulation. In J. R. Krebs and N. B. Davies (eds.). *Behavioural Ecology: An Evolutionary Approach* (380–402). Oxford: Blackwell.

Krill, A. L., Platek, S. M., Goetz, A. T. and Shackelford, T. K. (2007). Where evolutionary psychology meets cognitive neuroscience: A précis to evolutionary cognitive neuroscience. *Evolutionary Psychology.* 5(1), 232–56.

Kring, A. M. and Johnson, S. L. (2019). *Abnormal Psychology: The Science and Treatment of Psychological Disorders* (14th ed.). New York: Wiley.

Kring, A. M., Davison, G. C., Neale, J. M. et al. (2007). *Abnormal Psychology.* Chichester, UK: Wiley.

Kringelbach, M. L. and Rolls, E. T. (2004). The functional neuroanatomy of the human orbitofrontal cortex: Evidence from neuroimaging and neuropsychology. *Progress in Neurobiology.* 72, 341–72.

Kuhl, P., Williams, K. A., Lacerda, F., Stevens, K. N. and Lindblom, B. (1992). Linguistic experience alters phonetic perception in infants by six months of age. *Science.* 255, 606–8.

Kunce, L. J. and Shaver, P. R. (1994). An attachment-theoretical approach to care-giving in romantic relationships. In K. Bartholomew and D. Perlman (eds.). *Advances in Personal Relationships* (vol. 5, 205–37). London: Kingsley.

Kuroda, S. (1984). Interaction over food among pygmy chimpanzees. In R. Sussman (ed.). *The Pygmy Chimpanzee: Evolutionary Biology and Behavior* (301–24). New York: Plenum.

Kurzban, R. and Haselton, M. G. (2006). Making hay out of straw? Real and imagined controversies in evolutionary psychology. In J. H. Barkow (ed.). *Missing the Revolution: Darwinism for Social Scientists* (149–61). Oxford: Oxford University Press.

Lahdenperä, M., Lummaa, V., Helle, S., Tremblay, M. and Russell, A. F. (2004). Fitness benefits of prolonged post-reproductive lifespan in women. *Nature.* 428, 178–81.

Lahr, M. M. and Foley, R. (1994). Multiple dispersals and modern human origins. *Evolutionary Anthropology.* 3, 48–60.

Lai, C. S. L., Fisher, S. E., Hurst, J. A., Vargha-Khadem, F. and Monaco, A. P. (2001). A forkhead-domain gene is mutated in a severe speech and language disorder. *Nature.* 413, 519–23.

Laland, K. N. (2017a). *Darwin's Unfinished Symphony.* Princeton, NJ: Princeton University Press.

(2017b). The origins of language in teaching. *Psychonomic Bulletin and Review.* 24(1), 225–31.

Laland, K. N. and Brown, G. R. (2011). *Sense and Nonsense: Evolutionary Perspectives on Human Behaviour*. Oxford: Oxford University Press.

Laland, K. N., Odling-Smee, J. and Myles, S. (2010). How culture shaped the human genome: bringing genetics and the human sciences together. *Nature Reviews Genetics*. 11(2), 137.

Landy, D. and Aronson, E. (1969). The influence of the character of the criminal and his victim on the decisions of simulated jurors. *Journal of Experimental Social Psychology*. 5, 141–52.

Lange, C. G. (1885/1912). The emotions: A psychophysiological study, trans. I. A. Haupt. In C. G. Lange and W. James (eds.), *Psychology Classica*, Vol. 1. Baltimore, MD: Wilkins.

Larsen, R. J. and Buss, D. M. (2020). *Personality Psychology: Domains of Knowledge about Human Nature* (7th ed.). New York: McGraw-Hill.

Lazarus, R. S. (1991). *Emotion and Adaptation*. New York: Oxford University Press.

Leakey, R. and Lewin, R. (1992). *Origins Reconsidered: In Search of What Makes Us Human*. London: Little, Brown.

(1996). *The Sixth Extinction: Biodiversity and Its Survival*. London: Phoenix.

LeDoux, J. E. (1996). *The Emotional Brain: The Mysterious Underpinnings of Emotional Life*. New York: Simon and Schuster.

(2012). Evolution of human emotion: A view through fear. *Progress in Brain Research*. 195, 431–42.

Lee, R. B. (1972). The !Kung Bushmen of Botswana. In M. C. Bicchieri (ed.), *Hunters and Gatherers Today*. New York: Holt Rinehart Winston.

(1979). *The !Kung San: Men, Women and Work in Foraging Society*. Cambridge: Cambridge University Press.

(2003). *The Dobe Jul'hoansi*. London: Thomson Learning/Wadsworth.

Lee, Y. T., Jussim, L. J. and McCauley, C. R. (eds.). (1995). *Stereotyped Accuracy: Toward Appreciating Group Differences*. Washington, DC: American Psychological Association Press.

Lehman, H. C. (1953). *Age and Achievement*. Princeton, NJ: Princeton University Press.

Leonard, L. (1992). Specific language impairments in three languages: Some cross-linguistic evidence. In P. Fletcher and D. Hall (eds.). *Specific Speech and Language Disorder in Children* (119–26). London: Whurr.

(1998). *Children with Specific Language Impairment*. Cambridge, MA: MIT Press.

Leslie, A. M. (1994). ToMM, ToBy, and agency: Core architecture and domain specificity in cognition and culture. In L. A. Hirschfeld and S. A. Gelman (eds.). *Mapping the Mind: Domain Specificity in Cognition and Culture* (119–48). New York: Cambridge University Press.

Lester, G. L. and Gorzalka, B. B. (1988). Effect of novel and familiar mating partners on the duration of sexual receptivity in the female hamster. *Behavioral and Neural Biology*. 49(3), 398–405.

Levy, J., Heller, W., Banich, M. and Burton, L. (1983). Asymmetry of perception in free viewing of chimeric faces. *Brain and Cognition*. 2, 404–19.

Lewin, R. (1998). *Principles of Human Evolution*. Oxford: Blackwell Science.

Lewontin, R. C. (2001). *It Ain't Necessarily So: The Dream of the Human Genome and Other Confusions*. New York: Granta.

Lewontin, R. C., Rose, S. and Kamin, L. J. (1984). *Not in Our Genes: Biology, Ideology, and Human Nature*. New York: Pantheon.

Libet, B. (1985). Unconscious cerebral initiative and the role of conscious will in voluntary action. *Behavioral and Brain Sciences*. 8, 529–66.

Liddle, J. R., Shackelford, T. K. and Weekes-Shackelford, V. A. (2012). Evolutionary perspectives on violence, homicide, and war. In T. K. Shackelford and V. A. Weekes-Shackelford (eds.). *Oxford Handbook of Evolutionary Perspectives on Violence, Homicide, and War* (3–22). New York: Oxford University Press.

Lieberman, P. (1984). *The Biology and Evolution of Language*. Cambridge, MA: Harvard University Press.

Ligon, J. P. and Ligon, S. H. (1978). Communal breeding in green woodhoopoes as a case for reciprocity. *Nature*. 276, 496–8.

Lindquist, K. A., Wager, T. D., Kober, H., Bliss-Moreau, E. and Feldman Barrett, L. (2012). The brain basis of emotion: a meta-analytic review. *Behavioral and Brain Sciences*. 35(3), 121–43.

Lippa, R. A. (2008). Sex differences and sexual orientation differences in personality: findings from the BBC Internet Survey. *Archives of Sexual Behavior*. 37, 173–87.

(2009). Sex differences in sex drive, sociosexuality, and height across 53 nations: testing evolutionary and social-structural theories. *Archives of Sexual Behavior*. 38, 631–51.

Liszkowski, U., Carpenter, M., Henning, A., Striano, T. and Tomasello, M. (2004). Twelve-month-olds point to share attention and interest. *Developmental Science*. 7, 297–307.

Liu, C., Tang, Y., Ge, H., Wang, F., Sun, H., Meng, H., ... and Zhang, Z. (2014). Increasing breadth of the frontal lobe but decreasing height of the human brain between two Chinese samples from a Neolithic site and from living humans. *American Journal of Physical Anthropology*. 154(1), 94–103.

Lively, C. (1987). Evidence from a New Zealand snail for the maintenance of sex by parasitism. *Nature*. 328, 519–21.

Lively, C., Craddock, C. and Vrijenhoek, R. C. (1990). Red Queen hypothesis supported by parasitism in sexual and clonal fish. *Nature*. 344, 864–6.

Lloyd, E. A. (2001). Science gone astray: evolution and rape. *Michigan Law Review*. 99 (6): 1536.

Locke, J. L. and Bogin, B. (2006). Language and life history: A new perspective on the development and evolution of human language. *Behavioral and Brain Sciences*. 29, 259–80.

Loehlin, J. C., McCrae, R. R., Costa, P. T., Jr and John, O. P. (1998). Heritabilities of common and measure-specific components of the Big Five personality factors. *Journal of Research in Personality*. 32, 431–53.

Loftus, E. F. and Palmer, J. C. (1974). Reconstruction of auto-mobile destruction: An example of the interaction between language and memory. *Journal of Verbal Learning and Verbal Behaviour*. 13, 585–9.

Lovejoy, C. O. (1981a). The origin of man. *Science*. 211, 341–50.

(1981b). Models of human evolution. *Science*. 217, 304–6.

(1988). Evolution of human walking. *Scientific American*. 259, 118–25.

(2009). Reexamining human origins in light of *Ardipithecus ramidus*. *Science* 326:74e1–8.

Low, B. S. and Heinen, J. T. (1993). Population, resources and environment: Implications of human behavioural ecology for conservation. *Population and Environment*. 15, 7–41.

Lozano, G. L. (2008). Obesity and sexually selected anorexia nervosa. *Medical Hypotheses*. 71, 933–40.

Ludwig, A. M. (1992). Creative achievement and psychopathology: Achievement across professions. *American Journal of Psychotherapy*. 46, 330–54.

Lumsden, C. J. and Wilson, E. O. (1981). *Genes, Mind, and Culture: The Coevolutionary Process*. Cambridge, MA: Harvard University Press.

Luria, A. (1968). *The Mind of a Mnemonist*. New York: Basic Books.

Lutchmaya, S., Baron-Cohen, S. and Raggett, P. (2002). Foetal testosterone and eye contact at 12 months. *Infant Behavior and Development*. 25, 327–35.

Lyons, M. J., True, W. R., Eisen, S. A., Goldberg, J., Meyer, J. M., Farone, S. V. et al. (1995). Differential heritability of adult and juvenile antisocial traits. *Archives of General Psychiatry*. 52, 906–15.

Maccoby, E. E. (1990). Gender and relationships: A developmental account. *American Psychologist*. 45, 513–20.

MacDonald, K. B. (1998). Evolution and development. In A. Campbell and S. Muncer (eds.). *Social Development* (21–49). London: UCL Press.

Macfarlan, S. J., Walker, R. S., Flinn, M. V. and Chagnon, N. A. (2014). Lethal coalitionary aggression and long-term alliance formation among Yanomamö men. *PNAS*. 111(47), 16662–9.

MacLarnon, A. and Hewitt, G. P. (1999). The evolution of human speech: The role of enhanced breathing control. *American Journal of Physical Anthropology*. 10(3), 341–3.

Madsen, D. (1985). A biochemical property relating to power seeking in humans. *American Political Science Review*. 79, 448–57.

Madsen, D. and McGuire, M. (1984). Rapid communication, whole blood serotonin and the type A behavior pattern. *Psychosomatic Medicine*. 46, 546–8.

Maestripieri, D. (2004). Genetic aspects of mother–offspring conflict in rhesus macaques. *Behavioral Ecology and Sociobiology*. 55, 381–7.

Malamuth, N. M. (1981). Rape proclivity among males. *Journal of Social Issues*. 37, 138–57.

Malinowski, B. (1929). *The Sexual Life of Savages in North Western Melanesia*. London: Routledge.

Manktelow, K. I. and Evans, J. St. B. T. (1979). Facilitation of reasoning by realism: Effect or non-effect? *British Journal of Psychology*. 70, 477–88.

Manktelow, K. I. and Over, D. E. (1990). Deontic thought and the selection task. In K. I. Gilhooly, M. Keane, R. H. Logie and G. Erdos (eds.). *Lines of Thinking: Reflections on the Psychology of Thought* (vol. 1, 153–64). Chichester, UK: Wiley.

Manning, A. and Stamp-Dawkins, M. (1998). *An Introduction to Animal Behaviour*. Cambridge: Cambridge University Press.

Markman, E. (1989). *Categorization and Naming in Children: Problems of Induction*. Cambridge, MA: MIT Press.

Marks, I. M. and Nesse, R. M. (1994). Fear and fitness: An evolutionary analysis of anxiety disorders. *Ethology and Sociobiology*. 15, 247–61.

Marlowe, F. (2000). Paternal investment and the human mating system. *Behavioural Processes*. 51, 45–61.

(2007). Hunting and gathering: The human sexual division of foraging labor. *Cross-Cultural Research*. 41, 170–95.

Marques, J. M. and Paez, D. (1994). The 'black sheep effect': Social categorization, rejection of ingroup deviates, and perception of group variability. *European Review of Social Psychology*. 5(1), 37–68.

Marr, D. (1982). *Vision*. San Francisco: Freeman.

Martin, C. H. and Johnsen, S. (2007). A field test of the Hamilton–Zuk hypothesis in the Trinidadian guppy (Poecilia reticulata). *Behavioral Ecology and Sociobiology*. 61, 1897–1909.

Martin, P. (1997). *The Sickening Mind: Brain, Behaviour, Immunity and Disease*. London: HarperCollins.

Martin, R. D. (1983). *Human Brain Evolution in an Ecological Context*. New York: American Museum of Natural History.

Mason, P. H. and Short, R. V. (2011). Neanderthal–human hybrids. *Hypothesis*. 9(1), e1.

Mathieson, I., Munafò, M. R. and Flint, J. (2012). Meta-analysis indicates that common variants at the DISC1 locus are not associated with schizophrenia. *Molecular Psychiatry*. 17, 634–41.

Mattison, S. M. (2017). *Male-provisioning hypothesis*. In V. Weekes-Shackelford and T. Shackelford (eds.). *Encyclopedia of Evolutionary Psychological Science*. Berlin: Springer.

Mayer, B. E. and Träuble, B. E. (2013). Synchrony in the onset of mental state understanding across cultures? A study among children in Samoa. *International Journal of Behavior and Development*. 37, 21–8.

Maynard Smith, J. (1964). Group selection and kin selection. *Nature*. 201, 1145–7.

(1971). What is sex? *Journal of Theoretical Biology*. 30, 319–35.

(1974). The theory of games and the evolution of animal conflicts. *Journal of Theoretical Biology*. 47, 209–21.

(1978). *The Evolution of Sex*. Cambridge: Cambridge University Press.

(1993). *The Theory of Evolution*. Cambridge: Cambridge University Press.

McCall, G. S. and Shields, N. (2008). Examining the evidence from small-scale societies and early prehistory and implications for modern theories of aggression and violence. *Aggression and Violent Behavior*. 13, 1–9.

McCloskey, M. (1983). Naive theories of motion. In D. Gentner and A. L. Stevens (eds.). *Mental Models* (299–324). Hillsdale, NJ: Lawrence Erlbaum.

McCrae, R. R. and Costa, P. T. (1996). Toward a new generation of personality theories: Theoretical contexts for the five-factor model. In J. S. Wiggins (ed.). *The Five-Factor Model of Personality: Theoretical Perspectives* (51–87). New York: Guilford.

McFarland, D. (1999). *Animal Behaviour: Psychobiology, Ethology and Evolution* (3rd ed.). Harlow: Addison Wesley Longman.

McGaugh, J. L. (1992). Neuromodulatory regulation of memory: Role of the amygdaloid complex. *International Journal of Psychology*. 27, 403.

(2004). The amygdala modulates the consolidation of memories of emotionally arousing experiences. *Annual Review of Neuroscience*. 27, 1–28.

McGuire, M. and Troisi, A. (1998). *Darwinian Psychiatry*. Oxford: Oxford University Press.

McGuire, M., Marks, I., Nesse, R. M. and Troisi, A. (1992). Evolutionary biology: A basic science for psychiatry? *Acta Psychiatrica Scandinavica*. 86, 89–96.

McGuire, M., Troisi, A. and Raleigh, M. M. (1997). Depression in an evolutionary context. In S. Baron-Cohen (ed.). *The Maladapted Mind* (255–82). Hove, UK: Psychology Press.

McHenry, H. M. (1991). Sexual dimorphism in Australopithecus afarensis. *Journal of Human Evolution*. 20, 21–32

(2009). Human evolution. In M. Ruse and J. Travis (eds.). *Evolution: The First Four Billion Years* (261–5). Cambridge, MA: Harvard University Press.

McMillan, G. (2000). Ache residential grouping and social foraging. PhD dissertation, Department of Anthropology, University of New Mexico.

Mead, M. (1928). *Coming of Age in Samoa*. New York: William Morrow.

(1935). *Sex and Temperament in Three Primitive Societies*. New York: William Morrow.

(1949). *Male and Female*. New York: William Morrow.

(1961). Anthropology among the sciences. *American Anthropologist*. 63, 475–82.

(1972). *Blackberry Winter*. New York: Simon and Schuster.

Mealey, L. (1995). The sociobiology of sociopathy: An integrated evolutionary model. *Behavioral and Brain Sciences*. 18, 523–99.

(2005). Evolutionary psychopathology and abnormal development. In R. L. Burgess and K. MacDonald (eds.). *Evolutionary Perspectives on Human Development* (2nd ed., 381–406). Thousand Oaks, CA: Sage.

Mededović, J. (2019). Harsh environment facilitates psychopathy's involvement in mating-parenting trade-off. *Personality and Individual Differences*. 139, 235–40.

Mededović, J., Wertag, A. and Sokić, K. (2018). Can psychopathic traits be adaptive? Sex differences in relations between psychopathy and emotional distress. *Psihologijske Teme*. 27, 3, 481–97.

Meltzoff, A. N. and Moore, M. K. (1977). Imitation of facial and manual gestures by human neonates. *Science*. 198, 75–8.

(1983). Newborn infants imitate adult facial gestures. *Child Development*. 54, 702–9.

Mendle, J., Turkheimer, E., D'Onofrio, B. M., Lynch, S. K., Emery, R. E., Slutske, W. S. et al. (2006). Family structure and age at menarche: A children-of-twins approach. *Developmental Psychology*. 42, 533–42.

Meredith, M. (2011). *Born in Africa: The Quest for the Origins of Human Life*. New York: Public Affairs.

Mersch, P. P., Middendorp, H. M., Bouhuys, A. L., Beersma, D. G. and van den Hoofdakker, R. H. (1999). Seasonal affective disorder and latitude:

a review of the literature. *Journal of Affective Disorders.* 53(1), 35–48.

Mervis, C. B. and Becerra, A. M. (2007). Language and communicative development in Williams syndrome. *Mental Retardation and Developmental Disabilities Research Review.* 13(1), 3–15.

Mery, F., Varela, S. A., Danchin, É., Blanchet, S., Parejo, D., Coolen, I. and Wagner, R. H. (2009). Public versus personal information for mate copying in an invertebrate. *Current Biology.* 19(9), 730–4.

Meston, C. M. and Buss, D. M. (2009). *Why Women Have Sex: Understanding Sexual Motivations from Adventure to Revenge.* New York: Times Books.

Mickley, K. R. and Kensinger, E. A. (2008). Emotional valence influences the neural correlates associated with remembering and knowing. *Cognition, Affective and Behavioural Neuroscience.* 8(2), 143–52.

Midgley, M. (1979). *Beast and Man.* Ithaca, NY: Cornell University Press.
(2000). Why memes? In H. Rose and S. Rose (eds.). *Alas, Poor Darwin* (67–84). London: Cape.

Miklósi, A. and Konok, V. (2020). Runaway processes in modern human culture: Evolutionary approach to exaggerated communication in present human societies. In L. Workman, W. Reader and J. H. Barkow (eds.). *The Cambridge Handbook of Evolutionary Perspectives on Human Behavior* (211–24). Cambridge: Cambridge University Press.

Milan, E. L. (2010). *Looking for a Few Good Males: Female Choice in Evolutionary Biology.* Baltimore: Johns Hopkins University Press.

Milgram, S. (1963). Behavioral study of obedience. *Journal of Abnormal and Social Psychology.* 67(4), 371.

Miller, E. M. (2000). Homosexuality, birth order and evolution: toward an equilibrium reproductive economics of homosexuality. *Archives of Sexual Behaviour.* 29, 1–34.

Miller, G. A. (1956). The magical number seven, plus or minus two: Some limits on our capacity for processing information. *Psychological Review.* 63(2), 81.

Miller, G. F. (2000). *The Mating Mind: How Sexual Choice Shaped the Evolution of Human Nature.* London: Heinemann/Doubleday.
(2009). *Spent: Sex, Evolution, and Consumer Behavior.* New York: Viking.

Miller, W. B. and Pasta, D. J. (2000). Early family environment, reproductive strategy and contraceptive behaviour. In J. L. Rodgers, D. C. Rowe and W. B. Miller (eds.). *Genetic Influences on Human Fertility and Sexuality* (183–230). Boston: Kluwer Academic.

Mineka, S. and Cook, M. (1988). Social learning and the acquisition of snake fear in monkeys. In T. Zentall and B. G. Galef (eds.). *Social Learning: Psychological and Biological Perspectives* (51–73). Hillsdale, NJ: Lawrence Erlbaum.

Minton, C., Kagan, J. and Levine, J. (1971). Maternal control and obedience in the two-year-old. *Child Development.* 42, 1873–94.

Mischel, W. (1992). Convergences and challenges in the search for consistency. *American Psychologist.* 39, 351–64.

Mitani, J. C. and Watts, D. P. (2001). Why do chimpanzees hunt and share meat? *Animal Behaviour.* 51, 915–24.

Mitchell, P. (1996). *Acquiring a Concept of Mind: A Review of Psychological Research and Theory.* Hove, UK: Psychology Press.

Moffitt, T., Caspi, A., Belsky, J. and Silva, P. (1992). Childhood experience and the onset of menarche: A test of a sociobiological model. *Child Development.* 63, 47–58.

Moghaddam, B. and Javitt, D. (2012). From revolution to evolution: the glutamate hypothesis of schizophrenia and its implication for treatment. *Neuropsychopharmacology.* 37, 4–15.

Moller, A. P. (1988). Female choice selects for male tail ornaments in the monogamous swallow. *Nature.* 332, 640–2.
(1990). Effects of a haematophagous mite on secondary sexual tail ornaments in the barn swallow: A test of the Hamilton and Zuk hypothesis. *Evolution.* 44, 771–84.

Moore, D. S. (2015). *The Developing Genome: An Introduction to Behavioral Epigenetics*. New York: Oxford University Press.

Morgan, D., Mundy, R., Sanz C., Ayina, C.E., Strindberg, S., Lonsdorf, E. and Kühl, H. S. (2017). African apes coexisting with logging; comparing chimpanzee (Pan troglodytes troglodytes) and gorilla (Gorilla gorilla gorilla) resource needs and responses to forestry activities. *Biological Conservation*. 218, 277–86.

Morran, L. T., Schmidt, O. G., Gelarden, I. A., Parrish, R. C. and Lively, C. M. (2011). Running with the Red Queen: Host–parasite coevolution selects for biparental sex. *Science*. 333(6039), 216–18.

Morris, J. S., Friston, K. J., Beuchel, C., Frith, C. D., Young, A. W., Calder, A. J. et al. (1998). A neuromodularity role for the human amygdala in processing emotional facial expressions. *Brain*. 121, 47–57.

Morton, J. and Johnson, M. H. (1991). CONSPEC and CONLERN: A two-process theory of infant face recognition. *Psychological Review*. 98, 164–81.

Mourre, V. P. and Henshilwood, C. S. (2010). Early use of pressure flaking on lithic artifacts at Blombos Cave, South Africa. *Science*. 330, 659–62.

Mullen, P. E. (1995). Jealousy and violence. *Hong Kong Journal of Psychiatry*. 15, 1–11.

Muller, H. J. (1964). The relation of recombination to mutational advance. *Mutation Research*. 1, 2–9.

Munafò, M. R., Clark, T. G., Moore, L. R. et al. (2003). Genetic polymorphisms and personality in healthy adults: A systematic review and meta-analysis. *Molecular Psychiatry*. 8, 471–84.

Munafò, M. R., Yalcin, B., Willis-Owen, S. A. and Flint, J. (2008). Association of the dopamine D4 receptor (DRD4) gene and approach-related personality traits: Meta-analysis and new data. *Biological Psychiatry*. 63, 197–206.

Muris, P., Merckelbach, H., Otgaar, H. and Meijer, E. (2017). The malevolent side of human nature: A meta-analysis and critical review of the literature on the Dark Triad (Narcissism, Machiavellianism, and Psychopathy). *Perspectives on Psychological Science*. 12, 183–204.

Myers, A. J. and Bjorklund, D. F. (2020). Evolutionary developmental psychology: Developing adaptations in infancy and childhood. In L. Workman, W. Reader and J. H. Barkow (eds.). *The Cambridge Handbook of Evolutionary Perspectives on Human Behavior* (253–64). Cambridge: Cambridge University Press.

Myers Thompson, J. A. (2002). Bonobos of the Lukuru wildlife research project. In C. Boesch, G. Hohmann and L. F. Marchant (eds.). *Behavioral Diversity in Chimpanzees and Bonobos* (61–70). Cambridge: Cambridge University Press.

Mykletun, A., Bjerkeset, O., Overland, S. et al. (2009). Levels of anxiety and depression as predictors of mortality: the HUNT study. *British Journal of Psychiatry*. 195, 118–25.

Nagell, K., Olguin, K. and Tomasello, M. (1993). Processes of social learning in the tool use of chimpanzees (Pan troglodytes) and human children (Homo sapiens). *Journal of Comparative Psychology*. 107, 174–86.

Nagy, W. E. and Anderson, R. C. (1984). How many words are there in printed English? *Reading Research Quarterly*. 19, 304–30.

Nairne, J. S. and Pandeirada, J. N. S. (2008). Adaptive memory: Remembering with a stone-age brain. *Current Directions in Psychology*. 17(4), 239–43.

Nairne, J. S., Thompson, S. R. and Pandeirada, J. N. S. (2007). Adaptive memory: Survival processing enhances retention. *Journal of Experimental Psychology: Learning, Memory and Cognition*. 33(2), 263–73.

Nakagaki, T., Yamada, H. and Tóth, Á. (2000). Maze-solving by an amoeboid organism. *Nature*. 407(6803), 470.

National Institutes of Health. (2010). *Genes at Work in the Brain*. Publication No. 10-5475. Bethesda, MD: National Institutes of Health.

Nesse, R. M. (1990). Evolutionary explanations of emotions. *Human Nature*. 1, 261–89.

(1996). *Why We Get Sick*. New York: Vintage.

(2004). Natural selection and the elusiveness of happiness. *Philosophical Transactions of the Royal Society of London, Series B*. 359, 1341.

(2005). Natural selection and the regulation of defenses: A signal detection analysis of the smoke detector principle. *Evolution and Human Behavior*. 26, 88–105.

(2009). Evolutionary origins and functions of emotions. In K. Scherer and D. Sander (eds.). *The Oxford Companion to Emotion and Affective Sciences* (158–9). Oxford: Oxford University Press.

(2011). Why has natural selection left us so vulnerable to anxiety and mood disorders? *Canadian Journal of Psychiatry*. 56, 705–6.

(2012). Evolution: A basic science for medicine. In A. Poiani (ed.). *Pragmatic Evolution: Applications of Evolutionary Theory* (107–14). Cambridge: Cambridge University Press.

(2019). *Good Reasons for Bad Feelings: Insights from the Frontier of Evolutionary Psychiatry*. London: Allen Lane.

Nesse, R. M. and Dawkins, R. (2010). Evolution: Medicine's most basic science. In D. A. Warrell, T. M. Cox, J. D. Firth and E. J. J. Benz (eds.). *Oxford Textbook of Medicine* (5th ed., 12–15). Oxford: Oxford University Press.

Nesse, R. M. and Williams, G. C. (1995). *Evolution and Healing: The New Science of Darwinian Medicine*. London: Weidenfeld and Nicolson.

Nettle, D. (2004). Evolutionary origins of depression: A review and reformulation. *Journal of Affective Disorders*. 81, 91–102.

(2005). An evolutionary perspective on the extraversion continuum. *Evolution and Human Behavior*. 26, 363–73.

(2006). The evolution of personality variation in humans and other animals. *American Psychologist*. 61, 622–31.

Nettle, D. and Bateson, M. (2012). Evolutionary origins of mood and its disorders. *Current Biology*. 22, 712–21.

Nettle, D., Coall, D. A. and Dickins, T. E. (2011). Early-life conditions and age at first pregnancy in British women. *Proceedings of the Royal Society*. B278: 1721–7.

Neuberg, S. L., Kenrick, D. T. and Schaller, M. (2010). Evolutionary social psychology. In S. T. Fiske, D. T. Gilbert and G. Lindzey (eds.). *Handbook of Social Psychology* (5th ed., 761–6). New York: Wiley.

Neville, H., Coffey, S., Holcomb, P. and Tallal, P. (1993). The neurobiology of sensory and language processing in language impaired children. *Journal of Cognitive Neuroscience*. 5, 235–53.

Nieuwenhuys, R. (2012). The insular cortex: a review. *Progress in Brain Research*. 195, 123–63.

Nila, S., Barthes, J., Crochet, P-A., Suryobroto, B. and Raymond, M. (2018). Kin selection and male homosexual preference in Indonesia. *Archives of Sexual Behavior*. 47, 2455–65.

Nishida, T. and Hiraiwa-Hasegawa, M. (1987). Chimpanzees and bonobos: Cooperative relationships among males. In B. B. Smuts, D. L. Cheney, R. M. Seyfarth, R. W. Wrangham and T. T. Struhsaker (eds.). *Primate Societies* (165–77). Chicago: University of Chicago Press.

Nolan-Hoeksema, S. (2007). *Abnormal Psychology*. Boston: McGraw-Hill.

Norberg, R. Å. (1994). Swallow tail streamer is a mechanical device for self-deflection of tail leading edge, enhancing aerodynamic efficiency and flight manoeuvrability. *Proceedings of the Royal Society of London, Series B*. 257, 227–33.

Nordhaus, W. D. (1996). Do real-output and real-wage measures capture reality? The history of lighting suggests not. In T. F. Bresnahan and R. J. Gordon (eds.). *The Economics of New Goods* (27–70). Chicago: University of Chicago Press.

Nowak, M. A., Tarnita, C. E. and Wilson, E. O. (2010). The evolution of eusociality. *Nature*. 466(7310), 1057. doi:10.1038/nature09205.

O'Doherty, J., Winston, J., Critchley, H., Perrett, D., Burt, D. M. and Dolan, R. J. (2003). Beauty in a smile: The role of medial orbitofrontal cortex in facial attractiveness. *Neuropsychologia*. 41, 147–55.

O'Steen, S., Cullum, A. J. and Bennett, A. F. (2002). Rapid evolution of escape ability in Trinidadian guppies (Poecilia reticulata). *Evolution*. 56, 776–84.

Oaksford, M. and Chater, N. (1994). A rational analysis of the selection task as optimal data selection. *Psychological Review*. 101, 608–31. (1999). Ten years of the rational analysis of cognition. *Trends in Cognitive Sciences*. 3(2), 57–65.

Ohman, A. and Mineka, S. (2001). Fears, phobias, and preparedness. Toward an evolved module of fear and fear learning. *Psychological Review*. 108, 483–522.

Oppenheimer, S. (2004). *The Real Eve: Modern Man's Journey Out of Africa*. New York: Carroll and Graf.

Ortony, A. and Turner, T. J. (1990). What's basic about emotions? *Psychological Review*. 97, 315–31.

Osier, M. V., Pakstis, A. J., Soodyall, H., Comas, D., Goldman, D. and Odunsi, A. (2002). A global perspective on genetic variation at the ADH genes reveals unusual patterns of linkage disequilibrium and diversity. *American Journal of Human Genetics*. 71(1), 84–99.

Ostrom, E. (1990). *Governing the Commons: The Evolution of Institutions for Collective Action, the Political Economy of Institutions and Decisions*. Cambridge: Cambridge University Press.

Over, R. (1988). Does scholarly impact decline with age? *Scientometrics*. 13, 215–23.

Packer, C. (1977). Reciprocal altruism in Papio anubis. *Nature*. 265, 441–3.

Pagel, M. (2012). *Wired for Culture: Origins of the Human Social Mind*. London: Norton.

Pakkenberg, B. and Gundersen, H. J. G. (1997). Neocortical neuron number in humans: Effect of sex and age. *Journal of Comparative Neurology*. 384, 312–20.

Palmer, C. T. and Coe, K. (2020). Evolution of the human family. In L. Workman, W. Reader and J. H. Barkow (eds.). *The Cambridge Handbook of Evolutionary Perspectives on Human Behavior* (58–66). Cambridge: Cambridge University Press.

Panksepp, J. and Panksepp, J. B. (2000). The seven sins of evolutionary psychology. *Evolution and Cognition*. 6(2), 108–31.

Park, J. H. and Schaller, M. (2009). Parasites, minds and cultures: Could the most human of qualities owe their existence to tiny, mindless organisms? *The Psychologist*. 22, 942–5.

Parker, H. M. and McDaniel, C. D. (2009). Parthenogenesis in unfertilized eggs of Coturnix chinensis, the Chinese painted quail, and the effect of egg clutch position on embryonic development. *Poultry Science*. 88, 784–90.

Pascalis, O., de Haan, M. and Nelson, C. A. (2002). Is face processing species-specific during the first year of life? *Science*. 296, 1321–3.

Pascalis, O., Scott, L. S., Kelly, D. J., Shannon, R. W., Nicholson, E. and Coleman, M. (2005). Plasticity of face processing in infancy. *Proceedings of the National Academy of Sciences of the USA*. 102, 5297–5300.

Passer, M. W. and Smith, R. E. (2007). *Psychology: The Science of Mind and Behaviour*. Boston: McGraw-Hill.

Paulhus, D. L. and Williams, K. M. (2002). The Dark Triad of personality: Narcissism, Machiavellianism, and psychopathy. *Journal of Research in Personality*. 36, 556–63.

Pawlowski, B. and Dunbar, R. I. M. (1999). Impact of market value on human mate choice decisions. *Proceedings of the Royal Society of London, Series B*. 266, 281–5.

Pelham, B. (2019). *Evolutionary Psychology: Genes, Environments, and Time*. London: Red Globe Press.

Pembrey, M., Bygren, L. O., Kaati, G. et al. (2006). Sex-specific, male line transgenerational responses in humans. *European Journal of Human Genetics*. 14, 159–66.

Perner, J., Leekam, S. and Wimmer, H. (1987). Three-year-olds' difficulty with false belief: The case for a conceptual deficit. *British Journal of Developmental Psychology*. 5, 125–37.

Petrie, M., Halliday, T. and Sanders, C. (1991). Peahens prefer peacocks with elaborate trains. *Animal Behaviour*. 41, 323–31.

Photopoulou, T., Ferreira, I. M., Best, P. B., Kasuya, T. and Marsh, H. (2017). Evidence for a postreproductive phase in female false killer whales Pseudorca crassidens. *Frontiers in Zoology*. 14, 1–24.

Piattelli-Palmarini, M. (1994a). Ever since language and learning: Afterthoughts on the Piaget–Chomsky debate. *Cognition*. 50, 315–46.
(1994b). *Inevitable Illusions: How the Mistakes of Reason Rule Our Minds*. Somerset, NJ: Wiley.

Pike, T. W. and Laland, K. N. (2010). Conformist learning in nine-spined sticklebacks' foraging decisions. *Biology Letters*. 6(4), 466–8.

Pilleri, G. and Knuckey, J. (1969). Behaviour patterns of some Delphinidae observed in the western Mediterranean. *Zeitschrift für Tierpsychologie*. 26, 48–72.

Pinker, S. (1989/2013). *Learnability and Cognition: The Acquisition of Argument Structure*. Cambridge, MA: MIT Press.
(1994). *The Language Instinct: How the Mind Creates Language*. London: Penguin.
(1997). *How the Mind Works*. London: Allen Lane.

Pinker, S. and Bloom, P. (1990). Natural language and natural selection. *Behavioral and Brain Sciences*. 13(4), 707–84.
(2002). *The Blank Slate: The Modern Denial of Human Nature*. London: Allen Lane.
(2005). So how does the mind work? *Mind and Language*. 20(1), 1–24.
(2011). *The Better Angels of Our Nature: The Decline of Violence in History and Its Causes*. London: Penguin.

Pirolli, P. and Card, S. K. (1999). Information foraging. *Psychological Review*. 105(1), 58–82.

Platek, S. M., Keenan, J. P. and Shackelford, T. K. (eds.). (2007). *Evolutionary Cognitive Neuroscience*. Cambridge, MA: MIT Press.

Plomin, R. (1988). The nature and nurture of cognitive abilities. In R. Sternberg (ed.). *Advances in the Psychology of Human Intelligence* (vol. 4, 1–33). Hillsdale, NJ: Lawrence Erlbaum.
(2011). Commentary: Why are children in the same family so different? Non-shared environment three decades later. *International Journal of Epidemiology*. 40, 582–92.
(2018). *Blueprint: How DNA Makes Us Who We Are*. London: Allen Lane/Penguin Books.

Plomin, R. and Daniels, D. (1987). Why are children in the same family so different from one another? *Behavioral and Brain Sciences*. 10, 1–60.

Plomin, R. J., DeFries, J. C., Knopik, V. S. and Neiderhiser, J. M. (2016). *Behavioral Genetics* (7th ed.). New York: Worth.

Plomin, R. J. and von Stumm, S. (2018). The new genetics of intelligence. *Nature Reviews Genetics*. 19, 148–59.

Plomin, R., Chipuer, H. M. and Neiderhiser, J. M. (1994). Behavior genetic evidence for the importance of nonshared environment. In E. M. Hetherington, D. Reiss and R. Plomin (eds.). *Separate Social Worlds of Siblings: The Impact of Nonshared Environment on Development* (1–31). Hillsdale, NJ: Lawrence Erlbaum.

Plutchik. R. (1980). *Emotion: A Psychoevolutionary Analysis*. New York: Harper and Row.

Pollard, P. and Evans, J. St. B. T. (1987). Content and context effects in reasoning. *American Journal of Psychology*. 100, 41–60.

Popper, K. (1959). *The Logic of Scientific Discovery*. London: Hutchinson.
(1972). *Objective Knowledge* (vol. 360). Oxford: Oxford University Press.

Posner, R. A. (1992). *Sex and Reason*. Cambridge, MA: Harvard University Press.

Potts, R. (1996). *Humanity's Descent: The Consequences of an Ecological Instability*. New York: William Morrow.

Pratto, F. and John, O. P. (1991). Automatic vigilance: The attention-grabbing power of negative social information. *Journal of Personality and Social Psychology*. 61, 380–91.

Premack, A. J. and Premack, D. (1972). Teaching language to an ape. *Scientific American*. 227(4), 92–9.

Price, J. S. (1967). Hypothesis: The dominance hierarchy and the evolution of mental illness. *Lancet*. 2, 243–6.

Price, J. S., Sloman, L., Gardner, R., Gilbert, P. and Rohde, P. (1994). The social competition hypothesis of depression. *British Journal of Psychiatry*. 164, 309–35.

Price, M. E., Cosmides, L. and Tooby, J. (2002). Punitive sentiment as an anti-free rider psychological device. *Evolution and Human Behavior.* 23, 203–31.

Profit, M. (1992). Pregnancy sickness as an adaptation: A deterrent to maternal ingestion of teratogens. In J. Barkow, L. Cosmides and J. Tooby (eds.). *The Adapted Mind* (327–65). New York: Oxford University Press.

Prüfer, K., Munch, K., Hellmann, I. et al. (2012). The bonobo genome compared with the chimpanzee and human genomes. *Nature.* 486, 527–31.

Prum, R. O. (2012). Aesthetic evolution by mate choice: Darwin's really dangerous idea. *Philosophical Transactions of the Royal Society B.* 367, 2253–65.

(2018). *Evolution of beauty: how Darwin's forgotten theory of mate choice shapes the animal world*. New York: Penguin Random House.

Pusey, A. E. and Schroepfer-Walker, K. (2013). Female competition in chimpanzees. *Proceeding of the Royal Society of London B Biological Sciences.* 368, 1631.

Quine, W. V. O. (1960). *Word and Object*. Cambridge, MA: MIT Press.

Quinlan, R. J., Quinlan, M. B. and Flinn, M. V. (2003). Parental investment and age at weaning in a Caribbean village. *Evolution and Human Behavior.* 24, 1–17.

Rabbie, J. M. (1992). The effects of intragroup cooperation and intergroup competition on in-group cohesion and out-group hostility. In A. H. Harcourt and F. B. M. de Waal (eds.). *Coalitions and Alliances in Humans and Other Animals* (175–205). New York: Oxford University Press.

Radke-Yarrow, M. and Zahn-Waxler, C. (1986). The role of familial factors in the development of prosocial behavior: Research findings and questions. In D. Olweus, J. Block and M. Radke-Yarrow (eds.). *Development of Antisocial and Prosocial Behavior: Research, Theories, and Issues* (207–33). New York: Academic Press.

Rahman, Q. and Hull, M. S. (2005). An empirical test of the kin selection hypothesis for male homosexuality. *Archives of Sexual Behavior.* 34, 461–7.

Rai, T. S. and Fiske, A. P. (2011). Moral psychology is relationship regulation: moral motives for unity, hierarchy, equality, and proportionality. *Psychological Review.* 118(1), 57.

Rakoczy, H., Warneken, F. and Tomasello, M. (2008). The sources of normativity: Young children's awareness of the normative structure of games. *Developmental Psychology.* 44, 875–81.

Raleigh, M. and McGuire, M. (1991). Serotonin in vervet monkeys. *Brain Research.* 559, 181–90.

Rapoport, A. and Chummah, A. M. (1965). *Prisoner's Dilemma*. Ann Arbor: University of Michigan Press.

Ratiu, P., Talos, I., Hanker, S., Lieberman, D. and Everett, P. (2004). The tale of Phineas Gage, digitally remastered. *Journal of Neurotrauma.* 21(5), 637–43.

Ray, W. J. (2013). *Evolutionary Psychology: Neuroscience Perspectives Concerning Human Behavior and Experience*. Thousand Oaks, CA: Sage.

(2018). *Abnormal Psychology: Neuroscience Determinants of Human Behavior and Experience* (2nd ed.). Thousand Oaks, CA: Sage.

Read, L. (1958). *I, Pencil: My Family Tree as Told to Leonard E. Read*. Irvington-on-Hudson, NY: Foundation for Economic Education.

Reader, W. R. and Hughes, S. (2020). The evolution and function of third-party moral judgement. In L. Workman, W. R. Reader and J. H. Barkow (eds.). *The Cambridge Handbook of Evolutionary Perspectives on Human Behavior* (150–7). Cambridge: Cambridge University Press.

Reader, W. R. and Payne, S. J. (2002). Browsing multiple texts under time pressure. Paper presented at the 24th meeting of the Cognitive Science Society, George Mason University, Washington, DC.

(2007). Allocating time across multiple texts: Sampling and satisficing. *Human–Computer Interaction*. 22(3), 263–98.

Real, L. A. (1991). Animal choice behavior and the evolution of cognitive architecture. *Science*. 253, 980–6.

Reilly, P. (1991). *The Surgical Solution: A History of Involuntary Sterilization in the United States*. Baltimore: Johns Hopkins University Press.

Reiss, D., Neiderhiser, J. M., Hetherington, E. M. and Plomin, R. (2000). *The Relationship Code: Deciphering Genetic and Social Patterns in Adolescent Development*. Cambridge, MA: Harvard University Press.

Rendell, L., Boyd, R., Cowden, D., Enquist, M., Eriksson, K., Feldman, M. W., Fogarty, L., Ghirlanda, S., Lillicrap, T. and Laland, K. N. (2010). Why copy others? Insights from the social learning strategies tournament. *Science*. 328(5975), 208–13.

Renfrew, C. (1987). *Archaeology and Language*. New York: Penguin.

Reno, P. L., Meindl, R. S., McCollum, M. A. and Lovejoy, C. O. (2003). Sexual dimorphism in Australopithecus afarensis was similar to that of modern humans. *Proceedings of the National Academy of Sciences of the USA*. 100, 9404–9.

Resnick, P. J. (1970). Murder of the newborn: A psychiatric review of neonaticide. *American Journal of Psychiatry*. 126, 58–64.

Reuter-Lorenz, P. and Davidson, R. (1981). Differential contributions of the two cerebral hemispheres to the perception of happy and sad faces. *Neuropsychologia*. 19, 609–13.

Richell, R. A., Mitchell, D. G. V., Newman, C., Leonard, A., Baron-Cohen, S. and Blair, R. J. R. (2002). Theory of mind and psychopathy: Can psychopathic individuals read 'the language of the eyes'? *Neuropsychologia*. 41, 523–6.

Richerson, P. J. and Boyd, R. (2001). Culture is part of human biology: Why the superorganic concept serves the human sciences badly. In S. Maasen and M. Winterhager (eds). *Science Studies: Probing the Dynamics of Scientific Knowledge* (147–77). New York: Transcript.

(2005). *Not by Genes Alone*. Chicago: University of Chicago Press.

Richerson, P. J., Boyd, R. and Henrich, J. (2010). Gene-culture coevolution in the age of genomics. *Proceedings of the National Academy of Sciences of the USA*. 107(Suppl 2), 8985–92.

Ridley, M. (1993). *The Red Queen: Sex and the Evolution of Human Nature*. London: Penguin.

(1996). *The Origins of Virtue*. London: Viking.

(1999). *Genome: The Autobiography of a Species in 23 Chapters*. New York: HarperCollins.

(2003). *Nature via Nurture: Genes, Experience and What Makes Us Human*. London: HarperCollins.

(2010). Matt Ridley: When ideas have sex [video file]. July. www.ted.com/talks/matt_ridley_when _ideas_have_sex.html.

Riley, J. (2017). 'Everyman's land': the second Christmas truce, 1915. *Welsh History Review*. 28(4), 711–22.

Roberts, S. G. B. and Dunbar, R. I. M. (2011). The costs of family and friends: An 18-month longitudinal study of relationship maintenance and decay. *Evolution and Human Behavior*. 32, 186–97.

Rode, C., Cosmides, L., Hell, W. and Tooby, J. (1999). When and why do people avoid unknown probabilities in decisions under uncertainty? Testing some predictions from optimal foraging theory. *Cognition*. 72, 269–304.

Roediger, H. L. and McDermott, K. B. (1995). Creating false memories: Remembering words not presented in lists. *Journal of Experimental Psychology: Learning, Memory, and Cognition*. 21, 803–14.

Rogers, A. (2015). The science of why no one agrees on the color of this dress. *Wired*, February. www.wired.com/2015/02/science-one-agrees-color-dress.

Rood, J. P. (1986). Ecology and social evolution in the mongooses. In D. I. Rubenstein and R. W. Wrangham (eds.). *Ecological Aspects of Social Evolution. Birds and Mammals* (131–52). Princeton, NJ: Princeton University Press.

Rosch, E. (1973). On the internal structure of perceptual and semantic categories. In T. M. Moore (ed.). *Cognitive Development and the Acquisition of Language* (111–44). New York: Academic Press.

Rosch, E., Mervis, C. B., Gray, W. D., Johnson, D. M. and Boyes-Braem, P. (1976). Basic objects in natural categories. *Cognitive Psychology.* 8, 382–439.

Rose, H. and Rose, S. (2000). *Alas Poor Darwin: Arguments against Evolutionary Psychology.* London: Jonathan Cape.

(2001). Much ado about very little. *The Psychologist.* 14, 428–9.

Rose, S., Kamin, L. J. and Lewontin, R. C. (1984). *Not in Our Genes.* London: Pelican.

Rosenthal, N. E., Genhart, M. and Wehr, T. (1984). *Seasonal pattern assessment questionnaire (SPAQ).* Bethesda, MD: National Institute of Mental Health.

Ross, L. and Nisbett, R. E. (1991). *The Person and the Situation.* New York: McGraw-Hill.

Ross, R., Begab, M., Dondis, E., Giampiccolo, J. and Myers, C. (1985). *Lives of the Mentally Retarded: A Forty-Year Follow-Up Study.* Stanford, CA: Stanford University Press.

Rothbart, M. K. (1989). Temperament and development. In G. Kohnstamm, J. Bates and M. K. Rothbart (eds.). *Temperament in Childhood* (187–248). Chichester, UK: Wiley.

Rowe, D. C. (1994). *The Limits of Family Influence: Genes, Experience, and Behavior.* New York: Guilford Press.

Rowell, C. H. and Cannis, T. L. (1972). Environmental factors affecting the green/brown polymorphism in the Cyrtacanthacridine grasshopper Schistocerca vaga. *Acrida.* 1, 69–77.

Rozin, P. and Fallon, A. E. (1987). A perspective on disgust. *Psychological Review.* 94(1), 23.

Rozin, P., Lowery, L., Imada, S. and Haidt, J. (1999). The moral–emotion triad hypothesis: A mapping between three moral emotions (contempt, anger, disgust) and three moral ethics (community, autonomy, divinity). *Journal of Personality and Social Psychology.* 76, 574–86.

Rozin, P., Millman, L. and Nemeroff, C. (1986). Operation of the laws of sympathetic magic in disgust and other domains. *Journal of Personality and Social Psychology.* 50(4), 703.

Rubenstein, D. R. and Alcock, J. (2018). *Animal Behavior.* Oxford: Oxford University Press.

Ruffman, T., Perner, J., Naito, M., Parkin, L. and Clements, W. (1998). Older (but not younger) siblings facilitate false belief understanding. *Developmental Psychology.* 34, 161–74.

Ruse, M. (1987). Sociobiology and knowledge: Is evolutionary epistemology a viable option? In C. Crawford, M. Smith and D. Krebs (eds.). *Sociobiology and Psychology: Ideas, Issues and Applications* (61–79). London: Lawrence Erlbaum.

Rushton, J. P. (1985). Differential K theory: The socio-biology of individual and group differences. *Personality and Individual Differences.* 6, 441–52.

Rutherford, M. J., Cacciola, J. S. and Alterman, A. I. (1999). Antisocial personality disorder and psychopathy in cocaine-dependent women. *American Journal of Psychiatry.* 156, 849–56.

Ryle, G. (1949). *The Concept of Mind.* London: Hutchinson.

Rymer, R. (2012). Vanishing voices. *National Geographic,* June. www.nationalgeographic.com/magazine/2012/07/vanishing-languages/.

Ryu, H., Hill, D. A. and Furuichi, T. (2015). Prolonged maximal sexual swelling in wild bonobos facilitates affiliative interactions between females. *Behaviour.* 152, 285–311.

Saad, G. and Greengross, G. (2014). Using evolutionary theory to enhance the brain imaging paradigm. *Frontiers of Human Neuroscience.* 8, 452. doi:10.3389/fnhum.2014.00452.

Sahlins, M. (1976). *The Use and Abuse of Biology: An Anthropological Critique of Sociobiology.* Ann Arbor: University of Michigan Press.

Salles, R. O. (2016). Understanding recursion and looking for self-embedding in Pirahã: the case of possessive constructions. PhD dissertation, Pontifical Catholic University of Rio de Janeiro.

Samuels, R., Stich, S. and Bishop, M. (2002). Ending the rationality wars: How to make disputes about human rationality disappear. In R. Elio (ed.). *Common Sense, Reasoning and Rationality* (236–68). New York: Oxford University Press.

Sanchez-Roige, S., Gray, J. C., MacKillop, J., Chen, C.-H., and Palmer, A. A. (2018). The genetics of human personality. *Genes, Brain and Behavior.* 17, 12439.

Sandstrom, P. E. (1994). An optimal foraging approach to information seeking and use. *Library Quarterly.* 64, 414–49.

Santayana, G. (1905). *The Life of Reason: Or the Phases of Human Progress* (vol. 1). New York: Scribner.

Sanvito, S., Galimberti, F. and Miller, E. (2007). Vocal signalling of male southern elephant seals is honest but imprecise. *Animal Behaviour.* 73, 287–99.

Savage-Rumbaugh, E. S., Murphy, J., Sevick, R. A., Brakke, K. E., Williams, S. L. and Rumbaugh, D. (1993). *Language Comprehension in Ape and Child.* Monographs of the Society for Research in Child Development 233. Chicago: University of Chicago Press.

Scally, A. et al. (2012). Insights into hominid evolution from the gorilla genome sequence. *Nature.* 483(7388), 169. doi:10.1038/nature10842.

Scarr, S. and Weinberg, R. A. (1976). IQ test performance of black children adopted by white families. *American Psychologist.* 31, 726–39.

Schacter, D. (2001). *The Seven Sins of Memory: How the Mind Forgets and Remembers.* New York: Houghton Mifflin.

Schacter, D. L., Benoit, R. G., De Brigard, F. and Szpunar, K. K. (2015). Episodic future thinking and episodic counterfactual thinking: intersections between memory and decisions. *Neurobiology, Learning and Memory.* 117, 14–21.

Schaller, G. B. (1972). *The Serengeti Lion.* Chicago: University of Chicago Press.

Schaller, M. and Park, J. H. (2011). The behavioral immune system (and why it matters). *Current Directions in Psychological Science.* 20(2), 99–103.

Schaller, M., Simpson, J. A. and Kenrick, D. T. (2006). *Evolution and Social Psychology.* Frontiers of Social Psychology. New York: Psychology Press.

Schmitt, D. P. (2017). What type of person would agree to have sex with a total stranger? *Psychology Today Blog,* 28 June. www.psychologytoday.com/blog/sexual-personalities/201706/who-would-agree-have-sex-total-stranger.

Schultz, D. P. and Schultz, S. E. (2005). *Theories of Personality.* Belmont, CA: Thomson-Wadsworth.

Scott-Phillips, T. C. (2007). The social evolution of language, and the language of social evolution. *Evolutionary Psychology.* 5(4).

Scoville, W. B. and Milner, B. (1957). Loss of recent memory after bilateral hippocampal lesions. *Journal of Neurology, Neurosurgery and Psychiatry.* 20, 11–21.

Searle, J. (1980). Minds, brains and programs. *Behavioral and Brain Sciences.* 3, 417–57.

Seligman, M. E. P. (1970). On the generality of the laws of learning. *Psychology Review.* 77, 406–18.

Seligman, M. E. P. and Hager, J. L. (1972). Biological boundaries of learning: The sauce-bearnaise syndrome. *Psychology Today.* 6, 59–61, 84–7.

Seyfarth, R. M. and Cheney, D. L. (1984). Grooming, alliances and reciprocal altruism in vervet monkeys. *Nature.* 308, 541–3.

Shackelford, T. K., Pound, N. and Goetz, A. T. (2005). Psychological and physiological adaptation to human sperm competition. *Review of General Psychology.* 9, 228–48.

Shankman, P. (1998). Margaret Mead, Derek Freeman, and the issue of evolution. *Skeptical Inquirer.* 22, 35–9.

Shavit, V., Fischer, C. S. and Koresh, Y. (1994). Kin and non-kin under collective threat: Israeli networks during the Gulf War. *Social Forces.* 72, 1197–1215.

Shepard, R. (1990). *Mind Sights.* New York: W. H. Freeman.

Sherif, M. (1956). *In Common Predicament: Social Psychology of Intergroup Conflict and Cooperation.* New York: Houghton Mifflin.

Sherman, P. W. and Flaxman, S. M. (2001). Protecting ourselves from food. *American Scientist*. 89, 142–51.

(2002). Nausea and vomiting of pregnancy in an evolutionary perspective. *American Journal of Obstetrics and Gynecology*. 186, S190–7.

Sherman, P. W., Jarvis, J. U. M. and Alexander, R. D. (1991). *The Biology of the Naked Mole-Rat*. Princeton, NJ: Princeton University Press.

Short, R. V. (1979). Sexual selection and its component parts, somatic and genital selection, as illustrated by man and the Great Apes. *Advances in the Study of Behaviour*. 9, 131–58.

Shu, W., Cho, J. Y., Jiang, Y. et al. (2005). Altered ultrasonic vocalization in mice with a disruption in the Foxp 2 gene. *Proceedings of the National Academy of Sciences of the USA*. 102, 9643–8.

Shweder, R. A., Much, N. C., Mahapatra, M. and Park, L. (1997). The 'big three' of morality (autonomy, community and divinity) and the 'big three' explanations of suffering. In A. Brand and P. Rozin (eds.). *Morality and Health* (119–69). New York: Routledge.

Sigmund, K. and Hauert, C. (2002). Altruism. *Current Biology*. 12, 270–2.

Silk, J. B. (1980). Adoption and kinship in Oceania. *American Anthropologist*. 82, 799–820.

(1990). Human adoption in evolutionary perspective. *Human Nature*. 1, 25–52.

Silk, J. B. and House, B. R. (2016). The evolution of altruistic social preferences in human groups. *Philosophical Transactions of the Royal Society of London, Series B*. 371, 20150097.

Silk, J. B., Seyfarth, R. M. and Cheney, D. L. (2018). Quality versus quantity: do weak bonds enhance the fitness of female baboons? *Animal Behaviour*. 140, 207–11.

Simner, M. L. (1971). Newborn's response to the crying of another infant. *Developmental Psychology*. 5, 136–50.

Simpson, J. A. and Kenrick, D. T. (1997). *Evolutionary Social Psychology*. Mahwah, NJ: Lawrence Erlbaum.

Simpson, J. A., Gangestad, S. W. and Biek, M. (1993). Personality and nonverbal behaviour: An ethological perspective of relationship initiation. *Journal of Experimental Social Psychology*. 29, 434–61.

Singer, P. (1981). *The Expanding Circle: Ethics and Sociobiology*. New York: Farrar, Straus and Giroux.

Singh, D. (1993). Adaptive significance of female physical attractiveness: Role of waist-to-hip ratio. *Journal of Personality and Social Psychology*. 65, 293–307.

Singh, D. and Luis, S. (1995). Ethic and gender consensus for the effect of waist-to-hip ratio on judgement of women's attractiveness. *Human Nature*. 6, 51–65.

Singh, D. and Singh, D. (2011). Shape and significance of feminine beauty: An evolutionary perspective. *Sex Roles*. 64, 723–31.

Skinner, B. F. (1957). *Verbal Behaviour*. New York: Appleton-Century-Crofts.

Slater, P. J. B. (1994). Kinship and altruism. In J. S. B. Slater and T. R. Halliday (eds.). *Behaviour and Evolution* (193–222). Cambridge: Cambridge University Press.

Slater, P. J. B. and Halliday, T. R. (1994). *Behaviour and Evolution*. Cambridge: Cambridge University Press.

Slobodchikoff, C. N. (2002). Cognition and communication in prairie dogs. In M. Bekoff, C. Allen and G. Burghardt (eds.). *The Cognitive Animal* (257–64). Cambridge, MA: MIT Press.

Slobodchikoff, C. N., Paseka, A. and Verdolin, J. L. (2009). Prairie dog alarm calls encode labels about predator colors. *Animal Cognition*. 12(3), 435–9.

Sloman, S. A., Over, D., Slovak, L. and Stibel, J. M. (2003). Frequency illusions and other fallacies. *Organizational Behavior and Human Decision Processes*. 91, 296–309.

Slotta, J. D., Chi, M. T. H. and Joram, E. (1995). Assessing students' misclassification of physics concepts: An ontological basis for conceptual change. *Cognition and Instruction*. 13, 373–400.

Smith, E. A. (2004). Why do good hunters have higher reproductive success? *Human Nature*. 15, 343–6.

(2007). Reconstructing the evolution of the human mind. In S. W. Gangestad, and

A. Simpson (eds.). *The Evolution of Mind: Fundamental Questions and Controversies* (53–9). New York: Guilford Press.

Smith, M. S. (1987). Evolution and developmental psychology: Towards a sociobiology of human development. In C. Crawford, M. Smith and D. Krebs (eds.). *Sociobiology and Psychology: Ideas, Issues, and Applications* (225–52). Hillsdale, NJ: Lawrence Erlbaum.

Smith, R. L. (1984). Human sperm competition. In R. L. Smith (ed.). *Sperm Competition and the Evolution of Mating Systems* (601–59). New York: Academic Press.

Sober, E. and Wilson, D. S. (1999). *Unto Others: The Evolution and Psychology of Unselfish Behavior*. Cambridge, MA: Harvard University Press.

Sociobiology Study Group. (1975). *New York Review of Books*, 13 November.

Sokal, A. (1996). Transgressing the boundaries: Towards a transformative hermeneutics of quantum gravity. *Social Text*. 46/47, 217–52.

Soldz, S. and Vaillant, G. E. (1999). The big five personality traits and the life course: A 45-year longitudinal study. *Journal of Research in Personality*. 33, 208–32.

Spearman, C. (1923). *The Nature of Intelligence and Principles of Cognition*. London: Macmillan.

Spelke, E. S., Breinlinger, K., Macomber, J. and Jacobson, K. (1992). Origins of knowledge. *Psychological Review*. 99(4), 605–32.

Spencer, H. (1864). *Principles of Biology*. London: Williams and Norgate.

Sperber, D. (1994). The modularity of thought and the epidemiology of representations. In L. A. Hirschfeld and S. A. Gelman (eds.). *Mapping the Mind: Domain Specificity in Cognition and Culture* (39–67). New York: Cambridge University Press.

(1996). *Explaining Culture: A Naturalistic Approach*. Oxford: Blackwell.

(2000). An objection to the memetic approach to culture. In R. Aunger (ed.). *Darwinizing Culture: The State of Memetics as a Science* (163–74). Oxford: Oxford University Press.

(2002). In defense of massive modularity. In E. Dupoux (ed.). *Language, Brain and Cognitive Development: Essays in Honor of Jacques Mehler* (47–57). Cambridge, MA: MIT Press.

(2005). Modularity and relevance: How can a massively modular mind be flexible and context-sensitive? In P. Carruthers, S. Laurence and S. Stich (eds.). *The Innate Mind: Structure and Contents* (53–68). New York: Oxford University Press.

Springer, S. P. and Deutsch, G. (1998). *Left Brain, Right Brain: Perspectives from Cognitive Neurosciences*. New York: Freeman.

Stanford, C. B. (1995). Chimpanzee hunting behaviour. *American Scientist*. 83, 256–61.

(1998). *Chimpanzee and Red Colobus*. Cambridge, MA: Harvard University Press.

(1999). *The Hunting Apes: Meat Eating and the Origins of Human Behavior*. Princeton, NJ: Princeton University Press.

Stearns, S. C. (1976). Life-history tactics: a review of the ideas. *The Quarterly Review of Biology*. 51(1), 3–47.

Steiger, H., Bruce, K. and Israel, M. (2003). Eating disorders. In G. Stricker, T. A. Widiger and I. B. Weiner (eds.). *Handbook of Psychology. Vol. 8, Clinical Psychology* (173–94). New York: Wiley.

Stephens, D. W. and Krebs, J. R. (1986). *Foraging Theory*. Princeton, NJ: Princeton University Press.

Sternberg, R. J. (1985). *Beyond IQ: A Triarchic Theory of Human Intelligence*. Cambridge: Cambridge University Press.

(1998). Principles of teaching for successful intelligence. *Educational Psychologist*. 33(2–3), 65–72.

Sternberg, R. J. and Kaufman, R. J. (2002). *The Evolution of Intelligence*. Mahwah, NJ: Lawrence Erlbaum.

Sterns, S. C. (1992). *The Evolution of Life Histories*. Oxford: Oxford University Press.

Stevens, A. and Price, J. (2000). *Evolutionary Psychiatry*. London: Routledge.

Stewart, K. and Harcourt, A. (1987). Gorillas: Variation in female relationships. In B. B. Smuts, D. L. Cheney, R. M. Seyfarth et al. (eds.).

Primate Societies (155–64). Chicago: University of Chicago Press.

Stewart-Williams, S. (2007). Altruism among kin vs. non-kin: Effects of cost of help and reciprocal exchange. *Evolution and Human Behavior*. 28, 193–8.

(2018). *The Ape That Understood the Universe*. Cambridge: Cambridge University Press.

Stone, V., Cosmides, L., Tooby, J., Kroll, N. and Knight, R. (2002). Selective impairment of reasoning about social exchange in a patient with bilateral limbic system damage. *Proceedings of the National Academy of Sciences of the USA*. 99, 11531–6.

Stopher, K. V., Nussey, D. H., Clutton-Brock, T. H., Guinness, F. E., Morris, A. and Pemberton, J. M. (2011). The red deer rut revisited: female excursions but no evidence females move to mate with preferred males. *Behavioral Ecology*. doi:10.1093/beheco/arr052.

Story, S. and Workman, L. (2013). The effects of temperature priming on cooperation in the Iterated Prisoner's Dilemma. *Evolutionary Psychology*. 11(1), 52–67.

Straus, M. A. (1971). Some social antecedents of physical punishment: A linkage theory interpretation. *Journal of Marriage and the Family*. 33, 658–63.

(2008). Dominance and symmetry in partner violence by male and female university students in 32 nations. *Children and Youth Services Review*. 30, 252–75.

Straus, M. A., Gelles, R. J. and Steinmetz, S. K. (1980). *Behind Closed Doors: Violence in American Families*. New York: Doubleday.

Strauss, E., Gaddes, W. H. and Wada, J. (1987). Performance on a free-recall verbal dichotic listening task and cerebral dominance determined by carotid amytal test. *Neuropsychologia*. 25, 747–53.

Strier, K. B. (2016). *Primate Behavioral Ecology* (5th ed.). Boston: Pearson.

Strum, S. C. (1981). Processes and products of change: Baboon predatory behaviour at Gilgil, Kenya. In R. Harding and G. Teleki (eds.). *Omnivorous Primates* (255–302). New York: Columbia University Press.

(1987). *Almost Human*. New York: Norton.

Strum, S. C. and Mitchell, W. (1987). Baboon models and muddles. In W. G. Kinzey (ed.). *The Evolution of Human Behavior: Primate Models* (87–104). Albany: State University of New York Press.

Stumpf, R. M., Emery Thompson, M. and Knott, C. D. (2008). A comparison of female mating strategies in Pan troglodytes and Pongo spp. *International Journal of Primatology*. 29, 865–84.

Sturm, R. M. and Larsson, M. (2009). Genetics of human iris colour and patterns. *Pigment Cell Melanoma Research*. 22(5), 544–62.

Sugiyama, L. S. (2005). Physical attractiveness in adaptationist perspective. In D. M. Buss (ed.). *Evolutionary Psychology Handbook* (292–343). New York: Wiley.

Sulloway, F. J. (1995). Birth order and evolutionary psychology: A meta-analytic overview (commentary on target article by Buss). *Psychological Inquiry*. 6, 75–80.

(1996). *Born to Rebel: Birth Order, Family Dynamics, and Creative Lives*. New York: Pantheon.

(1999). Birth order. In M. A. Runco and S. R. Pritzker (eds.). *Encyclopedia of Creativity* (vol. 1, 189–202). San Diego, CA: Academic Press.

(2001). Birth order, sibling competition, and human behavior. In P. S. Davies and H. R. Holcomb (eds.). *Conceptual Challenges in Evolutionary Psychology: Innovative Research Strategies* (39–83). Dordrecht: Kluwer Academic.

(2011). Why siblings are like Darwin's finches: Birth order, sibling competition, and adaptive divergence within the family. In D. M. Buss and P. H. Hawley (eds.). *The Evolution of Personality and Individual Differences* (86–119). Oxford: Oxford University Press.

(2020). The evolution of personality. In L. Workman, W. Reader and J. H. Barkow (eds.). *The Cambridge Handbook of Evolutionary Perspectives on Human Behavior* (299–310). Cambridge: Cambridge University Press.

Sumner, W. G. (1906). *Folkways: A Study of the Sociological Importance of Usages, Manners, Customs, Mores and Morals*. Boston: Ginn.

Surbeck, M. and Hohmann, G. (2008). Primate hunting by bonobos at LuiKotale, Salonga National Park. *Current Biology*. 18, R906–7. doi:10.1016/j.cub.2008.08.040.

Surbeck, M., Mundry, R. and Hohmann, G. (2010). Mothers matter! Maternal support, dominance status, and mating success in male bonobos (Pan paniscus). *Proceedings of the Royal Society of London, Series B*. 22, 590–8.

Sussman, R. L. (1987). Pygmy chimpanzees and common chimpanzees: Models for the behavioural ecology of the earliest hominids. In W. G. Kinzey (ed.). *The Evolution of Human Behavior: Primate Models* (87–104). Albany: State University of New York Press.

Swami, V. (2011). *Evolutionary Psychology: A Critical Introduction*. Chichester, UK: Wiley-Blackwell.

Symons, D. (1979). *The Evolution of Human Sexuality*. New York: Oxford University Press. (1989). The psychology of human mate preferences. *Behavioral and Brain Sciences*. 12, 34–5.

Tager-Flusberg, H. and Sullivan, K. (2000). A componential view of theory of mind: Evidence from Williams syndrome. *Cognition*. 76(1), 59–89.

Tager-Flusberg, H., Boshart, J. and Baron-Cohen, S. (1998). Reading the windows to the soul: Evidence of domain-specific sparing in Williams syndrome. *Journal of Cognitive Neuroscience*. 10(5), 631–9.

Tajfel, H. L. (1970). Experiments in intergroup discrimination. *Scientific American*. 223, 96–102.

Tajfel, H. L., Billig, M., Bundy, R. and Flament, C. (1971). Social categorization and intergroup behaviour. *European Journal of Social Psychology*. 1, 149–78.

Takemoto, H., Kawamoto Y. and Furuichi, T. (2015). How did bonobos come to range south of the Congo River? Reconsideration of the divergence of Pan paniscus from other Pan populations. *Evolutionary Anthropology*. 24, 170–84.

Talarico, J. M. and Rubin, D. C. (2007). Flashbulb memories are special after all; in phenomenology, not accuracy. *Applied Cognitive Psychology*. 21(5), 557–78.

Tallal, P., Stark, R. E. and Mellitts, E. D. (1985). Identification of language-impaired children on the basis of rapid perception and production skills. *Brain and Language*. 25, 314–22.

Tanner, N. M. (1981). *On Becoming Human*. Cambridge: Cambridge University Press.

Tanner, N. M. and Zihlman, A. (1976). Women in evolution part 1: Innovation and selection in human origins. *Signs: Women, Culture and Society*. 1, 585–608.

Tattersall, I. and Matternes, J. H. (2000). Once we were not alone. *Scientific American*. 282, 56–62.

Taylor, C. P. A. and Glenn, N. D. (1976). The utility of education and attractiveness for females' status attainment through marriage. *American Sociological Review*. 41, 484–98.

Taylor, S. and Workman, L. (2018). *The Psychology of Human Social Development*. London: Routledge.

Taylor, S., Workman, L. and Yeomans, H. (2012). Abnormal patterns of cerebral lateralisation as revealed by the universal chimeric faces task in individuals with autistic disorder. *Laterality: Asymmetries of Body, Brain and Cognition*. 17, 428–37.

Tellegan, A., Lykken, D. T., Bouchard, T. J., Wilcox, K. J., Segal, N. L. and Rich, S. (1988). Personality similarity in twins reared apart and together. *Journal of Personality and Social Psychology*. 54, 1031–9.

Tero, A., Takagi, S., Saigusa, T., Ito, K., Bebber, D. P., Fricker, M. D., Yumiki, K., Kobayashi, R. and Nakagaki, T. (2010). Rules for biologically inspired adaptive network design. *Science*. 327(5964), 439.

Thomas, E. M. (1959). *The Harmless People*. New York: Alfred Knopf.

Thompson, P. M., Vidal, C., Giedd, J. N., Gochman, P., Blumenthal, J. et al. (2001). Mapping of adolescent brain change reveals dynamic wave of accelerated gray matter loss in very early onset schizophrenia. *Proceedings of the National Academy of Sciences of the USA*. 98, 11650–5.

Thorndike, E. L. (1898). *Animal Intelligence: An Experimental Study of the Associative Processes in Animals*. Psychological Review, Monograph Supplement 8. New York: Macmillan.

Thornhill, R. and Palmer, C. T. (2000). *A Natural History of Rape: Biological Bases of Sexual Coercion*. Cambridge, MA: MIT Press.

Thornhill, R. and Thornhill, N. (1983). Human rape: an evolutionary analysis. *Ethology and Sociobiology*. 4, 137–73.

Thurstone, L. L. (1938). *Primary Mental Abilities*. Psychometric Monographs 1. Chicago: Chicago University Press.

Timm, K., Tilgar, V. and Saag, P. (2015). DRD4 gene polymorphism in great tits: gender-specific association with behavioural variation in the wild. *Behavioral Ecology and Sociobiology*. 69, 729–35.

Tinbergen, N. (1951). *The Study of Instinct*. Oxford: Oxford University Press.

Tither, J. M. and Ellis, B. J. (2008). Impact of fathers on daughters' age of menarche: A genetically and environmentally controlled sibling study. *Developmental Psychology*. 44, 1409–20.

Toates, F. (2011). *Biological Psychology: An Integrative Approach* (3rd ed.). Harlow, UK: Pearson Education.
   (2014). *How Sexual Desire Works: The Enigmatic Urge*. Cambridge: Cambridge University Press.
   (2020). Are evolutionary psychology and the neuroscience of motivation compatible? In L. Workman, W. Reader and J. H. Barkow (eds.). *The Cambridge Handbook of Evolutionary Perspectives on Human Behavior* (77–90). Cambridge: Cambridge University Press.

Tomasello, M. (1999). *The Cultural Origins of Human Cognition*. Cambridge, MA: Harvard University Press.
   (2005). Beyond formalities: The case of language acquisition. *Linguistic Review*. 22 (2/4), 183.

Tomasello, M., Kruger, A. C. and Ratner, H. H. (1993). Cultural learning. *Behavioral and Brain Sciences*. 16, 495–552.

Tomasello, M., Melis, A., Tennie, C., Wyman, E. and Herrmann, E. (2012). Two key steps in the evolution of human: The interdependence hypothesis. *Current Anthropology*. 53, 673–92.

Tomlin, R. S. (1986). *Basic Word Order: Functional Principles*. London: Croom Helm.

Tooby, J. and Cosmides, L. (1990a). On the universality of human nature and the uniqueness of the individual: The role of genetics and adaptation. *Journal of Personality*. 58, 17–67.
   (1990b). The past explains the present – Emotional adaptations and the structure of ancestral environments. *Ethology and Sociobiology*. 11(4–5), 375–424.
   (1992). The psychological foundations of culture. In J. H. Barkow, L. Cosmides and J. Tooby (eds.). *The Adapted Mind: Evolutionary Psychology and the Generation of Culture* (19–136). New York: Oxford University Press.
   (1997). Evolutionary psychology: A primer. www.psych.ucsb.edu/research/cep/primer.html.

Tooby, J. and DeVore, I. (1987). The reconstruction of hominid behavioural evolution through strategic modelling. In W. G. Kinzey (ed.). *The Evolution of Human Behaviour: Primate Models* (183–237). Albany: State University of New York Press.

Tooby, J., Cosmides, L. and Price, M. (2006). Cognitive adaptations for n-person exchange: The evolutionary roots of organizational behavior. *Managerial and Decision Economics*. 27, 103–29.

Tooley, G. A., Karakis, M., Stokes, M. and Ozannesmith, J. (2006). Generalising the Cinderella Effect to unintentional childhood fatalities. *Evolution and Human Behavior*. 27, 224–30.

Trask, R. L. (1999). *Language: The Basics*. London: Routledge.

Trevarthen, C. (1979). Communication and cooperation in early infancy: A description of primary intersubjectivity. In M. Bullowa (ed.). *Before Speech: The Beginning of Human Communication* (321–47). London: Cambridge University Press.

Trivers, R. L. (1971). The evolution of reciprocal altruism. *Quarterly Review of Biology*. 46, 35–57.
(1972). Parental investment and sexual selection. In B. Campbell (ed.). *Sexual Selection and the Descent of Man* (139–79). Chicago: Aldine.
(1974). Parent–offspring conflict. *American Zoologist*. 14, 249–64.
(1976). Foreword. In R. Dawkins, *The Selfish Gene*. London: Oxford University Press.
(1985). *Social Evolution*. Menlo Park, CA: Benjamin/Cummings.
Troisi, A. (2020). Are we on the verge of Darwinian psychiatry? In L. Workman, W. Reader and J. H. Barkow (eds.). *The Cambridge Handbook of Evolutionary Perspectives on Human Behavior* (409–18). Cambridge: Cambridge University Press.
Troisi, A. and McGuire, M. T. (2000). Psychotherapy in the context of Darwin psychiatry. In P. Gilbert and K. G. Bailey (eds.). *Genes on the Couch: Explorations in Evolutionary Psychotherapy* (28–41). London: Routledge.
Tudge, C. (1995). *The Day before Yesterday: Five Million Years of Human History*. London: Jonathan Cape.
Tulving, E. (1972). Episodic and semantic memory. In E. Tulving and W. Donaldson (eds.). *Organization of Memory* (381–403). New York: Academic Press.
Tulving, E., Schacter, D. L., McLachlan, D. R. and Moscovitch, M. (1988). Priming of semantic autobiographical knowledge: a case study of retrograde amnesia. *Brain and Cognition*. 8(1), 3–20.
Turkheimer, E. (2000). Three laws of behavior genetics and what they mean. *Current Directions in Psychological Science*. 9, 160–4.
Turkheimer, E., Haley, A., Waldron, M., D'Onofrio, B. and Gottesman, I. I. (2003). Socioeconomic status modifies heritability of IQ in young children. *Psychological Science*. 14(6), 623–8.
Turner, A. K. (1994). Genetic and hormonal influences on male violence. In J. Archer (ed.). *Male Violence* (233–52). New York: Routledge.
Turner, P. E. and Chao, L. (1999). Prisoner's dilemma in an RNA virus. *Nature*. 398, 441–3.

Tversky, A. and Kahneman, D. (1971). Belief in the law of small numbers. *Psychological Bulletin*. 76(2), 105.
(1973). Availability: A heuristic for judging frequency and probability. *Cognitive Psychology*. 5, 207–32.
(1982). Judgments of and by representativeness. In D. Kahneman, P. Slovic and A. Tversky (eds.). *Judgment under Uncertainty: Heuristics and Biases* (84–100). Cambridge: Cambridge University Press.
Twenge, J. M. (2015). Time period and birth cohort differences in depressive symptoms in the U.S., 1982–2013. *Social Indicators Research*. 121, 437–54.
Ullman, M. (2001a). The declarative/procedural model of lexicon and grammar. *Journal of Psycholinguistic Research*. 30, 37–69.
(2001b). The neural basis of lexicon and grammar in first and second language: The declarative/procedural model. *Bilingualism: Language and Cognition*. 4, 105–22.
(2004). Contributions of memory circuits to language: The declarative/procedural model. *Cognition*. 92, 231–70.
Ullman, M. and Pierpont, R. (2005). Specific language impairment is not specific to language: The procedural deficit hypothesis. *Cortex*. 41, 399–433.
Ustun, T. B. and Chatterji, S. (2001). Global burden of depressive disorders and future projections. In A. Dawson and A. Tylee (eds.). *Depression: Social and Economic Time Bomb* (31–43). London: BMJ Books.
Vaillancourt, T. (2013). Do human females use indirect aggression as an intrasexual competition strategy? *Philosophical Transactions of the Royal Society of London, Series B*. 368, 20130080. doi:10.1098/rstb.2013.0080.
Van der Lely, H. and Ullman, M. (2001). Past tense morphology in specifically language impaired and normally developing children. *Language and Cognitive Processes*. 16, 177–217.
Van Hooff, J. A. R. A. M. (1967). Facial displays of catarrhine monkeys and apes. In D. Morris (ed.).

Primate Ethology (7–68). London: Weidenfeld and Nicolson.

(1972). A comparative approach to the phylogeny of laughter and smile. In R. A. Hinde (ed.). *Non-verbal Communication* (209–41). Cambridge: Cambridge University Press.

Van Valen, L. (1973). A new evolutionary law. *Evolutionary Theory*. 1, 1–30.

Vandell, D. L. (2000). Parents, peer groups, and other socializing influences. *Developmental Psychology*. 36(6), 600–710.

VanderLaan, D. P. and Vasey, P. L. (2012). Relationship status and elevated avuncularity in Samoan fa'afafine. *Personal Relationships*. 19, 326–39.

Vasey, P. L., Petterson, L. J., Semenyna, S. W., Gómez, F. R. and VanderLaan, D. P. (2020). Kin selection and the evolution of male androphilia. In L. Workman, W. Reader and J. H. Barkow (eds.). *The Cambridge Handbook of Evolutionary Perspectives on Human Behavior* (366–77). Cambridge: Cambridge University Press.

Videan, E. N. and McGrew, W. C. (2002). Bipedality in chimpanzee (Pan troglodytes) and bonobo (Pan paniscus): Testing hypotheses on the evolution of bipedalism. *American Journal of Physical Anthropology*. 118, 184–90.

Villanea, F. A. and Schraiber, J. G. (2019). Multiple episodes of interbreeding between Neanderthals and modern humans. *Nature Ecology and Evolution*. 3(1), 39–44.

Voland, E. and Voland, R. (1989). Evolutionary biology and psychiatry: the case for anorexia nervosa. *Ethology and Sociobiology*. 10, 223–40.

von Frisch, K. (1954). *The Dancing Bees: An Account of the Life and Senses of the Honeybee* (trans. Dora Ilse). London: Methuen.

(1967). Honeybees: Do they use direction and distance information provided by their dances? *Science*. 158, 1072–6.

von Hippel, W. and Buss, D. M. (2017). Do ideological driven scientific agendas impede understanding and acceptance of evolutionary principles in social psychology? In J. T. Crawford and L. Jussim (eds.). *The Politics of Social Psychology* (7–25). New York: Psychology Press.

Vranas, P. (2000). Gigerenzer's normative critique of Kahneman and Tversky. *Cognition*. 76(3), 179–93.

Waal, F. B. M. de (2001). *Tree of Origin*. Cambridge, MA: Harvard University Press.

Waddington, C. (1975). *The Evolution of an Evolutionist*. Edinburgh: Edinburgh University Press.

Waguespack, N. M. (2005). The organization of male and female labor in foraging societies: Implications for early Paleoindian archaeology. *American Anthropologist*. 107, 666–76.

Wallace, A. R. (1864/1875). The development of human races under the law of natural selection. Reprinted in A. R. Wallace (ed.). *Contributions to the Theory of Natural Selection* (303–31). London: Macmillan.

Wallace, B. (2010). *Getting Darwin Wrong: Why Evolutionary Psychology Won't Work*. Exeter, UK: Imprint Academic.

Walsh, A. (1993). Love styles, masculinity/ feminity, physical attractiveness and sexual behaviour: A test of evolutionary theory. *Ethology and Sociobiology*. 14, 25–38.

Walter, K., Conroy-Beam, D., Buss, D. M., Asao, K., Sorokowski, A. P. et al. (in press). Sex differences in mate preferences cross 45 countries: A largescale replication. *Psychological Science*.

Walton, G., Bower, N. and Bower, T. (1992). Recognition of familiar faces by newborns. *Infant Behaviour and Development*. 15, 265–9.

Ward, T. and Durrant, R. (2011). Evolutionary behavioural science and crime: Aetiological and intervention implications. *Legal and Criminological Psychology*. 16, 193–210.

Warneken, F., Chen, F. and Tomasello, M. (2006). Cooperative activities in young children and chimpanzees. *Child Development*, 77, 640–63.

Warneken, F., Gräfenhain, M. and Tomasello, M. (2012). Collaborative partner or social tool? New evidence for young children's understanding of joint intentions in collaborative activities. *Developmental Science*. 15(1), 54–61.

Washburn, S. L. (1968). *The Study of Human Evolution*. Eugene: Oregon State System of Higher Education.

Washburn, S. L. and Lancaster, J. S. (1968). The evolution of hunting. In R. B. Lee and I. De Vore (eds.). *Man the Hunter* (293–303). Chicago: Aldine.

Wason, P. C. (1966). Reasoning. In B. M. Foss (ed.). *New Horizons in Psychology* (135–51). Harmondsworth, UK: Penguin.

Waterhouse, L. (2006). Multiple intelligences, the Mozart effect, and emotional intelligence: A critical review. *Educational Psychologist*. 41(4), 207–25.

Watling, D., Workman, L. and Bourne, V. (2012). The development of lateralized emotion processing: A review. *Laterality: Asymmetries of Body, Brain and Cognition*. 17, 389–411.

Watson, J. B. (1925). *Behaviorism*. New York: Norton.

Watson, P. J. and Andrews, P. W. (2002). Toward a revised evolutionary adaptationist analysis of depression: The social navigation hypothesis. *Journal of Affective Disorders*. 72, 1–14.

Waynforth, D. and Dunbar, R. I. M. (1995). Conditional mate choice strategies in humans: evidence from 'lonely hearts' advertisements. *Behaviour*. 132, 755–79.

Waynforth, D., Hurtado, A. M. and Hill, K. (1998). Environmentally contingent reproductive strategies in Ache and Mayan men. *Evolution and Human Behavior*. 19, 369–85.

Webb, B. T., Guo, A.-Y., Maher, B. S., Zhao, Z., van den Oord, E. J., Kendler, K. S. et al. (2012). Meta-analyses of genome-wide linkage scans of anxiety-related phenotypes. *European Journal of Human Genetics*. 20, 1078–84.

Wegner, D. (2003). *The Illusion of Conscious Will*. Cambridge, MA: MIT Press.

Weinstein, Y., Bugg, J. M. and Roediger, H. L., III (2008). Can the survival recall advantage be explained by basic memory processes? *Memory and Cognition*. 36, 913–19.

Weissman, M. M. (1985). The epidemiology of anxiety disorders: Rates, risks and familial patters. In H. A. Tuma and J. Masser (eds.). *Anxiety and the Anxiety Disorders* (275–96). Hillsdale, NJ: Lawrence Erlbaum.

Weizembaum, J. (1976). *Computer Power and Human Reason: From Judgment to Calculation*. San Francisco: W. H. Freeman.

Wellman, H. M. (1988). First steps in the child's theorizing about the mind. In J. Astington, P. Harris and D. Olson (eds.). *Developing Theories of Mind* (64–92). Cambridge: Cambridge University Press.

Wells, S. (2003). *The Journey of Man: A Genetic Odyssey*. Princeton, NJ: Princeton University Press.

White, T. D., Suwa, G. and Lovejoy, O. C. (2010). Response to comment on the paleobiology and classification of Ardipithecus ramidus. *Science*. 328, 1105. doi:10.1126/science.1185462.

Whiten, A. (1998). Imitation of the sequential structure of actions by chimpanzees (Pan troglodytes). *Journal of Comparative Psychology*. 112, 270–81.

Whiten, A. and Byrne, R. (eds.). (1988). *Machiavellian Intelligence: Social Expertise and the Evolution of Intellect in Monkeys, Apes and Humans*. Oxford: Clarendon Press.

Whiten, A., Goodall, J., McGrew, W. C., Nishida, T., Reynolds, V., Sugiyama, Y. et al. (1999). Cultures in chimpanzees. *Nature*. 399, 682–5.

Whiting, B. B. (1965). Sex identity conflict and physical violence: A comparative study. *American Anthropologist*. 67, 123–40.

WHO (2008). *The Global Burden of Disease. 2004 Update*. Geneva: World Health Organization.

(2012). *WHO Depression Factsheet October 2012*. Geneva: World Health Organization.

Wildlife Conservation Society (2007). World's most endangered gorilla fights back. *ScienceDaily*, 11 December.

Wilke, A. (2020). The adaptive problem of exploiting resources: human foraging behaviour in patch environments. In L. Workman, W. Reader and J. H. Barkow (eds.). *Cambridge Handbook of Evolutionary Perspectives on Human Behavior* (233–40). Cambridge: Cambridge University Press.

Wilke, A. and Barrett, H. C. (2009). The hot hand phenomenon as a cognitive adaptation to clumped resources. *Evolution and Human Behavior*. 30(3), 161–9.

Wilkinson, G. S. (1984). Reciprocal food sharing in the vampire bat. *Nature*. 308, 181–4.

Williams, G. C. (1966). *Adaptation and Natural Selection: A Critique of Some Current Evolutionary Thought*. Princeton, NJ: Princeton University Press.

(1975). *Sex and Evolution*. Monographs in Population Biology. Princeton, NJ: Princeton University Press.

Willis, C. and Poulin, R. (2000). Preference of female rats for the odours of non-parasitized males: The smell of good genes. *Folia Parasitol*. 47: 6–10.

Wilson, D. S. (2002). *Darwin's Cathedral: Evolution, Religion and the Nature of Society*. Chicago: University of Chicago Press.

Wilson, D. S. and Sober, E. (1994). Reintroducing group selection to the human behavioral sciences. *Behavioural and Brain Sciences*. 17, 585–654.

(2015). *Does Altruism Exist? Culture, Genes and the Welfare of Others*. New Haven, CT: Yale University Press.

Wilson, E. O. (1975). *Sociobiology: The New Synthesis*. Cambridge, MA: Harvard University Press.

(1978). *On Human Nature*. Cambridge, MA: Harvard University Press.

(1994). *Naturalist*. Washington, DC: Island Press.

(1998). *Consilience: The Unity of Knowledge*. New York: Vintage.

(2005). Kin selection as the key to altruism: Its rise and fall. *Social Research*. 72(1), 159–66.

(2012). *The Social Conquest of Earth*. New York: Norton.

(2019). *Genesis: On the Deep Origin of Societies*. New York: Liveright/Norton.

Wilson, E. O. and Holldobler, B. (2005). Eusociality: Origin and consequences. *Proceedings of the National Academy of Sciences of the USA*. 102, 13367–71.

Wimmer, H. and Hartl, M. (1991). Against the Cartesian view on mind: Young children's difficulty with own false belief. *British Journal of Developmental Psychology*. 9, 125–38.

Wimmer, H. and Perner, J. (1983). Beliefs about beliefs: Representation and constraining function of wrong beliefs in young children's understanding of deception. *Cognition*. 13, 103–28.

Wimsatt, W. (1999). Genes, memes, and cultural heredity. *Biology and Philosophy*. 14, 279–310.

Wittiger, L. and Sunderland-Groves, J. (2007). Tool use during display behavior in wild cross river gorillas. *American Journal of Primatology*. 69, 1307.

Wolf, M. and McNamara, J. M. (2012). On the evolution of personalities via frequency-dependent selection. *The American Naturalist*. 179, 679–92.

Woolfenden, G. E. and Fitzpatrick, J. W. (1984). *The Florida Scrub Jay: Demography of a Cooperative-Breeding Bird*. Princeton, NJ: Princeton University Press.

Workman, L. (2007). Why aren't we all the same? The evolutionary psychology of individual differences. *Psychology Review*. 13(1), 7–10.

(2014). *Charles Darwin: Shaper of Evolutionary Thinking*. Basingstoke, UK: Palgrave Macmillan.

(2016). Biparental care. In T. Shackelford and V. Weekes-Shackelford (eds.). *Encyclopedia of Evolutionary Psychological Science*. Berlin: Springer.

(2019). Seasonal affective disorder: your eye colour might be why you have the 'winter blues'. The Conversation. http://theconversation.com/seasonal-affective-disorder-your-eye-colour-might-be-why-you-have-the-winter-blues-106035.

Workman, L. and Taylor, S. (2019). Life of Charles Darwin. In T. Shackelford and V. Weekes-Shackelford (eds.). *Encyclopedia of Evolutionary Psychological Science*. Berlin: Springer.

Workman, L., Adam, J. and Andrew, R. J. (2000). Opportunities for visual experience which might allow imprinting in chicks raised by broody hens. *Behaviour*. 137, 221–31.

Workman, L., Akcay, N., Reeves, M. and Taylor, S. (2018). Blue eyes keep away the winter blues: Is blue eye pigmentation an evolved feature to provide resilience to seasonal affective disorder? *Open Access Journal of Behavioural Science and Psychology*. 1(1), 180002.

Workman, L., Chilvers, L., Yeomans, H. and Taylor, S. (2006). Development of cerebral lateralization for emotional processing of chimeric faces in children aged 5 to 11. *Laterality*. 11, 493–507.

Workman, L., Peters, S. and Taylor, S. (2000). Lateralisation of perceptual processing of pro- and anti-social emotions displayed in chimeric faces. *Laterality*. 5, 237–49.

Wrangham, R. W. (1987). Evolution of social structure. In B. B. Smuts, D. L. Cheney, R. M. Seyfarth, R. W. Wrangham and T. T. Struhsaker (eds.). *Primate Societies* (282–98). Chicago: University of Chicago Press.
(1993). The evolution of sexuality in chimpanzees and bonobos. *Human Nature*. 4, 47–79.
(1999). Evolution of coalitionary killing. *American Journal of Physical Anthropology*. 110(Suppl 29), 1–30.
(2009). *Catching Fire: How Cooking Made Us Human*. Chicago: Basic Books.
(2019). *The Goodness Paradox: The Strange Relationship between Virtue and Violence in Human Evolution*. New York: Vintage Books.

Wrangham, R. and Carmody, R. N. (2010). Human adaptation to the control of fire. *Evolutionary Anthropology: Issues, News and Reviews*. 19, 187–99.

Wrangham, R. W. and Glowacki, L. (2012). Intergroup aggression in chimpanzees and war in nomadic hunter-gatherers: Evaluating the chimpanzee model. *Human Nature*. 23(1), 5–29.

Wrangham, R. and Peterson, D. (1996). *Demonic Males: Apes and the Evolution of Human Violence*. Boston: Houghton Mifflin.

Wright, R. (1994). *The Moral Animal*. London: Abacus.
(2001). *Nonzero: History, Evolution and Human Cooperation*. London: Abacus.
(2007). Robert Wright: The logic of non-zero-sum progress [video file]. January. www.ted.com/talks/robert wright on optimism.html.

Wynn, K. (1993). An evolved capacity for number. In D. Cummins and C. Allen (eds.). *The Evolution of Mind* (51–106). Oxford: Oxford University Press.

Wynn, T. (1998). Did Homo erectus speak? *Cambridge Archaeological Journal*. 8(1), 78–81.

Wynne-Edwards, V. C. (1962). *Animal Dispersion in Relation to Social Behaviour*. Edinburgh: Oliver and Boyd.

Yotova, V., Lefebvre, J. F., Moreau, C., Gbeha, E., Hovhannesyan, K., Bourgeois, S. et al. (2011). An X-linked haplotype of Neanderthal origin is present among all non-African populations. *Molecular Biology and Evolution*. 28(7), 1957–62.

Young, R. and Thiessen, D. (1992). The Texas Rape Scale. *Ethology and Sociobiology*. 13, 19–33.

Yuill, N. (1984). Young children's coordination of motive and outcome in judgements of satisfaction and morality. *British Journal of Developmental Psychology*. 2, 73–81.

Zahavi, A. (1975). Mate selection: A selection for a handicap. *Journal of Theoretical Biology*. 53, 205–14.
(2003). Indirect selection and individual selection in socio-biology: My personal views on theories of social behaviour. *Animal Behaviour*. 65, 859–63.

Zahn-Waxler, C. and Radke-Yarrow, M. (1982). The development of altruism: Alternative research strategies. In N. Eisenberg (ed.). *The Development of Prosocial Behavior* (109–37). New York: Academic Press.

Zahn-Waxler, C., Radke-Yarrow, M., Wagner, E. and Chapman, M. (1992). Development of concern for others. *Developmental Psychology*. 28, 126–36.

Zeigler-Hill, V., Besser, A., Morag, J. and Campbell, W. K. (2016). The dark triad and sexual harassment proclivity. *Personality and Individual Differences*. 89, 47–54.

Zeigler-Hill, V., Welling, L. and Shackelford, T. (eds.). (2015). *Evolutionary Perspectives on Social Psychology*. New York: Springer.

Zietsch, B.P., Morley K.I., Shekar, S.N, et al, (2008). Genetic factors predisposing to homosexuality may increase mating success in heterosexuals. *Evolution and Human Behavior*. 29, 424–33.

Zuk, M. (1992). The role of parasites in sexual selection: Current evidence and future directions. *Advances in the Study of Behavior*. 21, 39–68.

Zuk, M. and Simmons, L. W. (2018). *Sexual Selection: A Very Short Introduction*. Oxford: Oxford University Press.

图书在版编目(CIP)数据

进化心理学:以进化之眼看人间百态/(英)兰斯·沃克曼,(英)威尔·里德著;殷融译. —上海:华东师范大学出版社,2024
 ISBN 978 - 7 - 5760 - 4891 - 9

Ⅰ.①进… Ⅱ.①兰…②威…③殷… Ⅲ.①心理进化论一研究 Ⅳ.①B84

中国国家版本馆 CIP 数据核字(2024)第 074736 号

进化心理学:以进化之眼看人间百态(第四版)

著　者　[英]兰斯·沃克曼(Lance Workman)　[英]威尔·里德(Will Reader)
责任编辑　彭呈军
特约审读　单敏月
责任校对　刘伟敏
装帧设计　卢晓红

出版发行　华东师范大学出版社
社　　址　上海市中山北路 3663 号　邮编 200062
网　　址　www.ecnupress.com.cn
电　　话　021 - 60821666　行政传真 021 - 62572105
客服电话　021 - 62865537　门市(邮购)电话 021 - 62869887
地　　址　上海市中山北路 3663 号华东师范大学校内先锋路口
网　　店　http://hdsdcbs.tmall.com

印 刷 者　上海盛隆印务有限公司
开　　本　787 毫米×1092 毫米　1/16
插　　页　4
印　　张　33.25
字　　数　550 千字
版　　次　2024 年 6 月第 1 版
印　　次　2024 年 6 月第 1 次
书　　号　ISBN 978 - 7 - 5760 - 4891 - 9
定　　价　138.00 元

出版人　王　焰

(如发现本版图书有印订质量问题,请寄回本社客服中心调换或电话 021 - 62865537 联系)